来新夏先生

（1923—2014）

1931 年在浙江萧山西兴镇铁陵关小学三年级就读

1946 年毕业于北平辅仁大学并获文学士学位

1999 年南开大学
八十年校庆留影

来新夏先生在“邃谷”

2012 年 6 月 8 日
在“南开大学来
新夏教授九十初
度暨从教六十五
周年学术研讨
会”上致辞

2007年2月与绍兴地方文史学者孙伟良在“来新夏民众读书室”合影

2013年5月25日与文史学者王振良在问津书院合影

临渊羡鱼

不如退而结网

来新夏

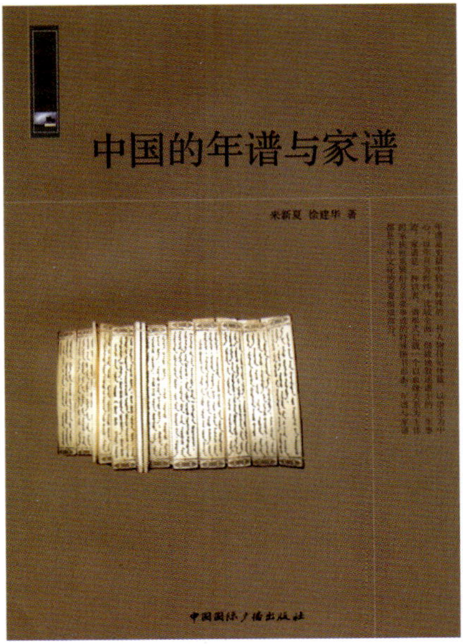

中国国际广播出版社 2010 年 7 月版

南开大学出版社 2010 年 8 月版

山东画报出版社 2010 年 8 月版

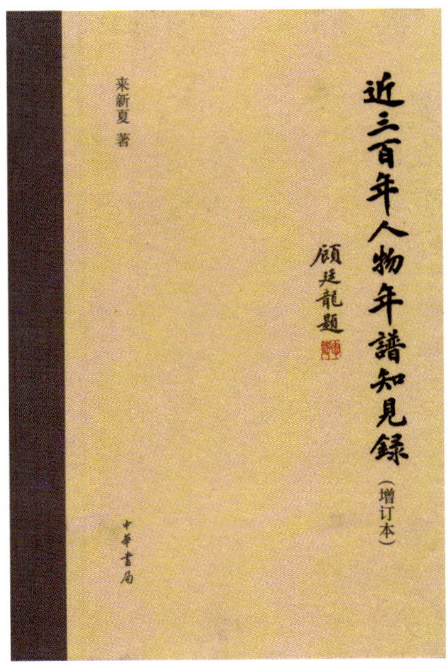

中华书局 2010 年 12 月版

内蒙古教育出版社 2010 年 10 月版

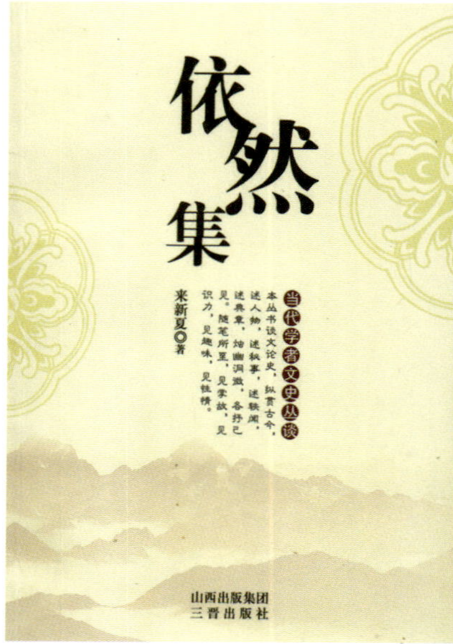

三晋出版社 2010 年 12 月版

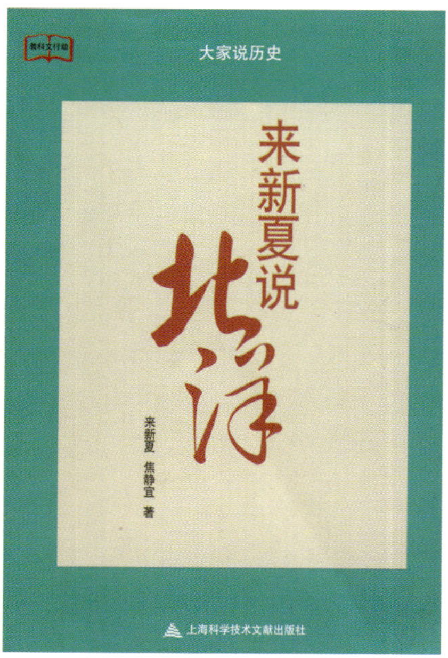

上海科学技术文献出版社 2011 年 2 月版

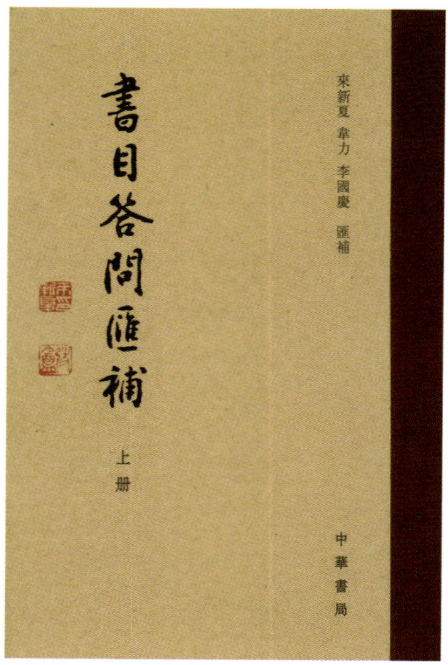

中华书局 2011 年 4 月版

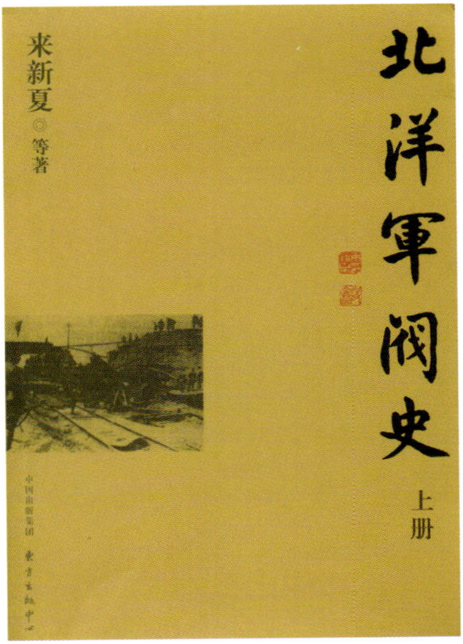

东方出版中心 2011 年 5 月版

东方出版中心 2011 年 9 月版

上海交通大学出版社 2011 年 9 月版

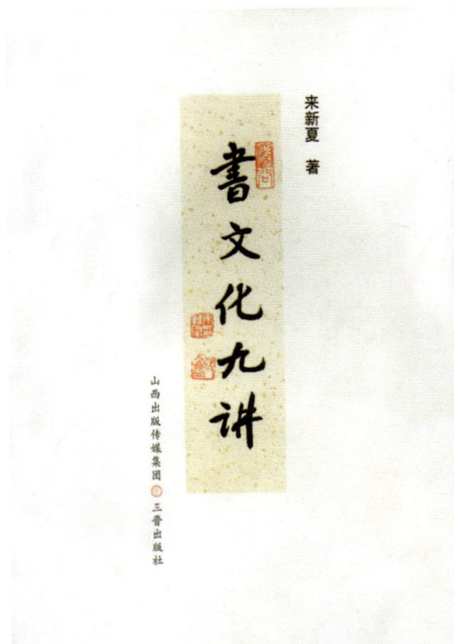

三晋出版社 2012 年 2 月版

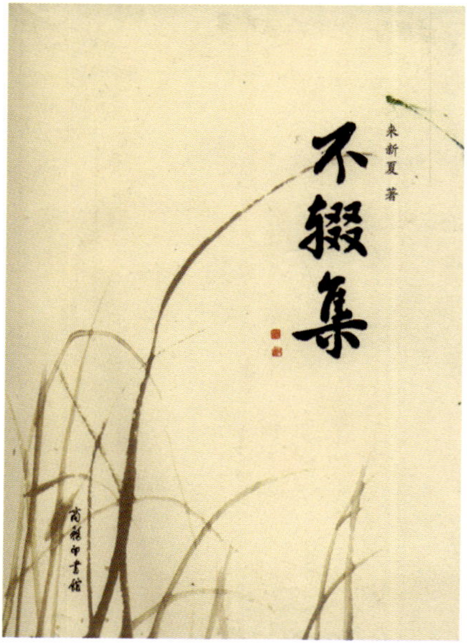

商务印书馆 2012 年 4 月版

朴庐书社 2012 年 5 月印行

国家图书馆出版社 2013 年 2 月版

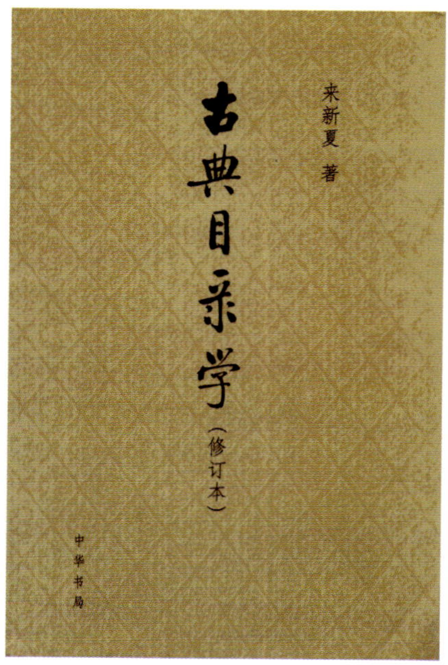

中华书局 2013 年 5 月版

天津教育出版社 2013 年 5 月版

天津教育出版社 2013 年 5 月版

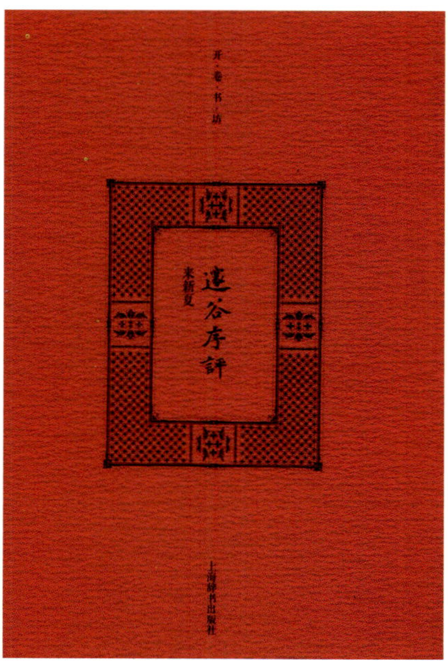

上海辞书出版社 2013 年 6 月版

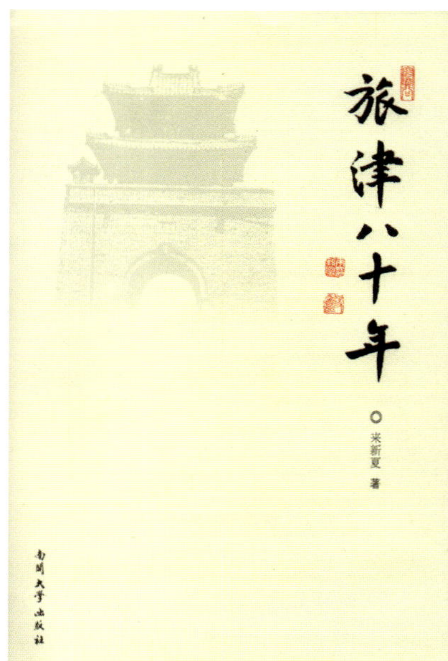

南开大学出版社 2014 年 1 月版

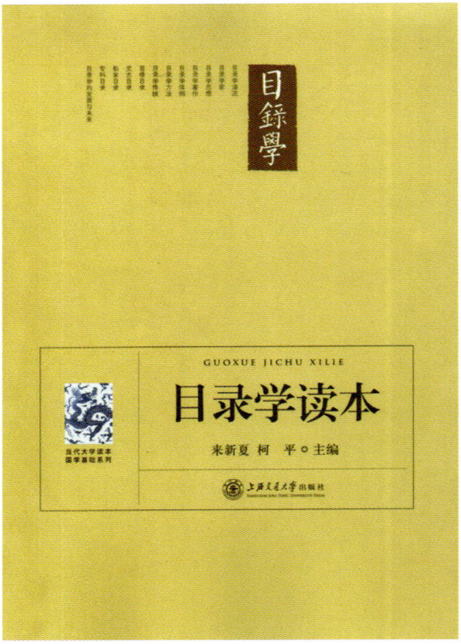

上海交通大学出版社 2014 年 2 月版

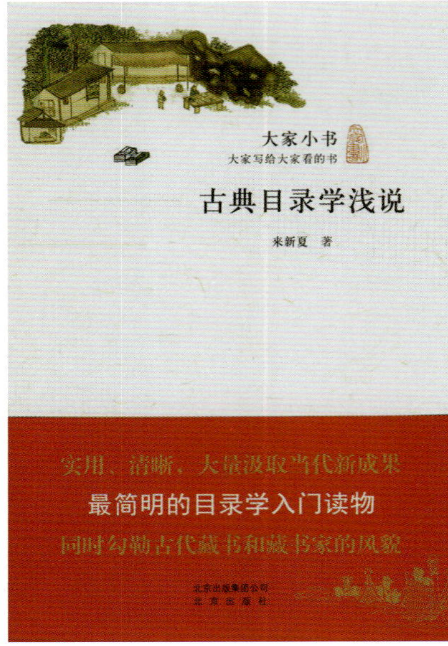

北京出版社 2014 年 7 月版

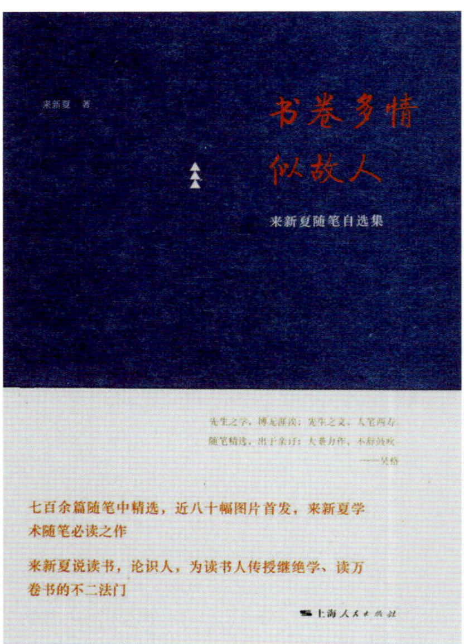

上海人民出版社 2015 年 3 月版

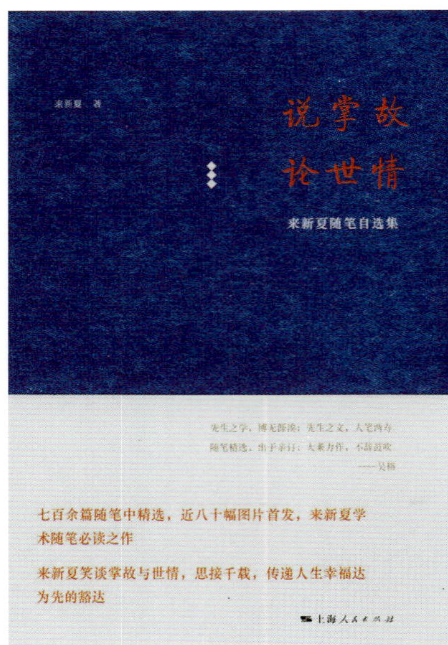

上海人民出版社 2015 年 3 月版

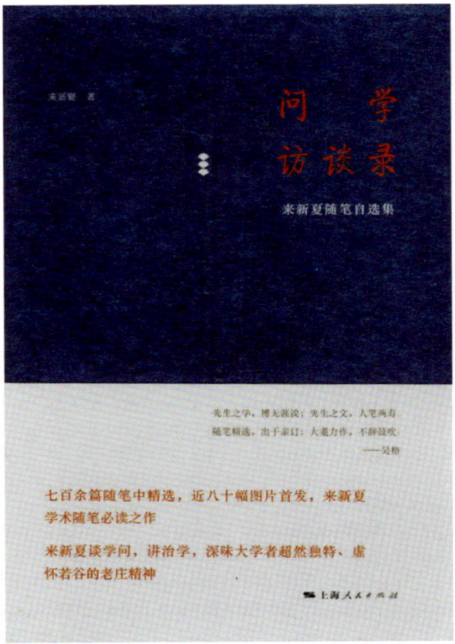

上海人民出版社 2015 年 3 月版

广东人民出版社 2015 年 8 月版

商务印书馆 2016 年 3 月版

商务印书馆 2016 年 3 月版

商务印书馆 2016 年 3 月版

东方出版中心 2016 年 5 月版

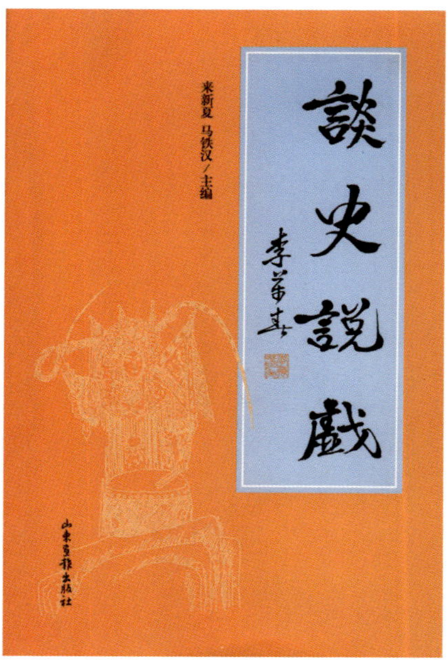

山东画报出版社 2016 年 6 月版

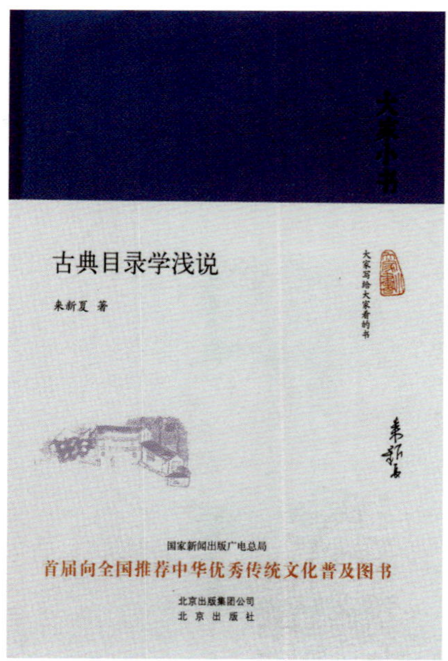

北京出版社 2016 年 7 月版

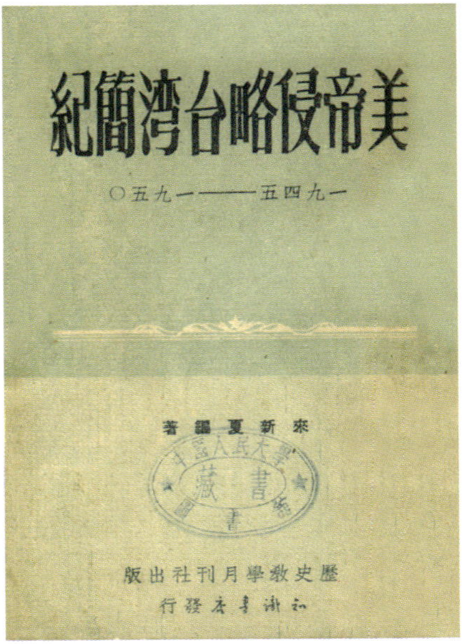

天津历史教学月刊社 1951 年 8 月版

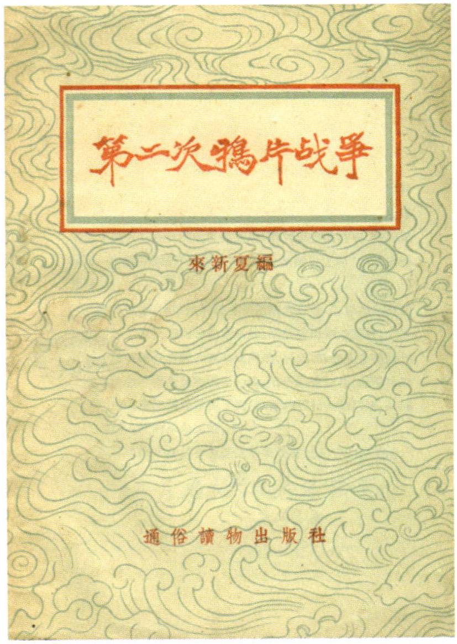

通俗读物出版社 1956 年 1 月版

湖北人民出版社 1957 年 5 月版

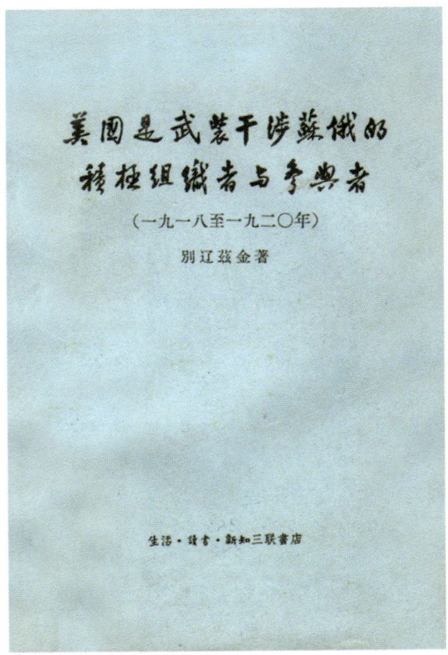

生活·读书·新知三联书店 1958 年 3 月版

百花文艺出版社 1960 年 2 月版

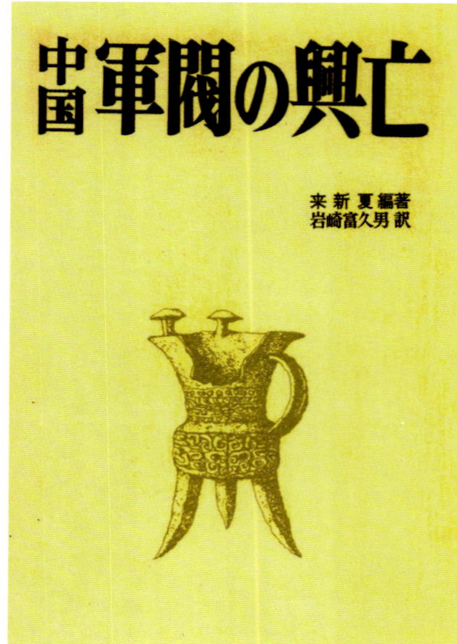

[日]桃源社 1969 年 2 月版

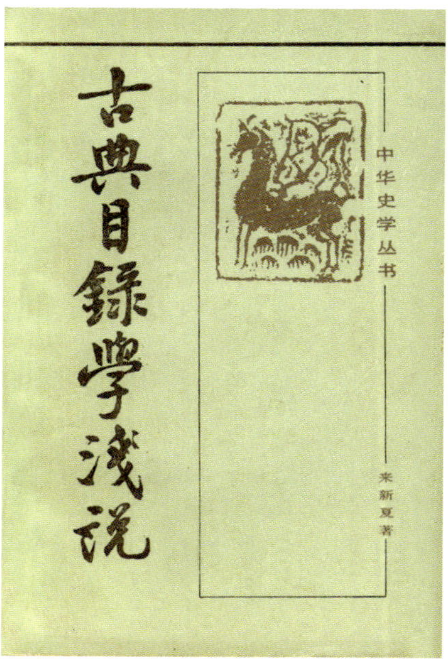

中华书局 1981 年 10 月版

上海人民出版社 1981 年 10 月版

上海人民出版社 1983 年 4 月版

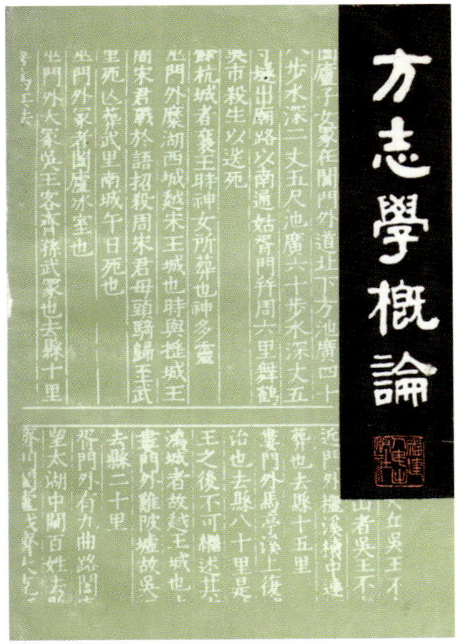

福建人民出版社 1983 年 8 月版

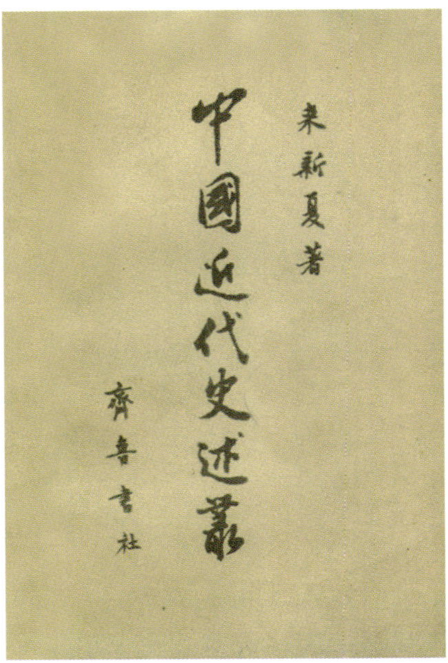

齐鲁书社 1983 年 9 月版

湖北人民出版社 1983 年 11 月版

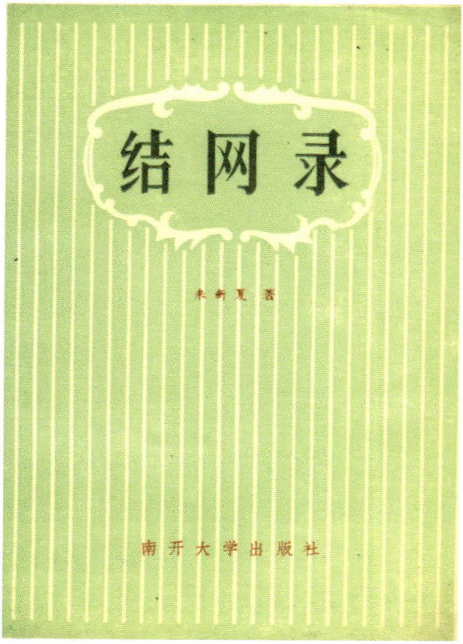

南开大学出版社 1984 年 10 月版

南开大学出版社 1986 年 8 月版

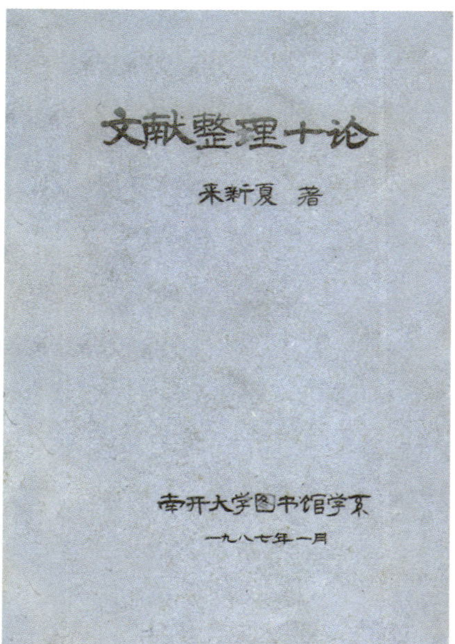

南开大学图书馆学系 1987 年 1 月印行

南开大学出版社 1987 年 3 月版

北京出版社 1987 年 10 月版

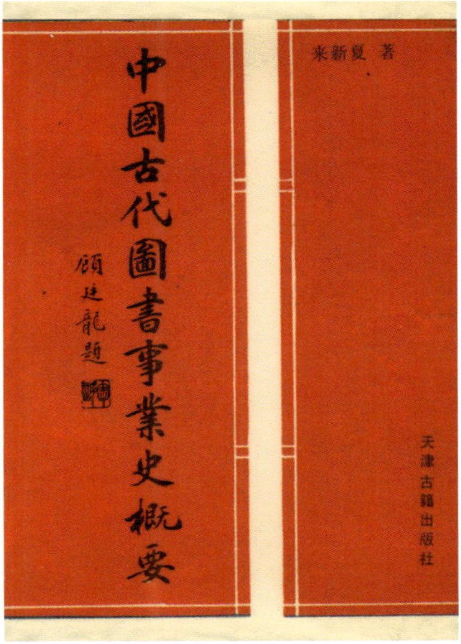

天津古籍出版社 1987 年 10 月版

[日] 光风社 1989 年 11 月版

上海人民出版社 1990 年 4 月版

中华书局 1991 年 3 月版

山东教育出版社 1991 年 10 月版

中国青年出版社 1991 年 10 月版

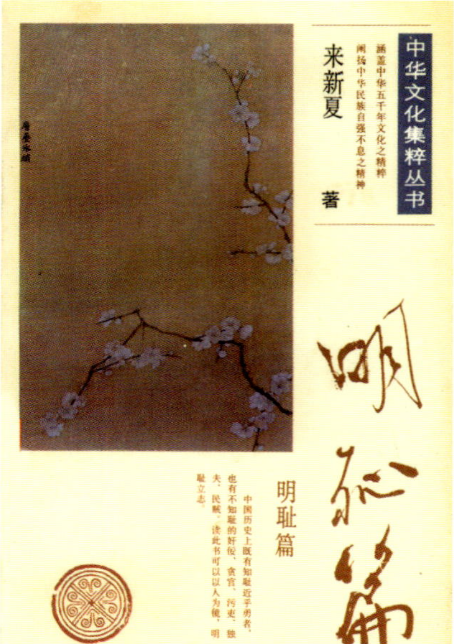

中国青年出版社 1991 年 10 月版

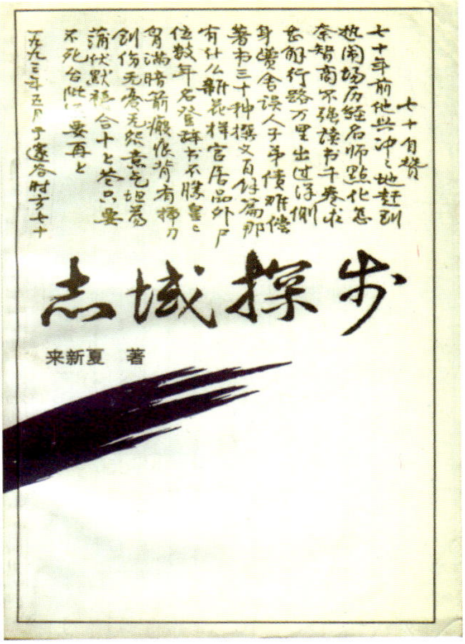

南开大学出版社 1993 年 9 月版

台湾书泉出版社 1993 年 9 月版

台湾商务印书馆 1994 年 2 月版

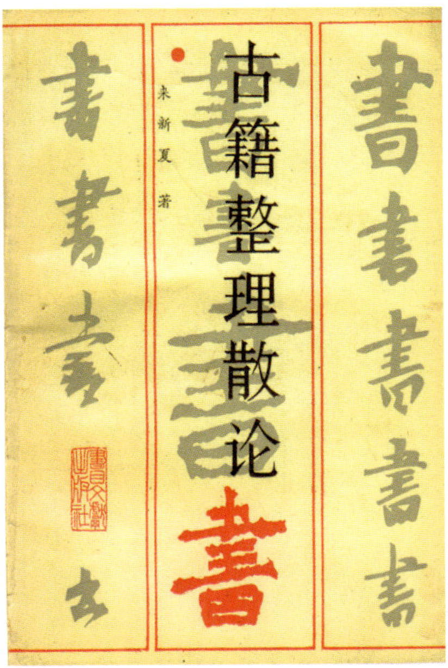

书目文献出版社 1994 年 6 月版

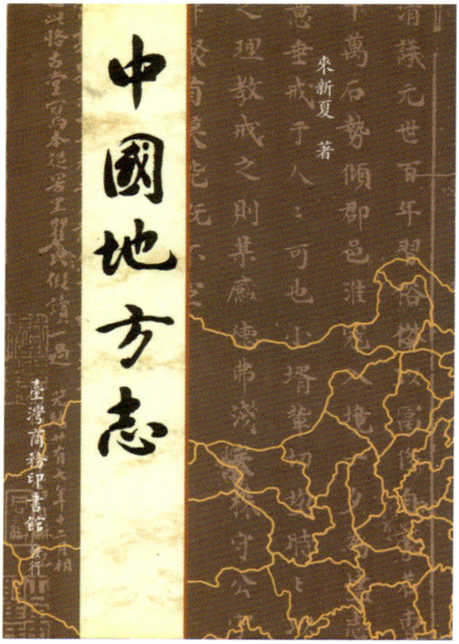

台湾商务印书馆 1995 年 9 月版

东方出版中心 1997 年 1 月版

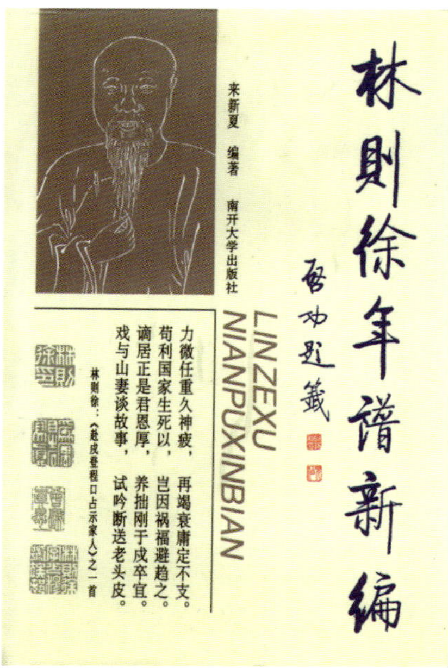

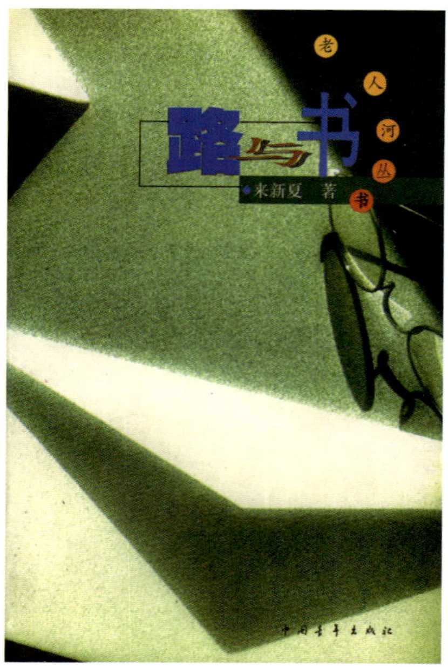

南开大学出版社 1997 年 6 月版

中国青年出版社 1997 年 7 月版

商务印书馆 1997 年 12 月版

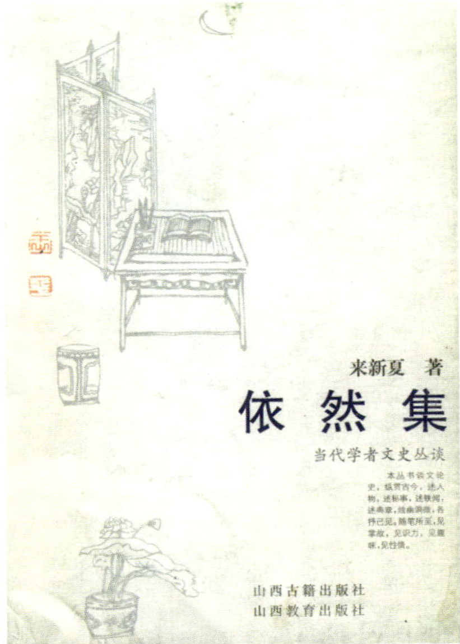

山西古籍出版社、山西教育出版社 1998 年 2 月联合出版

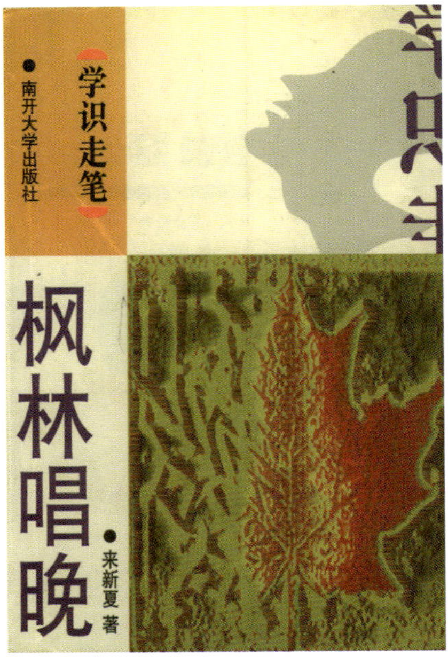

南开大学出版社 1998 年 10 月版

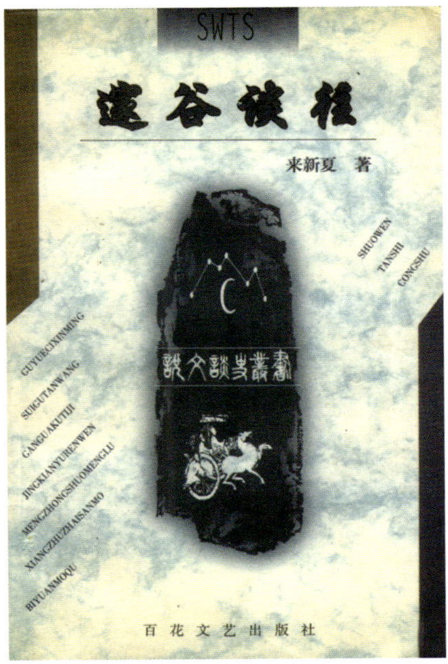

百花文艺出版社 1999 年 3 月版

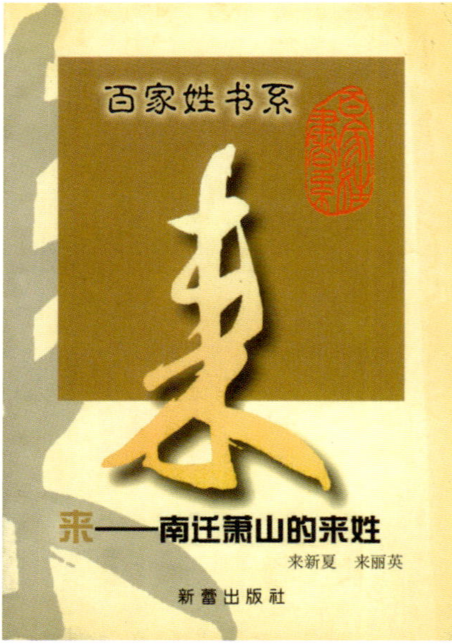

新蕾出版社 1999 年 4 月版

广西人民出版社 1999 年 5 月版

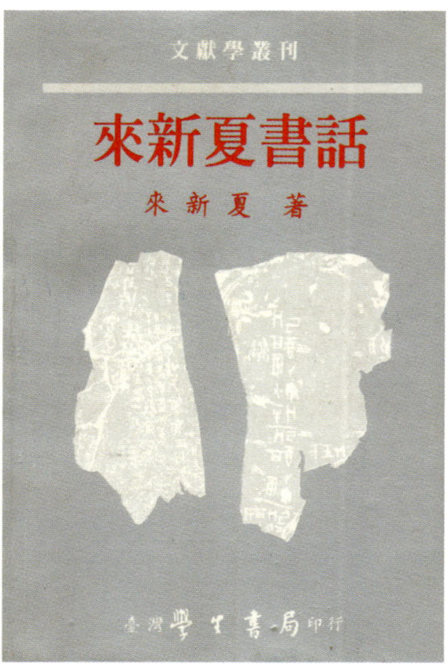

台湾学生书局 2000 年 10 月版

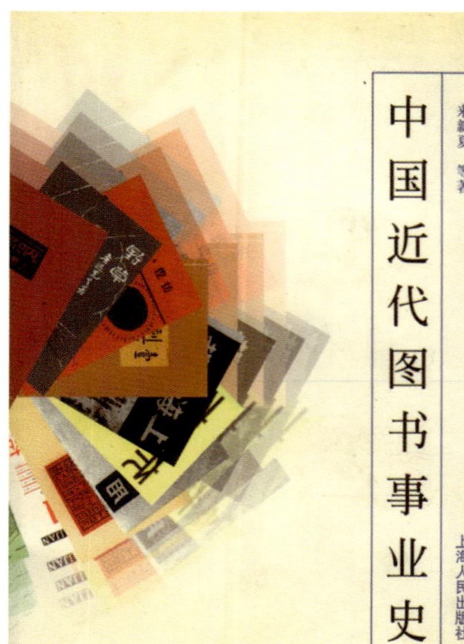

上海人民出版社 2000 年 12 月版

南开大学出版社 2000 年 12 月版

台湾文字复兴有限公司 2001 年 1 月版

天津古籍出版社 2002 年 1 月版

陕西人民出版社、远东出版（新加坡）公司 2002 年 4 月版

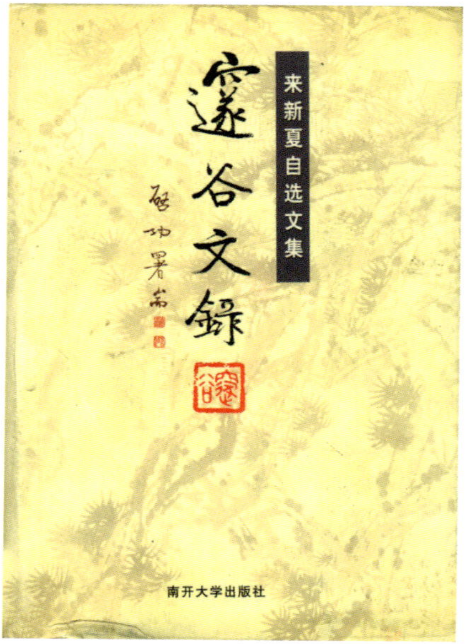

南开大学出版社 2002 年 6 月版

新世界出版社 2002 年 6 月版

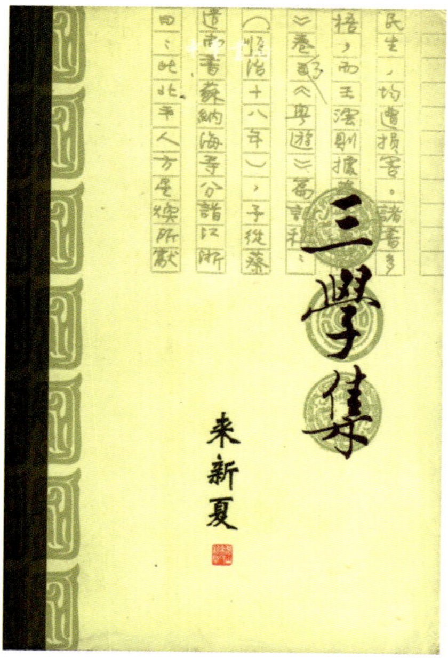

中华书局 2002 年 9 月版

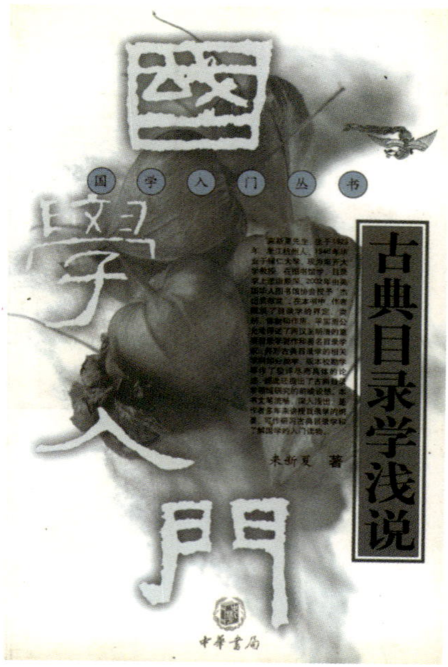

中华书局 2003 年 10 月版

鹭江出版社 2003 年 11 月版

海峡文艺出版社 2004 年 7 月版

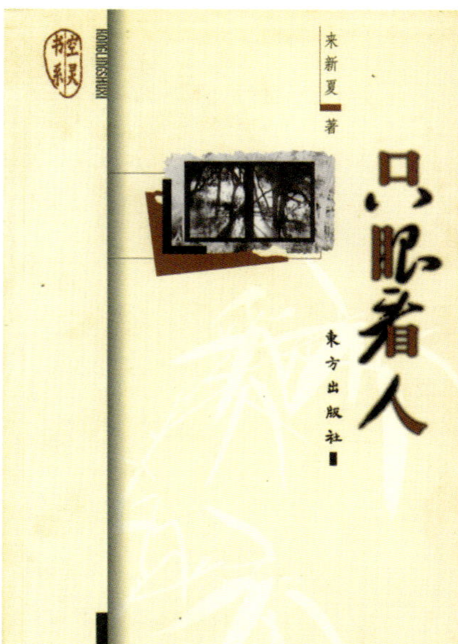

东方出版社 2004 年 10 月版

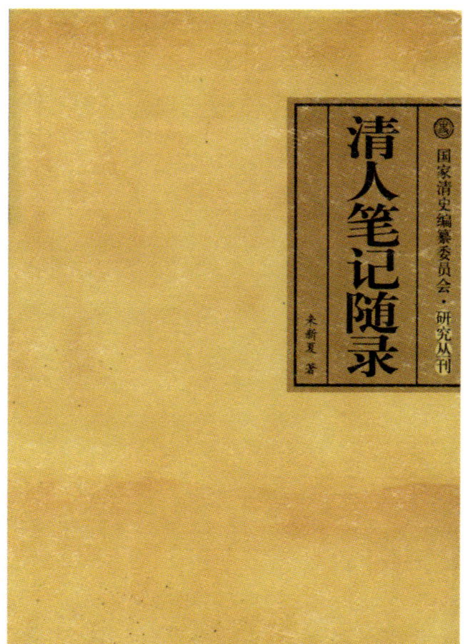

中华书局 2005 年 1 月版

河北教育出版社 2005 年 5 月版

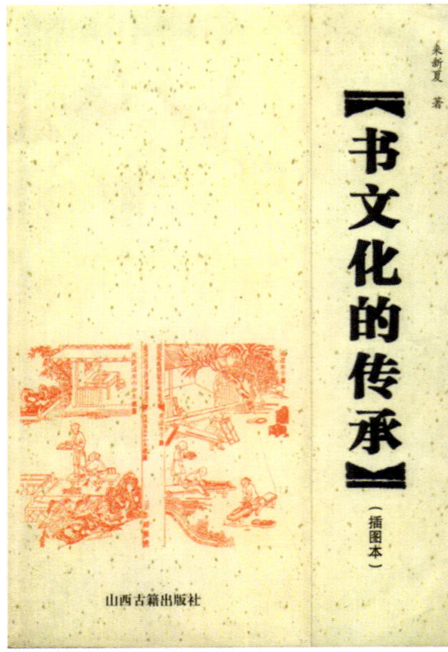

山西古籍出版社 2006 年 6 月版

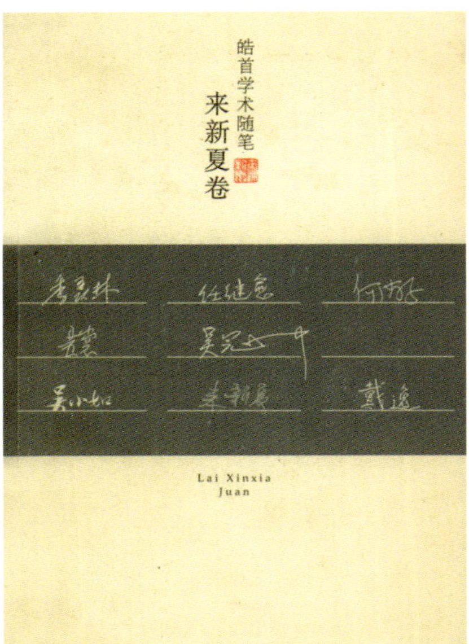

中华书局 2006 年 10 月版

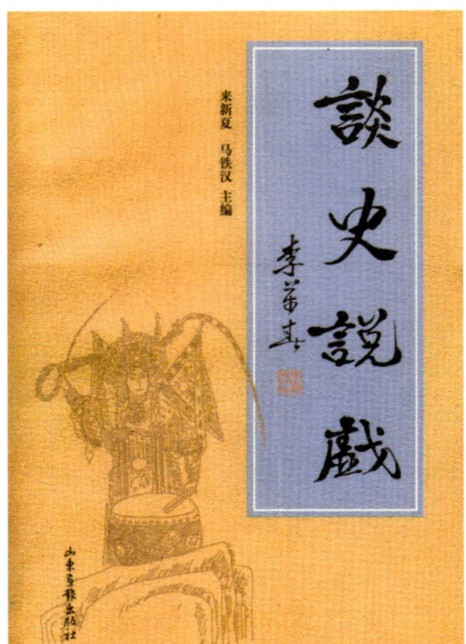

山东画报出版社 2007 年 1 月版

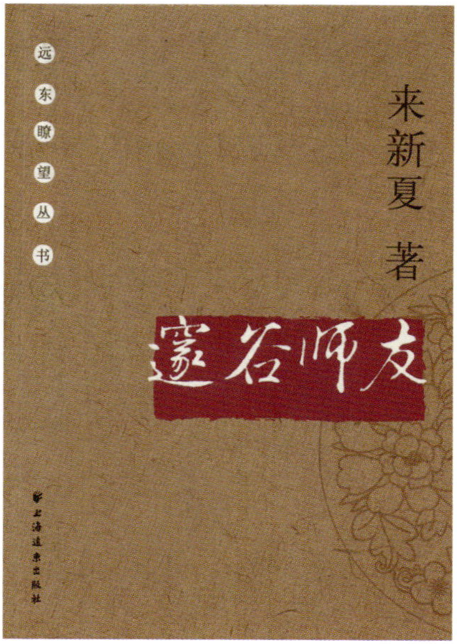

上海远东出版社 2007 年 8 月版

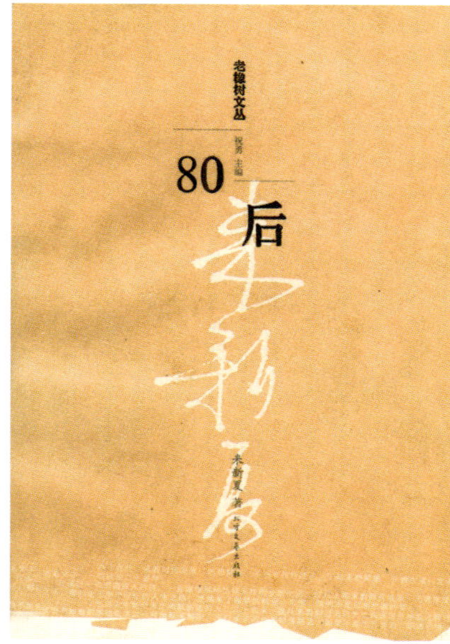

北方文艺出版社 2008 年 9 月版

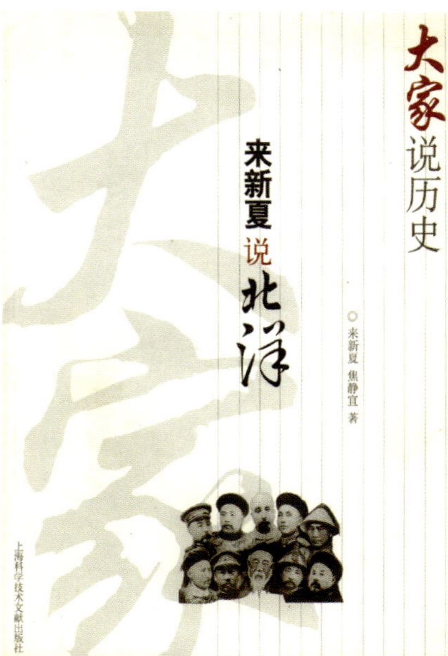

上海科学技术文献出版社 2009 年 1 月版

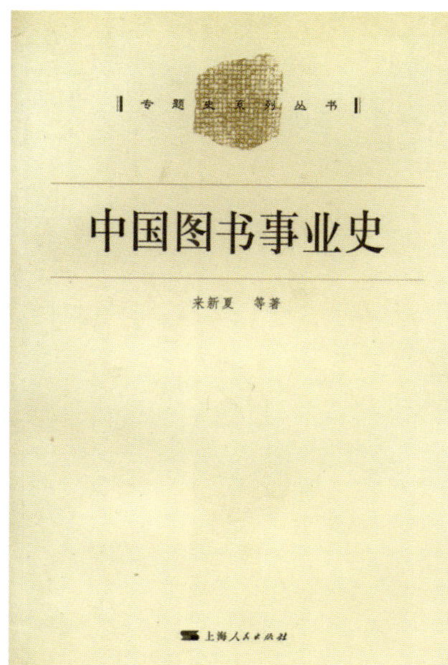

上海人民出版社 2009 年 4 月版

岳麓书社 2009 年 5 月版

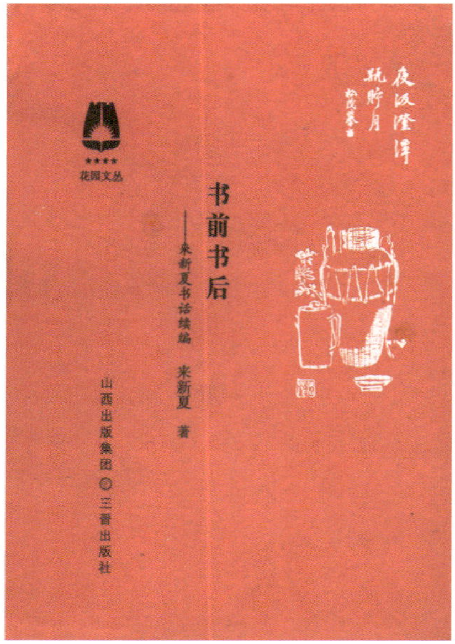

三晋出版社 2009 年 8 月版

［韩］韩国学术情报（株）2009 年 9 月版

岳麓书社 2010 年 1 月版

問津文庫

津沽文化研究集刊第十二种
主编　王振良

来新夏著述經眼録

孙伟良　编

天津出版传媒集团
天津古籍出版社

图书在版编目(CIP)数据

来新夏著述经眼录 / 孙伟良编. -- 天津 : 天津古籍出版社, 2019.1

(津沽文化研究集刊 / 王振良主编)

ISBN 978-7-5528-0751-6

Ⅰ.①来… Ⅱ.①孙… Ⅲ.①个人著作—图书目录—中国—现代 Ⅳ.①Z862.7

中国版本图书馆 CIP 数据核字(2018)第 269530 号

来新夏著述经眼录

LAIXINXIA ZHUSHU JINGYANLU

孙伟良 编

出版人 / 张玮

*

天津古籍出版社出版

（天津市西康路 35 号 邮政编码:300051）

http://www.tjabc.net

天津市天办行通数码印刷有限公司印刷

全国新华书店发行

开本 145×210 毫米 印张 33.25 字数 738 千字

2019 年 1 月第 1 版 2019 年 1 月第 1 次印刷

ISBN 978-7-5528-0751-6

定 价:198.00 元

我所认识的孙伟良

（代序）

袁　逸

一点不矫情，这个序接得有点勉强。退休三年半了，决意退出江湖，相忘江湖，能推的推，能躲的躲，过自己的小日子；直到天津来电响起。是焦静宜老师的电话，开门见山，嘱我为孙伟良即将出版的《来新夏著述经眼录》写个序。理由似乎很充足，既熟悉来先生，又熟悉孙伟良，同时还算是圈内人士，对图书目录学多少曾有涉及。焦老师的口中，我似乎已是不二人选。还有什么可说的。来先生走了，师母的话就是指令。既然不能主动为先生的学术总结与传承做点什么，眼前或是补救的机会，即使是被动的微小的作为。于是遵命。

来先生宠我。容忍我的种种胡言放肆，没大没小，没规没矩；即使我在学术上一无建树。我想，这或许是缘于某种难以言说的性气相近，缘分相投。先生见惯了太多的毕恭毕敬恂恂谦卑，眼前这个张牙舞爪不知天高地厚的家伙却或许触动了他内心的哪根弦；毕竟，那个年代过来的人活得太过拘谨憋屈。那些年，先生回浙返乡，我多有机会陪侍，第一次去孙伟良家就是我陪先生与焦老师一起去的，同行的还有励双杰。记得是一个春日静好的上午，来到孙伟良家的小院，参观了他家的书房和藏书，吃了一顿有特色的绍兴菜，饭后又去附近的几个景点转了转，拍了照。当初留下的印象一般。一个送煤气工能如此执爱读书且有如此规模的家庭藏书真不容易，但同时又觉得他沾沾自喜于县十大藏书家庭之类的荣誉，似乎已自觉不自觉地活在了某种虚荣里；老实说有点担心。乡镇人家，生计第一，虚名毕竟当不来饭吃。

转眼十来年过去了，与孙伟良的交往一直有，但不多，各忙各的。他到访过几次，我送过他一点书或小礼品；为《图书馆研究与工作》《浙江文物》这两份内刊向他约过几次稿，皆有积极回响和圆满结果。加了微信朋友圈后，彼此的互动多了起来，时有点评调侃。按说，我是不太习惯在朋友圈点赞评论的，孙伟良算是个例外，另一个应该是励双杰了。说不上什么清晰的原因，或许因为太熟，更或许是觉得愿意，轻松，有趣，彼此玩得起吧。说实在的，也因为朋友圈，我对孙伟良的了解也自觉更立体深入了。且说说我印象中的孙伟良。

这是个多少自命不凡的家伙。大嘴，耿直，少城府，喜张扬，不知低调为何物。微信上见得最多的是他得意洋洋地晒成果，晒发现。这些成果当然是他自己的文字，发表的未发表的都有，按篇幅长短，他称之“盐水鸭”或“豆腐干”；而所谓“发现”，大多是其经目的各种书刊资料上的谬误，大至史实失察，张冠李戴，小至标点误用，数字不规范，都难逃他一番揭丑挖苦，顺带着也毫不客气地显扬自已的明察秋毫，更胜一筹。感觉，他在羊山小院的那间书斋简直成了炮兵阵地，每天晚上准时开炮，对着四面八方种种的不顺眼。且摘录几段近期其在微信朋友圈的言论以证言之不虚：

——2017年6月29日："无错不成书！报纸也一样！哈哈，写对'颍川'这两个字，太少了！还有能写对山东的'菏泽'的，也不多。一般错写'荷泽'。没办法。"

——2017年8月4日："'为候选训导，因不慕荣利，辞官回家。'我看不懂，还没上班，怎的辞官？人家是大学教授，说一句顶百句，俺是初中生，说了没人相信。真心话，知识，不要传播假的就行。这年头，怕了。"

——2017年8月12日："县志说，道光十六年进士有朱凤梧，我去查工具书，没有。县志又说，道光二十五年有朱凤梧，去查工具书，原来是同一个人。唉，多了一个！呆子掘荸荠！"

类似的吐槽或显摆实在太多，打住。心想，如此口无遮拦的性格，得罪的人不会少。还好，他手下留情，没对朋友圈的几个熟友开炮，给我等留了面子。他又曾几次三番自诩：二十年来自费订阅《光明日报》，不知全国有几人？我还真是佩服了。像这样乡村打粗工的，有这闲钱闲心订阅《光明日报》的，估计一个手数得过来，真正凤毛麟角。他是真喜欢，认真读，认真吸收的，不时剪报归类以备参考。我想，他的自学成才，他的专业操作，类似的报刊文献一定给了他丰厚持续的滋养。

他是个有心之人，执着之人。始终觉得孙伟良天生就有从事文献资料工作的潜质，这从他几十年如一日坚持记日常流水账即可知一斑。从成年参加工作起，他就开始记账，各种收入，各种消费，事无巨细，一一清晰。工作换了不少，家庭状况也从单身到娶妻到有了女儿，但记事、记账的好习惯始终没变。现在，他的账本本身就成了珍贵的档案资料,成了时代变迁、社会记忆的难得见证。还有他保存的种种相关的票据证件等。这种亲近、重视文献档案的秉性,自然对其开展学术研究产生良好影响。他对文献资料的搜集、考证、引述,向来慎重严谨,搜集求全,资料求真,考校务细,其专业规范程度甚至超过了许多专业学者。他在微信上的一段话或可作注解:“我业余治学,对史料学中的史源学尤为重视,读来先生学术随笔文章《挑水还是倒水》,可谓百读不厌。本来,《绍兴市志》已经引用了民国王廷凤的《绍兴之丝绸》,我硬是咬咬牙,在孔夫子旧书网用2000元买下原版的《绍兴之丝绸》。你看看,原文是‘获利倍蓰’,而《绍兴市志》改成了‘获利数倍’。我想,搞文献学的人,看了肯定笑话,用了引号的文字,是绝对不能更改的,这是常识。你查下字典,‘蓰’,是5倍的意思,古人不会用错。”他的非同寻常的执着更反映在十数年如一日的专注搜集上,近年来,每天晚上必做的功课就是上旧书网搜索关键词“来新夏”,以寻觅相关资料线索。也正是由于这样的执着,让他后来居上,收获满满,由此奠定了编著此书的坚实基础。

他是个有福之人。虽“不务正业”,却有个十分理解、支持他的妻子。送煤气的有限收入是全家的主要生活来源,又没有医保、退休金等正规保障,而他每年的买书花费少说在一万以上,我是不解。几次问过他,这般高频度的网购买书会否影响生计,甚至家庭和睦,他总是笑言没事。我信。虽出身贫寒,职业低微,他却不卑不亢,活得自信而滋润,还经常以此为荣,动辄张扬:我一个送煤气的,活出了如今的境界,能有几人?他生活俭朴,无不良嗜好,常将买书比作买烟,当微信上出现诸如“香烟一包,价格中等偏上”时,一定是网购的新书到了。我能想象这样的日常场景：饭桌上，他一边小酒自酌，一边说起当天收到的某研讨会请柬，引得妻女无边膜拜地仰望与聆听，而他则将这景象当作最好的下酒菜，陶然其中，俨然侯爷。又或者，他去附近的“金华旅馆”取每天信件时，会不经意地抽出其中一本杂志说，啊，这篇文章发表了，五千多字的，是谁谁向我约稿的。看着小老板无比羡慕的眼神，他于是滔滔不绝地解说开了，关于某某的掌故，万里之外某某忘年交教授的高度评价……最后少不了来一句“不敢当啊”之类的谦虚。

他是来先生的好学生，好弟子。少有的一个。按说，他是最没资格做来先生学生的，没学历，没正规受教，从事的送煤气行当又与学术研究八竿子打不着，可以说，起点低，条件差。却始终以研读来先生的著述为喜好，以搜集、整理、汇编来先生的著述，阐发、弘扬来先生的学术思想为己任，认准目标，咬定青山，心无旁骛，执着向前。因为文化程度低，因为地处僻乡可用资料少，他付出了比他人更多的艰辛与代价；下的是笨功夫，苦功夫，死功夫。举例来说，1938年出版的《绍兴县志资料·氏族编》是其最常用的工具书之一，原书没有标点、索引，为了便于利用，孙伟良硬是下功夫把它点校了出来，繁体改简体，直排改横排，并制作了拼音和笔画两种索引。当然，也没忘了借机显摆一番：“弱弱地问一下，绍兴除了我，还有谁在做这样的笨活。”呵呵！

欲完成这样一部工具书，来先生著述的搜集是关键，也是基础性的工作，没有现成的借鉴，没有捷径可走，唯有脚踏实地地搜觅积累，甄别整理，聚沙成塔，涓流汇海。孙伟良做到了。为解决资料匮乏之痛，他四处搜觅、费尽周折、不计代价购入来先生作品，许多书的获得曲折艰难，无不经历了寻寻觅觅、踏破铁鞋、柳暗花明、曲径通幽的一波三折，特别是那些早年的版本或得自境外的稀缺译本。其曾述及《美帝侵略台湾简纪》一书的获取经过。此书1951年出版，“久求不得，文友朱新学从孔网查询到此书多年前被一书友拍卖所购，经网站联系得到该书友手机号码，得知该书友也在收藏来先生的著述，彼此沟通，书友说只要能得到来新夏先生的题跋签名本，可以互换。得此承诺，我立即电话请示来先生，说明意图，先生应允。于是我买来《清刻红楼梦图咏》，然后寄天津，来先生题跋后，寄回绍兴。我再快递给书友，书友寄来《美帝侵略台湾简纪》”。看似寻常却奇崛，真心不易。

很感慨。一个送煤气工，这样的耗神费力，不惜投入，既没有课题经费，又不能用来评职称加工资，世俗的功利一点儿都沾不到边，究竟图个啥？我想，应该是精神的力量使然。孙伟良崇拜来先生，仰慕来先生，真心地想做点什么以付诸情怀。过程不无艰难，耗费难以估算，他享受这些，乐在其中。相比之下，许多有学历，有职称，有条件的学者却因种种原因不屑为，懒得做，因为难度太大，精力牵扯太多，却终归是一部资料性质的书，太不合算。从这点讲，吾辈自愧不如，有负先生教诲多矣。

穷十年之功，费无尽心机，《来新夏著述经眼录》终得大功告成。粗览书稿，获益良多。来新夏先生的历年著述俱按编年著录，如一串耀眼的珍珠呈现。据此，得清晰概观来先生之学问踪迹，学养风貌，学术贡献与地位。其之收录，举凡史学、文学、图书馆学、目录学等各领域，图书、报刊、油印、文稿等各种载体形式，大陆、港台、日本、韩国等各种文字版本，可称网罗几尽，涵盖全面。其著录与解读在总体规范的前提下又有独特风格，除了介绍一书出版之原委、获书之经历，也收录该书的序、跋、说明，及该书的篇章等，以帮助了解此书之概略。本书的另一显著特点是，尽可能地著录了来先生关于某书的题跋，这些题跋许多是专为孙伟良所作，故愈显罕见难得。如《副编》中的《中国近代史参考资料》油印本，收录了来先生到访孙宅时的即兴所题："此稿成于上世纪五十年代中期，余斋中已无此书。伟良得之网上，特志数语，以志世纪书缘。伟良小友雅藏。来新夏 二〇〇七年二月于羊石山房。"

对这部《来新夏著述经眼录》，有所异议的是某些附录的重复累赘，如本书中《来新夏随笔选》《问学·访谈录》两条，分别以序和后记的名义重复收录了名为《文心史记——略谈来新夏先生随笔》的文章，大可不必。我看到的是打印稿，或许出书时应该有所改观了。

相信，这部集资料性与工具性于一体的发凡之作必将成为研究来新夏学术生涯与治学思想必不可少的案头常备。

功夫不负有心人。

有志者事竟成。

嘉惠后学，善莫大焉。

这是我面对这部书稿时的真切感触。来先生泉下有知应笑慰，后来者登堂入室有门径。感谢伟良兄的辛勤付出！期盼伟良兄更上层楼，再呈佳作！

2017年8月20日于杭州

前 言

来新夏先生在《藏书的聚散》一文中写道:“绍兴有位失地农民,志在普及农村文化,向我求助,我也承诺赠书。”(见《中华读书报》2007 年 9 月 19 日第 7 版)文中言及之求助者即笔者。

我居高铁绍兴北站以北数里之羊山,初中毕业后,干过建筑工地小工、机械厂车床工,1995 年始以换煤气为生,自辟书斋“羊石山房”,劳作之余研治地方文史。2012 年 11 月 5 日,央视中文国际频道“走遍中国”栏目在百集系列片《中国古镇》之第 76 集《齐贤镇——石城石缘》中曾予以报道。

尝拜读南开大学教授来新夏先生著述,受益匪浅,虔心求教,书信往来,遂成忘年之交。来先生(1923—2014)祖籍萧山长河,历任南开大学教授、校务委员、校图书馆馆长、图书馆学系系主任、南开大学出版社社长兼总编辑等职,并为教育部全国高等院校古籍整理研究工作委员会所属地方文献研究室主任,北京大学中国古文献研究中心教授等。先生主要从事历史学、方志学、图书文献学诸方面的教学与研究，著述宏富，以“纵横三学，自成一家”称誉于学界。尽管来先生早已著述等身，在晚年依然笔耕不辍，所撰学术随笔散文，隽逸飘洒，更是享誉文坛，粉丝不胜枚举。

2006年春，来先生应绍兴市政府之邀，出席祭禹大典后，游羊山，莅临寒舍，并将所著《邃谷文录》《北洋军阀史》相赠。是年冬，数次寄赠书籍逾千册，嘱我在寒舍辟建阅览室，让文化浸及大众。可见先生在提携后辈之余，尚怀史学普及之志也。2007年2月3日，寒舍“来新夏民众读书室”开室，历经十数年渐次购置的藏书逾万册，以明清史料、历史工具书、地方文献为主体，其中最具特色的藏品当推来新夏先生的著述。后又经数年努力，收藏愈趋完备，包括来先生为南开大学历史系、图书馆学系，为高等院校开办方志学课程自编的教材油印本，以及20世纪70年代末80年代初出席全国性学术研讨会的论文稿，均悉数入藏。来先生曾三次莅临寒舍，每视油印本，“如见故人，几乎泪下”，一一予以题跋。

来先生在2010年岁末撰文有言：“本世纪之初，绍兴一农友孙伟良君，搜集我的编著几近完备。”藏品内容涉及历史、方志、目录、古籍整理、谱牒、文学、艺术等诸多门类，达140余种。遂不揣浅陋，将收藏的来公著述编成提要，庶几有裨于读者了解来公毕生之学术。

在编辑来先生著述提要的过程中，感慨良多，试举二例。

岳麓书社2010年出版来先生的随笔集《交融集》，得知先生的著作《古典目录学浅说》被译作韩文在韩国发行。之前湖北教育出版社1997年版《汉籍外译史》亦谈到：“历史学家来新夏(1923—　)在35岁出版的第一部著作《北洋军阀史略》，1969年由日本桃源社出版了日译本，改名为《中國軍閥の興亡》。”一位历史学家的著作被翻译在外国发行，这充分反映了域外对于中国学者学术水平的肯定。毕竟,在精彩纷呈的学术著作中,译者是需要择“善”而译的。2015 年 9 月,我辗转从韩国邮购到韩文版《古典目录学浅说》,尽管价格不菲,然心情是如获至宝。

广东人民出版社 2015 年出版来先生的《邃谷四说》,此为先生撰于 2011 年至 2014 年间 56 篇随笔之结集。文章出处括注有“原载《中国典籍与文化》2011 年第 3 期”“原载《光明日报》2012 年 4 月 6 日”“原载《今晚报》2013 年 9 月 12 日”“原载《天津日报》2014 年 1 月 27 日”等等。回想 2012 年 5 月我出席来先生九十华诞庆典会,先生在庆典会上陈词“有生之年,誓不挂笔!”言犹在耳,这让我想到陈平原先生撰文所说:“我认识的长辈学者中,‘活到老,学到老’的比比皆是;至于像来新夏先生那样‘活到老,写到老’的,则如凤毛麟角。”来先生谦称乃“一介书生”,践行如一,令人肃然起敬。

2014 年 3 月 31 日,来先生遽归道山。在已有著述提要的基础上扩充完善,加紧编撰《来新夏著述经眼录》即成为我的自觉使命。如今《经眼录》拙稿甫成,不禁再次重温 2014 年 4 月 5 日《新京报》刊发《藏读来公》一文中我的心愿:“唯一的途径,只有一头扎进先生的著述及赠书中,去领悟,去实践,去圆我学生时代立志当历史学者的梦……”

2017 年清明后十日,孙伟良撰于绍兴来新夏民众读书室

编 例

1.本书名《来新夏著述经眼录》，所收之来新夏先生著述，均为寒舍“绍兴来新夏民众读书室”所藏。

2.本书所收条目，涵盖来先生所撰写、辑述、翻译、主编、校点之著述。

3.本书所收来新夏著述，出版日期截至2016年底，撰写采取编年体，以见来先生一生之学术脉络。

4.本书涉及之来新夏著述，以公开出版物为主要对象。此外，酌情所收若干种著述，如《中国近代史参考资料》《中国图书文献选读》，系来先生在南开大学历史系、图书馆学系教学时所编教材，《北洋军阀与日本》等数种，是来先生曾应日本独协大学之邀任客座教授期间，为研究生授课时校方所印的资料。

5.相同书名之著述，例如《古典目录学浅说》《北洋军阀史》《谈史说戏》等，在不同出版社出版的，从图书在版编目(CIP)数据因素考虑，视为不同版本而分别作条目。

6.本书条目内容，先是由著录项和“提要”两部分组成，著录项包括书名、责任者、出版者、出版年月、字数、印数、定价，以及统一书号或国际标准书号，原则上以所见图书原有款项著录；再是照录原书目录、前言（序）以及后记；最后附以书影。

7.“水本无形，因岸成之。”条目撰写不拘程式，因书而异，长短不一，间或有书话痕迹，以体现成书背景。

8.绍兴“来新夏民众读书室”所藏来先生著述，多有签名及题跋等，弥足珍贵，随文录入。

9.本书附录20种文献提要，均为涉及来先生的书籍与资料，亦可见本“经眼录”由历次版本的“著述提要”逐步丰富完善之轨迹。

沧海遗珠，在所难免。若再发现未及收入的来先生著述，他日编撰《来新夏先生著述编年》时予以补录，祈盼同好告知线索。联系邮箱：yangshan1969@qq.com；微信号：13335855255 羊石山房。

目　录

正　编

副 编

附录　来新夏文献提要

正　编

美帝侵略台湾简纪

（1951）

来新夏编著。2.5 万字。天津历史教学月刊社 1951 年 8 月出版，知识书店发行，印行 5000 册。定价：2800 元（注：旧币）。

来新夏 1946 年夏毕业于北平辅仁大学历史学系，获文学士学位。为谋生，在随后数年里，当过公司职员、中学教师。1949 年 3 月，他被所在中学的“民青”组织保送到华北大学接受政治培训，培训结束后被分配到由该校副校长、我国著名马克思主义史学家范文澜兼任并主持的历史研究室做研究生，从事中国近代史研究。原本学古代史的来新夏，对近代史知之甚少，但在高昂的革命激情驱动下，他没有任何犹豫，欣然服从组织的安排，而且庆幸自己能在范文澜的指导下从事近

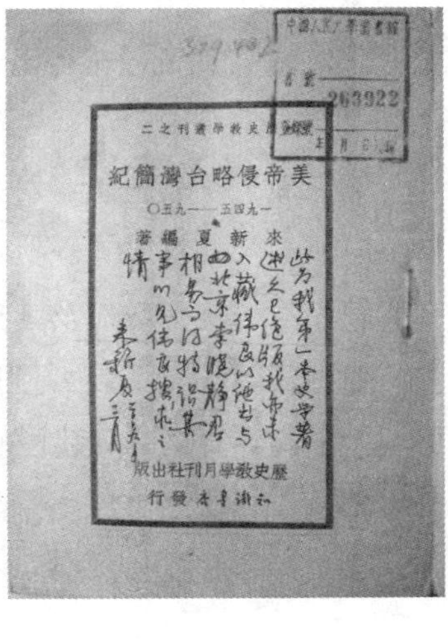

代史的研究工作。

华北大学历史研究室于1950年改为中国科学院历史研究所第三所(后改为近代史研究所),范文澜任所长。是年10月,抗美援朝战争爆发后,中国科学院召开全院声援大会,工作于该院的来新夏投身于口诛笔伐之行动,开始撰写《美帝侵略台湾简纪》一稿,经范文澜先生审阅后发还,同意出版。该书的材料,起自1945年日寇投降,下迄1950年止。五个章节的标题均摘自伍修权在联合国安理会控诉美国武装侵略台湾的发言中的语句,其中第一章和第四章的内容,曾在《光明日报》及《人民日报》刊登过。

本室藏本之封面钤有蓝色椭圆形“中国人民大学图书馆藏书”章。扉页跋曰:“此为我第一本史学著述,久已绝版,我亦未入藏,伟良以他书与北京李晓静君相易而得,特识其事,以见伟良搜求之情。来新夏 二〇〇九年三月。”

《美帝侵略台湾简纪》目录

《美帝侵略台湾简纪》后记

一、本书所收的材料，上起1945年日寇投降，下迄1950年止。

一、材料的来源主要是期刊和报纸，图书较少。

一、本书每章的标题，都是摘用伍修权代表在安理会控诉美国武装侵略台湾的发言中的语句。

一、本书的第一章和第四章，都曾先后在北京《光明日报》及《人民日报》刊登过，为了使其能成一整篇，所以又收进来作为其中的一章。

一、本书因编写时间匆促，写好以后，又没有经过详细修改和补充，所以材料很不完全，论述也可能有不妥之处，希望能得到更多同志的帮助和改正。

一、本书有些材料都注了出处，大部分未注出处而加以括号的，都是根据新华社通讯稿。

一、荣孟源同志向本书提出一些意见，杨子竞同学帮助抄写，都在此表示谢意。

第二次鸦片战争

（1956）

来新夏编。1.1万字。通俗读物出版社1956年1月第1版，第1次印刷，印行35000册。定价：9分。

书号0575

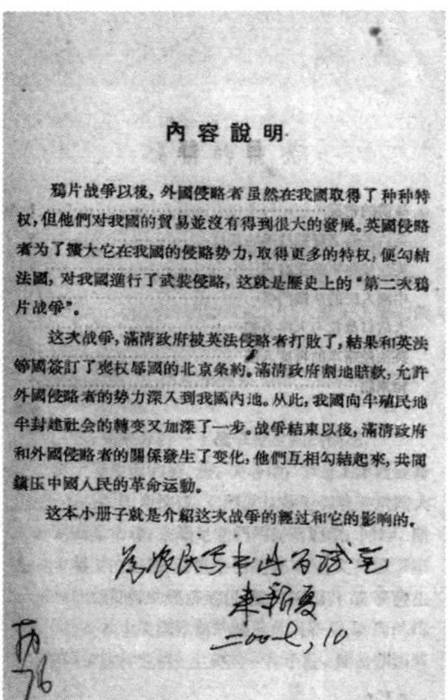

内容説明

鸦片战爭以後，外國侵略者虽然在我國取得了种种特权，但他們对我國的貿易並沒有得到很大的發展。英國侵略者为了擴大它在我國的侵略势力，取得更多的特权，便勾結法國，对我國進行了武裝侵略，这就是歷史上的"第二次鸦片战爭"。

这次战爭，滿清政府被英法侵略者打敗了，結果和英法等國簽訂了喪权辱國的北京条約。滿清政府割地賠款，允許外國侵略者的势力深入到我國內地。从此，我國向半殖民地半封建社会的轉变又加深了一步。战爭結束以後，滿清政府和外國侵略者的關係發生了变化，他們互相勾結起來，共同鎮压中國人民的革命运動。

这本小册子就是介紹这次战爭的經过和它的影响的。

1955年9月，北京通俗读物出版社为农村读者编写中国近代史丛书，每册万字左右。来新夏先生接受《第二次鸦片战争》一题，月余完成交稿。

鸦片战争以后，外国侵略者虽然在我国取得了种种特权，但他们对我国的贸易并没有得到很大的发展。英国侵略者为了扩大它在我国的侵略势力，取得更多的特权，便勾结法国，对我国进行了武装侵略，这就是历史上的“第二次鸦片战争”。

本室藏本题有“为农民写书,此为试笔。来新夏 二〇〇七 10”。

《第二次鸦片战争》目录

北洋军阀史略

（1957）

来新夏编著。11.2 万字。湖北人民出版社 1957 年 5 月第 1 版，印行 25000 册。定价：0.50 元。

统一书号 11106·32

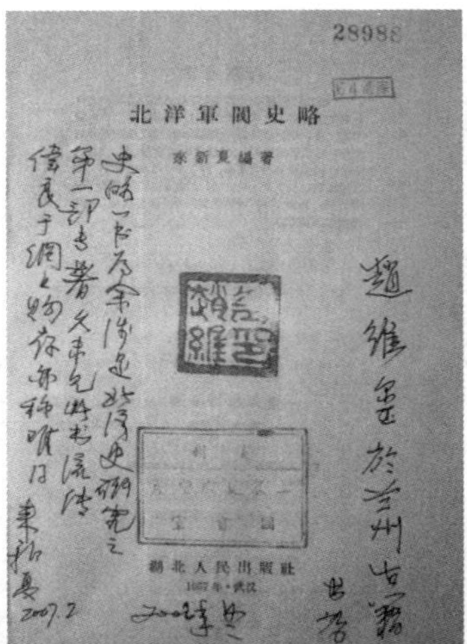

1951 年春，来先生执教于南开大学历史系。到津第二年，他的讲稿《北洋军阀统治时期》在《历史教学》杂志 1952 年 8 月号至 10 月号上连载，由于当时历史刊物很少，因而这个讲稿立即引起史学界同仁的关注。1956 年伊始，学术界提倡“百花齐放，百家争鸣”。在此环境下，经荣孟源先生推荐，湖北人民出版社邀请来先生撰写一部关于北洋军阀的书稿。其时北洋军阀集团显然是中

北洋軍閥統治時期
——中國近代史講課記錄——
來新夏
一、袁世凱反革命的「勝利」

国近代史上的反面人物，研究的压力显而易见。但在荣孟源先生的鼓励下，来先生终于克服了不碰历史“阴暗面”的心态，在《北洋军阀统治时期》讲课记录基础上，又经研究，于1956年2月成初稿，9月成修改稿，交付出版社，翌年《北洋军阀史略》出版。

《北洋军阀史略》根据具体的史料，运用新的观点，对“北洋军阀”的形成、发展、更迭、派系混战及其覆灭，作了较为全面的叙述。书末有附录二，一是北洋军阀时期大事简表，二是列出将近40种参考书目。此书是解放后在国内出版的第一部以历史唯物主义观点和方法来考察北洋军阀集团的兴衰变化、探求其成败兴亡的内在联系的著作，堪称为新中国史学工作者在这一领域的拓荒之作。

《北洋军阀史略》出版后，引起了海内外学者的注意。在国内，相当一段时期它被当作教学和科研中最主要的一种参考书。沈渭滨教授认为“这部著作的出版，不仅开拓了北洋军阀研究的新领域，而且也为今后学术界研究这段历史奠定了良好的基础”。在国外，日本明治大学岩崎富久男教授将它译成日文，增加了随文插图，易名为《中國軍閥の興亡》，先后于1969年、1989年由两个出版社出版，成为日本学者研究北洋军阀史的案头用书。

来先生在《北洋军阀史略》扉页的跋为：“史略一书，为余涉足北洋史研究之第一部专著。久未见此书流传。伟良于网上购存，亦称难得。来新夏 2007.2。"

本室藏本，原钤"兰州工农边成中学图书室"长方形蓝色章，又钤"赵维玺印"，书"赵维玺于兰州古籍书店、2002 年冬"。又藏复本，所钤印为圆形蓝色"四川财经学院教务处图书馆藏书"。

《北洋军阀史略》目录

美国是武装干涉苏俄的积极组织者与参与者

（1958）

［苏］别辽兹金著。来新夏、魏宏运、吴琼译。15.5 万字。生活·读书·新知三联书店 1958 年 3 月第 1 版，北京第 1 次印刷，印行 2600 册。定价:0.70 元。

统一书号 11002·185

北京市书刊出版业营业许可证出字第 56 号。

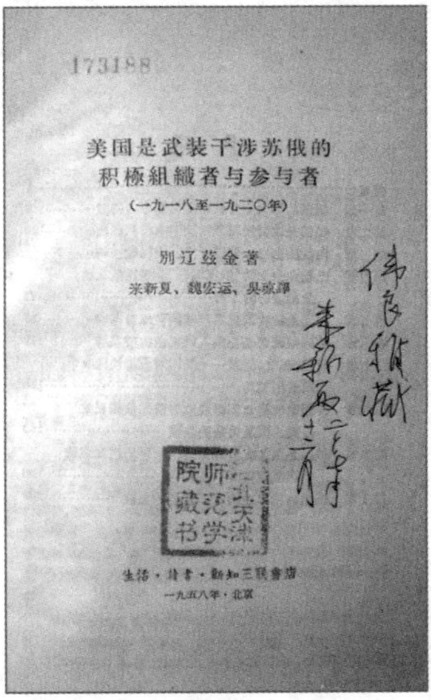

1952 年年底，南开大学要求来先生领衔主持翻译俄文著作《美国是武装干涉苏联的积极组织者与参与者》，以巩固教师的俄文学习成果，兹事进度稍显缓慢，后经出版方三联书店再请专家审改，始达出版水平。本书根据苏联国家政治书籍出版局 1952 年增订第二版译出，译

文略有删节。

本室所藏为原河北师范学院图书馆藏书，扉页钤正方形“河北天津师范学院藏书”章。题“伟良雅藏 来新夏 二〇〇七年十二月”。

《美国是武装干涉苏联的积极组织者与参与者》目次

火烧望海楼

（1960）

“河北戏曲丛书”之一。来新夏、张文轩编剧。5.9万字。百花文艺出版社1960年2月第1版，印行5000册。定价：0.32元。

统一书号 10151·149

本室所藏《火烧望海楼》扉页的跋：“此为我第一次试作京剧案头本，后由演员厉慧良、张文轩等制演出本。来新夏　二〇〇七年十月。”

来新夏先生对京剧情有独钟。1959年6月至7月，应天津市京剧团之邀，为国庆十周年献礼，以近代史上1870年发生的震惊中外的“天津教案”中心事件为根据，来先生与天津京剧团张文轩先生合作编写了反映中国人民反洋教斗争的历史剧《火烧望海楼》剧本，来先生在主题思想、故事编排、人物塑造上掌舵，张先生在唱、念、做、打上把关。9月在天津中国大戏院公演，著名武生厉慧良（1923—1995）导演并主演，红极一时。10月赴京献演，获文化部优秀作品二等奖。《北京晚报》1962年5月15日刊发一则本报讯：“天

津市京剧团即将来京，著名演员厉慧良、张世麟等将同首都观众见面。天津市京剧团曾数次来京演出，已为本市观众所熟悉。去年10月份在京演出时，厉慧良主演的‘长坂坡’‘火烧望海楼’‘钟馗嫁妹’和张世麟主演的‘战冀州’‘武松’等剧，给首都观众留下深刻印象。”“去年10月份在京演出”事，天津市戏剧家协会主席高长德曾在来先生九秩诞辰庆祝会上有发言：“1961年奉调进京，参加纪念辛亥革命五十周年的活动，曾经在人民大会堂演出，此时人民大会堂刚刚建成不久，是全国人民心目中神圣的政治中心，能在那里演出无疑是巨大的荣誉。朱德、董必武、李先念、邵力子、廖承志等国家领导人出席观看，同行们给予高度赞誉，轰动一时，名垂京剧发展史，多年来这出戏始终让人念念不忘。”

先生曾撰《关于〈火烧望海楼〉的编写》，发表于《百花》1959年第3期，入载南开大学出版社2014年版《旅津八十年》。又撰《论“天津教案”》一文，刊登在《天津师院学报》1980年第4期，此文收载于齐鲁书社1983年版《中国近代史述丛》。《辞海》1979、1989、1999及2009年版，均设“天津教案”条目。

《火烧望海楼》剧情为：天津的法国教堂为了强划教区，借口没落书生范永欠教民王三的债将范永的房屋两间强行霸占。此时，范永之子龙儿被拐进教堂中的“仁慈堂”，范妻也被法国神父谢福音诱奸，同时，刁恶教民在教堂指使下屡屡欺压人民，人们告状又被清朝通商大臣崇厚拒绝。人们在走投无路之际，遂在码头工人马宏亮、棚匠刘黑、摊贩于麻子、崔大脚等率领下，去教堂进行说理；但法国神父蛮不讲理，而领事馆秘书西门竟开枪杀人，激起群愤，人们杀死了谢福音、王三和法国兵，并将法国教堂焚毁。厉慧良主演的是码头工人马宏亮。

剧本《火烧望海楼》的场次，第一场，赖资；第二场，骗产；第三场，驱贩；第四场，陷弱；第五场，诡辩；第六场，媚洋；第七场，勘尸；第八场，尾迹；第九场，奸败；第十场，愤控；第十一场，显形；第十二场，壮举。厉慧良改编的演出本，据笔者购自孔夫子旧书网的天津市京剧团的戏单，第一至第七场未变，第八场之后改为探堂、尾迹、奸败、愤控、壮举。据长春京剧团演出之油印稿《火烧望海楼》剧本，改 12 场为 9 场：第一场，赖资；第二场，骗产；第三场，驱贩；第四场，诡辩；第五场，媚洋；第六场，勘尸；第七场，尾迹；第八场，愤控；第九场，显形。而天津市京剧团 1977 年 10 月印制的标“近代革命历史剧”《火烧望海楼》戏单，亦将原 12 场改为 9 场及尾声：第一场，划界；第二场，骗产；第三场，驱贩；第四场，诡辩；第五场，媚洋；第六场，勘尸；第七场，尾迹；第八场，愤控；第九场，显形；尾声，烧楼。主要剧中人马宏亮的扮演者是马少良。又购得北京京剧院三团 1986 年 4 月印制的标“大型近代历史京剧”《火烧望海楼》戏单，它是根据天津

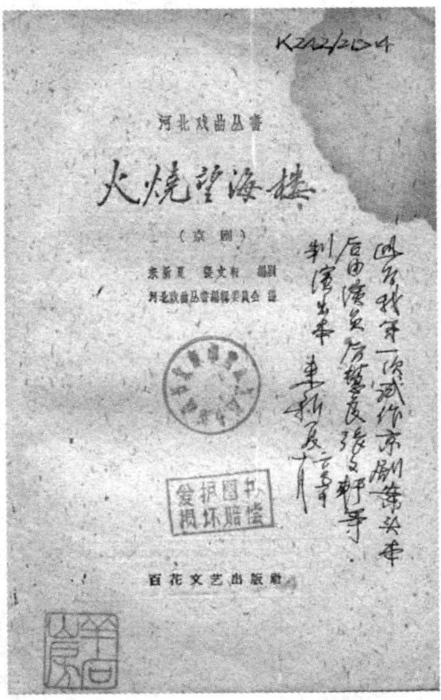

市京剧团演出本整理，执排导演张松林，其场序同样是9场，但略有改动，第一场，划界；第二场，骗产；第三场，驱霸；第四场，诡辩；第五场，媚洋；第六场，勘尸；第七场，擒凶；第八场，义愤；第九场，险情。主要演员是李元春、周铁林。

谈谈有关编写《火烧望海楼》一剧的几个问题(代序)

在伟大的祖国十周年国庆日的前夕，领导上决定出版我们编写的《火烧望海楼》剧本，对我们说来，无疑是一种最高的奖赏和最大的鼓励。这个剧本是通过演出，经过剧团、导演、演员和观众各方面的帮助指正，逐步修改而成。

我们为了在剧本出版后，能得到更多的帮助和批评，因此想借此把我们在进行编写工作中所考虑过的几个问题提出来说一说。

(一)为什么要写《火烧望海楼》

《火烧望海楼》是以天津近代革命史事为基本题材的一出历史剧，我们在写它时，不是灵机一动，而是过去都曾被这一历史事件激动过，而考虑以一种艺术形式来表现它。去年省市委召开文艺创作会议后，戏曲界提出了创作新戏曲迎接国庆十周年的要求。于是，我们在这个要求的鼓舞下，在党的支持下，在中国剧协天津分会的帮助下，采取了专业与业余相结合的办法，决定选取这个题材开始编写。

在着手研究全剧结构前，我们先考虑如何确定全剧的主题，也即这个剧主要是要表现什么。最初，曾经单纯从表演上做过一些试探性的规划，准备以英法联军的暴行作序曲，以范永一家的悲惨遭遇作中心，以烈士殉难作终结。但是这样表现，会形成只是中国人民遭凌辱、受欺压的低沉基调，在反映历史真实和时代气息方面有一定缺陷。因此，把它否定掉，又从当时的历史条件重新考虑。

作为《火烧望海楼》历史依据的"天津教案"，发生在十九世纪七十年代，正是全国普遍展开反洋教斗争的年代，这是一次很有典型意义的斗争。因此，它除了本身的特性外，还在很大程度上具有当时历史条件的共性，所以我们认为这个剧必须不脱离中国近代历史的基本线索。为此，我们进一步学习了毛主席的有关指示。毛主席在《中国革命和中国共产党》一书中曾指出："帝国主义和中华民族的矛盾，封建主义和人民大众的矛盾，这些就是近代中国社会的主要的矛盾。……而帝国主义和中华民族的矛盾，乃是各种矛盾中的最主要的矛盾。"又说："帝国主义和中国封建主义相结合，把中国变为半殖民地和殖民地的过程，也就是中国人民反抗帝国主义及其走狗的过程。从鸦片战争……直至现在的抗日战争，都表现了中国人民不甘屈服于帝国主义及其走狗的顽强的反抗精神。"根据这个指示，我们确定，这个戏主要是展示帝国主义和人民大众的矛盾，着重宣扬中国人民的反抗精神，而把"官、民、夷"的关系处理为连锁的三环关系。

我们也曾想通过表现这个主题，达到下面两个主要目的：

第一个目的是揭露外国侵略者的侵略罪恶。利用宗教进行侵略是外国侵略者的一种侵略方式，它与军事、政治、经济的侵略是有着密切联系的。因此，我们把《火烧望海楼》的本事与英法联军攻占天津联系起来。揭露出在第二次鸦片战争以后，那些披着宗教外衣的侵略者，以条约为护符，以炮舰为后盾，以宣扬"忍耐、保守和受苦受难的基督精神"为手段，深入中国各个角落，攘夺利权、搜集情报、飞扬跋扈、穷凶极恶、唆使奸民作恶和麻醉中国人民的精神，干出了罄竹难书、擢发难数的罪恶勾当。把这些罪恶通过舞台表现在观众面前，使观众从具体事例中能对外国侵略者的侵略罪行有极大的痛恨。与此同时，我们也注意到，不管侵略者好像多蛮横凶恶，事实上，它也逃不出一切反动派都是貌似强大而实际虚弱的这条真理，尽管它们多么耀武扬威，但是在中国人民的愤怒浪潮和有力反抗的冲击下，它们那种惊惶失措和纸老虎的丑态就暴露出来，“显形”和“壮举”二折就想表现这一点，使观众在剧终以后，从整体上完全有理由藐视敌人。

第二个目的是歌颂中国人民的反抗精神。自从外国侵略者侵入以后，清政府是奴颜婢膝的屈服，但是中国人民却从一开始即坚持走不甘屈服和英勇反抗的道路。这个光荣的传统精神一直鼓舞着中国人民的斗志。毛主席曾说过：“中华民族的各族人民都反对外来民族的压迫，都要用反抗的手段解除这种压迫。”因此，全剧采取了肯定地、毫无保留地、尽力恰当地表扬和刻画那些体现反抗精神的人物和事实。即使像范永那样遭受压迫的人，在最后也必定归入反抗的行列之中。我们想通过剧中的这些描述，来发扬我国人民反侵略斗争的革命传统，激励和鼓舞群众的爱国热情，使人们以有一个光荣的革命传统的历史而感到自豪和骄傲。也只有这种气宇轩昂、意气风发的格调，才适合我们在伟大的祖国十周年建国纪念时作为献礼。当然，这是我们最初所想的努力方向，现在所做的还差得很远。

除了上述两个主要目的外，还想借此刻画一下清政府洋务派和守旧派的冲突，以及扩大京剧的题材范围等。不过，这些在最初的考虑中是占次要地位的。

(二)关于剧情的根据与材料

《火烧望海楼》是一出近代历史剧,基本上是以1870年的“天津教案”为依据,加以丰富发展而编写成的。我们对这个问题曾经有过这样的想法:历史剧既不是把历史在舞台上作罗列的叙述,必须有故事、有具体人物、有生动的情节;但又不能完全脱离历史实际和历史的可能事件。因此剧中所表露的几个主要问题,我们都以一定的历史资料为根据。下面举几个例子来说明;

(1)关于传教士和坏教民勾结作恶,激起教案的事实,在当时是全国普遍存在的事实。清政府在议结“天津教案”后,曾有致各国议办传教节略和章程,其中对这个问题作过一些不够深刻的概括分析说:

> 换约以来,入教之人,率非善类,致将劝人为善之教,为人轻视,民心已属不服;而入教之人,又复倚仗教士之势,欺压平民,民心愈觉不服;及至民教互争,滋事成案,一经地方官查办,教士又从而袒护教民以抗官,民心更觉不服;甚至中国叛乱有罪之人及一切讼棍等众,逃入教中,借势生乱,百姓蓄怨已深,积怨成恨,积恨成仇。”(同治朝筹办夷务始末,卷82,页14-15)

> 现在教中所为各事,已多与中国民心不洽。……各种举动,百姓均怒目相视,俨若仇敌。(同上,页24)

剧中揭露的教士和坏教民的种种恶迹,其中心内容就是要表现这一历史情况。

(2)关于中国人民的反抗斗争是当时各地反洋教斗争中的主力,斗争情绪也非常高昂,如太常寺少卿王家壁的奏折中曾称:

> 百姓愤怒,如墙而起。(同治朝筹办夷务始末,卷78,页

16-17)

至于具体的英雄人物的事迹,在统治阶级的历史记载中,除了屠杀外,不会有其他正面的记载。我们认为一般歌谣和传说是从一定的事实发展敷衍起来的。因此,在刻画马宏亮这个剧中的英雄人物时,就根据天津流传甚久的快板书的部分内容。快板书中曾有这样一段唱词说:

这才惊动马宏亮站起身来细说根苗:
我们一不是响马,
二不是贼寇,
三不是图财害命明火路劫才把命丢。
我们是替那屈死的小孩来报仇;
给天津卫除大害,打死丰大业,烧了鬼子楼,
活劈了大姑二姑,举着她们的脚腿把街游。
不怕死来拼命雪冤仇。
好汉作事好汉当,
一命抵一命死也甘休!
(《近代史资料》,1956 年,第 4 期,页 23-24)

这段唱词给了我们塑造这个人物以很大的帮助。在这个基础上又丰富一些故事,把马宏亮塑造为剧中的主人翁。

(3)关于清政府中守旧派和洋务派在这次事件中的矛盾是比较明显的。当时守旧派的态度是:

津民宜加拊循,勿加诛戮,以鼓其奋发之志也。(醇郡王奏,同治朝始末,卷 72,页 35)

纵不能乘此(天津教案)机会,尽毁在京夷馆,尽戮在京夷酋,亦必将激变之法国,先与绝和,略示薄惩。(李如松奏,同

上,卷73,页17)

法国有传教之说,阳为劝善,包藏祸心,……今津群之变,实乃天夺其魄,神降之灾,正可假民之愤,议撤传教之条,以固天下人民之心。(长润奏,同上,卷73,页21)

当时洋务派的态度是:

查津郡百姓,与天主教起衅之由,实因愚民无知,莠民趁势为乱。……当责成天津府县剀切晓谕众民,不准民间擅自拿人,并派队分投弹压查拿,严行惩办。(崇厚奏,同上,卷72,页27)

津郡此案,因愚民一旦愤激,致成大变,初非臣僚有意挑衅,傥即从此动兵,则今年即能幸胜,明年彼必复来,天津即可支持,沿海势难尽备。(曾国藩奏,同上,卷73,页49)

庚申避狄之役(英法联军)岂可再见。(曾国藩书札,卷33,页48)

剧中把守旧派的态度大体上集中在刘杰身上,而洋务派的态度则通过崇厚来表现。

除上述三例外,如对坏教民的选材上,对崔大脚的刻画上,以及其他剧中的一些具体情节,基本上都可以找到历史根据。这种既不是照搬历史,又不完全脱离历史的处理方法,我们还是初次试探,是否恰当,希望能得到批评。

(三)关于剧中的几个主要人物

马宏亮是剧中的主人翁,也是“天津教案”中就义者之一。他的生平还未发现文字记载。我们目前只以流传的快板书中的描写作为塑造这个为群众景仰的英雄人物的基本依据。我们把他写成为一个自发的反抗压迫的英雄,选择他作为显示当时中国人民群众反抗精神的剧中人物。他在剧中的身份是三岔河码头上的搬运工人。为了符合当时的历史条件,我们把他的反抗精神融解在他的见义勇为的行动中;同时为了避免把他错觉为游侠,所以又有意识地把他的身世和法国侵略者的罪行联系起来。不过由于缺乏更细致的塑造,我们感到这个人物还不够完整和有力。

刘杰是清政府的天津县知县,我们一方面写出他从守旧观点出发反对洋教,和对中国人“一入教民之列,有司即不能过问,甚至朝对簿以陈词,暮分庭而抗礼”的事实感到极大的不满。因而他能同情百姓受教民欺凌的遭遇,刻画他这个人多少有点民族自尊感和爱国心,仍不失为好官。另一方面又不能忘记他终究是统治阶级中的人物,对自己的前程得失有一定的考虑,因而他对老百姓还要打官腔和斥责等,对于一些事态有点无可奈何和畏缩不前,我们通过群众在公堂上的质问来批判他这一面。最后,刘杰在群众的自由行动中,被迫跟去,他在现场,一面拦住群众,维持秩序;一面在蛮横的法人面前也还不卑躬屈膝。这个人物在全剧中的思想变化是比较多的,但他一直处在自我矛盾之中,他的结局是因此丢了官,并被贬谪到黑龙江去。

范永在剧中的身份是穷塾师,也是就义者之一。我们把他作为一个性格软弱怕事,遭到家破人亡不幸的人物来处理。想从他一家的遭遇来具体反映教士和教民的勾结作恶。我们尽量削减范永在剧中的分量,以避免落入描写一家一户遭遇的旧套。范永是被人们同情的,但他只代表当时的次要方面,况且范永在最后仍是站在反抗行列之中的。

崔大脚是就义者之一崔秃子的妻子,有些记载和传说中叙述和赞扬了她在丈夫被难后的一些活动,我们把它移前一些,这一点为戏剧安排情节想是能被容许的。我们想通过她来反映这次斗争的一个群众面。崔大脚的性格应该是相当泼辣、爽朗和具有正义感的人物。她在天津故老中是有一定影响的。但是,我们在剧中所塑造的形象还不是十分理想的,只能看成是一个初稿。

王三是一个恃教作恶的坏教民。从阶级上看,应该是封建恶霸一类人物,传教士以之为左右手,利用他交结官府,勾通书吏,而他自己也成为一个"一入教中,即成化外。官且无可奈何,乡党亲戚更无忌惮"的特殊人物。在他手下还豢养一批如安三、武二那样的地痞、二流子。当然像王三这种作传教士鹰犬的人,无疑地是教民中的坏分子。为了划分界限,在剧中还有一个忠厚的被骗入教的教民李六,他在最后揭穿教堂罪恶时,表示了愧悔的态度,目的是显示中国人民在斗争中的分寸。

总之,我们选择这样一个题材,不仅是表演历史事迹,更重要的是要通过戏剧形式来表明我们的爱憎,宣扬中国近代史上人民群众对外国侵略者不屈不挠的斗争精神,鄙视、仇视侵略者,增强人们的民族自豪感。但是,由于我们水平限制和编写时间匆促,还不能如理想那样表达。不过,我们想通过演员的表演和观众的鉴定,把这个毛坯加以琢磨,经过群众的锤炼,而逐步使它完善起来。

剧本承佟振江同志根据天津市京剧团演出时的唱腔编制曲谱,特在此表示我们的谢意。

来新夏　张文轩

中國軍閥の興亡

（1969,日文）

编著者,来新夏。译者,岩崎富久男。发行者,矢贵升司。印刷者,奥村正雄。发行所,东京都中央区日本桥蛎殼町 1—12 株式会社桃源社。昭和四十四年(1969)二月十日印刷。昭和四十四年二月十五日发行。定价:750 日元。

由马祖毅、任荣珍合著,湖北教育出版社 1997 年 10 月出版的《汉籍外译史》,在“历史书籍的翻译”一节载:“历史学家来新夏(1923—)在 35 岁出版的第一部著作《北洋军阀史略》,1969 年由日本桃源社出版了日译本,改名为《中國軍閥の興亡》。”

日本明治大学岩崎富久男教授在研读来新夏《北洋军阀史略》时,认为“该书能够准确把握当时的社会、经济以及外交等情况,加以犀利的分析,完全具有名著的水平”。

《中國軍閥の興亡·前言》中,岩崎富久男认为同时代还有陶菊隐《北洋军阀统治时期史话》的大部头著作,“为该领域的研究留下了很大的成绩”,然系统性的介绍以《北洋军阀史略》为最早,翻译

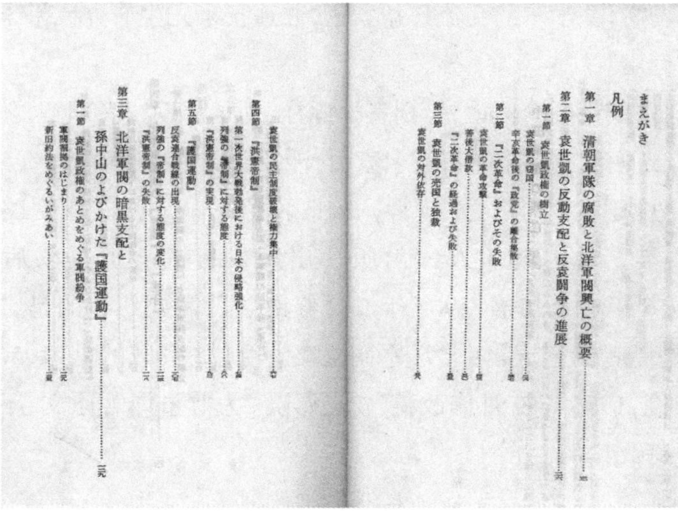

此书也基于这个原因。在为日译本定书名时，考虑到读者未必都是专门的研究者或学生，应尽量避免常人陌生的“北洋军阀”一词，于是书名改为《中國軍閥の興亡》。

岩崎富久男教授在日译本前言大意说：“关于本书编著者来新夏先生，译者目前没有任何信息，诸如其履历、现在就职于何处、从事什么工作等，可以说一无所知。现在中国正值‘文化大革命’，很多著名学者有的作为‘资产阶级学术权威’，或作为‘反党修正主义者’正在遭受着严厉的批判，而来先生的情况又是如何呢？我无从得知。”在录存来先生《第二次鸦片战争》《第一次国内革命战争史论集》《中国农民起义论集》三本书名以及16篇论文篇名，译者接着说：“正如以上所述，来先生有很多的论著涉及中国近代史的各个领域。除此之外，我想先生应当还有其他论著，然而至今译者仅知上述有限的著述而已。尽管我很想得到一个直接拜访来新夏先生的机会，但是现在的日中关系似乎不可能实现。因此，我希望今后两国文化、学术的交流日益紧密，并遥祝来先生研究成果丰硕和身体健康。”

《中國軍閥の興亡》策划室桃源社，为了帮助读者理解，随文增加了 28 幅图。书末附有人名索引，涉及历史人物 204 个。

《中國軍閥の興亡·前言》载曰：“原书《北洋军阀史略》，是 1957 年 5 月由湖北人民出版社出版发行的，但是书后却写着 1956 年 2 月初稿，1965 年 9 月修改。”需要纠正的是，“1965 年”是译者的笔误。《北洋军阀史略》第 175 页载的是“1956 年 2 月初稿，1956 年 9 月修改稿”。应无误。为尊重译著原文，不作改动。特此说明。

《中国軍閥の興亡》目次

《中國軍閥の興亡》前言/岩崎富久男

本书封面虽然题为《中國軍閥の興亡》,实际上原书题目为《北洋军阀史略》。本来,我应该原样翻译,但是本书的读者未必都是专门研究者或学生,总的来说还是应该避免一般人不太熟悉的"北洋军阀"这个词,于是便将书名改为了《中國軍閥の興亡》。

原书《北洋军阀史略》,是1957年5月由湖北人民出版社出版发行的,但是书后却写着1956年2月初稿,1965年9月修改。此外,该书的封面、内页和版权页都写着来新夏编著,但究竟是"编"还是"著",仅看本书是难以清楚的。

《北洋军阀史略》如今出版已经十余年了。从今天来看，我想研究的推进还不能令人满意。本书基于详实的史料，从新的观点出发，对“北洋军阀”的形成、发展、盛衰、混战、灭亡进行了全面而系统的论述，这一新成果，即便在今天仍旧不失其意义。尤其是该书能够准确把握当时的社会、经济以及政治、外交等情况，加以犀利的分析，完全具有名著的水平。

在中国，同时代的还有陶菊隐著《北洋军阀统治时期史话》（全八册）的大部头著作，为该领域的研究留下了很大的成绩。尤其对于中国人民来说，过去充满苦难的屈辱历史是无法忘记的。如果探寻当时的暴政，现在应该到处都有吧。不然的话，“家的历史”“村的历史”“工厂的历史”，这一时期生动的见闻，七亿人民从老人的口中马上就能说出来。只要想起卖国害民的“北洋军阀”的罪恶行径，他们就会怒不可遏吧。“北洋军阀”黑暗统治下的十六年，对中国人民来说，还是一种切身的历史体验。如果只是将其作为留在历史书上的过去的“历史”，那是完全错误的。

那么，在我国又如何呢？我们日本人，无论是当时还是以后（以前也是如此），一贯都是站在侵略中国的立场上说话。纵然那是为侵略中国而进行的，不管怎么说，在给中国人民带来沉重灾难方面却是一样的。可是，在我们日本人中间，这些事情快要忘记了吧。

“战后就是结束”这样的说法，已经听说很久了。确实，战后已经过去二十余年了。而且，世界也充满“昭和元禄”的和平氛围。但是如果将目光转向中日关系，一个严酷的事实就是两国至今还没有恢复邦交。从国际法上来看，中日之间现在还处于战争状态，根本不能说什么“战后”了。

即便仅限于“北洋军阀”统治时期以后，我国对中国的干涉、恐吓、侵略一直都没有停止。不几年就发生了“九·一八”(满洲事变),满是污秽的军靴开始践踏其国土,造成很多人员伤亡。仅从1937年的“七·七”开始的八年中日战争,给中国造成的伤害就不可估量。

历史的审判已经严肃宣布,历史已经昭示我们,侵略不过是自掘坟墓。但是,并不是所有事情都会由此而解决。我们先人留下来的这个“借款”,我们必须好好偿还。负债时间越长越沉重。但是,我国的政策却是距离这个最近的邻国越来越远。不得不说这是非常遗憾的。

这样的社会情况也反映在历史研究当中。在我国,有关“北洋军阀”的研究和介绍还不能说很充分。系统性的介绍以这本书为最早。翻译本书也是基于此,拙译如果能为关心中国近代史、现代史的读者提供某些参考,加深这方面的研究和学习,对我来说乃是莫大光荣。

在翻译过程中,我尽可能遵从原文,但是对于原文中的“日本帝国主义”(或者“日帝”)、“美帝国主义”(或“美帝”)、“英帝国主义”(或“英帝”)、“法帝国主义”(或“法帝”)等词,在桃源社编辑部的劝说下,我决定不原文翻译,只是将它们翻译成“日本”“美国”“英国”“法国”。这样只是为了避免繁杂,让读者易读。当然,这样是不严谨的。即“日本”和“日本帝国主义”“美国”和“美帝国主义”“英国”和“英帝国主义”有鲜明的区别。原著者明确将帝国主义定义为“北洋军阀”背后的外国势力,当然原著中也有极少的时候使用“日本”“美国”“英国”这样的情况,此外全都使用“日本帝国主义”“美帝国主义”“英帝国主义”。希望严谨的读者能够正确解读本书中这些国名后面的“帝国主义”这个词。不管如何,我还是抱歉损害了原著的原意,还请读者谅解。

此外,本书的小标题是原著所没有的,为了帮助读者理解,桃源社策划室特别合并译稿内容而加上的。本书所收的图片等,也全是该社所提供的。

关于本书编著者来新夏先生,目前没有任何信息,诸如其履历、现在就职于何处、从事什么工作等,可以说一无所知。现在中国正值"文化大革命",很多著名学者有的作为"资产阶级学术权威",或作为"反党修正主义者"正在遭受着严厉的批判,而来先生的情况又是如何呢?我无从得知。现在译者所知道的是下面这些编著和论文都出自来先生之手。

编著:

《第二次鸦片战争》,北京:通俗读物出版社,1956 年,28 页。

《第一次国内革命战争史论集》(和魏宏运合编),武汉:湖北人民出版社,1957 年,166 页。

《中国农民起义论集》(和李光璧、钱君晔合编),北京:生活·读书·新知三联书店,1958 年,462 页。

论文:

《日敌侵略台湾后的统治者——总督》,《历史教学》,1951 年第 6 期。

《南昌教案》,《历史教学》,1952 年第 1 期。

《中日马关条约签订时的反割台运动》,《进步日报》,《大公报》史学周刊版,1952 年 1 月 18 日。

《学习〈为动员一切力量争取抗战胜利而奋斗〉》,《历史教学》,1952 年第 7 期。

《北洋军阀统治时期》,《历史教学》,1952 年第 8—10 期。

《纪念“二七”工人运动三十周年》,《历史教学》,1953 年第 2 期。

《1921 年—1927 年中国共产党领导的反军阀斗争问题》,《历史教学》,1953 年第 7 期。

《中日甲午战争后台湾人民抗日始末》,《历史教学》,1953 年第 12 期。

《中英第一次鸦片战争(1840 年—1842 年的战争经过)》,《历史教学》,1954 年第 7 期。

《关于第二次鸦片战争后中外反动势力结合的问题》,《历史教学》,1954 年第 11 期。

《同盟会及其政纲》,《历史教学》,1955 年第 6 期。

《鸦片战争前清政府的“禁烟”问题》,《南开大学学报》(人文科学),1956 年第 8 期。

《反清的秘密结社》,《历史教学》,1956 年第 10 期。

《谈民国初年白朗领导的农民起义》,《史学月刊》,1957 年第 6 期,后又收入《中国农民起义论集》(北京:生活·读书·新知三联书店,1958 年)。

《试论清光绪末年的广西人民大起义》,《历史研究》,1957 年第 11 期。

《试论清光绪末年的广西人民大起义》,收入《中国农民起义论集》,1958 年 7 月第一版。

《读戴逸同志编著的“中国近代史稿”(第一卷)》,《历史研究》,1959 年第 5 期。

正如以上所述，来先生有很多的论著涉及中国近代史的各个领域。除此之外,我想先生应当还有其他论著,然而至今译者仅知上述有限的著述而已。尽管我很想得到一个直接拜访来新夏先生的机会,但是现在的中日关系似乎不可能实现。固此,我希望今后两国的文化、学术交流日益密切,并遥祝来先生研究成果丰硕和身体健康。

译者

一九六八年秋

《中國軍閥の興亡》后记/岩崎富久男

翻译本书,我有很多思考。有时候惭愧于中日关系的过去和现在,憎恨制造这种情况的我们先辈。有时候又愤慨帝国主义的侵略,甚至想到现在的越南战争不断升级,我也满是愤怒。有时候又觉得政治的腐败、堕落、混乱,“北洋军阀”之时和现在的日本政局、南越的政情都一样,甚至现在更甚。

稍微说点大话,这样的思考一直浮现在我的脑海里,使我忘记了已经过去四十年的时间而翻译了出来。不是说大话,这样的国家大事、世界大事,要通过本书才能进行思考,真是令人悲哀。然而中国已经不是一个受人欺辱的国家。中国人民经过苦难迎来了解放,以“自力更生”为目标进行发展。现在正在进行史无前例的无产阶级文化大革命,正沿着毛泽东思想的道路勇往直前。任何一个世界超级大国,都已经无法再威压中国。事后来看邻邦的这一道路,绝对是有意义的。我希望拙译能成为理解中国的一个参考,在解决中日关系上能发挥一些作用。

在翻译本书的过程中,我得到了多方帮助。翻译之际,明治大学佐佐木正哉先生始终给予我鞭策鼓励，在各方面都给予宝贵的建议和指导。东洋文库近代中国研究室的市古宙三先生也多次给予我诚挚的教诲。此外，该研究室的各位先生，在查阅资料方面也都给予很多方便。桃源社的矢贵升司董事以及编辑比嘉贺昭也不断给予关注，才得以使拙译得以成书。

拙译能够得以出版，得益于上述多方面的帮助，谨在书后表示我的感谢之情。

译者

一九六八年冬

古典目录学浅说

（1981）

"中华史学丛书"之一。来新夏著。15.6 万字。中华书局 1981 年 10 月第 1 版，北京第 1 次印刷，印行 13000 册。定价：0.74 元。

统一书号 11018·982

本书共四章。第一章概说，讨论目录和目录学的严格定义，探讨目录和目录学的发生与发展，介绍各种不同类型的书目。本章还详细讨论了古典目录学的体制，以及我国古典目录"辨章学术，考镜源流"的特点。第二章从目录学史的角度，勾勒了我国从两汉到清代目录学的发展概貌，揭示了我国图书分类从六分法到经、史、子、集四分法的形成，并评介了历史上具有代表性的书目。第三章介绍了与古典目录学相关的学科，主要介绍了图书分类学、版本学和校勘学。最后一章展望了古典目录学的研究趋势以及前瞻设想。

列入"中华史学丛书"的尚有《唐末农民战争》（胡如雷）、《历代笔记概述》（刘叶秋）、《袁世凯传》（李宗一）、《史部要籍解题》（王树民)及《中国古代医学》(赵璞珊)。

1970年，来先生被下放到南郊区太平村公社翟庄子大队插队落户。“坚信苦风凄雨终将过去,天生我材必有用”。农耕之余仍学习不辍。于1973年开始撰写《古典目录学浅说》,翌年3月成10万余字初稿。1976年调回南开大学历史系中国古代史教研室。

为了整理浩繁的典籍,人们把书目进行综合排比,分门别类,渐渐形成了一门专门的科学,这就是“目录学”。1978年3月,来先生在历史系开设“古典目录学”课程。外系、外单位来听课者甚众,因中华人民共和国成立后尚无人开过此类课程。本室藏油印稿《古典目录学浅说》一册,即是来先生根据在南开大学、天津师范大学等校历史系、图书馆学系等专业讲授《目录学》纲要的基础上经多次修订扩充而成。

该油印稿封面来先生的题跋为:“二十余年前，余初授古典目录学于南开大学,撰成此征求意见稿印发诸生参读,而余斋中已无

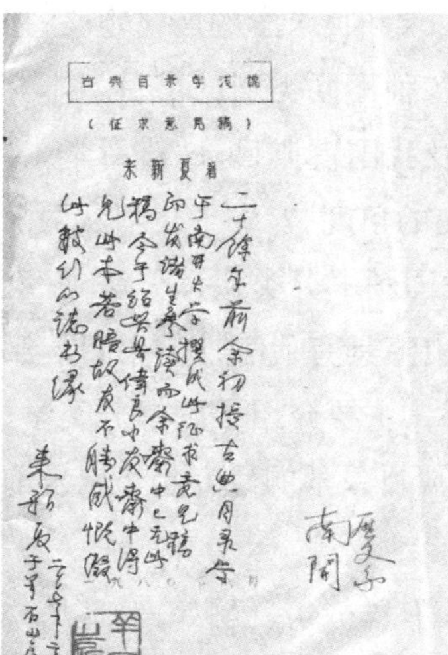

此稿,今于绍兴县伟良小友斋中得见此本,若晤故友,不胜感慨,缀此数语,以志书缘。二○○七年二月来新夏于羊石山房。”

油印本封面之“来新夏 著”,涂“来新”及“著”字,间插一“波”,成“夏波”;又钢笔书“南开历史系”字样。据查《南开大学历史学科人名录》(1950—1997),夏波是“80级”中国史专业学生，学号“800090”;“84级”硕士，学号

“84153”。显然,《古典目录学浅说》(征求意见稿)是南开大学自编教材。而夏波学生之调皮之举令人捧腹。

油印本系笔者在孔夫子旧书网于2006年12月底购自湖南宁乡县玉潭镇。据悉,夏波,1964年2月生,湖南长沙市人。硕士学位,工作于南开大学历史研究所,任助理研究员。曾发表《〈明史·河渠志〉河工程时间记载纠误》《明代河工程述话》等文,并参加撰写《明史研究备览》部分章节。后转行从商,现不知所踪。

中华书局正式出版的《古典目录学浅说》,是在油印稿的章节上略微作了调整,如将原第二章“古典目录学的相关学科”,移至第三章;将原第三章“古典目录学著作和目录学家”,前移到第二章。《古典目录学浅说》出版后,立即赢得学术界一片赞誉。其中中华书局资深编辑崔文印发表于《读书》1983年第1期《古典目录学津逮》一文,评价最为全面允当。文章开头即对《浅说》的学术意义作了定位:“我国古代目录学的成就,除解放前姚名达先生写过一本《中国目录学史》外,解放后还没有人做过系统的介绍。南开大学来新夏先生的新著《古典目录学浅说》的出版,无疑填补了这一空白。”崔先生在文末说道:“前人有所谓‘津逮秘书’,津逮者,入门,且由此登堂入室之谓也。对于有志于古典目录学研究的读者来说,来新夏先生的新著《古典目录学浅说》不正是这样一部书吗?”《古典目录学浅

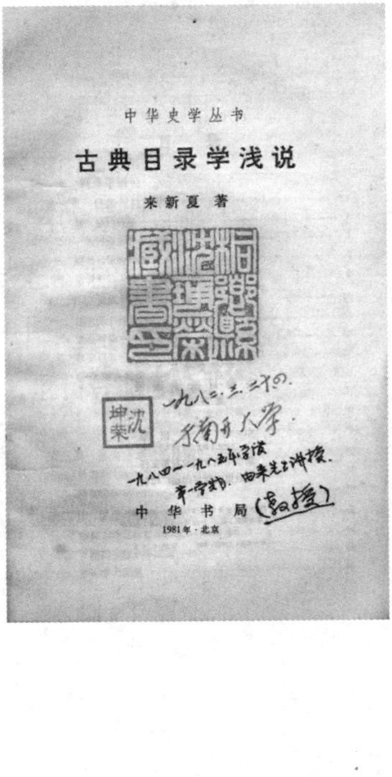

说》1984 年获天津哲学社会科学优秀成果资料书三等奖。

本室藏本《古典目录学浅说》有先生签名“来新夏”。又从孔夫子旧书网淘得一册，扉页钤印篆体白文“桐乡县沈坤荣藏书印”及楷体“沈坤荣”私章；书有“一九八二、三、二十四于南开大学”“一九八四——一九八五年学度第一学期由来先生讲授”并括注“教授”字样。据查《南开大学历史学科人名录》，沈坤荣为“81 级博物馆专业”，学号“810172”，则此本为当时的教学用书。沈坤荣现就职浙江省文物局，为文物安全处处长。2014 年 11 月 17 日上午笔者与沈先生通电话，他说：当时来先生名气很大，在讲目录学课时，有很多外系的人来旁听，受益匪浅。

《古典目录学浅说》目录

第四节　私家目录的勃兴和目录学研究的开展——宋、元

一、《崇文总目》与《国史经籍志》的兴起

二、《郡斋读书志》与《直斋书录解题》的编撰

三、郑樵研究目录学的成就

四、《秘书监志》《宋史·艺文志》与《文献通考·经籍考》的编撰

第五节　古典目录学的昌盛——明、清

一、《文渊阁书目》的登录国家藏书　私家目录收录范围的扩大

二、《四库全书总目》述评　史志目录的补志工作

三、清代私家目录的兴盛　目录学研究的成就

第三章　古典目录学的相关学科

第一节　分类学概说

一、分类学与目录学的关系

二、图书分类和图书分类目录

三、图书分类编目中的细类

四、关于古籍分类的一些意见

第二节　版本学概说

一、版本学和目录学的关系

二、版本与版本学

三、版本学的作用

四、版本的区分

五、版本的鉴别

第三节　校勘学概说

一、校勘学与目录学的关系

《古典目录学浅说》后记

这本书原是我在南开大学、天津师范学院等校历史系讲授《目录学》的纲要。现经修改出版,希望能得到同志们的批评和指正。

我对古典目录学没有深入的研究，书中除了约取余季豫师和其他一些学者的成说外;我的某些论述是极不成熟,而只是一般的探讨和尝试,借作进一步研究的起点。

这本书的油印稿曾承顾廷龙、傅振伦、朱泽吉、卞孝萱、涂宗涛、施丁、仓修良、郑伟章诸先生在百忙中审核,提出宝贵的意见,使本书减少了一些错误。王颂馀先生惠题书籤。中华书局的傅璇琮、崔文印二先生对本书的编写、审定、出版都给予了莫大的鼓励与支持,付出了辛勤的劳动。我衷心感谢这些友好的帮助。

来新夏

一九八一年二月南开大学东村寄庐

林则徐年谱

（1981）

林则徐年谱(增订本)

（1985）

来新夏编著。34.6万字。上海人民出版社1981年10月第1版,第1次印刷,印行7150册。定价:1.65元。

统一书号 11074·466

20世纪50年代初,来先生在魏应麒所撰《林文忠公年谱》的基础上进行补订。60年代初,应中华书局赵守俨之邀,审读广东中山大学历史系所编《林则徐集》全稿后,遂编纂成《林则徐年谱》稿。"文革"中,原稿被毁。70年代中期重加纂辑,于1980年冬定稿,翌年正式出版。

本室藏本扉页钤印"天津市南开区图书馆藏书章",题有"伟良雅藏 来新夏 二〇〇七年十二月"。

《林则徐年谱》目录

林氏三代简表

年谱

乾隆五十年　1785 年 — 道光元年　1821 年

道光二年　1822 年

道光三年　1823 年

道光四年　1824 年

道光五年　1825 年

道光六年　1826 年

道光七年　1827 年

道光八年　1828 年

道光九年　1829 年

道光十年　1830 年

道光十一年　1831 年

道光十二年　1832 年

道光十三年　1833 年

道光十四年　1834 年

道光十五年　1835 年

道光十六年　1836 年

道光十七年　1837 年

道光十八年　1838 年

道光十九年　1839 年

道光二十年　1840 年

道光二十一年　1841 年

道光二十二年　1842 年

道光二十三年　1843 年

道光二十四年　1844 年

《林则徐年谱》前言

林则徐是中国近代进步思想家和伟大的爱国主义者。他主张改革,坚持严禁鸦片。他反抗外国侵略的言论和实践,具有为同时代历史人物少有或没有的特点,对近代中国有深远的影响。

林则徐于十八世纪八十年代出生在福建侯官一个中落的封建知识分子家庭里。他一生在宦海中浮沉了近四十年。从京官的编修、御史到外官的监司、督抚以至钦差大臣。宦迹所至,从东南沿海到西北边疆,从中原腹地到西南边陲。他经历了不少政治风浪,作出了无愧于时代的历史贡献。他一生中的大量言行说明他是封建社会里的一名有作为的官员,也是中国近代史上具有远见卓识的爱国者。

他作为地主阶级中的一名较好的官员,主要表现在努力发展生产和关心民生上。他无论在整顿河工、兴修水利、创制农具、救灾放赈,还是在查禁烟害、改革财政、开发资源等等方面都表现了施政才干，都使当地的经济生活得到一定程度的恢复和发展，都使当地的人民在痛苦呻吟之中得到一定的喘息和安定。即使他在远戍新疆的时候也仍然倡导垦荒开井、传播先进生产技术，切望他经营的“大漠广野，悉成沃衍”。这在封建官僚中确是屈指可数的。

他作为一个有远见卓识的爱国者，主要表现在抗英防俄问题上。他在领导轰轰烈烈的禁烟运动和反侵略战争中所建树的光辉业绩几乎已是尽人皆知。他在抗英斗争中能够不囿于成见，放眼于世界，通过各种途径探求新知，并在一定程度上依靠民力，制定相应策略，抓住战机，从而获得了伟大的胜利。但更值得注意而却被人忽视的是他能在举世尚未察觉到沙俄窥伺危机的时候，提出了注意防俄的战略性意见。早在从事抗英斗争时，他就从所搜集到的译报资料中细心地发现沙俄可能侵入我国西藏边陲的进军路线。后来，他在赴戍途经镇江时，曾和魏源作过长夜促膝之谈。两个忧时之士都为东南与西北的边防而忧心忡忡。他经过在新疆的实地考察，更加强了对西北边防重要性的认识。他大声疾呼地警告边疆的大员们不要为表面上的暂时平静而麻痹大意，要增修战备以应付突然变故。他认为只有加强边防，同心协力才能使敌人慑服，不敢轻举妄动。他在被召入关时曾在答复别人的提问中，分析了当时的局势，认为“英夷不足深虑”，而沙俄则“防不胜防，将来必为大患”。他在晚年卸职回里以后，仍然一面以在野之身，组织地方力量驱英，一面更独抒己见，发出“终为中国患者，其俄罗斯乎”的警告。正由于他坚持反对侵略，终于在去广西途中遭到内外敌人的暗害。林则徐不愧是一位坚决维护民族利益的爱国者和有卓识远见的政治家。

当然，他作为一个地主阶级成员，在维护封建统治、镇压人民反抗等方面的活动仍表现出极大的历史局限性。不过，林则徐一生的主要方面还应该从上述两点特色来考察。这部年谱也主要是以此为中心线索来贯串全书的。

这部年谱在史料的处理上,为了便利读者查阅,在纪事之后多引录一些资料,但对解放后刊行的如《林则徐集》等著作中的有关资料则大多是摘要,有些则只在纪事后注明资料出处,以备检索;至于未见刊行或刊本流传较少的资料则作了较多的引录，以便利得书不易的读者。有些地方还对引录的史料加了一点考证和按语。当然，林则徐的手迹佚稿和与他有关的资料记载可能还有一些散处各地,为公私藏者所掌握,限于主客观的种种条件,一时未能广采博收,只能待之异日再事增补了。

林则徐是清代影响较大的历史人物,清人笔记杂著中记其遗闻琐事者甚多,有些已采入谱中,有些没有收录,但又感到或可供参考和以资谈助的,弃置未免可惜,就编为《谱馀》作为本书的附录。

这部年谱在编写过程中,曾先后得到杨国桢、刘桂五、史树青、齐钟久、刘泽华、汤纲和殷礼训等同志的关怀、支持和帮助,在此谨向这些同志致谢。我的业师、书法家启功教授以年近古稀的高龄,在病中为我题写了近十个横竖不同形式的书签以备选用。这种情谊更是对我的鼓励和督促。

这部年谱由于时写时辍和自己的水平所限，一定存在着不少错误和不足之处,诚恳希望得到读者的批评和指正。

来新夏　一九八〇年六月于南开大学东村寄庐

1982 年冬“鸦片战争与林则徐学术讨论会”在福州召开,《林则徐年谱》被列入 1985 年召开的 “林则徐诞辰二百年纪念学术讨论会”的出版规划。于是来先生又进行了修订:其一是增补了新资料;其次是扩大征引范围，在原有参考文献资料的基础上，增多60种，总计达220余种;其三是订正部分失误;其四是增写了大事年表索引。

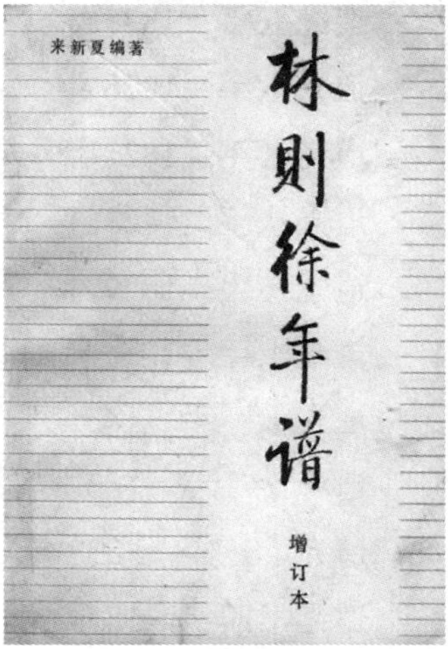

《林则徐年谱》增订本字数为45.6万字，仍由上海人民出版社出版，其版权页为“1981年10月第1版,1985年7月第2版,1985年7月第2次印刷,印数7,151—12,150”。即二印5000册，连初印本7150册,合计12150册。增订本定价:4.25元。

本室藏本封面钤印“政协福建省委员会秘书处来信来访专用章”,系笔者于2006年12月底从孔夫子旧书网购自福州市五一中路状元街汇福花园者。

《林则徐年谱》(增订本)目录

道光五年　1825 年
道光六年　1826 年
道光七年　1827 年
道光八年　1828 年
道光九年　1829 年
道光十年　1830 年
道光十一年　1831 年
道光十二年　1832 年
道光十三年　1833 年
道光十四年　1834 年
道光十五年　1835 年
道光十六年　1836 年
道光十七年　1837 年
道光十八年　1838 年
道光十九年　1839 年
道光二十年　1840 年
道光二十一年　1841 年
道光二十二年　1842 年
道光二十三年　1843 年
道光二十四年　1844 年
道光二十五年　1845 年
道光二十六年　1846 年
道光二十七年　1847 年
道光二十八年　1848 年
道光二十九年　1849 年

《林则徐年谱》（增订本）后记

《林则徐年谱》问世后，不断得到学术界和社会上的友好们给予鼓励和指正。特别是一九八二年冬在福州召开的“鸦片战争与林则徐学术讨论会”更使我获得了教益与启示。我看到了旧作不仅有新内容需要增补，也还有失误处需要订正；而这次会议又决定把拙作列入将于一九八五年召开的“林则徐诞辰二百年纪念学术讨论会”的出版规划中，益加坚定了我的增订信念。但仅仅有主观意愿和行动，往往不易很快成为现实。因此，这必须感谢上海人民出版社编辑的识见。他们对我这本出版方几年、仅印过一次七千余册的著作，便毅然决定作为一部新著接受重排付印，这对我确是一种推动。它使我决心排除公私事务的烦扰，冒着溽暑去搜检资料，并不揣冒昧地向新旧朋友去求援，终于完成了旧作的增订。

这次增订主要在这些方面：

其一，增补了新资料：旧作虽已采录了部分手札资料，但近年来又看到一些过去未搜检到和新发现的手札及文物。如山东图书馆的海源阁藏札、故宫博物院的藏札和华东师大图书馆的藏札等。其中有些已散见于报刊，有些则尚未发表。这次均将其有关内容摘要录入以供参考。他如福州发现的刘家镇墓志铭、甘肃兰州发现的唁函石刻等,虽其内容对林则徐事迹关系不大,但也可丰富林则徐生平的活动内容。

其二,扩大了征引范围:旧作征引参考的文献资料近一百七十种,增订本在原有基础上,又较广泛地扩大了检读范围——不仅有旧籍,也有新著;不仅有国内,也有国外学者的研究成果,总计已达二百二十余种,比旧作的参证范围增多了六十种。这或能有助于开拓读者的研究视野。

其三,订正了失误:旧作由于疏漏,存在一些失误。增订本根据新获得的资料重加订正改写。如王鼎的卒年,相沿作道光二十二年四月底,旧作根据钞漏一字的资料遽改卒年为道光二十四年四月十二日;增订本则据新见到的王鼎祠堂墓志石刻文,订正前之失考,仍采旧说。又如林妻郑氏之卒年,旧作沿用魏应麒谱订为道光二十八年十月十九日;增订本据海源阁藏林则徐致杨以增手札,改订为道光二十七年十月十五日。

其四,增写了检读查索材料,如在书尾增写了大事年表索引,按年择系大事,注明书页,使读者一索可得。

其他还作了些文字、论述的修订。私衷愿有较显著的改进,但终因搜求资料多有窒碍,个人学识尚待提高,致使增订本还未能尽如人意,希望借出版之机能再得到更多同志的批评与帮助。

在增订过程中,承各公私藏家惠然协助,提供资料。有些素昧平生、未谋一面的朋友仅凭一函相通,就抄寄资料,提示线索,尤为可感。还有许多同志为本书的增订与出版给予各种鼓励与支持,统借此敬致真挚的谢意。

来新夏　一九八三年十月于南开大学北村

近三百年人物年谱知见录

（1983）

来新夏著。56万字。上海人民出版社1983年4月第1版，印行精、平装本32000册。定价：2.20元。

书号 11074·442

读书室藏有一份油印稿，为天津图书馆学会1979年5月印，纵27厘米，横19.5厘米，24页。题跋曰："此为我经'文革'落实政策后的第一篇论文。曾以此参加中国图书馆学会年会（在太原召开）。后以此文作《近三百年人物年谱知见录》之代序。久已无存。今伟良得之，因识数语，藉忆往事。 二〇〇七年四月中　来新夏识于邃谷 "。

20世纪50年代，来先生在南开大学教学中国近代史，常到校图书馆阅读一些清人年谱。其时馆长冯文潜先生建议："这类书看的人不多，也无需人人都去看，你既然在看，何不把清人年谱清个底数，顺手写点提要，积少成多，将来也能为人节省翻检之劳。"（大意）来先生接受建议，历经寒暑五六，终成八百余篇书录，近五十万

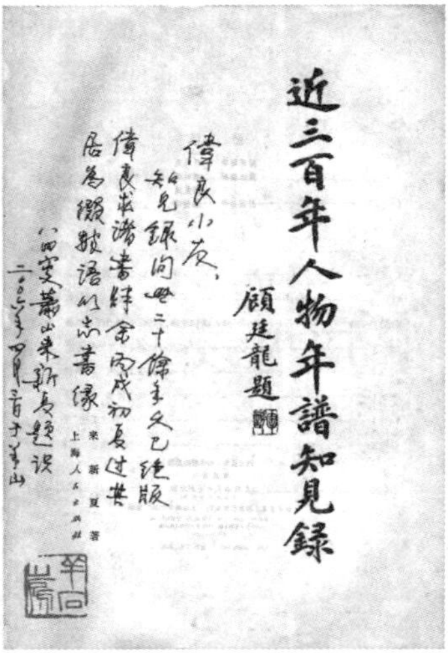

字。未几，不意遭散失之厄运，十册手稿仅存二。1970年，先生到津郊学农，工余仍孜孜不倦于年谱整理工作，1975年完成未刊稿《清人年谱知见录》。1976年初，刘泽华应邀通读了全稿。来先生后撰《清人年谱的初步研究》，以此论文于1979年7月参加在太原召开的中国图书馆学会年会。论文经修改，刊登于《南开大学学报》（哲学社会科学版）1979年第3期。

来先生的书稿《清人年谱知见录》，在上海人民出版社正式出版时，以体例特色，易名为《近三百年人物年谱知见录》，将在《南开大学学报》发表的《清人年谱的初步研究》一文，经修改，作为该书的“代序”。如，原文曾谈到“为妇女立谱始于清”，在“代序”中修正为“为妇女立谱始于晚明，但盛于清”。

《近三百年人物年谱知见录》收录了自明清之际至生于清而卒于辛亥革命之后的人物年谱800余种，包括自谱、子孙友生编谱、后人著谱，以及校书谱、诗谱、图谱、纪年诗、年表、合谱、专谱等。每一年谱著录谱名、撰者、刊本，并注明各年谱专目中著录情况，记载谱主事略（即谱主姓名、字号、籍贯、生卒年、科分、仕历、荣哀及主要事迹与特长），还增录相关史料，简述年谱编著原由、材料根据及编者与谱主关系等。南开大学教授冯尔康先生在其著《清代人物传记史料研究》（商务印书馆2000年版）中说：“《知见录》是一部研究性的著作，全面分析了近三百年人物年谱的总体特色和每一部年谱的具体特点，又是一部信息量很大的工具书。需了解清人年谱必须很好利用这部书。"《知见录》于山阴、会稽籍的绍兴人亦颇多关注，例如胡天游、葛云飞、姚振宗、蔡元培、秋瑾等。

《近三百年人物年谱知见录》1984 年被评为天津哲学社会科学优秀成果资料书二等奖。1989 年获中国图书馆学会优秀科研成果特别奖。

笔者庋藏的平装本《近三百年人物年谱知见录》之扉页来先生的题跋为："伟良小友，知见录问世二十余年，久已绝版。伟良求诸书肆。余丙戌初夏过其居，属缀数语，以志书缘。 八四叟萧山来新夏题识 二〇〇六年四月三日于羊山"。此藏本，系笔者通过《旧书信息报》，邮购自江苏苏州市彩香一村四区 6 幢赵斌先生，时在 2002 年 7 月底。读书室又藏精装本一册。

《近三百年人物年谱知见录》目录

2.谱名索引

清人年谱的初步研究(代序)

——本文为作者于1979年7月间参加中国图书馆学会第一次学术讨论会的论文稿,当时本书尚为未刊稿。

一、年谱缘起及其在史籍中的地位

年谱是史籍中的一种人物传记,但它和一般传记有所不同。它是以谱主为中心,以年月为经纬,比较全面细致地胪述谱主一生事迹的一种传记体裁。所谓“叙一人之道德、学问、事业,纤悉无遗而系以年月者,谓之年谱”(朱士嘉《中国历代名人年谱目录·序》)。它杂糅了纪传与编年二体,并从谱牒、年表、宗谱、传状等体逐渐发展演变而自成一体(章学诚《刘忠介公年谱·序》)。

年谱作为一种专用体裁,过去学者大多认为始于宋。所谓“年谱之作,肇始宋代”(吴怀清《李二曲先生年谱·序》)、“年谱之作,权舆于宋,唐人集有年谱,皆宋人为之”(归曾祁《归玄恭先生年谱·跋》)等说,皆指此而言。核之年谱实际,确可成为定论。宋代出现一批以韩愈、柳宗元、范仲淹、欧阳修、朱熹等人为谱主的年谱,便是明证。

元明二代,年谱继有所作,而到清代则得到了极大的发展。年谱的兴起和发展主要原因有三:

其一,后人为了研究前代文人学者的作品与学说,便按年月排次谱主事迹,寻求作品与学说形成的时代背景和发展痕迹。清人杭世骏的《施愚山先生年谱·序》(《道古堂文集》卷五)、尹壮图的《楚珍自记年谱·序》和近人胡鸣盛的《陈士元先生年谱》的识语中(《北平图书馆月刊》第三卷第五号）对此都有比较详尽的论述。

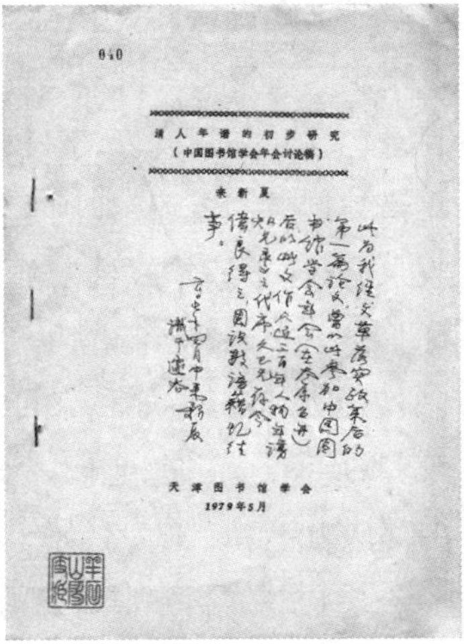

其二，年谱是为了补充国史、家传的不足和订正其错误而作。国史、家传对于一个人的生平事迹只能择要叙列，其次要的或者在当时被认为无足轻重的行事往往缺略，有的还由于记载传闻的歧异而有记述舛误之处，更有的人在当时还够不上列入国史、家传的资格，而后来却日益为人所重视，并有记述其事迹的必要。这样，年谱便应客观实际的需要而担负起补充和订正国史、家传的任务。清初史学家全祖望在《施愚山先生年谱·序》中曾说："年谱之学，别为一家。要以巨公魁儒事迹繁多，大而国史，小而家传墓文，容不能无舛谬，所借年谱以正之。"（《鲒埼亭集》卷三二）清季孙诒让在《冒巢民先生年谱·序》中对这一点作了更为详尽的发挥。

其三，年谱的纂辑，如出于自编多半是个人或炫其"功业"，以求传世；或鸣其困塞，以博取同情。如为子孙或故旧所编，或颂扬祖德以标榜门庭；或胪列事迹以志景仰（孙若彝《华野郭公年谱·序》）。尤其是遭遇坎坷的人，往往想把自己的"遭逢之坎坷，情志之拂逆"，"告诸天下后世以祈共谅其生平"。二者"荣悴虽殊"，而"自鸣则一也"（吴庄《花甲自谱·序》）。

由于上述三点，年谱被大量制作，年谱数量随之而日益增多，逐步由附庸而蔚为大国，从而在史籍中取得了应有的地位。

年谱在古代目录中，未见著录。它见收于目录书始于宋，《郡斋读书志》《遂初堂书目》及《直斋书录解题》中都有著录。明代的国家目录《文渊阁书目》、私家目录《世善堂书目》中也都有著录。到清代年谱编撰更为普遍，如国家目录《四库全书提要》史部传记类中就收录有《孔子编年》《杜工部年谱》及《朱子年谱》等；如史志目录的《明史·艺文志》史部谱牒类中就收录有《二程年谱》《朱子年谱》和《蔡忠惠年谱》等；如私家目录中黄虞稷的《千顷堂书目》就著录了较多的年谱。但是，它们都没有取得专类专目的独立地位。近人田洪都认为年谱之有专目始于清人张之洞的《书目答问》，他说：

“自张之洞著《书目答问》移谱录于史部，分书目、姓名年谱、名物三类。于是年谱始有专目，学者得以分门而求”。（《中国历代名人年谱目录·序》）

田氏此说，不甚确切。因为在明代祁承㸁《澹生堂藏书目》史部中便在传记类外别有谱录类，而谱录类下就有《年谱》专目，收录了《韩文公年谱》至《伍宁方年谱》等多种。清初钱曾的《述古堂书目》史部中更有“年谱类”的专类，收录了《圣师年谱》至《吴文正公年谱》等多种。它们都比《书目答问》早几百年。所以，可以认为：年谱从明清以来已在史籍中由附属于传记类、谱系类之下，而逐渐自成专目专类，取得了独立类目的地位，成为史籍分类中的一个组成门类。这种独立地位正反映了年谱所达到的发展程度。

二、清人年谱总情况的分析

1.范围和数量

关于清人年谱，据各家著录约略综计，当在八百余种，一千余卷。据 1941 年出版的李士涛编《中国历代名人年谱目录》，凡著录谱主九百六十四人，谱一千一百〇八部，即使后来有所增加，但最低估计，以“清人”为谱主的“清人年谱”数量当占总年谱量的一半以上。所以，年谱的制作，在清代确是一个大发展的时期。年谱在清代之所以得到大发展，除了前述三点外，清代学术文化的发达也给予了一定的影响。清自顺治入关建立政权之后，历经康、雍、乾三代的恢复发展，已达到了所谓“盛世”的阶段，学术文化各方面都在前人基础上取得了新的成就。为了配合学术研究，年谱作为一种研究对象也得到了较快的相应发展，尤其是乾嘉时期考据学的发达更起了一定的促进作用。顾廷龙先生在《中国历代名人年谱目录·序》中所说：“乾嘉之际，竞尚考据，而编纂年谱之业遂蒸蒸日上，至今有甚而不衰。”正说明了这一点。

在学术文化发达的同时，清政府的文化专制主义也在日益加强。当时文网日密，文字狱迭兴，钳制愈严，忌讳愈多，所以一些人对撰述反映整个史事的著作心有疑虑；于是有的人就选择一个人的生平来借以论列史事，以求避免触犯忌讳。这也使年谱的制作量有所增加。所以康、雍、乾三朝的年谱数量又占绝大比重。

但是，清代作谱之风如此之盛更重要的是有它的社会原因。整个清代经历了封建社会末期和半封建半殖民地社会。它无论是阶级结构、等级关系，或是社会风尚等都起了相应的变化。年谱的谱主已不像过去那样只限于文人学者和达官显宦。商人、买办凭借自己的经济力量，不再讳言自己出身低微和持筹握算的“贱业”；贫苦知识分子也可以操笔自记生平来抒发不遇的愤慨；身怀奇艺绝技的人也有人为他们撰谱；民族工商业者也多津津乐道他们发家致富的道路；而妇女、方外也有人肯为他们写谱。这些都是由于社会的变化给他们开了方便之门。年谱的范围随之而扩大。

这批数量不少的清人年谱，从它所涉及的人物、编者、表达形式、编制体例和刊行流传等方面看，都比过去有所发展而具有一定的特点。清人徐嘉曾对几种清人年谱作过评论（《裴光禄年谱·后记》），但十分简略，不足以窥见清人年谱的全貌。现就我所检读过的近八百种清人年谱，从上述几个方面略作分析和概述。

2.谱主

清人年谱谱主范围之广实为前代所不及。过去涉及的范围，则在数量上有所增加，过去未涉及的范围，则又有所扩大，大致包括如下各种类型人物。

（1）官僚军阀

上起军机大臣、大学士，下至州县官吏各级类型都有涉及。如军机大臣、大学士有张玉书、朱轼、蒋攸铦等谱；尚书、侍郎有宋荦、祁寯藻等谱；各省督抚有范承谟、毕沅、邓廷桢等谱；提督、总兵有杨遇春、葛云飞等谱；部曹有孙宗彝、顾予咸等谱；司道有韩锡胙、宋鸣琦等谱；府州县官有胡具庆、林愈蕃等谱；学官有焦承熹、莫与俦等谱；湘淮军阀有曾、左、李、胡等谱；明臣降清者有洪承畴、钱谦益等谱。

（2）文学家

清代刊行诗文集较多，许多专集往往于刊行时附入自撰或他人所编的年谱；有些则是编谱者为研究谱主作品而编的。所以，这类人年谱在清人年谱中数量较多。如诗人有吴伟业、袁枚、陈衍等谱；古文家有侯方域、方苞等谱；词人有纳兰性德、厉鹗等谱；剧作家有尤侗、孔尚任等谱；小说家有蒲松龄、吴敬梓等谱；通俗文学家有屠绅、陈端生等谱。

（3）学术家

清代对过去的各种学术领域都有所继承和发展，出现了不少学者。他们有的自撰年谱，有的由友生或后学为了研究某些学者的学术造诣和成就而纂辑年谱，所以清代的学者年谱为数也颇不少，如思想家有顾、黄、王直至康、梁、谭等谱；理学家有李光地、汤斌等谱；经学家有阎若璩、孙诒让等谱；史学家有全祖望、钱大昕等谱，文字学家有段玉裁、朱骏声等谱；金石学家有王昶、吴大澂等谱；校勘学家有卢文弨、顾千里等谱；目录学家有张金吾、姚振宗等谱；地理学家有徐松、杨守敬等谱；数学家有梅文鼎、李善兰等谱。

（4）艺术家

一些有成绩的书画家和有特殊技能的艺人也有人为他们编纂专谱。如画家有王时敏、石涛等谱；书法家有包世臣、郭尚先等谱；鉴赏家有周亮工谱；棋手有范西屏、施定盦谱；评剧艺术家有成兆才谱。

（5）工商业者

这些人有的是由官绅和高利贷者转化而来的近代民族资本家，如张謇、荣德生等；有的是靠帝国主义经济势力发家的买办商人，如徐润、许铉等；有的是经营米、丝、盐等业的巨商，如高鑅泉、周庆云等；有的是金融资本家，如谈丹崖等；还有的是商业中的从业人员，如曾任司账的周憬。

（6）和尚

这些人有的是明亡前后遁迹为僧的，如函罡、今释等；有的是在佛学上有相当造诣的名僧，如读彻、见月等；有的是清末与民主革命活动有关的僧人，如曼殊、弘一等。

（7）妇女

为妇女立谱虽始于晚明，但盛于清。她们有的是当时和后世的有名人物，如董小宛、吴宗爱等；有的只是人子为母撰谱以申所谓

“孝思”的，如尹会一母李氏、王先谦母鲍氏等。

(8)明遗民

清初有一批忠于明朝的“遗民”，他们有的隐居不仕，如邢昉、万泰、傅山等；有的继续从事反清活动，为万寿祺、阎尔梅等。由于他们都从事讲学和著作的活动，并大多有专集行世，所以有门人或后人为他们编谱。

(9)其他

除上述各类人物外，还有一些不太为人注意的人物，如在科举上仅有最低的秀才功名而以教读、作幕为业的，如张朝晋、张焕宗等人；有的一生只是设塾教读，如潘天成等；有的从事秘密道门活动，如李龙川；有的一生碌碌，毫无足述的，如蒋曾熗。这些人也都有自撰或他人所编的年谱行世。

3. 编者

陈乃乾的《共读楼所藏年谱目》按不同的编者分年谱为四类，即：甲、自撰类；乙、家属所撰类；丙、友生所撰类；丁、后人补撰类。

(1)自撰类

自撰年谱约始于明。如魏大中有《廓园自订年谱》一卷、郑鄤有《天山自叙年谱》一卷。清初王崇简、尤侗等人也都有自订年谱。清季张謇《啬翁自订年谱·序》中说，“自订自謇始”的说法似不够确当。

自撰年撰有三种不同情况：

甲、谱主手订：如李世熊的《岁纪》、荣德生的《乐农自订行年纪事》等。

乙、谱主口述，他人笔录整理：如《魏敏果公年谱》由谱主魏象枢口授，子学诚等编录；《病榻梦痕录》由谱主汪辉祖口授，二子继培、继壕笔记。

丙、谱主先自订，后来由子孙、亲属、门人或其他人补注、校订和续编：如吴省钦的《白华年谱》是乾隆四十五年(1780)时所手订，卒后其子敬枢于嘉庆十五年(1810)又续补而附刊于《白华后稿》卷首。王士禛的《渔洋山人自撰年谱》即由小门生惠栋加以补注。杨岘的《藐叟年谱》即由弟子刘继增辑续谱。钱大昕的《竹汀居士年谱》即由其曾孙钱庆曾校注和续编。

(2)家属所撰类

所谓家属包括家族和亲属。其中子为父撰的占绝大多数，如王开云为其父王文雄编《王壮节公年谱》、王代功为其父王闿运编《湘绮府君年谱》等；有弟为兄撰的，如王士禛为其兄士禄编的《王考功年谱》、王廷伟为其兄王廷儁编的《芥岩先生年谱》等；有侄为伯父编的，如张继文为张穆编的《先伯石州公年谱》；有孙曾为其祖辈编的，如张穆为其祖张佩芬编《先大父泗州府君年谱》，邓邦康为其曾祖邓廷桢编的《邓尚书年谱》、查慎行的外曾孙陈敬璋为其编《查他山先生年谱》、钱陈群的来孙钱志澄据陈群曾孙钱仪吉的残稿为陈群编《文端公年谱》；有子为母撰的，如尹会一为母李氏编《尹太夫人年谱》；有婿为外舅编的，如戴正诚为郑文焯编《郑叔问先生年谱》。

(3)友生所撰类

所谓友生指门人及朋友等而言。其中门人编撰的较多，如董秉纯为全祖望编《全谢山年谱》、段玉裁为戴震编《戴东原先生年谱》；有友人所编的，如王永祺为胡宝瑔编《泰舒胡先生年谱》、钱玄同为刘师培编《左盦年表》；有幕客为府主编的，如韩超的门客陈昌运为其编《南溪韩公年谱》、李续宾的门客傅耀琳为其编《李忠武公年谱》。

(4)后人补撰类

这一类年谱的谱主大多是文人学者。由于后人研究他们的生平和成就而补撰,如缪荃孙为地理学家徐松编《徐星伯先生年谱》、李俨为数学家梅文鼎编《梅文鼎年谱》、黄云眉为史学家邵晋涵编《邵二云先生年谱》,刘盼遂为文字学家段玉裁编《段玉裁先生年谱》。甚至日本一些汉学家也为清代某些学者补撰年谱,如铃木虎雄为诗人吴伟业编《吴梅村年谱》、小泽文四郎为经学家刘文淇编《刘孟瞻年谱》等。

4.表达形式

清人年谱的表达形式归纳起来有四种:

(1)文谱

就是用文字来叙述谱主的一生事迹,这是绝大部分年谱采用的形式。有的是按年为次顺叙而下;有的则按年以大字为纲记事,以双行小字附注资料和出处,或低格另起详记事情原委;个别有用韵语缀连成篇的,如金之俊的《金息斋年谱韵编》。

(2)表谱

这就是年表。它们有的为了简化谱文,改编已有年谱为年表,如金荣改编《渔洋山人自撰年谱》,就是用年表的格式分栏简记自撰年谱的内容;有的则是直接编为年表,如吴芳吉的《白屋自订年表》、黄涌泉为费丹旭编的《费丹旭年表》。因为年表主要也是年经月纬来记事的,所以它应是年谱的一种表达形式。

(3)诗谱

有的年谱是用诗的形式来综述一生事迹的。它虽然不如文谱的详尽,表谱的简明,但它也多是按年顺次叙述的,如万廷兰的《纪年草》,每年作诗一首,然后低一格附一段记事;苏履吉的《九斋年谱诗》四十首,以诗记一生经历,然后在诗下用双行小字记事。这些诗谱实际上是诗文结合体,以诗为纲,以文为目,而且多为自撰。

(4)图谱

这是用图画形式来表述一生事迹的。如尤侗的《悔庵年谱》后所附的《年谱图诗》就是把他一生事迹中"摘其大者,绘为十六图,各缀小诗,志其本末"。(尤侗识语)这是诗图的结合,用作正谱的大事提要。梁金为檀萃编的《默庵先生寿谱图》是谱主七十岁时门人"略述平生綦迹,以当年谱,凡十六幅,总三十二图。首尾两幅著引及同事诸生姓名,共十八幅"。(《谱序》)麟庆的《鸿雪因缘图记》也是有图有记的,据其子崇实说:"是书乃吾父生平际遇与夫游历山川得意者,皆制一图,图各一记,手自著作。尝谕实弟兄曰:此即我之年谱而别创一格"(见崇实《惕盦年谱》道光三十年条)。

5.编制体例

顾廷龙先生在《中国历代名人年谱目录》序中曾对谱例详加考论,归为四类,颇称全面。清人年谱也按不同情况分别采用,无甚歧异与争论。其略有异义者只在繁简问题上。宗稷辰主张年谱取材宜简,不应"夸多斗靡"(黄炳垕《黄梨洲先生年谱·跋》)。王永祥则主张应"不避繁烦,详为节录"(《焦里堂先生年谱·凡例》)。繁简之争所由起是因为"繁者每失于荒,简者又嫌于漏"(吴骞《初白先生年谱·序》)。实际上,这只是各执一端。是繁是简,完全应该根据谱主情况和年谱刊行形式而定。梁启超的"附见的年谱须简切""独立的年谱须宏博"的说法(《中国历史研究补编》),不失为一种通达之见。

一般年谱在选材体例上应包括这样一些内容,即①谱主字号、里贯、生卒和得年,②谱主科名、仕历或经历,③谱主的"功业",④谱主的创作成就和学术造诣,⑤当代大事,⑥交游及有关人物的生卒、简况,⑦家事,⑧恩宠和哀荣,⑨附录。各谱随情况不同,或者包括全部,或者缺略数项。但,这是指一般"通谱"内容而言。清人年谱中尚有只选择谱主一生中心事业为主干,与中心事业无关的人和事概不阑入,或仅简略提到。这些年谱可称为"专谱",如嘉道时校勘学家钱泰吉自道光七年(1827)至咸丰三年(1853)间任海宁训导二十七年,日以校书为务,门人唐兆榴遂据所校书册尾所记文字编成《可读书斋校书谱》。这一专谱既可见谱主一生精力之所注,又著录了所校各书的版本,有裨于版本目录之学。清末目录学家耿文光,一生贩书、藏书、校书、读书。他自撰《苏溪渔隐读书谱》就是把"校书之法、读书之记、藏书之目,合而为一者也"。这类"专谱"对专门学术领域的研讨较之一般"通谱"尤为有用,是"清人年谱"中的一种佳例。

专谱之外,还有一种合谱。合谱和合刊不同。合刊是一种流传方式,就是把有关人物的年谱合刊在一起便于流传,每人仍保持单谱的地位,分刊仍可单行。合谱则是编纂上的体例,它把有关人物合编成一个谱。有父子合谱的如王念孙、王引之父子的《高邮王氏父子年谱》;有夫妇合谱的如郝懿行、王照圆夫妇的《郝兰皋夫妇年谱》;有同工一技合谱的如棋手范世勋、施绍闇的《范西屏施定盦二先生年谱》。过去,梁启超很提倡这种合谱。他曾说:

"从前有许多人同在一个环境,同做一种事业,与其替他们各做一部年谱,不如并成一部,可以省了许多笔墨和读者的精神"(《中国历史研究法补编》)。

当然,合谱必须具备适合的条件。同在一个环境固然必要;但更重要的是同做一件事业。不过这种条件究是少数，所以，年谱仍以单谱为大宗。

6.刊行与流传

清人年谱的刊行与流传方式有四种:

(1)稿本

这包括谱主自订年谱的稿本和他人补撰追著的稿本。谱主自订年谱稿本所记多为耳目见闻和身经其事，又以尚未刊行，未遑修饰，所以多得实情。天津人民图书馆所藏何葆麟的《悔庵自订年谱》稿本所记1913年张勋、冯国璋等入南京后的暴行颇称具体。但也有一些稿本内容毫无意义，如南开大学图书馆所藏蒋曾爚的《延秋山馆自订年谱》稿本，其人碌碌，记事也一无足采。他人补撰的稿本，有的是补撰前人所无者，有的是前人已有而又别撰或增订者。这类稿本多半是编者的未定待刊稿，内容和文字均有待于订正。王汉章所编《刘继庄年谱初稿》《纪晓岚年谱》《盛意园先生年谱》和《天南遁叟年谱》等稿本都藏于天津人民图书馆。陈乃乾所编《黄九烟年谱》《重编汤文正公年谱》等见于《共读楼所藏年谱目》，著称“稿本待刊”。以后各年谱目录多据陈目辗转著录，但入藏情况不详。有的稿本见于著录而确知原稿已佚的，如王兆符编的《方望溪先生年谱》，据苏惇元所编的《方望溪先生年谱》的自序和戴钧衡序中都明确指出王编“今皆无传本”“世亦绝未之见”。有的稿本因别有抄本和刊印本，则价值就相对降低些，如方浚师编的《随园先生年谱》，据著录除稿本、抄本外，还有《大公报》、大陆书局二种铅印本和《近代名人年谱丛刊》本。有的稿本还是未完稿，如上海图书馆所藏张焕宗的《张秋岩年谱》稿本，据其自序说，当记至乾隆四十三年(六十岁)止，而实际上仅记至乾隆二十九年(四十七岁)。

(2)抄本

有传抄和清抄。有的是据稿本传抄,如北京图书馆藏《襄勤伯鄂文端公年谱》四卷就是旧抄本。上海图书馆所藏李锺文的《十年读书之庐主人自叙年谱》就是许氏涵芬楼传抄本。有的很像清稿本,实际上是清抄本,如北京图书馆藏贺培新编的《水竹村人年谱稿》和叶伯英的《耕经堂年谱》便是。《水竹村人年谱稿》封面里有注称:“原空格者照空,有朱圈者皆空格,凡注皆双行”。这个注说明它在格式上和所据本有所不同,可证它是抄本。《耕经堂年谱》因我原藏有一本(后遗失),曾和北京图书馆相核,其纸张、字迹、行款、格式、分卷、装订完全一样,可证它是谱主定稿后请书手多抄几份送人的传抄本。

(3)油印本

一般说来,油印本多半是基本上已成定稿,但还准备征求意见加以充实补订,所以油印分发;有的或是没有得到刊行的机会,先小量油印保存以免散失。油印本有的是刻写油印,如王焕镳为陶澍编的《陶文毅公年谱》;有的则是打字油印,如《黎元洪年谱资料》。有的年谱并非原编者所印发,而是后人印发,如法式善编的《洪承畴年谱》,决非当时油印,而是后人因洪是清初重要的反面人物,但又不值得正式刊印,于是便打字油印加以流传。有的谱主虽不甚重要,但谱中却记录了不少史料,如赵守纯的《雪鸿山馆纪年》,中山大学图书馆藏有稿本。谱主在江苏道府县作幕多年,办过捐输,在浙江做过知县,本是个微不足道的人物,但在《纪年》中却记了一些与太平天国、小刀会和金钱会有关的资料,可供参考,但没有大量刊行的必要。所以,1958 年广州古籍书店即据稿本油印复制,供专业人员使用。

（4）刊印本

正式刊印的清人年谱有写刻本（如《渔洋山人精华录笺注》所附《渔洋山人自撰年谱》）、木刻本（绝大部分是木刻本）、木活字本、铅印本和石印本等。这些刊印本有四种不同的流传形式。

甲、单行本:刊印的年谱自成一书、独立流传的称为单行本。它们有的由谱主自己或家族印行的称家刻本或家印本。也有由别人和书店印行的如赵光的《赵文恪公自订年谱》是光绪十六年家刻本;陈训蜚为唐中立编的《博斋先生年谱》就是民国十七年成都复真书局刊本。

乙、合刻本:把刊者认为谱主事迹相近或相似的几种谱合在一起刊行而仍各自成谱的称合刻本。如《归顾朱三先生年谱合刊》就是把归有光、顾炎武、朱柏庐三人的单谱合刊在一起。

丙、丛书本:清代丛书盛行,有些就收刊多种年谱,如《嘉业堂丛书》中就有查继佐、阎尔梅、顾炎武、查慎行、厉鹗、瞿中溶、李兆洛、徐同柏、张金吾等人的年谱。其他如《畿辅丛书》《山右丛书》等也多收有年谱。

丁、附刻附印本:有的年谱并不单行,而是附在其他专集、宗谱和报刊里。其中以附在诗文专集者为多,如《陈星斋年谱》（陈兆仑）就附刊在《紫竹山房诗文集》中;《述菴先生年谱》（王昶）就附刊在《春融堂集》卷首。解放后出版的诗文集也常附人年谱,如《郑板桥集》就附有《郑板桥年表》;《蒲松龄集》就附有《蒲柳泉先生年谱》。附刊在宗谱中的年谱一直不甚被人注意，实则往往收有有用的年谱。如《毘陵庄氏族谱》卷十二的《庄恒自叙年谱》,谱主庄恒是明朝遗老,所记为遗老生活和家世陵替状况;同卷的《胥园府君年谱略》是乾隆时任过广东布政使的庄肇奎的年谱。又《毘陵唐氏家谱》中有《清大司马蓟门唐公年谱》,谱主是康雍时期的刑部尚书唐执玉。《华亭王氏族谱》中有王兴尧的《遂高园主人自叙年谱》和王清瑞的《鹤间草堂主人自述苦状》二种。至于报刊上发表的年谱大多是辛亥以后人所作。这批年谱虽然散见各处,但可利用报刊索引等工具书去求书。

三、清人年谱史料价值的估计

对于清人年谱的史料价值,总的估计有二:一是对清代七八百个人物的生平提供了必要的资料,使原有传志的人物,在材料上得到了丰富,没有传志的人物,在事迹方面填补了空白;二是为论史、证史提供了若干有关的史料。

年谱是一种人物传记,它记述了一个人物的生平事迹和某些评论。清人年谱也不例外,有些重要历史人物的传志比较简略,如记仕历,或有重点的选记,或只记最后官阶、最高官阶;而年谱则记其仕历的逐步过程,并记及宦海浮沉中错综复杂的矛盾关系,可以借此了解到这一人物在政治集团中的地位和派系关系。有些镇压人民的刽子手,传志只能综括其所谓"勋业",而年谱则能见其镇压手段的阴鸷毒辣和镇压反抗的全过程。至于一些文人学者的年谱,大多是经过撰者研究探讨,比达官显宦年谱的单纯排比事实,更为有用。它可以借此了解谱主进学的程序、用功的标准、遗著佚作的梗概、师友的渊源和生徒传授的关系等等。对于一些湮没无闻而确有贡献的人则可因谱而传,如评剧创始人之一的成兆才,本不为人所知,但经撰者钩稽成谱,使人们对这一民间艺术家的生平和贡献能有所了解。所以有人曾誉年谱为"最得知人论世之义"(孙德谦《古书读法略例》)。由于清人年谱所包括的既有重要人物,也有微不足道的人物。所以,它的使用价值较高。

清人年谱中的人物生平还可用来校核某些有关人物生平的书籍。我曾用年谱校姜亮夫编的《历代人物年里碑传综表》清人部分，结果校出一人两载之误、名号缺误、年龄生卒缺误、籍贯缺误、出处编者书名缺误等达五十余条（见《古籍整理出版情况简报》，1981 年 7 月，中华书局）。

但是，在借助年谱来了解人物生平事迹时，必须注意一个问题，即由于年谱大多出于子孙和门人、朋友之手，他们对谱主的评论不能不有所虚美；即使是时代相隔的后人，也多是由于钦敬其人其学，方为撰谱，而不能不有所偏爱，因此，人物生平事迹或评论，均须特别考虑。其中最能作为典型例证的莫若《是仲明先生年谱》。谱主是仲明名镜，康熙至乾隆间人。其门人张敬立据是镜日记编谱，叙谱主修身、讲学、论道诸事。如仅从年谱记事看，则谱主一生俨然为一“醇儒”；但考之其他著作，则此人甚不齿于时人。阮葵生的《茶馀客话》卷九有《是镜丑态》专条，揭露是镜的丑行，并评论他是“诡谲诞妄人也，胸无点墨，好自矜饰，居之不疑”。董潮的《东皋杂钞》卷二记是镜为其胞弟告发不法之事三十余款。段玉裁的《戴东原先生年谱》中记是镜被东原鄙弃，甚至拒绝和他讨论学问，并致书讥讽。江瀚的《石翁山房札记》卷九更指出《儒林外史》中的权勿用“即指仲明”，可证此谱为不足征信。

清人年谱除了对了解人物提供一些资料外，还蕴藏着一些可供证史论史的史料。对于这部分史料大致可作如下三种情况的估计：

一是年谱记事琐碎平庸，人与事都不足述，即使有点与史事有关的记载，也大多支离破碎，不能超出其他记载的范围而有所补益，如清初的王崇简是一个由明入清，碌碌平庸的官僚，他的《自订年谱》记本人和诸子的仕历及家事,无史料可供采择。又如嘉道时的杜受田是一个无所建树、尸位素餐的官僚,卒后,其子杜翰等记其仕历及所受恩宠荣哀以代行状,也没有什么可用的史料。这一类年谱数量较少。

二是年谱记载的资料可与其他记载相互印证、补订。有些方面比其他记载丰富和具体,涉及的问题也较多。这部分年谱数量较多。这里略举几个方面的例证来说明:

①于制度和政策

《蒙斋年谱》(田雯)记康熙前内阁中书的不为人重视;《易斋冯公年谱》(冯溥)顺治十七年条记派汉官考察满员一事,康熙五年条记议派大臣二员在各省督抚衙门旁设署考察督抚而遭反对一事,都和官制有关。

《孙宗彝年谱》顺治十三年条记高邮地方按房征役的苦累状况是"倾家丧命,年年有之,惟有献房于豪家或拆屋逃去,以避差徭"。顺治十八年条记高邮地方按田、按丁征役的苛烦,而丁差尤苦的情状,可见清初摇役制的残民。

《漫堂年谱》(宋荦)、《范忠贞公年谱》(范承谟)、《楼山省身录》(王恕)等记康雍乾时的江南漕运,与漕运制度有关。

《仁庵自记年谱》(魏成宪)道光元年条记山西丁徭合办事,与田赋制度有关。

《陈洛勤公年谱》(陈鹏年)、《栗大王年谱》(栗毓美)等所记多与河工有关。

《介山自订年谱》(王又朴)、《先水部公年谱》(许惟枚)等所记多与盐政有关。

《述庵先生年谱》(王昶)、《海梁氏自叙年谱》(杨国桢)等所记多与铜政有关。

《开封府君年谱》(孙孟平)、《伪庐氏自编年谱》(童以谦)、《惜分阴轩主人述略》(周憬)等记太平天国在安庆、嘉定、无锡等地推行乡官制度之事。

《容庵弟子记》(袁世凯)记新建陆军的建制与扩展等事。

②关于人民的反抗斗争

《阿文成公年谱》(阿桂)、《沈端恪公年谱》(沈近思)、《德壮果公年谱》(德楞泰)、《忠武公年谱》(杨遇春)、《王壮节公年谱》(王文雄)、《罗壮勇公年谱》(罗思举)、《弇山毕公年谱》(毕沅)、《韩桂舲手订年谱》(韩崶)……等谱都记有与台湾朱一贵、林爽文起义,各少数民族起义、川楚教军大起义、天理教起义和棚民反抗等有关的资料。

《独学老人年谱》(石韫玉)嘉庆八年条所附《教匪始末》记川楚教军事较详,其中记有白莲教分土地的号召,谱后所附《竹堂治谱》则有与啯噜会及其他秘密结社有关的记载。其他如《黄昆圃先生年谱》(黄叔琳)之记无为教、《思补老人手订年谱》(潘世恩)、《稚圭府君年谱》(周之琦)之记江西编钱会都有参考价值。

《吴文节公年谱》(吴文镕)、《裕庄毅公年谱》(裕泰)、《张制军年谱》(张亮基)等谱所记鸦片战争后湖北崇阳钟人杰起义资料,颇可补清方官书及疆臣奏疏的不足。

③关于社会经济

《敬亭自记年谱》(沈起元)、《病榻梦痕录》(汪辉祖)等记乾嘉时米价、田价、木棉价及银钱比价的具体数字比一般记载为详。

《病榻梦痕录》(汪辉祖)记乾隆五十一年(1786)苏、皖、鲁等地的具体灾情是"流丐载道""尸横道路"、死人"埋于土,辄被人刨发,刮肉而啖。”《牧庵居士自叙年谱》(赵怀玉)记嘉庆十八年(1813)直隶、山西、山东、河南等省旱灾的具体情状是“几至易子而食”。“市中竟有以人肉为卖者。”都使我们可以想见当时社会经济残破之甚了。

《吴文节公年谱》(吴文镕)、《绳其武斋自纂年谱》(黄赞汤)都详细地记述了鸦片战争后，由于五口通商使旧交通线上的运输工人和某些相应行业的人员失业的情况，以及这种情况将对社会秩序所产生的后果。

《马端敏公年谱》(马新贻)、《崇德老人自订年谱》(曾纪芬)等记太平天国失败后,封建剥削制度恢复和发展的具体事例。

④关于文化

《蒲松龄年谱》《孔尚任年谱》《洪昇年谱》和《吴敬梓年谱》对研究文学名著《聊斋志异》《桃花扇》《长生殿》和《儒林外史》等书的创作情况、流传和评论等都有所稗助。

《纪晓岚先生年谱》(纪昀)、《查他山先生年谱》(查慎行)、《澄怀主人自订年谱》(张廷玉)、《雷塘盦主弟子记》(阮元)等都较详细地记述了《四库全书》《佩文韵府》《续文献通考》《康熙字典》和《经籍纂诂》等书的纂辑过程。

《张力臣先生年谱》(张弨)所记为梓板写书事,可备清初精刻本的书林掌故。

《仪卫轩年谱》(方东树)记清代前期汉宋学之争颇详。

《卢抱经先生年谱》(卢文弨)、《黄荛圃先生年谱》(黄丕烈)、《校经叟自订年谱》(李富孙)、《顾千里先生年谱》(顾广圻)、《臧在东先生年谱》(臧庸)、《可读书斋校书谱》(钱泰吉)等记清代版本目录和校勘学等资料颇备。

《查东山先生年谱》(查继佐)、《吕留良年谱》(吕留良)、《查他山先生年谱》(查慎行)、《南山先生年谱》(戴名世)、《张文恪公年谱》(张泰开)记清代庄廷鑨、吕留良、查嗣庭、戴名世、胡中藻等文字狱案始末颇详。

⑤关于重大历史事件

《雅园居士自叙》(顾予咸)记有清初"哭庙案"的资料。

《李文襄公年谱》(李之芳)、《平南王元功垂范》(尚可喜)、《范忠贞公年谱》(范承谟)、《陈恪勤公年谱》(陈鹏年)等书都记有"三藩事件"的资料。

《海梁氏自叙年谱》(杨国桢)、《梦庵居士自编年谱》(程庭鹭)、《葛壮节公年谱》(葛云飞)、《兰史自订年谱》(王锡九)、《稀龄追忆录》(黄恩彤)等书所记有与鸦片战争史事有关者。

《张文襄公年谱》(张之洞)、《吴兴周梦坡先生年谱》(周庆云)中记有戊戌变法时期"东南互保"的情况。

这类年谱中虽然有些可供采择参证的史料,但也必须注意到其中许多年谱或出自订、或出子孙及友生之手,不免有夸大炫耀的成分,如徐广缙的《仲升自订年谱》就掠取群众反进城抗英斗争之功为己有、林绍年编的《张制军年谱》说"湘军之发现"始于张亮基,都不符事实。有的年谱甚至还为谱主的污行曲加讳辩,如金鹤冲编的《钱牧斋先生年谱》(钱谦益)就有意为谱主的降清辩解,其跋中竟称:"先生当危亡之际,将留身以有待,出奇以制胜,迄无所成,而为腐儒所垢詈,亦先生之不幸也。"并以此观点搜集资料,姿意论列。又如严璩编《侯官严先生年谱》为其父严复参加"洪宪帝制"反复辩护。类此都应该详审事实,严加剖析。有些年谱摘引奏疏、著作甚多,固便于翻检,但如所据原书有刊印传本,则应追本求原去检核原始材料,以尽量避免传讹之误。

三是年谱所记资料为他书所未及，有助于论证问题使其更加全面、更为有力，有的甚至还能解决存疑的问题。这类年谱的数量也较少。择要举例如次:

①《赵客亭先生年谱略》(赵于京)康熙四十八年条记河南卢氏棚民反抗斗争情况甚详。南山棚民的反抗，清人著作多有论及;但河南棚民的反抗尚不多见。

②《冯旭林先生年谱》(冯春晖)道光三年条记山东临清马进忠起义甚详。此次起义虽为时不过三个月，但声势遍及河北、山东，立“天心顺”年号，设大将军、军师、尚书等官职，最后遭到惨杀和处刑的有五百余人。这是李文成起义失败后的一次较大起义，其他著述中尚不经见。

③《文文忠公自订年谱》(文祥)咸丰三年二月条记太平军克金陵后，北京的“阖城钱铺于二月初同日关闭，……任京职者纷纷告假出都”。同年九月条又记太平军北伐至天津时，“内外城均设严防，京官甚有不待请假即仓惶出城者”，于此可见革命声威之盛和京城震惊的具体情状，为其他记载所不及。

④《余孝惠先生年谱》(余治)咸丰三年至同治三年间各条，记谱主先后撰写《劫海回澜文》三卷《公侯赞》《劝农同胞案》《英雄谱》《绿林铎》《皇恩歌》《亲恩歌》《解散歌》等反动诗歌戏曲，并绘《江南铁泪图》四十二帧到处劝捐，大肆攻击革命，妄图从思想上瓦解和破坏革命。谱主竟因此而由附生被保举为训导加光禄寺署正衔。此可为地主阶级对太平天国革命进行反动的思想斗争的实例。

⑤《恬退老人自订年谱》(许鋐)光绪元年条则记谱主父春荣始为布贩，同治五年就开设了大丰洋布号，成为洋布商。光绪二十四年条记春荣已于光绪十六年（1890）由洋布商出任德华银行华经

理，成为金融买办，而谱主则先后入英商有利、汇丰及德华银行供职，成为金融买办的候补者。由此可见一个普通布商如何转化为买办的具体发展痕迹。

⑥《乐农自订行年纪事》(荣德生)是一部民族资本家的发家史，记荣家由经营钱庄，进而经营面粉、制米、纱厂各种企业的过程，可以看出一个高利贷者如何转化为民族资本家的具体过程。

⑦《鹤间草堂主人自述苦状》是嘉道时人王清瑞（一名王清亮）的自谱，附刊于《华亭王氏族谱》中，因此未被人注意。此谱道光二十二年六月条下自注说："余辑《溃痈流毒》一书。"谱后所附姚椿一诗的自注中也说："君辑《溃痈流毒》一书，详载英夷反复事"。此可解决一直不知《溃痈流毒》一书辑者为谁的疑问。

四、《近三百年人物年谱知见录》的纂辑

《近三百年人物年谱知见录》是有关史籍某一门类的目录书，也是便于人们检索利用的工具书。它是我在一种想法的支配下开始纂辑的。我在实际的教学和科研工作中常常见到人们为了论史、证史而需从浩繁史籍中搜集资料时，往往都是人自为政，穷年累月、孜孜不倦地去检读爬梳，不禁使我想到为什么不能由一部分人对大量的史籍分门别类地清查一下底数，然后把结果写成报告，再编制相应的工具书，给别人提供些不走重复道路的便利呢?为什么要人人都从头做起呢?

有了这种想法，我便想亲自实践一下这种设想是否行得通。于是我从史籍中选择了清人年谱这一门类来作试探。我一面检读，一面根据目录学的要求，每读一谱，便写一篇书录。每篇书录除记谱名、编者、卷数、版本、著录情况、谱主事略、编纂缘起和藏者外，还增著了谱内有无可供采择的史料和涉及哪些史料这一内容。每篇书录少则二三百字，多则千字左右，文字力求简要划一。经过多年的工作，我检读了这方面的年谱八百余种，约一千二百余卷。每种年谱都是随读随写书录，又先后为了修整体例、划一文字、增补内容和重写散失部分，曾三易其稿，终于纂辑成五十余万字的《近三百年人物年谱知见录》。

《近三百年人物年谱知道见录》中所介绍的年谱谱主，主要是三部分人，一部分是生于明而卒于清顺治元年(1644)以后的人，一部分是生于清卒于清的人，第三部分是生于清而卒于辛亥革命以后的人，这就是说，主要是清人，因而原名为《清人年谱知见录》，且将虽卒于清却始终有直接在清政权下生活（如刘宗周、张煌言等人）或流亡于国外的人(如朱舜水、释隆琦等人)未列入；然而考虑到还有一些生于明卒于清或生于清卒于辛亥革命以后的历史人物，有的一直是反清的，或者正是在他们领导下使清政权被推翻的，有的其一生主要事迹在辛亥革命以后，似不能笼统称为清人，或将其年谱称为清人年谱，因而定名为《近三百年人物年谱知见录》。凡应收未收(如上述刘宗周、朱舜水等人)者，俟续编时补入。

《近三百年人物年谱知见录》分为六卷。前五卷是书录，以朝代顺序为次，按书录数量作了均衡性的分卷，即:卷一、明清之际，卷二、顺康雍，卷三、乾隆，卷四、嘉庆至光绪，卷五、辛亥以后卒者。第六卷分为二部分:一部分是附录一《知而未见录》，就是把那些见于目录书著录或其他著述中提到，但原谱尚未经眼的，仅注出处，未写书录，以待访求和续编。另一部分是附录二，有谱主索引和编者索引二种，以便检索人物和年谱书。由于年谱各处多有收藏，访求一时难周，一定还有可入录而未及者，容续编时一并增入，并希望读者指引线索，使这一谱目日渐完备。

我通过对史籍这一小门类——近三百年人物年谱的试探性检读,感到这种作法可以使别人得到方便,节省精力。因为从年谱的书录中不仅可对原谱的基本情况有所了解，而且在必要时还可利用它按需要去求读原谱;对那些无太大用处的年谱,看过书录后便不必再浪费精力和时间去翻读原谱。从而我联想到:如果对史籍的每个门类或小目类都有人分别去清查一下底数，并把结果写出报告,编制一些工具书。那么,人们在搜集资料工作上就不需要人人都从头搞起,而是已有少数人为多数人摆好了“梯子”,或者说做了“铺路石子”的工作了。

这种“梯子”或“铺路石子”的工作,过去陈援庵先生曾经感叹说:“兹事甚细,智者不为,而不为终不能得其用。”(《中西回史日历·序》)我从初步实践中体会到,这种作法不仅可以开拓目录学研究的实践领域，而且将使更多的学术工作者把主要精力用于剖析史料、论证史事、发现问题、扩大研究领域,使学术研究能更快地向前发展。

我的这一粗浅而有点不切实际的想法，愿作为愚者之见提出来,希望得到批评和指正。

《近三百年人物年谱知见录》后记

在《近三百年人物年谱知见录》即将问世的时候,我怀着诚挚的敬意,忆念这部书的创议者、我的学术前辈——南开大学图书馆故馆长冯文潜(柳漪)教授。早在二十五年前,我正担负着中国近代史的教学工作,不时到校图书馆去翻读一些清人年谱。当时,冯老建议我:这类书看的人不多,也无需人人都去看,你既然在看,何不把清人年谱清个底数，顺手写点提要，积少成多，将来也能为人节省翻检之劳（大意）。冯老还表示可为搜求与转借图书提供方便。我原有这方面的朦胧想法，便接受了这一建议，经过了五六个寒暑，终于写了八百多篇书录，近五十万字。那时，冯老的健康状况已不甚好，但仍然兴致勃勃地翻看了初稿，嘱咐我修订和争取为人所用。不久，冯老就在1963年因病谢世。现在，我谨以此书纪念冯老。

《近三百年人物年谱知见录》经过增订，写成了定稿后，很快就遭到散失的厄运。十多本手稿仅剩了二册，另外还有一些杂乱的卡片和原始记录，已经不易复原而不得不弃置一旁。1970年，我到津郊学农。临行，亡友巩绍英同志义重情长地来送行，并谆嘱重新编纂《知见录》。几年的耕读生活和回校后等候分配具体工作的时间为我整理残篇断简、重新查书提供了方便。1975年，我终于又一次完成了定稿。可惜绍英同志已在1973年过早地离开了他所喜爱的学术事业。我在完稿的喜悦中也交织着对故友的不胜怀念之情。

《近三百年人物年谱知见录》虽已再一次完稿，但是否完善，还不敢说。我很想请人看看，可是一则由于内容枯燥，二则由于朋友们繁忙，一直不能实现这一愿望。1976年初，刘泽华同志竟在主持《中国古代史》编写工作的繁忙情况下，欣然应邀通读了全稿，提出了很好的建议，鼓励我坚持增订完善。他是通读全稿的第一人。

冯老是我的前辈，绍英同志是同辈人，而我又比泽华同志痴长了几岁。也许这是一种巧合，《知见录》正是在这三位老、中、青学者的不断关心、支持和帮助下完成的。

《近三百年人物年谱知见录》虽已著录八百余种，但还很不完备，不仅有知而未见者，尚有未知者。一些稿本、抄本和或附于集首卷尾、或刊于报章杂志者，则搜求不易而缺漏尤多。但为了能为他人稍节翻检之劳,先将已有部分汇为初编;俟续有所得,再成续编。我殷切期望初编问世后,能有更多同志补正,惠告线索,俾获增补完善。至于编写体例、书录内容以及其他等等,亦不免有不足和错误,甚望读者批评指正。

南开大学的殷礼训、汤纲和焦静宜同志,北京师大的张守常同志,山西图书馆的赵东升同志,清华大学的吴琼同志和上海人民出版社的刘伯涵和顾孟武同志等都从各方面给予支持和帮助,上海图书馆馆长顾老惠题书签,均借此致谢。

来新夏

一九八二年六月于南开大学北村

方志学概论

（1983）

高等院校教学用书。来新夏主编。22 万字。福建人民出版社 1983 年 8 月第 1 版，第 1 次印刷，印行 3800 册;1984 年 3 月第 2 次印刷,印行 10550 册。总计 14350 册。定价:1.20 元。

书号 7173·586

是书系统论述了方志的起源、发展,介绍了古、近代学者对方志学的研究,并重点阐述了新方志的编写要求和方法。书后附有自民国时期以来至 1982 年 7 月为止的方志学重要书目与部分论文目录。

该书是中华人民共和国成立以来第一本通论性的方志学著述。方志学家魏桥认为"《方志学概论》一书,简明扼要,深入浅出地阐明了方志的基本概念、发展简史、编纂要领等,对当时方志事业沿着正规道路前行起到不可磨灭的指导作用"。

1981 年 11 月,来先生受中国地方史志协会委托,邀集安徽大学、宁夏大学、福建师范大学、苏州大学、辽宁师范大学、贵阳师范

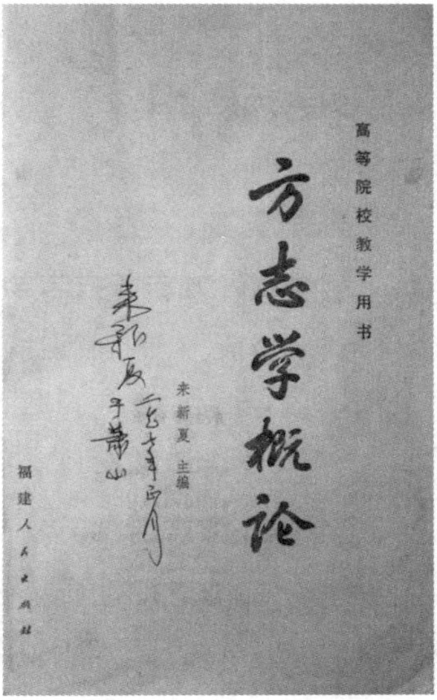

学院、杭州师范学院以及南开大学等八院校有关人员，在南开大学举行《方志学概论》编写工作会议。确定编写方针、编写大纲，分配编写任务，众推先生任主编。1982 年 4 月间，《方志学概论》草稿第一次油印稿完成，并在苏州第一期方志学研究班上试讲，旋又吸收征求意见而修改。6 月间印成第二次油印稿，7 月间在太原、10 月间在蓟县的两期研究班上试用，由学员逐章讨论，并经梁寒冰、傅振伦等专家审定，由来先生作最后一次修改后定稿。

《方志学概论》初版本的书名题签者是章友芝。章友芝（1917—1983），名沅，祖籍浙江绍兴，生于福州，著名书画家，曾任福州画院秘书长。尤以隶书成就辉煌，有“芝隶”之美誉。再版印刷的题签者是上海图书馆馆长顾廷龙先生。

1992 年 3 月底，古稀之年的来先生应聘任日本独协大学客座教授期满，独协大学教授齐藤博“送来新夏教授回国致辞”中说：“《方志学概论》是极其便利的入门参考书。”

本室藏初版本二册，一为扉页钤印椭圆形章“天津社会科学院图书馆图书资料专用章”，一为扉页题“孝萱兄指正 来新夏 一九八四年三月”，并钤印“著者谨赠”，系原南京大学教授卞孝萱（1924—2009）所藏；再版本三册，其一扉页题有“来新夏 二〇〇七年正月于萧山”。

《方志学概论》目录

二、清代方志学的建立

三、民国时期的方志学研究

第三章　建国以来的方志整理、研究与编纂

第一节　对于旧志的整理与利用

第二节　方志学研究

第三节　新方志的编纂

第四章　方志编纂的原则与体例

第一节　方志编纂的指导思想

第二节　方志编纂的原则

第三节　方志编纂的体例

第四节　方志编纂中的人物立传问题

第五章　方志编纂的方法与步骤

第一节　编志机构的建立

第二节　专业人员的培训

第三节　资料的搜集、鉴别与整理

第四节　分撰志稿与总纂定稿

第五节　方志编纂中的几个关系问题

附录

一、关于新编地方志工作条例的建议

二、省市县地方志编纂工作意见示例

(一)《湖南省志》编写工作应注意的问题

(二)关于编纂《武汉志》的几点意见

(三)县志编修初探

三、方志学重要书目论文索引

《方志学概论》前言

我国的地方志编写工作起源甚早，而且自秦汉以来一直没有间断，到了清代便发展成为方志编写工作的鼎盛时期，并形成了一门专门学科——方志学。清代编写的地方志不仅数量占我国地方志总量的百分之八十强，而且质量也多超越前代，许多著名学者亲身参与其事。在方志的研究工作方面，自顾炎武到章学诚经历了大量研究工作和理论建设的过程。顾炎武不仅运用丰富的地方志资料撰著《肇域志》和《天下郡国利病书》等名著，而且还在《营平二州史事序》及其他论著中提出修志要旨和若干有关论点，初步奠定了方志学理论的基础。经过更多学者的努力，而由章学诚在前人成果的基础上，总结了封建社会编纂方志的经验与教训，提出了比较全面的方志编纂理论。这套理论反映了他所处时代的应有水平，其中某些方面至今尚有可资借鉴之处。至于对方志学进行比较系统的研究与论述，则是近代以来的事情，如王葆心的《方志学发微》和傅振伦的《中国方志学通论》等，这些著述在当时成为编写地方志与研究方志学的重要读物。建国以来，在方志学研究方面也取得了一些成绩，有进行综合研究的，有讨论志书体裁的，也有进行地区志书研究的，但始终没有一本通论性方志学著述问世。从事地方志编写工作和有志于方志学研究的同志希望有一本提供比较系统的方志学知识的入门读物。这就使《方志学概论》的编写成为客观的需要。

1980 年秋，在天津召开地方史志协会筹备会时，就有人提出过编写一部《方志学概论》的建议。次年 8 月在山西太原召开的中国地方史志协会成立大会上，与会的高校同志经过酝酿，向大会建议编写一部《方志学概论》，供高等学校历史系开设方志学课程和培训全国各地史志编写人员使用。这一建议得到与会同志们的赞同，即由协会委托南开大学、安徽大学、宁夏大学、福建师范大学、苏州大学（原江苏师范学院）、辽宁师范学院、贵阳师范学院和杭州师范学院等八院校参加编写，并推定由我担任主编。接着，1981 年 10 月 31 日至 11 月 4 日在南开大学召开了编写工作会议。在这次会议上，与会的八院校同志总结了历代修志的传统经验，回顾了建国以来的研究成果，展望了发展远景，深感编写《方志学概论》的重要，决心编写一部适合方志学专业学习和全国地方史志编写人员需要的教材。会议围绕由各校提交的编写大纲展开了热烈的讨论，对某些学术上有争论的问题，如方志的起源与性质问题、史志关系问题等等都各抒已见，深入讨论。会议确定了《方志学概论》的编写方针是：以马列主义毛泽东思想为指导，坚持四项基本原则，批判地继承我国方志学的传统，总结近年来编写方志的经验，系统地阐述方志学的基本理论，为建设社会主义的物质文明和精神文明服务。大家认为：编写这本教材目前虽然缺乏较完备的依据，但也要力求做到能系统而通俗地讲清有关概念，详细地叙述方志的起源与发展，商讨性地提出编纂新方志的要求与具体方法，使此教材能体现出应有的知识性、学术性和实用性。经过反复讨论研究，最后在各校提交的大纲的基础上，拟定出统一的编写大纲，又进

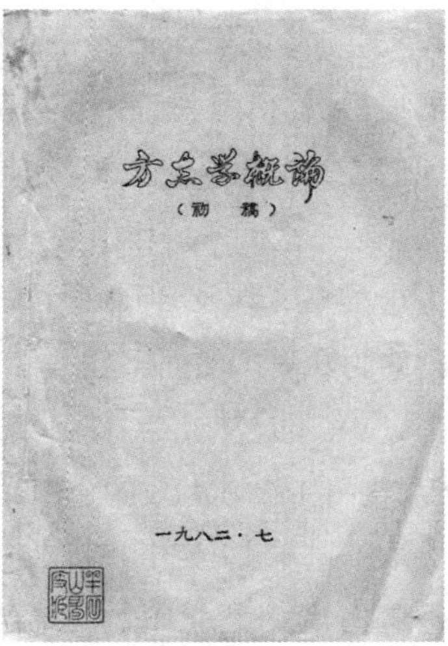

行了充分协商,分配了编写任务,并对写作体例和初稿试讲等问题作了具体的安排。

分担编写任务的同志们,在本职工作繁忙的情况下,经过近半年的努力,于1982年4月中旬完成了草稿的油印稿,并于5月间在苏州举办的第一期地方志研究班上进行了试讲,得到参加研究班的全体同志的热情帮助。承担本书出版任务的福建人民出版社的编辑也参加了试讲活动,并提出了修改意见。全体编写人员据此分别对自己所写的草稿进行一次修改,完成了初稿。这份初稿经过我和吴奈夫同志修订后,印成了第二次油印稿,先后于7月间在太原、10月间在天津蓟县的第三、四期研究班上试用,第四期研究班的学员还深入细致地阅读和讨论过,提供了若干有益的意见,使我们的修改工作具备了更广泛的群众基础。与此同时,我还将第二次油印稿寄送给梁寒冰、傅振伦、左开一、刘光禄等专家和地方史志工作者审订,承他们在百忙中给予不同形式的指导和支持,推动了修订工作。

参加《方志学概论》草稿创编和修订工作的有周春元、傅贵九、陆振岳、林衍经、邸富生、吴奈夫、陈树田、陈明猷、林正秋等同志,他们在教学与科研工作繁忙情况下,承担了任务,付出了辛勤的劳动。第二次油印稿印出后,他们又委托我全权处理定稿工作。我对方志虽略有涉及,但学殖浅薄,钻研不深,见闻不广,膺此重托,只得勉力从事。然而整理编订工作量较大,非短时所能完成,而旷日持久,又不足应社会急需,于是复邀吴格和赵永东两位青年同志相助,进行了极其有效的合作。在我们共同商订宗旨、综理众说、斟酌去取的基础上,吴格和赵永东两位同志完成了调整篇章、编次文字的工作,为我提供了通读与定稿的便利条件。最后由我删定。

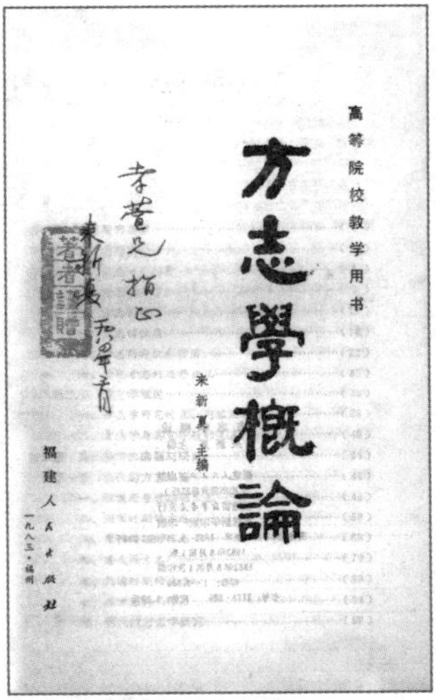

《方志学概论》的问世，主要是创稿人、有关专家学者和各期研究班学员共同努力的结果。但是，由于书成众手，时间匆促，一些内容重复、论点歧异、文风不一等缺点还未能完全消除。这些缺点和错误应该由承担通读和总修任务的主编来负责。我虽然主观上作了一些努力，但终因水平所限，没有很好地完成任务。我真诚地期待着同志们的批评与指正。

《方志学概论》在编写和修订过程中，得到了有关专家学者的指导、广大地方史志工作者的关心、福建人民出版社的支持、吴格和赵永东二同志的助理，上海图书馆顾廷龙馆长以高年为本书题签。我都在此表示最诚挚的谢意。

来新夏

一九八三年二月于南开大学

中国近代史述丛

（1983）

来新夏著。31.2万字。齐鲁书社1983年9月第1版，第1次印刷，印行5200册。定价：1.85元。

书号11206·71

该书收录了来先生从20世纪50年代至80年代在近代史方面的论文和一组读书笔记。其中60年代至70年代处于动乱，无法从事学术撰述活动，因而“述丛”大多是来先生50年代十年间的学术研究留痕。例如《中日马关订约之际的反割台运动》，原载《大公报》1952年1月18日，后入编五十年代出版社1954年出版的《中日甲午战争论集》；《南昌教案》《关于第二次鸦片战争后中外反动势力结合的问题》《同盟会及其政纲》《鸦片战争前后银贵钱贱的情况和影响》《反清的秘密结社》，载见《历史教学》1952年1月号、1954年11月号、1955年6月号、1956年9月号、10月号；《〈天朝田亩制度〉是农民革命的纲领》，原载《光明日报》1959年12月10日。而《太平天国底商业政策》，则是来先生作为范文澜的研究生，在导师指导下于近代史方面的处女作，署名“禹一宁”，刊载华北大学历史研究室编、三联书店 1950 年 11 月版《太平天国革命运动论文集》。此论文集由三联书店列入“三联经典文库”第二辑，将原直排繁体改为横排简体，于 2014 年 1 月重新出版。

《中国近代史述丛》由书法家王颂余教授题写书名。书中的大部分文章，收载于南开大学出版社 2002 年 6 月出版的来新夏自选集——《邃谷文录》之“历史学卷”。

本室藏本封面钤印为“南京大学历史学系图书室”，内页钤“南京大学图书馆藏书”，皆蓝色、椭圆形。

《中国近代史述丛》目录

论“天津教案”

中日马关订约之际的反割台运动

中日甲午战争后台湾人民抗日始末

试论清光绪末年的广西人民大起义

同盟会及其政纲

辛亥革命时期有关天津的革命活动

略论北洋军阀史研究中的几个问题

谈民国初年白朗领导的农民起义

略述孙中山先生“以俄为师”的政治主张

反清的秘密结社

清代目录学成就浅述

清人年谱的初步研究

略论地方志的研究状况与趋势

结网小录十一则

(一)龚自珍林则徐往返函件的写作日期

(二)略谈“禁烟运动”对英国的影响

(三)鸦片战争前后银贵钱贱的情况和影响

(四)自制望远镜的郑复光

(五)中国近代化学家徐寿生平补正

(六)曾国藩的媚外

(七)日帝侵占台湾后的统治者——总督

(八)《共和新三字经》

(九)关于北洋军阀史的文献

(十)北洋军阀的来历

(十一)北洋军阀对内搜刮的几种方式

《中国近代史述丛》序

感谢齐鲁书社为我出版《中国近代史述丛》这本书,使我能借此回顾一下三十年来走过的学术道路，并保留下深浅不一的屐痕萍踪。

我虽然是历史专业出身,但真正接触近代史则是1949年在华北大学历史研究室范文澜同志指导下才开始的。《太平天国底商业政策》正是我在近代史方面学步的一篇处女作。后来,我就逐步地进入了近代史的教学与研究领域,陆续写了包括现在收入《述丛》中的数十篇习作。

《中国近代史述丛》共收录了我从五十年代以来在近代史方面的习作二十三篇和一组读书笔记。这些习作正如书名所表示那样,它们并不是什么有创见的论文,而只是努力按照范文澜同志“板凳宁坐十年冷,文章不写半句空”的教诲,为了锻炼自己的研究能力和适应教学要求,力求把若干史事叙述清楚,为他人作一点铺路石子的工作。因此当我把这些习作汇为一集时,经过反复审读,最后还是认为题名《述丛》比其他题名能更确切地反映我近三十年来在中国近代史方面所做的工作。

《中国近代史述丛》所收的习作大致包括以下五个方面:

(一)为参加当时学术讨论而写的习作。从五十年代以来,中国近代史划阶段问题经胡绳同志提出后，立即在史学界得到应有的反响,许多学者各抒己见,展开讨论。我在学习这些论文的基础上,先后写了两篇短文（集中总题为《关于中国近代史的划阶段问题》),参加了讨论。太平天国革命性质问题也是五十年代比较为人注目的讨论课题，当时报刊上陆续发表了不少有关论文，其中有一部分文章着重探讨了太平天国的基本纲领——《天朝田亩制度》的性质。我也从中得到某些启发而写了《〈天朝田亩制度〉是农民革命的纲领》一文，主要希望借此获得一些教益。

（二）为纪念重大历史事件而写的习作。1949 年，为了纪念 1950 年太平天国起义百周年，华北大学历史研究室（不久即改制为中国科学院历史研究所第三所）的同志们在范老亲自主持与指导下写了一组文章，编印为《太平天国革命运动论文集》（三联书店 1950 年出版）。我在近代史方面的第一篇习作《太平天国底商业政策》也被收录。1956 年，为了纪念孙中山先生诞生九十周年而写了《略述孙中山"以俄为师"的政治主张》一文。1961 年，为了纪念辛亥革命五十周年，由我执笔写了《辛亥革命时期有关天津的革命活动》一文。1970 年，为了纪念天津人民反洋教斗争的百周年，我曾满怀激情地写了《论天津教案》一文，但直到 1980 年始获发表。

（三）为撰写专著做准备而写的习作。我在撰写专著前，往往喜欢在资料搜集大体齐备的基础上先写一篇纲要式的文章作为提示，或者先写片段以试笔。如为写《林则徐年谱》一书而写《林则徐传论》，为写《古典目录学浅说》而写《清代目录学成就浅述》，为写《近三百年人物年谱知见录》而写《清人年谱的初步研究》，为写《北洋军阀史稿》而写《略论北洋军阀史研究中的几个问题》和《谈民国初年白朗领导的农民起义》，为写《方志学概论》而写《略论地方志的研究状况与趋势》等等。这些习作，有的被专著部分地采用，有的就作为专著的代序。

（四）为了丰富教学内容和试探性地填补个别空白点而写的习作。如有关鸦片战争的多篇习作、有关甲午战争的两篇习作以及

《同盟会及其政纲》和《反清的秘密结社》等篇都是在这一动机之下动笔的。其中如《试论清光绪末年的广西人民大起义》一文则是感于近代史教学中，在教学大纲上都标举了1903至1905年的广西起义，但一些著述中又大多语焉不详，所以我就搜集了有关资料，排比撰次而成此篇。

（五）一组读书笔记。长期的读书生活养成了一种“书山有路勤为径”的习惯，总感到记忆的不足恃，而喜欢写点札记，积久成册，题为《结网录》，但后来三册札记在动乱年间散失殆尽，仅剩已成篇发表的几则和少量残稿，现选录数则，改题《结网小录》，以志采铜之劳。

《中国近代史述丛》所收各篇是在不同时期完成的，为了保存原来的基本面貌，除了《鸦片战争前清政府的“禁烟问题”》一篇系发表后不久就作了较大的修改，仍能反映当时水平而收录改写稿外，其他各篇都只作了少量的增订或不加改动。各篇大略以内容所及史事时间先后为序，但篇末都记录了发表时间，以示进德修业的轨迹。从这次回顾检阅中也使我深感愧怍。三十年的漫长岁月，自己在学术研究上，即就数量而言已是微不足道，遑论质量是否符合起码水平。尤其是，比量各篇，几乎仍在原地踏步，没有什么显著的进展。这一点是深负师友们的殷切期望的。

《中国近代史述丛》编成之时，适值我六十初度之际。按照传统习惯，这应是一个新周期的开始。为了补偿过去三十年的荒弛，深愿在新周期开始时，从零起步，遑厉风发地加速前进。为此，我特请老友金石家傅耕野兄为我镌刻一方“花甲少年”的用章作为鞭策。我必须在今后十年中贾其余勇，努力拼搏，至少做出与前此三十年等量的工作，庶在古稀之年能有《中国近代史述丛》续集呈现在广大读者面前求教。

《中国近代史述丛》在整理出版过程中承卞孝萱、焦静宜等同志的支持和协助，书法家王颂余教授的惠题书名，都在此表示深切的谢意。

我真挚地期待着新知旧雨和广大读者给予批评指正。

来新夏

一九八二年秋夜写于南开大学北村邃谷

北洋军阀史稿

（1983）

来新夏主编。36.4 万字。湖北人民出版社 1983 年 11 月第 1 版，第 1 次印刷，印行 7300 册。定价：2.05 元。

统一书号 11106·162

无论是革命史还是民国史，都绕不过北洋时代。新中国成立后不久，关于北洋军阀史的书，除了陶菊隐的《北洋军阀统治时期史话》（三联书店 1957 年至 1959 年出版），另一部是来先生的《北洋军阀史略》。两者体裁不同，详略有别。陶著属于通论性著作，非专题研究，探讨的是 1895 年至 1928 年间的政治史，并不专记军阀。书中也未注明资料来源，使读者不易查找、核对。来著在内容上侧重于以北洋军阀为核心，探讨北洋军阀的起源、发展和覆灭历史，包括北洋军阀的统治与广大人民的反军阀斗争。来著有史有论，简明扼要。

《北洋军阀史稿》既是《北洋军阀史略》的发展，又是一次重新改写。在篇幅和内容上作了某些充实和改动。并附有“大事年表”和

“北洋军阀人物小志”，方便读者检索利用。民国史专家孙思白教授（1913—2002）读完《北洋军阀史稿》后，把它与《北洋军阀史略》作比较认为有四点不同：第一，补充和运用了已刊的档案、未刊的资料和译稿；第二，吸取了回忆性文章和近年来的研究成果；第三，对若干问题作出了新的分析和论断；第四，丰富了若干具体情节内容。并称该书是“民国史研究领域中一个良好的开端”，“它将为后来的研究者起着提携与带头的作用”。

本室藏本封底内页钤印“上海旧书店 ￥9.00”长方形、蓝色章，笔者2006年12月底网购自上海闵行莘庄银都十村38号301室。

《北洋军阀史稿》目录

第三章　段祺瑞政权的建立　孙中山领导的“护法运动”

第一节　军阀割据与纷争

(一)军阀割据的开始形成

(二)新旧约法的争执

(三)黎元洪、段祺瑞“参战问题”之争

(四)张勋复辟

第二节　段祺瑞政权的黑暗统治和“护法运动”

(一)段祺瑞完全成为日本帝国主义的工具

(二)“护法运动”

(三)段祺瑞政权统治下的中国社会

第四章　北洋军阀间的“混战”与“联合”

第一节　直皖战争

(一)日美勾结与直、皖交恶

(二)“巴黎和会”与五四运动

(三)直皖军阀的角逐与矛盾的激化

(四)直皖战争的经过与皖系的失败

第二节　直奉军阀的争夺与第一次直奉战争

(一)直奉军阀的分裂

(二)华盛顿会议

(三)梁士诒组阁与直奉矛盾的激化

(四)第一次直奉战争和奉系军阀的失败

第三节　直系军阀统治的建立与反军阀斗争的发展

(一)吴佩孚的“国民大会”与“恢复法统”

(二)黎元洪的“废督裁兵”与“阁潮”

(三)奉系军阀张作霖的整军备战

(四)直系军阀的暴政与黎元洪的被逐
(五)人民群众的反军阀斗争
第四节　第二次直奉战争
(一)江、浙战争
(二)第二次直奉战争和直系军阀的失败
第五节　段祺瑞召开"善后会议"与直、奉、国军阀的混战
(一)段祺瑞出任临时执政
(二)孙中山的北上
(三)奉、直、国军阀的纵横离合
第六节　直、奉联合进攻国民军和吴、张的"反赤"联合
(一)直、奉的反革命联合
(二)段祺瑞的倒台与直、奉的"反赤"联合

第五章　北洋军阀集团的覆灭

第一节　北伐战争的胜利进军
(一)两湖战场与军阀吴佩孚的溃败
(二)江西、福建、浙江、江苏、安徽战场与军阀孙传芳的溃败
(三)北伐战争胜利的原因和历史意义
第二节　北洋军阀集团的覆灭和蒋介石新军阀的上台
(一)帝国主义干涉中国革命和蒋介石"四·一二"反革命政变
(二)北洋军阀集团的覆灭

附录

一　大事年表
二　北洋军阀人物小志

后记

《北洋军阀史稿》序 / 孙思白

我和新夏同志由于工作上的关系而结识还只是一年前的事。但“读其书而心仪其人”却是从他那本《北洋军阀史略》问世开始的。

《北洋军阀史略》出版于1957年。它虽然只有十多万字，但那时解放不久，这类书很少，所以容易引起注意。去年冬，新夏同志把他和他的合作者所写的仍以“北洋集团”为研究对象的新稿子送给我看，题名曰《北洋军阀史稿》。《史稿》与《史略》，看来似有着递嬗的联系，但细读《史稿》全书之后，就发现《史稿》应说是一部新著了。这不仅是从数量上讲，也是从内容上讲的。如果说二十几年前出版的那本《史略》曾引人注意，那么，具有更多新材料、新内容，数量上也远远超过《史略》的《史稿》，肯定将会受到更多人的注意。

建国以来，关于北洋军阀史的书，1957年出版了两部：一部是陶菊隐先生的《北洋军阀史话》，另一部就是来新夏同志的《北洋军阀统治时期史略》。两者体裁不同，详略有别。陶著史中有“话”（轶闻趣事），分量较大；来著则纯是史的论述，简明扼要。此外，就一事、一人或侧重某一方面的专书是有一些的，但不具有对“北洋”整个集团的概括性。具有系统概括性而又流行的，好像至今就是这两部书。

“北洋军阀”这个集团的活动是“民国史”中一个重要组成部分。“民国史”是一块待开拓的土地，过去还没有很多的成果；北洋军阀的历史自然不会例外。因此，上述两部书于解放后不久出版，就为这块待开拓的土地减少了一些荒漠。

新中国成立后，广大群众迫切地希望学习中国人民在中国共产党领导下的革命斗争历史。为了把被反动政权所曾禁锢多年的人民斗争的光辉事迹展示给群众，进行传统的革命教育，我们在教育、宣传阵地上，着重讲述了现代革命史和党史。当时这样做是十分必要的。今后也仍必要这样做。但在讲述人民革命史的时候，总感到需要了解革命的背景，也就是对立的一方面。人类社会自有阶级以来，历史就是阶级矛盾运动的统一体，知其一面而不知其另一面当然是严重的缺陷，可是解放初期这方面新著很少，旧著也不多见。解放前的旧著，如仅是罗列书目，倒也还可以开出一大串，但除非在几个大城市的著名图书馆中有所收藏外，稍为偏远的地方一般人很少能见到，而且那些书都有这样那样的不足之处。讲军事的如丁文江《民国军事近纪》、文公直《最近三十年中国军事史》；讲财经的如贾士毅《民国财政史》；讲外交的如张忠绂《中华民国外交史》、外交部《藏案纪略》；讲党派团体的如谢彬《民国政党史》；讲事件的如新文艺编译社《复辟始末记》；讲人物的如白蕉《袁世凯与中华民国》、陶菊隐《吴佩孚传》、李旭《蔡松坡》等等。这类旧著，有的下限结束较早，有的只是一时一事，有的仅是报讯摘抄，材料排比，难寻端绪。李剑农的《最近三十年中国政治史》算是一本系统性较好、流传较广的书了。但是，作为解放后新史学界的需求，其叙事立论的方法尚难以餍学人之望。所以在了解革命史的背景方面遇上不少困难。新夏同志的《北洋军阀史略》的印行，在当时说，恰恰是应了时代的需要，人们的渴望。这不但对国内说是如此，国外也需要它，日人岩崎富久男就把这本书译成日文出版（1969 年桃源社版）。西方某些中国近代史著述也列此书于《征引书目》。

《史略》这本书分量不大，叙述的范围不广，还不是一本巨著，但它却是试图以唯物史观的新观点来阐述北洋军阀集团的兴衰变化的。它简明扼要,条理清晰,从而在以往的教学工作中发挥了有益的作用。但是著者在着手编写这本书时,新中国成立不久,无论从对历史资料的发现整理上,或从运用新理论来探讨历史问题上,在全国范围内都还刚刚是个开端,而民国史的研究更是少而又少。这样就使著者的努力不能不受到客观的局限,从而不可能期望它超出当时学术界共有的水平,出手就做到博大精深。平原上不可能矗立起触天的高峰。然而"筚路蓝缕",终究是开拓者的业绩,应当受到尊重。

《史略》这本书出版到今天二十多年了。二十多年来,民国史的研究工作开展得仍然不够理想,但比起二十多年前来,总是有了一些进步。各种公私文牍、函电、年谱、日记手稿的发现越来越多,国家档案馆的资料经整理后开始印行;各种"回忆录"资料等编印的也越来越多;全国与各省的《文史资料》大量出版。从研究上说,有组织的学会或机构建立起来,运用马克思主义理论武器来探讨论证这段历史的文章也渐渐多起来。单就 1981 年,发表在国内三十种主要期刊与学报上的以民国史为题的文章(抛开大型纪念会的论文不算)就有六十来篇。据此,可以约略看出近年来的这一趋势。另外,台、港与国外学者的专著与论文,近几年来也有不少。这就为改写《史略》提供了某些条件。新夏同志和郭剑林、焦静宜两同志共同编撰的《北洋军阀史稿》就是在这新的条件下完成的一项有意义的工作。

《史稿》与《史略》,从全书的结构上看,有联系;从内容上说,有发展。其不同处概括起来约有四点:第一,它在好些地方补充运用了已刊的档案、未刊的资料和译稿,如中国第二历史档案馆所编的

《中国现代政治史资料汇编》(油印本)、《直皖战争》(铅印本) 和未刊藏档，日美外交档案有关资料的选译和天津历史博物馆所藏北京政府外交部编译处的未刊译件等;第二,它吸取了回忆性文章和近年来的研究成果,如李宗一的《袁世凯传》、薛君度的《黄兴与中国革命》、常城的《张作霖》以及《李宗仁回忆录》和各地的《文史资料选辑》,还有近年来的一些论文;第三,它对若干问题作出了新的分析和论断，如对北洋军阀作为一个政治军事集团的形成认为不在 1905 年而在篡夺辛亥成果之际，对北洋军阀史的划阶段问题，对各派军阀政治、军事力量的消长等等都比过去的论述有增补和发展;第四,它丰富了若干具体情节内容,如论述北洋军阀起源、发展与形成,较详地记述历次混战的兵力部署和战况,增补了各种形式的反军阀斗争的内容,以及对有关人物的评述等。这样,《史稿》比起《史略》来是有所发展,有所改观了。所以我在前面就讲《史稿》“应说是另一部新著了”。

我自己留心于民国史仅仅是近十年的事，动手较晚，成就殊少。经过一段时间的摸索,只是稍稍领悟了民国史研究工作中的艰巨性。拿北洋军阀集团来说,它的形成的外在条件与内在根据,它赖以存在的社会基础与意识传统，它的表现形态与我国历史上割据势力的异同,它从哪些方面危害着中国社会的发展进步,它与帝国主义是什么样的具体关系，它的内部各派系的表现各有哪些特点和他们的领袖人物各应如何评价等等，都是些重要而复杂的课题。《史稿》的著者对其中若干问题,有的开始探索,有的是有所启示,有的作出了自己的明确解答。应无疑问,《史稿》这本著作是民国史研究领域中一个良好的开端。从《史略》到《史稿》,经过这番重写之后，它将为后来的研究者起着提携与带头的作用。我深愿以

《史稿》著者的工作导其先,而将有更多的同业继其后,让民国史这块园地结出丰硕的果实来。新夏与郭、焦同志和我虽是一年前的新知,却已是朝夕切磋的同事(目前我们正共同参与编写《中华民国史》)。出于他们对我的偏爱,嘱我在他们书前写几句序言,谨弁教行如上。

孙思白

一九八三年二月二十日于北京

《北洋军阀史稿》后记

北洋军阀是中国近现代史上的一个反动的政治军事集团。它从袁世凯的"小站练兵"起到张作霖的"皇姑屯被炸"止,前后长达三十二年之久。在这一历程中,它纷争混战,卖国残民,制造了极大的灾祸。它的产生、发展、形成、掌权的全过程也反映了中国近代社会半殖民地半封建性质的若干特点。因此,它无疑地应该是中国近现代史研究中的重要课题之一。

解放前曾有过一些关于北洋军阀史的著述。但在解放后,这些著述在质和量上都不能完全适应当时的社会需求。为此,在五十年代初期,我便以一个初学者的身份不揣谫陋,在《历史教学》上连载了自己的一份讲课记录——《北洋军阀统治时期》(《历史教学》1952 年第八至十期),作为求教和商榷的一点依据。发表后得到师友们的鼓励和策勉,他们要求我再作进一步探求,扩大篇幅,写成专著,以应社会之所需。在我改写过程中,湖北人民出版社的邀约对改写工作起了重要的催化作用,使我较快地写成了一部有关北洋军阀史的书稿。这就是 1957 年由湖北人民出版社出版的《北洋军阀史略》。

不久，我由于教学任务由近代转向了古代，北洋军阀史的研究也就随之而暂时地搁置了。直到七十年代后期，在党的关怀下，我的几部未刊稿相继被出版社所接受和出版。于是，周围的新知旧友更关心我的处女作——《北洋军阀史略》。他们以《史略》以后，除陶著《北洋军阀统治时期史话》外，尚无同一内容的中型读物为理由，敦促我增订《史略》应世。我也深深地感到这是我应尽的社会职责；但又想到“落花流水春去也”，二十多年毫无寸进，学术上依然是二十多年前的故我状态。一片空白何能有所建树！当时，一方面由于有郭剑林和焦静宜二同志不仅对北洋军阀史有浓厚兴趣，而且还甘愿充当配角，给我帮助；另方面湖北人民出版社同志又给我以支持和鼓励，终于坚定了我重理旧业的信念。经过一年半的岁月，我们终于重新改写完成了这部将要呈献给读者，聆取教益的新作——《北洋军阀史稿》。

《史稿》既是《史略》的发展，又是一次重新改写。在篇幅和内容上作了某些充实和改动。参加本书编写工作的郭剑林和焦静宜二同志在搜集资料、分章编写初稿、编制附录等方面都发挥了重要作用。同时更应当说明的是，《史稿》又是在许多同志热情帮助与关心下完成的。

我们在编写《史稿》的过程中曾得到各方面的热情援助。天津市民盟文史资料委员会的杨思慎、徐景星同志在《史稿》初稿油印本出来后，化费了大量的人力、物力为我们组织了一次长达十小时的讨论会，邀集了近二十位故老、学者，提供了宝贵的意见，消除了初稿中近百处差错。特别是徐景星同志，出于我们之间数十年老友的情谊，慨然允诺把他和梁叔达、冯广忱二同志合编的《北洋军阀人物索引》(内部铅印本),提供给我们改编为附录,既为《史稿》增色,又便于读者翻检。任恒俊同志还主动表示把他《论北洋军阀的起源和形成》的硕士论文油印稿供我们采录。南开大学的俞辛焞副教授还提供了外文资料的译文。其他近年来出版的专著、论文中的若干资料和论点,我们在编写过程中也多所参考和采录。这些都是完成《史稿》的很重要的一种力量源泉。我们对以上的同志们都在此表示真挚的谢意。

中国社会科学院近代史研究所原民国史研究室主任孙思白教授和我虽然结识不久,但他仍然在工作烦忙丛杂的情况下,满怀热情地通读了全稿,诚恳地提出了修改意见,并惠撰序文。中国第二历史档案馆、南京大学历史系和图书馆、天津历史博物馆,以及南开大学图书馆等单位都热心地为我们提供了阅读资料的便利。这些友情也都借《史稿》的出版来表述我们的感激之情。

《史稿》在无数同志的帮助下终于得以较快地完稿。但由于我个人原有的水平不高,再加上较长一段时间的荒疏,虽然作了一些努力,完稿以后,仍然感到不能尽如人意。因此只有求助于更多的读者,我深切地期待着敬爱的读者给予严正的批评,使我和我的合作者能在今后更上一层楼,为社会主义的学术领域略尽绵薄之力。

来新夏

一九八二年四月一日于南开大学东村一楼

结网录

（1984）

来新夏著。21.7万字。南开大学出版社1984年10月第1版，第1次印刷，印行7000册。定价：1.55元。

书号11301·5

该书是来先生1980年至1984年间所写有关清史方面论文和札记的选集。文章包括《清代前期的商业、商人与社会风尚》《清代前期江浙地区的饮食行业》《鸦片战争前的地主与农民》《清代康雍乾三朝官方整理古籍例目》等，如《清代前期江浙地区的饮食行业》，刊载于《中国烹饪》1982年第3期；《清宫廷学者高士奇和他的著作》《清人北京风土笔记随录》《读故宫藏林则徐书札手迹》，则序次发表于《故宫博物院院刊》1982年第2期、1983年第3期和1984年第3期。在收入《邃谷文录》时，个别文章略有改写。书名《结网录》，乃源自《汉书·董仲舒传》所引古人格言："临渊羡鱼，不如退而结网。"

本室藏本题有"伟良雅藏　来新夏　二〇〇七年十二月"。

《结网录》目录

清语汉解拾零

继续加强清史研究

《结网录》前言

《结网录》是我1980年至1983年间所写文章和札记的选录。它主要反映我近年来学习清代历史并作些研讨工作的情况。我从八十年代始就立志想在学术工作中有点成绩;但事与愿违,四年一瞬而过,我并未达到预想的目标。如果恰如其分地自我评论一下,充其量只不过读了点杂书,写了点札记;或者为了加深认识,作了点缀辑资料、归纳问题的工作而已！按时髦术语说:只是进行了一点二次文献工作。唯一可以自我安慰的是做了点开拓笔记杂著这一史源的尝试,对有些问题作了些描述性说明。因此,这本集子只能名之曰《结网录》。

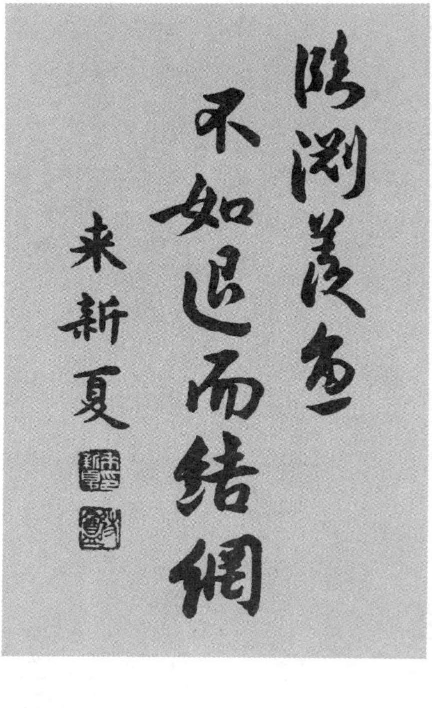

“结网”的出处见于《汉书·董仲舒传》所引古人的格言:“临渊羡鱼，不如退而结网”。这句格言包含着一种教人循序渐进，网成自能得鱼的寓意。正因为这句格言很合乎我这个才拙学疏者的口味，所以早在中年时期就曾以“结网”的态度沉浸于典籍杂著,随手札录,乃成四册,自题为《结网录》。不意后竟被毁于丙丁,所余戋戋,多涉及近代史事,遂甄选十一则入于拙著《中国近代史述丛》(齐鲁书社 1983 年出版),别署《结网小录》,借识依恋之情。现又裒辑八十年代以来所撰诸文,仍题《结网录》,其意在说明诸文不过如网之成目。至于网之良窳与否,有待质之高明。自己能用网得鱼固佳,设他人能借此网得鱼尤感跃然而心喜。但从这些拙文看来,我这四年的结网工作并未织成一幅好网,甚或容有失扣的地方,出现了“漏网”;也许我所织的仅是一面小网,尚未足洒向江海。但我将一如既往,不计其功地结网、结网……以弥补前此的不足并纠正错结。至若师友教正,实企翘之!

来新夏

一九八四年三月于南开大学北村邃谷

社会科学文献检索与利用

（1986）

来新夏、惠世荣、王荣授编著。23.1万字。南开大学出版社1986年8月第1版，至1988年11月第4次印刷，印数达19000册。定价：2.95元。

ISBN 7—310—00064—1

本书共分7章，首先介绍了文献与文献检索的基本知识，然后讲述了社会科学文献情报组织与机构的概况，介绍了社会科学工具书的编排法，国内外主要检索工具书与参考工具书的内容、作用和使用方法，以及电子计算社会科学文献检索系统，并在此基础上，根据实际需要和可能的条件适当论述了阅读方法与技巧，文献资料搜集、利用的一般方法，文献整理与综述，情报分析研究以及读书治学、论文写作等内容。书后附录有常用检索工具书刊、参考工具书举例、社会科学机读数据库简介等。来先生撰前言一篇略述成书缘起。

1979年，来新夏先生创办了南开大学分校的图书馆学专业，1983年又组建了校本部的图书馆学系。为了建立图书馆学的基本框架，来先生组织编写了一套专业课程——“图书馆学情报学系列教程”。这套教材共出版 11 种，为全国 10 余所大学所采用，并获得南开大学优秀教材建设奖。1986 年，应教育部通知高校关于开设“文献检索与利用”课的要求，来先生主持编写了“图书馆学情报学系列教程”之一的《社会科学文献检索与利用》，该书被全国多所高校作为公共课的通用教材，并获得国家科委颁发的科技情报集体成果三等奖。

本室藏本内页写有“中文系编辑班 92 级 刘辉”字样。

“图书馆学情报学系列教程”之书目，笔者知悉尚有：《文献编目教程》《比较图书馆学引论》《理论图书馆学教程》《目标管理与图书情报工作》《外国图书馆史简编》《科技文献检索与利用》及《国际联机检索概论》等，本室仅藏《文献编目教程》一册，该书《序》，来先生“一九九四年清明之夕写于邃谷”。

《社会科学文献检索与利用》目录

《社会科学文献检索与利用》前言

当前,随着时代的前进、科学的急速发展和四化建设的需要,加强高等院校学生的基本技能训练已日感迫切。原教育部有鉴于此，于 1984 年 2 月发出《关于在高等学校开设〈文献检索与利用〉课的意见》这一通知，要求“凡有条件的学校可作为必修课，不具备条件的学校可作为选修课或先开设专题讲座，然后逐步发展、完善”。

《意见》引起了我莫大的兴趣，遂邀约惠世荣、王荣授等同志研究了《意见》的具体要求。我们深感开设此课程是极为必要的，并认为在开课前很有必要先编写出一本教材。于是决定由我们三人组成编写组着手准备这一教材的编写工作。

《意见》中对课程内容作了四项规定，即：

1. 文献与文献检索的基本知识；

2. 主要检索工具书的内容、结构及查找方法；

3. 主要参考工具书的内容、作用及使用方法；

4. 在上述内容的基础上，根据实际需要和可能的条件适当增加阅读方法与技巧、文献整理与综述、情报分析研究以及论文写作方法等内容。

这四顶内容大体概括了这门课程的基本要求。我们即据此拟定编写大纲，由惠世荣、王荣授二同志分章撰写初稿，我逐章审读。经过半年的努力，终于完成全稿并油印成册。油印稿曾分送有关专家、学者征求意见，并在由南开大学图书馆和图书馆学系合办的社科文献检索师资培训班上试用，听取了来自全国 52 所高校的学员们的意见。这些意见对于初稿的进一步完善起到了重要的作用。此后又经过近一年的时间，我们从内容到体例上曾反复进行修订增补，终于完成了现在这本正式出版的教材。

这本教材的编写，惠世荣和王荣授二同志担负了初稿编写和定稿修订增补的主要工作。天津科技情报所的李岩同志和南开大学分校的孔红云同志曾对本书提供了有益的帮助。南开大学图书馆的殷子纯、林惠华和王宗志等同志也对修订稿作了认真的审读，提出了若干修改意见。这些同志对这本教材的问世都作出了一定的贡献。我仅在拟定大纲、商榷体例和审读全稿诸工作中做了一点我应做的工作。

这本教材的编写既无前人成作依傍，又缺乏足够的教学实践，所以一定存在着不少的缺点和错误。如果这本教材在开设这门课程时为教学工作提供了某些方便，有一定的参考价值，那将是我们所希望的。

借这本教材问世的机会，我们谨向所有给予我们鼓励与帮助的同志们表示由衷的感谢。我们更热切地期待着读者给予批评和指正，以使这本教材能在切磋琢磨的过程中日益完善。

来新夏

一九八六年元旦于南开大学

文献整理十论

（1987）

来新夏著。油印稿。纵25.5厘米，横18厘米，174页。南开大学图书馆学系1987年1月印。

“十论”者：《论分类》《论正史》《论目录》《论版本》《论工具》《论句读》《论校勘》《论考据》《论传注》《论类书与丛书》。

来先生将历年整理历史文献的讲稿和笔记，成此油印本，为研究生“文献整理”课使用。后略加修订，增入附录一篇，定名为《古籍整理讲义》，收录于南开大学出版社2002年版来新夏自选文集《邃谷文录》。

天津近代史

（1987）

来新夏主编。28.9万字。南开大学出版社1987年3月第1版，第1次印刷，印行精、平装本计50000册。定价：平装2.50元，精装3.75元。

ISBN 7－310－00013－7

1985年冬，万里委员长视察天津时，向李瑞环市长建议："天津近代史是中国近代史的一个缩影"，可组织人员编写一部《天津近代史》。尔后中共天津市委、市政府选定南开大学图书馆馆长、出版社社长兼总编辑来新夏任《天津近代史》主编。

本室藏有《天津近代史》的征求意见稿，该稿扉页的题跋是："此为十余年前主编《天津近代史》时的蓝本，曾向各方征求意见，流传不广。伟良自网上邮购得之，亦可备版本之一格。二〇〇七年四月中旬识于天津　来新夏"。

《天津近代史》是在"征求意见稿"的十三章基础上，整合为十二章。该书参考了近200种图书资料，包括天津地方志书、前人诗

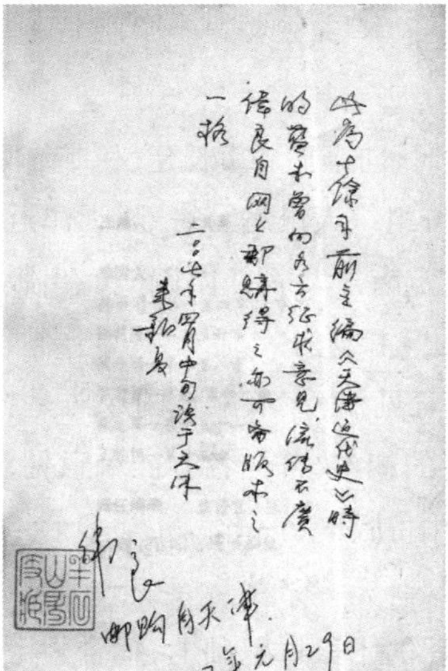

文专集、专著和政书、外国人著作译本及近年来的科研成果，对自第一次鸦片战争前后至五四运动前夕天津近代历史中政治、经济、文化诸方面进行具体分析和系统阐述，并对若干重要史事和历史人物作出较恰当的评论。

参与《天津近代史》编写的人员还有林开明、张树勇、黄小同、娄向哲、林文军和王德恒。书法家启功先生为该书题签。

《天津老年时报》2003 年 2 月 26 日有《编写〈天津近代史〉的前前后后》一文，此文收载于来新夏学术随笔自选集《学不厌集》（海峡文艺出版社 2004 年出版）。该书责任编辑焦静宜撰文《一部可信的乡土教材——〈天津近代史〉》，刊载《文汇读书周报》1987 年 4 月 18 日。

本室藏精、平装本各一册。精装本扉页有先生签名“来新夏”。

《天津近代史》目录

二、创办军事工业

三、兴办民用工业

四、天津工人阶级的诞生

第七章　甲午战争后的天津

一、帝国主义侵略的加剧

二、资产阶级维新派的活动

三、天津的义和团运动

四、天津军民抗击“八国联军”

第八章　帝国主义侵略的强化和袁世凯对天津的统治

一、“都统衙门”的殖民统治和人民的反抗

二、租界的增设、扩张及列强的经济侵略

三、袁世凯的“新政”

第九章　资产阶级民主革命运动在天津

一、民族经济的振兴与抵制美货运动

二、立宪派的请愿活动

三、天津革命党人响应武昌起义

第十章　天津人民反对北洋军阀和帝国主义的斗争

一、从“天津兵变”到“洪宪帝制”

二、张勋复辟及天津人民的反复辟

三、“老西开事件”

第十一章　天津民族工业的发展和早期新文化运动

一、民族工业的发展状况

二、早期新文化运动和马克思主义的传播

第十二章　天津近代的文化

一、教育

《天津近代史》前言

天津是我国北方的重镇,首都的门户。如果仅从一个城市的形成和发展来看,它还不足以称为历史悠久;但从它进入近代社会后的急速变化来考察,近代天津无疑是近代中国的缩影。因为中国近代史中的重大历史事件、社会经济的各种变化以及重要历史人物的活动都在天津近代史中有所反映,留下了历史的痕迹。所以研究和编写天津近代史不仅有益于理解中国近代史,而且还将提供一部信而可征的乡土教材。这正是我们愿意在过去许多同志所进行的资料纂集和专题研究的基础上,通力合作,编写这部《天津近代史》的出发点。

一

凡是编写一部史书,首先遇到的问题是如何断限和划分阶段。这是史学界饶有兴味地进行争论的问题之一。中国近代史的断限和划分阶段问题也有过几次争论,但迄今未能完全定论。具体到地方史,更具有某些特殊性。它既要考虑全国,又要结合地方,因而也出现过一些不同的意见。这部书的开端采取了 1840 年的传统说法;有的意见认为 1860 年的被迫开埠,才使天津开始沦为半封建半殖民地城市，其意当以此为开端，这就忽视了第一次鸦片战争英军入侵大沽口的重要史实。至于下限断于 1919 年或 1949 年都有一定的理由。本书只是为了编写便利和有较多同志的分段习惯而以 1919 年为下限。

天津近代史的划分阶段问题，过去有些同志以“两个过程”为基本线索提出过见解。“两个过程”的论点是可以被接受的，不过在具体划分时还有某些出入，如有的同志将天津近代史划分为 1840—1860 年、1861—1894 年、1895—1901 年、1902—1919 年等四段。我们同意四分法，但对第三、四段却略有异议。我们划分为以下四段：

（一）1840—1860 年：在此期间，天津屡遭英法等侵略军的进犯；太平军的兵锋直指畿辅、逼临天津；天津原来沉静而凝固的封建统治秩序受到冲击。处于封建末期的清王朝遇到了内外压力而开始发生变化。天津和全国形势一样同步进入了近代。

（二）1861—1894 年：这是天津各方面发生激烈变化的时期，一些主要的资本主义国家的侵略势力相继侵入——划分租界，设立洋行、银行，商品输入和资源外流等等，天津开始沦为半封建半殖民地城市。人民不甘忍受欺凌，奋起反抗，出现了十九世纪七十年代天津近代史上最早一次大规模的反抗斗争——“天津教案”。与此同时，天津还成为北方的“洋务”中心，举办了多种军事和民用工业，使天津的城市获得发展，民族经济开始起步，民族资产阶级和无产阶级出现在历史舞台。

（三）1895—1911 年：甲午战争中国的失败，使我国更沉重地遭受各帝国主义的欺凌，但是戊戌变法和义和团运动表达了民族资产阶级和农民不甘屈辱、力求富强的意愿。尽管帝国主义侵略不断强化,仍无法阻止民族经济的振兴和人民大众的奋进,终而引发了结束两千年封建专制统治的辛亥革命。1911 年的辛亥革命是极关重要的历史标志,天津同全国一样应当在此划一阶段。

(四)1912—1919 年:北洋军阀篡夺辛亥革命成果所建立的北洋政府的种种倒行逆施给天津带来了灾难,特别是以天津为巢穴策划复辟活动的翻云覆雨,遭到了天津人民针锋相对的抵制。“老西开事件”的反法帝国主义斗争,使民族资产阶级在历史舞台上兴作了一次重要的表演;但更重要的是随着民族工业的发展而起的早期新文化运动,把天津近代历史推向另一个新的阶段。

这样的四段分法既突出地反映了天津近代史的历史真貌,也大体上沿着中国近代史发展轨道进行。本书编写时虽然没有按段明确标出篇章,但基本上是依照这四个阶段的层次来描述天津近代这一历史时期的。

二

本书的编写者力图在马克思主义指导下,把天津近代史作为中国近代史的一个缩影来写的。但是,这个“缩影”不是中国近代史的摘编或缩写,而是实事求是地反映了近代天津的历史真实。我们从研究天津近代史实入手,它所展现的历史图卷对中国近代史的若干重大事件几乎都有所反应,只不过层次有高低、时间有先后、规模有大小而已。所以天津近代史是中国近代史缩影的说法是对天津近代历史实际的真实概括。

在编写这段历史过程中,我们在掌握较丰富的资料和继承前人成果的基础上,不仅只是一种再编纂,而是进行了历史的反思。我们认为历史的反思是要重新认识历史,并尽最大努力体现历史的真貌。本书采取了不少已为史学界较多人所同意的观点。有些则

由于我们根据发掘和掌握了信而可征的资料,经过考辨、分析与研究提出了某些见解和看法,这里只举例说明,如:

(一)关于天津近代史上反侵略反帝斗争问题:过去往往不论时代背景,仅作共性认识而忽视特性分析,以致不易看到斗争的发展。天津近代史上有过三次大规模的反侵略反帝斗争,即“天津教案”、义和团运动和“老西开事件”。它们的斗争性质基本一样,但其斗争规模、斗争艺术和本身的弱点又各有不同。“天津教案”是近代早期的反侵略斗争。它以城市居民为主力,地主阶级知识分子则支持和推动了斗争。这次斗争由于时代局限带来了因东西方观念冲突而产生的若干反教排外行动;但它沉重地打击了侵略者的气焰,揭露了清政府的媚外,显示了人民的英勇斗争精神都是值得肯定的。我们不同意把这次斗争认作是城市游民一哄而起的盲动行为的说法。义和团运动比“天津教案”的纯自发性斗争有所发展。它是粗具组织,抱有共同信念的一次反抗斗争。它虽在策略上有些不明智,采取了盲目仇教排外,甚至一概排斥西方物质文明的行动,使斗争蒙上了某些愚昧色彩,但它确是一次重大的反帝运动,制止了帝国主义企图瓜分中国的狂潮。我们不赞成片面强调义和团愚昧、落后的说法。“老西开事件”则大异于前,因为从二十世纪初年以来,天津的民族资产阶级随着天津民族资本主义的发展而壮大。它充当了反对法帝国主义侵占老西开的领导者,在政治舞台上作了重要的表演。它远远超出“天津教案”和义和团反帝运动的斗争水平。它广泛地团结各阶层群众,恰当地运用斗争策略,终于取得了胜利,为天津近代的反帝斗争作出了贡献。我们改变了未能充分估价天津民族资产阶级历史作用的论述。

由于对同一性质事物进行不同时期的纵向比较,不仅加深了对事物本身的理解，同时也从发展趋势中给人们以鼓舞，激励人们的前进斗志。

（二）“洋务”事业的评价问题：洋务运动时期，天津是北方的“洋务”中心，举办了为数不少的军事和民用企事业。举办这些企事业的目的，当然主要是清王朝为加强镇压人民的力量以维护其封建统治；那些办“洋务”的人还夹杂着和顽固守旧势力争权夺势的动机，这是无需置论的一个方面。但又不能不同时看到，他们在“富国强兵”的愿望方面也具有希图与外国侵略者争衡的因素，因而这又是一场封建政权“自强”“求富”的自救运动，而举办“洋务”所建立的若干工矿企业在客观上对推动中国近代工业的发展有着重要影响。它不仅产生了工人阶级和民族资产阶级，改变了近代社会的阶级结构，而且还为近代工业培植了技术骨干力量。

（三）关于资本帝国主义侵入的问题：它们的侵入给天津近代历史带来了灾难。它们的侵略罪行应引起我们的痛恨而予以揭露和指斥；但是随之而来的经济、文化诸方面所造成的客观影响究应如何估计？却又是值得进一步研究和探讨的。例如设立学校、医院和办报等，它们主观上是含有侵略目的；但在传播西方文明和先进技术方面，对我国封建传统观念所起的某些冲击作用，并曾对近代一些资产阶级知识分子有过的思想影响等客观效果都应加以分析。不过，对这些客观效果不能作过高的估计，因为这些是我们“挨打”的副产品，不足为训。

（四）关于历史人物的评价问题：天津近代史上有不少见于中国近代史的重要人物。他们有些已有所谓定评，但若从他们在天津的具体活动来观察，其评价却又有歧异之处。如袁世凯是历来被贬责的人物，但他于二十世纪初在天津推行的“新政”是有一定成效的。袁世凯的“新政”主要包括有变革军制、兴办巡警、考核吏治和创建实业等等。它们都对天津近代社会发展有利而难以一概抹煞的。即以在天津练新军而言,这是我国近代化军事制度的开端,在当时全国编练的新军中,它以装备精良、训练严格和饷械充裕而首屈一指。它不仅使封建统治者耳目一新,还引起帝国主义的注视。“北洋实业”在倡兴工艺、发展经济和扶助国货等方面也都有积极成效。虽然,这些“新政”还包含着不利于人民的另一面;但总的看来,它在客观上对稳定社会秩序、改革旧制、发展社会经济诸方面都产生过一定的积极作用而应给袁世凯以恰当的论定。但也不因此掩盖他的秕政。他如李鸿章、聂士成、范旭东……等人物,本书在有关章节中,都作了实事求是的评论。

本书中还有其他一些见解和看法,不一定成熟,只是我们一得之愚,希望借此与读者共同商榷和研讨。

三

详细占有资料是本书编写过程中的一项重要要求。我们主观上想尽力接触已刊未刊的资料,但间或由于见闻所囿,涉猎不广及某些具体窒碍,必然会有不少缺漏。综括全书引用的图书资料近二百种。其中以文献为主。文献大体上有三类:第一类是专著,包括天津地方志书、前人诗文专集和政书,近人专著以及外国人著作译本等;第二类是论文,除了解放前一些零篇短章外,近年来许多天津史专业研究人员的调查报告和研究成果,包括已刊未刊者,也有一定数量;第三类是资料汇编和丛刊,它以原始文字或加工后的表式提供采用。所有这些图书资料都是编写本书的坚实础石。我们对于征引的资料尽量注明出处,并于书后附一《参考书要目》,以供读者和研究者参考。

我们使用文献资料时尽量寻求原始记载，有些则通过第二手资料去追根溯源，如果不得已而使用第二手资料也大都注明转见以便读者翻检核查。我们更注意发掘新资料以订补史实，如采用定州知府金永墓志铭以补义和团领袖曹福田最后死难于定州的重要史实。对于一件史实、一个问题在不同文献中有异说或一事多说时，在没有确证前，不鲁莽地定是非而采取附注异说、多说以存疑的态度，如天津租界被侵占地亩数即是一例。对于外人著述也不偏信其所谓“目击”和“亲历”而慎重考辨，如英人雷穆森所著《天津——插图本史纲》一书是天津史中的有名著作。他曾引述马哥孛罗的话，说天津在元朝已被誉为“天城”，这是一种误解，马哥孛罗所说“天城”实指“上有天堂，下有苏杭”的杭州而言。我们对外国人著述中的这类不确切史料就摒而不采。

我们还在资料处理上体现观点，如对历史人物除了以史笔加以褒贬外，更多地是以资料安排的史体来显示这个人物的资料多寡和历史地位。有些重要人物或有功绩贡献，或有较多资料者便在正文中根据资料写入小传，如李鸿章、袁世凯、聂士成、严复、周学熙、孙洪伊、白雅雨、严修、侯德榜等人均在正文列专传。有些人物因资料不足难以立传，则用附注尽量保留已搜求到的资料，如太平军的开山王、王小勇和义和团的刘十九、韩以礼等。有的则以附注来表示贬义，如张锦文、孟振生等。

除了图书文献外，为了更好地发挥乡土教材的作用，我们还考求遗址作为今地的注释，如原三岔河口黑炮台是当时内河御敌的重要炮台，经考求后说明今为河北区人民政府旧址。他如机器局东局、西局的旧址今释均能有助于读者按图索骥。

为了灵活并尽量完备地使用资料，本书分别采用记、表、图、传等不同体例。如书后附一《大事记》,既可贯串全书内容、又能补充书内难以涉及者。附表横行斜上,既便检阅,又可综括多种资料。图则左图右史,由来已久,所选诸帧可备形象观览,至于传例则已如上述。总之,诸体并用,不论对编者或读者,都是一种较好的史书编纂方法。

《天津近代史》在篇目设计上,以编年为经,以纪事为纬,政治、经济熔为一体,而立文化为专章,使一书在手,可得天津近代的概貌。它是一部比较全面介绍天津近代历史的乡土教材。上述对天津近代史的划分阶段、对若干史实和人物的看法以及如何采集与运用资料等问题,只是我们一些远不够深入的探索性意见,希望勾画一个轮廓,供读者阅读全书时参考。这些探索究竟是否正确,则尚待读者的批评与指正。

谈史说戏

（1987）

来新夏、姜纬堂、马铁汉、李凤祥、商传等著。22.1万字。北京出版社1987年10月第1版，第1次印刷，印行2000册。定价:2.30元。

ISBN 7—200—00037—X

书号 11071·482

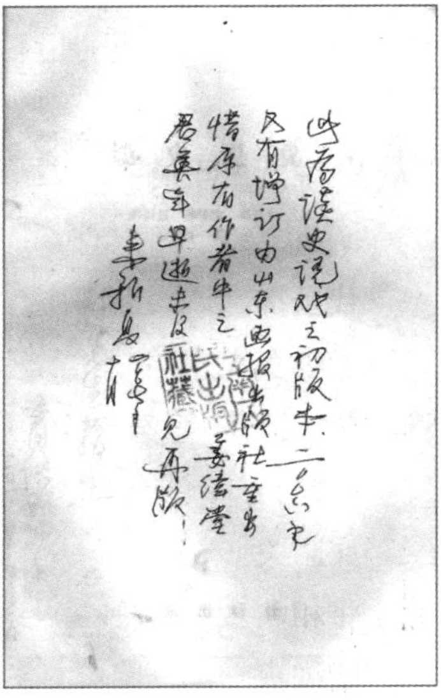

这是一本通过经典京剧而介绍历史的通俗读物，在介绍剧情和具体内容的同时，运用丰富的历史知识，详细考证了整个剧目的人物、情节和背景知识，在肯定其艺术真实的同时，也指出了其中的以戏为实、牵强附会之处。全书57篇文章，来先生撰《文昭关》《赠绨袍》《萧何月下追韩信》《王昭君》《战宛城》《长坂坡》《群英会》《定军山》

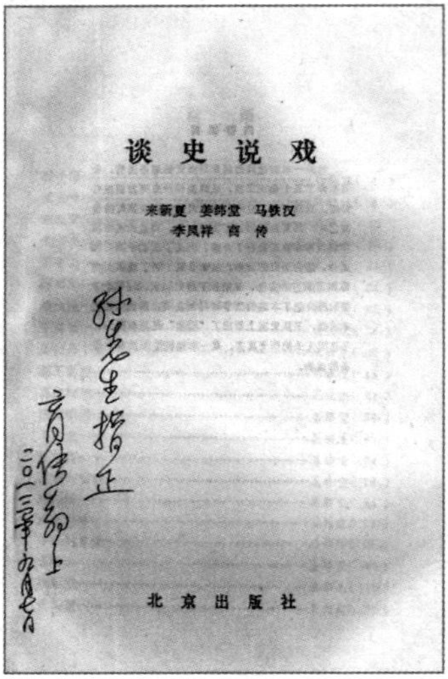

《刮骨疗毒》《空城计》《汾河湾》《贵妃醉酒》《贺后骂殿》等13篇。

来先生在本室所藏《谈史说戏》一书的题跋:"此为'谈史说戏'之初版本。二○○六年又有增订,由山东画报出版社重出,惜原有作者中之姜纬堂君英年早逝,未及见再版。来新夏　二○○七年十月。"查《南开大学历史学科人名录》,姜纬堂是"55级"学生,马铁汉亦同级。是本钤印方形蓝章"云南人民出版社藏书"。

是书编者之一商传（1945—2017）为中国明史学会会长,于2013年9月7日上午在绍兴图书馆二楼报告厅主讲"走进晚明时代"。笔者在听完商先生演讲后,请其题签,是为:"孙先生指正　商传敬上 二○一三年九月七日"。

《谈史说戏》目录

宇宙锋
萧何月下追韩信
霸王别姬
苏武牧羊
汉宫惊魂
王昭君
捉放曹
吕布与貂蝉
白门楼
击鼓骂曹
千里走单骑
古城会
战宛城
长坂坡
群英会
龙凤呈祥
芦花荡
卧龙吊孝
两将军
定军山
单刀会
刮骨疗毒
走麦城
空城计
除三害

秦琼卖马
汾河湾
贵妃醉酒
八仙过海
贺后骂殿
清官册
铡美案
红娘
辕门斩子
三岔口
洪洋洞
苏小妹
岳母刺字
九江口
海瑞上疏
十五贯
法门寺
打严嵩
四进士
杜十娘
徐九经升官记
金玉奴
玉堂春
锁麟囊
盗御马

中国古代图书事业史概要

（1987）

来新夏著。4.9万字。天津古籍出版1987年10月第1版，第1次印刷，印行3000册。定价：1.90元。

ISBN 7－80504－022－2

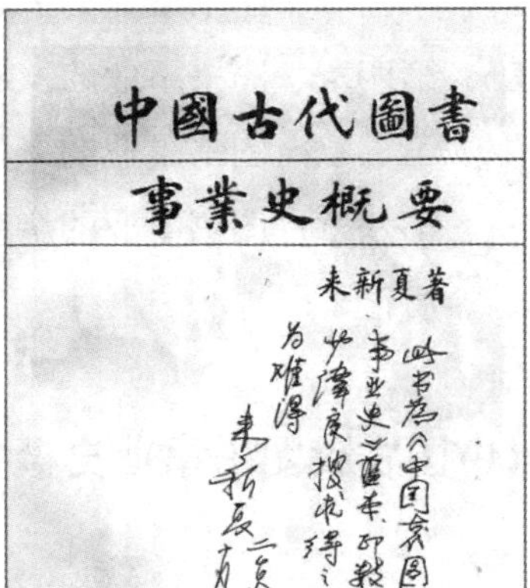

本书主要内容包括：图书与图书事业；图书事业的创始阶段——周、秦；图书事业的兴起阶段——两汉、魏、晋、南北朝；图书事业的发展阶段——隋、唐、五代；图书事业的兴盛阶段——宋、辽、夏、金、元；图书事业的全盛阶段——明、清。本书按上述中国古代图书事业的发展阶段划分，详细介绍了各个时期中国图书事业的发展概况，研究各个时期图书形态的发展，图书的聚

散、典藏及其相应措施，图书的整理与编目，图书的流通与纂集四个方面。

来先生把书史、目录学史、图书馆史这三方面的研究综合为图书事业史，既可避免重复，使体系完整，又可改进教学。书前置图 31 幅，以达“左图右史之效”。版本目录学家顾廷龙先生题书名。《中国古代图书事业史概要》，收载于《邃谷文录》之“图书文献学卷”。

本室藏本扉页的题跋：“此书为《中国古代图书事业史》蓝本，印数甚少。伟良搜求得之，实为难得。　来新夏　二〇〇七年十月。”

《中国古代图书事业史概要》目录

《中国古代图书事业史概要》后记

前几年我在讲授古典目录学和研究书史过程中，曾有过一种想法——中国的图书事业源远流长，内容丰富，可惜散见于书史、目录学史和图书馆史诸学科领域，虽时见叠出而难得一完整概貌，为什么不能撰写一部融通古往今来以图书为中心而涉及有关诸种事业的通史呢？积思既久，遂谋邀集同道共事，乃先穷数月之力，独成概要六章，俾供讨论着笔。旋以《津图学刊》索稿，即以付刊，以求集思广益，连载多期于1986年5月毕事。天津古籍出版社吴恩扬、孙致中二同志又力主问世，并嘱增入图片以收左图右史之效。于是订正文字，选录图片，定名为《中国古代图书事业史概要》。其能备浏览、资谈助，当符初衷；但以我国图书事业涉及方面既广，遗产资料更丰，《概要》既限于篇幅，而我则读书未遍，尤虞疏陋。所望读者能惠教指正。版本目录学专家顾廷龙教授赐题书名无异是前辈对后学的一种鞭策与鼓励，自当奋勉精进。

《概要》编写与图片选录多与端木留学长时加商榷；孔德利同志摄制图片，颇著辛劳，而天津古籍出版社孙致中同志力促其成，尤所难能，统于此敬致谢意。

来新夏

一九八六年九月于南开大学北村

中國軍閥の興亡

（1989，日文）

编著者，来新夏。译者，岩崎富久男。发行者，深见兵吉。印刷所，サンワード企划。制作所，越后堂制本。发行所，光风社出版（东京都文京区关口 1—32—4）。平成元年（1989）十一月二十日印刷。平成元年（1989）十一月三十日发行。定价：1500 日元（不加税为 1456 日元）。

ISBN 4—87519—017—4

来先生的《北洋军阀史略》，经日本明治大学岩崎富久男教授翻译成日文，易名为《中國軍閥の興亡》，于 1969 年由桃源社出版。该书成为日本学者研究中国军阀的一部重要参考用书，但久已绝版，故日本光风社于 1989 年 11 月再版印刷，并加副题“其形成发展与盛衰灭亡”。

《中國軍閥の興亡》初版中，译者坦陈并不知道《北洋军阀史略》著者来新夏先生的任何信息。十余年后，才知道来先生是天津南开大学教授。1982 年夏，岩崎富久男携带家人赴南开大学拜访了来先生，并将《中國軍閥の興亡》面呈来先生，至此，来先生才知道该书被翻译介绍到日本之事，非常高兴，热情款待了岩崎富久男及家人。故此，在新版《中國軍閥の興亡》中，添加了作者简历："来新夏，中华人民共和国南开大学历史系教授。历任图书馆长、图书馆系主任(学部长)等职。作为中国历史学界的重镇而活跃。"还有是译者简历："岩崎富久男，1931 年生于东京。东京大学大学院硕士课程修了，曾任财团法人东洋文库研究员，现任明治大学教授。研究方向为中国文学，发表有论文《聂耳小传》《冼星海的一生》等。"

当然，译者还将来先生 1981 年至 1985 年出版的著作《林则徐年谱》《近三百年人物年谱知见录》《中国近代史述丛》《北洋军阀史稿》《结网录》《林则徐年谱》(增订本)等信息，加入到《中國軍閥の興亡·前言》中。并说"来先生有很多论著，涉及中国近代史为主的古代史和方志学等领域"，"不但是中国历史学的权威，还是中国图书馆学的权威"，另外又表达了一个愿望，即知悉来先生 1983 年出

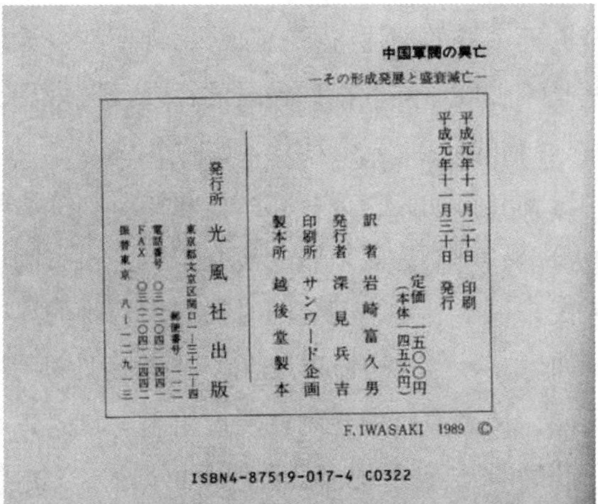
中国軍閥の興亡
—その形成発展と盛衰滅亡—
平成元年十一月二十日　印刷
平成元年十一月三十日　発行
定価　一五〇〇円
（本体　一四五六円）
訳者　岩崎富久男
発行者　深見兵吉
印刷所　サンワード企画
製本所　越後堂製本
発行所　光風社出版
東京都文京区関口一—三十二—四
郵便番号　一一二
電話番号　〇三（二〇四）二四四一
FAX　〇三（二〇四）二四四二
振替東京　八—一二九一三
F.IWASAKI 1989 ©
ISBN4-87519-017-4 C0322

版有《北洋军阀史稿》,期待将来能有机会翻译它。

《中國軍閥の興亡》前言 /岩崎富久男

本书封面虽然题为《中國軍閥の興亡》,实际上原书题目为《北洋军阀史略》。当然,应该原样翻译,但是本书的读者未必都是专门研究者或学生,总的来说还是应该避免一般人不太熟悉的"北洋军阀"这个词,而将书名改为《中國軍閥の興亡》。

原书《北洋军阀史略》,是 1957 年 5 月由湖北人民出版社出版发行的,书后却写着 1956 年 2 月初稿,1965 年 9 月修改。此外,该书的封面、内页和版权页都写着来新夏编著,但是究竟是"编"还是"著",仅看本书是难以清楚的。

《北洋军阀史略》如今出版已经三十余年了。在今天看来,我想研究还可以继续推进,也有不完美的地方。但是本书基于详实的史料,从新的观点出发,对"北洋军阀"的形成、发展、盛衰、混战、灭亡进行了全面而系统的论述,这一新成果,即便在今天仍旧不失其意义。尤其是该书能够准确把握当时的社会、经济以及政治、外交等情况,加以犀利的分析,完全具有名著的水平。

在中国,同时代的还有陶菊隐著《北洋军阀统治时期史话》(全八册)的大部头著作,为该领域的研究留下了很大的成绩。尤其对于中国人民来说, 过去军阀统治时期充满苦难的屈辱历史是无法忘记的。如果探寻当时的暴政,现在应该是到处都有吧。这个时期的生动见闻, 从老人口中立刻就能说出来。只要想起卖国害民的"北洋军阀"的罪恶行径,他们就会怒不可遏吧。"北洋军阀"黑暗统治下的十六年,对中国人民来说,还是一种切身的历史体验。如果只是将其作为留在历史书上的过去的“历史”，那是完全错误的。

那么，我国又如何呢？我们日本人，无论是当时还是以后，一贯都是站在侵略中国的立场上活动。仅从“北洋军阀”统治时期以后来看，我国对中国的干涉、恐吓、侵略可以说一直未断。不出数年，就发生了1931年的“九一八”（满洲事变），肮脏的军靴踏上中国的领土，给中国人民带来了巨大伤亡。从1937年“七七”（卢沟桥事变）开始的八年战争，给予中国造成的损失不知几何。

然而，在我们日本人中间，无论是谁，恐怕都想将这些事情忘却吧。这样的社会情况也反映在历史研究当中。在我国，有关“北洋军阀”的研究和介绍还不能说很充分。系统性的介绍以这本书为最早。翻译本书也是基于此，拙译如果能为关心中国近代史、现代史的读者提供某些参考，加深这方面的研究和学习，对我来说乃是莫大光荣。

在翻译过程中，我尽可能遵从原文，但是对于原文中的“日本帝国主义”（或者 “日帝”）、“美帝国主义”（或 “美帝”）、“英帝国主义”（或“英帝”）、“法帝国主义”（或“法帝”）等词，在桃源社编辑部的劝说下，我决定不原文翻译，只是将它们翻译成“日本”“美国”“英国”“法国”。这样只是为了避免繁杂，让读者易读。当然，这样是不严谨的。即“日本”和“日本帝国主义”“美国”和“美帝国主义”“英国”和“英帝国主义”有鲜明的区别。原著者明确将帝国主义定义为“北洋军阀”背后的外国势力，当然原著中也有极少的时候使用“日本”“美国”“英国”这样的情况，此外全都使用“日本帝国主义”“美帝国主义”“英帝国主义”。希望严谨的读者能够正确解读本书中这些国名后面的“帝国主义”这个词。不管如何，我还是抱歉损害了原著的原意，还请读者谅解。

此外，本书的小标题是原著所没有的，为了帮助读者理解，初版发行时编辑部特别合并译稿内容而加上的。本书所收的图片等，也全是编辑部所提供的。

对于本书编著者来新夏先生，翻译本书时正值无产阶级文化大革命，几乎一无所知。当时译者所知道的只是下面这些编著和论文都出自来新夏先生之手。

编著：

《第二次鸦片战争》，北京：通俗读物出版社，1956年，28页。

《第一次国内革命战争史论集》（和魏宏运合编），武汉：湖北人民出版社，1957年，166页。

《中国农民起义论集》（和李光璧、钱君晔合编），北京：生活·读书·新知三联书店，1958年，462页。

论文：

《日敌侵略台湾后的统治者——总督》，《历史教学》，1951年第6期。

《南昌教案》，《历史教学》，1952年第1期。

《中日马关条约签订时的反割台运动》，《进步日报》，《大公报》史学周刊版，1952年1月18日。

《学习〈为动员一切力量争取抗战胜利而奋斗〉》，《历史教学》，1952年第7期。

《北洋军阀统治时期》，《历史教学》，1952年第8—10期。

《纪念“二七”工人运动三十周年》，《历史教学》，1953年第2期。

《1921年—1927年中国共产党领导的反军阀斗争问题》，《历史教学》,1953 年第 7 期。

《中日甲午战争后台湾人民抗日始末》,《历史教学》,1953 年第 12 期。

《中英第一次鸦片战争(1840 年—1842 年的战争经过)》,《历史教学》,1954 年第 7 期。

《关于第二次鸦片战争后中外反动势力结合的问题》,《历史教学》,1954 年第 11 期。

《同盟会及其政纲》,《历史教学》,1955 年第 6 期。

《鸦片战争前清政府的"禁烟"问题》,《南开大学学报(人文科学)》,1956 年第 8 期。

《反清的秘密结社》,《历史教学》,1956 年第 10 期。

《谈民国初年白朗领导的农民起义》,《史学月刊》,1957 年第 6 期,后又收入《中国农民起义论集》(北京:生活·读书·新知三联书店,1958 年)。

《试论清光绪末年的广西人民大起义》,《历史研究》,1957 年第 11 期。

《试论清光绪末年的广西人民大起义》,收入《中国农民起义论集》,1958 年 4 月 25 日执笔。

《读戴逸同志编著的"中国近代史稿"(第一卷)》,《历史研究》,1959 年第 5 期。

其后又过了十余年,我知道来新夏先生担任天津南开大学的教授。1982 年夏,我携带家人拜访了先生在南开大学的家,虽然有点迟了,我还是将本书《中国军阀的兴亡》直接送到了原著者的手中。先生知道该书被翻译介绍到日本之事,非常高兴,热情招待了我们一家,想起来犹如昨日。

其后，先生更加勤勉，不断有研究成果面世，现在已经是中国历史学界的重镇。就我所知，仅出版的单行本就有如下著作：

《林则徐年谱》，上海人民出版社，1981 年 10 月出版，507 页。

《近三百年人物年谱知见录》，上海人民出版社，1983 年 4 月出版，345 页。

《中国近代史述丛》，齐鲁书社，1983 年 9 月出版，440 页。

《北洋军阀史稿》，来新夏主编，郭剑林、焦静宜合著，湖北人民出版社，1983 年 11 月出版，459 页。

《结网录》，南开大学出版社，1984 年 10 月出版，440 页。

《林则徐年谱》（增订本），上海人民出版社，1985 年 7 月出版，624 页。

由此可见，来先生有很多论著，涉及中国近代史为主的古代史和方志学等领域。先生仔细阅读了大量书籍，由此具有了渊博的知识，令人敬佩。先生不但是中国历史学的权威，还是中国图书馆学的权威，担任南开大学图书馆系主任，就是对其的肯定。先生 1983 年出版有大作《北洋军阀史稿》。本来我应该翻译这个新作的，期待将来能有机会。

译者

一九八九年十月

《中國軍閥の興亡》后记/岩崎富久男

本书是二十年前的 1968 年由桃源社出版的。已经长时间绝版了，此次经光风社出版，得以重新面世，作为译者，我感到非常高兴。

中国的军阀,正如本书所详述的那样,是世界列强控制下的傀儡,其中和日本的关系尤其深。正因为如此,现在作为日本人,探寻当时邻邦所走的这一道路,也绝不是没有意义的。我希望拙译能成为理解中国的一个参考,在重新思考中日关系上发挥一些作用。

本书能够得以出版,得益于多方面的帮助。本书在翻译之际,明治大学佐佐木正哉先生一直给予鼓励, 在各方面都给予宝贵的建议和指导。东洋文库近代中国研究室的市古宙三先生也多次给予我诚挚的教诲。此外,该研究室的各位先生,在查阅资料方面也都给予很多方便。桃源社的矢贵升司董事以及责任编辑比嘉贺昭也不断给予关注。此次再版之际,光风社的小泽一雄在各方面都给予了关照,拙译才得以出版得如此精美。

拙译得以如此出版,我铭记各方面给予的帮助,谨在卷末表达感谢之意。

译者

一九八九年十月

中国古代图书事业史

（1990）

来新夏等著。26万字。上海人民出版社1990年4月第1版，第1次印刷，印行平装本2500册，精装本1000册，合计3500册；1991年7月第2次印刷，印行平装本1500册，精装本500册，合计2000册。两次印刷总计5500册。定价：平装9.20元，精装13.60元。

ISBN 7—208—00745—4

这是一本将中国图书史、中国目录学史和中国图书馆史三史合为一体的学术著作，基本内容是以图书为中心而涉及与图书有关的各种事业，包括搜求、典藏、管理、整理和编纂等。来先生发表于《学术月刊》1980年8月号《试论〈中国古代图书事业史〉的研究对象与划阶段问题》一文，是《中国古代图书事业史》的最原始提纲。后以这篇论文为基础，撰写了近4万字的《中国古代图书事业史讲话》，在《津图学刊》1985年第1期至1986年第2期上分6次予以连载。后经删订增补，是为天津古籍出版社1987年版《中国古代图书事业史概要》，再在《概要》的基础上成为《中国古代图书事业史》。

《中国古代图书事业史》为周谷城主编之“中国文化史丛书”之一种。本室所藏，为初版平装本二册，精装本一册；又 1991 年二印平装本一册。初版平装本签名“来新夏”；精装本先生跋曰：“图书馆学教育原设图书馆史、目录学史及书史，以致向、歆父子多次见于课堂。余病其繁复，乃创三史合一之说，定‘图书事业史’之名，以概括三史而祛重出之

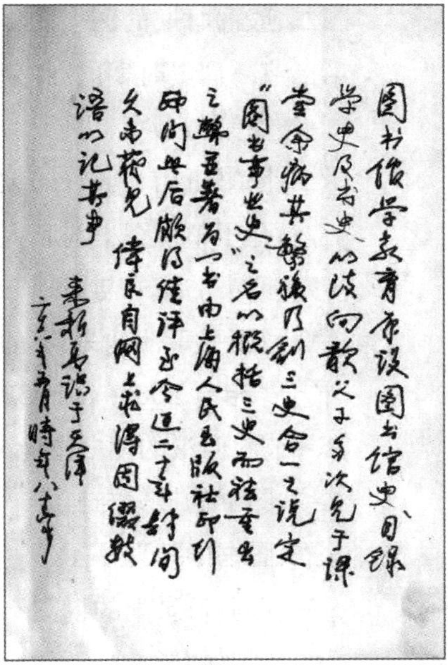
图书馆学教育原设图书馆史、目录学史及书史，以致向、歆父子多次见于课堂。余病其繁复，乃创三史合一之说，定"图书事业史"之名，以概括三史而祛重出之弊，并著为一书，由上海人民出版社印行，问世后颇得佳评，至今近二十年，肆间久未获见。伟良自网上求得，因缀数语以记其事
来新夏识于天津 二〇〇八年五月 时年八十六岁

弊，并著为一书，由上海人民出版社印行。问世后颇得佳评，至今近二十年，肆间久未获见。伟良自网上求得，因缀数语以记其事。来新夏识于天津　二〇〇八年五月　时年八十六岁”。精装本扉页有椭圆形章“安徽师范大学政教处资料室”。

《中国古代图书事业史》目录

叙言

绪论

第一章　图书事业的创始阶段——周秦时期(公元前 207 年前)

　第一节　汉字的产生与图书的先驱形式

　　一、汉字的起源与图书的传说

五、图书编纂的新成果

第三章　图书事业的发展阶段——隋唐五代时期(581—961年)

第一节　隋代的图书事业

一、图书的搜求与典藏

二、图书的整理与编目

三、佛经的翻译与编目

四、图书的编纂与流通

第二节　唐代的图书事业

一、典藏制度的完善

二、图书的搜集与整理

三、古典目录学的发展

四、佛道图书事业

五、雕刻印刷术的发明

六、中外图书的交流

七、类书编纂的勃兴

第三节　五代十国的图书事业

一、官府藏书

二、书目的编制与私家藏书

三、官私刻书的出现与印施佛经

四、册装形式的流行

第四章　图书事业的兴盛阶段——宋元时期(960—1368年)

第一节　北宋的图书事业

一、图书的搜集与典藏

二、图书的整理

三、书目编制

第二节　清朝前期的图书事业

一、图书的搜集与典藏

二、图书整理的巨大成就

三、古典目录学的鼎盛

四、图书的刊印与流通

五、图书编纂工作

《中国古代图书事业史》叙言

《中国古代图书事业史》的构思始于七八十年代之交。那时,我开始由研究古典目录学而逐渐延伸到图书馆学领域，并由于我受命组建图书馆学专业和承担教学行政管理工作而需要对某些学科作具体的剖析与探讨。我朦胧地感到在图书馆学的教学领域中某些课程有重见叠出的弊病,如中国书史、中国目录学史和中国图书馆史的分设就出现无可避免的重复,使人有数见向、歆父子之烦。我想为什么不能将书史、目录学史和图书馆史等合一而写成《中国图书事业史》呢？于是准备先从鸦片战争前的古代部分着手,并在1980年写成《试论〈中国古代图书事业史〉的研究对象与划阶段问题》一文(《学术月刊》1980年8月号)。这是《中国古代图书事业史》的最原始提纲。此文发表后得到一些同行的支持与鼓励,希望我能作较为系统的撰述,我也不揣固陋,开始作组织力量和进行撰述的准备。

1981年,我对此书的规模进行了构思和设计,并邀约合作者。我以那篇论文为基础,撰写了近四万字的提纲(油印本),作为共同写作的基本依据。这份提纲先付油印,后以讲话形式在《津图学刊》

连载;1986年又承天津古籍出版社敦促删订增补，并配印图片,以《中国古代图书事业史概要》为书名,于1987年公开出版问世,成为《中国古代图书事业史》的简本。但物色合作人手洵非易事,几经反复,始克着手;中间又因认识一时难趋一致,往返商榷,成稿速度延缓,蹉跎岁月,历时五年,1986年春始成初稿(油印本)70万字。略加翻读,即感亟需删订,遂将管见所及提请原撰人修订,并再次订正提纲以求划一,规定进度以谋克期竣工。不意又多经周折,始陆续集中我手,乃由我全面删订,成为五十万字的二稿,油印后曾分寄有关同志求教。当时《中国文化史丛书》有几位编委力邀将此书列入,而主其事的朱维铮兄又多次提示,既入丛书宜与他书型式大体一律,于是先请端木留先生再删其繁芜,整其文字,然后由我通读全稿,统一体例,查核史料,修饰文字,于1987年冬完成此30万字定稿。此书虽三易其稿,四经修订,但书成众手的痕迹仍依稀可见。现循读定稿,实感忐忑,只是由于艰难孕程中新生物的躁动在催促我不能再迁延时日,有负属望,才决心将书稿送交丛书编委会审定。

本书是《中国图书事业史》的古代部分。它的编纂目的是力求自成体系而减去繁复。撰者尽可能搜集有关史料,并在此基础上考辨研究,论述成文,不作蹈空之论。它的基本内容是以图书为中心而涉及与图书有关的各种事业,包括搜求、典藏、管理、整理和编纂等。它既非学术发展史,也非历代著述史。各篇章节大体求其一致,但因时代情况各殊,所以章节安排和论述方式也间有出入。至于鸦片战争后的近代部分尚待假以时日,撰著成书。

本书初稿的编写系按时代由撰者分担,参加编写的人员有:

绪论、各章目录部分——来新夏;

周、秦——端木留；

两汉——陈德弟、陈作仪；

魏晋南北朝——孙立群；

隋唐五代——郑伟章、赵永东；

宋辽夏金元——萧鲁阳；

明——南炳文；

清——白新良。

在编写过程中，江晓敏和李玉进等同志都参加过部分工作。端木留先生在全过程中出力尤多，他除分担专章撰稿外，还协助我删订文字、整理书稿，工作繁重而朝夕从事，对本书的底成做出了应有的贡献。孔德利同志在拍摄图片工作中也颇著辛劳。我对这些同志的支持并使我的设想付诸实现都表示深切的感谢。由于我承担了提纲拟制、通稿审定、统一文字等工作，因此我应对全书负责。书中存在的体例、史料、论述和文字诸方面的缺点，则是我限于学识的不足和试探工作的生疏所造成，我衷心希望通过本书的问世能获得知者和读者的指正。

来新夏

一九八七年十二月于南开大学邃谷

古典目录学

（1991）

高等学校文科教材。来新夏著。19.6万字。中华书局1991年3月第1版，北京第1次印刷，印行2000册。定价3.10元。

ISBN 7－101－00720－1

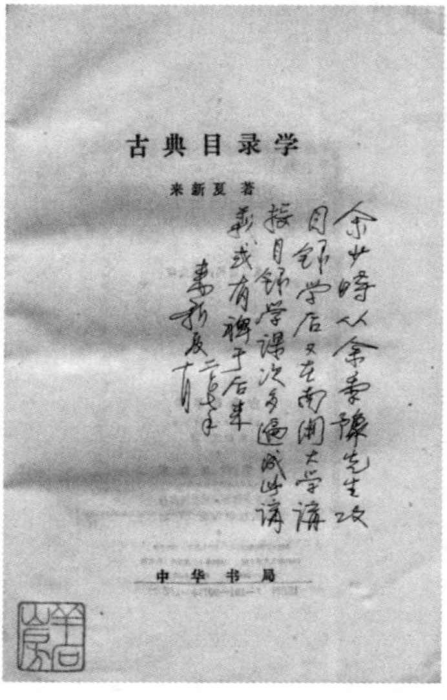

本书是国家教委“七五”教材规划用书，全书共7章，除第一章绪论、第七章结束语外，中间的五章系按历史发展顺序，有重点地论述了历代著名的古典目录和有成就的古典目录学家，使读者能对古典目录学获得比较完整而系统的认识。全书引用原始资料较多，论必有据。对时贤论著中的不同论点除撷取附入外，并多断以己见，以开启读者思路。书前以《我与〈书目答问〉》一文代序，向读者自陈致力于古典目录学的途径，或可备读者参酌。书后附参考书目提要，收录近、当代学者的主要论著，特别介绍了台湾学者的专著多种。另附《汉志》《七录》及《隋志》代表性的三序作为阅读文献，以节省读者搜求之劳。

1986年，来先生依据国家教委“七五”教材规划的要求，在《古典目录学浅说》的基础上，重新撰写《古典目录学》，供高等院校历史系、汉语言文学、文献学、图书馆学等系科使用。资深图书馆学专家顾廷龙先生评定说：“此作广征博引，深入浅出，叙述简要，议论平实，颇多创见，足为研究古典文献及传统目录学者入门之阶梯。”

《文汇读书周报》2005年1月7日《顾老为我写书序》一文中，来先生说：“我写了几十本书，只有两本书请人写序。一位是中国近现代史专家、中国社科院近代史所研究员，与我情同手足的孙思白教授。他为我的《北洋军阀史稿》写了一篇较长的序。……另一位是我的前辈顾廷龙先生，顾老是学术界耆年硕德的长者，他博涉群籍，精于鉴赏版本，娴熟文献掌故，是备受学人尊敬的著名学者。他曾应请为我的《古典目录学》写了序。”

本室所藏《古典目录学》扉页来先生所书跋言是：“余少时从余季豫先生攻目录学。后又在南开大学讲授目录学课次多遍，成此讲义，或有裨于后来。 来新夏 二〇〇七年十月。”

《古典目录学》目录

第一章　绪论

第一节　目录与目录学

一、目、录和目录

二、目录的起源

三、群书目录的产生和发展

四、古典目录学的兴起

五、古典目录学的研究对象

第二节　古典目录的结构

第三节　古典目录的类别

一、三种区分标准

二、官修目录

三、史志目录

四、私家目录

第四节　古典目录的功能与利用

一、掌握古籍总的基本状况

二、了解图书的本身状况

三、粗知学术源流

四、考辨古籍的依据

五、指示门径和辅导读书

六、历代学者对目录学的重视

第五节　附论索引和类书

第二章　官修目录与史志目录的创始——西汉

第一节　汉前的图书整理与分类

第二节　西汉的整理图书

第三节　《别录》《七略》的纂辑

《古典目录学》叙/顾廷龙

中国目录之学，源远流长，自刘氏父子创为《别录》《七略》以来，代有发展。在封建社会长期形成的经、史、子、集四部分类，成为传统目录学的主流。迄于晚清，新学渐兴，学科繁多，著作体裁，亦放异彩，加之西方图书分类法的介绍与影响，遂有近代目录学之兴起。

然而历史不能割断，传统目录学在今天仍有其重要的借鉴作用，学者若从事我国古典文献的整理研究，更有必要掌握其基本理论与方法以及这门学科的历史。来新夏先生有见及此，在总结前人研究成果的基础上，独抒己见，撰为专著，名曰《古典目录学》，是一桩极有意义的事。

古典目录学，从其发展过程来看，大体上与中国封建社会相始终。新夏先生谓"中国封建社会的目录工作，从一开始就不是单纯技术性的图书登录工作，而是从学术研究的角度着眼"。我很赞成先生的看法。章学诚所谓"辨章学术，考镜源流"，确实道出了古典目录学的主要功能。我认为这是古典目录学的优良传统，值得借鉴。建国以后目录之学大盛。近年来在文化部图书馆局领导之下创编了《中国古籍善本书目》，收录了全国八百余馆所藏古籍善本，近乎全国公藏古籍之总书目。关于此目的著录要求与分类方法，经过广泛征求意见和讨论研究，在许多方面采取了古典目录学的基本做法，而有所变通和发展。此目之成，就其全过程而言，它也确非单纯技术性的图书登录工作，而是受到国内外注目的一项学术事业。此其一例。

新夏先生与余相识于太原，在中国图书馆学会成立大会上同组，获闻叙论。嗣后在天津、上海、深圳多次晤教。先生治学愈勤，撰著日新，时蒙赐读，获益良多。《古典目录学》稿承先赐读，并属一言。窃谓此作广征博引，深入浅出，叙述简要，议论平实，颇多创见，足为研究古典文献及传统目录学者入门之阶梯。拜读之余，不辞荒伧，而为之序。

一九八九年二月　顾廷龙，时年八十有六

《古典目录学》前言

《古典目录学》是国家教委“七五”教材规划中的项目之一，可供高等院校图书馆学、文献学、汉语言文学、历史学等专业使用和参考。

这部教材的初稿曾经在南开大学、天津师范大学的历史学和图书馆学等专业讲授使用，后经多次修订，于 1981 年以《古典目录学浅说》为书名出版应世。1986 年，我依据国家教委“七五”教材规划的要求，重新撰写，于 1987 年写定，并油印成册，广泛征求意见。

这部教材共有七章，除第一章绪论、第七章结束语外，中间的五章系按历史发展顺序、有重点地论述了历代著名的古典目录和有成就的古典目录学家，使读者能对古典目录学获得比较完整而系统的认识。全书引用原始资料较多，以求论必有据。对时贤论著中的不同论点除撷取附入外，并多断以己见，以开启读者思路。书前以《我与〈书目答问〉》一文代序，向读者自陈致力于古典目录学的途径，或可备读者参酌。书后附参考书目提要，收录近、当代学者的主要论著，特别介绍了台湾学者的专著多种。另附《汉志》《七录》及《隋志》代表性的三序作为阅读文献，以节省读者搜求之劳。

这部教材于 1988 年 9 月由国家教委高教一司委托南开大学图书馆学情报学系在天津南开大学召开审稿会，进行讨论审定。参加审稿会的人员有：朱天俊（北京大学教授）、谢灼华（武汉大学教授）、倪波（南京大学教授）、罗友松（华东师范大学副教授）、崔文印（中华书局副编审）、端木留（南开大学副研究馆员）、徐建华（南开大学讲师）。

与会人员对本书进行了比较深入全面的审读和讨论，对本书的学术价值和写作水平作了肯定，一致认为该教材在理论研究、博采众说、史料搜求和考订评论诸方面都作了应有的努力，同意它作为高等学校文科教材出版；与会人员对全书的结构与章节安排提出了调整的建议，要求作者对某些部分作必要的增删，提法上要谋求全书的统一，还对一些有争议的问题进行了讨论并取得了比较一致的看法。会后，作者根据这些意见，认真思考，斟酌损益，进行了全面修订。定稿后题名为《古典目录学》。

这部教材在撰写、修订和定稿过程中，承端木留和徐建华二同志给以帮助；徐建华同志更为佛典目录部分搜求资料和拟定初稿付出了艰辛的劳动。

顾廷龙教授高龄硕德，特为作叙，策励后学；业师启功教授年逾古稀也欣然命笔，为题《古典目录学》书名，我都在此致以深切的谢意。我真诚地期待着本书问世后能有更多的读者批评指正。

来新夏

一九八八年国庆写于南开大学北村邃谷

我与《书目答问》(代序)

四十多年前，我考入北平辅仁大学历史学系。当时允许跨系选课，所以我除了历史系课程外，还选读了部分中文系的课程，《目录学》便是其中的一门。我选目录学是因为这门课既生疏又新鲜，而主讲者余嘉锡（季豫）先生则是当时久负盛誉的知名学者。第一次在课堂上瞻仰到余先生的风采时，他虽已年逾花甲，但精神矍铄，了无老态。他讲课从不持讲稿，而口讲指画，滔滔不绝。这门课以

《书目答问》为基本教材，分二年按四部逐书讲授。他旁征博引，条分缕析，吸引着我们出入学术之宫。余先生并一再叮嘱要读《书目答问补正》。这是我第一次接触到《书目答问》这个书名。那时北平一时采购不着，幸而这年寒假我回天津省亲时，在一个旧书摊上喜获国学图书馆印行的《书目答问补正》二册。当时幼稚地以为由此就可以进窥目录学的堂奥，孰知展卷一读，只是一连串栉比鳞次的书名，读之枯燥乏味，昏昏欲睡，入不了门；但还是硬着头皮把它通读一遍。1943 年 3 月间，我在一个风沙天曾去柴德赓(青峰)先生家请益，谈到读《书目答问》困难一事，柴先生把所藏贵阳本借我，并告以比读当能得趣。回舍后，先校读《著述姓名略》，纠缪补正，果有所得，兴奋之余，即跋于书后说：

> 癸未三月二十七日，京师尚有风沙，走柴青峰先生寓，借其贵阳雕版之《书目答问》，返舍手校著述姓名略，正其纰缪，补其不足，竣识于后。

这是我第一次比堪异同的校勘实习。隔了一段时间，全书比读完毕，自认略有心得，想进而收益，所以冒昧地登余先生之门去问业。余先生听了我的陈述后，指导我要做三项工作。

一是讲了三国时董遇书读百遍，其义自见的故事，要我继续读《书目答问补正》，特别注意字里行间。

二是要再读一些与《书目答问》有关的书。

三是要我利用假期为《书目答问》编三套索引，即人名索引、书名索引和姓名略人物著作索引。

余先生说，这三点做到就算把《书目答问》读通了。

我禀承师教逐一去做。首先，我曾反复读《书目答问补正》，注意细微处的只言片语，如读完正史注补谱考证之属后就读到小字附注:"此类各书为读正史之资粮", 这不仅了解了这类书的性质,也掌握了读正史主要参考书的书单,渐渐领会了目录学的作用。其次,我找到《书目答问》第一个补本——江人度《书目答问笺补》(光绪三十年江氏家刊本)来读。《笺补》在各书下有笺,各类后有补。所笺在版本、分类、辨证、计数及评论诸方面都有涉及,所补则为增补书目,有益于开启思路,拓展眼界。当时因此书难得,遂录其笺补部分成一小册,可惜在那个年代被人付之丙丁,所幸于80年代又重得一复印本,差可自慰。此外,我还读了《四库全书简明目录》和《标注》,又读了《读书敏求记》和《郑堂读书记》等目录学名著,依稀地窥知治学的蹊径。第三,我在1943年的暑假为《书目答问》编了三套索引,用墨笔写成一册。一本书经过三次反复编排搜检,二千多部书名和撰者都基本记住,输入到我的大脑信息库中。有了这套基本书目,对于治学读书、开辟领域颇有左右逢源的美感。而且由于有基数,便能很快扩大储存量。这本索引在浩劫中也与其他书籍衣物一起亡佚;但感谢过去一位老学生在清理查抄杂物时从废纸中看到而检存,直到70年代后期又归还给我了。

经过这三方面的努力,自己感到奠定了入门的基础,读目录书也不感到十分枯燥而能从中捕捉自己需要的信息。钻研学术也没有无所措手足的苦恼,似乎能在学术迷宫中得到曲径通幽的乐趣。可是从50年代以来,一方面我工作繁忙,要从事新的教学与科研活动,另方面目录学这类三基项目渐渐被人遗忘,我也只能原地踏步无何进展。

60年代初,我处在一种无事可做的闲散境地,长日无聊,难以排遣。我又别无嗜好,只能寄情作书蠹。于是重理旧业,从1962年起先后在我那部《书目答问补正》上过录有关资料,如将叶德辉、刘明扬、邵瑞彭、高熙曾……诸家的标注过录于书的天地行间。每毕一家，都在抑郁的心扉上绽开一丝欢乐，乃振笔疾书题跋于书尾，录之以见“学海无涯乐作舟”之“乐”：

1962年8月2日至9日，温度在30℃以上，自晨至夜，过录江苏省立苏州图书馆馆刊(1932年4月)第三期所载叶德辉著《书目答问斠补》全文，虽肘黏背湿而颇有所得，亦云快哉！过录既竣，心胸为之豁然者久之。翌日即归还该刊于藏者北京图书馆。俟暇当再过录邵次公及刘明扬诸氏校本。

1962年8月中旬录邵次公批语。

9月上旬补吕思勉《经子解题》。

9月下旬过录刘明扬批语。

1978年元旦又假得高熙曾补正本，除邵刘已有补，又录高氏及李笠批语，历时二日。

叶德辉为版本名家，所补以版本、刊行年代为多。刘明扬为天津名藏书家，经眼甚富，所见明版尤多。他所注多为版本，如《册府元龟》条注称：“余藏有明嘉靖时人白棉纸蓝格精钞本，原书为宋监本，如以校刻本，当有许多胜处。”又有所补，如张澍撰《诸葛忠武侯故事》条补称：“明万历杨士伟《诸葛忠武书》、清张鹏翮《忠武志》均佳作也，一则万历刻，一则康熙刻。”

刘氏所藏明本书极可贵，可惜人亡书散，徒留雪泥鸿爪于批本《书目答问补正》，而此批本今又不知流落何方，我幸得早有过录。

邵、高均为学者，各有所见，而高间有考证语。

与此同时，我还进行三项工作：

一是又重新精读若干种目录学名著，如史志目录中的汉、隋二志，私家目录中的《郡斋读书志》和《直斋书录解题》，专著中的姚振宗《快阁师石山房丛书》等等。

二是在读杂书中有评骘《补正》所收书则加过录。如读清人韩泰华《无事为福斋随笔》卷上云：

> 《金石录》明以来多传钞，惟雅雨堂刻之，阮文达有宋椠十卷……

此即可补《补正》卷二《金石录》条。

又如清吴骞《桃溪客语》卷三记《南唐书》撰述缘起及流传情况云：

> 宋马令辑《南唐书》三十卷，其祖元康世家金陵，多习南唐旧事，未及撰次而卒，令纂承之，实崇宁时也。书中多言徐铉、汤悦被诏作《江南录》之疏略。元戚光撰《金陵志》求得其书，并为之音释，书始显于世。令阳羡人，志乘多阙载。

此又可补卷二《马令南唐书》条。

积之日多，则各书之评述资料也将类辑成篇。

三是以已有的目录学知识自编目录书《近三百年人物年谱知见录》。全书收清以来人物年谱八百余种一千余卷，各书分撰提要，数易其稿，历二十余寒暑而成五十六万余言之作。又撰《古典目录学浅说》一书以备人登阶之需。

经此三事，可以说粗知目录学的门径，而于治学颇得利便。案头《补正》，虽已笔墨淋漓，满纸斑斓，然偶一翻检，于余先生益增高山仰止之思。

四十多年读了一些书。如果有人问我何书最熟？答曰：《书目答问补正》；如果有人问我有何经验？答曰：《补正》当是治学起点。我自愧谫陋，有负师教。所能奉告于人者，只此愚者之一得。

来新夏

中国的年谱与家谱

（1991）

来新夏、徐建华著。任继愈主编的“中国文化史知识丛书”之一。5 万字。山东教育出版社 1991 年 10 月第 1 版，第 1 次印刷，印行 14700 册。定价：1.90 元。

ISBN 7－5328－1304－5

鲁新登字 2 号

“中国文化史知识丛书”涉及历史、地理；文化、科技、教育；经济；文艺、体育；军事；生活习俗诸方面的内容，分 110 个专题。《中国的年谱与家谱》属“文化、科技、教育”类，列第 39 册。

该书详述年谱与家谱两种史体的起源、发展与演变，体裁与体例，史料价值和编纂方法等，使读者能对这两种重要而被忽视的史体有一完整的了解，作为进一步研究与探讨的基础。来先生撰年谱部分。

先生所撰年谱部分，以《中国的年谱》为题，收载于《邃谷文录》之“图书文献学卷”。

本室藏本钤印"来新夏赠书"。

《中国的年谱与家谱》目录

薪传篇

（1991）

“中华文化集粹丛书”之一。来新夏著。12.6 万字。中国青年出版社 1991 年 10 月北京第 1 版，山东第 1 次印刷，印行 10000 册；1992 年 5 月山东第 2 次印刷，印行 10000 册；1995 年 2 月河北第 5 次印刷。定价：4.55 元。

ISBN 7—5006—0986—8

（京）新登字 083 号

中国青年出版社编辑部约请海内外的著名学者专家共同撰写的“中华文化集粹丛书”共 15 篇，计 19 册。是为《风云篇》《山川篇》《哲人篇》（上、下）、《先贤篇》《英烈篇》《睿智篇》《神异篇》《诗馨篇》（上、下）、《文馨篇》（上、下）、《艺苑篇》（上、下）、《工巧篇》《薪传篇》《恪守篇》《明耻篇》及《砥砺篇》。

《薪传篇》分两部分阐述，上篇：从图书产生前的口传记事和图书产生后的简帛纸书说到图书的收藏、分类与流通等环节，以使人们了解中国传统文化传递的一条主干道；下篇：从启蒙读物和经史子集说到类书、丛书、方志、佛藏、道藏以及兄弟民族文献，以使人们了解中国传统文化的几个主要汇聚点。

目力所限，笔者仅知悉《薪传篇》的初印本是10000册，翌年再次印刷，“印数10,001—20,000册”，即又印10000册。而所藏1995年第5次印刷，未标注印数；第3、第4次何年印刷？印数？均不详。

本室所藏《薪传篇》，为初印本一册；二印本一册；五印本两册。

《薪传篇》目录

《薪传篇》序说

中国文化的传递，在正式图书出现以前，除口传外，记事传递的方式可分两个阶段：一是文字产生前所采用的结绳、契刻和图画，以实物和形象来记录，可是传递起来比较困难；二是文字产生后以甲骨、钟鼎和石鼓为载体，以文字记事来保存和传递文化，但它们仍然缺乏广泛流通这一图书的重要功能，所以还不能称为正式图书。

中国的正式图书应该说创始于周秦时期的竹木简策，其后历经帛书和纸书等相承和交错阶段。它们承担了二千多年中国文化薪火相传的主要职责。为了明了在这漫长行程中文化传递的痕迹，就需要比较全面地了解中国的图书文化。中国的图书文化包含着图书的制作、典藏、整理、编纂和流通诸方面。剖析和阐述这些方面的成就将会自然地显示出中国图书文化的历史价值。

中国图书的最早载体是竹木，从出土文物中可以看到周秦简书的实物。这些竹木载体需要经过成套的去湿防蠹以便于书写的炮制程序，然后方能成为记录知识的专用载体。我们的先人就用这些专用载体记录着政府法令、学者论述、大事纪要和医方等等。比竹木简牍略晚一些使用的专用载体是缣帛这类丝织物。缣帛书是中国图书形态的中间阶段。它与简书、纸书上下参错。纸的发明、改良和纸书的流通使中国文化的传递得到廉价而可靠的依托。这对推进世界文化的发展提供了重要的物质前提，并在世界文化史上占有一定的地位。

唐以前的中国图书，主要是手写本；唐以后由于新的印刷工艺出现，加速了文化的传递和传播。唐的雕版、宋的活字和明的套印是中国图书文化中印刷工艺发展的三个里程碑。

纸和活字印刷的发明和发展，使中国文化的保存和传递获得了便利和推动；也使中国图书文化在中国的四大发明中享有两大发明的荣誉。

图书的装帧随着保护和求美的要求而日益发展。简书开始使用卷轴，帛书在卷轴外有折叠式的方册，纸书除继续部分地使用卷轴外，大部分都采用册叶，从而先后出现了经折、龙鳞、蝴蝶、包背和线装等等不同型式。这些不同型式，不仅有保护图书的作用，还有极高的工艺价值，其中包背装更为当今世界上图书装帧形式所取法。

中国文化遗产丰富，在手写简书阶段已有"学富五车""积如丘山"的称誉。保存这些财富主要靠官藏。历代都有藏书处所和相应的管理机构，如汉朝"外则有太常、太史、博士之藏；内则有延阁、广内、秘室之府"。清朝的"南北七阁"，至今犹可考见规模。私家藏书，唐宋以来日盛，唐代李泌已是"插架三万轴"的私人藏书家。藏书事业的发展，使纸张、印章、款式、装帧、版本各方面，都相应而有所改进，使图书文化内容益增灿烂。距今四百余年的明范氏天一阁是世界上现存最早的私人藏书楼，它的规制和管理办法至今啧啧人口。其他藩府、地方衙署、书院和寺庙也都有专藏。所有这些编织成一整套典藏图书的体系，使中国图书发挥保存文化的功能基本上处于一种相对稳定的局面。

大量的藏书如不加部分类次则不便使用,历代王朝都有求书、校书活动,并实施一套收集、整理、典藏等措施。图书整理工作的首要问题是分类。中国图书分类的最大特色是建基于学术分类。把图书按学术性质进行分类最早见于《左传》昭公十二年楚灵王所说的“三坟、五典、八索、九丘”。孟子所说“儒分为八,墨离为三”,对图书分类的类下分目有启示作用。秦朝的图书据知至少有国史、诗、书、百家语、医药、卜筮、种树、法令等八类。汉朝由于积极求书,藏书数量激增,汉武帝时便有“积如丘山”的感慨。汉成帝便于河平三年(前26)派著名学者刘向主持整理国家藏书工作。刘向第一次提出图书分类的六分法,即按六艺、诸子、诗赋、兵书、数术、方技六大类来区分图书。刘向与子刘歆共同撰写的《别录》和《七略》是中国最早的提要目录和分类目录。它比西方的图书分类早达千余年之多。后来,中国又出现过四分、五分和七分等分类法。公元七世纪时,中国图书分类正式确定为经史子集四部分类，以后虽然有些目录书没有完全按照这一分类,但大多数古典目录书都采用这一分类。

为了使人们能通过图书世代相传地继承和吸取中国丰富的传统文化遗产,首先要识字和掌握最基本的常识。于是就有一套比较完整而系统的启蒙读物普遍流传,承担灌输知识的任务。这些启蒙读物就是人们通常所说的三百千之类图书。三百千之类的图书,在过去的时代几乎有百分之八九十的人从中接受这种识字教育。在完成蒙学教育以后，有些人便开始接触以儒学思想为主的各种学识,于是有儒家经典结集的十三经,有自古至明的史事总汇二十四史,有涉及各流派的诸子百家和包含诗文词曲的别集、总集之类。

经史子集是传统文化的主要汇聚点。

图书的数量随着社会经济文化的发展而日益增多，对弘扬中华文化起到重要作用，但给收藏、省览和翻检却带来了某些困难，于是从魏晋以来就出现了类书、丛书等图书的再编纂活动。首先出现的是编纂资料汇编式的类书。最早的类书是魏文帝曹丕敕撰的《皇览》。这部八百余万字的大书，虽全书已佚，但却开后世官修大书之端，对收藏、利用与保存文献有重要作用，并在某些方面具有百科全书的性质。以后梁有《寿光书苑》《华林遍略》；北齐有《修文殿御览》；唐有《艺文类聚》《群书治要》；宋有《太平御览》《册府元龟》都是千卷大书。明有《永乐大典》，清有《古今图书集成》，篇帙更多达一、二万卷。丛书为群书之府，南北朝时的汇集地记，宋初的编纂佛藏以及宋朝的综合性丛书《儒学警悟》和《百川学海》都是丛书。明清两代，丛书的编纂，无论数量还是质量都超越前代，尤其是清乾隆时所编《四库全书》更为突出。它不仅丰富了国家藏书的复本量，并对中国二千多年封建时期的文化遗产进行了一次系统的整理，虽然为了维护和加强其统治的政治目的而对中国传统文化有所损伤，但它对中国传统文化所起的流传和保存作用，仍具有重要的历史价值。

中华民族是善于继承、选择和融合不同文化的，她不仅包含了汉文化以外的各民族文化，而且吸取了佛家等宗教文化。这样，中华文化就在不断吮吸新鲜乳汁，注入新的活力，推陈出新，使其在几千年的历史长河中永葆青春，成为民族的主要精神支柱。

当然，以图书为主要传递途径的中华文化并非一帆风顺而毫无艰险的。秦始皇焚书就是统治者摧残文化的恶例，历代的兵火变乱和改朝换代也都给图书造成了厄运，因而有五厄以至十厄的概括，以至清朝对图书的禁毁,都对中华文化的传递产生了消极的作用。

中国图书在国内的流通开始很早,官藏从周秦以来,一直进行有限制的开放,在特定范围内流通;私藏则往往通过赠与、借阅和传抄等形式流通。至于作为商品上市则从东汉已有书肆的记载开始,历代都有书坊、书铺和书贩承担着国内的流传任务。而更值得重视的是域外流通。它使中华文化得以普及四方。日本在公元八世纪所编的《日本国现在书目录》就记载唐时日本已收存汉文图书近二千部,其中包括医学、诗歌、礼仪、历书等内容。明代在派使出访时往往带图书作礼物,外使来访也往往得到赐书。这些交流对友邦国家的社会生活和科学文化的发展都所影响。它加深了彼此的了解,增进了与友好国家的友谊。

中国的图书文化在进行中华文化的传递、推动中华文化的发展、启迪人民的智慧和开展各国间的文化交流诸方面无疑都发挥着极为重要的作用,具有不容忽视的重大历史价值,可以毫无愧色地屹立于世界文化之林。可惜的是,人们对中国图书文化知之较少或知之不深,所以感到有必要加以介绍。为了使读者阅读时脉络清晰,上篇主要以图书为主体,讲述图书的出现、发展和历史经历,使人们了解文化传递主渠道的概况;下篇主要讲中国传统文化的几种汇聚点,虽然知道并没有讲完整,但了解这些集结点,对于一般读者来说,似乎也大致可以满足需要了。至于这种设想是否恰当则有待于读者的评判。

《薪传篇》后记

为了说明中国传统文化的保存、流传,在《中华文化集粹》这套丛书中专立了《薪传篇》，意在从图书发展角度说明传统文化的薪火传递。《薪传篇》分上下两篇：上篇，从图书产生前的口传纪事和图书产生后的简帛纸书说到图书的收藏、分类与流通等环节，以使人们了解中国传统文化传递的一条主渠道；下篇，从启蒙读物和经史子集说到类书、丛书、方志、佛藏、道藏以及兄弟民族文献，以使人们了解中国传统文化的几个主要汇聚点。

这套丛书是为普及知识而作，所以我想尽量写得通俗些，但由于《薪传篇》的内容人们比较生疏，加以我又缺乏这方面的写作经验，虽经努力，仍不免有生涩之处；而且由于篇幅限制，只能凭自己的主观设想，有选择地写这些内容，希望能给人一个轮廓性的了解，但是否能达到或接近这一要求，则有待于广大读者的评论。

这本小书的完稿要求比较匆迫，所以上篇只能以拙作《中国古代图书事业史》为主要依据，下篇除有几篇旧稿外，又增写了几篇。我衷心希望这本小书对青年朋友填补这方面的知识有所呈献。

这本书在写作过程中，曾得到马光琅、张格、陈德弟、徐建华四位同志的帮助，他们参与了研讨、提供资料和拟写某些篇的初稿等工作，在此感谢他们的辛劳。

来新夏

一九九〇年十二月于南开大学邃谷

明耻篇

（1991）

“中华文化集粹丛书”之一。来新夏著。14 万字。中国青年出版社 1991 年 10 月北京第 1 版，山东第 1 次印刷，印行 10000 册，定价：4.90 元；1993 年 7 月湖南第 3 次印刷，“印数 20，001—24，500 册”。即止于第 3 次印刷，印数已达 24500 册。想到《薪传篇》有第 5 次印刷，《明耻篇》的最终印数，亦不敢臆想。

ISBN 7—5006—0978—7

（京）新登字 083 号

“耻”，一直是我国文化中流传久远、并倍受重视的行为准则之一，历代都继承着“重耻”的传统，把“明耻”视作知人论世的准则，而“无耻”则是使人羞愧的唾弃之辞。《明耻篇》收录了古代“无耻”与“明耻”人物的故事，以教育激励广大读者。天津新蕾出版社的郭占魁先生承担了该书的插图任务。

本室藏《明耻篇》三册，为第 1 次印刷本两册及第 3 次印刷本一册。

《明耻篇》目录

虎门销烟的林则徐

抗日英雄柯铁

蹈海取义的陈天华

附篇

贪婪误国的伯嚭

陷害同窗的庞涓

指鹿为马的赵高

吮痈求宠的邓通

酷虐枉法的杜周

祸国殃民的“十常侍”

反复小人吕布

奢靡挥霍的石崇

残暴肆虐的隋炀帝

口蜜腹剑的李林甫

利欲熏心的杨国忠

“长乐老”冯道

“儿皇帝”石敬塘

“六贼”之首的蔡京

傀儡皇帝刘豫

残害忠良的秦桧

“九千岁”魏忠贤

趋炎附势的阮大铖

有才无行的钱谦益

诡诈作伪的是镜

白河辱国的琦善

卖国太后慈禧

后记

《明耻篇》序说

中华民族历史悠久，先民们曾为我们创造了在世界上有其重要地位的历史遗产，使中国成为一个有丰富传统文化的国家。传统文化从某种意义上说，既是包袱，又是财富。甩掉包袱，开发财富，无疑是海内外炎黄子孙的共识。我曾在一篇题为《论本土传统文化的选择》(《人民日报》1989 年 6 月 26 日)的文章中标举出几条对传统文化的认识观念，即：

1. 不能把传统文化视作圣人贤哲的遗留，只能保存、维护而不容去取选择。更不要以逝去的枷锁来束缚后来的发展，成为现代民族文化建设的包袱。

2. 传统文化是历史的累积。历史悠久的民族在文化积累过程中自然会有沉渣，因此传统文化势必会泥沙俱下，良莠并存，即使其精华部分也不能说毫无瑕疵，只是随时代和社会的需求不断发生变化和发展。

3. 传统文化不是凝固的死亡遗体，它既有过去源头，又有现实特色，更是未来起点，所以必有可备选择的，不可轻率地把孩子和洗澡水一齐泼掉。

4. 传统文化是多层次全方位的，有物质的、制度的、风习的、思想的、上层的、民间的等等。即使儒家思想也非单一而是杂陈的，儒学大师荀况在其《法行》篇中就曾记述过一位学者的质询说："夫子之门，何其杂也？"

5. 传统文化中有不少与现代社会间有矛盾冲突，如平等与等级、开放与封闭、改革与保守、横向吸收与垂直承受等。要明辨矛盾，择善而从，并且善于认识和反思传统。

基于这些认识，我们在选择本土传统文化时才不致困惑而拘牵手足。也正由于有这些认识，我才敢于去触动传统文化中作为行为准则的“耻”这个观念。

“耻”一直是传统文化中传之久远、受人重视，并以之作为行为准则之一的。早在春秋时，齐国大政治家管仲就提出“礼义廉耻，国之四维”的治国要领。他把“耻”作为治国的四大精神支柱之一。如果“四维不张，国乃灭亡”。这又是何等警策的危言！孔子曾标举“行己有耻”“有耻且格”等等作为教导学生修身的标准。《中庸》中的“知耻近乎勇”则把“耻”提到一个较难达到的境界。因为必须有勇气才能知耻。孟子说：“人不可以无耻”“耻之于人大矣”。并且把它作为一切悖礼犯法行为的根源。在一些古籍中常见到一些文句，以“耻”来反思自己言行的不足与相悖。如《左传》中说：“耻不能据郑也”，《礼记》中说：“耻名之浮于行也”“耻有其容而无其辞”“耻有其德而无其辞”和“耻有其辞而无其德”等等都在检讨立身行事的缺憾。历代都继承着重耻的传统，把明耻视作知人论世的准则，而无耻则是使人无地自容的唾骂之辞。大之于治国平天下，小之于修身齐家，“耻”几乎已是衡量是非、忠奸、曲直的一个标尺，也是鼓舞人们挺身而立的力量。明清之际的著名学者顾炎武一生就以“博学以文”与“行己有耻”作为自己学与行的两大主旨。他在与友人书中反复详尽地阐述了知耻与明耻的道理。

在传统文化中“耻”的包容甚广。清俭、正直、死难、谦退、忠节、强谏、义烈、悔过、让功、拒贿……都属于明耻；奢侈、邪佞、专恣、妒贤、徇私、贪污、耽溺、残酷、狎昵、辱命……都斥为无耻。这些概念的内涵至今尚有其足资借鉴之处。当然,古人对"耻"的标准还有值得商榷的地方,如涉及封建伦常以"失节事大"作为千百年桎梏妇女的刑具,则是不足取的内涵。伯夷、叔齐的言行虽有维护君臣礼制的不足,但他们舍利取义,抨击以暴易暴,并能以身徇自己的理想这一点却对贪图富贵、趋炎附势有矫正世情之效,这也正是他们兄弟采薇首阳的故事能长期流传并获得后人赞颂的原因所在。

从 2000 多年的传统文化中。选择有关"耻"的人物典型纳于十余万文字之中,确实颇费周章:既要照顾到各个不同朝代,又要考虑到选择明耻、无耻人物的平衡;既要注意所选人物在人们心目中略有印象,也要发掘若干新人新事。归根结蒂还要检阅一下是否有可征信、可依据的资料。经过研究筛选,终于确定了 45 人。明耻者 23 人,立为正篇,既有传诵人口的坚贞不屈的汉苏武、昏夜拒金的汉杨震、知耻自新的晋周处、闻鸡起舞的晋祖逖以及明代的少年英雄夏完淳等;也有鲜为人知的忠义智勇的唐段秀实、碧海丹心的宋郑思肖、大义斥奸的明杨继盛和清的烧车御史谢邦定与抗日英雄柯铁等。无耻者 22 人,贬入附篇,既有遗臭万年的指鹿为马的秦赵高、残暴肆虐的隋炀帝、残害忠良的宋秦桧和清的卖国太后慈禧等,也有吮痈无耻的汉邓通、奢靡挥霍的晋石崇、口蜜腹剑的唐李林甫和权诈作伪的清是镜等。

当然,这戋戋之数远远不能概括完备,只是努力撷取,用可读的文字,提供给人们一面可资借鉴的"人镜",以证明传统文化中确有不少可备选择的东西,而不要把传统文化一概视如敝屣!

《明耻篇》后记

书终于脱稿了。这其间包含着若干辛劳;但是,这一奉献如果使海内外的中华青少年通过阅读能从一个侧面比较深切地了解中华文化的壮美、博大和渊深,那将使我得到莫大的欣慰。

由于写作时间紧迫，题材确定反复，而我的公私事务又较繁忙,所以不得不约一些青年朋友来给我帮助。他们在搜集资料、编写草稿等等方面都尽了自己的努力,大大地减少了我的写作琐务,加速了成书进程。他们不计较我的刀伐斧砍,也不挑剔我的疾言厉色。这是一次非常和谐与愉快的协作。我应当感谢他们在弘扬传统文化优良内容方面所尽的职责。

图文并茂是中国图书的优良传统，尤其是通俗读物更有其必要。天津新蕾出版社的郭占魁同志承担了本书的插图任务,他在病愈不久的春节前后为本书绘制插图,使这本小书增辉匪浅。

我感谢参加编写的青年朋友陈德弟、莫建来、徐健、刘小军等四同志和画家郭占魁同志。

这本书各篇题目的选定、体例的规划和文字的删定统由我负责。有不当和失误处请读者对我提出批评。

来新夏

一九九一年三月

北洋军阀与日本

（1992）

来新夏著。抽印本。16开,22页。此是日本明治大学“学术国际交流参考资料集”之一,序号170。1992年1月25日发行。

1991年秋,来先生应日本独协大学之邀任客座教授。是年11月27日,应明治大学教授岩崎富久男教授邀请,来先生为该校研究生讲演《北洋军阀与日本》,兼及“近年来中国学者对此问题的研究”。本文即就中国学者对此问题研究的简要评述:一是日本对华政策与北洋军阀。二是直、皖、奉三派军阀与日本。三是军阀混战与日本。四是北洋军阀集团首脑人物与日本。将来先生的讲演稿译成日文的是明治大学菱沼透教授。

岩崎富久男教授曾译来先生著作《北洋军阀史略》,增加随文插图,易名为《中國軍閥の興亡》,于1969年由日本桃源社出版,1989年又由光风社再版。

本室所藏抽印本《北洋军阀与日本》封面钤印“来新夏赠书”。

清代前期的商业、商人和社会风尚
——清人笔记之研究
（1992）

来新夏著。抽印本。32 开，32 页。此文原载日本独协大学经济学部编《独协经济》第 58 号，第 1 页至第 32 页，1992 年 3 月 25 日印刷，3 月 30 日发行。

1991 年 9 月至次年 4 月，来先生应聘日本独协大学客座教授，在学术交流期间发表此文。清代前期是指清朝于 1644 年建立全国性政权起至 1840 年鸦片战争前的近二百年这一历史时期。本文以清人笔记为主要资料，论证了中国封建社会晚期资本主义经济的萌芽已经比较明显地在各个经济领域中出现和滋长。文末之参考文献达 140 种。

全文共含五部分：

1. 引言

2. 商业的繁荣

（1）商业中心的兴起和盛状

（2）商业资本的活跃

(3)集市的遍及全国

3. 商人及其地位

(1)商人的四种类型

(2)商人社会地位的提高

4. 社会风尚的相应变化

5. 结语

本室所藏抽印本《清代前期的商业、商人和社会风尚》封面钤印“来新夏赠书”。

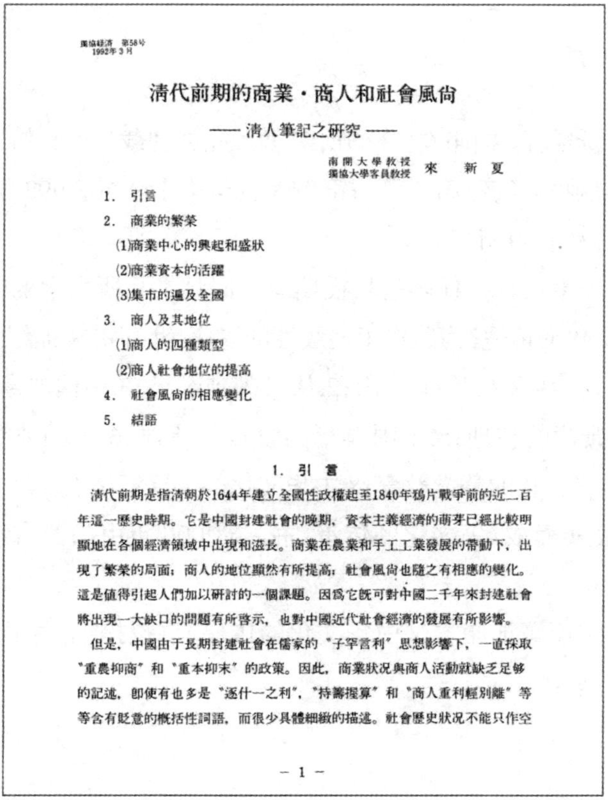

獨協経済 第58号
1992年3月

清代前期的商業·商人和社會風尚

—— 清人筆記之研究 ——

南開大學教授
獨協大學客員教授 來 新 夏

1. 引言
2. 商業的繁榮
(1)商業中心的興起和盛狀
(2)商業資本的活躍
(3)集市的遍及全國
3. 商人及其地位
(1)商人的四種類型
(2)商人社會地位的提高
4. 社會風尚的相應變化
5. 結語

1. 引言

清代前期是指清朝於1644年建立全國性政權起至1840年鴉片戰爭前的近二百年這一歷史時期。它是中國封建社會的晚期，資本主義經濟的萌芽已經比較明顯地在各個經濟領域中出現和滋長。商業在農業和手工工業發展的帶動下，出現了繁榮的局面；商人的地位顯然有所提高；社會風尚也隨之有相應的變化。這是值得引起人們加以研討的一個課題。因爲它既可對中國二千年來封建社會將出現一大缺口的問題有所啓示，也對中國近代社會經濟的發展有所影響。

但是，中國由于長期封建社會在儒家的“子罕言利”思想影響下，一直採取“重農抑商”和“重本抑末”的政策。因此，商業狀況與商人活動就缺乏足够的記述，卽使有也多是“逐什一之利”，“持籌握算”和“商人重利輕别離”等等含有貶意的概括性詞語，而很少具體細緻的描述。社會歷史狀況不能只作空

— 1 —

《中华文化的传递》讲授提纲

（1992）

来新夏著。抽印本。32 开，27 页。此文刊载日本独协大学经济学部编《独协经济》第 58 号，第 173 页至第 199 页，1992 年 3 月 25 日印刷，3 月 30 日发行。

来先生在日本任客座教授期间，向日本几所大学的研究生以“中华文化的传递”为题作了连续性的讲座，此即讲授提纲。本提纲内涵丰富，共含八题：1.序论；2.从口碑到纪事；3.中国典籍的制作；4.中国典籍的整理；5.中国典籍的收藏与流通；6.中国典籍的再编纂；7.中华文化的蒙学教育；8.中华文化的主要汇聚点。后在此基础上，经充实而成《书文化的传承》书，于 2006 年由山西古籍出版社出版。

本室所藏抽印本《〈中华文化的传递〉讲授提纲》扉页钤印“来新夏赠书”。

《中国方志学概论》讲授提纲

（1992）

来新夏著。抽印本。32开，16页。此文刊登在日本独协大学经济学部编《独协经济》第58号，第201页至第216页，1992年3月25日印刷，3月30日发行。

来先生主编有《方志学概论》，福建人民出版社1983年出版。此讲授提纲，为独协大学研究生授课所用。后在此基础上，著有《中国地方志》，台湾商务印书馆1995年出版发行。

本讲授提纲包括以下五个专题：

1.方志与方志学

2.历代方志的编纂

3.历代方志学的研究

4.新编地方志的基本情况

5.旧志的整理与刊行

本室所藏抽印本《〈中国方志学概论〉讲授提纲》扉页钤印“来新夏赠书”。

獨協経済　第58号
1992年3月

《中國方志學概論》講授提綱

南開大学教授
獨協大学客員教授　來　新　夏

1. 方志與方志學

1. 方志

方志（地方志）是記載一定地區（或行政區域）的自然和社會的歷史與現狀的綜合性著述。它包容一地的建置，沿革，疆域，山川，津梁，關隘，名勝，資源，物產，氣候，天文，災異，人物，藝文，教育，民族，風俗……等等情況。

傳統的方志形式是在兼收了春秋戰國時期國別史，地理書和地圖諸特點的基礎上，隨著歷代政治，經濟，文化的發展而逐漸完備。從春秋戰國時期發端，中經漢魏，迄於隋唐，方志的內容與形式日益豐富完善，至宋而體制確立，明清乃稱鼎盛。

方志有圖經（圖志，圖記），記（太平寰宇記），傳（南陽風土傳），錄（剡錄），乘（齊乘），志（華陽國志）等等繁多的名目。

方志有一統志，總志，省志，府志，州志，廳志，縣志，鄉鎮志，邊關志等不同層次。

方志屬性有地理派與史志派之爭，應屬歷史學範疇，但史和志在體裁上終有不同，日後尚有專目討論史志關係問題。

方志具有地方性，連續性，廣泛性，資料性，可徵性等特點。并有資治，徵信和教化的作用。

舊方志据一種統計約在8500種以上，其中宋元方志數十種，明志千餘種，清志六千餘種，民國志數百種。國內收藏很普遍，稍有名聲的圖書館都有數量不等的收藏。國外在美國，日本，法國，朝鮮，英國，加拿大一些著名大學和公

志域探步

（1993）

来新夏著。15.8 万字。南开大学出版社 1993 年 9 月第 1 版，第 1 次印刷，印行 2000 册。定价：7.00 元。

ISBN 7－310－00617－8

（津）新登字 011 号

《志域探步》集中地表述先生对地方志编纂与研究的一些见解和观点。故该书是著者近十年参与地方志编纂与研究活动中所写的文章与发言稿。1993 年是来新夏先生七十初度，也是先生曾供职的南开大学出版社十年社庆。来先生以文字自寿，乃以《志域探步》作纪念。

本室藏本题有“来新夏　2007.2.1”。

《志域探步》目录

第一篇　丰富的历史遗产

一、清前的志书

二、清代修志事业的成就

三、民国的志书编写与研究

四、历代方志学的研究

第二篇　建国以来地方志的编写与研究

一、整理旧志

二、方志与方志学的研究

三、创编新志

四、今后的趋势

第三篇　新编地方志的取材

一、旧志资料的批判与继承

二、旧志经济资料初检举例

三、资料的搜集、整理与利用

第四篇　新编地方志的编写

一、地方志的编纂体例

二、正确处理编写工作中的若干关系问题

三、地方志与文史资料

四、回顾与前瞻

第五篇　审稿与评志

一、加强新编地方志的审评工作

二、审稿的四项标准

三、对几部新志的评论

(一)对萧山、渭南、玉山三志的评论

(二)《江宁县志》小议

（三）再读《青州市志》

（四）《常熟市志》读后一得

（五）读《青田县志》

（六）喜读《江阴市志》

四、新志评论提倡多种形式

第六篇　开拓史志编写领域

一、企业史志的传统

二、新兴企业的史志编写

第七篇　近代地方文献学家陈作霖

下编

一、重印《畿辅通志》前言

二、《萧山县志》序

三、《萧山县志稿》说明

四、《青州市志》序

五、《盐山县志》序

六、《鄢陵县志》序

七、《蓟县志》序

八、《许昌市志》序

九、《许昌县志》序

十、《项城县志》序

十一、《克什克腾旗志》序

十二、《广陵区志》序

十三、《石家庄地方史志研究丛书》总序

十四、《天津风土丛书》总序

十五、《徐州地方志通考》序

《志域探步》自序

1923年夏，我出生在杭州一个家道中落的知识分子大家庭中。祖父来裕恂是本地颇有名声的学者和诗人。光绪末年，他以秀才身份参加过光复会，又到日本弘文书院学过教育；辛亥革命后在本省从事教育工作。祖父也是一位地方志专家。有一段时期，他几乎以修志为主要生活来源。1948年，他在极艰难的条件下，独立完成了本县最后一部民国志书——《萧山县志稿》的编纂工作。我的童年是依傍在祖父膝前度过的。祖父是我的启蒙老师，使我幼小的心灵中早早地对地方志产生了印象。

1942年，我经历了小学、中学而进入了北平辅仁大学，由于专业需要和藏书便利，我翻阅了若干种县志，得识其体例，还通读过历次所修萧山县志，并撰有《萧山志要读后》刊于报端。

解放后，我从事史学研究，曾利用地方志资料撰成《试论清光绪末年的广西农民大起义》(《历史研究》1957年11月号)，并投入编写"四史"的活动。

六十年代，在参加"四清"之际，我曾写过《丰润县志》片段、霸县《东台山志》和盐山《南阡志》。可惜这些手稿多已散失不全。这期间我又曾应倡导编史修志的梁寒冰同志嘱托，拟定编志草案，其中有访求地方人士参加修志的主张，不幸成为"文化大革命"中批我的第一张大字报的主要内容。开始我未能“服罪”，后来才渐渐明白我犯了“举逸民”的“罪行”。

四凶倾覆，朝晖重现，修志工作又得复苏，寒冰同志壮心未已，再倡盛举。1980 年天津召开中国地方史志协会预备会，我奉命作《总结旧志，创编新志》发言，进而撰成《略论地方志的研究状况与趋势》(《天津社会科学》1981 年创刊号)。这是恢复修志工作后我的第一篇成文；后经日邦学人东北大学寺田隆信译为日文刊于《东洋史论集》(1984 年第一辑)。次年 8 月，中国地方史志协会成立于太原晋祠，我不仅躬逢其盛，复膺理事职任。而八所高校合撰教本，又被谬推总领其事。历时年余，乃成《方志学概论》一书(福建人民出版社，1983 年)，为海内史志贤达所注目。

我上承祖业，时逢盛世，益感振奋。1982 年全年仆仆于苏、晋、鄂、冀培训修志人才。1983 年故乡萧山重命为县志顾问。1984 年受任旧志整理委员会委员，又以寄籍天津忝列天津史志编委一席。1985 年，中国地方志协会包头集会又蝉联理事。九十年代前后，各地县、市志陆续杀青，我应邀担任了若干县、市志的志书顾问，写了一些表达我看法的序言和评论。1991 年，我有幸与日本独协大学齐藤博教授就中日地方史志比较研究问题进行合作。在我们共同主持下邀约了第一流学者分别完成了各自的研究论文并汇成《中日地方史志比较研究》论文集出版。我首先落实了地方史志进行国际交流合作的研究工作。我虽立志继续奋进，但志域宏阔，而我则学识浅陋，临深履薄，探步而前，犹虞有失。老骥“出”枥，志在“万”里，行当以此自勉于史志事业，并呈历年探步所得于同道，声应气求，实企翘焉！

一九九三年春节重写于邃谷，时方古稀

《志域探步》后记

《志域探步》是我近十多年来参与地方志编纂与研究活动中所积累的寸楮片简。过去，我曾主编过《方志学概论》和《中国地方志综览》，为地方志的编纂与研究略效纂辑之劳；而《志域探步》则比较集中地表述我对地方志编纂与研究的一些见解和观点。这些文字不是全面系统的论述，而是就我所见到和为人所关注的一些问题，通过发言研讨，或序言小评而有所发抒。由于这些文字是在不同场合阐述的，所以又难免时有重复之处，尚祈读者鉴谅。

《志域探步》之所以在 1993 年整理出版，一是我已在人生旅程中蹒跚地走过了整整七十个寒暑。昔人说："人生七十古来稀"，今人云："七十不为老"，虽命意异趣，但七十终究不是短暂的时间，而且这七十年的路途也确是风雨艰辛；如今幸登中寿，也值得自我庆贺。世俗的寿诞燕聚非我所爱，而以文字自寿，不失雅趣，乃以《志域探步》自我纪念七十初度。二是欣逢南开大学出版社十年社庆。这是我曾奉职的单位，历任两届，难言业绩；但作为首任主持者也与有荣焉。一介书生，无所奉献，秀才人情，仅以《志域探步》为出版社寿。出版社的社、室诸同志眷念故旧，惠予出版，编印复力求精美，不仅泫然而感友情之重，是为后记。

一九九三年四月写于邃谷

薪传篇

（1993）

来新夏著。台湾书泉出版社 1993 年 9 月初版一印。定价：200 元（台币）。

ISBN 957—648—271—2

是书版权页的“出版声明”：“本书业经作者暨北京中国青年出版社同意，授权本公司在台合法印行。若有侵害本书权益者，本公司当依法追究之。特此声明。（原丛书名：中华文化集粹丛书）。”

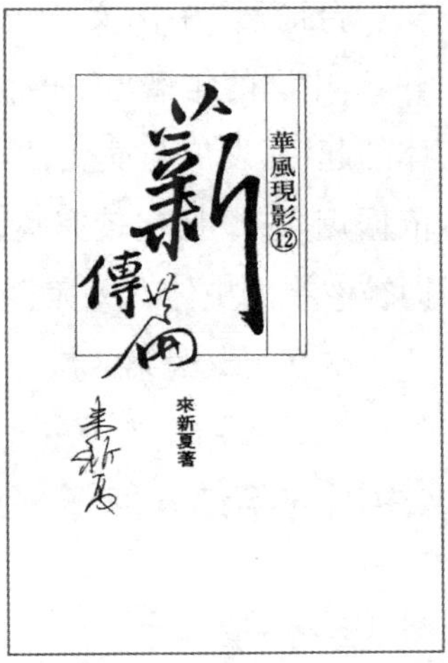

台湾版繁体字本《薪传篇》，书前置文学博士龚鹏程的推荐序《风雨中的鸡鸣》及台湾版序；附录《薪传的故事》，是止于清末的中国历代图书事业之大事纪要。

本室藏一册，有先生签名“来新夏”。

中国的年谱与家谱

（1994）

来新夏、徐建华著。任继愈主编“中国文化史知识丛书”之一种。台湾商务印书馆股份有限公司 1994 年 2 月初版第 1 次印刷，2000 年 8 月初版第 3 次印刷。定价：140 元（台币）。

ISBN 957—05—0846—9

台湾版“中国文化史知识丛书”分九辑，每辑 10 种，合计 90 种。《中国的年谱与家谱》列第 39 册。本书详述年谱与家谱两种史体的起源、发展与演变，体裁与体例，史料价值和编纂方法等，内容依据翔实，概括比较完整，文字流畅可读，使读者能对这两种重要而被忽视的史体有一完整的了解，作为进一步研究与探讨的基础。

本室所藏为第 3 次印刷本。

《中国的年谱与家谱》目录

年谱 / 来新夏

缘起

谱主

编者

体裁

体例

刊行与流传

史料价值

编纂

工具书

家谱/徐建华

起源

发展与演变

名称与类型

内容与结构

避讳与谱禁

价值与利用

流传与收藏

纂修

特殊家谱——玉牒

古籍整理散论

（1994）

来新夏著。13.5 万字。书目文献出版社 1994 年 6 月北京第 1 版，北京第 1 次印刷，印行 800 册。定价：6.00 元。

ISBN 7—5013—1082—3

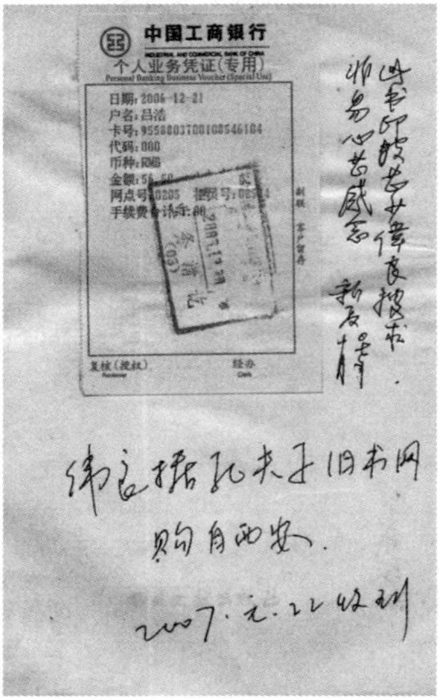

本书收录了来新夏先生编写的关于古籍整理方面的论文 8 篇，分别论及了有关古籍整理的分类、目录、版本、句读、工具、校勘、考据、传注等问题。它是根据南开大学图书馆学系 1987 年 1 月的油印稿《文献整理十论》增删而成。在收入《邃谷文录》时，仍恢复《文献整理十论》原貌，增入“论正史”与“论类书与丛书”二章及附录一篇，易名为《古籍整理讲义》。

来先生在本室所藏是书跋言:“此书印数甚少,伟良搜求非易,心甚感念。新夏 〇七年十月。”

《古籍整理散论》目录

《古籍整理散论》序言

中国拥有大量的古籍，它们负载着清代以前几千年历史和文化的积累,保存着无数可供征考的文献资料,是中国历史和文化的重要信息源。但是,由于它们距现在已有长短不等的时间距离,因此往往需要进行一些加工整理来沟通。某些有经验、有造诣的学者可能已在长期实践中摸索出自己的一套整理古籍的基本技能，但对初学者则往往会有一段茫然无所措手足的摸索过程。了解一些前人曾使用过的基本技能知识对缩短摸索过程是有利的。前人整理古籍的基本技能是多方面的,这里只择要论其数端。

古籍浩如烟海，设无类属，则需用时面对丘山之积而难以细读。分类思想早在战国时的荀子即已提出“以类行杂,以一行万”和“同则同之,异则异之”等分类原则,对后世影响颇大。宋郑樵在其名著《校雠略》中更强调说:“类例既分,学术自明。”乃作论分类第一。

要想即类求书就需要借助各种目录的指引。通过目录书来开拓知识,提供文献线索,久已是历代学者所公认的途径。汉王充提出,如要做“通书千篇以上,万卷以下”的“通人”,那就要掌握目录学这一基本技能来博览古今,畅通大义。清代学者王鸣盛更强调:“凡读书最切要者,目录之学,目录明,方可读书,不明终是乱读。”语虽偏激,却道出目录技能的重要。乃作论目录第二。

使用目录书可以做到即类求书，但一书有多写众刻，何者为善,那就需要加以选择。只有掌握识别版本的技能,才能区别善本与劣刻,以避免谬误。清代版本学家顾千里认为,不讲版本是自欺欺人。另一学者段玉裁还把寻求好版本作底本视为治学的第一步。只有具备选择善本佳刻的版本学技能，才可明辨哪一种版本的内容比较完整,文字比较准确,方能选择好的底本作为整理的依据。乃作论版本第三。

流传至今的古籍大多因无句读而难以卒读，于是句读问题也被视为整理和研读古籍的一种基本技能。宋代史学家欧阳修在《读书》诗中说:“篇章异句读,解诂及笺传,是非自相攻,去取在勇断。”即以句读作为自己读书的基本技术训练。另一位学者何基有“凡所读无不加标点”的长处,《宋史》特把此事写入本传。如果对句读忽视，即使积学如胡三省，也会在《通鉴》卷一七三将郑译复周主的对语作了误断误释，致贻后人以口实，备受指摘。陈垣师在《通鉴胡注表微》中特以此诫后学。乃作论句读第四。

工欲善其事，必先利其器。古籍中无论字词，还是典制，均非人人皆能记忆或尽晓，势不得不借助于工具书以求解。整理古籍更不能不将工具书置诸案头，以备随时翻检。中国工具书的肇源甚早，历史悠长，而品类又较多，如不知其性质与使用方法，则一遇窒碍，往往难以得心应手。乃作论工具第五。

能够循读文献，尚需广搜异本，比勘异同。孔子整理诗书就做过“去其重”的校勘工作，郑玄对诸经的“刊改漏失”；唐、宋以来学者多“亲自校定铅椠”；清人则更“博征善本以校勘之”，使校勘成为专学。因为通过校勘，可以正事实，通文字，去谬误，所以陈垣师曾说过：“校勘为读史要务，日读误书而不知，未为善学也。”他并概括了对校、本校、他校和理校的校法四例。此四例便是校勘工作的基本技能。乃作论校勘第六。

校勘而有异同，就需要以考证来定底本与立说的是非。考证也有一套基本技能，那就是本证、旁证与理证。古籍中的文献资料经过考证就置研究工作于坚实可靠的基础之上，为学术研究工作的抽象概括和具体分析提供了便利。乃作论考证第七。

传注是有悠久历史的整理古籍的方法，它对古籍中的文献起到训释音义，掇拾遗阙，辨正异同和核查文字的作用，使了解古籍更为完整准确而便于理解。历来有传、注、笺、释、集解、汇注……等等不同体裁，在整理古籍过程中可借助它们来解疑祛难。乃作论传注第八。

分类、目录、版本、句读、工具书、校勘、考证、传注等都是整理古籍的基本技能。它们虽不能置于学术极致的地位上,但应熟练掌握,善于应用。要允许一些人专门从事这类基本技能的研讨,使之逐步完善和规范化,以便于青年和初学者的掌握使用。作为青年和初学者来说,决不要以为这些都是陈旧的方法,雕虫小技,不屑一顾,或者一笔抹煞,而应该以批判继承的态度,更好地提高它、完善它、掌握它和运用它。

我所写的这八篇文字是历年来与一些青年朋友谈论时的发言稿,并未能包括整理古籍的全部技能,而只是择要散论而已,或可备初学者的参稽。所论容有不当,至祈识者教我!

来新夏

一九九二年秋于南开大学

中国地方志

（1995）

来新夏著。20余万字。台湾商务印书馆出版发行，1995年9月初版，第1次印刷。定价：新台币240元。

ISBN 957－05－1168－0（平装）

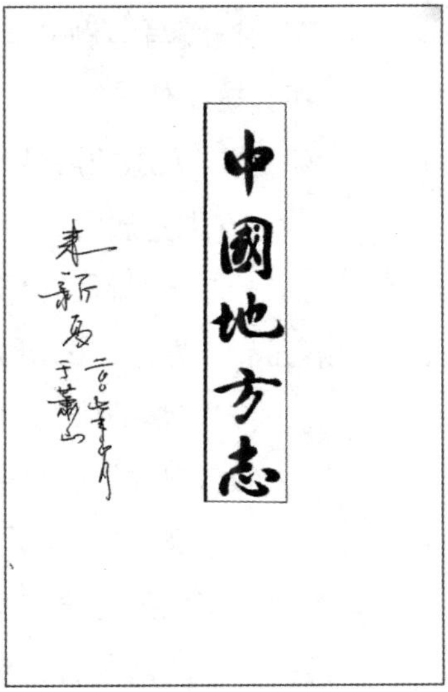

应台湾商务印书馆之约，来先生对所著《志域探步》作了全面增补和修订，撰成《中国地方志》一书。全书共分六章，对方志与方志学的源流、类别特征，历代方志的编纂，方志学的发展与现状，地方志之整理与利用以及新方志的编纂诸方面，均有专章论述，并展望了今后的发展趋势。

《中国地方志》是来先生在方志学领域中一部有代表性的著作。该书收载于《邃谷文录》之“方志学卷”。

本室藏本的扉页题“来新夏 二〇〇七年正月于萧山”。

《中国地方志》目录

《中国地方志》序言

中国的古籍数量,从未有比较准确的统计数字。古人常以浩如烟海、汗牛充栋来形容它。近人曾用综合各种古籍的约数来计算，少则六七万种，多则十五六万种，二者差距甚大。如果说八九万种应是一种比较保守的数字，而地方志的近似统计数是八千余种，恰占古籍总约数的十分之一，不能不说是一座极为丰富的文献资料宝库。

中国地方志不仅数量多，而且历史长，虽然学术界对它的渊源尚有多说，但它有二千年的发展历程当无疑问，可称得起是历史悠久。它又有连续性，几乎各个时代都给它以应有的重视，特别是自宋代方志体制渐备以来，到元明各朝更日趋兴盛，而清代尤为突出，编修志书六千余种，占志书总数的百分之八十以上，年平均量达二十余种，成果可谓显著。民国以来也仍不绝如缕。

由于地方志的编修历来都含有官修性质，因而它多与行政层次比附而行。上起于全国一统志①，各省通志；下至于府州县志；旁涉于山川、土司、盐井等专志；细及于地方杂记小志，无不呈现一地一区的横断剖面。设有一编置案，则举凡沿革建置、疆域区划、山川名胜、人物艺文，均获备览，自然地成为地方百科全书。

历代学者对地方志的认识、研究大约始于晋。唐以来日益深入，迄清大致成一体系，章学诚可称巨擘焉。民国以来，有关方志学专著即有多种问世，推动其发展而巍然自成专学。晚近以来，海内外学者频加探讨，方志学之健全建立当指日可期。

中国地方志正因其数量多，历史长，持续久，层次全，所以它保存的资料亦颇丰富。无论其编撰体例及文献资料，虽有其难符时代

---

①一统志属于全国性的总志。谭其骧教授认为：“凡是以全国为记载对象的，那就不能叫它地方志。”这是正确的。这里是因全国性总志乃建基于务地方志之上汇编纂修而成，所以说总志为志书的一种，并为使读者对中国志书有全面了解而在书中有所叙列，并不是将一统志之类的全国性总志划入地方志或方志之属。

要求者,但不乏大量可供采录之资料。近年于编纂研究、整理刊行诸方面,颇有成绩。尤以检获所得资料更有裨于经济建设之参考,其例不胜枚举,其成效也已为社会所认识,不再以其为一方之史而忽视之。

近年以来,修志事业勃兴,新编志书,硕果累累。据1993年出版的《中国新方志目录》著录:自1949年10月至1992年12月,"全国已编纂出版(含内部印发)的省、市、县级新方志和其他专业志共九千五百余种"。其尚未问世者当可于世纪交替之际陆续完成,县县有志之繁盛,自可拭目以待。至新志之资治、教化与存史等效用更昭昭在人耳目。

1993年冬,我应邀赴台,获识商务印书馆张连生总经理,虽系初识而倾盖如故,相谈甚欢,乃有撰写《中国地方志》之议。我于方志与方志学之探讨前后殆四十年,近年又多参与修志实践,理应有所奉献;唯以俗物烦扰,难期有成,匆匆荒废。仅于十年前成一《方志学概论》;五年前成一《中国地方志综览》;二年前复有《志域探步》之作。有编有著而有待订补者尚多。遂以三书为基础,复参阅同道多种著述,订误补缺,尤详于近数十年志业情况,俾海内外同道得获信息。

今夏北方酷热,独坐静处,汗犹涔涔,臂黏纸湿,进度迟缓,遂于陋室装置冷风,方克着笔。历暑日近三月,初稿告成,复经通读修订而成一书。多年设想,得遂初衷,亦无负于连生先生之友情厚望。对参阅诸作来解一一证明者,于此统致谢意。苟有错谬缺漏,至祈有道指正!

来新夏

一九九四年秋于南开大学

冷眼热心——来新夏随笔

（1997）

“当代中国学者随笔”之一。来新夏著。20 万字。东方出版中心 1997 年 1 月第 1 版，第 1 次印刷，印行 10000 册。定价：16.00 元。

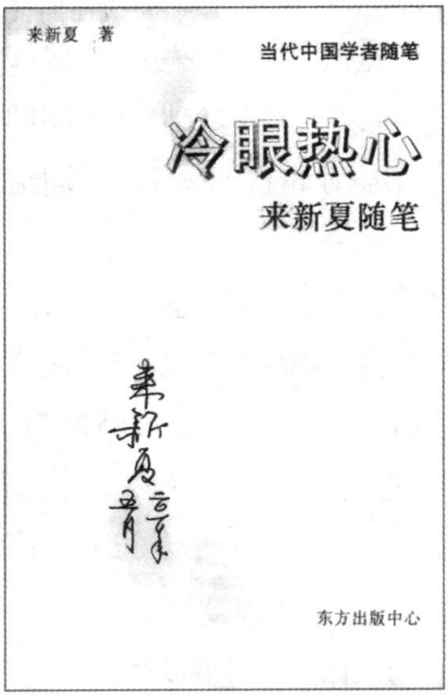

ISBN 7－80627－117－1

此为来先生第一本结集成书之随笔集。辑录的 83 篇随笔作品，主要内容包括三个方面：其一，为有关传统文化与治学之道的申说。其二，辑录作者有关社会人生、世态、世情以及当今世界流弊的所思所感。再是通过对中国历史上一些零星人物、史事以及与作者有关的师友的记述。

《冷眼热心》序，收载于《邃谷文录》之“杂著卷”。该随笔集中

《中国的私人藏书家》一文，黎先耀将之编入重庆出版社 1998 年 7 月出版的“中外名家书话经典”《书林佳话》。

入列“当代中国学者随笔”尚有《书情旧梦——邓云乡随笔》《岁华晴影——周汝昌随笔》《未免有情——舒芜随笔》《饮食男女——舒諲随笔》《思想的风景——朱正随笔》和《喘息的年轮——王春瑜随笔》。

本室藏《冷眼热心》两册，各有先生题签，一为“伟良入藏 来新夏 二〇〇七年十二月”；一为“来新夏 二〇一〇年五月”。

《冷眼热心——来新夏随笔》目录

卧游云山雾水

称谓催人老

爱子病

要耐得美好的寂寞

“临终关怀”小议

“老喜丧”

这也是一条路

寄语高学位学侣

杂糅与杂处

下海、玩票与卖馅饼

文章千古事

咀嚼语言

卖弄与现眼

子罕言利云云

“盗嫂受金”与“去势老公”

鸡年话鸡

写给狗年的话题

蔡伦造纸

中国的私人藏书家

李清照的情趣

亦僧亦儒屈大均

母女诗人

林则徐的取法前贤

姚莹的边疆史地研究

《冷眼热心——来新夏随笔》序

随笔之体，大多为学者出其学术绪余所作，或读书偶得，或阅世触感，或怀旧念故，而读者往往于不经意处有所受益。其卓然成家而为后世所称道者，若宋洪迈之《容斋随笔》至《五笔》，清王士祯之《池北偶谈》《居易录》《香祖笔记》《分甘馀话》；梁章钜之《枢垣纪略》《浪迹丛谈》《归田琐记》《退庵随笔》等，虽为识小而未遗其大。我素慕其意而未遑着笔，及年近耳顺，公私诸端，稍理头绪，研余片暇，每操秃笔，蘸残墨，札所得所见于别录，忽忽十数年，不知老之已至。今年逾古稀，检视敝箧积稿，殆二百余篇，略加编次，取八十余篇，乃成此集，大要为三类：

载籍浩瀚，涉猎难遍。神昏目瞀，仅得大要。偶冷眼一瞥，时有所悟，乃笔之于册，视作枕中之秘。又数经删订，日月积累，颇得多篇。

人海纷扰，情牵梦萦，难有宁日。冷眼静观世情百态，陷溺尘寰不得自拔者多多，遂使垂老之年犹困惑于俗务。乃诠释人生，坦陈心态，又得多篇。

知人论世，或趋于时论，或囿于识见，往往偏颇而难得其中。冷眼观察，求历史人物以公允，发亲人故旧之幽微，行之于文，复得多篇。

括此三类八十余篇，大率皆我晚年冷眼观书、窥世、知人之作，唯原其本心，尚非旁观妄言者流。观书所悟，贡其点滴，冀有益于后来；窥世所见，析其心态，求免春蚕蜡炬之厄；知人之论，不媚世随俗，但求解古人故旧之沉郁。斯固可谓冷眼热心之作，亦我食草出奶之本旨。适诸篇成集，亟待命名，久思未得，忽念当以愚衷本旨，告诸读者，乃题书名曰：《冷眼热心》，祈知我者谅其冷眼，识其热心,幸甚！幸甚！

一九九六年仲夏之夜题于邃谷

《冷眼热心——来新夏随笔》后记

十年一剑,近年来似乎已被滥用成套语了。但是,这本小集子确实是十年磨剑的成果。这些文字写于中华大地各种板块经过剧烈跳动、碰撞而后逐渐平稳下来的时候。它开始于抚平伤痕的那些日子里。经过十多年的岁月,我也未曾料到在我的破旧书箧中居然积存下二百来篇真实的文字。在翻检这些小文时,不能不感谢那些在这条道路上帮扶着我走过来的人们。如果没有他们为我在莽莽丛林中开辟通道,也许我会半途而废。

当然在森林中会有各种不同的鸟叫声。有人认为在随笔专业作家之外,类似我们这类人,如果也来写随笔,那只不过像患感冒那样打几个喷嚏而已,算不得什么正宗。这种嘲讽语言刺激起我的逆反心理。我立意要选编一本题名为《学嚏集》的集子,表示我对打喷嚏的兴趣。很快,我的一位忘年朋友韩小蕙女士便和王春瑜教授共同推荐我的样稿给了上海东方出版中心正在策划组织“当代中国学者随笔”丛书的年轻编辑雷启立君。我为了慎重起见又请宁宗一教授通审全稿。宁兄和他新婚不久的年轻妻子足足花费了二十多天,认真地作为我的第一本随笔集的第一对读者。他和我商讨如何选篇分类,修改语句,终成定稿而交付出版。我思忖这部经过调整修改过的文稿,不会有太大问题的。不曾想到这位比我小近半个世纪的年轻编辑非常直率地提出个人的看法,希望我做较大的改动,调换和修改若干篇文稿。意见中肯,态度真诚;但我却有些气馁,准备收回文稿。因为一则我确实对自己所写随笔的水平也没有十分把握,再则参加这套丛书的周汝昌、邓云乡、朱正、王春瑜……诸先生,虽然彼此年龄段比较接近,但他们都已是写随笔的名家,把我这个刚刚“转业”不久的人所写的所谓“随笔”厕身其间,怕坏了一锅汤。可是春瑜教授和启立君接连来信鼓励我要有信心。我被这种近些年来已少见的真情所感动,便尽一月之功重新调整、修改、编选,并亲自把全稿送到上海,和启立君当面商讨了若干有关问题。

定稿以后,我曾先后选用《学嚏集》《津门断想录》《邃谷杂录》和《研馀随笔》等书名,但都嫌缺乏新意。终于我想到这些文稿是写于摆脱狂热,回归冷静的年代里,我已可以用冷静的双眼去观书、阅世和知人,但丝毫没有一点冷对的鄙视,因为我抱着的是一颗炽热的心。所以我终于题写了《冷眼热心》的书名。

经过半年的时间,我终于看到这部文稿的校样。我像四十年前出版第一部学术专著那样兴奋, 因为这是我在随笔领域中的第一本集子。我认真地校读全稿,审慎地作了个别的修改和订正。为了尽量让这个新生儿少一点瑕疵, 我又拜托十多年来的学术合作者焦静宜副编审校读一遍。她在编务非常忙碌,身体状况又欠佳的情况下,不分昼夜地细读了全稿,发现了多处文意、语句甚至谋篇上的欠缺,提出了积极的修改意见,使《冷眼热心》又得到一次磨洗。

《冷眼热心》的出版问世当然使我很高兴,但使我更难忘的是在成书的全过程中,我得到许多真心实意朋友的帮助。谁道人间无真情? 当真正需要帮助的时候所得到的真诚、善意的帮助就是真情。我感谢这些朋友,真诚地谢谢所有帮助过我的朋友们。

来新夏

一九九六年中伏写于邃谷

林则徐年谱新编

（1997）

来新夏编著。67.9万字。南开大学出版社1997年6月第1版，第1次印刷，印行精、平装本3000册。定价：平装35.00元，精装38.00元。

ISBN 7—310—00964—9

《林则徐年谱新编》在香港回归之际得以面世，是南开大学出版社1997年工作的重点工程之一。自1985年《林则徐年谱》增订本出版以来，有关谱主的奏牍、日记、信札、诗文、题字不时被发现，其他诗文集、笔记、方志及民间收藏的有关资料也时有所见。于是来先生重加编订，遂成《林则徐年谱新编》。《新编》的附录中，收录了林则徐的逸文、逸事，为林则徐所写的诗文，对林则徐的评论，以及鸦片战争有关文献和林则徐手札史料摘要。《林则徐年谱新编》由林则徐基金会赞助出版。启功先生为书名题签。

来先生发表于《文汇读书周报》2006年12月22日《启功老师题书签》一文述说：过去人们常为自己的著述求著名学者兼擅书法

的前辈题书名，当时最为人所赞赏的题签者是“南有顾廷龙、北有启功”。顾廷龙为来先生题写过《近三百年人物年谱知见录》《方志学概论》和《中国古代图书事业史概要》。启功先生是来新夏在北平辅仁大学读书时的老师。启功先生为来先生的著作题写书名的有《林则徐年谱》《天津近代史》《古典目录学》《林则徐年谱新编》《邃谷文录》，以及来先生祖父的遗著《萧山县志稿》。

本室对《林则徐年谱新编》的精、平装本各庋藏一册。精装本扉页题有“伟良雅藏　来新夏　二〇〇六年十二月”。

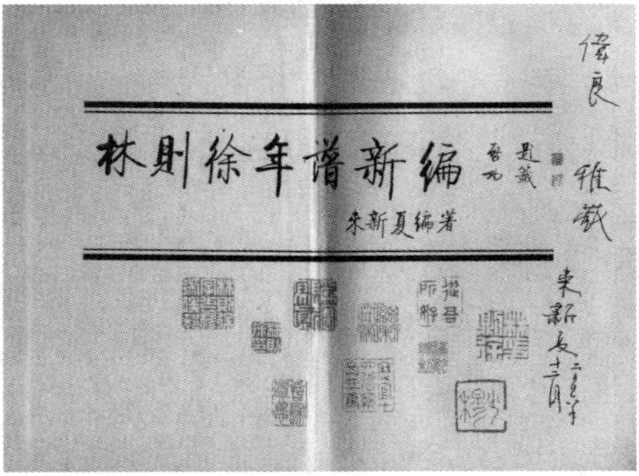

《林则徐年谱新编》目录

序言

林则徐传论

林氏三代简表

年谱

乾隆五十年　乙巳　1785 年

乾隆五十一年　丙午　1786 年

乾隆五十二年　丁未　1787年
乾隆五十三年　戊申　1788年
乾隆五十四年　己酉　1789年
乾隆五十五年　庚戌　1790年
乾隆五十六年　辛亥　1791年
乾隆五十七年　壬子　1792年
乾隆五十八年　癸丑　1793年
乾隆五十九年　甲寅　1794年
乾隆六十年　乙卯　1795年
嘉庆元年　丙辰　1796年
嘉庆二年　丁巳　1797年
嘉庆三年　戊午　1798年
嘉庆四年　己未　1799年
嘉庆五年　庚申　1800年
嘉庆六年　辛酉　1801年
嘉庆七年　壬戌　1802年
嘉庆八年　癸亥　1803年
嘉庆九年　甲子　1804年
嘉庆十年　乙丑　1805年
嘉庆十一年　丙寅　1806年
嘉庆十二年　丁卯　1807年
嘉庆十三年　戊辰　1808年
嘉庆十四年　己巳　1809年
嘉庆十五年　庚午　1810年
嘉庆十六年　辛未　1811年

嘉庆十七年　壬申　1812 年

嘉庆十八年　癸酉　1813 年

嘉庆十九年　甲戌　1814 年

嘉庆二十年　乙亥　1815 年

嘉庆二十一年　丙子　1816 年

嘉庆二十二年　丁丑　1817 年

嘉庆二十三年　戊寅　1818 年

嘉庆二十四年　己卯　1819 年

嘉庆二十五年　庚辰　1820 年

道光元年　辛巳　1821 年

道光二年　壬午　1822 年

道光三年　癸未　1823 年

道光四年　甲申　1824 年

道光五年　乙酉　1825 年

道光六年　丙戌　1826 年

道光七年　丁亥　1827 年

道光八年　戊子　1828 年

道光九年　己丑　1829 年

道光十年　庚寅　1830 年

道光十一年　辛卯　1831 年

道光十二年　壬辰　1832 年

道光十三年　癸巳　1833 年

道光十四年　甲午　1834 年

道光十五年　乙未　1835 年

道光十六年　丙申　1836 年

道光十七年　丁酉　1837 年

道光十八年　戊戌　1838 年

道光十九年　己亥　1839 年

道光二十年　庚子　1840 年

道光二十一年　辛丑　1841 年

道光二十二年　壬寅　1842 年

道光二十三年　癸卯　1843 年

道光二十四年　甲辰　1844 年

道光二十五年　乙巳　1845 年

道光二十六年　丙午　1846 年

道光二十七年　丁未　1847 年

道光二十八年　戊申　1848 年

道光二十九年　己酉　1849 年

道光三十年　庚戌　1850 年

附录

一、谱余

　第一类　林则徐的逸文

　第二类　林则徐的逸事

　第三类　为林则徐所写的诗文

　第四类　对林则徐的评论

　第五类　鸦片战争有关文献

　第六类　林则徐手札史料摘要

二、林则徐出生时有关人物简况

三、大事索引年表

四、征引参考书目

五、初版前言、增订本后记

《林则徐年谱新编》后记

《林则徐年谱新编》序言

半个世纪以前，我还在读中学的时候，每逢"六三"禁烟纪念日，总会谈到这样一位重要历史人物，他就是以清除鸦片毒害而震惊世界的林则徐。他的伟大业绩不能不引起我想更多地了解他。这一愿望直到四十年代读大学时才得到实现。那时，我读到一本由魏应麒氏编写的《林文忠公年谱》，可惜这本书内容不够充实，让人感到如此重要人物，却只有这么薄薄一本谱传，似难相称。

五十年代之初，我从事中国近代史的教学与研究工作，重检魏编，益感有拾遗补缺及订讹纠谬的必要，遂采取书页签条办法，读书偶有所遇，就在魏著有关书页上标注粘列，积之日久，一书已满，无从着笔，乃另求一本，如法炮制，一书又满，遂决心重编林谱。适当其时，中华书局将《林则徐集》清样送我审读，其内容繁富，可供采择者俯拾皆是。此不啻助我信风，于是《林则徐年谱》的编纂乃得扬帆启碇。

六十年代，我被投闲置散，终日皇皇，忧思愁虑，束书不读，沉湎烟酒，行之经年，意兴萧索。自忖若就这样混过余生，实有未甘，审视案头林谱残稿，亦难以割弃。一日，忽仰屋而思，林公伟业被冤，万里赴戍，犹遍历荒漠，为民造福，寄情诗文，怡然自得，我何得自废如此？于是涣汗精神，重理旧业，蛰居斗室，伏首书案，历时年余，终成《林则徐年谱》初稿三十余万字，复检校群籍，细加订正，清为二稿。当时因难付枣梨，只得贮之敝箧，不意在"文革"之初，清稿竟遭丙丁之厄。不久，我被遣放津郊学农，家具衣物多以低价处理，而残篇断章皆捆载偕行。《林则徐年谱》幸存草稿，虽纸断笺裂，点划斑驳，字句犹能辨识，于是在耕余灯下再加清正，遂成三稿。居乡弹指四年，蒙恩召还故园，身处逍遥，《林则徐年谱》又得参校订正，是为第四稿。计检校图籍凡一百六十八种，成文三十四万余言。时事纷扰，何敢言出版，唯效犟史公，作名山之藏而已！

八十年代，百废俱兴，《林则徐年谱》终于在上海问世，新知旧雨，频加音问，慰我辛劳。我也如释重负，似乎觉得已无愧于先贤的伟绩，也无负于当年的私愿。尤感忻喜者，厦门大学杨国桢先生所撰《林则徐传》也同时在首都出版。我居北而谱印于南，杨居南而传梓于北，一时有“南传北谱”之说；又有以出版者地属南北而有“南谱北传”之说。说法虽异，而一谱一传，将使林公之行事益彰。

拙编虽自以为广加采录，而陆续出现新资料仍时有闻见，除随时自加采登订正外，友朋补缺正误之件复纷至沓来，如谱载林妻郑氏卒年据魏编订为道光二十八年十月十九日，山东图书馆骆伟先生将馆藏海源阁藏札中林则徐致杨以增函一件见告，其中明确记载郑氏卒于道光二十七年十月十五日，订正了传统臆说。又如林则徐谢世月日，史传均作十一月，拙编据悼恤谕、遗折等定为十月十九日。后据林氏后裔福州林纪焘教授函告：林则徐文藻山旧家木主牌内载林公生卒年为“生于乾隆乙巳年七月二十六日子时，卒于道光庚戌年十月十九日辰时”，所说乃得确证。故宫藏有林公手札七十余件，幸得刘北汜、刘九庵诸专家多方关说，俾我通读。后复俯采愚见，将全部手札影印成册，倩我弁言，使林公手迹流传海内。陕西蒲城中学刘仲兴老师素昧生平，远道抄寄王鼎墓志石刻原文，藉以订正王鼎卒年。林公后裔子东女士及福州市文管会杨秉纶先生均告以世传《文忠公年谱草稿》疑非真品。华东师范大学吴格、蒋世第二先生，兰州师范大学朱太岩先生及福州文管会官桂铨先生等均见赠书札、诗文钞件及拓片等；域外友人日本爱知大学图书馆馆长石井吉也惠寄林公手书楹联复制件。其他或商榷是非，或提供线索，或假以图籍，或出示家藏，诸友盛情，实难尽述。于是增订意趣，油然而兴。遂屏绝俗务，一意增订，众擎易举，时仅经年而全书告竣，计参阅书刊达二百二十九种，较原编增益六十种；成文四十五万字，较原编增近十万字。书成之日，反复摩挲，情难自已，遂快饮佳醪一盅。迨头脑清醒，细读全书，犹有未尽如人意者多处，是学之无止境而我心则尚存更新之远图也。

十年一瞬，有关资料频有闻见，方家研究成果亦复迭出。我则壮心未已，每有所见，辄采登于册，不意竟有数万字之积累，私心窃喜，遂有新编《林则徐年谱》之动念。去秋应邀参加福州召开之林公诞辰二百一十年纪念会，以文会友，颇多收益，新编之念，粗具轮廓，而林公贤裔凌青先生与子东女士，更频加关注，林则徐基金会复慨赠出版资助，于是新编之志益坚。北归之后，不间朝夕，广事搜求，博采众言，精雕细刻，约以期年，六十万余言之《林则徐年谱新编》当可告成于1997年香港回归祖国之日。林公鸦战遗恨，从此湔雪；我则摩挲《新编》以祭林公。林公有知，歆其来格！

来新夏　一九九六年三月写于南开大学

《林则徐年谱新编》后记

《林则徐年谱新编》经过半年多的修订，终于完成了。这次修订工作固然缘起于为庆祝1997年香港回归祖国这一具有重大历史意义的历史转折而作;但从增订本出版以来的十多年里,新史料的发掘和对事件人物需要再认识的要求,也督促我尽快尽完善地投入修订工作。在整个修订过程中,我竭尽所能地使资料更丰富些,认识更清楚些,错谬更减少些。我主观上希望,至少在一二十年内,《林则徐年谱新编》能保持为研究这一领域的学者们提供主要参考书的领先地位。

年谱无疑是一种以丰富准确资料为基础,以供人参考与使用为职能的著述体裁,因此务求其详备与可靠。增订本虽然曾得到过资料丰富的奖饰;但这十几年里,有关谱主的奏牍、日记、信札、诗文、题字仍不时有所发现。其他诗文集、笔记、方志及民间收藏的有关资料也时有所见,尤其是有些学者还对这些史料做了认真的研究,提出了个人的解释与见解,可备使用资料的参考。有些熟悉的学者还见告所见所闻,使我在史料补正上有明显的增益。如林则徐晚年手书《观操守》一文,是“田家英收藏展”的展品之一,它是林则徐晚年经过一番人生阅历后所制定的座右铭,也可视作林则徐的佚文。一些新发现的奏牍可以补充若干史事,订正某些错误,日记、笔记则丰富谱主的日常生活动态。但是年谱又并非只是史料的缀辑,而是在丰厚的基础上,有所取舍按断,以见青史是非的一种著述。因此这次修订对若干史事及人物评说又有“出新”的企求,特别是对谱主的言行更有再认识的必要。近年以来,对林则徐的历史功过虽颇有异说,但我仍初衷未变,坚持原说,论定“他是封建社会的一名有作为的官员,也是中国近代史上具有远见卓识的爱国者”。对具体史事则有所订正,如他在云南迫迁回民于官乃山一事,过去只看到为加强对回民控制、防守和监管作用的一面,似失于偏颇;实则在当时历史条件下,这是为避免汉回之间寻仇不已,使已失家园的回民得到居所，并允许自由选择的一种权宜之计。又如过去对林则徐的禁烟功绩论述较多，而对其劝民戒烟的功德未施重墨。近年目击当今毒品泛滥，难以根绝之危害，益感禁戒并重之必要：禁在杜绝，戒在挽救。至于林则徐之死，一直谜团难释。我前此蔽于崇敬之情，深信内外敌人暗害之说。后来有多篇论文详加论说，多持不同意暗害之说，而我亦尚难提出被暗害之铁证，遂广列众说而存疑，以免有鲁莽失实之虞。

这次修订工作得到许多同道友好的关心与帮助。他们是凌青、林子东、林桢墉、陈胜粦、刘炳元、费黑、周轩和张一鸣等氏以及一些收藏单位，特别是年逾古稀的子东女士仍然一如既往，不辞辛劳，给予我更多的关注。她不仅提供文字和图片资料，还不时以函电相互商榷讨论，更协助奔走争取出版资助。这些友好的情谊督促着我尽力做好修订工作，至于实际效果如何，尚待广大读者的评定。

我的老师启功教授是我五十年前的业师。半个多世纪的岁月推移，日益增厚着师生间的情谊。在我坎坷困顿的时候，他虽然遭受过不公正的待遇，但仍然了无顾忌地安慰我，给我讲否极泰来的道理；当我落实政策后，他第一位写信来，并以其一贯的幽默，调侃我十八年寒窑盼来了薛平贵。以后我有很多部著作都是请元白老师题写书名的。他有求必应，往往横的竖的写好多个，并表示不满意可以再写，真令人感动不已。《新编》修订工作开始不久，我决定仍要惊动年过米寿的元白老师，不意那时老师因病住院。六月间，我应邀访日，为便于乘坐早班飞机，特地先期住到北京师大新松公寓，晚间便专诚去看望老师。真幸运！元白老师中午刚从医院回家。他说看到我的信，因病耽搁，并说在我访日回来前，一定完成。我感谢这种盛情。等我很快访日归来时，不意在我书桌上赫然陈放着一件特快专递，原来是元白老师为《林则徐年谱新编》所写的横竖标签数则。元白老师以高龄病躯为我题写书名，对老学生用情之深，于此可见。我怀着崇敬之心，表示真诚的感谢。

著名书法家王梦赓先生应请为我书写林则徐登程示家人诗之一首，作为封皮题词，以提示林则徐“苟利国家生死以，岂因祸福避趋之”的主导思想。梦赓先生惜墨如金，但为让我有选择余地，特为书写两份，名家墨宝，实属难得，其情尤足铭感。工艺美术家陈侃先生为《新编》设计封面，反复多次，不厌其烦。我借此对他们表示深切的谢意。

林则徐基金会热情关注《新编》出版，给以资助，为本书能如期交付出版，尽了最大的努力。我深知此举之艰难，于此重申对林则徐基金会及其秘书长王浩先生的感谢。

《新编》的修订由于时间匆促，内容繁多，所以初稿未能达到应有的要求，给责任编辑焦静宜副编审增加了前此未曾有过的麻烦。我赶在访日前夕，把稿子送给她。她为了能及时发稿，不误明年的需要，立即夜以继日、不避溽暑地投入工作，从内容、出处以及标点、版式都细心地加以审定，致成目疾，使我深感愧疚。我对她所付出的心血表示衷心的感谢！

我真诚地奉告读者：这本书只能说尽了我应尽的努力，而未达到尽美尽善的境界：只能说对纪念一代伟人林则徐和庆祝香港回归祖国尽一份中国人的心意而已。如果这本书能使人们了解一百五十多年前香港被强占的史事和对研究这一领域的学者有参考价值的话，那将对我是一种最高的奖赏。如果这本书能得到读者和同道的匡正纠缪，那我会发自内心地感谢这种爱护的。

来新夏　一九九六年八月写于南开大学邃谷

路与书

（1997）

“老人河丛书”之一。来新夏著。16万字。中国青年出版社1997年7月第1版，第1次印刷，印行5000册。定价：10.10元。

ISBN 7－5006－2447－6

中国版本图书馆CIP数据核字（96）第25383号

（京）新登字083号

本书51篇随笔分作四卷，系自来先生20世纪80年代初至90年代所写随笔作品中所撷选，既有读书所得、历史掌故，也有世态评议、旅踪记痕，正如其序所言：“我读的书除了用文字写成的书外，还读了大千世界芸芸众生的无字书；我走的路不仅指地理概念的路，也包含拖着沉重脚步，跌跌撞撞走过的人生道路。”

《路与书》序，收载于《邃谷文录》之“杂著卷”。

《路与书》目录

序

卷一

津门断想

吸收·融合

校园文化

寻根追脉

魔影憧憧

非婚生子的喜悦

人生幸福何为先

杂谈商业文化

状元府的饮食单

天津科学技术馆落成碑记

元旦书红

谈史说戏(七则)

卷二

把书读“薄”

为有源头活水来

手写纸书

版本琐谈

《四库全书》与儒藏

入境问俗

新方志

磨刀不费砍柴工

传统幼学教育读物

且说《容斋随笔》

流人

古今兴废看洛阳
坐收利便于几席
聚英撷粹
清学者对小说的异见
《两般秋雨庵随笔》正续
话说笔记
历史与演义

卷三

给曹操洗脸
弘晓是谁之子？
博学多通 洞识人生
林则徐的书札
精益求精费摩挲
自制望远镜的郑复光
力破陈说抒胸臆
天一明珠话沧桑
扫叶山房谈往录

卷四

追踪山水
西行小记(五则)
澳门远眺
黔行纪游
塔尔寺朝圣
初访华西
七朝古都——开封

岩画·摩崖造像

台北故宫博物院巡礼

太鲁阁留踪

美国风情(五则)

扶桑手记(八则)

《路与书》序

《路与书》原是我一本流产随笔集的书名。

我学写随笔开始于八十年代之初。到了八十年代之末,也已积有成数,主要是自己读书、行路的记录。我读的书除了用文字写成的书外,还读了大千世界芸芸众生的无字书;我走的路不仅指地理概念的路,也包含拖着沉重脚步,跌跌撞撞走过的人生道路。

八十年代是我的第二个青春期,我刚刚走过了整整一个花甲的人生之路,按世俗的看法,似乎已是垂暮之年,应该退归林下,颐养天年了。但是,自我感觉文思并没有衰颓枯涩,反而不时还有提笔作文的冲动。于是我在撰写学术论著的同时,也想向师友们呈现另一种文字风貌,随手写点遣兴抒情之作,摆出点轻松洒脱的姿态。但是积习难除,这些我自以为像随笔的东西仍有不少学究气。不过,无愧我心的是有实事求是之意,无媚世悦人之容。这些小文包括序跋、书评、游记和杂感等等。虽卑之无甚高论,但一则自己已年逾下寿,犹望能以新貌见知于师友;二则也奢求师友们当行经荒漠感到干渴时能从这头瘦骆驼的水囊中姑且喝上一口。

八十年代末,我已把这些文字编成我的第一本随笔小集,由钟叔和兄权充红娘,把它推荐给朱正先生,即蒙编入他主编的《骆驼丛书》中，年轻的责编周楠本先生很迅速地完成了编辑工作，不意在将要交付排印之际，遭遇到众所周知的变故，于是出版社整顿，《骆驼丛书》中止，我的这本题名为《路与书》的小集也就相应地流产了。但是，值得安慰的是周楠本先生理解作者的艰辛，很妥帖地寄回原稿，篇篇都保留着他标号画版、改正标点错字的红色笔痕。另外还寄来300元道歉费。小集的流产，彼此都意在不言，心领神会。但这笔道歉费，却是我一生中最珍贵的稿费，一直储存而未加动用，因为它不仅仅只是几百元钱的价值，而是渗透着一种真挚的友情。

这本退回来的小集中的篇什，大部分早已移做别用，留下来的只有《路与书》这个书名和几篇小文章。我把残留的几篇与近几年所写的较多篇什合在一起，分别编成两本随笔集：一本题名《冷眼热心》，交由上海出版；另一本为了纪念《路与书》的波折和有关人士的友情，仍旧题名为《路与书》。当小集待字闺中时，中国青年出版社的张国风先生正策划开凿一条“老人河”，盛情地把《路与书》这涓涓细流也引入他的“老人河”中。人生难得老更忙，我默默地祷念，在未来的岁月里能挤出更多的水滴，渐渐地积成细流，继续不断地流向“老人河”。

我真诚地爱着那些爱护和理解我的真正的朋友们！

中国的年谱与家谱

（1997）

来新夏、徐建华著。“中国文化史知识丛书”（任继愈主编）之一。8.3万字。商务印书馆1997年12月第1版，北京第1次印刷，印行3000册；2006年12月北京第4次印刷；2007年7月北京第5次印刷。四印本、五印本均未标注印数。定价：10.50元。

ISBN 7—100—02426—9

“中国文化史知识丛书”的前身有110个专题，涉及历史文化的各个方面，由商务印书馆、中共中央党校出版社、天津教育出版社、山东教育出版社联合出版。现由编委会对类目重新加以调整，确定了考古、史地、思想、文化、教育、科技、军事、经济、文艺、体育十个门类，共100个专题，由商务印书馆独家出版。每个专题也由原先的五万多字扩大为八万字左右，内容更为丰富，叙述较前详备。徐建华与导师合作的《中国的年谱与家谱》，承担家谱部分的撰写。

本室藏《中国的年谱与家谱》三册，为一印、四印、五印本各一册;五印本有著者签名"来新夏　徐建华"。

需要说明的是,2006 年 12 月北京第 4 次印刷本《中国的年谱与家谱》,列入文化部、财政部 2006 年度送书下乡工程。

《中国的年谱与家谱》目录

8. 记录与整理

9. 纂修

10. 特殊家谱——玉牒

11. 少数民族家谱

依然集

（1998）

“当代学者文史丛谈”之一。来新夏著。21万字。山西古籍出版社与山西教育出版社联名出版，1998年2月第1版，太原第1次印刷，印行5000册。定价：12.50元。

ISBN 7—80598—0217—1

“当代学者文史丛谈”之他书为：金性尧《一盏录》、邓云乡《皇城根寻梦》、周劭《一管集》、陈诏《文史拾穗》、涂宗涛《苹楼夕照集》、宁宗一《走进困惑》、王春瑜《老牛堂三记》、黄裳《书林一枝》、林鹏《蒙斋读书记》和谢兴尧《堪隐斋杂著》。

来先生以“江山依然风月，人生依然故我”为题的《依然集》，分为四卷，卷一“蜗居寻墨”，为治学宏观之见；卷二“寒斋积土”，专论笔记与志书；卷三“流风余韵”，致力品评历史人物，怀念先贤；卷四“随看云起”，为随意所作，心得之言。《依然集》中《“著论肯为百世师”——读梁启超〈中国历史研究法〉及其〈补编〉》，曾以副标题为正题，发表于《书林》1983年第6期“中国现代社会科学名著评介”

栏目;《清人笔记随录》所录 11 则,曾选录三则刊登于《文献》1995 年第 3 期;《三国戏史证》一文,被王子今先生编入云南人民出版社 2003 年 10 月第 1 版《趣味考据》。

《依然集》目录

我的两本随笔集

寓教于乐

卷二　寒斋积土

清人笔记随录

结网小录

清人北京风土笔记随录

新志评说

三国戏史证

卷三　流风馀韵

司马迁尊孔

给曹操洗脸

李清照写《金石录后序》

屈大均与《广东新语》

烧车御史谢振定

林则徐死因之谜

能受天磨真英雄——记近代实业家张謇

“著论肯为百世师”——读梁启超《中国历史研究法》及其《补编》

我的祖父

陈垣老师与历史文献学——纪念陈垣老师110周年诞辰

端木老的知己

悼念曹禺

美籍天津学者

卷四　随看云起

统一与割据

清代书吏政治

也无风雨也无晴

——《依然集》代序

大约在十四五岁的时候，远在故乡的祖父屡次来信要我读点宋人的词。不久，还寄来几十首他亲自选集的宋词，婉约与豪放的都有。我却比较喜欢读苏、辛的豪放派词，特别是苏东坡的词。虽然他的“大江东去”已是脍炙人口的名作，我也能流畅地背诵，但我更喜欢他的〔定风波〕。随着岁月的推移，经历了重重风波，我也越来越喜欢这首词。它似乎伴随我走过漫长而艰难的人生道路，也扶持我度过也有风雨也有晴的若干时日。几十年匆匆地过去了。在没有纷扰和半夜静思的时候，我也还不时地重温少年时曾经读过而至今犹在记忆的〔定风波〕：

莫听穿林打叶声，何妨吟啸且徐行。竹杖芒鞋轻胜马，谁怕？一蓑烟雨任平生。料峭春风吹酒醒,微冷,山头斜照却相迎。回首向来萧瑟处,归去,也无风雨也无晴。

诗词往往可以联想多义,也无妨以意逆志。这首苏词给人一种恬澹无争,怡然自得的慰藉。人生终有过风风雨雨,如晦如磐的日子,也有过晴空万里,踌躇满志的时刻,不论怎样,一旦料峭春风吹酒醒,往往会有些微微的冷意,或许打一寒噤。那时,既厌烦去听嚣杂的打叶声,也已视肥马若敝屣。真想不如去过"一蓑烟雨任平生"那样的潇洒生活,以求回归自我。什么风雨,什么晴空,似乎都已虚无缥缈,只剩下迎面的夕阳斜照,辉映着一位蓑翁竹杖芒鞋,吟啸闲行。人生果能如此,夫复何求!

不管我对坡公的本意是否理解得对,但是,这首词确曾给我一种解脱,无论在明枪暗箭、辱骂诬蔑的风雨中,遭受天磨和人忌;还是在几度闪光的晴朗时,傲啸顾盼,我总在用这首词的内涵使我遇变不惊,泰然自处。也许人间还有不少坡公的知音正用这首词在对待人生荣辱与无聊闲言。因为这种境界多么令人心醉!

"也无风雨也无晴"确能给人一种澹泊宁静的情趣而回归到依然故我的纯真境界,更使我想到宋代另一位词人周密〔酹江月〕中的"如此江山,依然风月"的恬静。纵然世态冷暖炎凉,可那只不过是一时的风雨与晴空;归根结底,还要回复到依然风月的本真去。误堕尘寰的我终于摆脱掉风雨的纷扰和晴空的照耀,蜷缩进瓢庐蜗居去寻行数墨,过着"也无风雨也无晴"的日子,平平淡淡,依然故我地笑对人生。

江山依然风月,人生依然故我。积尘扫土,遂成一集,无以名之,乃题曰《依然集》。

一九九七年春节写于邃谷

枫林唱晚

（1998）

“学识走笔·大学生文库”之一。来新夏著。17.2 万字。南开大学出版社 1998 年 10 月第 1 版，第 1 次印刷，印行 2000 册。定价：11.00 元。

ISBN 7—310—01120—1

“学识走笔·大学生文库”的他书是程路《光海弄波》、胡久稔《数林掠影》、赵万里《特殊群体》及王振东、武久可合著的《力学诗趣》。

《枫林唱晚》全书分五卷，计 50 余篇，是一部感怀人生、忧思环境、讲述治学之道的哲理性文集。其《良师·勤奋·坚韧》一文，为《书林》杂志编辑部编入《治学集》（上海人民出版社 1983 年）。在《枫林唱晚》序中，来先生热情洋溢地写道：“我热爱生活，也留恋人生，我要像枫树那样，总能浸润在火红火红的生活中。”并以此激励跨世纪的莘莘学子，将热爱祖国山河文化、关心祖国前途命运并为之奋斗作为人生的最大乐趣，反映了作为教育家来新夏先生的高尚情怀。

《枫林唱晚》序，收载于《邃谷文录》之“杂著卷”。

本室藏本的扉页来先生题“伟良网购藏书　来新夏　二〇〇七年十月”。

《枫林唱晚》目录

良师·勤奋·坚韧
师恩难忘
三点一线
校园文化
玩电脑
寄语高学位学侣
杂糅与杂处
提高素质是根本
杂书不可不读
不要再“炒”文化了
小河的呻吟
谨防克隆文学
天津科学技术馆落成碑记

卷三

闲话“名人”
漫说“势利眼”
官称的缩略
中毒记
可怜的亲情
寸草心
情与法
无怨无悔说
也无风雨也无晴
摘掉“迂”的帽子
称谓催人老

枫林唱晚(代序)

我喜欢枫树,我更喜欢枫林,因为只有它才能在肃杀凋谢的秋天独占颜色，给人们成片的耀眼火红和一种热辣辣的舒适。秋天是一年中的四分之三，如果人能活到百岁，那么已过古稀之年的我，也算进入了人生的秋天。我热爱生活，也留恋人生，我要像枫树那样，总能浸润在火红火红的生活中。

我最早知道枫树是读唐朝诗人张继的《枫桥夜泊》，虽然它给我一种神情凝重、色彩清新的感觉，但总嫌“江枫渔火对愁眠”的消沉和郁闷。也许江边的枫树不免稀疏而点点渔家灯火又那么闪烁摇动，如果所见是成林的枫树，也许就会是另一种情思。后来从读外国史地书中知道枫叶一直随着加拿大的国旗飘扬，成为加拿大的国家象征。我向往着能亲眼看看这个枫树之国，终于在半个世纪以后，我亲履了这片土地，并亲尝了枫糖那不含糖的甜蜜。可惜滞留在那里的时候是春天，未能看到红透了的枫叶。

我最早欣赏到枫叶的美和枫林的魅力是在半个世纪以前。那时，我还是北京的一个大学生，秋季入学后不久，就听到同学们经常谈论着西山红叶的美丽，也有些同学在周末成群结伙地骑着自行车去西山看红叶，薄暮归来，还滔滔不绝地回味那成片枫林的耀眼。我被这种诱惑力牵萦着，一直想亲眼看看枫树叶子究竟红成什么样子，成片的枫林又是怎样的动人情景；但是，由于家境不太富裕，我连一辆二手货的自行车都置办不起，只能遥望西山，发挥自己对枫林红叶的想象。第二年的秋天，一位家境富足的要好同学，买了一辆新车而把替换下来的旧车送给我骑，这是我一生中的第一辆自行车，兴奋异常，头一件要办的大事就是骑上车到西山看向往已久的枫林。我尽力快速地蹬车，虽然是一段很长的路程，却好像很快就看到远处西山红叶正等待我这位倾心的朋友。待到临近的时候，只见一丛丛枫树若断若续地连成一片的枫林，真能荡涤净胸中的秽气，看看其他树木已在逐渐凋零，脚下已是步步可以踩着黄叶，红黄二色的对照，不禁油然而生万物兴衰之感。草木逐渐枯萎，独枫叶以朱颜尚浓的风情傲视群山，与霜菊并成秋日双杰，点缀喧嚣的尘寰。从西山返校，我的视线所及，依然是成片枫林的耀眼，情难自禁地不断掀动思绪。以后，虽然曾去过几次，终不如第一次印象那么深刻。

三十年后，我闯过了扰扰人生，一切归于恬静。在一个天朗气清的秋日，我借着去西山凭吊有位红学家认定的曹雪芹故居的机会，再一次去探寻枫林，也许是季节的错落，枫林好像稀疏散落得难以唤醒我的最初梦境。我耽心会失去第一次对枫林美好的恋情，从此不再去探寻，以期永远留住美好的忆念。我似乎时时漫步在火红的枫林中，若梦若幻，浅吟低唱：抒发着读书的一得，咏叹着世情的冷暖，感悟着人生的底奥，数说着人物的遗闻，追忆着山水的游踪。逸兴遄飞，每以秃笔残墨率尔成文，敝帚自珍，贮之筐箧，积久成册，念其多成于枫林云雾之间，乃题曰《枫林唱晚》，或可供知我者共享此晚晴云尔！

来新夏

一九九八年于邃谷

《枫林唱晚》后记

我从八十年代初学写随笔，到九十年代中，已写有随笔近五百篇。近年屡经有关出版社邀约，已先后编成《冷眼热心》《路与书》《依然集》和《邃谷谈往》等四种。历时殆十余年，极宜认真反思，纠谬误于既往，补不足于未来。至若孰佳孰劣，尤应有所认识。近年时感腹笥日空，若不重蹈书海，势将难以为继，若不及时“恶补”，则又何能再战，遂决意暂时“挂笔”。即或偶而动笔，也只为不废磨砺文字之功，而为未来稍尽积累之劳而已。适当其时，南开大学出版社李正明副教授来舍访谈，希望我能支持和参与其组稿计划，并承担其《学识走笔·大学生文库》之写作任务。

李正明副教授虽为理科出身，但一直主张文理交融，以求相辅相成。且未流于坐而论道，而能起而济世。近者，不顾俗见，毅然邀约文理各方学者分别撰写文理知识读物，以为当代大学生增新补缺，此固无异为跨世纪之莘莘学子培植根基，用意至善，用心良苦。是身负教育之责者又何得袖手而漠然哉！是以应邀学者均能踊跃从事，共成盛举。我则仅存余篇，难以成册，婉辞不获，乃请迟以时日，当奋力以赴。正明先生再次敦促，且告之曰：凡前此已入集者，设为有助于文理互补，作育人材，推动校园文化发展之篇，也可再次入选，集于一编，岂非更有便于大学诸生之阅览，旨哉斯言！乃不揣固陋，出箧中余篇，选各集中数篇，复以所见所闻，补敝起废，新撰多文，合成一集，共五十余篇，遂以读书偶得、黉门管窥、论说世态人生、月旦人物、萍踪屐痕类分，稍加编次。此固不敢云作，但求为诸生一拓视野，庶无负于正明先生之苦心孤诣。至拙作之良窳，当待读者之是正！

一九九八年清明写于南开大学邃谷

邃谷谈往

（1999）

“说文谈史丛书”之一。来新夏著。17.5 万字。百花文艺出版社 1999 年 3 月第 1 版，第 1 次印刷，印行 4000 册。定价：14.50 元。

ISBN 7—5306—2759—7

《邃谷谈往》为“说文谈史丛书”第二辑之一种。“说文谈史丛书”共出两辑，第一辑 5 种，第二辑 7 种。列入第二辑其他的书是舒諲《孤月此心明》、陈漱渝《甘瓜苦蒂集》、雷颐《经典与人文》、伍立杨《梦中说梦录》、王染野《响竹斋散墨》、费在山《笔缘墨趣》。《邃谷谈往》收来先生的随笔 75 篇，厘定为六卷。其内《文化与文明》一文，入编文汇报社编辑施宣圆主编的《中华学林名家文萃》（文汇出版社 2003 年）。

《邃谷谈往》目录

卷一

舍利取义的伯夷、叔齐

吴隐之饮“贪泉”而不贪

行己有耻顾炎武

清宫廷学者高士奇

诡诈作伪的是镜

王鸣盛不穷

林则徐的禁毒思想

王先谦功过

盛宣怀评说

唐绍仪之死

袁寒云与宋版书

一代译才朱生豪

为“智者不为”的智者——记陈垣师

元白先生的豁达

林氏姐弟

卷二

生平二怕

文化与文明

不要再“炒”文化了！

何必如此拥挤

杂书不可不读

莫吝“金针”度与人

和中学生谈读书

“三甲”与“三鼎甲”

《邃谷谈往》自序

邃谷是我沿用了半个多世纪的书斋名，但并不是我最初的书斋名。

我从十六七岁开始认真读书以后，总想有间自己专有的书房；但是由于家境不甚富裕，我便和祖母同住在一间卧房内。祖母很疼爱我，理解我，知道我想要个书房，所以尽量缩小自己的地盘，让我能在栖息之室中划出一个角落。这个方不逾丈的角落里，除一张小床外，只能安放一张二屉桌和一个仅仅只有四层的小书架，这就是我的书房的胚胎。既是书房，不可以无名，便用一条小宣纸，亲笔写了“蜗居”二字，作为我的第一个书斋名贴在床头上，并且自我解嘲地以为我这个读书人已经有了自己专用的书房了。

十八岁那年，家境稍好，我家搬到一座楼房的一楼住，依然不太宽敞；但是，我发现楼层间的楼梯较宽较高，形成了楼梯底下一间约有八平方米的梯形小黑屋。我忽发奇想，便向父母申请这间小黑屋，得到入住的批准，于是我离开一直宠爱我的祖母而搬入“新居”。一张木板单人床塞进楼梯的底层，进出需要爬进爬出。这养成我后来不爱随时往床上躺的习惯。在楼梯高层部分，不仅可以直立伸腰，还能从上到下挂一幅书画，小黑屋书房这头有高度的地方，可以一横一竖地置一桌一架，床板的外端便是座位。我非常知足，因为我已从“蜗居”爬出来，虽然“新居”终日点灯还像深谷那样昏沉；但是，我终究能在自成一统的天下里，颠倒昼夜，随心所欲地运作，成为读书生涯中的一大乐趣。有了独有的书房，自然应该有个能登大雅的斋名。我从昏沉的楼梯底下苦思冥想到幽暗的深谷，又把平淡的深字换成比较深奥的邃字，而且这间黑屋是占有从楼下到楼上的空间，至少有点楼味，于是便果断地定名为“邃谷楼”。一年以后，我感到书斋更不可以无记，遂操笔撰成《邃谷楼记》一篇，记斋名寓意之所在，日后虽在文字上略有更易，但主旨不变。我非常珍惜我读了几年古文后用古文写就的这篇处女作，所以要把它存档于此。其文曰：

非谷而曰谷，何也？惟其深也。无楼而曰楼，何也？惟其高也。惟高与深，斯学者所止焉尔。邃谷楼者，余读书所也。沉酣潜研，钻坚仰高，得乎书而体乎道，邃然而自适焉。晦翁朱氏诗曰：“旧学商量加邃密”，朱氏之为是诗也，时方与象山辩致知格物之同异，称商量且以邃密为言，喻其深也。今余以邃名谷，又以邃谷名楼，盖亦示志学端倪而专攻史学之志略尔！古有愚公谷，以人名谷者也，人而以愚名，又以愚公名其谷，是以返朴之意为寄耳！战国有王诩者，居鬼谷，因号鬼谷子，终其身传九流之学，当时人丐其余润，即以其术鸣于世，后之人奉为大匠焉。隋季之王通，论道河汾，遂铸十八学士，厥功益宏矣。唐有李愿者，隐盘谷，其后复有司空图者，居王官谷，皆负高世之志者。宋诗人黄庭坚号山谷，亦以谷自况其胸襟者，皆以虚谷之怀蕲乎深造考耳！余既以读史为治学入德之门，无中外古今，演绎也，抽象也，悉不得离乎邃密之意而又自勖以虚谷之怀，由是而得窥班马刘章之毫末则幸矣！余居北既久，颇缔交燕赵之士，得有同道数人，共聚于邃谷楼，或抵掌高论，相与驰骋于典籍，辨析其异同；或促膝谈往，旧事复资于谈柄，斯余所以踌躇而满志也。章氏实斋尝称史所贵者义也，而所具者事也，所凭者文也，固已为治学者立大纲矣。余性不敏，而学谫陋。其事粗知，其文则未，其义则愈益远矣！今而后深自勖于事以期其贯通，于文则务其朴质，于义则宗之于求真求实。若是，于学方庸或可得，而邃谷之称亦庶几无负，余又焉得不勉乎哉！

这虽是我的一篇“未冠”之作，但一生以它为座右，而至今犹自视为可共一生的佳什。尽管我的书房随着岁月的推移，有所改善，至今已颇具规摸；但是，我一直怀恋着那间三角形的黑屋子，因为我的第一篇学术随笔《佛教对白话文的影响》(原文已佚，仅记题目)和日后作为我大学毕业论文的《汉唐改元释例》初稿都产生在这里。这间黑屋子也是我走上漫长的学术人生的第一间书房，所以我常常向一些熟悉的朋友戏称这是我的“龙兴”之地。

我的书房里，不管在哪个时代、改善到哪种层次，总有一些少年伙伴、中年朋友和老年至交不时相聚，或校正文字，渐成专著；或谈往忆旧，随登笺簿。后来专著大多成稿，并相继问世，唯随札一直散乱无绪。“文革”时期，随札也未能逃脱厄运。迨勇士凯撤，我慌乱收拾烬余，幸存什五，乃贮之敝箧而无暇顾及。八十年代以来，公余之暇，整理寸简片纸，重读随札，回首旧尘，平生知己半为鬼，而生者也垂垂老矣。黯然神伤，遂假余年，退居邃谷，逐篇诠释编次。近年又就读书一得，怀旧念故，阅历世态，感悟人生诸方面，时有随录，共得随笔数百则，始则择刊报端，继而编次成书，幸得社会接纳，先后问世者有《冷眼热心》《路与书》及《依然集》三种，然犹有余篇，于是复编一集。事虽既往，而邃谷抵掌促膝之情景，历历难忘，往事如新，遂以《邃谷谈往》为书名。兴念及此，何可忘三角形黑屋书斋为我一生致学肇端之功，特成一序以见人间沧桑！

一九九八年三月写于南开大学邃谷

来——南迁萧山的来姓

（1999）

“百家姓书系”之一。来新夏、来丽英著。3.5 万字。新蕾出版社 1999 年 4 月第 1 版，第 1 次印刷，印行 3000 册。定价：4.50 元。

ISBN 7－5307－2105－4

1998 年春，天津新蕾出版社策划出版百家姓书系，特邀来先生撰《来》姓一书，先生欣然承诺，即与族人来丽英共襄其事。是为本书之缘起。

浙江人民出版社 1987 年版《萧山县志》载，“全县有来姓 16000 余人，长河一地即达 5000 余人”。始迁祖来廷绍（1150—1203），河南开封府鄢陵人，宋绍熙四年（1193）陈亮榜进士，历任朝散郎直龙图阁学士。嘉泰二年（1202）以宣奉大夫出知绍兴府，未到府治而卒于萧山祇园寺僧舍，其子遂居萧山长河，繁衍生息，汇为长河大姓。来氏家族世代耕读，甲第繁盛。据现藏杭州市萧山区档案馆的《萧山来氏家谱》载，明清两朝出过进士 21 人，武进士 3 人，举人 39 人，武举人 18 人，庠生 97 人，故有“无来不发榜”之谚。明、清及民国初期，来氏一族前后出仕 387 人，在 22 个省任职，长河“三斗六升芝麻官”之说即源于此。

本室藏《来》姓一书之扉页有先生签名“来新夏　二〇一〇年五月”。

《来——南迁萧山的来姓》目录

反抗侵略,为民族解放而斗争

来端蒙率众抗倭

来薪传资助太平军

辛亥名将来伟良

农民革命领袖来耀先

辛勤办学

来氏人文荟萃

神童来菲泉,文章看一遍

徐文长上联发难,来集之下联解围

乡会金魁

孝子来五魁

清官来裕恂

著名人物简介

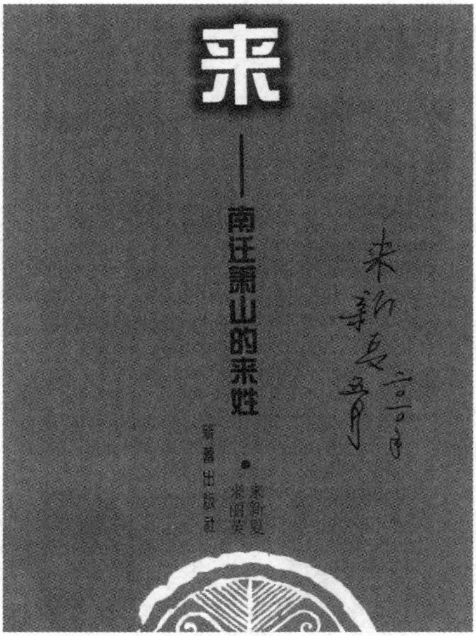

一苇争流

（1999）

“历史学家随笔丛书”之一。来新夏著。20 万字。广西人民出版社 1999 年 5 月第 1 版，第 1 次印刷，印行 5000 册。定价：15.00 元。

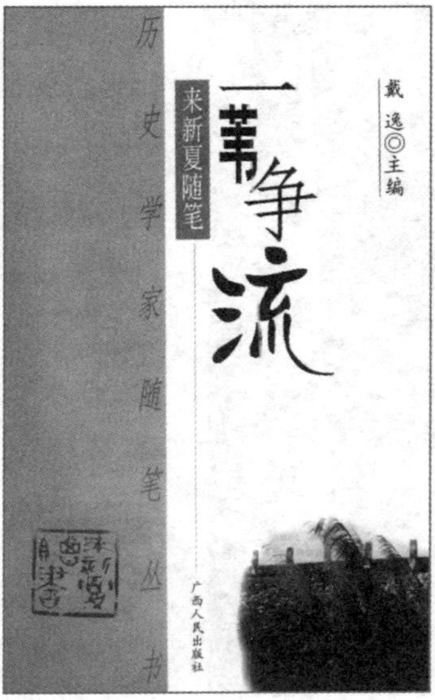

ISBN 7－219－03965－4

（桂）新登字 01 号

戴逸主编的“历史学家随笔丛书”尚有丁伟志《桑榆槐柳》、丁守和《谔谔集》、刘志琴《悠悠古今》、李侃《芳古集》、李文海《南窗谈往》、苏双碧《沙滩问史》、龚书铎《求是室漫笔》、彭明《板凳集》及戴逸《语冰集》。

来先生的《一苇争流》共 59 篇文章，以“管窥蠡测”“往事如新”“还看今朝”“激扬文字”大体分类。

先生在序言中自陈:"环视丛书诸家作者，济济多士，正罄其所学,出以美文,亦犹百舸之争流;反顾自我,不过一苇,惟小舟固不甘于目送百舸,于是奋起一蒿,以小舟而跻于百舸,争流向前,庶乎渡江有望。时书方成册,尚无以名之,遂以《一苇争流》为名以明志。"

《一苇争流》序,收载于《邃谷文录》"杂著卷"。

本室藏《一苇争流》两册,其一扉页钤印"来新夏赠书";其二扉页题"伟良雅藏　来新夏　二〇〇六年四月"。又藏"历史学家随笔丛书"一套,计10册。

《一苇争流》目录

日藏汉籍与黎庶昌

近代地方文献学家陈作霖

王先谦的功过

张謇:能受天磨真英雄

评说汤寿潜

以“破伦”精神藏书的伦明

张东荪其人其学

名门后裔张公啸

难忘师恩

激扬文字

书名之学不应漠视

《四库全书》与儒藏

不要再嚼甘蔗渣

一流作者一流书

《探微集》探微

于细微处见学问

吹尽黄沙始见金——评《清代史料笔记丛刊》

后学的职责

写好家族历史

《甲午战争前钓鱼列屿归属考》日译本序

《走进困惑》序

读连横的《台湾通史》

流人的书

夜读《史记》重温题记

《中日地方史志比较研究》序言

读清人笔记随录

《一苇争流》序言

《诗·卫风·河广》云"一苇杭之",《疏》称"言一苇者,谓一束也,可以浮之水上而渡",其意以一束苇即可得一小舟之用。魏文帝是曹氏建业之主,当黄初六年东巡,"临江观兵,戍卒十余万,旌旗数百里",慨然赋诗曰:"猛将怀暴怒,胆气正纵横,谁云江水广,一苇可以航。"睥睨江东,气吞天下,跃跃然有渡江南下以求一统之势,所赖者亦惟以一叶小舟渡航耳。菩提达摩由南而北,路经金陵与梁武谈法不契,于是即就芦丛中成苇一束,并以之渡江入嵩山少林而得道,创中国禅宗之始。坡公游赤壁,或悟达祖一苇可航之意,于是在《赤壁赋》中大吐豪放之气而吟诗曰:"纵一苇之所如,凌万顷之茫然",其意亦以乘小舟即可凌波万顷。一苇虽小,其用实宏,固不得以其小而忽其用。

我学写随笔历十余年,每成一文,犹掇苇一支,惟一时难以成束,而私衷则无日不期其成束。岁月积久,成文已近百篇,似可聚为一束,但尚感纤弱无力,不足以当小舟之任,乃复不计时日,傍电脑而坐,敲打不辍,日掇拾于芦丛,终于撰成《冷眼热心》《路与书》《依然集》《枫林唱晚》《邃谷谈往》等五种,自以为当可成一坚实小舟,虽不如魏文之成霸业,达祖之悟大道,坡公之纵豪气,而我之一苇或亦能浮沉于随笔巨波中顺流而下,顾犹以未能争流而渡为憾耳!

今春,戴逸教授应邀为广西人民出版社所策划之"历史学家随笔丛书"主编,依学科十人之例,网罗及我,同卷诸君子莫不学识优长，而我徒增马齿，益感惶悚难安，惟竭尽全力，祈能比肩并进。乃按编辑条例规定，自成书中遴选若干篇，以示始基之历程；复增新作若干篇，以见近年之进益，合成一册，俾一苇将不仅局于顺流而下，更望其或能争流而渡。环视丛书诸家作者，济济多士，正罄其所学，出以美文，亦犹百舸之争流；反顾自我，不过一苇，惟小舟固不甘于目送百舸，于是奋起一篙，以小舟而跻于百舸，争流而前，庶乎渡江有望。时书方成册，尚无以名之，遂以《一苇争流》为名以明志。幸知我者不以一苇而笑其渺小，更不以争流而嗤其为蚍蜉，则愚愿足矣！

来新夏

一九九八年冬月于南开大学邃谷

来新夏书话

（2000）

“文献学丛刊”之一。来新夏著。25万字。台湾学生书局出版发行，2000年10月初版。

ISBN 957—15—1027—0（平装）定价：新台币350元

ISBN 957—15—1026—2（精装）定价：新台币420元

“文献学丛刊”共有八种，其余是：《中国目录学理论》（周彦文著），《明代考据学研究》（林庆彰著），《中国文献学新探》（洪湛侯著），《古籍辨伪学》（郑良树著），《两岸四库学——第一届中国文献学学术研讨会论文集》（淡江大学中文系编），《中国古代图书分类学研究》（傅荣贤著）及《马礼逊与中文印刷出版》（苏精著）。

本书是来先生在自己的“书话”类文章中选出84篇结集而成，认为“凡是与书有关联，不论是述说书的本身，还是写由书引发出去的论辩，都可以属于‘书话’圈圈之内”。本书内容分藏书、读书、论书、书序、书评以及书与人等六卷。通过这些“书话”类文章谈论了中国藏书文化，探讨了读书的心得与感悟。展示了来先生的学术成果、学术见解和学术思想。在收入《邃谷文录》时，略有删补，改题为《邃谷书话》。其内《中国藏书文化漫论》一文，收载于《南开大学历史系建系七十五周年纪念文集》（南开大学出版社 1998 年）。

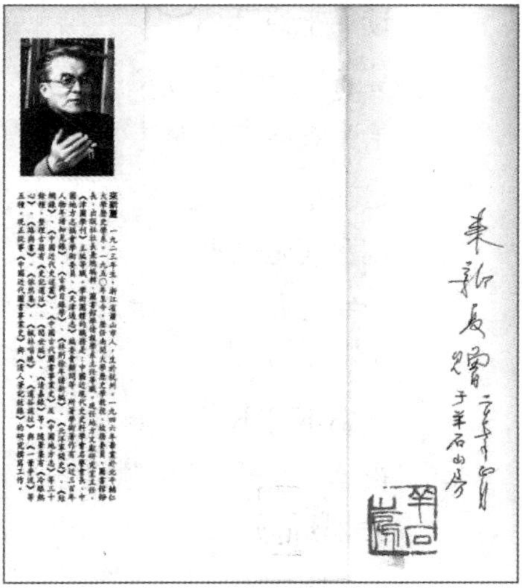

本室藏本为来先生赠书，署“来新夏赠　二〇〇七年正月于羊石山房”。

《来新夏书话》目录

漫话地方志
《三字经》杂谈
《津门杂记》的书讯
题华长卿《蘉言集》
中国早有一部《汉文典》
题《贩书偶记》
题《津门十景》
十年风云 一代佳志

卷四 书序

《近三百年人物年谱知见录》后记
《林则徐年谱新编》序
《中国地方志》序
《中华幼学文库》总序
《冷眼热心》序
也无风雨也无晴——《依然集》代序
《枫林唱晚》序
《一苇争流》序
《纪晓岚全集》序
《林则徐书札手迹选》序
《林则徐诗选注》序
书名之学不应漠视——《中国古今书名释义辞典》序
《甲午战前钓鱼列屿归属考》日译本序
有关天津租界的书——《天津租界谈往》序
紫禁城的旧事——紫禁城三书序
《走进困惑》序

写好家族历史——《边外炊烟》序

重印《畿辅通志》前言

《萧山县志》序

卷五　书评

熔事功与思想于一炉——评《诸葛亮评传》

力破陈说抒胸臆——评《张之洞大传》

“非常之世”的“非常之人”——评《盛宣怀传》

吹尽黄沙始见金——评《清代史料笔记丛刊》

读梁启超《中国历史研究法》及其《补编》

旋转舞台上的走马灯——评《北洋政府总统与总理》

《探微集》探微

从笺注古籍谈起——评《颜光敏诗文集笺注》

于细微处见学问——评《中国门文化》

古今兴废看洛阳——题《洛阳市志·文物志》

评《桐城市志》

评《常熟市志》

卷六　书与人

李清照写《金石录·后序》

汗竹斋及其主人

屈大均与《广东新语》

池北书库与王士祯

近代地方文献学家陈作霖

王先谦功过

日藏汉籍与黎庶昌

天津藏书家陶湘

以“破伦”精神藏书

读连横的《台湾通史》

袁寒云和宋版书

一代译才朱生豪

关于“书话”的话(代序)

近代以来,书话的写作日盛一日,许多名家多有书话之作,报章杂志也时见书话的发表,其单独成书者也为数不少。前两年,写书话的名家姜德明先生更搜罗了名家书话十六种,成《现代书话丛书》两辑,对爱读书话的我来说确是带来了一种极大的喜悦。这不能不感谢老友倪墨炎兄的惠赠《倪墨炎书话》而引发我即目求书,使前辈时贤的文字风范可因书而究学。

我在读诸种书话时,狃于旧习,总想探求书话的渊源流变。姜先生在其《现代书话丛书》总序中曾明确地把书话界定为:

源于古代的藏书题跋和读书笔记,并由此生发、衍变而成。书话不宜长篇大论,宜以短札、小品出之。书话以谈版本知识为主,可作必要的考证和校勘,亦可涉及书内书外的掌故,或抒发作者一时的感情。书话不是书评,即不是对一本书作理论性的全面介绍、分析和批评,书话不能代替书评。

姜先生把书话推源于题跋与读书记,我很赞同。的确如此,在古人的许多札记、随笔中都有谈成书缘由、书林掌故的条目,有的散见,有的也集成一书,如清代黄丕烈的《百宋一廛书录》和周中孚的《郑堂读书记》、李慈铭的《越缦堂读书记》等都类似书话;叶德辉的《书林清话》是以讲书林掌故为主,兼及版本、目录。它们多未用

“书话”之名。所以姜先生认为“中国有诗话、词话、曲话,惟有书话,似乎是近六十年始为人所用,并为公众所认可”。这恐怕也是指没有书话之名而言。若从诗话、词话、曲话的载体来说,仍然应算是书话的一种,只是没有书话之名而已。书话之名据说是三十年代初,老作家、老学者曹聚仁在报刊上发表以书话为题的读书小品时开始的,因此对书话的缘起可以这样认为:书话自古即有,而其名则始于本世纪的三十年代之初。

我也读过善写书话的唐弢先生的《晦庵书话》,这是一部对读者颇有吸引力的书话。唐先生根据多年写书话的体会,对书话别有一番见地,他提出了四个“一点”说:

书话的散文因素需要包括一点事实,一点掌故,一点观点,一点抒情的气息;它给人以知识,也给人以艺术的享受。

还有一位写书话的大家黄裳先生,他在《黄裳书话》编后记中曾表示他写的书话近乎传统的书跋,并且粗略地分为两类:

其一是讲究书的内容、版本、校勘这方面的事的,科学性强,缺点是不免枯燥,可做资料用,但不能是通常读物。……此外就还有另一类,在上面所说的种种内容之外,又添上了书林掌故、得书过程、读书所感……不只有科学性,还增加了文艺性,是散文的一部类了。

我基本同意后一种写法,因为它把书话的内容作了比较全面的概括;不过,不一定每一篇都要面面俱到。我认为,写书话不要自我限制得过窄,而应兼具科学性与文艺性,最好能以随笔的形式来写,使其更有可读性。所以我更赞成冯亦代先生的意见,他说:

私意以为书话的内容,可以不必予以界定,写书话的作者要写什么就写什么,只要引领读者去读好书,增加国内外的新旧知识,

便是达到了目的。(钟敬文主编:《书话文丛·竹窗记趣》序)

这是一种通达之见。我亦觉得,凡是与书有关联,不论是述说书的本身,还是写由书引发出去的论辩,都可以属于“书话”圈圈之内。至于笔墨不妨随便些,篇幅不妨短些,内容不妨有趣些,不需正襟危坐去读,而能轻松自如地随读随掇,偶有所得,可资谈助,正如墨炎所言,“书话随笔是零食”。他还说过,能写书话的书有两种,一是比较鲜为人知,二是要有点意思。如果按这一界定来看,写书话的书应该范围较宽;那么,我近几年所写有关书的小文,都可以从容缓步地迈进“书话”之列,而无非议之虞。于是把散刊各处的“书话”搜集在一起,经过筛选,得 84 篇,约分为六卷,曰藏书、曰读书、曰论书、曰书序、曰书评、曰书与人,而总题曰《来新夏书话》。

我把书序、书评列入书话似乎不太符合书话的规则。因为姜德明先生曾说过:“书话不是书评”,如果倒过来理解,是不是书评也不能算书话。连带想到书序是否也不允许列入书话一类。如果把书的序评都排斥在书话之外,那么,书话的范围似乎又显得太窄了。书序和书评的主要对象是书,好的书序应该是对一本书钩玄纂要的精心之作,古人很重视写序,古代的《书序》《诗序》和《禹贡序》等等都有点书话的味道。后来的许多学者都对序有所论述,汉孔安国说:“序者,所以叙作者之意也”;宋王应麟说:“序者,序典籍之所以作”。可见序是记写作缘由与体例以及对书或文的解评等,很类似书话。清初顾炎武在《日知录》的《书不当两序》一文中还对“序”作过专论,严格地规定:“凡书有所发明,序可也;无所发明,但记成书之岁月可也。”这样的序应该是可作书话来读的。今人之序,除庸俗捧场之作外,大都是能“引领读者去读好书”,起到导读作用的，所以说读书不读序是不会读书的人。在《现代书话丛书》中所收的许多种书话里都有很值得一看的书序，具有书话引导人去读书的作用。至于书评则是一本书问世后社会价值的反馈，是公众对作者的期望与呵护。书评不一定都是对书作"理论性的全面介绍和批评"，只要是善意的真话，三言两语，点评一二，也是有益读者和作者的。再说，有不少书话本身就是一篇好书评。所以我认为书序和书评也应包括在书话的范围之中，也许我会遭到把书话范围放得过宽的讥评，但这也算我对书话的一点看法！

我的书话编好后，即蒙台湾目录学研究者、友人陈仕华先生为介于台湾学生书局。学生书局经过讨论审定，很快接受出版，并由游均晶女士为责任编辑。行见我这本雕虫之作，将灾枣梨，特陈有关书话的拙见，并志陈先生与游女士援手之情云尔。

来新夏

一九九九年初夏写于南开大学邃谷

中国近代图书事业史

（2000）

来新夏等著。30.5万字。上海人民出版社2000年12月第1版，第1次印刷，印行5100册。定价：24.00元。

ISBN 7－208－03610－1

中国版本图书馆CIP数据核字（2000）第59926号

此书与《中国古代图书事业史》相衔接，形成一部比较连贯的中国图书事业通史。本书论述了鸦片战争时期的图书事业（1840—1860）、太平天国的图书事业（1853—1864）、洋务运动时期的图书事业（1860—1890）、戊戌变法时期的图书事业（1890—1900）、辛亥革命以前十年的图书事业（1901—1911）、北洋军阀统治时期的图书事业（1912—1926）、十年内战时期的图书事业（1927—1936）、抗日战争时期的图书事业（1937—1945）以及解放战争时期的图书事业（1946—1949）。来先生为《中国近代图书事业史》所撰《绪论》，收载于《邃谷文录》之"图书文献学卷"。

《中国近代图书事业史》获中国图书馆学会第二届图书馆学情

报学学术成果奖著作一等奖。

本室藏《中国近代图书事业史》两册，一为网购，一为来先生所赠，题有“来新夏赠书”。

《中国近代图书事业史》目录

二、《京师及各省图书馆通行章程》的颁布

三、近代公共图书馆的产生

四、近代图书馆学研究的萌芽

五、杜威十进分类法及其影响

第七章　北洋军阀统治时期的图书事业(1912—1926)

第一节　出版事业的进一步发展

一、主要出版机构

二、中国共产党早期的出版工作

三、编辑、出版、印刷、发行融为一体

四、出版物品种与内容多样化

五、外资的出版印刷机构

六、西方出版印刷技术的改进

七、大力推广新式书籍制度

八、北洋军阀统治时期出版事业的特点

九、关于版权纠纷

第二节　现代图书馆事业的兴起与发展

一、有关图书馆事业法令、法规的制定

二、各种类型的图书馆

三、"新图书馆运动"及其历史作用

四、图书馆学研究与教育

第三节　传统私藏事业的终结

一、主要藏书家与藏书楼

二、对私人藏书的评介

第四节　丛书编纂与刊印

一、私人丛书的编纂

二、《四部丛刊》及其价值

三、"整理国故"运动

第五节　北洋军阀对图书事业的摧残

一、有碍图书事业发展的法规

二、对被禁书刊的分析

第八章　十年内战时期的图书事业(1927—1936)

第一节　国民党统治区的图书事业

一、图书出版概况

二、各类型图书馆

三、进步图书馆的活动

四、有关图书馆的法令

五、图书馆学研究与教育

第二节　苏区的图书事业

一、图书出版概况

二、图书馆事业的发展

第九章　抗日战争时期的图书事业(1937—1945)

第一节　国民党统治区的图书事业

一、图书出版概况

二、各类型图书馆

三、有关图书馆的法令

四、图书馆学教育与研究

五、图书馆协会及国际关系

第二节　沦陷区的图书事业

一、图书出版概况

二、日本侵略者对中国图书事业的破坏与掠夺

《中国近代图书事业史》前言

我自转攻“中国图书事业”方向以后，鉴于过去书史、目录学史和图书馆史三分天下，各成系统，以致难免有重叠歧出之处，深感有改革的必要，所以就有一种“三史合一”的设想，准备写一部《中国图书事业史》，合三史为一书，以便利教学与学习。但颇感兹事体大，甚难一蹴而就，于是决定先编写古代部分，由我根据八十年代前后自己对这方面问题的研究成果，撰写了一份四万余字的提纲，并以讲话形式先在《津图学刊》连载，征求意见。同时邀约一些朋友和学生参与合作，依据提纲，分头撰稿。经过三易其稿，四度修订，终于在 1987 年完成了一部 30 余万字的初稿，经我统一增删修订，勒成定稿，并承复旦大学朱维铮教授列入“中国文化史丛书”，由上海人民出版社于1990年出版。

在《中国古代图书事业史》编写过程中，我就考虑着手进行近代部分的编写。当时曾按照中国近代史发展的线索，提出一个初步提纲，邀请几位朋友讨论；但因为这种写法很难着笔，而有关资料的搜集亦非一朝一夕之功，所以大家主张先从专题研究作起。我也想这样急就章，恐难保证质量，于是便暂时搁置起来。1985年后，我开始招收中国图书事业史方向的硕士生，在考虑如何安排他们的学习和研究时，产生了一个构想：我把中国近代图书事业分成若干专题，在近十年过程中，由各个研究生认选专题，作为学位论文题目，按专题写成材料较充实、论述较完整的论文。1995年随着这一方向最后一个研究生的毕业，这项工作圆满结束，取得比较理想的效果。先后参加撰写专题和书稿的研究生有（按姓氏笔画为序）：王立清、刘小军、余文波、陈红艳、徐健、秦迎华、常军、黄颖等。

专著虽然已有了坚实的基础，并且就各专题而论，都保证了一定的质量，但如何把独立各篇合成浑然一体的专著则尚待进一步研究。于是，我在通阅了各篇专题论文之后，又结合自己这方面已有的知识，反复思考，拟定了一份比较详尽的写作提纲。在1997年秋冬之际，我的早期研究生徐建华副教授和他的妻子唐承秀女士，毅然请缨，并以半年为期，完成初稿。建华复邀其弟子柳家英女士相助。在整编各稿过程中又情邀历史系正在研究这段历史的研究生李庆刚执笔补撰了“解放战争时期图书事业”这一章。1998年春，在徐建华副教授的参加和组织下，《中国近代图书事业史》的初稿终于如期完成，并送我统稿。

我为让这部由三代师弟苦心经营十多年的书稿早日摆脱待字

闺中的命运,毅然搁置手边的一切工作,专心致志地审读、增补、删订,并在审读的基础上写出概括全书主旨的“绪论”,作为全书的第一章。然后,又将全稿退交家英,请其再增补部分内容,核对资料出处,删略重复歧出。并由建华再通读一遍,作为完整的初稿。我对这部完整的初稿再一次作了通读终审的工作,并写了前言、后记,选用了图片。至此,《中国近代图书事业史》的定稿始告完成。

编写《中国近代图书事业史》的目的,是为了对中国近代图书事业作一次总括性论述的试探。中国近代是一个曾发生过古今未有之奇变的重要历史时期,它的图书事业也同样发生了前所未有的变化,有许多问题有待深入研究,有许多前所未有的特色需加以表述,尽管我们主观上比较详尽地作好逐年进行的规划,动用和投入了较多的人力,历时十年,数易其稿,但仍感到尚有若干不尽如原来设想那样完美。这只有期待本书问世后,能获得学者和读者的更多关注,纠谬指正,给我们以帮助。我们差堪自慰的,是再一次实现了“三史合一”的宿愿,并与《中国古代图书事业史》相衔接,形成一部比较连贯的中国图书事业通史。

《中国近代图书事业史》后记

经过十年的辛劳,《中国近代图书事业史》终于成书,我感到十分喜悦。感谢我的研究生们的专题研究,为专著奠定了坚实的基础;我也感谢徐建华、唐承秀、柳家英和李庆刚在合成专著过程中所耗费的精力。因为是他们帮助我实现了“三史合一”的设想,补足了中国图书事业通史的缺项。我更感到快慰的是,“三代成书”也许会传为书林佳话。

《中国近代图书事业史》成书后面临着很大的难题，那就是寻求出版的机会。因为学术性较强的著作出版较难；贴钱出书，又力所难及。就在困扰之际，想到《中国古代图书事业史》的责编虞信棠先生，一则他为人热诚，乐于助人，再则当《中国古代图书事业史》出版时，他曾希望有近代部分，以成完璧。所以便怀着忐忑的心情和他联系。一个天朗气清的晚间，收到虞信棠先生告知的喜讯：上海人民出版社领导十分支持专题史著作的出版，决定接受书稿。我非常感谢出版社领导和虞信棠先生的帮助，使这部经营十年的书稿获得问世的机会。

在书稿编写过程中，刘忠祥先生夫妇也有很重要的贡献。这部书的草稿出于众手，比较凌乱，虽经整理编次，仍有一定的打印难度。忠祥夫妇不辞辛苦，先后打印、改正多次，扫除了编写工作中的许多障碍。在此，我和我的合作者们对他们夫妇表示感谢。尤其应该提到的是皮介郑先生，在书稿经虞信棠先生审订退修时，我正因病住院，难以着手之际，介郑毅然承担查阅资料、正误纠谬的重任。当我通阅定稿时，发现介郑确是做了许多艰苦认真的核订工作，柳家英女士冒溽暑又为校核文字、搜集插图付出了劳动，统借此表达我的诚挚谢意。

本书行将问世，我们热诚地期待着广大读者给予批评！

来新夏

二〇〇〇年夏写于南开大学

北洋军阀史

（2000）

来新夏等著。上、下册，102 万字。南开大学出版社 2000 年12月第 1 版，第 1 次印刷，印行精、平装本 3000 册（套）。定价：平装 85.00 元，精装 95.00 元。

ISBN 7—310—01517—7

中国版本图书馆 CIP 数据核字（2000）第 86793 号

来先生在编辑《中国近代史资料丛刊·北洋军阀》时接触了大量新的史料，进一步拓宽了学术研究的视野，感到有必要对《北洋军阀史稿》进行重新修订，成为真正意义上的通史性著述。于是先生与他的学生焦静宜、莫建来、张树勇和刘本军搜集资料，分头撰写专稿。日本学者水野明和贵志俊彦等也应邀参与了一些章节的探讨。

《北洋军阀史》是一部完整记述北洋军阀集团兴起、发展、纷争、衰落和覆灭的通史性专著，上起 1895 年袁世凯小站练兵，下迄 1928 年张学良东北“易帜”。全书分七章，一、绪论；二、北洋军阀集团的兴起（1895—1912）；三、北洋军阀集团的发展及其统治地位的确立（1912—1916）；四、北洋军阀集团的派系纷争（上）（1916—1920）；五、北洋军阀集团的派系纷争（下）（1920—1924）；六、北洋军阀集团的衰落（1924—1926）；七、北洋军阀集团的覆灭（1926—1928）。书后有附录一“大事年表”、附录二“北洋军阀人物志”（478 人）及附录三“参考书目提要”（177 种），提供人们进一步研究的参考。

来先生承担了这部书的序言和第一章、第二章、第五章部分的撰写工作，并通审、定稿；焦静宜撰第三章、第六章部分及附录二；莫建来撰第四章、第六章部分、第七章及附录一、附录三；张树勇撰第五章；刘本军撰第六章。《北洋军阀史》一书问世后，“得到史学界的好评，有人作了保守性的估计，认为在二十年内不会有类似的著作来代替它”。张注洪撰文《北洋军阀史研究的硕果》，发表在《博览群书》2001 年第 12 期，认为“它史料基础丰厚，理论分析深入，结构严密合理，文字表达清晰”，“特别是《人物志》和《书目提要》是作者从所编的《20 世纪初中国的遗老遗少》（科学出版社 1989 年版）和北洋军阀史料汇编中提炼而成的，有颇高的文献、史料和传记研究的价值”，“可惜目前学术界这样肯下功夫而又确具学术质量的史书仍嫌太少”。《北洋军阀史》一书在 2003 年获教育部颁发的第三届全国高校人文社会科学研究优秀成果奖历史学二等奖。

2007 年，福建师范大学中国近现代史专业廖德明撰论文《来新夏与北洋军阀史研究论探（1949—2006）》，论文答辩通过后，授予其历史学硕士学位。该论文“绪论”开篇提到，“作为一名当代著名学者，南开大学教授来新夏的学术成就是多方面的。他的学术足迹涉及历史学、图书馆学和方志学等三个领域，在三个领域都取得了非凡的成绩，均有足以传世的学术论著问世。在历史学方面，他涉猎了中国近代史的各个阶段，尤其亲睐北洋军阀史研究。经过近半个世纪的努力，取得卓著的学术成就”。廖德明认为，“来新夏在新中国北洋军阀史研究中作出了突出贡献，他是北洋军阀史研究的开拓者和推动者，具有自己独特的史学研究方法。来新夏的学人风骨和治学精神值得我们学习继承；而他的治学方法、史学思想则是个硕大的宝库，我们有必要通过研读他的著作，挖掘这个宝库。是为本文立意所在”。

本室藏《北洋军阀史》平、精装本各一套。平装本扉页钤印“来新夏赠书”；精装本署“伟良雅藏　来新夏 焦静宜　二〇〇七年正月”。

《北洋军阀史》目录

一、内外交困的形势

二、日趋腐朽的旧军

1.八旗和绿营

2.湘军和淮军

第二节　新建陆军的建立

一、编练新军的呼声

二、编练新军的实验——定武军与自强军

1.定武军

2.自强军

三、袁世凯与北洋新军的建立

1.袁世凯的练军主张

2.袁世凯接管定武军

3.新建陆军的营制与人员

4.新建陆军的特点

四、北洋三军的来历

1."北洋"的由来

2.新建陆军的归属

3.袁世凯在权力道路上的起步

第三节　武卫右军的组建

一、袁世凯与戊戌变法

1.变法运动的兴起

2.帝党后党的政争

3.袁世凯对戊戌变法的两面手法

二、武卫军的组建

1.荣禄与武卫军

2.袁世凯率武卫右军移驻山东

3.《训练操法详晰图说》的编写

三、武卫右军的扩编

1.武卫右军镇压山东义和团

2.袁世凯军事力量的发展

3.武卫右军实力的保存

第四节　从北洋常备军到北洋六镇

一、北洋常备军的组建

1.袁世凯继任直隶总督

2.袁世凯编练北洋常备军

3.各类军事学堂的成立

二、清政府设立练兵处

1.日俄战争的形势

2.练兵处的设立

3.袁世凯操纵练兵处

4.统一全国军制

三、北洋六镇的成军

1.北洋六镇的编练

2.袁世凯势力的膨胀

第五节　北洋军阀军事政治集团的形成

一、编练新军三十六镇计划的破产

二、两次会操与陆军部的设立

1.河间会操

2.彰德会操

3.陆军部的设立

三、袁世凯政治军事权力的集中

1.袁世凯与清政府的争夺军权

2.袁世凯被罢黜

3.武昌起义与袁世凯重被起用

四、南北议和与清帝退位

1.袁世凯的拨弄武力

2.南北议和

3.清帝退位与孙中山辞职

五、北洋军阀集团形成的原因

1.晚清社会的转型

2.列强侵华政策的变化

3.袁世凯的个人作用

第三章　北洋军阀集团的发展及统治地位的确立(1912—1916)

第一节　袁世凯政权的建立

一、袁世凯继任中华民国临时大总统

1.迁都之争与京保津兵变

2.袁世凯在北京就任临时大总统

二、整顿军队,加强军事实力

1.调整军事机构

2.更新军队编制

三、袁世凯操纵下的阁潮

1.干预内阁,破坏责任制

2.从"责任内阁"到"御用内阁"

四、袁世凯政权下的政党分合

1.辛亥革命前后政党林立的局面

2.北京政府成立后的政党分合

第二节　赣宁之役

一、袁世凯裁遣南军与“军民分治”

1.以“战后裁军”削弱南方军事力量

2.以“军民分治”削弱革命党人兵权

二、“宋教仁案”

1.袁世凯制造和平假象和孙黄应邀入京

2.“政党政治”与国会席位之争

3.宋教仁被刺与革命党人的觉醒

三、善后大借款

1.善后大借款的披露

2.南方的倒袁准备

四、赣宁之役的经过

1.袁世凯备战和罢免三督

2.湖口起兵

3.江苏战场和南京之战

4.赣宁之役的后果

五、北洋军阀军事实力的进一步扩充

1.征募兵员

2.调配兵力

3.充实军备

第三节　袁世凯的卖国独裁统治与白朗起义

一、袁世凯的卖国外交

二、袁世凯的独裁内政

1.玩弄党派，逼选正式大总统

2.政治会议与袁记“新约法”的酝酿

3.强化军事机构与军警统治

三、各地的抗暴斗争和白朗起义

第四节 “洪宪”帝制与护国战争

一、袁世凯复辟帝制的准备

1.《中华民国约法》的公布与袁世凯集权

2.尊孔复古逆流的泛滥

3.军事力量的调配

二、列强对帝制的态度与“二十一条件”交涉

1.英、美等国的态度

2.日本提出“二十一条件”及其交涉

三、“洪宪”帝制丑剧的出台

1.袁氏徒党的“劝进”活动

2.“国民代表大会”及其选举

3.袁世凯接受帝位

四、护国战争

1.反袁联合阵线

2.护国战争的爆发

五、“洪宪”帝制的失败

1.列强对帝制态度的变化

2.“洪宪”帝制的失败及袁世凯恚死

第四章 北洋军阀集团的派系纷争(上)(1916—1920)

第一节 皖系军阀统治的确立

一、袁世凯死后的国内政局与段祺瑞组阁

1.各方争夺中央统治权的斗争

2.南北新旧约法之争

3.段祺瑞内阁的产生

二、黎(元洪)段(祺瑞)府院之争

1.府院权限之争

2.对德外交风波与段祺瑞被免职

三、张勋复辟

1.张勋其人与复辟的内外气候

2.四次徐州会议与复辟丑剧的上演

3.各地群起反对复辟与段祺瑞兴师“讨逆”

第二节　皖系军阀统治的强化

一、南北战争

1.南北关系的恶化

2.忽战忽和的南北战争

二、从“西原借款”到《中日共同防敌军事协定》

1.亲日外交政策的确立

2.“西原借款”真相

3.《中日共同防敌军事协定》的秘密签订

三、安福俱乐部与“安福国会”

1.临时参议院的召集

2.安福俱乐部的产生

3.“安福国会”的选举活动

四、皖系嫡系军队——参战军、西北军的编练

1.段祺瑞出任参战督办与督办参战事务处的成立

2.参战军的编练

3.西北军的编练

第三节　皖系军阀统治的削弱

一、南北议和

1.南北议和的国内外背景

2.上海和会的召开与破裂

二、五四爱国运动

1.巴黎和会的召开与中日山东问题交涉

2.五四爱国运动的爆发

第四节　直皖战争

一、北洋军阀集团的分裂与纷争

1.北洋军阀集团分裂割据局面的形成

2.直皖奉军阀的角逐

二、直皖矛盾的激化与直皖战争的酝酿

1.徐树铮西北“筹边”与安福系肆意倒阁

2.“救国同盟条件”的签订与七省反皖同盟的缔结

3.吴佩孚衡阳撤防与直皖战争风云乍起

三、直皖战争的爆发与皖系的失败

1.直皖双方的备战活动

2.皖系军阀的溃散及其统治的结束

第五章　北洋军阀集团的派系纷争(下)(1920—1924)

第一节　直奉军阀的权利角逐

一、直奉军阀的妥协与矛盾

1.直奉两派军阀的暂时“联合”

2.洛吴势力的上升和直奉关系失衡

3.直奉矛盾冲突下的北京政府

二、直系军阀势力的扩展与“联省自治”运动

1.吴佩孚练兵备战

2.湘鄂战争

3.“联省自治”运动的兴起及其发展

三、直奉矛盾的激化

1.靳云鹏内阁的困境

2.奉张支持梁士诒组阁

3.华盛顿会议上的山东问题交涉

4.吴佩孚力倒梁阁

5.直奉关系日趋紧张

第二节　第一次直奉战争

一、帝国主义与直奉军阀

二、直奉双方积极备战

三、直奉两军交战

1.战争的经过

2.战争结果的分析

第三节　直系军阀统治的建立

一、吴佩孚的“恢复法统”与黎元洪复出

1.“法统重光”的骗局

2.黎元洪再次出山

二、黎元洪复出后的艰难处境

1.恢复国会之艰难

2.“废督裁兵”之落空

3.组织内阁之反复

三、直系军阀的内部纷争

1.保派与洛派之争

2.天津会议

3.段祺瑞出任临时执政

二、孙中山北上与段祺瑞召开善后会议

1.孙中山北上

2.善后会议的召开

三、临时执政府的卖国外交

1.段祺瑞宣布“外崇国信”

2.“金佛郎案”的解决

3.关税会议的召开

第二节　奉系军阀势力的扩张及其内部矛盾的加剧

一、奉系军阀在北方的积极经营

1.奉系谋取直隶地盘

2.胡憨之战与奉国相争

二、奉系势力的南下

1.齐(燮元)卢(永祥)之争

2.张宗昌督鲁、杨宇霆督苏、姜登选督皖

3.“五省联军”的抵制与浙奉战争

三、郭松龄倒戈反奉

1.奉系内部的矛盾和斗争

2.“郭(松龄)冯(玉祥)密约”与郭松龄反奉

3.日本对郭松龄事件的干涉

4.巨流河之战和郭松龄倒戈失败

第三节　国民军与北方各派军阀的混战和段祺瑞临时执政府的垮台

一、国、奉、直军阀的离合与混战

1.国奉战争

2.直奉军阀的“反赤”联合

二、“三一八”惨案与临时执政府垮台

1.大沽口事件与“三一八”惨案

2.段祺瑞临时执政府的垮台

第七章 北洋军阀集团的覆灭(1926—1928)

第一节 国民革命军的北伐与直系残余势力的溃灭

一、北伐战争前的国内形势

1.北伐前夕的北方政局

2.国民革命军誓师北伐

二、北伐军的胜利进军与吴佩孚、孙传芳的先后溃败

1.两湖战场与吴佩孚的溃败

2.赣闽浙苏皖战场与孙传芳的溃败

第二节 国民军在北方的奋战

一、国民军与奉直晋联军的战争

1.南口战役

2.西安守城战与甘肃战役

二、五原誓师与国民军联军的崛起

1.冯玉祥五原誓师

2.国民军联军在西北的崛起

第三节 奉系军阀的顽抗与溃败

一、张作霖组织“安国军”与联蒋反共

1.张作霖就任“安国军”总司令

2.联蒋反共与杀害李大钊

二、蒋介石、汪精卫叛变革命与“安国军政府”的建立

我和北洋军阀史研究(代序)

我虽是历史专业出身，但在读大学时对北洋军阀史却了解很少,仅只在课余读过一本丁文江所写的《民国军事近纪》,约略知道一点袁世凯北洋军和直皖奉三系军阀的情况而已。1949 年 9 月,我结束了在华北大学的政治学习后，被分配到由该校副校长范文澜教授主持的历史研究室,当一名研究生。研究室分通史和近代史两个方向,我被指定到近代史方向。我除了在范老直接指导和荣孟源老师具体组织和主持下，写过一篇为纪念太平天国起义一百周年的文章外，主要工作是对入城后从一些北洋军阀人物家中和某些单位收缴移送来的藏档进行清理和分类。这批档案有百余麻袋,杂乱无章,几乎无从下手。整理的场所先是在东厂胡同旧黎元洪府第花园的八角亭,一间面积很大的房间里,有七个人参加整理工作,整理组组长是后来任中国第二历史档案馆副馆长的唐彪。每次从库房运来就往地上一倒,尘土飞扬,呛人几近窒息。当时条件很差,只能穿一身旧紫花布制服,带着口罩,蹲在地上按档案形式如私人信札、公文批件、电报电稿、密报、图片和杂类等分别检放到书架上。因为每件档案都有脏污之物,要抖干净就扬起尘土,整天都在暴土扬尘中过日子。直到下班,不仅外衣一层土,连眼镜片都被灰尘蒙得模糊不清,鼻孔下面一条黑杠杠,往往彼此相视而笑,但从没有什么抱怨。在整理过程中, 因为急于闯过这个尘上飞扬的环境,进行速度较快,所以除了知道不同形式的档案和记住一些军阀的名字外,几乎很难停下来看看内容,只能说这是接触北洋军阀档案的开始而已,谈不上什么研究。

大约经过两个多月的整理, 袋装档案全部清理上架, 分别成捆。为了进入正规的整理工作,集中十来天进行有关这段历史资料的学习,读了若干种有关北洋军阀的旧著,如丁文江、文公直、陶菊隐等人的著作。我们也从东厂胡同搬到有四五间宽敞工作间的乾面胡同,开始整档工作。我们将档案分成政治、经济、军事、文化四大类,每个人把一捆捆档案放在面前,认真阅读后,分类上架,所以看得比较仔细,并在特制的卡片上写上文件名、成件时间、编号及内容摘要, 最后签上整理者的名字。这次因为已经经过第一轮清理,不再有什么尘土,环境又比较宽敞幽静,所以大家心情舒畅,休息时和在宿舍里常常交谈阅档所了解到的珍贵或有趣的材料。这些都能引起大家的很大兴趣,有时我还在第二天去追踪查档,了解具体内容。我曾利用空闲的时间,把自认为有用的材料抄录下来。积少成多,慢慢地我已经积累有两册黄草纸本。同时为了查对档案中的事实和加深拓宽这一领域的知识, 我又读了大量有关北洋军阀的著作，眼界逐渐开阔，钻研这方面问题的信心也增强了不少。我也了解到这方面的研究还没有很好地展开，以往的一些著作过于陈旧，而且数量也不大，而新著几乎没有，有关论文也只有零星短篇，确是一块颇有价值的用武之地。

随着历经半年多整档工作的接近完成，我对北洋军阀这一近代的政治军事集团，从兴起到覆灭已有了一个大致轮廓，对错综复杂的派系关系也掌握了基本脉络，奠定了我将以一生绝大部分精力致力于北洋军阀史研究的基础。半年多的整档工作，虽然比较辛劳，但收获是很大的。一是我通过整档阅档活动，不知不觉地把我带进了一个从未完全涉足过的学术领域——它影响我一生的学术道路；二是我毫无愧色地以自己是新中国最早的一批档案工作者而自豪。不久，这批整理过的北洋军阀档案，奉命移送到南京，和原国史馆合并，成立史料整理处，就是现在中国第二历史档案馆的前身，有几位同事随从南下，我则应聘到天津南开大学工作。

我到南开大学任教后，仍然坚持北洋军阀史的研究，搜集整理有关资料，并开始写点文章。到津的第二年，我便在《历史教学》杂志上连续发表题为《北洋军阀统治时期》的讲课记录，虽然还不很成熟，但却是我第一篇北洋军阀史方面的专文，从此正式进入北洋军阀史研究的程序。与此同时，我又得到一次深入这一领域的机遇。原来在五十年代初，为了更好地推动中国近代史的研究，在范文澜、翦伯赞等史学界前辈的倡导和主持下，由中国史学会主编一套《中国近代史资料丛刊》，包括从鸦片战争到北洋军阀共十一套，分别组织专人编选。当时，北洋军阀这一专题也组织过一个包括京津史学工作者在内的编委会。已故的荣孟源和谢国桢二先生都是成员。我当时虽尚不及而立之年，也承荣、谢二先生的厚爱，忝居其列，并接受委托在津搜集资料。不久，人事变幻，编辑工作陷于停顿，在津刚开始的资料搜集工作也告中断，所搜集的图书资料全部缴归南开大学图书馆入藏。我虽对此事的中辍抱有微憾，但却意外地接触了不少有关资料，为我日后撰写《北洋军阀史略》作了必需的准备。

1956 年正值关于知识分子问题提出的大好时机，学术有欣欣向荣之势，湖北人民出版社邀请我撰写有关北洋军阀方面的书稿。我既有一定的资料积累，又有一股写作激情的冲动，于是摆脱掉不敢接触历史“阴暗面”的心态，不自量力地接受了这一约稿。我在《北洋军阀统治时期》一文的基础上加以扩大、改订和充实，经过一年多夜以继日地努力撰写，终于在 1957 年完成和出版了新中国第一部系统论述北洋军阀史的专著——《北洋军阀史略》。我在撰写过程中力图以历史唯物主义的观点和方法，将北洋军阀集团的兴衰变化作为一个历史整体进行考察，探求其成败兴亡的内在联系。这部著作虽然篇幅不大，但它是我的第一部专著。我很自信，它为北洋军阀史的研究开拓了新领域；也为后来学术界研究这段历史奠定了良好的基础。这部书曾引起了国内外学者的注意，日本明治大学岩崎富久男教授翻译了此书，增加了随文插图，易名为《中國軍閥の興亡》，先后由两个出版社出版，成为日本有关学者案头的参考用书。

《北洋军阀史略》出版后不久，我的教学任务突然被迫由近代转向古代，而且一直处于一种近乎闲置的境地。北洋军阀史的研究也就随之而暂时搁置了。直到七十年代末，随着政治气氛的宽松，民国史研究的兴起，有关北洋军阀史的历史资料也日见丰富，新知旧雨很关心我的那部处女作，敦促我增订《北洋军阀史略》以应社会需要。我也深深地感到这是我应尽的社会职责;但又想到“落花流水春去也”,二十多年来,我在北洋军阀史的研究方面却少有建树,但是,时代的支持和鼓动,坚定了我重理旧业的信念,于是,我翻阅了大量的文献著述、历史档案、报刊杂志、方志笔记和文集传记等资料,对北洋军阀的研究对象、范围、分期问题、特点、地位、影响及其阶级基础等重大问题进行了再研究,并拟定了编写方案,终于在焦静宜女士等的参加下,于 1983 年完成了《北洋军阀史稿》的编写工作,仍由湖北人民出版社出版。这部三十六万余言的新著,比之《北洋军阀史略》,不仅篇幅增大,条理较前清晰,论证较前缜密,而且论述范围也有所扩展。在中国各派反军阀统治力量的斗争史和有关历史人物的活动方面,在军阀混战的具体战役、战斗方面,在北洋军阀集团与帝国主义侵略势力的关系方面,都有较多的增加和拓展。毫无疑问,这在当时确是这方面唯一的一部专著,对军阀史和民国史研究的深入开展起到了推动和促进作用。

《北洋军阀史稿》完成后,很自然地引起我二十年前参与编纂《北洋军阀》资料的情思,希望《中国近代史资料丛刊》终成完璧。也许是我和北洋军阀史研究的特殊缘分,1985 年秋,上海人民出版社为补足这套丛书,特派该社编审叶亚廉先生躬临天津,面商北洋军阀资料的编辑问题,并有多次信件往还。1986 年初,该社又藉我去沪出席中国文化史国际学术讨论会之便,作了进一步的具体磋商,并订立了编辑出版协议。

北洋军阀专题是《中国近代史资料丛刊》的最后一种。由于这一专题的长期阙如,致使丛刊未能及时配套,因而出版者亟谋完成补缺工作;但因资料零散,人力单薄,而有些资料近年又多分别出版，不宜过多重复，有些资料搜求尚多窒碍，以致进展时有困难。即使如此，我们为完成前辈遗业，也竭尽绵薄，希望能较好地完成补缺填空的任务。北洋军阀的资料包括范围较广，有许多资料尚未经时间筛选和学术考辨；有的又往往由于当时不同派系的政治需要而真伪参半；有些不仅已有较多的印本，还有近期的重印本。这些都给搜求整理工作带来了一定的困难。可是鉴于教学与研究的迫切需要，我们不能不力求在较短时间内完成这一资料的选编工作。

这套书的选录范围涉及档案、传记、专集、专著、报刊和汇编等方面。凡现已流行的重印本或公开发表过的资料尽量少选或不选。如确有一定史料价值非此不足以说明问题的，也就难以避免重复。资料门类的选用按照各阶段史实与资料多寡而各有侧重，尽可能选录一部分具有史料价值的原始资料和流行较稀的成书。如从中国第一历史档案馆藏档中选录清末北洋新军活动的资料；从中国第二历史档案馆选录的第一次直奉战争资料，比较完备地反映了战前的舆论准备、战争中直系的财政支出等；从天津历史博物馆收藏的黎元洪函电稿中选抄了新旧约法之争、中德断交和军阀虐政等内容。有些官书中虽有有关资料，但因篇幅过巨，内容繁杂，那就从中钩稽选编，如从《德宗实录》和《宣统政纪》中辑录的北洋新军资料。外人著作则侧重于亲历目击、具有相当史料价值的，如埃·劳伦斯所著《中国的军事力量——军阀》一书系作者亲历第二次直奉战争之作，记战争的前后比较真实详尽。有些著作确有较高史料价值，如袁世凯的政治顾问、《泰晤士报》驻北京记者乔·厄·莫理循的书信集是一部百余万字、涉及 1895 至 1920 年间中国政情的重要资料，但就在我们选译过程中，知识出版社即以《清末民初政情内幕》为书名，将其全译出版，那就只好舍弃不取了。总之，从浩瀚的资料里选录若干，纳入有限的篇幅之中，确有疏漏之虞。因之，我们又编制了书目提要和论文索引等参考检索工具，以满足读者进一步求索的需要。这套资料共五册，第一至四册系按北洋军阀的兴亡历程分四个阶段，并围绕各阶段中的几个重要问题分别选编六七十万字不等，各成一册；第五册则包括军阀人物传志、大事记、书目提要、论文摘要与附表等，总字数达三百余万字。

这套资料于 1993 年春全部面世后，与《北洋军阀史稿》相配，既有专著，又有资料，应该说这一领域的研究已基本完备结题。但是，我总以为应该再努力以赴，把《北洋军阀史稿》撰写为真正意义上的通史性著述——《北洋军阀史》。于是重读《北洋军阀史稿》，发现确有增订余地，反复思考，重新草拟写作提要，邀约分撰者，除了我的学生焦静宜、莫建来、张树勇和刘本军外，日本学者水野明和贵志俊彦等也应邀参与了一些章节的研讨。同时，我编写了各篇章的要点，供分撰者参考。从 1994 年开始搜集资料，分头撰写专稿。1996 年，个别章节完稿，而大部分章节尚待订正，难以总纂成书。1997 年，我尽量协调参与者的撰稿时间，又历时一年，终成初稿百余万字，遂由我通读全稿，审定内容，划一体例，润色文字，于 2000 年夏交付出版社。新撰《北洋军阀史》较之《北洋军阀史稿》，显有改观，篇幅约增近三倍，内容颇多增删补订，虽尚难称尽善，然已各尽心力。设新著《北洋军阀史》能为北洋通史补空而在一定时期内可备研究与教学参考之选，则数年辛劳亦足以自慰。至于有不当或错谬之处，则司主编者不得辞其咎，愿恭聆各方之指正！

我对北洋军阀史的研究,经历了半个世纪的漫长路途,别人看我似乎有点痴迷,而我则非常自慰地感到此生没有虚耗,因为我终于做了一件有益于他人的事。我的这一历程充满着坎坷艰难,《北洋军阀史》的告成,既为学术书林增植一株树木,也体现出一种人间的冲刷。我感谢奖掖和支持过我的前辈和同道们!

来新夏

一九九年四月初稿

二〇〇〇年二月修订稿

《北洋军阀史》后记

《北洋军阀史》终于完稿付印,令人十分欣悦!

我从参加革命起,第一次分配的工作就是整理档案,第一次整理的档案就是有关北洋军阀的档案, 而第一本可以称得上是我学术著作的是《北洋军阀史略》。如今经过半个世纪的磨砺而终能亲手摘取成果,难道不足以自豪而感到欣悦吗?

历史的前进犹如大浪淘沙,学术的进程亦然。经过撞击、选择、磨合、互补,志同道合者终能风雨同舟,共历艰难,完成了这部百余万字的巨帙,这难道不令人感到人间自有真情在的欣悦吗?

《北洋军阀史》是以北洋军阀的兴起、发展、纷争、衰落和覆灭为主要线索而撰写的一部通史性专著。这部专著以实事求是的精神为指导,以翔实史料为依据,努力寻求历史的真貌。议论力求平实,不媚世迎俗,哗众取宠。能为从事这方面教学与科研的同道提供一种可资信赖的学术著述, 这难道不令人为之激动而感到非常欣悦吗?

我和我的合作者尽十年之功，搜集资料，考辨论证，撰写片段试稿，讨论研究，特别是近三年来在繁忙公务之余，分章合成初稿，相互传阅，增补改写，四易其稿，终成一书。虽然备尝甘苦辛劳，但能为广大读者奉献一种可以让他们耐心读下去的历史书籍，这难道不令人振奋而感到欣悦吗？

我非常感谢我的学生焦静宜、莫建来、张树勇、刘本军诸位，他们承担了反反复复编写修订的种种辛劳，是我始终不渝的真诚合作者，给了我晚年学术生活中以极大的友情安慰。

我非常感谢日本友人水野明和贵志俊彦两位先生，他们对本书的撰写曾给以无私的帮助。

我也非常感谢南开大学出版社社长肖占鹏、总编辑张格和担任本书责任编辑的薄国起等几位先生，他们为本书的出版给予了大力支持。我热诚地向所有鼓励支持帮助过我们的朋友们表示真挚的谢意！

来新夏

二〇〇〇年岁暮写于南开大学邃谷

千年不灭的荣光

（2001）

来新夏著。台湾文字复兴有限公司 2001 年 1 月初版一印。定价：199 元（台币）。

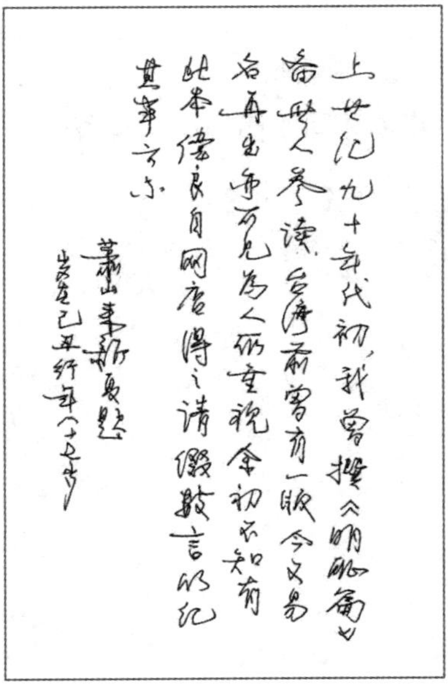

ISBN 957—11—2291—2

是书末附出版声明："本书业经作者暨中国青年出版社同意，授权本公司在台合法印行。若有侵害本书权益者，本公司当依法追究之。特此声明。（原丛书名：中华文化集粹丛书）。"台湾版《千年不灭的荣光》文字内容，依据中国青年出版社 1991 年版《明耻篇》。

台湾版繁体字本《千年不灭的荣光》，书前亦置文学博士龚鹏程的推荐序及台湾版序。

《千年不灭的荣光》系笔者通过孔夫子旧书网邮购自台湾，计三册；自存两册，寄赠来先生一册。

本室所藏《千年不灭的荣光》扉页来先生跋曰：“上世纪九十年代初，我曾撰《明耻篇》，备世人参读，台湾前曾有一版，今又易名再出，亦可见为人所重视。余初不知有此本，伟良自网店得之，请缀数言以记其事云尔。萧山来新夏题　岁在己丑行年八十七岁。”

且去填词

（2002）

“学人随笔丛书”之一。来新夏著。18.2 万字。天津古籍出版社 2002 年 1 月第 1 版，第 1 次印刷，印行 3000 册。定价：14.80 元。

ISBN 7－80504－832－0

中国版本图书馆 CIP 数据核字（2001）第 075853 号

《且去填词》是来先生 1999 年至 2001 年所写随笔的结集，集中多角度阐述中国古文化传统内涵，且也有月旦人物、评骘世态的惊人之语。是书的序和后记，收载于《学不厌集》。

“且去填词”是宋朝柳永的故事。先生在《且去填词》的后记中说：我认为宋仁宗要柳永“且去填词”是看中了柳永的长处，让他扬长避短，是善用人才。我真期望各行各业的精华，各尽各力，发挥有特长的一面，“且去从政”“且去写小说”“且去建造”“且去发明”“且去教书”“且去这个”“且去那个” ……那就都有可能像“且去填词”的柳永那样，成为一代词宗。我也总想让“且去填词”一语有一个浅显通俗的诠释，让更多人理解。想来想去都不恰当。忽然有一天清晨楼下有人为争早点摊位争吵起来，有位天津老乡陡地发出响亮的一声:“该干嘛,干嘛去!”击退了对方。这不正是对“且去填词”最准确、最贴切的诠释吗?

本室藏本《且去填词》扉页有先生签名“来新夏”。又藏“学人随笔丛书”一套,另六册书是牧惠《衣鱼集》、葛剑雄《临机随感》、杨乃济《随看随写》、王学泰《偷闲杂说》、刘志琴《思想者不老》及钱理群《读周作人》。

《且去填词》目录

我好想“考博”哟

卷二

书生论

求免“入典”

官箴

官大就是学问长

市声

署名三叹

赠书史话

灯下挑眼续篇

儒商与商儒

炎凉冷暖

冠军的背后

笑得想哭

葛剑雄,好样的

兴建天津邮政博物馆刍议

卷三

林则徐的经世致用思想

乾嘉史学三家

召唤饮冰室

一代儒僧李叔同

重读《陈垣史源学杂文》

学人逸闻

戒烟的故事

老成凋谢

怀穆旦

悼纬堂

齐藤——走好!

衰年变法

卷四

关于“书话”的话

《明代孤本方志选》序言

流人学的脚步

漫话《津门杂记》

读《三省山内风土杂识》

选读点清文

读《弢翁藏书年谱》

一本装满人间冷暖的专著

阐幽发微 功在儒林

读《仕宦箴规百种》点校稿

缩万卷为一图

一部当代的新图经

坐收利便于几席之间

卷五

议论文化游记

过港行

中华文化浸润的澳门

台湾博物馆

吐鲁番纪行

平遥古城

“且去填词”——代序

养病期间，难遣永昼，偶从架上抽《苕溪渔隐丛话》一册，翻得严有翼《艺苑雌黄》中有记宋词人柳永逸事一则，其文曰：

> 柳三变喜作小词，薄于操行，当时有荐其才者，上曰：“得非填词柳三变乎！”曰：“然。”上曰：“且去填词！”由是不得志……自称云：“奉圣旨填词柳三变”。

这段记述中的柳三变是宋代著名词人柳永的初名。柳永字耆卿，曾官屯田员外郎，是北宋仁宗时拥有大量读者与歌者的词作者。宋叶梦得在所著《避暑录话》中记他任官于丹徒时，曾遇见一位西夏归朝官说：“凡有井水处，即能歌柳词”，是可见柳词流传之广。其中“上曰”的“上”是指宋仁宗。在宋人的著作中，记仁宗这件事的有多处，有的只是说法略异，如吴曾的《能改斋漫录》中说：

> 仁宗留意风雅，务本向道，深斥浮艳虚华之文。初，进士柳三变好为淫冶讴歌之曲，传播四方，尝有《鹤冲天》词云：“忍把浮名，换了浅斟低唱。”及临轩放榜，特落之，曰：“且去浅斟低唱，何要浮名？”

如果剔去仁宗那些一本正经的种种借口和撰述者那些阿谀皇帝的藻饰美词外，无论是“且去填词”，还是“且去浅斟低唱”都有值得作为史鉴的地方。一个“薄于操行”而在填词创作上已有成就的员外郎(比附为处级),即使仁宗能够“明扬仄陋”,把柳永不次擢升为郎中(比附为局级)、侍郎(比附为副部级),也许只是个毫无政绩的“花花官”,而仁宗却能看中柳永的长处,扬长避短,让柳永“且去填词”,无意中造就了一代词人。纵使柳永未能入传《宋史》,但他创作的大量作品,确为后世留下重要的文学遗产。他的“今宵酒醒何处?杨柳岸,晓风残月。……便纵有千种风情,更与何人说?”(雨霖铃)和“衣带渐宽终不悔,为伊消得人憔悴!”(蝶恋花)等名句,一直脍炙人口,为人传诵。柳永虽然正史无传,但南宋以来各种文学评论著作无不给予颇高的评价,甚至有“杜诗”“柳词”之并称,而且评价越来越高,清末民初的词家郑文焯即说:“屯田(柳永官屯田员外郎,故称)北宋专家,其高浑处不减清真,长调尤能以沉雄之魄,清劲之气,写奇丽之情,做挥绰之声”(《大鹤山人词论》)。近代以来,各种文学史、词史、诗史无不以相当篇幅涉及柳词。这就是宋仁宗之所以为宋仁宗,知人善任,尽其所能,为有宋一代文苑增添异彩,开拓了宋代文学主流——宋词的广阔天地。

“且去填词”已说过去近千年,但是它仍具有一定的生命力和史鉴的作用。不过,在实际工作中,要做到对人才的“且去填词”,确非易事。“文革”过后,平反纠错,落实政策,可谓是一次不错的重才举措,但是有人认为还要为之找顶乌纱帽带上才算“真正的落实”。这种观念长期以来在指挥着对人才的使用。有一位拥有男女老少广大读者群的武侠小说大家金庸,他的作品不仅有纸书,还有影视片,其影响所及远远超过柳永的“凡有井水处,即能歌柳词”,真是“凡有人聚处,都在说金庸”。对武侠小说的评价与其社会职能如何等问题不是我的学养所能议论;但是,金庸小说无论从数量和技巧水平看,都可以称得起是这一领域中的大师级人物,并能进而独领这一领域的“风骚”。可不知为什么偏偏要在“武侠小说大师”的桂冠上,又重重地加上一顶某大学“文学院长”的乌纱帽,总揽院务,无疑会少写多少部武侠小说,有碍于大师的更上层楼。另有一位中国最年轻的郑院士,在研究人工智能和机器人的高科技领域中极有成就,但偏偏让他坐上西北某大学副校长的交椅,分管人事和外事。类此之例,不在少数。不久前,在报上看到一篇《“重才”不等于戴“乌纱”》的短文,认为这“不仅是种错误的用人导向,也是一种人才资源的浪费”,确是警策之语,而且更是对专业人员从事专业权利的剥夺。如把“乌纱帽”戴到适合戴和想戴的人的头上,而让金大侠“且去写武侠小说”,郑院士“且去造机器人”,让各种卓有成就的人才都“且去”这个,“且去”那个,两全其美,各得其所,岂不懿欤盛哉!

《且去填词》后记

《且去填词》是以我 1999—2001 年所写的随笔为主,结集而成的小集,按其内容相近分为五卷:卷一是围绕文化所写的学术短文和杂感,尽量把一些学术性问题民众化,回归民众。卷二是针砭时弊的一些随笔,希望能有裨世风。纵然人微言轻,也愿尽一点责任。卷三是有关人物的纪念性和怀念性的文字。不仅叙其生平,也还有些感慨。卷四是书序和书评。不阿世媚俗,努力撮其指归,言其要义。卷五是记自己游踪屐痕。纳文化于山川名城。集子编成后的最大难题是起书名,我耗费整整一下午列出七八个书名,又一个个否定,最后还是选中我的一篇文章的篇名作书名,那就是《且去填词》。当时写这篇文章是鉴于有些有专业特长的人士或被动加官,或主动谋官,而担心这将有碍于他们向本领域的顶峰进发,所以借用宋柳永的故事说事。文章发表后山东有位未曾谋面的年轻朋友提出了异议:我认为宋仁宗要柳永“且去填词”是看中柳永的长处,让他扬长避短,是善用人才;而这位山东朋友则认为“仁宗显然是把柳永视为只知填写艳冶小词的无行文人,难当大用”。这位山东朋友真有一股山东大汉的豪气,不像有些人写批评文章藏头缩尾地不署名,他堂堂正正署了大名和单位,所以我才可能和他通信商榷,我在信中申述我虽在说三却是道四,是借古喻今。后来彼此有了书信和电话往来,真成了朋友。

我写《且去填词》一文的目的是因有些在专业领域中已有相当高的造诣和声誉,应该凝志于专业,集中火力,更进层楼,为民族和国家争光,不要吃着碗里看着盆里,可惜未获采风。此风不但不见刹,反而继起者比比。一位有成就、有国际声誉、有广大读者、有才华、有精力、有政治地位、有发展前途的名作家,为什么非自己斥资建院、建所,博取院长、所长、教授、博导之类的官衔呢?为什么不努力向诺贝尔文学奖的巅峰进军,为国争第一席呢?如果有财力斥资建这建那而不“亲政”,那我必举双手赞成。

我真期望各行各业的精华,各尽各力,发挥有特长的一面,“且去从政”“且去写小说”“且去建造”“且去发明”“且去教书”,且去这个、且去那个……那就都有可能像“且去填词”的柳永那样,成为一代词宗。

我也总想让“且去填词”一语有个浅显通俗的诠释,让更多人理解。想来想去都不恰当。忽然有一天清晨楼下为争早点摊位争吵起来,有位天津老乡陡地发出响亮的一声“该干嘛,干嘛去!”击退了对方。这不正是对“且去填词”最准确,最贴切的诠释吗?

这就是我对书名的自我解说。

来

（2002）

“百家姓书库”之一。来新夏、来丽英著。5.2 万字。陕西人民出版社、远东出版（新加坡）公司 2002 年 4 月第 1 版，第 1 次印刷，印行 10000 册。定价：8.00 元。

ISBN 7—224—06176—X

（陕）新登字 001 号

此书为天津新蕾出版社 1999 年版 3.5 万字数《来》姓一书的增订本，并附录了百家大姓图腾始原、宋代百家姓即郡望和现当代 100 家大姓排行。

本室藏本《来》，题有“伟良雅阅　新夏　二〇一〇年五月”；并来丽英的签名。

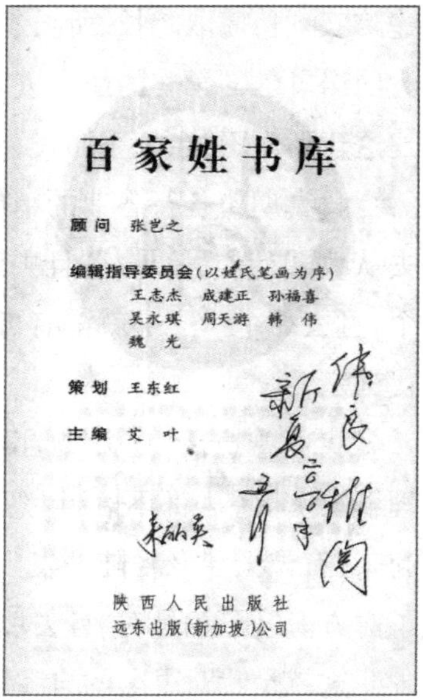

百家姓书库

顾问　张岂之

编辑指导委员会（以姓氏笔画为序）

王志杰　戚建正　孙福喜

吴永琪　周天游　韩　伟

魏　光

策划　王东红

主编　艾　叶

陕西人民出版社

远东出版（新加坡）公司

《来》目录

邃谷文录

（2002）

来新夏自选文集——《邃谷文录》，上、下册，175.4万字。南开大学出版社2002年6月第1版，第1次印刷，印行精装1000册（套）。定价：160.00元。

ISBN 7—310—01710—2

中国版本图书馆CIP数据核字（2002）第005774号

《邃谷文录》所收论文和专著，是来先生自1940年至2000年的六十年间（由于众所周知的原因，60至80年代的学术研究工作几近停顿，形成二十年空白，实际是四十年）全部700余万字著述中选辑的。全书分四卷，即历史学卷、方志学卷、图书文献学卷和杂著卷。书前以《烟雨平生》为题，叙述先生八十岁以前的人生历程。书后编制有《自订学术年谱》，以使读者了解来公的学术经历。《邃谷文录》封二采张大千"白头红叶图"为背景，署"恭祝恩师来新夏教授八十华诞　邃谷弟子敬贺"。

读书室所藏《邃谷文录》扉页题"伟良君雅藏　八三叟来新夏持赠　二〇〇五年八月"。

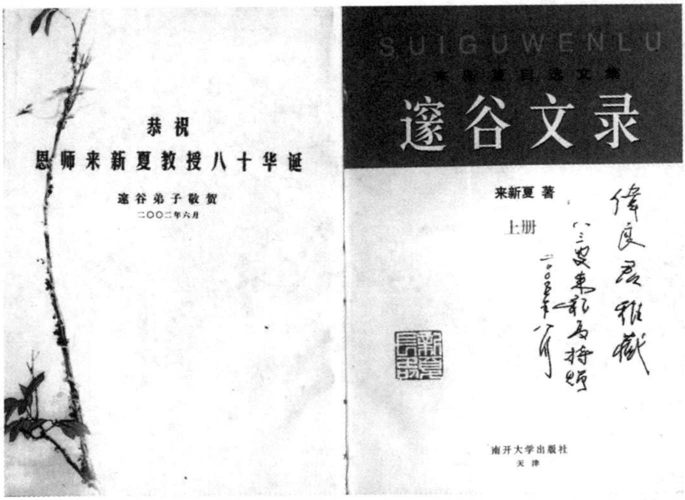
恭祝
恩师来新夏教授八十华诞
邃谷弟子敬贺
二〇〇二年六月
SUIGUWENLU
来新夏自选文集
邃谷文录
来新夏 著
上册
南开大学出版社
天津

《邃谷文录》目录

关于中国近代史的划阶段问题

一、略论中国近代史的开端年代

二、对中国近代史划阶段问题的几点看法

三、中国近代史分期问题讨论综述

鸦片战争前清政府的“禁烟问题”

一、鸦片战争前清政府“禁烟”简况

二、鸦片战争前清政府“禁烟”失败的原因

三、鸦片烟大量输入后对当时中国社会的破坏

第一次鸦片战争对中国社会的影响

《天朝田亩制度》是农民革命的纲领

太平天国底商业政策

一、太平天国底国内商业政策

二、太平天国底对外商业政策

三、外国侵略者对太平天国商业政策底态度

论“天津教案”

中日马关订约之际的反割台运动

一、马关条约断送了台湾

二、官僚军阀各有用心的反割台

三、士绅的反割台

四、台湾人民的反割台

试论清光绪末年的广西人民大起义

一、促成大起义爆发的诱因

二、大起义的基本群众

三、大起义的经过

四、大起义的影响

五、小结

同盟会及其政纲

一、同盟会的出现

二、同盟会的活动

三、同盟会的政纲

辛亥革命时期有关天津的革命活动

谈民国初年白朗领导的农民起义

反清秘密结社

附:关于中国近代史秘密社会史的研究

结网录

前言

清代前期的商业、商人与社会风尚

一、引言

二、商业的繁荣

三、商人及其地位

四、社会风尚的相应变化

五、结语

清代前期江浙地区的饮食行业

从《阅世编》看明清之际的物价

王鸣盛学术述评

一、吴派汉学健将——《尚书后案》

二、乾嘉史学大师——《十七史商榷》

三、林下群推渠帅——《蛾术编》

四、余论

王贞仪传

- 徐寿的生平及其成就
  - 一、初奠基础
  - 二、黄鹄号的诞生
  - 三、翻译西书
  - 四、传播科学知识
- 林则徐谈地方志的一封信
- 读故宫藏林则徐书札手迹
- “著论肯为百世师”——读梁启超《中国历史研究法》及其《补编》
- 《历代人物年里碑传综表》清人部分校记
  - 一、一人两载之误例
  - 二、名号缺误例
  - 三、得年、生卒年缺误例
  - 四、籍贯缺误例
  - 五、出处、编者、书名缺误例
  - 六、排次颠倒例

林则徐年谱新编

- 序言
- 林则徐传论
- 《林则徐年谱》初版前言
- 《林则徐年谱》增订本后记
- 《林则徐年谱新编》后记

北洋军阀史

- 我和北洋军阀史研究（代序）
- 论近代军阀的定义
  - 一、关于“军阀”定义的各种论点

二、"军阀"定义驳论

论北洋军阀集团的特点

北洋军阀集团的兴起

第一节　十九世纪末期的清王朝

一、内外交困的形势

二、日趋腐朽的旧军

第二节　新建陆军的建立

一、编练新军的呼声

二、编练新军的实验——定武军与自强军

三、袁世凯与北洋新军的建立

四、北洋三军的来历

第三节　武卫右军的组建

一、袁世凯与戊戌变法

二、武卫军的组建

三、武卫右军的扩编

第四节　从北洋常备军到北洋六镇

一、北洋常备军的组建

二、清政府设立练兵处

三、北洋六镇的成军

第五节　北洋军阀军事政治集团的形成

一、编练新军三十六镇计划的破产

二、两次会操与陆军部的设立

三、袁世凯政治军事权力的集中

四、南北议和与清帝退位

五、北洋军阀集团形成的原因

卷二　方志学卷

论文

关于比较方志学建设的思考

旧志经济资料初检

给城市区志一席之地

新世纪的修志思考——写在第二届修志之前

《夏津旧县志校注》序言

《志馀随笔》点校本前言

重印《畿辅通志》前言

专著

中国地方志

序言

第一章　概况

第一节　方志的定义与名称

一、方志的定义

二、方志的名称

第二节　方志的起源

第三节　方志的类别

一、按方志记载的地域范围分

二、按方志记载内容分

三、按编写体例分

四、按文体分

第四节　方志的属性与特征

一、方志的属性

二、方志的特征与作用

第五节　方志学的研究对象与内容

一、方志学的研究对象

二、方志学的研究内容

三、方志学体系结构的设想

第二章　历代的方志编纂

第一节　清前的方志编纂

一、汉魏南北朝时期

二、隋唐时期

三、两宋时期

四、元明时期

第二节　清代的方志编纂

一、清代修志事业的成就

二、清代志书的体例

三、清代修志事业发展的分析

四、清代的几部名志

第三节　民国时期的方志编纂

一、民国志书概貌

二、民国志书的特点

三、民国的几部名志

第三章　方志学的萌芽与发展

第一节　清前对方志的见解

一、魏晋隋唐时期

二、两宋时期

三、元明时期

第二节　清代方志学的建立

第一节　创编新志的过程
第二节　新方志编纂方法
一、拟定编纂体例
二、篇目设计
三、资料的搜集、整理与利用
四、编纂方法举例——概述与大事记的写法
五、人物的立传
六、语言文字的使用
第三节　主编的职责
一、主编的定位与到位
二、主编应具备的能力
三、主编的气质
第四节　新编方志选介
一、《萧山县志》
二、《许昌市志》
三、《江宁县志》
四、《江阴市志》
五、《吴县志》
第五节　新编方志的社会效用
一、资治
二、教化
三、存史
第六章　今后的趋势
一、继续开展旧志整理工作
二、提高新编志书的质量

三、加强方志与方志学的研究

新编方志序评选辑

志序

《盐山县志》序

《晋县志》序

《河西区志》序

《河东区志》序

《蓟县志》序

《广陵区志》序

《平遥县志》序

《青州市志》序

《许昌县志》序

《鄢陵县志》序

《项城县志》序

《武都县志》序

《克什克腾旗志》序

志评

论对萧山、渭南、玉山三志的评论

一部当代的新图经——《天津通志·照片志》读后

《津南区志》读后

喜迎《北辰区志》问世

漫评《唐山市志》

题《萧山围垦志》

《乳山市志》读后

读《镇江市志》札记

《常熟市志》读后一得

《无锡市志》读后

读《扬州市志》随札

《宿迁市志》读后

浅评《阳泉市志》

《晋城市志》读后

评《榆次市志》

《盂县志》读后

读《平定县志》札录

《新乡市志》读后

题《南坳镇志》

古今兴废看洛阳——读《洛阳市志·文物志》后

评《桐城市志》

《遵义市志》读后

《修文县志》读后

卷三　图书文献学卷

古籍整理讲义

序言

第一章　论分类

第二章　论目录

第三章　论版本

第四章　论句读

第五章　论工具

第六章　论校勘

第七章　论考据

第八章　论传注
第九章　论正史
第十章　论分类与丛书
附录:藏书·读书·治学

中国古代图书事业史概要

第一章　图书与图书事业
第二章　图书事业的创始阶段——周、秦
第三章　图书事业的兴起阶段——两汉、魏、晋、南北朝
第四章　图书事业的发展阶段——隋、唐、五代
第五章　图书事业的兴盛阶段——宋、辽、夏、金、元
第六章　图书事业的全盛阶段——明、清
后记

中国近代图书事业史

绪论
一、历史的新时期
二、中国近代图书事业史的分阶段问题
三、从藏书楼走向近代图书馆
四、图书范围的扩大
五、新编目录书的出现
六、图书制作的新技术
七、图书的厄运
八、结语

中国的年谱

缘起
谱主

曹家驹撰:《说梦》二卷

赵吉士撰:《寄园寄所寄》十二卷

屈大均撰:《广东新语》二十八卷

高士奇撰:《天禄识馀》二卷

附:《金鳌退食笔记》二卷 《塞北小钞》

《扈从东巡日录》 《扈从西巡日录》

《松亭行纪》二卷

刘献廷撰:《广阳杂记》五卷

彭遵泗撰:《蜀碧》四卷 《附记》一卷

王应奎撰:《柳南随笔》六卷 《续笔》四卷

钮琇撰:《觚賸》十二卷(正续八卷、续编四卷)

龚炜撰:《巢林笔谈》六卷 《续编》二卷

纪昀撰:《阅微草堂笔记》二十四卷

曹斯栋撰:《稗贩》八卷

曾衍东撰:《小豆棚》十六卷

黄印撰:《锡金识小录》十二卷

许仲元撰:《三异笔谈》四卷

严如熤撰:《三省山内风土杂识》

钱泳撰:《履园丛话》二十四卷

诸联撰:《明斋小识》十二卷

刘玉书撰:《常谈》四卷

昭梿撰:《啸亭杂录》十卷 《啸亭续录》五卷

姚莹撰:《康輶纪行》十六卷

附:《识小录》八卷

沈涛撰:《瑟榭丛谈》二卷

不要再嚼甘蔗渣

清学者对小说的异见

《史籍考》的遭遇

说两部导读目录

《三字经》杂谈

话说笔记

题华长卿《謦言集》

题《贩书偶记》

书序

《近三百年人物年谱知见录》后记

《中华幼学文库》总序

《冷眼热心》序

《路与书》序

也无风雨也无晴——《依然集》代序

《枫林唱晚》序

《一苇争流》序

《纪晓岚全集》序

《林则徐诗选注》序

书名之学不应漠视——《中国古今书名释义辞典》序

《甲午战前钓鱼列屿归属考》日译本序

有关天津租界的书——《天津租界谈往》序

紫禁城的旧事——紫禁城三书序

《走进困惑》序

《浙江图书馆馆志》序

书评

熔事功与思想于一炉——评《诸葛亮评传》
力破陈说抒胸臆——评《张之洞大传》
“非常之世”的“非常之人”——评《盛宣怀传》
吹尽黄沙始见金——评《清代史料笔记丛刊》
旋转舞台上的走马灯——评《北洋政府总统与总理》
《探微集》探微
从笺注古籍谈起——评《颜光敏诗文集笺注》
于细微处见学问——评《中国门文化》
一本装满人间冷暖的书——《中国历史文献学史述要》
书与人
李清照写《金石录·后序》
汗竹斋及其主人
池北书库与王士祯
儒林外史中的一个人物
近代地方文献学家陈作霖
日藏汉籍与黎庶昌
天津藏书家陶湘
以“破伦”精神藏书
读连横的《台湾通史》
袁寒云和宋版书
一代译才朱生豪
附录:《邃谷楼读书笔记》四十二则
弢盦随笔
第一辑　心　境
无怨无悔说

吐鲁番纪行
平遥古城
娘子关揽胜
塔尔寺朝圣
太鲁阁留踪
台北故宫博物院巡礼
香港沧桑
中华文化浸润的澳门

海外

美国风情
初履金山
独立厅
华盛顿故居
两个雅典城
影城忆游
赌城
乡情的安慰
大学图书馆
村镇图书馆
扶桑手记
成田上空的浮想
上野探樱花
广岛之旅
和服的咏叹
和食杂说

《邃谷文录》总说明

《邃谷文录》是我从事历史学、方志学、图书文献学诸方面研究的成果和另一些杂著的自选集。时间跨度是从 1941 至 2000 年的六十年间(其中六十至八十年代由于众所周知的原因,学术研究工作几近停顿,形成二十年空白,应说是四十年间)。全书分四卷,即:历史学卷、方志学卷、图书文献学卷和杂著卷。《邃谷文录》所收论文和专著是从我全部 700 余万字著述中由自己亲加选辑的。自选文集既可以对已往学术工作做一总检阅,又能在一定程度上体现个人思想与观点，或胜于无所不收的“全集”和由他人代选的文集。

《邃谷文录》所收内容只是我学术道路上的足迹，不足以言高深。文字有所正讹，内容仍存原貌。如果有一些可供他人参考利用，节省他人的翻检之劳，或者作为“铺路石子”，备他人比较平坦地走向学术殿堂，那对我无异是一种没有虚度年华的慰藉。如果有人指出我的瑕疵，那是让我在垂暮之年获得改正错误的机会，我将非常感谢。

《邃谷文录》后记

刚刚进入二十一世纪，我也日益靠近八十岁了。我的早期学生焦静宜和莫建来等人建议我应该把自己的论著汇编在一起，作为八十岁的纪念。我很感谢他们的念旧与关注，欣然接受他们的建议。经过认真深入的考虑，我决定由自己从全部著述中选录部分有代表性且能对人有用者，将其编为选集，以求无负于我生。

我之所以由自己选编，主要是因为陈援庵老师曾经说过，要出个人集子，最好自选。一是自己对自己的文字最有数；二是自己对自己的学术思路和脉络最清楚；三是可以减少各篇间的重复处，易于去取。于是我就在 2001 年初开始搜集选编，并自定了几条选编原则，即：(1)所选必须自己认为“尚可”者；(2)所选必须是亲手写作者，主编著述不收，合作著作选入自己撰写的章节；(3)尽量避免重复内容；(4)尽量保持原发表时的文章原貌，仅改正语词错讹和表达不清之处。

我搜集了自 1940 年至 2000 年的六十年间我所写的近 700 万

字的文字,包括论文和专著,并根据自定的编选原则,从中选出了160余万字,分编为四卷:前三卷是我所致力的学术方向,卷一是历史学,卷二是方志学,卷三是图书文献学;后一卷则是我晚年所写的随笔和书话。各卷的分量只能求大致平衡。书前以《烟雨平生》为题,重点写了我八十岁以前的人生历程。书后编制了一份《自定学术年谱》,供读者了解我的学术经历。

选编的命名是工作过程中一直思考的问题。我自认为我的论述著作并没有达到学问的极致,它只是我一生坚韧不懈地进行学术工作的真诚痕迹,也是一个普通知识分子从事钞纂爬梳之学的治学记录,所以只能以"文录"定位,而这些著述都是完成于我那狭窄的"邃谷"书斋中,于是又加上"邃谷"二字,成《邃谷文录》这一正式书名。我也曾在两年前以此书名请教过启功老师,得到首肯。我非常感谢启功老师在高龄和目疾严重的情况下,当场命笔为我题写了《邃谷文录》的书名。我深深地感谢在《邃谷文录》从选编到出版的全过程中,给我以支持和帮助的所有朋友们!

来新夏

二〇〇二年春,八十初度,写于南开大学邃谷

出枥集

（2002）

“名家心语丛书”之一。来新夏自选集——《出枥集》,19 万字。新世界出版社 2002 年 6 月第 1 版,第 1 次印刷,印行 6000 册。定价:18.00 元。

ISBN 7—80005—772—0

中国版本图书馆 CIP 数据核字(2002)第 035395 号

列新世界出版社周奎杰女士和张世林先生策划的“名家心语丛书”第三辑。该辑共五册,尚有季羡林自选集《新纪元文存》,吴宗济自选集《补听集》,王仲翰自选集《清心集》,张允和、张兆和姊妹自选集《浪花集》。

《出枥集》书前特设祝寿专页:“谨以此书献给来新夏先生八十华诞。”是集多为来先生 2000 年至 2002 年所写的随笔,记录了先生的心路历程及人生感悟。其中卷一《不悔少作》为先生高中时在报刊上发表的短文 5 篇和读书笔记 42 则,为 60 年后第一次面世。

先生撰文《五星连珠》,载于《中华读书报》2002 年 2 月 13 日

"书评",述说《出枥集》成书的因果。

《出枥集》目录

正确对待海外史学研究方法

疑义相与析

清人笺注表录著作

乱弹“治学”

王钦若与《册府元龟》

清代一部反邪教的书——谈《破邪详辨》

卷四　书序书评

《天津近代史》前言

《邃谷文录》后记

《古籍整理讲义》序言

书名的解释——《且去填词》后记

奇人·奇书·奇作者——读陈福康著《井中奇书考》

五星连珠——读《名家心语丛书》

题《萧山围垦志》

《平遥古城志》序言

卷五　知人论世

傻公子刘承幹与嘉业堂

《北洋军阀史》作者的独白

我与中华书局的人和事

名人的滋味

把高校图书馆办成研究型图书馆

马年颂马

卷六　清人笔记随录

《津门杂记》

《小豆棚》

《瑟榭丛谈》(附《交翠轩笔记》《铜熨斗斋随笔》)
《杭俗遗风》
《履园丛话》
《天禄识馀》(《金鳌退食笔记》《塞北小钞》
《扈从东巡日录》《扈从西巡日录》
《松亭行记》《扈从纪程》)

卷七　访景寻情

历史的沉重
三访红山
水乡乌镇
再访天一阁
宁波的“麻将起源地陈列馆”
东方的赌城

卷八　烟雨平生——我的八十自述

我的家庭
我的祖父
民族灾难
师恩难忘
笔耕舌耘
特殊年代
乡居四年
辉煌一瞬
衰年变法
老骥出枥

《出枥集》自序

从小多病，前几天为文集找几幅插图，从"文革"抄余的照片中发现一张我一岁多的照片，照片中由母亲抱着的我，真像打蔫的绿豆菜，当时家长都担心我夭折。我的舅母住在家乡萧山的西兴镇，信服镇上龙图庙的灵验，尤其对那位坐在旁边的嫂娘陆氏夫人。于是就和母亲商量着备了香烛供品，抱我到庙里，寄养在陆氏夫人的名下，求其庇佑长命百岁，似乎亦未能立见灵验。直到四岁以后，我才渐渐健壮起来。我的青少年时代是在民族危难，战火纷飞的年代里惶惶然地度过，后来又坎坎坷坷地历经各种磨难，总算活过来了，不料已至知命之年。等到有了比较安定的生活，就想不虚此生做点贡献。立德立功，业绩不大。遂退遁蜗居，检读古今图籍，默察世事百态，偶有所得，灾及电脑，积稿近千，难称立言，不过老人心语。偶有省悟，不知老之已至。八十初度，谁不言老？回首往事，烟雨迷茫。呜呼！先贤有言，人生如梦，信哉斯言！

生老病死，不论英雄美人，还是凡夫俗子，都难违此规律。老了就是老了，该怎么办？只有两条路可走：一条是无所事事，坐耗岁月；另一条是不待扬鞭自奋蹄。思前想后，不甘走前一条路，那么只能走后一条路。看看如此江山，依然风月，我也一息尚存，依然笔耕不辍。前几年的成果已然结集成八种。现在手头又攒了从2000年以来所写的十多万字，准备略加整理增补，再编一集，作为八十初度的纪念。

正在编集过程中，我去北京开会，新世界出版社的张世林先生闻讯来宾舍见访，送我一套以季羡老为首的五位名家的集子，出书的名义是祝寿，目的是抢救。世林主张把这些耄耋之人的心里话留下来给世人随读,所以加了件外套,名曰《名家心语丛书》。他非常诚恳地约我加盟这套丛书的第三辑。因为多年的友谊,他知道我今年八十初度,有意以此作为纪念,真令人感动。《名家心语丛书》中有季老所写的一篇总序,完全站在老人立场上,反对“老龄化社会”和“余热”等等把老人视为无用或用处不大的说法,我很支持这一抗议。在世纪之交,时常听见“跨世纪人才”之说,似乎天然含意不包括老人,我就不服气。好像只有中青年才能跨世纪,才是人才。世纪只不过是时间的一个界标,谁跨过 2000 年,谁就是跨世纪,不论老少;谁在新世纪对国家社会有贡献,谁就是人才,也不论老少。虽然当时有人对我嗤之以鼻,讽刺我七老八十,何苦与人争一日短长,我则坚持己见不改。

应世林之约以后,尽月余之辛劳,补写了几篇,约近二十万字,加了几幅插图,居然又成一集。共分八卷,以示八十之年。除书序书评、读书札记、知人论世等寻常篇什外,卷一名“不悔少作”,为前世纪四十年代之少作,用以志缀文之始,若合近作诸文并观,庶可得我文字历程之梗概。汉人扬雄悔其少作,我则不悔少作,若无少作,何有今作?遂列数篇少作于卷首。历年撰文多多,幸有选家法眼,入之最佳、精品之集,或供人以鉴赏,而对我则雪泥鸿爪,聊备遗忘,乃选录数篇,列为卷二“旧文他选”。卷八为“烟雨平生”,乃我八十之自述。集成之余,颇钟情于魏武之“老骥伏枥,志在千里”,堪称“烈士暮年,壮心不已”,顾我犹感微憾。窃惟“伏枥”显呈老态;“千里”未免距短。乃妄易为“老骥出枥,志在万里”,并即以“出枥”名集,尚祈识者勿嗤其老悖,笑其狂傲。幸甚!幸甚!

三学集

（2002）

“南开史学家论丛”之一。来新夏著。43万字。中华书局2002年9月第1版,河北第1次印刷,印行1500册。定价:32.00元。

ISBN 7－101－03300－8

中国版本图书馆CIP数据核字(2002)第010254号

《三学集》的著者来新夏先生一生致力于学术的三个方面,即历史学、方志学与图书文献学,此为“三学”;一生治学则持一种“学习、学习、再学习”的态度,至老不辍,也可概括为“三学”,故名之为《三学集》。

《人民日报》2003年4月25日第9版“学术交流”栏目《摒弃浮躁 做真学问》一文载:“4月12日,南开大学历史文化学院在京举行‘南开史学家论丛’研讨会。来自国家图书馆、中国社会科学院、北京大学、清华大学、中国人民大学、北京师范大学、南开大学等单位的50多位专家学者参加了研讨会。与会者认为,这套丛书体现了20世纪我国新史学的学术渊源和发展历程,展示了老一辈史学

家的杰出成就与贡献。与会者提出，学风问题至关重要，良好的学风是学术得以健康发展的必不可少的重要条件。在这一点上，老一辈史学家为我们树立了榜样。我们应该向老一辈史学家学习。摒弃浮躁，做真学问。为促进学术的发展和繁荣作出自己的贡献。”

郑天挺、雷海宗、杨志玖、来新夏等，“并为史界巨子，南开名师”。读书室对“南开史学家论丛”第一辑八种，即郑天挺《及时学人谈丛》、雷海宗《伯伦史学集》、杨志玖《陋室文存》、王玉哲《古史集林》、杨生茂《探径集》、杨翼骧《学忍堂文集》、来新夏《三学集》以及魏宏运《契斋文录》，均作皮藏。

本室藏本《三学集》，题有“伟良雅藏 来新夏 二〇〇六年四月”，系先生第一次莅临寒舍时所题。《三学集》自序，经修改后冠以《舌耕笔耘 致力“为人”之学》篇名，发表在《学术界》2003 年第2期。

《三学集》目录

儒家思想与《史记》

清代前期的商业、商人与社会风尚

关于中国近代史的划阶段问题

鸦片战争前清政府的“禁烟”问题

第一次鸦片战争对中国社会的影响

太平天国底商业政策

试论清光绪末年的广西人民大起义

论近代军阀的定义

论北洋军阀集团的特点

王鸣盛学术述评

林则徐传论

《甲午战前钓鱼列屿归属考》日译本序

（二）

略论地方志的研究状况与趋势

中国方志学理论的发展与现状

关于比较方志学建设的思考

旧地方志资料在经济建设中的作用

论新编方志的人文价值

《中日地方史志比较研究》序

重印《畿辅通志》前言

（三）

中国图书文化的历史价值

试论《中国古代图书事业史》的研究对象与划阶段问题

《中国近代图书事业史》绪论

中国藏书文化漫论

论正史
中国古典目录学简说
清人笔记的史料价值
清人年谱的初步研究
清代考据学述论
《中华幼学文库》总序
《中国古今书名释义辞典》序
《纪晓岚文集》序
自订简谱

《三学集》自序

1923年的夏天，我出生在江南名城杭州的一个读书人的大家庭里，父叔常年谋食四方，家中事无巨细都由祖父主持。祖父来裕恂先生是清末秀才，曾从师于俞樾；又是日本弘文书院的留学生。在日本曾任同盟会主办的横滨中华学校的教务。回国后经蔡元培介绍加盟光复会，在家乡从事新式教育的劝学工作。辛亥以后，他敝屣荣华，依然在教育部门和各类学校任职。他一生潜研学术，寄情诗词，笔耕不辍。所著有《汉文典》《匏园诗集》《萧山县志稿》和《易经通论》等多种。我七岁以前，一直随侍于祖父左右，生活上备受宠爱。但祖父对我的教育却很认真，非常严格地对我进行传统文化的蒙学教育，以三、百、千、千的顺序去读，去背诵，还为我讲解《幼学琼林》和《龙文鞭影》等蒙学书，为我一生从事学术活动奠定了入门基础。祖父就是我的第一位启蒙老师。七岁那年，我因父亲供职天津即随母北上。我依依不舍地离开了祖父，以后虽然再未和祖父生活在一起，但是他仍然不时写信来，指导我读书和修改我的习作，直到他高年辞世时为止。

我从小学到大学遇到过不少良师，他们都从各个方面给我日后的学术道路以重要的影响。前一世纪的三四十年代之交，我在天津一所中学读书，有一位年轻的国文教师谢国捷，专攻哲学，是史学家谢国桢的六弟。安阳谢氏，家富藏书。谢老师又很慷慨倜傥，师生间十分契洽，因此我得以借读谢氏藏书。谢老师还常和我谈些治学方法和经验，鼓励我写文章。我的第一篇史学论文《汉唐改元释例》初稿就完成于此时。此文后来在陈垣老师的直接指导下，经过多次修改，终于成为我的大学毕业论文。

四十年代初，我就读于北平辅仁大学，有幸亲受业于陈垣、余嘉锡、张星烺、朱师辙、柴德赓和启功、赵光贤诸先生之门，他们都为我日后走上学术道路耗费心血，特别是他们谨严缜密、求实求真的学风，成为我一生努力追求的方向。可惜我资质驽钝，虽全力以赴，至今未能达到师辈的标准，而深感有负师教。当时正处于日寇侵华的沦陷区，老师们坚贞自守的爱国情操，更是一种无言的身教。

我大学毕业时，正是抗战胜利的第二年——1946 年，人们的心情都很兴奋，以为可以报效国家，有所作为。孰知事与愿违，政府的腐败令人大失所望，我无可逃避地像许多人一样走上一条毕业即失业的道路。虽然经过亲友的帮助，曾在一家公司谋得一个小职员的工作，但为时不久，公司倒闭。又赋闲了一段时间，才经读中学时一位老师的介绍，到一所教会中学去教书；当时，解放战争已临近全面胜利的边缘，天津的解放也指日可待，我也直接或间接地接受了一些革命理论和思想的灌输，热切地期望着新生活的来临。

1949 年 1 月，天津解放给我带来了从未有过的欣悦。在革命洪流的冲击下，我积极投身于新的革命工作。不久，经民青驻校领导人的动员，我和另一位同事张公骕兄被保送到华北大学去接受南下工作的政治培训。于是，脱去长袍，穿上用紫花（据说是一种植物）煮染过的粗布所缝制的灰制服；抛去优厚的工薪制，去吃小米，享受大灶供给制。一股堂·吉诃德式的革命热情带来革命的冲动。为了和旧思想、旧习俗等等旧的一切割断，作个新人，我们又学习那些先行者改名换姓的革命行动，偷偷地商量改名问题。张兄利用名字中骕字的马旁，又想在革命大道上奔腾，所以改名马奔。我则用名字的最后一字“夏”与“禹”相连而改姓禹，又大胆地以列宁自期，取名一宁，暗含着彼一宁也，我一宁也，将相宁有种乎的傲气。张兄一直沿用马奔这个革命名字，我则幸亏以后又恢复了原姓名，否则“文化大革命”中这将是一条大罪状——居然敢以列宁自期。政治培训期满后，张兄南下到河南，我则被留在华北大学的历史研究室，师从范文澜教授，做中国近代史研究生。从此我就从古代史方向转到近代史方向，并在范老和荣孟源先生指导下写出第一篇学习新观点的文章——《太平天国底商业政策》，作为太平军起义百年的纪念。

当时历史研究室的主要研究工作就是从整理北洋军阀档案入手。这批档案是入城后从一些北洋军阀人物家中和某些单位移送过来的藏档，没有做过任何清理和分类。这批档案有百余麻袋，杂乱无章，几乎无从下手，每次从库房运来几袋就往地下一倒，尘土飞扬，呛人几近窒息。当时条件很差，每人只发一身旧紫花布制服，戴着口罩，蹲在地上，按档案形式如私人信札、公文批件、电报电稿、密报、图片和杂类等分别打捆检放到书架上。因为每件档案都有脏污之物，要抖干净就会扬起尘土，整天都在暴土扬尘中过日子，直到下班，不仅外衣一层土，连眼镜片都厚厚地积上灰尘，鼻孔下面一条黑杠，往往彼此相视而笑，但从没有什么抱怨。在整理过程中，因为急于想闯过这个尘土飞扬的阶段，工作速度较快，所以除了知道不同形式的档案和记住一些军阀的名字外，几乎很难停下来看看内容，只能说这是接触北洋军阀档案的开始而已，还谈不上什么研究。

大约经过两个多月的时间，清理麻袋中档案的工作告一段落，为了进入正规的整理工作，研究室集中十来天让我们读一些有关北洋军阀的著作。我虽是历史专业出身，但在大学时除了读过一本丁文江的《民国军事近纪》外，所知甚少，就趁此阅读了一部分有关著述。下一阶段的整理工作主要是将初步整理成捆的档案，按政治、经济、文化、军事四大类分开。每个人把一捆捆档案放在面前，认真阅读后，在特制卡片上写上文件名、成件时间、编号及内容摘要，最末签上整理者的名字，然后分类归架。因为看得仔细，常常会发现一些珍贵或有趣的材料，我便随手札录下来。大家在休息时和在宿舍里彼此都能毫无保留地交流心得，既增长学识，也引起追索的兴趣，有时便在第二天去追踪原档，了解具体内容。前后历经半年多的整档工作，虽然比较艰苦，但却不知不觉地把我带进了一个从未完全涉足过的学科领域，它成为我一生在历史学领域里的中心研究课题。

1951 年春，范文澜老师应南开大学历史系主任吴廷璆教授之请，同意我到南开大学任教。从那时至今已整整越过半个世纪。我可以毫无愧色地说，我把一生的主要精力都奉献给了南开大学。

我在南开大学从助教做起,历阶晋升至教授。在新的岗位上,我除了坚持科研工作外,又开始新的教学生活。我到校不久,由于吴先生奉命赴朝慰问,他承担的中国近代史教学任务便落在我的肩上,我夜以继日地突击备课,居然在吴先生离校时披挂上阵。未曾想到竟然一举成功,受到学生的欢迎。吴先生凯旋后,看我已能胜任,也就让我教下去。从此,中国近代史就是我教学工作中的主要项目。此外我还教过中国历史文选、中国通史、古典目录学、历史档案学、鸦片战争史专题和北洋军阀史专题等,同时我仍然坚持北洋军阀史方面的研究,继续搜集整理有关资料。到南开大学的第二年——1952 年,我在《历史教学》杂志上连续发表了题为《北洋军阀统治时期》的讲课记录,虽然还不太成熟,但从此正式进入了北洋军阀史研究的程序。不久,我在荣孟源和谢国桢二先生的指派下,受命筹划《中国近代史资料丛刊·北洋军阀》的编撰工作,搜集了较多的资料,可惜由于人事变迁而中断,虽有微憾,但却意外地接触不少有关北洋军阀的资料,为日后撰写《北洋军阀史略》作了必需的准备。1957 年,我在荣孟源先生的推荐下,应湖北人民出版社之邀,撰写了新中国第一部力图用新的观点和方法系统论述北洋军阀史的专著——《北洋军阀史略》,引起了海内外学者的注意。日本学者岩崎富久男曾译此书,并增加随文插图,易名为《中國軍閥の興亡》,先后由两个出版社出版,成为日本学者案头用书。六七十年代因接受政治审查,研究工作中辍,但我仍然暗暗地搜集资料,阅读有关书籍。直至七十年代末,我的问题才解决。1983 年,由于社会稳定,文化需求与日俱增,湖北人民出版社又邀约增订《北洋军阀史略》,我也以能重理旧业,兴奋不已。于是,出其积累,补充史料,增订内容,撰成《北洋军阀史稿》。九十年代前后，有关资料较多出现，于是在上海人民出版社的邀请下，与我的学生们共同编纂了有三百五十余万字的《中国近代史资料丛刊·北洋军阀》。从而接触了大量资料，开拓了视野，丰富了知识，终于和几位多年合作的学生，在世纪末完成了百余万字的《北洋军阀史》。我自认为在这一领域中已完成自己应尽的职责。我也乐观地认为在这一领域，至少一段时间内不会重出同一题材的著述。此外，我还在中国近代史领域中的其他方面进行学术研究工作，撰写了一定数量的论文，后来大部分编入《中国近代史述丛》和《结网录》两本书中。

六十年代前后，编修新方志的创议者梁寒冰先生，多次动员我参与其事，我一则被寒冰先生的盛情所感，再则我的祖父曾在极困难的条件下独力修成一部七十余万字的《萧山县志稿》，我理应克承祖业，为新编地方志尽一份力。于是在寒冰先生领导下，开始全国修志的筹备工作，并以河北省丰润、霸县等地为试点。正在顺利推进之际，"文化大革命"的风暴陡起，我和寒冰先生在不同单位都因发起修志而被扣上"举逸民"的罪状，并从我家中抄走有关修志的文件和资料，作为罪证。但我们的修志志向并未因此而稍减，我还在被批斗之余和被监管的日子里，读了一些方志学的著作。七十年代末，灾难的十年终于过去，迎来了改革开放的新时期。拨乱反正，百业俱兴。我和寒冰先生亦以极大的热情重新发动全国性的修志工作，我承担了初期培训和组织修志队伍的工作。1983 年春，在华北、西北、中南、东南四个大区同时举办了四个培训班，讲授修志基本知识，并在讲课的基础上，由我主持编写了第一本修志教材——《方志学概论》。与此同时，我也对方志学进行较深入的研究，写出了一些论文，并应邀到一些地方去演讲。1993 年夏，我承曾供职过的南开大学出版社的盛情，出版了《志域探步》，作为我七十岁的纪念。不久，我又应台湾商务印书馆之约，对《志域探步》作了全面增补和修订，撰成《中国地方志》一书，成为我在方志学领域中一部有代表性的著作。

命运往往拨弄人，十年动乱终于走到了尽头，一切又归于平静、正常。我也从六十年代以来那种百无是处的境地中解脱出来，问题结论了，政策落实了，我的聪明才智似乎又被重新发现，有了新的价值。八十年代前后，当我临近花甲之年，一般人已在准备退休，而我却方被起用，迎来了一生中唯一的"辉煌"瞬间。我在一两年内荣获了校务委员、校图书馆馆长、校出版社社长兼总编辑、图书馆学系系主任、地方文献研究室主任等诸多头衔，校墙外面的虚衔也如落英缤纷般地洒落到头上来。但历尽坎坷的我始终保持清醒，视这些"荣华"如过眼烟云。一方面兢兢业业做好各项本职工作，以无负委托；另一方面，坚持不懈地立足于学术研究工作的基本点上。于是，我结合新的事业，又转向于图书文献学领域。在这公务繁忙的十多年中，我主持编写了《中国古代图书事业史》《中国近代图书事业史》《图书馆学情报学档案学简明辞典》和若干专门性论文，开辟了我学术研究工作的第三个领域。

综观自己的大半生，都是在笔耕舌耘的生活中度过。我从二十世纪四十年代开始撰写文章，并在报刊上发表。最近从旧报上发现好几篇中学时代写的文章，如《诗经的删诗问题》《桐城派的义法》《清末的谴责小说》和《邃谷楼读书笔记》等，还写过一些随笔散文。这种笔墨生涯一直延续六十年而不辍，撰写了多种学术著作，代表了我致力学术研究的三个方向。历史学方面主要有《林则徐年谱新编》《北洋军阀史》《中国近代史述丛》和《结网录》等；

方志学方面有《志域探步》《中国地方志》和《中国地方志综览》等；图书文献学方面有《中国古代图书事业史》《中国近代图书事业史》《古典目录学》《近三百年人物年谱知见录》和《古籍整理散论》等。这些著述中有些曾遭遇过不幸的厄运。如我想把中国近代史教得有点新意就努力开发新史源，曾集中精力，历时十年，本着专攻一经的精神，读了八百多种近三百年的人物年谱，每读一书，辄写一提要，积稿达五十余万字，又经修改成定稿十册，不幸于“文革”时被抄走，发还时仅余二册，幸初稿尚在，乃于七十年代下放务农之暇，重加整理，再一次写成定稿，题名为《近三百年人物年谱知见录》，约五十六万余字，于1983年由上海人民出版社出版。我以十年时间通读一种史料后，终于对近三百年的人物、史事轮廓获得了大体了解，这或许也是一种不幸中的大幸，因为在颇为恶劣的氛围中，只有专攻一经才能修复不平的心境，并完整地掌握某一学术领域的基本内容。也许这是我在无奈中摸索到的一条治学门径。

随着时间的推移，在前一世纪的最后十几年里，我渐渐感到我自己的社会职责尚有所亏欠。我虽然在教学与科研工作上尽了一份力，但那个圈子很狭窄，忽略了更广大的民众对文化的需求。我没有尽到把知识回归民众的责任，于心有愧，于是不顾圈子里朋友们的“不要不务正业”的劝告，毅然走出象牙塔，用随笔形式把知识化艰深为平易，还给民众，向民众谈论与民众所共有的人生体验来融入民众，同时我也想用另一种文字风貌随手写点遣兴抒情之作，给新知旧雨一种求新的感觉。写来写去，积稿日多，在九十年代竟然连续出版了《冷眼热心》《一苇争流》和《来新夏书话》等七种小集。我的一位早期学生戏称我是“衰年变法”，我亦甘愿受之而不辞。

我依然在笔耕舌耘的漫长道路上走着，我将以余年完成尚在进行的《清人笔记随录》一书。这是对经眼的清人所撰三百余种笔记所写的书录，体例一依《近三百年人物年谱知见录》，现已完成草稿，准备再以三五年时间完成定稿，使之与《近三百年人物年谱知见录》并成为我致力"为人"之学的证明，也为清史研究工作做出应有的贡献。如果还有余力，我将在无怨无悔的恬静心态下，回顾自己的一生，实话实说，写一部自述，以明本志。

这是我简编的自选集，包括我一生致力于学术的三个方面，即：历史学、方志学与图书文献学，有友人曾括称为"三学"。我一生治学则持"学习、学习、再学习"的态度，至老不辍，也可概括为"三学"，所以我将这个自选集命名为《三学集》，祈识者鉴督！

二〇〇二年二月中浣写于南开大学邃谷

古典目录学浅说

（2003）

“国学入门丛书”之一。来新夏著。16万字。中华书局2003年10月北京新1版，北京第1次印刷，印行4000册；2005年8月北京第2次印刷，印行5000册。两次合计印刷9000册。定价：14.00元。

ISBN 7－101－03675－9

中国版本图书馆CIP数据核字(2002)第093880号

本书内容包括：目录学概说，介绍了目录与目录学、古典目录书的类别、古典目录书的体制与目录学的作用；古典目录学著作和目录学家，论述了两汉官修目录与史志目录的创始、魏晋南北朝古典目录的“四分”与“七分”、隋唐五代官修目录与史志目录的发展至五代目录工作的衰落，评述了目录学历史发展中的重要目录学著作和著名目录学家；古典目录学的相关学科，对古典目录学的相关学科如分类学、版本学、校勘学等相关学科作了较详尽而具体的论述；第四章古典目录学的研究趋势，提出了古典目录学领域研究的前瞻设想。本书可作研习古典目录学和了解国学的入门读物。

《古典目录学浅说》被中华书局列入“国学入门丛书”第二辑。该辑其他书是:陈垣《史讳举例》《校勘学释例》,李学勤《古文字初阶》,刘叶秋《中国字典史略》,齐珮瑢《训诂学概论》,李宗为《唐人传奇》,文史知识编辑部《经书浅谈》。

古籍整理讲义

（2003）

“名师讲义丛书”之一。来新夏著。28.9 万字。鹭江出版社 2003 年 11 月第 1 版第 1 次印刷；2006 年 2 月第 2 次印刷。未标印数。定价：20.50 元。

ISBN 7—80671—225—9

中国版本图书馆 CIP 数据核字（2006）第 013050 号

“名师讲义丛书”已出的书目有：卞孝萱《唐人小说与政治》，林庚《中国文学史》，何兹全《中国古代及中世纪史》，张岱年《中国哲学史研究法》，黄永年《古文献学四讲》，林幹《中国古代北方民族通史》，费孝通《社会学初探》，林耀华《社会人类学讲义》，张晋藩《薪火集——中国法制史学通论》，佟柱臣《中国考古学要论》。

上世纪 60 至 80 年代，来先生曾授课的讲义，油印为《文献整理十论》。后名之《古籍整理散论》，由书目文献出版社出版，但印数极少。此作在收入于来新夏自选集《邃谷文录》中，名《古籍整理讲义》。2002 年春，鹭江出版社拟将《古籍整理讲义》纳入“名师讲义”

丛书中，于是来先生又增饰篇章：将原《论正史》易为《论“二十四史”》，新撰《论“十三经”》《论诸子百家》《论总集与别集》《论地方志》《论佛藏与道藏》。书末附先生在日本独协大学开设《中华传统文化的传递》讲座时的讲义。

该书所附“作者近影”即来先生彩照，系2001年9月至2003年9月，天津图书馆地方文献部主任李国庆参加天津师范大学“情报学”(图书)专业研究生课程进修班学习，在听来先生讲授《古籍整理讲义》课程时所抓拍。

中华书局编审崔文印，曾撰文《匠心独具——读来新夏〈古籍整理讲义〉》，评介说：“这部《讲义》确实有画龙点睛之功，是来先生大半生学术经验的真传。”

本室藏《古籍整理讲义》初印及二印本各一册，来先生于初印本扉页签名“来新夏”。

《古籍整理讲义》目录

《古籍整理讲义》序言

中国拥有大量的古籍，它们负载着清代以前几千年历史和文化的积累，保存着无数可供征考的文献资料，是中国历史和文化的重要信息源。但是，由于它们距现在已有长短不等的时间距离，因此往往需要进行一些加工整理来沟通。某些有经验、有造诣的学者可能已在长期实践中摸索出自己的一套整理古籍的基本技能，但对初学者则往往会有一段茫然无所措手足的摸索过程。了解一些前人曾使用过的基本技能知识对缩短摸索过程是有利的。前人整理古籍的基本

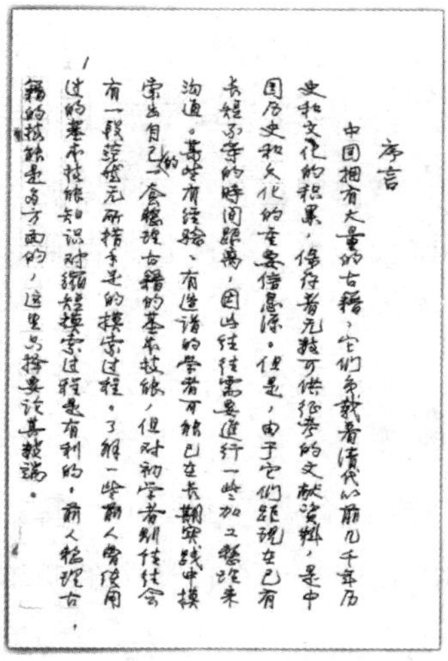

序言

中国拥有大量的古籍，它们负载着清代以前几千年历史和文化的积累，保存着无数可供征考的文献资料，是中国历史和文化的重要信息源。但是，由于它们距现在已有长短不等的时间距离，因此往往需要进行一些加工整理来沟通。某些有经验、有造诣的学者可能已在长期实践中摸索出自己的一套整理古籍的基本技能，但对初学者则往往会有一段茫然无所措手足的摸索过程。了解一些前人曾使用过的基本技能知识对缩短摸索过程是有利的。前人整理古籍的技能是多方面的，这里只择要论其数端。

作者手迹

技能是多方面的,这里只择要论其数端。

古籍浩如烟海，设无类属，则需用时面对丘山之积而难以紬读。分类思想早在战国时的荀子即已提出“以类行杂,以一行万”和“同则同之,异则异之”等分类原则,对后世影响颇大。宋郑樵在其名著《校雠略》中更强调说:“类例既分,学术自明。”乃作论分类第一。

要想即类求书就需要借助各种目录的指引。通过目录书来开拓知识,提供文献线索,久已是历代学者所公认的途径。汉王充提出,如要做“通书千篇以上,万卷以下”的“通人”,那就要掌握目录学这一基本技能来博览古今,畅通大义。清代学者王鸣盛更强调:“凡读书最切要者,目录之学,目录明,方可读书,不明终是乱读。”语虽偏激,却道出目录技能的重要。乃作论目录第二。

使用目录书可以做到即类求书，但一书有多写众刻，何者为善,那就需要加以选择。只有掌握识别版本的技能,才能区别善本与劣刻,以避免谬误。清代版本学家顾千里认为,不讲版本是自欺欺人。另一学者段玉裁还把寻求好版本作底本视为治学的第一步。只有具备选择善本佳刻的版本学技能，才可明辨哪一种版本的内容比较完整,文字比较准确,方能选择好的底本作为整理的依据。乃作论版本第三。

流传至今的古籍大多因无句读而难以卒读，于是句读问题也被视为整理和研读古籍的一种基本技能。宋代史学家欧阳修在《读书》诗中说:“篇章异句读,解诂及笺传,是非自相攻,去取在勇断。”即以句读作为自己读书的基本技术训练。另一位学者何基有“凡所读无不加标点”的长处,《宋史》特把此事写入本传。如果对句读忽视,即使积学如胡三省,也会在《通鉴》卷一七三将郑译复周主的对语作了误断误释，致贻后人以口实，备受指摘。陈垣师在《通鉴胡注表微》中特以此诫后学。乃作论句读第四。

工欲善其事，必先利其器。古籍中无论字词，还是典制，均非人人皆能记忆或尽晓，势不得不借助于工具书以求解。整理古籍更不能不将工具书置诸案头，以备随时翻检。中国工具书的肇源甚早，历史悠长，而品类又较多，如不知其性质与使用方法，则一遇窒碍，往往难以得心应手。乃作论工具第五。

能够循读文献，尚需广搜异本，比勘异同。孔子整理诗书就做过“去其重”的校勘工作，郑玄对诸经的“刊改漏失”；唐、宋以来学者多“亲自校定铅椠”；清人则更“博征善本以校勘之”，使校勘成为专学。因为通过校勘，可以正事实，通文字，去谬误，所以陈垣师曾说过：“校勘为读史要务，日读误书而不知，未为善学也。”他并概括了对校、本校、他校和理校的校法四例。此四例便是校勘工作的基本技能。乃作论校勘第六。

校勘而有异同，就需要以考证来定底本与立说的是非。考证也有一套基本技能，那就是本证、旁证与理证。古籍中的文献资料经过考证就置研究工作于坚实可靠的基础之上，为学术研究工作的抽象概括和具体分析提供了便利。乃作论考证第七。

传注是有悠久历史的整理古籍的方法，它对古籍中的文献起到训释音义，掇拾遗阙，辨正异同和核查文字的作用，使了解古籍更为完整准确而便于理解。历来有传、注、笺、释、集解、汇注……等等不同体裁，在整理古籍过程中可借助它们来解疑祛难。乃作论传注第八。

分类、目录、版本、句读、工具书、校勘、考证、传注等都是整理古籍的基本技能。它们虽不能置于学术极致的地位上，但应熟练掌握，善于应用。要允许一些人专门从事这类基本技能的研讨，使之逐步完善和规范化，以便于青年和初学者的掌握使用。作为青年和初学者来说，决不要以为这些都是陈旧的方法，雕虫小技，不屑一顾，或者一笔抹煞，而应该以批判继承的态度，更好地提高它、完善它、掌握它和运用它。

为了让初学者对古籍能有所涉猎，我在八论之外尚举出几类古籍为例，如经史子集、类书丛书、地方志和佛藏道藏等七类，各立一章，使读者对主要古籍的总貌有所了解。二者相合共得十五章。

这十五篇文字是前世纪六十至八十年代在课堂上授课时的讲义，也在与一些青年朋友谈论时作过发言稿。它未能包括整理古籍的全部技能，而只是择要论说，用备初学者的参稽，曾选印过十篇，油印发给学生，题名曰《文献整理十讲》。十几年前，我将前八论合为一书，名曰《古籍整理散论》，由书目文献出版社出版，但印数很少。2001 年前，我在编自选集《邃谷文录》时，又恢复十论原貌，并对各篇进行了修改，有的篇还做了较多的增订，命名曰《古籍整理讲义》。2002 年春，鹭江出版社拟将《古籍整理讲义》收入其“名师讲义”丛书中，我又收录了五篇有关文字，共为十五章，仍以《古籍整理讲义》为书名，并附录了我在日本独协大学开设《中华传统文化的传递》讲座时的讲义。虽然它的内容有与《讲义》重复处，但为了保存这份讲座稿的完整，而未加删节，祈读者见谅。

来新夏

一九九二年秋成稿于南开大学

二〇〇一年春改定稿

二〇〇二年冬再定稿

学不厌集

（2004）

来新夏著。此为“来新夏学术随笔自选集之《问学编》”。24万字。海峡文艺出版社2004年7月第1版，第1次印刷。未标印数。定价：15.00元。

ISBN 7－80640－975－0

中国版本图书馆CIP数据核字（2004）第046379号

是书收录文章68篇，共分“学术管窥”“书山有径”“撮其指要”“书海徜徉”“儒林观风”五部分。其中《关于编纂新〈清史〉的体裁与体例》《新编〈儒藏〉三疑》《敦煌百年三笔账——纪念敦煌经卷发现100年》等文章，反映了来先生对重大学术课题的深入思考，因此评论界认为：“作者深渊的学术功底，严谨的治学态度，坦然的学术胸襟以及斐然文采，使这本学术随笔集有着相当的分量，值得关注。”

《绍兴日报》2003年12月25日“山阴道”文学副刊，刊登来先生的《享受寂寞》，后以此文作为《学不厌集》的代序。

《学不厌集》一书，我久购不得，来先生致电该书责任编辑茅林立。及得茅先生赠本,内附信曰:“伟良先生:遵来新夏先生嘱,寄上《学不厌集》一册,请查收。专此,致礼。茅林立。一月十五日。”不久来先生在此本题“来新夏　二〇〇七年二月”。

《学不厌集》目录

挑水还是倒水

编写《天津近代史》的前前后后

南朝四百八十寺 多少楼台烟雨中——《人生感悟》专题访谈录

卷三 撮其指要

我的随笔自序

《冷眼热心》序

《路与书》序

《依然集》序

《邃谷谈往》序

《枫林唱晚》序

《一苇争流》序

《来新夏书话》序

《且去填词》序

附《后记》

《出枥集》序

《只眼看人》序

《邃谷文录》后记

《中国地方志总目提要》序言

《明代孤本方志选》序言

重印《畿辅通志》前言

《平遥古城志》序言

《中华幼学文库》总序

《中国文献学资料通检》序

《甲午战前钓鱼列屿归属考》日译本序

《民国笔记小说大观》序言

《2000年中国最佳随笔》序

《走进困惑》序

《萧山古遗存》序言

《纪晓岚遗物丛考》序

《开卷闲话》序

卷四　书海徜徉

就《林则徐全集》的出版答《炎黄春秋》记者问

严修与《严修日记》

读《弢翁藏书年谱》

《探微集》探微

浅评《山西大典》

从读《老资料丛书》初稿说起

条分缕析 追根究底——读《中国书法理论体系》

读《关于罗丹——熊秉明日记摘抄》的札记

——兼悼熊秉明先生

一本装满人间冷暖的专著

——读崔文印夫妇所著《中国历史文献学史述要》

一部久遭湮没的千字文——《千字典对》

卷五　儒林观风

王晫的自我炒作

纪晓岚还欠通达

元白先生的豁达

书生论

儒商与商儒

笑得想哭

享受寂寞（代序）

许多人怕寂寞,视寂寞如魔鬼,一旦遭遇,又常常发出无奈的怨叹。达官贵人,位退权消,怕失势后门可罗雀的寂寞;富有者商海失利,怕树倒猢狲散的寂寞:名姝艳丽,人老珠黄,怕灯火阑珊的寂寞;学者作家,江郎才尽,怕笔涩墨干的寂寞;中年人怕事业无成的寂寞;老年人怕孤独无依的寂寞。各色各样的人有各色各样对寂寞的怕,归根结底,这些人都因为有所希冀,贪求满足,才怕寂寞。如果能够澹泊人生,敝屣荣华,那不但不会有寂寞的苦恼,反而需要寂寞,进而享受寂寞。

确实有些人不怕寂寞，也从不感觉寂寞的困扰。他们摆脱喧嚣,远离热闹,需要寂寞来追求自己的人生目的。孔子的学生颜回居陋巷,身处寂寞,但是他为追求儒学之传,不顾箪食瓢饮,依然过着不改其乐的日子。司马迁遭受非刑,亲友疏远,寂寞之极,但他为完成父亲的遗业,为后世留一部信史,在寂寞中完成《史记》这部皇皇巨著。当代也不乏其例,有人多年遭受不公待遇,放之林野,妻儿分居,亲友不语,但矢志不移,终日沉浸书史,潜心著述,累累成果,为学林承前启后,为民众益智增识,真正享受美好的寂寞。

我这一生曾有过两次寂寞:一次是四十多年前,那是我被排除在群众队伍之外的岁月里,不管是圈于"牛棚",面壁苦思几十年的往事,供述交代,还是放逐四裔,战天斗地于广阔田野,只能困顿在永昼难耐、长夜不眠的寂寞之中,都是形影相吊。除了外调和提审(当年传唤交代问题,名之曰提审,视同囚犯),几乎没有任何语言的交流。难耐的寂寞!寂寞得令人烦躁、恐惧。无奈只能从随身带着的那些曾被人踏过撕过的书稿中求解脱。这些书籍和文稿,虽不懂人间的冷暖,却似乎字里行间不时会流露出丝丝笑意,有时好像若有若无地送来遥远的慰藉。在漫漫的多年禁锢日子里,我学而不厌地读了几十种书,恢复和撰写了三部著作。这是我生平第一次不自觉地感到寂寞的美好,真正享受了寂寞。十多年前,我又遇到再一次的寂寞。上一世纪九十年代初,我以古稀之年离休家居,刚从热闹场中退出,寂寞真的又来临了。但是,这次的面对,比第一次自觉多多。我并不再感到难耐,而是喜悦。因为寂寞给我腾出了自由的余年。从而我可以回翔于较大的空间,学而不厌地诵读满壁的藏书,也可以在窗前灯下纵笔写作。我还可以不被俗务打断而聚神凝思,悠闲地完成那些"半截子工程",了平生未了之愿,做自己想做的任何事。我更能把一生学而不厌的所得,用随笔的形式,回归民众,反哺民众。这难道不是最幸运的享受?

从两次面对寂寞,享受寂寞看,学而不厌确是知识分子排遣寂寞的验方,其实这只是先师孔老夫子的遗教。据我的猜测,孔子当年周游列国,四处碰壁,万分寂寞之际,喟然一叹说:"默而识之,学而不厌，诲人不倦，何有于我哉？”暗暗地广记见闻，不断地读书学习，教书育人，这对孔子来说又有什么难的呢？默而识之是无形的行为，无时无刻不在进行；诲人不倦，不能像孔子那样有一大批弟子在身边，接受教诲，所以对一般书生来说，只能恪遵“学而不厌”一条路。如果遇到寂寞，肯走学而不厌的路，会让人感到寂寞并不难耐，寂寞会给人多么美好的享受！

在写这篇文章的时候，我选编的学术随笔集正好成书，等待命名。选集中所选的这些文章，正是学而不厌的成果，所以我就为这本选集题名为《学不厌集》，并以《享受寂寞》一文作为代序。

来新夏

二〇〇四年二月写于邃谷

只眼看人

（2004）

来新夏著。“来新夏随笔选《人物编》”。15.5万字。东方出版社2004年10月第1版，第1次印刷，印行5000册。定价：18.00元。

ISBN 7－5060－1738－5

中国版本图书馆CIP数据核字（2003）第088364号

2003年4月，“非典”肆虐，来先生乃闭门书斋“邃谷”，就历年所作，选三十余人分近代和近当代人物，厘定成稿。翌年正式出版。《只眼看人》中，有一篇《徐树兰与古越藏书楼》。由徐树兰（1837—1902）个人创办的古越藏书楼，为国内最早的公共图书馆，其卓行可谓前无古人。古越藏书楼，即今绍兴图书馆的前身。

2002年11月初，先生应绍兴图书馆之邀，赴绍兴出席该馆百年纪念，并在学术讨论会上，作了“古越藏书楼百年祭”的学术报告。

书名《只眼看人》颇显俏皮，或许有误解来公狂傲者。先生自序略叙缘由：双眼分工，一只眼看古人，一只眼看今人。何者看古人？何者看今人？答曰，两只眼均患白内障，已动手术一只，拨开云雾，用以看古人；未动一只，蒙蒙眬眬，用以看今人。“只眼看人”尚有一义，双眼平视，不易聚焦，若掩一眼仰视，则天色清亮，颇能一眼看穿也。

本室藏本《只眼看人》扉页题“伟良藏书　来新夏 二〇〇七年十二月”。

《只眼看人》目录

陈作霖与金陵文献

王先谦功过

张謇:能受天磨真英雄

严复与《国闻报》

评说汤寿潜

梁启超与《中国历史研究法》及其《补编》

蹈海取义陈天华

近代民族资本家荣德生

悲欣交集李叔同

为“智者不为”的智者——记陈垣师

傻公子刘承干

张东荪其人其学

袁寒云与宋版书

郑天挺“文革”二事

学通流略王重民

一代译才朱生豪

曹禺的剧作

名门后裔张公骕

博学多才孙思白

穆旦的半生悲歌

《只眼看人》自序

历史的画卷展现着无数风流人物的歌泣悲欣，现实的生活晃动着多少“蚩蚩者氓”的熙来攘往。如果没有这些,历史将是一片空白，而无所谓古往今来；生活亦将是到处混沌，而不见其众生百态。所以人无论在历史，还是现实中，都是主体，而怎样看人，则成为每个人在经意不经意间的话题和谈柄。

中国人很注重看人，所以有“知人之明”的成语和故事。古籍中的经史子集，无不有人的活动。一代一代的在评论人物，于是有“流芳百世”和“遗臭万年”的两大看人标准。儒道法墨的著作中，无不于人有所论述。史圣司马迁创纪传体，并在《史记》中设七十列传，为后世立下写史规矩。班固《汉书》有《古今人表》，把人分成三六九等。汉末许劭每个月议论当代人物，称月旦评。南朝刘宋的刘义庆留给后世一部《世说新语》，写尽魏晋风流。清人王晫续写《今世说》，虽难免沿袭，但多存人物逸闻琐事。至于文人墨客之说部笔记，人物尤称主体。名公巨卿，市井伧夫，名姝艳丽，硕德方外，无不描画尽致。时至今日，泛滥尤甚，芸芸众生，千姿百态，徜徉于纸边墨海，令人目不暇给。

人既如此重要，那么怎样看人，自当各具卡尺，衡量比划，以求得当。昔贤教导说，看人要“全面地、历史地”看，这是高智商者方能做到。因为“全面地、历史地”看人，需要双目洞若观火，具四六开、三七开的功力，更应有“论其功不掩其过，言其过不没其功”的胸襟。这些，驽钝如我，都不具备。但面临现实，又不能不时时遇到人这个主体，于是经过反三复四地考虑，决定以“只眼看人”。有朋友以我为狂傲，问我是不是自我标榜与人不同的“独具只眼”。我说，非也。我何敢言“独具只眼”，而只是让双眼分工，一只眼看古人（我所谓古人，概指已作古之人），一只眼看今人而已。朋友又问“究竟哪只眼看古人？哪只眼看今人？”答曰：“我两只眼，都有白内障，一只动过手术，拨开云雾，用以看古人；另一只未动过手术，蒙蒙眬眬,用以看今人。”朋友更问,“为何如此?”答曰:“我之所谓‘只眼’,尚有一义。双眼平视,不易聚焦,若掩一眼仰视,则天色清亮,颇能一眼看穿。”古人是非,文献足征,大致锁定,若我以动手术之眼看之,类能取其一善,攻其一点。较“全面地、历史地”看人,简易多多。至于今人,则人心莫测,阴晴难定,随风转舵,卖友求荣,云云云云,实难一眼看透,而时有“看走眼”之虞,不如爽性以模糊之眼视今人,惟期得其大致轮廓,免扰心志,以求宁静。

我既以只眼独钟情于看古人,于是时就古人之一端——或操守,或雅趣,或学识,或事功,或命运坎坷,或居心诡诈……总期以人为镜,鉴其得失。梳理成文,笔之于册。近二十年,积稿盈寸。总想有机会选编一书,而难得机缘。前者,曾与一多年好友相谋,拟编一《读人丛书》,则我自可随手搭车。不意因事未果,意犹怏怏,而痴心未泯,遂就历年所作,优选三十余人,分列二卷。卷上为近代以前人物,卷下为近当代人物。一本生存人不录之旨,所收各色人物,均已作古,统谓之“古人”,而屏除尚存世之今人。书既编成,乃以《只眼看人》为名,待沽寒斋。今春得小友张伟涛之介,又得鲁静小友为之责编,得付枣梨。寿耶,灾耶?是耶,非耶?得失自有寸心!

二〇〇三年四月,非典肆虐,闭门邃谷,造车之作,时年八十一岁

清人笔记随录

（2005）

“国家清史编纂委员会·研究丛刊”之一。来新夏著。50.2 万字。中华书局 2005 年 1 月第 1 版，第 1 次印刷，印行精、平装本 3000 册。定价：46.00 元。

ISBN 7－101－04241－4

中国版本图书馆 CIP 数据核字（2004）第 036355 号

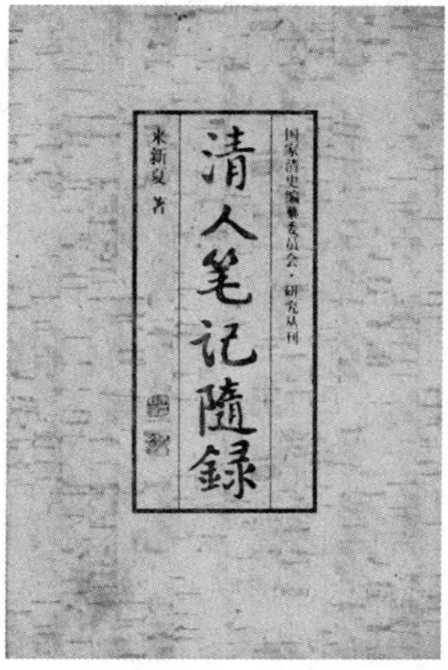

国家清史编纂委员会为完成清史编纂工作而出版了四种丛刊，即研究丛刊、文献丛刊、档案丛刊和译著丛刊，其任务是及时编辑出版清史专题研究的最新学术成果。清代笔记为研究清史极重要的资料。早在 1991 年 4 月，来先生撰文《清人笔记的史料价值》，刊登于《九州学

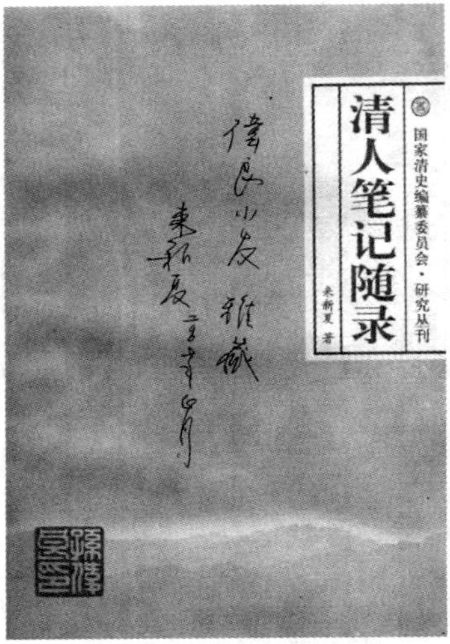

刊》4卷1期上。该论文收载于“南开史学家论丛·来新夏卷”《三学集》。《清人笔记随录》是来先生札录所经眼清人笔记二百余种之成果。所收140余人笔记作者，上起生于明而卒于清者，下止生于清而卒于民国，每种一文，记述撰者生平、内容大要、有关序跋、备参资料和版本异同等。书后附《清人笔记中社会经济史料辑录》。戴逸先生为之作序。

读书室藏精装本《清人笔记随录》扉页：“伟良小友雅藏　来新夏　二〇〇七年正月。”本室又藏平装本一册。

《清人笔记随录》目录

序言 /戴逸

自序

《北游录》九卷

谈迁[明万历二十一年(1593)—清顺治十四年(1657)]撰

《宁古塔志》

方拱乾[万历二十四年(1596)—康熙五年(1666)]撰

《冬夜笺记》

附:《谈助》

王崇简[万历三十年(1602)—康熙十七年(1678)]撰

《黄孝子寻亲纪程》

附:《滇还日记》

黄向坚[万历三十九年(1611)—康熙]撰

《闽小纪》四卷

附:《书影》十卷

《字触》六卷

周亮工[万历四十年(1612)—康熙十一年(1672)]撰

《昌平山水记》二卷

附:《京东考古录》

顾炎武[万历四十一年(1613)—康熙二十一年(1682)]撰

《板桥杂记》三卷

附:《三吴游览志》

《东山谈苑》八卷

余怀[万历四十四年(1616)—康熙三十五年(1696)]撰

《漫游纪略》

王澐[万历四十七年(1619)—清康熙中叶]撰

《阅世编》十卷

叶梦珠[天启三年(1623)—康熙时]撰

《胜朝彤史拾遗记》六卷

毛奇龄[天启三年(1623)—康熙五十五年(1716)]撰

《三冈识略》十卷

附:《续识略》一卷

《莼乡赘笔》三卷

董含[天启六年(1626)—康熙时]撰

《滇行纪程》

附:《东还纪程》

许缵曾[天启七年(1627)—康熙三十九年(1700)]撰

《寄园寄所寄》十二卷

赵吉士[崇祯元年(1628)—康熙四十五年(1706)]撰

《粤行纪事》三卷

瞿昌文[崇祯二年(1629)—?]撰

《广东新语》二十八卷

屈大均[崇祯三年(1630)—康熙三十五年(1696)]撰

《池北偶谈》二十六卷

附:《居易录》三十四卷

《香祖笔记》十二卷

《古夫于亭杂录》六卷

《分甘馀话》四卷

王士祯[崇祯七年(1634)—康熙五十年(1711]撰

《筠廊偶笔》二卷

附:《筠廊二笔》二卷

宋荦[崇祯七年(1634)—康熙五十二年(1713)]撰

《今世说》八卷

王晫[明崇祯九年(1636)—康熙中]撰

《姑苏采风类记》

张大纯[明崇祯十年(1637)—清康熙四十一年(1702)]撰

《蜀难叙略》

沈荀蔚[崇祯十一年(1638)—康熙五十三年(1714)]撰

《觚賸》十二卷

钮琇[崇祯末—康熙四十三年(1704)]撰

《研堂见闻杂记》

王家桢[明清之际]撰

《蚓庵琐语》

王逋[明清之际]撰

《嘉定县乙酉纪事》

朱子素[明清之际]撰

《平圃杂记》

附:《中书述》

《督捕述》

张宸[明清之际]撰

《簪云楼杂说》

陈尚古[明清之际]撰

《谈往》

花村看行侍者[明清之际]撰

《吴逆取亡录》

苍弁山樵[明清之际]撰

《粤述》

闵叙[明清之际]撰

《说梦》二卷

曹家驹[明清之际]撰

《坚瓠集》六十六卷

褚人穫[明清之际]撰

《天香楼偶得》

虞兆湰[明清之际]撰

《天禄识馀》二卷

附:《金鳌退食笔记》二卷

《塞北小钞》

《扈从东巡日录》

《扈从西巡日录》

《松亭行纪》二卷

《扈从纪程》

高士奇[顺治二年(1645)—康熙四十三年(1704)]撰

《广阳杂记》五卷

刘献廷[顺治五年(1648)—康熙三十四年(1695)]撰

《虞初新志》二十卷

附:郑澍若撰:《虞初续志》十二卷

张潮[顺治七年(1650)—康熙四十六年(1707)]撰

《人海记》

查慎行[顺治七年(1650)—雍正五年(1727)]撰

《滇黔纪游》

陈鼎[顺治八年(1651)—康雍间]撰

《粤西丛载》三十卷

汪森[顺治十年(1653)—雍正四年(1726)]辑

《渌水亭杂识》四卷

纳兰性德[顺治十一年(1654)—康熙二十四年(1685)]撰

《清波小志》

徐逢吉[顺治十二年(1655)—乾隆时]撰

《湖壖杂记》

附:《八纮绎史》四卷

《八纮荒史》

《峒谿纤志》三卷《志馀》一卷

陆次云[顺治时]撰

《岭南杂记》二卷

吴震方[顺治时]撰

《蜀都碎事》四卷

附:《艺文补遗》上下

陈祥裔[顺治时]撰

《宁古塔纪略》

吴振臣[康熙三年(1664)—乾隆]撰

《龙沙纪略》

方式济[康熙十五年(1676)—康熙五十六年(1717)]撰

《柳南随笔》六卷

附:《续笔》四卷

王应奎[康熙二十三年(1684)—约乾隆二十二年(1757)]撰

《前徽录》

姚世锡[约康熙二十八年(1689)—乾隆]撰

《遯斋偶笔》二卷

徐昆[康熙三十年(1691)—乾隆二十六年(1761)]撰

《东城杂记》二卷

附:《玉台书史》

厉鹗[康熙三十一年(1692)—乾隆十七年(1752)]撰

《漱华随笔》四卷

严有禧[康熙三十三年(1694)—乾隆三十一年(1766)]撰

《州乘馀闻》

宋弼[康熙四十二年(1703)—乾隆三十三年(1768)]撰

《巢林笔谈》六卷

附:《续编》二卷

龚炜[康熙四十三年(1704)—乾隆中]撰

《蜀碧》四卷

彭遵泗[康熙四十三年(1704)—乾隆中]撰

《陶说》六卷

朱琰[约康熙五十五年(1716)—乾隆]撰

《锡金识小录》十二卷

黄卬[康熙—乾隆二十二年(1757)]撰

《黄山领要录》二卷

汪洪度[康熙时]撰

《偶阳杂录》

章大来[康熙时]撰

《日贯斋涂说》

梁同书[雍正元年(1723)—嘉庆二十年(1815)]撰

《阅微草堂笔记》二十四卷

纪昀[雍正二年(1724)—嘉庆十年(1805)]撰

《闻见瓣香录》十卷

秦武域[雍正三年(1725)—乾嘉时]撰

《茶馀客话》二十二卷

阮葵生[雍正五年(1727)—乾隆五十四年(1789)]撰

《檐曝杂记》七卷

赵翼[雍正五年(1727)—嘉庆十九年(1814)]撰

《东皋杂钞》三卷

董潮[雍正七年(1729)—乾隆二十九年(1764)]撰

《听雨轩笔记》四卷

徐承烈[清凉道人][雍正八年(1730)—嘉庆八年(1803)]撰

《桃溪客语》五卷

吴骞[雍正十一年(1733)—嘉庆十八年(1813)]撰

《只麈谭》正编二卷

附:《续只麈谭》二卷

胡承谱[雍正十一年(1733)—?]撰

《南越笔记》十六卷

附:《出口程纪》

李调元[雍正十二年(1734)—嘉庆七年(1803)]撰

《西清笔记》二卷

沈初[雍正十三年(1735)—嘉庆四年(1799)]撰

《永宪录》四卷

萧奭[雍正时]撰

《维西见闻纪》

余庆远[雍正末—乾嘉?]撰

《藤阴杂记》十二卷

戴璐[乾隆四年(1739)—嘉庆十一年(1806)]撰

《稗贩》八卷

曹斯栋[乾隆五年(1740)—嘉庆]撰

《南江札记》四卷

邵晋涵[乾隆八年(1743)—嘉庆元年(1796)]撰

《旧学蓄疑》

汪中[乾隆九年(1744)—乾隆五十九年(1794)]撰

《扬州画舫录》十八卷

附:周生:《扬州梦》四卷

李斗[乾隆十四年(1749)—嘉庆二十三年(1818)]撰

周生[道光三年(1823)—光绪二十三年(1895)]撰

《小豆棚》十六卷

曹衍东[乾隆十五年(1750)—道光五年(1825)]撰、项参新参校

《万里行程记》

祁韵士[乾隆十六年(1751)—嘉庆二十年(1815)]撰

《吹影编》四卷

程攸煦[垣赤道人][乾隆十七年(1752)—嘉庆十五年(1810)]撰

《三异笔谈》四卷

许元仲[乾隆二十年(1755)—道光]撰

《大云山房杂记》

恽敬[乾隆二十二年(1757)—嘉庆二十二年(1817)]撰

《沪城备考》六卷

附:《木棉谱》

《水蜜桃谱》

褚华[乾隆二十三年(1758)—嘉庆九年(1804)]撰

《三省山内风土杂识》

严如熤[乾隆二十四年(1759)—道光六年(1826)]撰

《履园丛话》二十四卷

钱泳[乾隆二十四年(1759)—道光二十四年(1844)]撰

《忆书》六卷

焦循[乾隆二十八年(1763)—嘉庆二十五年(1820)]撰

《明斋小识》十二卷

诸联[乾隆三十年(1765)—道光]撰

《常谈》四卷

刘玉书[乾隆三十二年(1767)—道光]撰

《初月楼闻见录》十卷

附:《续录》十卷

吴德旋[乾隆三十二年(1767)—道光二十年(1840)]撰

《恩福堂笔记》二卷

英和[乾隆三十六年(1771)—道光二十年(1840)]撰

《南省公馀录》八卷

附:《退庵随笔》二十二卷

《归田笔记》八卷

《浪迹丛谈》十一卷

《浪迹二谈》八卷

《浪迹三谈》六卷

《枢垣纪略》二十八卷

梁章钜[乾隆四十年(1775)—道光二十九年(1849)]撰

《啸亭杂录》十卷

附:《啸亭续录》五卷

昭梿[乾隆四十一年(1776)—道光九年(1829)]撰

《重论文斋笔录》十二卷

王端履[乾隆四十一年(1776)—道光]撰

《竹叶亭杂记》八卷

姚元之[乾隆四十一年(1776)—咸丰二年(1852)]撰

《窦存》四卷

胡式钰[约乾隆四十八年(1783)生]撰

《邝斋杂记》八卷

陈昊[乾隆四十九年(1784)—咸丰元年(1851)]撰

《瀛舟笔谈》十二卷

阮亨[乾隆四十九年(1784)—咸丰时]撰

《康輶纪行》十六卷

附:《识小录》八卷

姚莹[乾隆五十年(1785)—咸丰二年(1852)]撰

《关陇舆中偶忆编》

张祥河[乾隆五十年(1785)—同治元年(1862)]撰

《溃痈流毒》四卷

王清亮[乾隆五十三年(1788)—咸丰]撰

《吹网录》六卷

附:《鸥陂渔话》六卷

叶廷琯[乾隆五十六年(1791)—同治七年(1868)]撰

《两般秋雨盦随笔》八卷

梁绍壬[乾隆五十七年(1792)—道光]撰

《瑟榭丛谈》二卷

附:《交翠轩笔记》四卷

《铜熨斗斋随笔》八卷

沈涛[乾隆五十七年(1792)—咸丰十一年(1861)]撰

《黑龙江外纪》八卷

西清[乾隆时]撰

《宸垣识略》十六卷

吴长元[乾隆时]撰

《京师偶记》

柴桑[乾隆时]撰

《秦淮画舫录》二卷(上下)

附:《画舫馀谭》

捧花生[乾隆时]撰

《石渠馀纪》六卷

王庆云[嘉庆三年(1798)—同治元年(1862)]撰

《冷庐杂识》八卷

附:《续篇》

陆以湉[嘉庆六年(1801)—同治四年(1865)]撰

《见闻随笔》二十六卷

附:《见闻续笔》二十四卷

齐学裘[嘉庆八年(1803)—同治]撰

《闽杂记》十二卷

施鸿保[嘉庆九年(1804)—同治十年(1871)]撰

《无事为福斋随笔》二卷(上下)

韩泰华[嘉庆十五年—同光时]撰

《玉井山馆笔记》

附:《旧游日记》

许宗衡[嘉庆十六年(1811)—同治八年(1869)]撰

《桥西杂记》

叶名沣[嘉庆十七年(1812)—咸丰九年(1859)]撰

《庸闲斋笔记》十二卷

陈其元[嘉庆十七年(1812)—光绪七年(1881)]撰

《止园笔谈》八卷

史梦兰[嘉庆十八年(1813)—光绪二十四年(1898)]撰

《听雨丛谈》十二卷

福格[嘉庆二十年(1815)—？]撰

《燕京杂记》

不著撰人[嘉庆时]撰

《埋忧集》十卷

朱翊清[原署“戊上红雪山庄外史”][嘉庆时]撰

《玉台画史》五卷

汤漱玉[嘉庆时]撰

《琐事闲录》二卷

附:《续录》二卷

张畇[嘉庆时]撰

《京尘杂录》四卷

杨懋建[蕊珠旧史][嘉庆时]撰

《虫鸣漫录》二卷

宋芬[采蘅子][嘉庆时]撰

《清嘉录》十二卷

附:《桐桥倚棹录》十二卷

顾禄[嘉庆时]撰

《闲处光阴》二卷

彭邦鼎[抟沙拙老][嘉庆时]撰

《金壶七墨》十九卷

黄钧宰[道光元年(1821)—光绪时]撰

《春在堂随笔》十卷

附:《小浮梅闲话》一卷

《荟蕞编》二十卷

《耳邮》四卷

俞樾[道光元年(1821)—光绪三十二年(1906)]撰

《瀛壖杂志》六卷

附:《瓮牖馀谈》八卷

王韬[道光八年(1828)—光绪二十三年(1897)]撰

《妙香室丛话》十四卷

张培仁[道光八年(1828)—光绪]撰

《萝庵游赏小志》

李慈铭[道光九年(1829)—光绪二十年(1894)]撰

《蕉轩随录》十二卷

附:《续录》二卷

方濬师[道光十年(1830)—光绪十五年(1889)]撰

《凤麓小志》四卷

附:《运渎桥道小志》

《东城志略》

《金陵物产风土志》

《炳烛里谈》三卷

陈作霖[道光十七年(1837)—(1920)]撰

《庸庵笔记》六卷

薛福成[道光十八年(1838)—光绪二十年(1894)]撰

《郎潜纪闻》(初笔)十四卷

附:《燕下乡睉录》(二笔)十六卷

《壬癸藏札记》(三笔)十二卷

《判牍馀渖》(四笔)十一卷

陈康祺[道光二十年(1840)—？]撰

《红杏山房闻见随录》二十八卷

卢秉钧[道光时]撰

《种瓜亭笔记》

王崇烈[道光时]撰

《儒林琐记》一卷

附:《儒林附记》一卷

《雨窗消意录》四卷

《瞑庵杂识》四卷

《瞑庵二识》二卷

朱克敬[道光时—光绪十三年(1887)]撰

《壶天录》三卷

百一居士[道光时]撰

《津门杂记》三卷

张焘[道光时]撰

《行素斋杂记》二卷

继昌[道光时]撰

《粤游小志》

张心泰[道光时]撰

《杭俗遗风》

范祖述[道光时]撰

《淞南梦影录》四卷

附:《锄经书舍零墨》四卷

黄协埙[畹香留梦室主][咸丰三年(1853)—(1924)]撰

《媿生丛录》二卷

李详[咸丰九年(1859)—(1931)]撰

《旧典备征》五卷

《清人笔记随录》序言 / 戴逸

尽多日之力，我匆匆地读了来新夏先生的新作《清人笔记随录》,它将我引进了一个饶有趣味的知识境界,大则国计民生,军政要事,典章制度以及经史议论,科场掌故,风土人情,园林佳胜,里巷习俗,世态炎凉,直到谈狐说鬼,脂粉灵怪,因果报应。中国传统封建社会生活中的众生相,毕呈于眼前,绘声绘色,光怪陆离,包含了巨大的信息量。我以前也读过不少笔记,但从来没有这样一下子集中接触到如此巨大的数量。来新夏先生此书著录的笔记作者有一百四十余人,有的作者所写笔记有两三种,甚至五六种之多,因此全书谈到的笔记总数将近二百种。清代笔记数量很多,二百种远未囊括清代所有的笔记,但数量已是洋洋大观,可称是清代笔记的渊海。

笔记在我国古代著作中是一种特殊的体裁,传统书籍的分类中并无笔记一类,因其内容庞杂,界划不清,经史子集,不知分属何类。有的笔记入杂史类,如冯甦《见闻随笔》、杨捷《平闽记》,《四库全书》皆入于史部杂史类;有的笔记可入地理类,如高士奇《金鳌退食笔记》、吴绮《岭南风物记》、方式济《龙沙纪略》、厉鹗《东城杂记》,《四库全书》皆入于史部地理类;有的笔记可入儒家类,如程大纯《笔记》、范尔梅《读书小纪》,《四库全书》入子部儒家类;有的可入小说家类,如王晫《新世说》、钮琇《觚賸》、吴陈琬《旷园杂志》,《四库全书》皆入子部小说家类。更多的笔记则归于杂家类。笔记最明显的特点就是内容杂,大千世界,芸芸众生,兼收并蓄,无所不包,凡无法按内容界划分类的,都可以归进子部杂家类。因此,我们在《四库全书》子部杂家类可以看到各种类型的"笔记",如:顾炎武《日知录》、姜宸英《湛园札记》、王士祯《居易录》《分甘馀话》、张贞生《唾馀随录》张文炳《公馀笔记》、高士奇《天禄识馀》、徐昂发《畏垒笔记》、谈迁《枣林杂俎》、张尔岐《蒿庵闲话》、宋荦《筠廊偶笔》、陆廷灿《南村随笔》、魏裔介《佳言玉屑》、赵吉士《寄园寄所寄》、黄叔琳《砚北杂录》等等。这些笔记,体例不一致,价值有高下,有论有叙,或庄或谐,《四库全书》都把它们纳入子部杂家类;并且,条分缕析,谓:"杂之义广,无所不包……以立说者谓之杂学,辩证者谓之杂考,议论而兼叙述者,谓之杂说,旁究物理,胪陈纤琐者,谓之杂品,类辑旧文、途兼众轨者谓之杂纂,合刻诸书,不名一体者谓之杂编,凡六类。"(《四库全书总目提要》子部杂家类)某种笔记,如果按照传统的分类法去寻找,真不知道该在何部何类中去搜检。

大多数笔记篇幅短小精悍,每则记叙,长则数百字,少则几十字,简单明快,很少千字的文章,更无万言书。史梦兰叙述自己写作《止园笔谈》的情形:

园居无事,惟以卷轴破寂。偶有所触,辄赫蹏记之,以备遗忘。客至则藉为谈柄。谈之快意,则相呼浮一大白。遇有以杂事、异闻、琐语相告,可以资劝惩、广见闻者,亦收拾缀辑,付之毛生,积久成帙,遂亦忘其为我谈,为客谈,为今人之谈,古人之谈,而概目之为笔谈云。

大多数笔记都是在这种环境、心态中,兴之所至,随笔书写,情意率真,较少做作,故多清新可读。读笔记,就像是听讲有趣的故事,展现情节,生动曲折,跌宕起伏,描写人物,栩栩如生,惟妙惟肖,可以增加历史和生活的知识,又可以得到艺术的享受,许多笔记都是上佳的文学作品,如纪晓岚的《阅微草堂笔记》、张潮的《虞初新志》、梁绍壬的《两般秋雨盦随笔》等。

笔记中所记保持较多的真实性,因为作者或闲居自娱,或消愁解闷而作笔记,无心沽名传世,亦非刻意著作,故无所避讳,无所顾忌,无所掩饰,能透露某些真实情况和真实思想,比起官方史书更加可信。如嘉庆十八年,河南滑县天理教抗清起事,史载滑县知县强克捷死难,清廷优礼褒恤,赐谥立祠,但在张畇的笔记《琐事闲录》中却有不同记载:

封丘邑侯全大令福,与强公(指强克捷)戊辰通谱。强公逃至封署,拟为恢复计。比闻滑邑既失,公之眷属已阖门遇难,即欲自尽。全大令再四阻之,且百计防范,所以潜居二十余日,迄无知者。及恤典既下,全不得已,始具宴邀强公痛饮。二更后,延至花厅,将衣裳棺椁妥为料理,握手拜别,强公乃从容捐躯。吁!亦悲矣。

尽管张畇对强克捷充满了同情,但毕竟写出了事情真相。原来强克捷并未慷慨殉节,而是逃到封丘县,躲藏二十多天。等到朝廷封恤令下,他无法再在人世露面了,才不得已自尽。当然,笔记中所记内容,因为信笔所写,作者或未能核实,或有传闻失实或记忆有误的地方,甚至还有故意造作赝品的笔记,如记载太平天国的《江南梦庵随笔》与《燐血丛钞》二书，是并不了解太平天国内部情形者所写的作伪之书，已由罗尔纲和祁龙威两位先生考证阐明，来新夏先生也将此两部伪书剔除，没有放在本书之内。

笔记最重要的功能是补正史之不足，历史上很多大事为正史所不记或少记，笔记作者常能据其闻见，透露更多的信息。如朱子素《嘉定县乙酉纪事》，记载清兵下江南，三屠嘉定城，“直书北兵淫掠屠戮之惨状，无所忌讳”，城内外死者二万余人；王家桢《研堂见闻杂记》记载清初科场、哭庙、奏销、通海、庄氏史案几次大狱，惩治严酷，罗织极广；萧奭《永宪录》记雍正朝史事，详于雍正杀弟和年羹尧、隆科多事件。邓之诚先生赞其为信史，说：“使多得类此之作，史之征信为不难矣！而惜其不可得也。”（邓之诚跋文）陈昙《邝斋杂记》、薛福成《庸庵笔记》记载抄没和珅之家产，可比较其详略异同。叶梦珠《阅世编》、钱泳《履园丛话》记载田价、米价、银价以及其他物价之涨落，可以了解清代的经济和市场情况；王韬《瀛壖杂志》、畹香留梦室主《淞南梦影录》记载鸦片战争上海开埠后之经济繁华、风俗奢靡；李斗《扬州画舫录》、顾禄《清嘉录》、陈作霖《凤麓小志》记载扬州、苏州、南京的风土人情、园林胜地；张祥河的《关陇舆中偶记编》叙述北京宣南诗社结社的始末；昭梿的《啸亭杂录》对朝政国事，耳熟能详，娓娓而谈，如数家珍，可当作康雍乾盛世的别史阅读，其中所谈的很重要历史情况是官书和正史难以见到的。

来新夏先生是史学大家，勤奋治学，见闻广博，识断精审。他写作此书，有长期的积累，平日读书，时有所得，笔录整理，已积稿成帙，不意十年浩劫中，投之祝融，悉遭焚毁，痛心饮恨，情难自已。但来先生壮志不灰，理念常青，深自激励，愈挫愈奋，重理故业，几乎从头做起，使我想起明清之际史学家谈迁稿件被窃，重新写作的故事，其执着追求之心志，令人感佩。“文革”以后，来先生的作品更加成熟、更加繁富，《清人笔记随录》即是其中的一种。他研究清人的笔记，大力考证其作者，详尽介绍其内容，精心甄别其版本，还有许多别具新见的评说议论，足以窥见作者的功力与识断。例如，李慈铭诋刘献廷的《广阳杂记》，“糅杂无序。偶一考古，大率浅谬”，来先生不以为然，为刘献廷辩护，称此书“识见甚新颖可喜。他的厚今、求实之说是当时不可多得的高论”。而李慈铭为人狂傲怪僻，他所写《越缦堂日记》，读书甚广，多有新论，亦为人诟病，鲁迅先生即评其“做作”，而来新夏先生对李慈铭的《萝庵游赏小志》评介颇好，称其“文笔优美，清新细腻，每一小段皆可当游记美文读”。可见，他评论作品，能够分别对待，客观地作出评价判断，而不是人云亦云，一笔抹煞。他对上乘的笔记，评价甚高，如顾炎武《昌平山水记》“考核评审”；王庆云《云渠馀记》“信而可征”；薛福成《庸庵笔记》“涉笔谨严”；方式济《龙沙纪略》为“舆地不可少之书”；李斗《扬州画舫录》“远胜他书”；姚莹《康輶纪行》为“近代探求新知者”；刘玉书《常谈》“入理坚深……，独具一格……不得以其无所知名而忽其论述”。寥寥几个字多能洞中肯綮，令人信服。

对于一些名人所写的名作，来新夏先生也不是盲目推崇，而是实事求是指出其缺点，如梁绍壬的《两般秋雨盦随笔》是清代畅销海内外的著名笔记，读者甚众。来先生虽然也推重此书采择广博，雅善诗文，但批评它“格调不高，内容芜杂”；焦循是清代中叶著名学者，但所写笔记《忆书》也受到了来先生的批评，说其书帖部分“尚可资考证”，“其他各卷类多怪诞不经之事，或语涉因果报应，似不足以与焦氏著作之林”。又如高士奇的《天禄识馀》也是一部著名的笔记,来先生评“其书……虽涉面广而未加类次”。

来新夏先生对笔记作者的考证,版本的介绍,钩沉索隐,甚见功力。如《阅世编》的作者叶梦珠,本不知其生卒年,来先生从《阅世编》的《金伯固先生》一文中获知明崇祯七年(1634 年)金伯固设塾于上海城南,叶梦珠前往就读,叶时年十四岁,因考见叶梦珠当生于明天启三年(1623 年)。《阅世编》中又记载了康熙三十年以后事,因推知叶梦珠活到 17 世纪 90 年代,享年七十多岁。又笔记《溃痈流毒》辑集有关鸦片战争之文献,本不知辑者为谁,书中有鹤间评语,或称鹤间居士,亦不知何许人。来先生在读道光后华亭王氏族谱时发现附有王清瑞《鹤间草堂主人自述苦状》,又从此文中见“余辑《溃痈流毒》一书,详载始末”及题诗内称“《溃痈流毒》谁所为,嗟尔载编空激切”,这才考定此书辑者是王清瑞。又查到王清瑞后改名王清亮,字慕筠,乾隆五十三年生,江苏青浦人,一生以游幕为业。由此可见,来新夏先生读书甚广,且细心用功,故能触类旁通,找到解决疑难的佐证。

来新夏先生对书籍的版本流传也十分看重,许多笔记多寻根溯源,访查各种版本,如查慎行的《人海记》,咸丰年间,张士宽得其稿本“断烂丛杂”,张士宽为之校刊,认真精细。据张士宽说:“此书向未刊行。”但来新夏先生查找到道光《昭代丛书》壬集补编及沈氏世楷堂刊本等数种书籍,均在张士宽之前所刊,可见张氏之说不确。又如褚华的《沪城备考》,纠正上海县志之缺失,极为有用。该书在褚华生前并未刊刻,褚殁后,书归杨藻家所有。至嘉庆时上海藏书家梅益征借得其原本,但已错乱缺失,且删改甚多。梅益征“细寻涂改之迹,融会参订,悉依原本足成之,得五门六卷。是《沪城备考》

之成书，梅氏有功焉”。但梅氏亦未能刻印此书，故叹曰：“噫！录之者尚有人，刻之者谁乎？”至光绪初，始由上海申报馆以活字本问世，但脱讹较多，未为善本。1935年上海通社又取旧家钞本，校其讹误，录其未刻，收入《上海掌故丛书》中，始得窥其书之全貌。由于来先生之求索考证，《沪城备考》之成书和传刻之曲折始末，方为世人所知。

清代笔记为研究清史极重要之资料，前辈谢国桢、张舜徽先生均有著作，创开辟蹊径之功。来新夏先生继谢、张之后尘，裒辑之广，用力之勤，心得之多，蔚为大观。

此书之后附《清人笔记中社会经济史料辑录》，广征博引，收集了许多重要史料，可供阅览引用，给后来的研究者提供了便利。总之，来新夏先生《清人笔记随录》一书不仅是清史研究者所必备，即使业余爱好，工作之暇，消遣翻阅，其中朝章国故、风土人情、奇人文士、隽语逸事，亦可以增长见识，以资谈助。是为序。

《清人笔记随录》自序

少时好读杂书，其间以读笔记为大宗。因其内容为杂，形式为散，既可以其涉及广阔而开拓眼界，又可以其各自成段、篇幅不长、便于随读随放而得怡然读书之乐。每读一种，辄以小笺考其撰者生平，录其序跋题识，括其要点卓见，论其评说得失，甚者摘其可备论史、谈助之片段，时有所获，不禁瞿然而喜。固非若读正经、正史之需正襟危坐，全神贯注，久而乃有肩山石压之苦。

笔记之体，始于汉魏，兴于唐宋，盛于明清。其数量之夥，难有确指。余以专攻于有清及近代史事，乃于课余，不时浏览清人笔记，历时十年，时读时辍，积数当在百余种之谱。上世纪五十年代之初，执教南开大学，口讲指画，间引笔记史料，颇增课程情趣，乃决意整理散笺成文，以求广为人用。又经十年，整理提要近百余篇，见其有关学术、典制、人事、风情、传闻、异说、物产、奇技，无所不包，几如身入宝山，目不暇给。文稿装成二册，敝帚自珍，视若枕宝。不意“文革”之火骤起，各种积稿尽付一炬，痛心疾首，情难自已！深惟手脑尚健，残笺幸存，遂默祷上苍，誓以有生之年，重整成书。七十年代之初，奉命躬耕津郊，乡居四年，每于农隙，整理残缺，次第恢复旧稿，先后再成《近三百年人物年谱知见录》《林则徐年谱》二书，并新撰《古典目录学浅说》。八十年代之初，国运振兴，百事入轨，遂于公私猬集之余，再次修订各稿，并获梓行。八十年代之末，乃着手重修笔记提要之作，并以《北游录》一篇居首，以谈迁重纂《国榷》之志自喻。

旧箧所存随手札录之笔记残笺，尚有百余种。其中以清人笔记为主，尤以清前期者为多。其纯为谈奇说怪、因果劝戒之作，如康乾时史震林所撰《西青散记》四卷，主要记仙子临坛乩语，多荒诞不伦；乾隆时沈起凤所撰《谐铎》十二卷，所记不外因果报应、善善恶恶之说；同光时宣鼎所撰《夜雨秋灯录》三集共十二卷，内容多说因果报应，神怪诡异，歌场奇遇，娼女韵事等，均于征史论事无补，虽有成稿，亦皆屏而不录，尚得百种有零。于是略循向、歆遗规，每种一文，记述撰者生平，内容大要，有关序跋，备参资料，版本异同等。其一人多种，皆聚一人名下。全稿以撰者生年为序，其难定确切生年者，则列于有具体生年者之后，而以姓氏笔画为次，俾读者能按人求书，因书究学。至世纪之末，旧稿并新增，整理成篇者，达二百有零，约达五十余万字。若待竭泽而渔，势所难能。且年登八秩，体力就衰，一时难有增益。于是尽一年之力，通阅全稿，详加编订。因所记均为清人，而体例又为随手札录成篇，故定名曰《清人笔记随录》，谋付剞劂，一以了五十余年经营之愿，二以供学人翻检之需。如天假以年，定当依次撰文，续编成书，仿容斋遗意而将以二三编为序，则此编当可膺《初编》之实。

历年翻读笔记，时见有可备证史之社会经济史料，颇足征信，乃随手札录，积存若干。及《随录》编成，窃惟所录史料未可货弃于地，遂去芜删繁，辑成《清人笔记中社会经济史料辑录》，赘于《随录》之后，或可为使用者节劳增寿，亦不失学以为人之道。

是书着手之始，中华书局何英芳女士与崔文印先生，曾频予鼓励，并面约此稿。迨本世纪之初，书成之际，又得柴剑虹先生大力推动。唯当时中华书局当轴醉心时尚，传统旧学一时尚难入选。转瞬二年，书局人事变幻，旧规重光，《随录》乃得古籍二部冯宝志主任青睐，入选计划。老友崔文印先生，复自承责编之任，助成其事。南开大学校友、南京师范大学学报副主编陆林先生于百忙中为通阅全稿，多所订正。老友戴逸教授高年事烦，为本书撰长序，深感厚谊。区区拙作，乃承多方关注。山野一叟，得不欣然。尚望读者多所指正为幸！

来新夏

二〇〇三年十一月写于邃谷，时年八十一岁

邃谷书缘

（2005）

“书林清话文库”之一。来新夏著。23 万字。河北教育出版社 2005 年 5 月第 1 版，第 1 次印刷。未标印数。定价：25.00 元。

ISBN 7—5434—5787—3

中国版本图书馆 CIP 数据核字（2005）第 036895 号

该书列傅璇琮、徐雁主编的“书林清话文库”第二辑。是辑共有六种，其余五种是：徐雁《苍茫书城》、虎闱《旧书鬼闲话》、林公武《夜趣斋读书录》、胡应麟《旧书业的郁闷》及范笑我《笑我贩书续编》。

《邃谷书缘》60 篇文章，除代序外以读书、读志、读人列为三卷，卷一是读书所写书序、书评以及感受；卷二是有关方志的序评，内《自著方志学著作提要》一文，为《方志学概论》《中日地方史志比较研究》《志域探步》《中国地方志》以及《中国地方志综览》五书的详细提要；卷三是一些读书人与书的逸闻佚事。实为书林增掌故、益见闻。原载 2003 年 3 月 5 日《绍兴日报》文学副刊“山阴道”上的《李慈铭和他的游记》，亦入编《邃谷书缘》。

本室藏本题有"伟良雅藏　来新夏　二〇〇六年四月"。

《邃谷书缘》目录

读徐宗文著《三馀论草》

藏书·读书·治学

藏书文化交谈录

答“缘为书来”网友问

我的线装书

京华杂钞

逛旧书店

一件值得回忆的往事

复作家韩小蕙女士的信

读志

新世纪的修志思考

自著方志学著作提要

《地方志编纂与续修》序

题《滨久文集》

《西樵志语》序

《拾秋集》序

《夏津旧县志校注》序言

《天津·和平区志》序

读《临汾市志》

浅评《商丘地区志》(续卷)

评《杨柳青镇志》

漫评《唐山市志》

《晋城市志》读后

评《理家庄村志》

评说《铜仁市志》

书缘(代序)

活了八十多岁,回头一看,只干了一件正经八百的事,那就是与书结了一辈子缘。无论藏书、读书、写书,还是认识读书人,都没有离开过书。这是一种缘分——书缘。

我从呱呱坠地就和书结下了不解之缘。听母亲后来说起,抓周那天,在抓周盘中放了诸如笔墨、糖果、小玩意儿、制钱、小元宝、香烟中的美女毛片等等，祖父又特意拿了非常精巧的一小函科举时代考场应急用书放在抓周盘里，用来预测我未来的志向。据说我毫不犹豫地拿起那本小书往嘴里送。祖父掀髯大笑，连说好！好！而祖母则嘟嘟囔囔地说，又来个书呆子。天意如此，与书为缘的一生，似乎早已命定。

我五六岁时就从祖父读蒙学书，祖父是我的启蒙老师，他平日和我在一起时，很慈祥，怎么捣乱他都能容忍；但一旦读书，却很严厉。他教我读三、百、千、千和《幼学琼林》《龙文鞭影》，也常讲一些历史故事如“梦笔生花”“康梁变法”等等。他主张书要背，有时提醒两次，我还不能流畅地背，就点支香，罚跪在垫子上背，直到香点完背得滚瓜烂熟为止。这对我一生读书铺了一个很好的底。七岁那年，我随父母到天津读小学，开始接受新式教育；但是，祖父并不放松我的国学基本教育。他指令我父亲教我循序渐进地选读《论》《孟》。从我十岁以后，祖父从《古文观止》中精选了若干篇，一篇篇亲手抄寄来让我背诵，像《郑伯克段于鄢》《蹇叔哭师》《李斯谏逐客书》《报任安书》《陈情表》《兰亭集序》《桃花源记》《吊古战场文》《阿房宫赋》《进学解》《捕蛇者说》《醉翁亭记》《卖柑者言》等等，至今我对这些名篇还能约略记得。后来又选钞了一些唐诗宋词。我把祖父的手钞本分成两册，一直保存着，随时诵读，对我日后写文章甚有裨益，可惜在“文革”时，遭到了丙丁之祸。

我喜欢读书，但读书也曾给我带来过苦恼和无奈。就在我十四岁（1936 年）那年，正在南京金陵大学附中读初一的时候，父亲因调职，携母亲与二弟离开南京。我因不便中途转学，就开始过寄宿生生活。由于无人管束，任性而为，经常挟中外小说数种，拎水壶及面包零食一小袋，去玄武湖租船，自由飘荡一日，卧读小说，或凝望蓝天，品味情节；或闭目沉思，与书中人物同行，彼喜我喜，彼悲我悲，殆若痴迷。不意学年终结，因旷课过多，又有几门课程不及格，得“留级”处分。自感愧恧，悄然离校，只身北归。父母虽未严责，但冷遇不交谈者逾月。后在天津重读初一，力求奋进，成绩飙升，直到大学毕业，始终在前三名。这也算是读书生活中的一次波澜。

我十七岁读高中，开始读史书。在两年内细读了前四史，以后又陆续从家富藏书的语文老师谢国捷先生处，借读了其他诸史的纪传和部分志。同时开始搜集史书中资料，撰写《汉唐改元释例》。两年以后，我完成了初稿。这是我的第一篇史学论文。以后我又以读书为题写作了若干学术随笔，奠定了我八十年代大写随笔的初基。

1942 年我二十岁，考入北平辅仁大学。读书环境大为改变，既有陈垣、余嘉锡等名师的指导，又有大量庋藏的图籍，眼界为之大开，如入宝山，目不暇给。四年的大学生活让我贪婪地读了各种各样的书，自己也觉得颇有点“腹笥”了。慢慢地产生要藏书的欲望，于是在家中原有的线装书基础上逛旧书店、书摊，访书购书，买了《日知录笺释》《廿二史札记》《近代诗钞》《上海掌故丛书》《二十四史》等近千册图书。其中有两件事至今难忘。一件是进大学第一年，选修余嘉锡先生的“目录学”课。余先生指定课本是范希曾的《书目答问补正》，跑遍京城旧书店、书摊，没有找到。后来终于在天津天祥市场找到，如获至宝，不仅解决了学习用书，而且还与这部书结下了不解之缘，成为我一生的案头用书，日后又为我完成《书目答问汇补》奠定了第一块础石。第二件事是我在某家旧书店买了一部手写《板桥诗集》，价钱很便宜，我自鸣得意，以为淘到了镇斋之宝，经常向人显示。后来遇到一位行家，告诉我这部书不是手稿，而是从刊本板桥手迹中影写下来的。这对我不啻当头一棒，从此启示我更多地学习版本知识。前者“文革”时抄家被抄走，后来在发还查抄物资时，幸运地从一捆乱书中找到，虽封面有些破损，但我汇补的资料完整无缺，只不过把我汇补者的名字涂掉，似乎认为我不配而已。后者则被“红卫兵”以“扫四旧”为名，和其他线装书一同付之一炬了。

读了一些书，就渐渐产生一种想写作的冲动。我从十七岁开始，在谢国捷老师指导下学写文章，有的经过谢老师的首肯，还投寄报刊发表。不久，我就开始写我一生中第一篇专题论文——《汉唐改元释例》，后来带到大学，经陈垣老师具体指导，改成我的大学毕业论文。从此，我的读书、写书生涯，一直不停，即使在最艰难的岁月，我也没有放下这支笔。因为我和书的缘分越来越深，就像蚕吃了桑叶必然要吐丝那样，直到目前我已完成专著性著作近三十种，为学术界所熟知的有：《林则徐年谱新编》《古典目录学》《近三百年人物年谱知见录》《北洋军阀史》《古籍整理讲义》《三学集》及《邃谷文录》等等。二十世纪八十年代以后，我已迈入老年，有许多人生阅历想抒发，也想把自己从民众中得来的知识回归民众，而当时大环境也日益宽松，于是我开始“衰年变法”，写了较多随笔性的文字，至今已先后编成十几种随笔集，如《冷眼热心》《枫林唱晚》《一苇争流》《且去填词》《学不厌集》《出枥集》《只眼看人》及《来新夏书话》等十余种。但我还没有时人所谓的“挂笔”“封笔”之想，而仍然感到意犹未尽。看来我和书的缘分，要到地老天荒才算个了。“春蚕到死丝方尽”是我与书结缘以来的终生职志！

傅璇琮和徐雁两位先生主编一套《书林清话丛书》邀我加盟，我感谢他们的盛情，就把近几年读书、写书的愚者一得编成一集，分为三卷：卷一是读一般书所写书序、书评以及一些感受；卷二是由于近年关心新编志书较多，也写了不少有关方志的序评，以其尚少人注意，特独立一卷；卷三是写一些读书人与书的逸闻轶事，为书林增掌故，益见闻。书编成之后，因其所记，均与书有缘，而大都成篇于"邃谷"，乃名之曰《邃谷书缘》。

是为之序。

二〇〇五年初春写于南开大学邃谷

书文化的传承(插图本)

（2006）

来新夏著。15 万字。山西古籍出版社 2006 年 6 月第 1 版，第 1 次印刷，印行 2500 册。定价：38.00 元。

ISBN 7－80598－730－0

中国版本图书馆 CIP 数据核字(2006)第 030592 号

为揭示中华传统文化薪火相传的途径，来先生把历年谈话记录分篇整理，1991 年由中国青年出版社以《薪传篇》出版。同年到日本讲学，以“中华传统文化的传递”为题，向日本几所大学的大学院生作了连续性的讲座。2004 年春，向天津图书馆古籍研究生班再一次讲授这一专题。2005 年春，应天津电视台之邀，在该台的科学教育栏目，参用这份讲义，作了连续性播讲，获得好评。不久，山西古籍出版社总编辑张继红欲将这份讲义出版。于是来先生重加修订，增加了彩图 137 幅，乃取书名为《书文化的传承》。

是书在 2006 年被《中华读书报》评为“年度图书之 100 佳”之一，上海外国语大学陈福康教授在配发的短评中认为：“作者跳出传统目录学、图书馆学的讲课框框，从中华文化传承的角度，对绵延数千年的中国‘书文化’作了梳理。该书见解精辟，要言不烦，虽是一本小书，却展示了大学问家的功力。”2007 年，《书文化的传承》又获得第三届“国家图书馆文津图书奖”推荐奖。

本室藏本《书文化的传承》，署“伟良小友存　来新夏　二〇〇六年八月”。

来新夏先生像

薪火相传——序言

中华传统文化源远流长，其遗留与积存，为数极夥，但是，这样丰厚的历史遗产，究竟是怎样传递下来的？

中华文化的传递，在正式图书出现以前，除最初的口耳相传外，就靠物件来帮助记事。记事的方式可分两个阶段：一是文字产生前所采用的结绳、契刻和图画，以实物和形象来记录，可是这类物件传递起来有一定的困难，也有一定的误差；二是自文字产生后，便以甲骨、钟鼎和石鼓为载体，用文字记事来保存和传递文化，给传递文化带来很大的方便，但这些物件仍然缺乏广泛流通的重要功能，而只有简书的出现，才最后满足传统文化的流通与传递的需要。

简书是中国的正式图书的开端，虽然有商已有简册的文献记载，但尚未发现实物。迄今所知，最早的竹木简书出现于周秦时期。其后历经帛书和纸书等载体的相承和交错阶段。它们承担了两千多年来中华文化薪火相传的主要职责，也显示了在这漫长行程中传统文化传递的发展轨迹。中国图书的最早载体是竹木，从出土文物中可以看到周秦简书的实物。这些竹木载体，需要经过成套的去湿防蠹的炮制程序，然后方能成为记录知识和书写事务的专用载体。我们的先人就用这些专用载体记录和书写着政府法令、学者论述、大事记要和医方书牍等等，直到晋时才明令停止竹木简牍的使用而改用纸。

比竹木晚一些使用的专用载体是缣帛这类丝织品。缣帛书是中国图书发展的中间阶段。它与简书、纸书上下交错。纸的发明、改良和纸书的流通，使中国传统文化的传递，得到廉价而可靠的依托。这对世界文化的发展也提供了重要的物质前提，而在世界文化史和发明史上占有一定的地位。

唐以前的中国图书主要是手写纸本，唐以后由于新的印刷工艺出现，加速了传统文化的传递和传播。唐的雕版、宋的活字和明的套印，是中国文化传递中印刷工艺发展的三个重要里程碑。纸书和印刷术的发明和发展，使中国文化的保存和传递获得了便利和推动。

图书的装帧也随着保护和求美的要求而日益完善和方便。简书开始使用卷轴,帛书在卷轴外有折叠式的方册,纸书除继续部分地使用卷轴外,大部分都采用册页,从而先后出现了经折、龙鳞、蝴蝶、包背和线装等不同型式。这些不同型式,不仅有保护图书的作用,还有极高的工艺价值,为后世所珍藏。

中国文化遗产丰富,在手写简书时代,已有"学富五车""积如丘山"的称誉。保护这些财富主要靠官藏,历代官府都有藏书处所和相应的管理机构。如汉朝"外则有太常、太史、博士之藏;内则有延阁、广内、秘室之府"。清朝的南北七阁至今犹可考见规模。私家藏书唐宋以来日盛,唐代李泌已是"插架三万轴"的私人藏书家。藏书事业的发展,使纸张、印章、款式、装帧、版本各方面,都相应有所改进,从而开拓了文化传递更为完善的途径。距今四百多年的明代范氏天一阁是世界上现存最早的私人藏书楼,它的规制和管理办法至今啧啧人口。其他藩府、地方衙署、书院和寺庙,也都有专藏。所有这些,自然地形成一整套藏书体系,它保证了中国传统文化的传递功能,使之处于一种相对稳定的局面。

大量传承积累的传统文化遗产依托于图书,如果图书不加部分类次,则既不便保存、流传和传递,也不利于继承和使用。所以历代王朝都对图书实施一套收集、整理、编目、典藏等措施。其中整理编目是很重要的环节,而分类又是整理编目的基础。中国的图书分类建基于学术分类,在《左传》中曾记有楚灵王称赞他的大臣有"三坟、五典、八索、九丘"的学识,而孟子所说的"儒分为八,墨离为三"则表示大类下的分目。秦朝的图书,据知至少有国史、诗、书、百家语、医药、卜筮、种树、法令等八类。汉朝由于积极求书,所以国家藏书量激增,汉武帝时已有"积如丘山"的感慨。汉成帝更于河平三年(公元前 26 年)进行一次大规模的全面整理图书的工作,派著名学者刘向主持。刘向第一次提出图书分类的六分法,即按六艺、诸子、诗赋、兵书、数术、方技,分为六大类。在整理过程中,刘向与其子刘歆共同先后完成的《别录》和《七略》是中国最早的提要目录和分类目录,比西方的图书分类法早千余年。后来又出现过四分、五分和七分等分类法。唐初修《隋书·经籍志》始正式确定了经、史、子、集四部分类,一直为后世所沿用。

传递传统文化的主要目的,在于流通与传播。中国图书在国内的流通开始很早。官藏从秦、汉以来,一直进行有限制的开放,在特定范围内流通;私藏则往往通过赠与、借阅和传抄等形式流通;至于作为商品上市,则从东汉已开始有书肆的记载。历代亦都有书坊、书铺和书贩,承担着国内的流通任务,而更值得重视的是域外流通。域外流通使中华传统文化得以流布四方。周边的地区和国家来求书购书的已多见记载。日本在八世纪所编的《日本国现在书目录》就记载唐时日本已收有汉文图书近二千种,其中包括医学、诗歌、礼仪、历书、科技等方面的图书。朝鲜亦曾派人来中国搜购白居易和张鷟的诗文。明永乐时,郑和多次奉命出使东南亚和东非,赠送图书、器物,宣扬中华文化,更是震烁古今的盛举。这对友邦国家和友邻地区的社会生活和科学文化的发展都有重要的影响。

为了使国人能通过阅读图书, 世代相传地继承和吸取丰富的传统文化遗产,首先要识字和掌握最基本的文化知识。于是从秦、汉以来,逐渐形成一套较完整的启蒙读物,承担传递和灌输传统文化知识的任务,在幼童中进行文化奠基工作,称为幼学。

这些启蒙读物最普遍流行的就是人们通常所说的“三百千”和杂字等等。这些启蒙读物，在过去的时代，几乎有百分之八九十的人，从中接受识字教育和文化基础知识教育。在完成蒙学教育之后，有些人便开始接触以儒学思想为主的各种学识，进而浏览涉猎于传统文化主要交汇点的经史子集之类的图书，以吸取和传递传统文化。

作为传统文化主要依托的图书，其数量随着社会、经济、文化的不断发展，而日益增加。这对弘扬和传递传统文化，固然起到重要作用，但给收藏、省览和翻检却带来不可避免的困难。于是从魏晋以来，就出现了类书、丛书等图书再编纂活动。首先出现的是编纂资料汇编式的类书，最早的类书是魏文帝曹丕组织编写的《皇览》。这部八百余万字的大书，虽全书已佚，但却开启后世官修大书之端。这一编纂方法，对收藏、利用、保存和传递传统文化有重要作用，并在某些方面具有百科全书的性质。以后，梁有《寿光书苑》；北齐有《修文殿御览》；唐有《艺文类聚》《群书治要》；而宋的《太平御览》《册府元龟》，则是千卷大书；明有《永乐大典》；清有《古今图书集成》，篇帙更多达一二万卷。丛书为群书之府，南北朝时的汇集地记和宋初的编纂佛藏等属于专科性丛书，而宋代的《儒学警悟》和《百川学海》则属于综合性丛书。明、清两代丛书的编纂，无论数量还是质量，都超越前代。尤其是清乾隆时所编纂的《四库全书》更为突出。它不仅丰富了国家藏书的复本量，并对中国两千多年封建时期的文化遗产进行了一次系统的整理与总括。虽然为了维护和加强其统治的政治目的而对中国传统文化遗产有所损伤，但它对中国传统文化的保存和传递，仍具有重要的历史价值。

当然，作为传递中华传统文化主要依托的图书，它的流传行程并非一帆风顺而毫无艰险的。秦始皇焚书就是统治者摧残传统文化的恶例，历代的兵火战乱和改朝换代，也都给图书带来了厄运，因而前代学者有五厄、十厄的概括，以至清代在编纂《四库全书》之际，对有损其统治的图书制造较多的损毁。近代以来，外而强敌入侵，内而战乱频仍，使大量图书遭到灾难，造成无可估量的损失，对中华传统文化的传递，产生了极大的消极作用。

中华传统文化依托图书而得以世代传递，在推动中华文化的发展、启迪人民的智慧和开展各国间的文化交流诸方面，都发挥着极为重要的作用，具有不容忽视的重大历史价值，可以毫无愧色地屹立于世界文化之林。可惜的是，人们对这方面的知识知之较少或知之不深，以致引起我对这方面的有关问题多所关注。从上世纪八九十年代以来，我在和自己的学生及一些青年小友谈及学问时，常常围绕这方面的问题，发表片段的看法和想法。他们都希望我能有条理地讲讲。1991 年，我就把历年谈话记录分篇整理成名为《薪传篇》的小册子，来揭示中华传统文化薪火相传的途径。同年到日本讲学，又改题作《中华传统文化的传递》，向日本几所大学的大学院生作连续性的讲座，并写成讲义。2003 年，我将这份讲义经略作修改后，作为我所著《古籍整理讲义》的附录。2004 年春，我向天津图书馆古籍研究生班再一次讲授这一专题。2005 年春，我应天津电视台之邀，在该台的科学教育栏目，用这份讲义作了连续性的要点播讲，并插入一些图片，以帮助对文字的内容有更真切的了解，得到观众的良好反映。不久，山西古籍出版社总编张继红先生来津寓见访，他很欣赏这个讲义内容，希望我重加编订，增加插图，写成《书文化的传递》(插图本)一书。我与继红有多年交往，过去又有爽约的文稿欠账，所以答应下来，便重加增删订补，插入百余幅随文图片，编订为如下各篇：

第一篇：口传与记事

第二篇：简牍与帛书

第三篇：纸和纸书

第四篇：雕版·活字·套印

第五篇：典藏与整理

第六篇：流通与传播

第七篇：幼学教育

第八篇：经、史、子、集

第九篇：图书的再编纂

第十篇：结语

各篇内容，皆有所据，而语言则出之以浅近，以便初学入门者阅读。所述虽未能概括完整，但对一般读者，大致可以满足需要了。全书插图多采自《中国版刻图录》《中华古文明大图集》及有关专著，均未一一注明，一并在此致谢。至于全书的设想和论述是否恰当，则有待于读者的评判。

来新夏

二〇〇五年八月，暑热近40度，挥汗写于南开大学邃谷

二〇〇六年一月，再次修改定稿

皓首学术随笔·来新夏卷

（2006）

来新夏著。25 万字。中华书局 2006 年 10 月北京第 1 版，北京第 1 次印刷，印行 4000 册。定价：32.00 元。

ISBN 7—101—05108—1

中国版本图书馆 CIP 数据核字（2006）第 034323 号

《皓首学术随笔》由中华书局汉学室邀约八十岁以上学者季羡林、任继愈、何满子、黄裳、吴冠中、吴小如、来新夏、戴逸等八人，各自成卷。

《来新夏卷》以 69 篇文章厘定为九卷：卷一“管窥蠡测”，为对历史研究及编纂的个人认识与学术观点；卷二“书山有径”，述个人治学道路与体验；卷三“撮其指要”，为学术性著述所写的序言；卷四“激扬文字”，为学术性著述所作的书评；卷五“口讲指画”，为公开讲演、采访问答；卷六“旧事如新”，为谈论掌故，追述往事；卷七“吹疵摘瑕”，为自纠和评说论辩；卷八“流风馀韵”，为仰慕先贤及怀旧思念文章；卷九“镂之金石”，为天津名胜古刹所撰之碑文。末附《我的学术自述》。

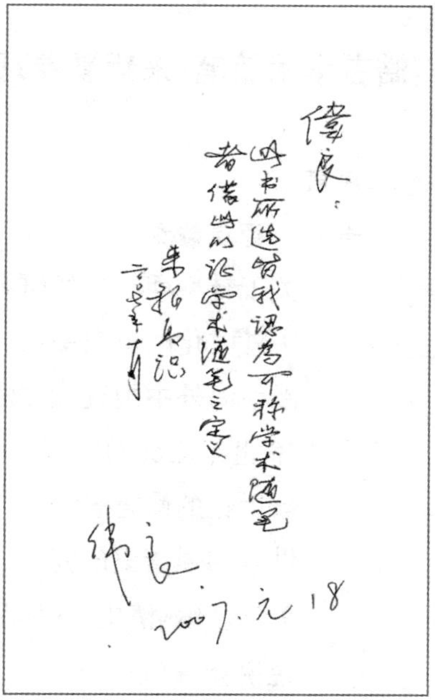
偉良：此书所选皆我认為可称学术随笔者借此以证学术随笔之定义 来新夏识 二〇〇七年十月

伟良 2007.元.18

本室所藏《皓首学术随笔·来新夏卷》先生跋曰："伟良：此书所选皆我认为可称学术随笔者，借此以证学术随笔之定义。来新夏识　二〇〇七年十月。"该随笔集卷二有一篇《挑水还是倒水》，初刊于《人民日报》1998年10月24日"治学漫笔"栏目，是文略云："挑水者，用桶从源源不断的河里挑水，用完再挑，永无穷尽；倒水者则由别人从河里挑来的水桶中倒水，虽云轻而易举，但倒水时泼洒一些，势所难免，一如资料之一转再转而走样。一旦桶空，则不知桶中水从何而来，只能望桶兴叹；继而环顾四周，是否有挑好之水桶在等人去倒。如一生中只倒别人桶内的现成水喝，而不论清水混水，只要是水就行，其后果实不忍设想。"来先生以"挑水与倒水"来传授治学的方法，是将他在北平辅仁大学读书时的老师陈垣先生（1880—1971）开创的史源学，作了一个浅显易懂的阐述。研究历史须对史料进行审订，找出原始根据，然后才能稽考史事，订其讹误。最古的版本、原始资料、第一手材料等，都是史源学追寻的目标。笔者在平时的治学当中，把史源学奉为圭臬，受益匪浅。我将继续"挑水喝"。

《皓首学术随笔·来新夏卷》目录

《中国地方志总目提要》序言

《地方文献论集》序

《中国文献学资料通检》序

《清文选》序

关于“书话”的话

——《来新夏书话》序

《2000 中国最佳随笔》序

卷四　激扬文字

读《弢翁藏书年谱》

条分缕析 追根究底

——读熊秉明《中国书法理论体系》

读《关于罗丹——熊秉明日记摘抄》的札记

——兼悼熊秉明先生

重读《耕堂读书记》

一部外国人研究中国文字狱的专著

——读《戴名世年谱》

奇人·奇书·奇作者

——读陈福康著《井中奇书考》

一个参与中国政治的外国人

——读窦坤的《莫理循与清末民初的中国政治》

读《雕刻在石头上的王朝》

日记与日记文学的融合

——读《徐志摩未刊日记(外四种)》

不同寻常的研究

——评说《书楼寻踪》

《皓首学术随笔·来新夏卷》序言

上世纪九十年代,有较多的文史知识分子写了大量的随笔,并很快结集出版。一时飙然兴起于文坛,成一景观。出版社亦纷纷组织套书应市,并给戴上一顶大体类似的帽子,名曰:《当代中国学者随笔》《当代学者文史丛谈》《历史学家随笔丛书》《现代中华学人笔记丛书》《京华学者随笔》等等。所收各篇，门类繁多。有掉书袋的，有即景生情的，有徘徊山水的，有针砭世俗的，有月旦人物的，可以说内容混杂，无中心主旨。因此，也引起一些批评。有一篇题为《关于学术随笔的随笔》，批评这类由学者写的随笔说："既无学术，又不像真正的随笔；既无逻辑，也无灵性；既不严谨，也不潇洒……既不能给我以诗意的痛快淋漓，又不能给我以学术的严谨缜密"。这里似有一点误会。那就是把"学者随笔"与"学术随笔"混同了。因为二者是有严格界定的。"学者随笔"以身份定，而"学术随笔"则以内容定。"学者随笔"应当允许学者谈天说地、说古道今、追踪山水、评说人物世情等等，信笔写来，自成文章。"学术随笔"则应有以谈论学术有关之作为中心。如个人对某一问题的一得之见，友朋之间的学术交流点滴，掌故往事的订正纠谬，学者学行逸闻以及读书札记等等，均以有无学术内涵为指归。如果把前文改题为《关于学者随笔的随笔》倒是值得重视的一篇针砭时弊的佳作，足以引起我们这些拥有学者身份而正在学写随笔者的思考。对于"学术随笔"，我仅读到过中国青年出版社出版的《二十世纪中国学术文化随笔大系》，这套书的确是叙事谨严有据，文笔条畅清新，给人以大量的知识，开拓思路。让一些文史知识分子从呆板的纯学术旧框框中跳出来，发挥其启迪民智、传播文化的功能。因此我常想是不是能从大量的学者随笔文字中选辑一套学术随笔丛书，为随笔这一文学体裁拓宽发展道路。

时隔不久，我和中华书局的柴剑虹师弟，在闲谈他们汉学室工作计划时，偶尔涉及编一套"学术随笔"的事。我说了我的想法，他很赞同，并提出由汉学室来落实。准备先从八十岁以上的老学者入手，组织六七位，编成一套，作为试点。不久，这一选题被列入中华书局的出版计划。我亦收到约稿信，决定加盟这套丛书。

我以是否有学术内涵为标准，从我历年所写的数百篇随笔中，经过认真精选，编成一册。但衡诸稿约的25万字要求，尚超出近十万字。于是再一次筛选，得二十五六万字。乃区为九卷，合成一书，题曰《皓首学术随笔·来新夏卷》。卷一《管窥蠡测》，为对历史研究及编纂的个人认识与学术观点；卷二《书山有径》，述个人治学道路与体验；卷三《撮其指要》，为学术性著述（个人及他人）所写的序言；卷四《激扬文字》，为学术性著述所作的书评；卷五《口讲指画》，为公开讲演、采访问答之有学术内涵者；卷六《旧事如新》，为谈论掌故，追述往事之什；卷七《吹疵摘瑕》，为自纠和评说论辩之作；卷八《流风馀韵》，为仰慕先贤及怀旧思念之作；卷九《镂之金石》，为津门名胜古刹所撰上石之碑文。末附《我的学术自述》，略陈个人学术经历，俾读者有以知我。书既编成，复标以“学术随笔”之名，冀与“学者随笔”能分畛域。至是集是否能称“学术随笔”，则非我之所知，而犹待读者之判定。

二〇〇六年二月二十七日写于南开大学邃谷

谈史说戏

（2007）

来新夏、马铁汉主编。18 万字。山东画报出版社 2007 年 1 月第 1 版，第 1 次印刷。印行 6000 册。定价：24.00 元。

ISBN 7－80713－395－3

中国版本图书馆 CIP 数据核字(2006)第 092112 号

中国悠久的历史孕育了大量脍炙人口的戏剧经典，因其固有的历史元素，它们在满足人们戏剧欣赏需求的同时，又在一定程度上起着历史知识普及的作用。然而，在合理的艺术加工之外，附会、误读、曲解历史的现象也十分普遍。因此需要将史事记载和戏中情节加以阐释、分辨，以更益于戏剧的发展和历史知识的传播。本书的旨趣正在于此。

来先生在本室所藏初版《谈史说戏》题有："此为'谈史说戏'之初版本。二〇〇六年末又有增订，由山东画报出版社重出。"山东画报出版社出版的《谈史说戏》，由来先生与马铁汉、姜纬堂、李凤祥、商传共同参与撰稿，中央民族大学美术系邓元昌教授手绘

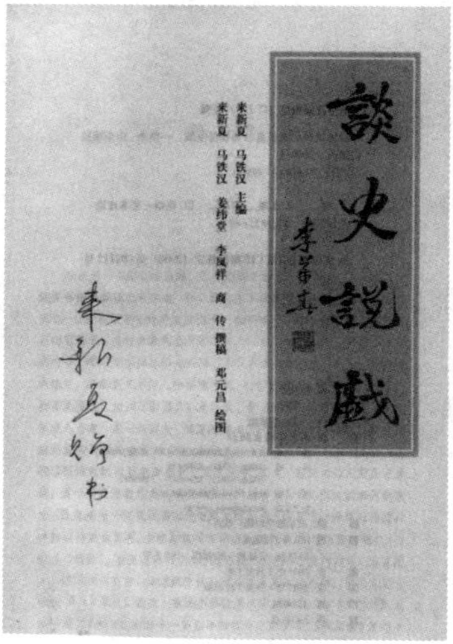

插图。所述62出京剧，来先生撰文15篇，较初版又增写了《哭秦廷》《连营寨》。再版《谈史说戏》置来先生《序言》一篇，略述出书缘由。

本室藏本《谈史说戏》题有“来新夏赠书”。是书主编之一著名戏曲研究家马铁汉，1936年生，1959年南开大学历史系毕业。随后考入中国戏曲学院导演系研究生班，毕业后，被分配到黑龙江省京剧团当导演，后又在省戏校、省文化局、省戏研室从事戏曲教学与研究。1975年奉调回京，先后任北京风雷剧团编导、皮影剧团和梆子剧团团长等职。其著《品邮说戏》(科学普及出版社2006年)与《谈史说戏》有一定渊源，值得简介。《品邮说戏》系作者将我国出版发行的有关戏曲邮票作了评介和诠释，包括历史背景、故事始末、人物形象、梨园逸事等，读来使人仿佛徜徉在邮驿文化和戏曲文化深邃的长廊之中。

此本《谈史说戏》，添置黑白、彩色各6幅，共计12幅的如马连良、陈少霖、李少春等名家饰演京剧的剧照。

《谈史说戏》目录

孟姜女
赵氏孤儿
桑园会
文昭关
刺王僚
哭秦廷
将相和
赠绨袍
宇宙锋
萧何月下追韩信
霸王别姬
苏武牧羊
王昭君
捉放曹
吕布与貂蝉
白门楼
击鼓骂曹
千里走单骑
古城会
战宛城
长坂坡
群英会
龙凤呈祥
芦花荡
卧龙吊孝

两将军
单刀会
逍遥津
定军山
刮骨疗毒
走麦城
连营寨
空城计
除三害
秦琼卖马
汾河湾
贵妃醉酒
红娘
断桥
贺后骂殿
李陵碑
清官册
三岔口
辕门斩子
洪羊洞
铡美案
苏小妹
抗金兵
岳母刺字
九江口

十五贯
杜十娘
法门寺
四进士
打严嵩
海瑞上疏
金玉奴
玉堂春
龙凤阁
锁麟囊
盗御马

《谈史说戏》序言

历史是一个国家的灵魂，亡人之国必先亡人之史。中国之所以历经多难而仍能巍然屹立者，有一条长流不息的历史长河是很重要的原因之一。这条历史长河是怎样流淌下来的呢？一是中国有一套自黄帝延续至清末，只有重复而无中断的二十六史，但是这样一套通贯古今的大书，难以要求国人都去阅读。所以有些积学之士，以其熟读史书的底蕴，把许多史事和人物咀嚼消化，加以故事化、情节化、通俗化，改写成演义。如《三国演义》是写汉、晋之间魏、蜀、吴三国九十六年的人与事，是一部演义。通常论说《三国演义》是"七实三虚"，那就是说有七成历史真实。又如蔡东藩先生以毕生精力所写的巨作《历朝通俗演义》，近百年来普及于万民之中，成为一般民众的良好历史读物。另一条渠道就是通过戏剧和影视传播历史知识。因为读史书和演义,终究要有一定文化基础和有较充裕时间,因此这一渠道对传播历史知识将更为重要。当前影视虽有号称历史剧者,但往往先打埋伏,自称为“戏说”,甚至公然打上“不是历史”的大印,荒唐滑稽,姑置不论。即以戏剧而言,如京剧中的三国戏是历史剧的大宗。它大多据史书和《三国演义》而来,有相当多历史内容的含量。如《长坂坡》就本于《三国演义》的四十一回后半和四十二回前半;《群英会》就本于《三国演义》第四十五回至四十八回。三国剧中有很多以历史事实作根据的,但很少区分虚与实的问题。所以二十多年前,我曾和几位年轻的同学,共同合写过一本题名为《谈史说戏》的书,其中写了不少三国戏与三国史事区分的小文,将史事的记载和戏中的情节,条分缕析,把几实几虚拆兑清楚。如《群英会》中的《祭风》是虚构的情节,而“草船借箭”则是由裴注《三国志·孙权传》所引《魏略》所记“木船借箭”故事演化而来。

近年,《三国演义》电视剧上映后,也引起一些人对历史真实的探问,有些人想了解事情的来龙去脉,有些人对电视剧中的历史内容,似懂非懂或知其然而不知其所以然,想要寻根问底。其中也确实有些值得阐释的地方。所以我和铁汉曾有过一种增订修补《谈史说戏》的想法。因为我们除了习史以外,对京剧也情有独钟。我在1959年为国庆十周年,曾写过一出反映中国人民反洋教斗争的《火烧望海楼》京剧剧本,由厉慧良主演,在津上演月余,上座一直不衰,后入京参演,获文化部优秀作品二等奖。而铁汉不仅写过《三探圆明园》等剧,上演后受到观众的欢迎与喜爱,而且在读大学时期即能粉墨登场,并以一生献身于戏剧事业。当年参与写书的人,如今大多数都在七十岁左右,其中姜纬堂已在几年前逝世，我则已年逾八秩。由于各自忙各自的事，此事一直延误放置下来。今年春天，山东画报出版社的责编吴金彪主动来电话，与我商量《谈史说戏》增订本的问题。我和铁汉一合计，认为此举很有意义。即由铁汉知会其他几人，大家均无异议。于是，我和铁汉开始增删修订，仅将剧目作了适当调整，增补了一些内容，未作大幅度的改动。又敦请美术家邓元昌先生手绘插图，以为本书增色。本书历时数月完稿，即交出版社付梓，以满足广大读者的期望。我们诚挚地期待，有后来者能继续进行这项有意义的工作，让读者更多地接受历史知识而尽量避免被误导。是为之序！

来新夏

二〇〇六年六月写于南开大学

邃谷师友

（2007）

“远东瞭望丛书”之一。来新夏著。22.8万字。上海远东出版社2007年8月第1版，第1次印刷，印行5100册。定价：24.00元。

ISBN 978－7－80706－490－9

中国版本图书馆CIP数据核字（2007）第097705号

“邃谷”是来先生的书斋，由顾廷龙先生题额。《邃谷谈往》《邃谷文录》《邃谷书缘》等，已经用扎实的学问和洋溢的才情展露了邃谷楼的独特风情。而今，《邃谷师友》又带来了谷底桃园的最新景色。来公乃史学大家，已至耄耋之年，却依然诺守“师道既尊，学风自善”。是书为追思怀念陈垣、余嘉锡、张星烺、范文澜、柴德赓、启功、顾廷龙、郑天挺、孙思白、吴廷璆等十余位已逝的师友所作，该书还附录篇目“友人眼中的我”，包括南开大学教授刘泽华的《从往事说来公的学术韧性》、中国社会科学院文学研究所研究员张梦阳的《晚景能否来新夏》、《光明日报》史学版主编危兆盖的《从东厂胡同开始的故事——来新夏与北洋军阀史研究》以及中华书局编审崔文印的《匠心独具——读来新夏〈古籍整理讲义〉》等 7 篇文章。

复旦大学教授葛剑雄《梦想与现实》、中国社会科学院历史研究所王春瑜《老牛堂四记》等书，也在“远东瞭望丛书”之列。

本室藏本《邃谷师友》，来先生题“伟良存　来新夏　二〇〇七年十月”。

《邃谷师友》目录

《迪昔晨光格上海》(陈子善)

《家住六朝烟水间》(薛冰)

《二十四桥明月夜》(韦明铧)

《徐志摩未刊日记》(虞坤林)

《清宫档案揭秘》(李国荣)

《文心雕虎》(刘绪源)

《潜庐藏书纪事》(徐明祥)

《雕刻在石头上的王朝》(聂还贵)

《张静江传》《诗魂旧梦录》(张建智)

附录 友人眼中的我

从往事说来公的学术韧性(刘泽华)

晚景能否来新夏(张梦阳)

从东厂胡同开始的故事——来新夏与北洋军阀史研究(危兆盖)

匠心独具——读来新夏《古籍整理讲义》(崔文印)

读《清人笔记随录》的随笔(冯尔康)

心灵史:文学与历史的契合点

——读来新夏文史随笔新作(宁宗一)

邃谷谈往学不厌 枫林唱晚且填词

——由邃谷老人随笔说来新夏先生(徐雁)

《邃谷师友》自序

我行年八十五岁,回忆这一辈子,不论立身进业,还是服务社会;不论顺风行船,还是坎坷起伏,无不仰赖于师友之教诲、激励、关注与支持。今年臻耄耋,老成半多凋谢,学侣亦存世几希。缅怀往迹，时思鸿爪之留。频年积有抒写师友情谊之作，而诸友亦时有鼓励评骘之篇，贮之箧中，偶或展读，颇动情思。近应上海远东出版社之约，乃出所藏有关师友之作以及一己之管见，益之以媒介之访谈与友朋赠书题录，成书一册。书凡五卷，并附录一卷，略言其指归如次：

卷一为怀念、追思已故师友之篇什，所言多记授业、教诲之情，阐扬恩师学术之大略。至于诸友则多述数十年交游之契洽与往还之情状。缅怀往事，不禁涕泗随之。

卷二为涉及在世诸友之文字，或信函往来，商榷学术。或形诸文字，发抒友声。声应气求，皆见性情。

卷三为对文史诸端之一孔之见，自抒拙见，呈教于世。是耶？非耶？尚待高明指正。

卷四为访谈录，近年媒体多有访谈，虽文中有访者提问之语，但主要为我答问之词。或言人生感悟，或评书论文，或自陈风雨平生，皆即兴问答，无文字藻饰，亦以见我人生之一面。

卷五为友朋赠书录。自上世纪八十年代以还，社会氛围，日趋开放，学人多有撰述，彼此为谋切磋砥砺，每成一书，大都相互交换、庋藏。我则每得赠书，辄书数百字题录，储之于箧。今自其中随手钞取二十余种，无先后次序，或有助于忆往。至箧中所余，当俟机再成续篇。

卷末附录一卷，为友人眼中的我。选录友人对我平生立身行事及学业进修之激励与评说。或言一生之遭遇，或论事业之进展，或评学术之得失，皆为直谅多闻之谠言，借以示人知我一生之大略。全书编成，通览一过，恍见一生之往事及人间之真情。乃喜为之序，以申缘由，苟有未当，尚祈贤达指正。

二〇〇七年五月下旬写于邃谷

80 后

（2008）

“老橡树文丛”之一。来新夏著。15 万字。北方文艺出版社 2008 年 9 月第 1 版，第 1 次印刷。未标印数。定价：26.00 元。

ISBN 978－7－5317－2288－5

中国版本图书馆 CIP 数据(2008)第 038070 号

《80 后》，是来先生八十岁以来 5 年内所写文章选辑之随笔集，刊载于《文汇读书周报》2008 年 6 月 20 日第 7 版《我的〈80 后〉》一文云：“书初名《八十以后》，但颇想追求时尚，所以又借用时下年轻人计算出生年代的方法，改题书名为《80 后》。”是书几十篇随笔，类分五卷。卷一是先生口述历史简编；卷二是对古人及已故师友的评说；卷三，从藏书楼谈到图书馆；卷四的“序评书话”，有自序、他序和评论；卷五中，谈及先生的书房、笔名、闲章等等。

由祝勇主编的“老橡树文丛”共 5 册，其余 4 册是方成《中国人的幽默》、汪曾祺《宋朝人的吃喝》、高莽《墨痕》及傅璇琮《书林漫步》。

《80 后》扉页先生书有“民众读书室惠存　来新夏赠　二〇〇八

年十月”。顺便提及,刊载于《中华读书报》上《藏书的聚散》一文,收载于《80后》卷三。

《80后》目录

藏书家文化心态的共识与分野

综论天一阁的历史地位

海宁藏书家浅析

关于“皕宋楼事件”罪责之我见

古越藏书楼百年祭

藏书的聚散

卷四　序评书话

《清人笔记随录》自序

《学不厌集》自序

《书文化的传承》自序

《谈史说戏》(增订本)自序

《私家藏书风景》序言

卷五　怀旧忆往

我的旧居

我的书房

我的笔名

我的闲章

《80后》自序

上世纪四十年代，我刚从大学毕业，意气风发，偶尔有感，写点随笔。五十年代以后，因随笔易有歧义，怕被人曲解而招来一些不必要的麻烦，就搁笔不写。八十年代，随着时代发展，思想解放，不再有各种顾忌，于是重整笔墨，开始在报刊发表一些随笔文字，一写就是二十多年，积稿数百篇，我的学生戏称我是“衰年变法”。转眼我已是八十衰翁，但仍没有挂笔之意，并时以春蚕丝尽来鼓励自己，大约又写了百多篇随笔，似乎了无老态。有人好心劝我，您不缺什么，多一篇少一篇，无关紧要，还是安享晚年，找点乐子吧！我答以小车不倒自管推，爬格子就是我的乐趣。我还想再选编一本随笔集呢！

不久以前，我在一次评稿会上遇到小友祝勇，他代表北方文艺出版社，很诚恳地一再向我约稿，希望我选编一本随笔集，要求我三分之一写自己，三分之一写他人，三分之一写与书有关的书话。我根据这一框架，从我八十初度以来五年内所写的文章中选辑了一批，大致可成一集。编集以后就需要命名，想了很多书名，有一些还颇为俏丽，但总感到不甚贴切。在一次整理文稿过程中，忽然想到既然都是八十以后所写，那不如实事求是，径名曰《八十以后》。但颇想追求时尚，所以又借用时下年轻人计算出生年代的方法，改题书名为《80后》。

我为了文章主题明确，便于读者解读，遂将《80后》所收的几十篇随笔，类分为五卷。卷一为《烟雨平生》，是借用唐杜牧“南朝四百八十寺，多少楼台烟雨中”的寓意，命名我的口述历史简编；卷二是《月旦人物》，是援引三国时许劭月旦人物的故事来对古人及已故师友略作评说；卷三为《古今藏书》，从藏书楼谈到图书馆；卷四是《序评书话》，有自序，有他序和评论。我认为序评都应属于书话一类；卷五《怀旧忆往》是我对以往生活中的某些片断琐事的忆旧之作。

《80后》编成以后，我又通读一遍，感到尚能符合原定框架，有几篇略作文字修改，但不失原意，并适当附入一些随文插图以增兴趣。我热切地希望，这本小集将使我的读者，无论识与不识，都能借此对我有更进一步的了解，也期待读者们给我以批评。

二〇〇七年岁末写于南开大学邃谷

来新夏说北洋

（2009）

“大家说历史”之一种。来新夏、焦静宜著。17万字。上海科学技术文献出版社2009年1月第1版，第1次印刷，印行5000册。定价：19.80元。

ISBN 978－7－5439－3728－4

中国版本图书馆CIP数据核字（2008）第174062号

《说北洋》主要是说清末民初一个军事政治集团的兴衰和它掌握政权的历史。前有总说，概述一下北洋军阀的总貌；继有分说，选择九个专题，每题一篇，大体按时间顺序编次。书末附录，一是著者谈与北洋军阀史的研究及其治学历程；二是提供63种参考书目提要，供读者进一步研究的需要。还随文插入三十余幅历史图片，旨在继承我国左图右史的文化传统，让读者得到图文并茂的感性效果。

“大家说历史”丛书已出的另有：《李学勤说先秦》《张传玺说秦汉》《朱大渭说魏晋南北朝》《王永兴说隋唐》《王曾瑜说辽宋夏金》《陈高华说元朝》《王春瑜说明史》及《王钟翰说清朝》。

本室藏本《来新夏说北洋》题有“读书室惠存 来新夏 二〇〇九年二月”。

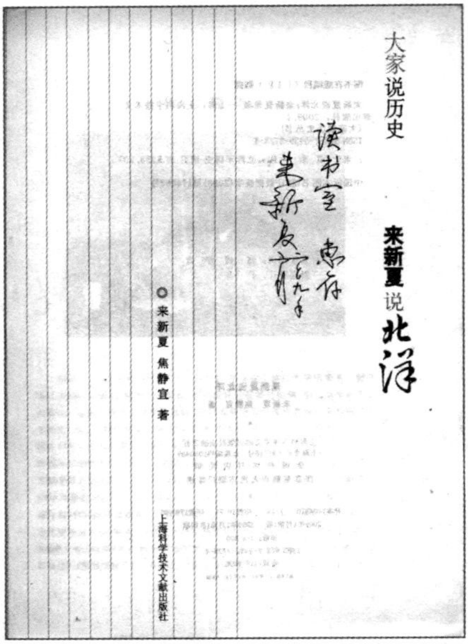

《来新夏说北洋》目录

总说

一、释“北洋”

二、“军阀”与“北洋军阀”

三、北洋军阀的特点

四、北洋军阀集团历史作用的估计

分说

一、小站练兵——新建陆军

1.清末的军制改革

2.编练新军的实验

3.袁世凯宣传练军主张

4.袁世凯与“新建陆军”

5.新建陆军的特点

二、二十世纪前后的政治风云

1.帝国主义侵略的新战略

2.维护封建统治的两种势力

3.民众的自发反抗

4.资产阶级的民主革命

5.对总形势的估计

三、袁世凯正位北京

1.袁世凯权力的起伏

2.袁世凯操纵南北局势

3.南北议和与清帝退位

4.迁都之争与京保津兵变

5.袁世凯在北京继任临时大总统

6.袁世凯就任正式大总统

四、民初社会习俗的变化

1.解放思想,破旧立新的时代潮流

2.移风易俗中的逆向势力

3.对民初社会习俗变化的几点思考

五、“洪宪帝制”

1.袁世凯复辟帝制的准备

2.“洪宪帝制”丑剧的出台

3.护国战争

4.“洪宪帝制”的失败

六、张勋复辟

1.民初的复辟思潮与活动

2.张勋其人

3.中外反动势力对复辟的利用

4.徐州会议

5.复辟闹剧的上演与失败

七、三次军阀混战

1.直、皖、奉三系军阀

2.直皖战争

中国图书事业史

（2009）

“专题史系列丛书”之一。来新夏等著。39 万字。上海人民出版社 2009 年 4 月第 1 版，第 1 次印刷，印行 3250 册。定价：42.00 元。

ISBN 978－7－208－08170－3

中国版本图书馆 CIP 数据核字(2008)第 156011 号

本书描述了周秦至近代的我国图书事业发展的历史。全书不仅仅限于图书的编纂、典藏，还包括图书的刊印、流通、目录学研究，以及近代图书事业的兴起和发展。

2006 年秋，上海人民出版社拟将该社于 1990 年出版的《中国古代图书事业史》、2000 年出版的《中国近代图书事业史》两书合一为《中国图书事业史》，列入该社的“专题史系列丛书”中。在征得原著者来新夏先生的同意后，又由原两书责任编辑虞信棠约请另一编辑毛志辉，共同对原两书进行重组合一。经删订整合，成为《中国图书事业史》，用以反映自古代至新中国成立以前中国图书事业悠久历史进程的一部通史。

本室藏本题"民众读书室惠存　来新夏　二〇〇九年五月"。

《中国图书事业史》目录

三、官私刻书的出现与印施佛经

四、册装形式的流行

第四章　宋元时期的图书事业(960—1368年)

第一节　北宋的图书事业

一、图书的搜集与典藏

二、图书的整理

三、书目编制

四、雕板印刷的普及和活字印刷术的发明

五、图书形态与流通

六、图书的编纂

第二节　南宋的图书事业

一、典藏制度的重建和恢复

二、图书整理工作

三、目录的编制与目录学研究

四、官私刻书的繁荣

五、类书和丛书的编纂

第三节　辽、夏、金的图书事业

一、图书的搜集与典藏

二、辽、夏、金的写本与刻本

三、图书的形态与流通

第四节　元朝的图书事业

一、图书的搜集与典藏

二、图书的整理与编目

三、雕板与活字印刷

四、图书的翻译与流通

第五章　明清时期的图书事业(1368—1840年)

第一节　明朝的图书事业

一、图书的搜集与典藏

二、图书目录的编制

三、图书的刊印

四、西学翻译与图书流通

五、类书和丛书的编纂

第二节　清朝前期的图书事业

一、图书的搜集与典藏

二、图书整理的巨大成就

三、古典目录学的鼎盛

四、图书的刊印与流通

五、图书编纂工作

第六章　鸦片战争时期的图书事业(1840—1860年)

第一节　鸦片战争前世界和中国的图书事业

一、资本主义世界的图书事业

二、中国的图书事业

第二节　现代印刷术的传入

一、现代印刷术的产生和发展

二、传教士在华创办的出版机构和现代印刷术的传入

第三节　传统书籍的刊刻及近代报刊的出现

一、传统书籍的刊刻

二、近代报刊的出现

第四节　初期的译书活动

一、传教士的译书

三、译书的作用

第四节　现代印刷技术的新发现和书籍装帧的变化

一、现代印刷技术的发展

二、书籍装帧的变化

第九章　戊戌变法时期的图书事业(1890—1900年)

第一节　图书的出版

一、资产阶级改良派著译的广泛问世

二、报刊类型的多样化

三、主要出版机构

第二节　图书的典藏

一、官府藏书楼

二、书院、学堂藏书楼

三、教会藏书楼

四、学会藏书楼

第三节　目录著作的编纂

一、改良派的目录学著作

二、国学举要目录

第十章　辛亥革命以前十年的图书事业(1901—1911年)

第一节　书籍制度的演变

一、书籍制度的变化

二、外国图书的翻印

三、革命书籍与新型教科书的出版

四、四大文献的发现

第二节　近代期刊发展的第二个高潮

一、初期报刊兴起的原因

《中国图书事业史》后记

《中国图书事业史》是在《中国古代图书事业史》(上海人民出版社 1990 年 4 月版)和《中国近代图书事业史》(上海人民出版社 2000 年 12 月版)的基础上,经过删订整合,用以反映自古代至中华人民共和国建国以前中国图书事业悠久历史进程的一部通史。

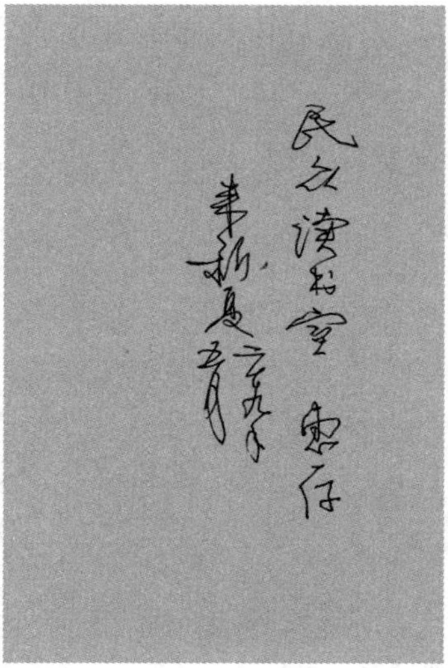

上世纪七八十年代之交，我开始由研究古典目录学而逐渐延伸到图书馆学领域；并由于我受命在南开大学组建图书馆学系和承担教学行政管理工作而需要对有关学科作具体剖析与探讨。在教学实践中，我朦胧地感觉到在图书馆学教学领域中某些课程存在着重见叠出的弊病。如《中国书史》《中国图书馆史》《中国目录学史》和《中国藏书史》的分设，就出现无可避免的重复，使人有数见向、歆父子之烦。我想为什么不能将这些课程合而为一，写成一部《中国图书事业史》呢？于是准备先从鸦片战争前的古代部分入手，并在1980年写成《试论〈中国古代图书事业史〉的研究对象与划阶段问题》一文（《学术月刊》1980年8月）。这是《中国古代图书事业史》的最原始提纲，得到一些同行们的支持与赞同，于是开始作组织力量和进行编写的准备。

1981年，我对此书的规模进行构思和设计，并邀约我的几位不同时代的学生参与合作。我以那篇论文为基础，撰写了四万字的提纲，作为共同写作的基本依据。这份提纲先付油印，后在天津《津图学刊》以讲话形式连载。1986年，《中国古代图书事业史》70万字的初稿完成，并据此简编成《中国图书事业史概要》，由天津古籍出版社先行出版。同时将初稿审阅后提出意见，交由原撰稿人分头修订增补，最后由我全面删定为50万字的二稿，油印后曾分寄有关人士求教。当时上海人民出版社正筹划编组《中国文化史丛书》，常务编委朱维铮、刘泽华等好友，力邀我将此书列入丛书。维铮兄又多次提示，既入丛书，宜与其他书大体划一。于是又经一次删定，于1987年冬终于完成30余万字的定稿，于1990年由上海人民出版社正式出版。

在《中国古代图书事业史》编写过程中，我就考虑着手进行近代部分的编写，曾邀请几位朋友讨论，比较一致的意见认为：近代部分少所依傍，资料散在报刊，搜集难度较大，不要匆匆启动，应先从专题研究作起。我也想这样急就成章，恐难保证质量。于是暂时搁置。

1985年后，我开始招收中国图书事业史方向的硕士研究生，在考虑如何安排他们的学习和研究时，产生了一个构想：我把中国近代图书事业，按历史时期分成若干专题，作为他们学位论文的题目，要求按专题写成材料较充实、论述较完整的论文。经过十年的积累，取得了比较理想的效果，于1995年完成了《中国近代图书事业史》的初步架构。为了书稿的早日问世，我从1996年至1998年，用了足足两年时间，毅然搁置手边的其他工作，全力进行修订、增补、删略、通读，终于在1999年将书稿完成，交付上海人民出版社。2000年12月，《中国近代图书事业史》正式出版，完成了我二十多年的夙愿。

2006年秋，上海人民出版社原二书责任编辑、老友虞信棠编审专门以电话向我建议，该社拟将原二书合一为《中国图书事业史》，列入该社的“专题史系列丛书”中，征求我的意见，并称考虑我年事已高，不宜过度耗费精力，主动表示愿承担合一工作。盛情厚意，令我深感欣慰，当即表示同意，并致谢意。于是就由信棠约请另一编辑毛志辉先生，共同进行重组合一。

将原二书合一，不是机械式的拼接，而是重加全面审视，统一体例，删繁就简而不失原意的再创新整合。经过虞、毛二先生一年多不懈地艰辛劳作，终于成为一部以自成体系，通贯古今面貌出现的《中国图书事业史》。这不仅给读者一部完整的专史，为图书馆学领域填补空白，也为我实现了多年来的一种期待。2008 年秋，这部经过对原二书瘦身三分之一强的新版《中国图书事业史》的三校清样呈现在我的书案上。我以一个多月的时间，夜以继日地通阅了全稿，除了个别的手民之误和引文校核等有所订正外，应该说已经臻于完善。

二书合一的成就，明显地表现在两点上：

一是体例的统一。原《中国古代图书事业史》虽以中国古代历史时期分章，但每章标题均以图书事业发展的阶段为名。而《中国近代图书事业史》则均以近代历史时期分章，二者体例显然不同。因此对原前书各章以图书发展阶段所作的标题进行适当处理。因此，使全书均以历史时期为标题，以求体例统一，加强"史"的概念。

二是内容的简练。原二书存在内容叙事过多和琐细的不足，但因原分为二书，问题不显突出。但在合成一书时，全书令人有臃肿之感，于是根据"以图书事业为核心内容"和"要言不烦"的原则，将某些与图书事业外延过远和叙事过于琐碎的部分，精心删节而不失原意。特别是在古今二书衔接部分，尽力删其重复，略其承接，以求古今通贯。

至此，新编《中国图书事业史》的大局底定。又经复决审诸先生详加审定，精雕细刻，再予订正，终使一部新创著作，得以问世。

为图书馆学领域增一新著，为对图书馆事业关注的人们得借此了解中国图书事业源远流长的历史进程,为文化事业的积累增一品种。

这部新创著述,是在《中国古代图书事业史》和《中国近代图书事业史》的基础上编写而成。过去曾参与过前二书的朋友,在前二书中曾有所致意。在此我仍忆念当年的友情。而这次的改编,则端赖虞信棠和毛志辉二先生。虞信棠先生是前二书的责任编辑,又是我多年的老友,而毛志辉先生则尚未谋面。他们不论旧识,还是新知，都给予我和我的著作极大的关注。他们从若干成书中选择二书,历尽辛劳,重加整合,编成新著,不能不令我感动,在此再致谢意。我以望九之年,得睹旧著新颜,又何得不至感欣悦。我默祷这部新著当为社会所接受,有更多的读者喜欢它。

来新夏

二○○八年十月下旬写于南开大学邃谷,行年八十六岁

访景寻情

（2009）

“学人屐痕文丛”之一。来新夏著。16.8万字。岳麓书社2009年5月第1版，第1次印刷，印行5000册。定价：20.00元。

ISBN 978－7－80761－183－7

中国版本图书馆CIP数据核字（2009）第048709号

“学人屐痕文丛”之他书为葛剑雄《读不尽的有形历史》、林非《看山观景情未了》及邵燕祥《出远门》等。

“读万卷书，行万里路”，一直是自古以来熔铸文人学者的两大途径。出自文人学者之游记，使人广其见闻，亦能起到发挥人们追索知识和开拓思路的效能。《访景寻情》是20世纪80年代以来先生在国内学术研讨、甚且越洋交流所到之地见闻的随笔集。是书题有“民众读书室惠存　来新夏　二〇〇九年五月”。

《访景寻情》目录

积水潭忆旧

七十年的天津缘

天津卫六百年

大经路忆往

五大道寻旧

消夏梨木台

战备疏散话“老插”

钱江潮

湖滨赏月

旧镇纪事

水乡乌镇

杭嘉湖纪行

人文绍兴

天一明珠话沧桑

宁波的“麻将起源地陈列馆”

钟情海宁

参拜“侵华日军南京大屠杀遇难同胞纪念馆”

初访华西

七朝古都——开封

历史的沉重——悼旅顺

岩画·摩崖造像

娘子关览胜

平遥古城

塔尔寺朝圣

河西四郡

敦煌访古

啊！敦煌　鸣沙山·月牙泉

吐鲁番纪行

黔行纪游

黄果树观瀑　龙宫泛舟　阳明洞遐思　红枫湖篝

过港行

天津和香港的相通命运

澳门巡游

远眺　近观　重游

台湾的博物馆

太鲁阁留踪

环台游

美国风情

初履金山　独之厅　华盛顿故居　两个雅典城　大西洋赌城　手情的安慰　好莱坞忆游　大学图书馆　村镇图书馆

枫叶之国

五月的温哥华　UBC 的亚洲图书馆

扶桑手记

成田上空的沉思　上野探樱花　和服的咏叹　和食杂说　相扑料理及其他　东京居大不易　血通气顺　明治村的启示　日本知识界的侧面观　广岛之旅

议论文化游记(代序)

"读万卷书,行万里路",一直是自古以来熔铸文人学者的两大途径。其最具典型性的便是三代以下第一作者司马迁，他从十岁开始读《左传》《国语》《世本》和儒家诸经典；二十岁就周游江浙、两湖、鲁豫、四川的名山大川。访求遗佚，搜集口碑。后世文人学者多奉为圭臬，有唐柳宗元以撰写游记著称于唐宋八家，所写《永州八记》刻画唐代湖南零陵优美山水，称古今名篇。明人徐霞客跋山涉水，攀悬崖，登绝顶，考察自然与人文现象，穷一生精力，撰成举世驰名之杰作《徐霞客游记》，熠熠发光于中华文化之宝库。近之如清代，游记之作，所在多有。如清初古文名家宋荦与汪琬各有一篇同名《游姑苏台记》的游记，描绘苏州城外姑苏山上姑苏台山水情景，宋文并引入汪文写景片段，比读之下，汪文于情似略胜宋文一筹。乾隆时诗人沈德潜有《雨中游虞山记》一文，是一篇情景交融的好游记，作者始而写两过其山而未登的憾意，继而写某次雨中登临，又未能尽探幽邃，而感到心甚怏怏，终而发抒对世事的感慨说：

> 然天下之境涉而即得，得而辄尽者，始焉欣欣，继焉索索，欲求余味而不可得；而得之甚艰，且得半而止者，转使人有无穷之思也。噫嘻！岂独寻山也哉！

晚清时期，中国处在一个历史转型期，有人开始动念走向世界。我的一位同乡前辈钱单士厘女士于1903年从日本经朝鲜、中国东北、西伯利亚至欧俄，历时八十日，写成了中国第一部女子出国游记——《癸卯旅行记》，介绍所见所闻，不仅量其风物，更对时事感到忧虑与愤懑，充分反映了二十世纪初一位封建时代女性的远见卓识。1910年，她又写出一部名为《归潜记》的游记，记其在意大利的见闻和她对中西文化交流的看法，更借犹太人在意大利的屈辱惨状，以启迪国人对国事日衰的警觉，体现了游记中的文化内涵。

上一世纪的八十年代，中国进入政通人和、文化繁荣的时期，文人学者渐渐摆脱自我封闭状态，不仅国内时有学术研讨，甚且越洋交流，亦非罕见。所到之地，往往将见闻形诸笔墨，于是游记之作时见报刊，而自藏于箧者尤不可胜数。从此，海内外一地之历史沿革、山川风光、民情习俗、名胜遗迹，以及民众之精神素质、文明程度等等，大都见诸文字，斯情斯景，宛在眼前，几于目不暇接。文化内涵更见深厚，中西文化之沟通日益畅达。

不论古今，凡出于文人学者之手的这些游记，不仅使人广其见闻，更重要的还能以作者对人文意识的诠释，起到发挥人们追索知识和开拓思路的效能。也引发我对这些文化游记的关爱和思考。

能亲临海内外胜地，并写出文化游记的人，终究是少数，更多的人虽有此要求与愿望，但一则限于精力，二则限于财力，三则限于时间，无法实现自己的向往，于是只好通过图像和文字来满足自己的文化要求。我曾把这种文化享受称之为“卧游”。所谓“卧游”，并非实指，而是借指一种消闲模式，偎在被窝里，仰摊在老板椅上，斜靠着羊皮沙发的扶手，歪躺在被垛上……都属于“卧游”的范畴；但许多文化游记，多散刊在各处，搜寻困难。因此我曾设想如能选辑一批出于文人学者之手、具有文化内涵的游记于一编，提供给那些或年高体衰者、或公私繁忙者、或阮囊羞涩者作“卧游”之需，岂不甚好？

几年前，我和忘年挚友韩小蕙女士曾编过一套《名人文化游记》，含域内域外各一册，为多人一集，颇得同好赞许，惟所收篇什较少，时思增益扩编。去年冬日，岳麓书社曾主陶社长告知，该社拟组编一套文人学者走天下的游记性丛书，内容不只描写自然景物，还应有人文内涵，并打破学者作家界限，各成专集。我被邀加盟，甚感愉悦，乃收集拙文数十篇，成一小集。各篇插入相应图片，庶看图读文，益增情趣。既记录平生游踪，又可备卧游者浏览，岂不善哉！

二〇〇八年新春　写于南开大学邃谷，行年八十六岁

书前书后

（2009）

“花园文丛”之一。来新夏著。是书为《来新夏书话》续编。14 万字。山西出版集团·三晋出版社 2009 年 8 月第 1 版，第 1 次印刷。未标印数。定价：30.00 元。

ISBN 978—7—5457—0107—4

中国版本图书馆 CIP 数据核字（2009）第 119164 号

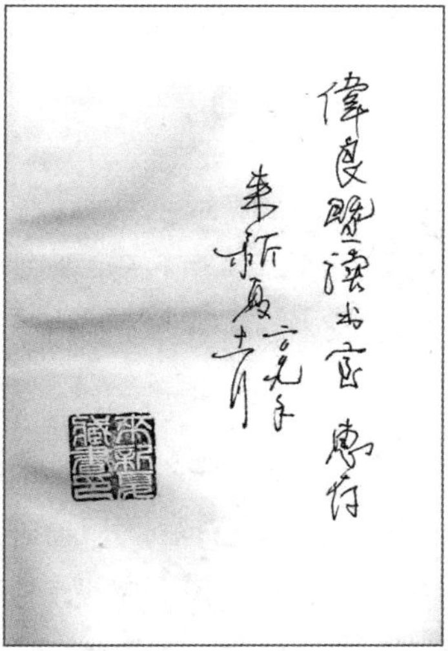

本书 36 篇文章，分四部分：“藏书与读书”“为自己的书写序”“为朋友的书写序”及“书评”，收录有《漫话古籍的保护与研究》《议论文化游记》《红楼何止半亩地》等文章。

专与博、冷与热、学与用是我们在治学中经常面临的问题。作为一位横跨历史学、方志学、图书文献学的学术大家，来新夏先生研究领域之广泛、成就之突出，在学术界中是很少见的。《书前书后》的序言，是刊载于华东师范大学历史系学术刊物《历史教学问题》2008 年第 1 期上的《纵横“三学”求真知》一文，是南开大学历史学院博士生夏柯、厦门大学历史学系教师刁培俊博士对来先生的访谈录。来先生口述万余字的读书经历以作《书前书后》代序，显得极为厚重，而对于后学敬仰前贤的严谨治学方法，又显得颇为实用。

本室所藏《书前书后》署有："伟良暨读书室惠存　来新夏　二〇〇九年十一月。"

晋北塞上大同花园大饭店董事长刘海明先生、总经理刘东先生、昆仑饭店总经理刘昇先生，乃三晋企业界儒商，热心文事，钦佩来新夏、王稼句、徐雁诸君善作书话，慷慨出资成丛书出版，因以命丛书曰“花园文丛”。“文丛”余书为：王稼句《看云小集》、徐雁《秋禾话书》、伍立杨《幽微处的亮光》、刘绪源《翻书偶记》及苏华《书边芦苇》。

《书前书后》目录

从“陈垣同志遗书”说起

闲话读书

读《文史通义·易教·书教》

读《中国文学史》后记

读《四库提要辩证》

读熊秉明教授的两部著作

为自己的书写序

《书目答问汇补》叙

《近三百年人物年谱知见录》(增订本)序言

《来新夏书话》序

《中国图书事业史》后记

《来新夏说北洋》序

《皓首学术随笔·来新夏卷》序言

议论文化游记——《探景寻情》序

闲身自有闲消处——《说长道短》序

《邃谷师友》序

《80后》序

为朋友的书写序

《中国方志史》序

《追逐理性》序

《津沽三邮》序言

《新方志“概述”点评》序

《半月日志》前序

《史志文集》序言

《阶州志集校笺注》序

书评

鲍延毅教授与《死雅》

一部新人耳目的镇志——评《十里长街——坎墩》

评《著述与宗族——清人文集编刻方式的社会学考察》

一部外国人研究中国文字狱的专著——读《戴名世年谱》

评说《书楼寻踪》

红楼何止半亩地——评《红楼半亩地》

记人代之古今,标卷帙之多少
——评《湖南图书馆古籍线装书目录》

藏书与《藏书家》

纵横"三学"求真知——访来新夏教授(代序)

采访人:夏　柯　刁培俊

被访者:来新夏

问:来先生您好！您是我们尊敬的学界前辈,学界称誉您为"纵横三学"著名学者大概也就是说,您在历史学、文献目录学、地方志研究方面都取得了重大成果,在国内外学术界影响深远。您能谈谈您的学术经历和研究概况吗?

答:好的,先谈谈我的本业历史学吧。我是上世纪40年代的大学生,1942—1946年间就读于辅仁大学,受过传统史学的科班训练。当时正是抗战时期,燕京关闭,北大成为伪大。辅仁作为德国教会学校,受日寇干扰较少,故而当时留在北京而不愿任伪职的学者纷纷加盟辅仁,一时名师云集,文史方面就有陈垣、余嘉锡、朱师辙、启功等名家。当时辅仁的学生较少,师生关系也很融洽,所以每个学生都能得到教师的悉心指点。在这一环境熏陶下，我打下了扎实的学术基础。大学期间，我的主要研究方向是唐以前的中国历史，毕业论文做的就是有关汉唐年号变化与政治关系的题目。1949年参加革命以后，我到华北大学接受南下工作培训，后来，被留在历史研究室当研究生，师从范文澜先生，开始转向近代史研究。一年以后，我奉调到南开大学工作，讲授中国新民主主义革命史、鸦片战争史、中国近代史和北洋军阀史等课程。虽然学术方向有所转移，但我并未放弃古代史。我一贯主张学术不但要古今贯通，还要中西贯通，反对学问越走越窄，这个我们下面再谈。北洋军阀史是我研究近代史的核心点，这要追溯到跟随范老学习的那个时候。当时研究室（新中国成立后改制为中国科学院中国近代史研究所）接受了一百多麻袋北洋档案，在整理这批档案过程中，我开始接触北洋军阀史。那时的工作条件很差，每天在仓库里弄，尘土飞扬，每人只发一件灰布制服，一个口罩。整理工作分两步，第一步非常辛苦，就是先把土抖落干净了。因为那些档案都很多年没有动，非常脏。我们早上去，晚上回来的时候，戴眼镜的镜片都是黑的，口罩遮住的地方是白的，可是口罩上两个鼻孔的位置也是黑的。全身都是土，弄干净后，把档案按文件类型分堆，再做大致的政治、文化、经济的分类，这就弄了近半年，这是第一步。第二步整理的时候就很细了，要把每份文件看一遍，然后做卡片，写明这是什么时间，什么事情，写出概要性的东西，进行专题的内容分类。在研究这些档案的同时，我又看了一些有关的书籍，对北洋军阀史产生了兴趣，我认为这是治学中的“从根做起”。1957年时，湖北人民出版社向我约写北洋史书稿。当时没有人写相关专著，我也是抱着试试的态度，写成了12万字的《北洋军阀史略》。没想到，出版后反响强烈，日本还出了两次译本。我当时自认为这是以马列观点写就的第一部北洋军阀史。1957年以后至70年代末，因受形势影响，研究处于徘徊阶段，没有什么进展。进入八十年代，湖北人民出版社又向我约稿，希望增补《史略》。1983年面世的《北洋军阀史稿》就是在原书基础上重新扩充、修改完成的。《史稿》出版后，我仍觉得当时没有一部完备的北洋军阀通史是一个缺憾，认为这是自己的职责所在，遂又经过十余年努力，在几位同仁的协助下，写就100万字的《北洋军阀史》一书。这本书获得了教育部科研成果二等奖。当时我自信心很强，认为50年内很难出现其他北洋通史，因为这是一部填补学术空白的著述。我在"文革"时受冲击，其中一条"罪状"就是因为研究北洋史，被人指为是专门研究坏人的历史，与反动派气息相通。可我觉得，历史是丰富和多样的，如果大家都去研究英雄烈士了，那历史的另一面谁来研究呢？这样的历史不就成了片面的，而不是完整和全面的历史了吗？

以上是我在历史学方面的研究情况。我的另一研究领域是目录学。我们读大学时，允许跨系选课，我就选了中文系的目录学课程，师从余嘉锡先生学了几年。目录学难度较大，比较枯燥，要教好学好都不容易。作为老师，如果涉猎不广、积累不多，没有旁征博引的功夫，要讲得新鲜生动、引人入胜是不可能的。在极"左"时期，目录学属于"三基"，受到了批判，得不到应有的重视。直到八十年代时，我才在南开大学历史系开设目录学的课程，后来因为身体原因，讲了两年多就没继续。我学目录学，是从《书目答问》入手的，读通了这本书，就掌握了2000多种古籍的大致情况，心中就有了作学术的纲领，无论你做哪个领域，都可以大致明了该领域内的基本书籍，再接触其他的书，就可以很容易地增补进这个体系中去。我现在正在总结自己在目录学方面的成果，明年中华书局将出版我的《书目答问汇补》一书。我在攻读目录学时，曾经做过《书目答问》索引，一种是从人名到书名，先列出作者、字号，属于哪一家，再列出著作；另一种是从书名到人名，先列出作品，属于四部中哪部，再写出作者。通过制作这两种索引，就等于将《书目答问》拆散了又重组，学问就应该用这个做法。你们可以看看我早年手批手校的《书目答问》，那时我就用了这个办法。

除了以上两个方面外，地方志也是我的一个主要研究领域。在这方面我的起步较早，因为我的祖父是民国《萧山县志》的独立纂修者，所以，我有一定家学渊源，也很想继承祖父研究地方文献的传统。四五十年代之交时，我阅读了大量旧志。我国的方志有两千余年的历史，但志书的分布却不均衡，有的地方修得多，有的地方少，有的甚至没有，所以，解放初期，中央很重视纂修地方新志的工作，号召各地编修自己的“地情书”。由于政治运动不断的原因，新方志的修撰工作屡兴屡废，直到八十年代初，才掀起全国性的修志高潮。当时由梁寒冰先生负责主持全国的修志工作，我担任第一助手，由此进入到地方志研究领域。我在这个领域除写了《方志学概论》《中国地方志》《中国地方志综览》《志域探步》《中日地方史志比较研究》等书外，还做了四点工作。首先，是做了新志编修的启动工作，负责起草了全国新志编修规划和第一次启动报告。第二，是参与了若干新志的评审工作，给几百个县市区的地方志写序，做了一些评论和纠谬的工作。第三，是培养了数以千计的新志纂修人才。1982 年时。我担任了华中、华北、中南、西北四个地区新志编修人员的培训工作。现在我的学生和私淑弟子遍布全国各地。第四，是倡导和参与了旧志的整理研究工作。我国是个志书大国，解放前编修的旧志就将近万种，不但存量大，而且种类繁多，包括各级行政区划志、江河山川志、行业志种种。这些志书包含有政治、经济、文化、社会等多方面的地方情况，是一个蕴藏量和信息量极为丰富的资料库，所以有必要进行相关的整理研究工作，以为现在社会所用。当时，我参与了旧志的目录编修、资料分类、内容研究和整体评价工作。

上述三个部分构成了我的学术体系，也就是别人讲的我的“三学”，所以我入选《南开史学家论丛》的集子就取了《三学集》的名称。到晚年后，我又想，干了一辈子学术，一辈子得到民众供养，如果只写了几篇供专业人士观看的文章，意义有限，所以，我就想把我的知识和才学还给民众。因此，从 80 年代以后，我开始了学术随笔的写作。史学工作者所做的学术随笔与作家随笔不同。我的随笔是以学术为根柢的，目的是给人更多的历史资料与信息，就算是针砭时弊，也是以历史为基础的。近三十年来，我一直坚持写随笔，已经出版了十余种随笔集。最近的一本是中华书局出的《皓首学术随笔丛书·来新夏卷》。所以，我觉的在我的“三学”之外，还有一学，就是学术随笔。以上就是我的学术研究概况。

问：来先生，作为一位出色的教育家，您在图书馆学的建设方面体现了史学家的通识，您能补充谈谈这方面的情况吗？

答：好的。我是历史系的教授，按照学校的安排，1983 年，我离开历史系担任了南开大学图书馆馆长。1979 年我曾创办了南开大学分校的图书馆学专业，1983 年又组建了校本部的图书馆系。在办学过程中，我提出了编写教材和引进人才的“两材(才)方针”。首先是改变传统的图书馆学课程设置。原先的图书馆学专业课程有重见叠出的弊病，如中国书史、中国目录学史和中国图书馆史这三门课程在谈到图书的源流、分类、编目时都要涉及刘向、刘歆父子，所以，当时有学图书馆学要“七见向、歆父子”的说法。于是，我就构想实施三史合一的课程，即以图书为中心，而将涉及与图书有关的各种事业，包括制作、搜求、典藏、分类和再编纂等包容进来，不仅最大限度地容纳了原来三种课程的内容，而且重新进行了编排和整合。为了将这一构想付诸实践我就拟定提纲，组织人员并亲自承担章节编写和删订通稿，先后完成了《中国古代图书事业史》和《中国近代图书事业史》的编写，应用于课堂，不仅使课程设置更趋科学合理，而且减轻了学生的学习负担。为了建立图书馆学的基本框架我还组织编写了一套有七种专业课程的《图书馆学情报学系列教程》，涉及图书馆学、文献检索、情报工作、国外图书事业等方面，使南开的图书馆学专业成为一个比较完整的学科。另外，我还增添了“中国书法”一课。有些人不理解，我的想法是一个图书研究者每天和书、文字打交道也要做些书写工作，所以，掌握书法的基础知识是很有必要的。从这门课开设后的情况来看，效果还是很好的。

问：来先生，能谈谈您治学的心得体会吗？

答：好的，我想大致谈四点体会。首先，做学问一定要有基干，老话说就是“专攻一经”。无论你是搞哪一领域，先把这一领域内的重要书籍念透一部。我研究目录学，首先读的就是《书目答问》，一字一句的念，还将各家批注和相关资料汇总起来研究。我研究近代史首先读的是三朝《筹办夷务始末》。因为近代史最重要的就是对外关系。在读书过程中，一定要做笔记，要会做笔记，不要怕麻烦，怕慢。读书快，但记得不牢，体会不深，快就等于慢；反之，细细研读，做了笔记，慢就等于快，这就是读书的快慢辩证法。年轻人不要自恃年轻聪明，记性好，一定要记得人总有老的时候，得来太易，失去也会太快。现在大家都用电脑,有好处也有坏处。我曾有一个“偏见”:没有“废话”的论文多是伪造,那都是靠电脑下载拼凑的“学术百衲本”,没有自己的思想,没有价值。电脑下载是为秘书们伺候长官准备的“急就篇”,做学问不是攒书,不要搞这种“奶妈学术”,要注重根柢,不要做无根之木。

其次是要注重积累。现在学术界不重积累,这是受了社会风气浮躁的误导。特别是量化的评价标准,害死人。这是新八股的余毒,方便了评审,危害了学术。什么是好文章？能说清楚没有人说清楚的问题的就是好文章,10 万字的是,500 字的也是。现在设立许多数量的杠杠,这是不合理的。要积累就要抄书,做笔记,要做到四勤:脑勤,眼勤,手勤,耳勤。不要光看,而要调动多种途径。学英语有所谓“快乐英语”,不但要看懂,还要嘴巴喊着,耳朵听着,调动各种感官,才能有效果,做学问也一样。一定要善于写杂记,这是做学问的一个重要步骤。在看书积累资料的过程中,一定要抓住那些一纵即逝的思想闪光,要马上记下来,否则过后即忘,就是狗熊掰棒子,一无所得。我所说的“积”就是广泛地搜集,“累”就是不停地增多。每天都要抄一点、记一点,这样“日积月累”学问才能不断进步。你们一定要重视我国的成语“聚沙成塔”“集腋成裘”,这都是方法的总结,智慧的结晶,要深刻体会其中的精髓。抄书什么时候最难？打开书,抄第一条的时候最难。一定要沉住气,才能坚持下去。抄书不是盲目地抄,不是做印刷机、复印机,而是一个研究的过程。首先是点读,其次是分析,然后是记录思维的火花。所记的东西不一定很完善,但一定要把思想记下来。在此基础上,将同类的资料和看法归结成小堆,整理以后写出三四百字的小杂记。小杂记写多了,再进行分类集合,就可以写出小文章。小文章积累多了,再加以整理就可集合成一部小书。在小书的基础上再搜集,补充资料,就能写出部大书来。我的文章和专著大多都是这样写成的。所以说读书研究一定要掌握“分合法”,先把读的书分开,再把它们合并,先分,后合,先有灰石砂土,才有高楼大厦。学文科的人一定要勤于积累。文科是很养老的,年轻时多积累,年老时就足够所用。二三十岁时一定要想到有一天会老,脑力体力不会永远旺盛,记忆也不会永远的过目不忘。你们不要被古人所欺骗,我非常反对“一目十行”的说法,这不是效率高,而是肤皮潦草。读书应当“十目一行”,一定要把书吃透。从“一目十行”到“十目一行”的转变很痛苦,但这是真有所得,而不是夸夸其谈。

第三点是一定要尊重传统,尊重前人的成果。所谓创新是在前人基础上的创新,绝不是不尊重前人成果,自搞一套。要相信一点,历史是在很公正地筛选。那些经过历史考验保存下来的文献,必定有它的道理和价值。学术固然有愉悦自身的功用,但这样的“为己之学”只是学术的一部分,“为人之学”才是学术的根本立足点。我一直觉得,读书要做善举,我编著《清代目录提要》《清人笔记随录》《近三百年人物年谱知见录》等书,就是为了这个目的。我最近成书的《书目答问汇补》,汇总了各家批注和相关资料,方便了他人,免去了后来者奔波于图书馆的劳累,延长了他们的学术生命。现在的文史研究之所以进展不快,跟很多学人不屑于为人服务有关。大家都想着尽快搞出自己的一套,默默为人奉献的就少了。“为人之学”必须要有耐心,不是一年两年可以成就的。我写《清人笔记随录》积累了几十年,到晚年才出版。我现在担任的国家大清史项目“清经世文选编”总共二百多万字,没有多年阅读积累,也不可能承担得起。此外,我现在一两年出一本随笔集,工作量也不逊于你们年轻人。总之,任何时候心中都必须存有一念,即“为别人所用”。“天增岁月人增寿”,只有“为人之学”才能达到这一目的。

最后讲一点，做学问不要赶风。你只要做好你这块领域就行了,不要什么热潮都去赶。现在流行“国学热”,我在《中国文化》上发文说赞同国学,但不赞同“国学热”。现在问你国学是什么,你能透彻讲明白吗?问题的关键在于如何对待国学。国学应当提倡,但不是拿国学作工具,谋一己私利。现在的“国学热”不是真正学习和普及国学,而是炒作,是商业行为。我在《中华读书报》上发文说,于丹的心得是于丹的，不是你的心得，你应当回到经典去求你的心得。学术有“显学”,也有“晦学”,不要光顾“显学”,也要注意“晦学”,不要什么都赶时髦,而要坚持做好选定的方向。如果你是做清史的,清史有很多领域都值得研究,比如清承明制问题,清代国史问题,清代的吏治问题。为什么有了养廉银,却养不了廉?陋规又加陋规,层层相因,这对现在治理腐败很有启发意义。另外诸如漕运、河工、铜政、盐务等问题对当前都有借鉴意义,有重大的研究价值。只要选中其中一个领域深入研究,踏踏实实地干,都会有成果。等研究有所得时,依然要保持一个“冷”的态度。作为学者要经常保持一个“冷”字,求学时,要坐得起冷板凳;干事业时,要经得起冷遇;观察事务,则要保持冷眼。这里的“冷”指的就是沉着、平静、淡然。我写过一篇文章叫做《坐“冷板凳”与吃“冷猪肉”》,讲的就是这个问题。一个学者,只有持有这样的态度,学问上才能有建树,才能为社会作贡献,为百姓所铭记,才能到文庙里吃冷猪肉。做学问不是求荣华富贵,要发财,要当官,就不要走这条道路。当然我讲这点,并不是完全反对当下的学术炒作热潮。炒作也有一定作用,能引起社会关注,扩大学术的影响力。问题是对大众应当予以引导,而不是误导。现在的国学热就是误导甚于引导。

问:来先生,能谈谈您对国外史学的看法吗?您认为在借鉴他们的研究经验时,应当注意哪些问题呢?

答:对国外史学,我了解不多,但有一点感触很深,就是国外学者能从基础起,从关键点切入的治学风格。国外真正史学家的作品都是求真求实的。我看过他们的一些著述,也很佩服他们的治学精神。我和一些美国、日本的史学家交流,他们都很羡慕中国的文献储藏量,既有档案,又有载籍,还有地方上的金石碑刻。他们认为中国是"无处没有史料"。不过同时,他们也比较委婉地批评了中国人不太珍惜历史文化遗产的态度。他们还认为中国的一些学者的急于求成,不是自己去源头挑水吃,而是从人家水桶里舀水吃,常常使用二手资料,而不重视去掌握第一手资料。有些外国学者来中国一两年,就泡在档案馆,从源头做起,从最基础的史料发现新的研究课题。他们的史料功夫很切实,也很注意历史的细节,擅长抓住研究的切入点,比如唐德刚的《晚清七十年》就抓住了中国历史上这一瓶颈期、转型期做文章,所以能有创见,也很有学术价值。另外我觉得国外学者"和而不同"的学术风格也很值得我们学习。他们不搞"一言堂",而是各抒己见,经常提出自己的不同观点,在此基础上,再求同存异,寻求合作。他们的"和"是从不同中求得的,就像乐队演奏,黑管是黑管,大贝司是大贝司,决不会混淆,但是合起来呢,又能奏出优美的旋律。所以说先得有不同,才能有"和",这是问题的重点所在。另外,在社会史和历史人类学方面也要多加借鉴。中国传统史学也有实地调查的传统,但主体上仍然是文献编撰学。历史学应当吸收社会学注重调查研究的方法,应当加强田野工作。我的一个老学长李世瑜是研究秘密社会的,他通过调研美国一个小镇发现了天主教的一百六十余个教堂,这是以前闻所未闻的。美国哥伦比亚大学有个专门的口述历史研究馆,收集了大量的口述资料,虽然不一定都完全真实,有避讳和避重就轻现象,但毕竟是第一手的材料,有其独到的史料价值。重视实地调查还有助于从现实中找寻问题。华盛顿大学的郝瑞教授为研究中国近代人口的迁徙、流量、生息等问题,就选择浙江萧山作为研究的切入点,在掌握大量文献资料的基础上,带着助手,并邀我这个萧山人参加,亲自到萧山实地考察,并就地扩大资料量,从分析当地姓氏宗族入手,寻求人口迁移变动的真实原因。这种深入实际、解剖麻雀的小题大做的研究方法,所得到的成果,就比较接近真实,值得我们吸取借鉴。比如我们研究清代的"堕民"问题,光从文献中爬梳还不够,必须实地去考察。浙江慈城有很多"堕民"后代存在,通过对他们的走访调查,就可能得到史书上未记载的资料,获得更为全面的认识。总之对国外的研究成果必须要关注,不能自我封闭起来,而是要择善而从。我是主张融合的,光抱着乾嘉家法不放,并不是治学的最佳途径。当然在此过程中,也不要一味接受,而是要懂得寸有所长、尺有所短的道理,善于取长补短。

问:来先生,南开历史学的精神是"惟真惟新,求通致用",在致用方面,除了专业研究外,您主要是通过杂文的途径把学术返还给民众,服务于社会。您能谈谈历史知识传播的问题吗?

答:我之所以写杂文,也是从"为人之学"的角度考虑的。传统历史研究的一个基本问题就是从文献到文献。这点从专业本身来讲没错,但是从更大的社会角度来看就不免有空对空的嫌疑了。很多历史学家的研究过程就是个自我愉悦的过程,是一个人在"独乐乐",看了许多书,发见了一些问题,写了几篇文章,就是给学术圈子里的千百十号人看看,大家一块高兴高兴,乐和乐和,而没有去想,如何让自己的研究成果,让无数倍于圈中人的更多人,去了解、去接受。历史学家对这块阵地的拱手相让,正好给那些投机热炒者提供了空间。所以,我是赞成学者去讲历史的,也是赞成用影视、广播、网络等多种传媒手段传播普及历史知识的,但是必须有一个底线,就是要本着对历史负责,对他人负责的态度,提供给大众尽可能接近历史真实的信息,而不是打着专业的幌子,拿历史作工具,故意迎合大众的不正常心理,以达到牟取私利的目的,这是我坚决反对的!这样做比原来的自我封闭和稗官野史戏说的流毒更广、贻害更深!

总之,历史学家不但要求真,也要求新;不但要务实,也要致用;不但要自适,也要为人;不但要研究历史经验,也要紧扣时代脉搏;不但要坚守学术阵地,也要开辟新途径、耕耘新天地。如果还是囿于一隅,抱残守缺,光在爬梳文献中打圈圈,那历史学就不仅仅是面临困境,怕是要走向绝境了!

问:来先生,您在专业史家和杂文家间的角色递换如此自然,一个重要原因就是得益于您出色的文笔,您能透露下历史写作的秘诀吗?

答:好的。你们可能还不知道,我在历史系开过一门写作课。我觉得写作是个技巧活,除了有一定的基础知识外,还必须有一定的程序。程序过了,就是八股,没有程序,就成不了文。所以,我开写作课时就讲了各种文体,讲如何取材,如何论述,如何写景、写人,使学生了解写作的基本规范。任何一个学历史的人,心中必得存有一念,即兼融文史,同时掌握文献和文字。古人云:“言之不文,行之不远。”文字是把知识传给第三者和更多受众的重要工具,所以必须予以重视。那么如何写好文章呢？我觉得首先要有积累，要多读、多背、多记名人名篇，丰富自己的语言和词汇。其次是要从小处着手，要学会写小文章。我在辅仁读书时，陈垣先生教我们写文章，就定了个规矩，超过五百字的不收。我当时还耍了个小聪明写小字，一行当两行。陈先生发现后就把我喊去，教导我说只有会写小文章的人，才能写大文章，才能真正放得开。这话我一直牢记于心。另外，写文章切忌一挥而就，要保持冷处理的态度。思考主题时要冷静，写完后不要急着发表，先放放，让思想有回旋的余地。发现了问题，要不怕麻烦地修改。要让三种人给你提意见，一种是比你强的人，一种是和你同水平的人，另外一种是不如你的人。这样不但得到教益，也了解了各种层次的人对本文的接受程度。提完意见后，要继续修改，字斟句酌地改，特别要注意虚字，这是最不好用的。最后一点，写文章一定要善于触景生情。文献也是景，看书就是进入到场景中去，但更重要的景是在我们的日常生活中，所以一定要多接触群众，多观察世态。世态是最激发思想的，多听多看，就有了内容，就会思考。比如有一次我在大街上走，看到许多家长背着提琴盒，背着画板，领着孩子去上培训班，大热天，汗流浃背，我就写了篇文章，题目叫《饶了孩子吧》。我看到一些教授热衷于念博士，就写了篇《我好想考博哟》。我写《且去填词》，给宋仁宗翻案，认为宋仁宗让柳永填词，不是狭隘，而是知人善用，要没有他的谕旨，就成就不了柳词的光辉。我之所以有这个观点就来源于生活中的一件小事。有次我听到楼下的小贩吵架，有人就说："吵什么吵？该干嘛干嘛去！"这句话就给了我启发，令我思考，现实生活中不就经常有不安本分、一肩多挑、越俎代庖的事吗？有些学者为了行政工作，把学术给耽误了，学者嘛，就且去研究嘛，有些文学家担任了社会兼职，何必呢？文学家且去写小说嘛。如果人人做好本职，工人把工做好，农民把地种好，当官的把官当好，经商的把生意做好，学者把学问研究好，这样我们的社会就能和谐得多。

总之，写好文章的秘诀就在于九个字："背得多，看得多，写得多"，要勤于写，笔头快是练出来的，不是什么人都是生来倚马可待的。

问：来先生，我们在学习过程中常面临博和专的矛盾，能谈谈您对此的看法吗？

答：我的意见是不要怕杂。杂不但有助于开启思路，还可增加见闻。做学问太纯容易闭塞思路，所以攻其一点，不及其余的做法并不可取。有些人认为战线不要拉得太长，我觉得一个学者的知识储备量必须得大。金字塔屹立千年不倒，就在于底部宽大。我有个看法，一人一事不宜作博士论文的题目，这样会束缚自己的学术道路，也不利于将来教学研究。我任南开校务委员时曾提出学生住宿应当文理相杂，也是出于这个目的。我念大学时读的《中国史大纲》，跟现在按朝代论述的中国史教材不同，它是按政治、经济、文化等专题分章节，按时代论述，这就有利于突破朝代的框框，形成通贯的认识。像我写的《书文化的传承》，就是出于这样的考虑。总之，不要怕杂，杂而后才能显正。当然也要注意杂而不乱，我提的杂是博杂，而不是驳杂。

问：来先生，能谈谈您对学术界和青年学子的期许吗？

答：作为一个学者尤其是青年学者，要特别注意避免浮躁之气，要读好书，做好人，做个实实在在的人，不想走捷径的人，这样才可以有所成就。成就不是靠走捷径求来的，而是靠坐冷板凳，靠积累所得。在这里，我想对你们提八个字："博观约取，好学深思。"

这是读书的方法,也是治学的方法。"博观"和"好学"是一个范畴,这是做学问的第一步。只有读书多了,涉猎广了,你的视野才能打开,才懂得比较。比如学明清史的人,就应当懂点汉唐的历史,以此作背景才可以比较,才能明白明清的历史地位。历代的典章制度对前代都有追承和借鉴,所以必须往上追寻,比如明代内阁制对清代的影响,六部理事与南北朝六曹理事的关系,摊丁入亩与一条鞭法的关系。除了古今比较,也可以作中外比较,比如清代与朝鲜李朝在各方面的关系和比较,都可以启发思维。有了博观和好学的基础,还要懂得深思与约取。学而不思则罔,不懂得思考,就认识不到事物背后的实质。约取就是提炼,一块废铁可以熔化成钢,关键就在于掌握了化腐朽为神奇的方法。我们研究历史,就应当抓住史料中蕴藏的精神实质。比如清代笔记中记了一个大雷雨后在庄园里留下大脚印的故事,说某地的一个地主为富不仁,欺压乡民。有一次下大雨,电闪雷鸣,地主家遭到雷劈,夷为平地,现场留下一个大脚印,而其他村民家却安然无恙。这样一个表面荒诞的志怪故事,却蕴含着当时人们的观念和期许。我们就应该把这些挖掘出来。历史是讲究细节的,往往不是桌面上的事,不是太大的事,起到了关键作用,我们就是要从这些问题中约取、提炼、归纳出精神实质来。

附记:《来新夏书话》续篇既编讫,尚无序言。检存稿中有 2008 年第 1 期《历史教学》所载夏、刁二君的访谈录,内容主要是我的读书经历,即以之作代序。

(夏柯系南开大学历史学院博士生;刁培俊系厦门大学历史学系教师,博士。原载《历史教学问题》2008 年第 1 期)

中国古典目录学

（2009，韩文）

著者，来新夏。译者，朴贞淑。韩国京畿道坡州市韩国学术情报 2009 年 9 月 4 日出版。定价：25000 韩币。

ISBN 978 — 89 — 268 — 0252 — 6

译者朴贞淑，女，1977 年生，毕业于韩国启明大学中国文学系，获文学硕士学位。2005 年就读于南京大学中文系中国古代文学专业，以《〈文选〉东传韩国之研究》为题，攻读博士学位。朴贞淑对文献学有浓厚兴趣，针对韩国学术界对文献学不够重视的现状，拟翻译中国学者的相关著述至韩国，最后选定来新夏《古典目录学浅说》一书。2008 年 7 月，朴贞淑致函来先生，要求韩译《古典目录学浅说》，并附其导师张伯伟教授的推荐信，并恳求来先生赐序一篇。来先生有感于朴贞淑为中韩文献学领域之沟通交流有所贡献，慨然赠序，时在 2009 年 2 月 10 日。韩译《古典目录学浅说·序》后刊载于岳麓书社 2010 年 1 月出版的来先生随笔集《交融集》。

《古典目录学浅说》,译成韩文时,书名作《中国古典目录学》,封二数行文字,介绍译者的概况:朴贞淑,韩国启明大学教授,主要论文除了博士学位《〈文选〉东传韩国之研究》外,还有《中国城隍神的考察》《南朝乐府神弦歌和城隍信仰》《中国古代的莫愁考察》《中国域外汉籍研究的意味和我们的课题》等。《中国古典目录学》还有一段导语,大意是说:"译者把此书看作研究目录学的指南针,所以不辞辛劳翻译了这本书,希望能为中韩目录学交流作出贡献。"

《中国古典目录学》目次

목차

韩译《古典目录学浅说》序

古典目录学，肇端于汉代刘向父子，下垂明清，历千数百年而相沿不衰。名著纷呈，名家辈出，遂成中华传统学术之一大支脉。其学术内涵极富：以广搜异本，校雠异同，来确立定本；以勘定篇次，分类立目，来分析和辨明学术流派，评论图籍；以撰写书录，来表达学术观点，指导后学门径。是以治文史学者多攻习此学科，俾得事半功倍之效。

我正式攻读目录学，始于上世纪四十年代初，时负笈北平辅仁大学，从师于陈垣（援庵）、余嘉锡（季豫）二先生之门。陈、余二师目录学功底深厚，又善于启迪后学。援庵师倾心于目录学甚早，在少年时代，就开始涉猎《书目答问》，作为读书选书依据。后又进而研究《四库全书总目》，奠定其“即类求书，因书究学”之治学潜力。他曾亲手编制《文津阁书册页数表》《四库书名录》《明末清初教士译著现存目录》及《敦煌劫馀录》等目录学专著，尤其是讲授和撰述《中国佛教史籍概论》，更为蜚声学坛。修学这一目录学课程，不仅为“史学研究之助”，也使“初学者于此略得读佛书之门径”。援庵师还以此书为例，规定撰写目录之模式是“每书条举其名目、略名、异名、卷数异同、版本源流、撰人略历及本书内容体制，并与史学有关诸点”，贻人以目录学基本知识。他很推重季豫师之目录学造诣，他为《余嘉锡论学杂著》所写序中云：“他（余师）学术的渊源，实得力于目录学，而他终身所从事的学问，也是以目录学为主。”

余嘉锡先生的目录学造诣，确乎很深，足称近代目录学大师。我初进大学，既受高年级同舍生的指点，又读季豫师所著《目录学发微》，遂决意选修季豫师在中文系开设之“目录学”课程。季豫师指定《书目答文补正》为读本。当时，我幼稚得以为由此即可进窥目录学堂奥，孰知展卷一读，只是一连串鳞次栉比之书名，彼此毫无关联，读之又枯燥乏味，昏昏欲睡。旋经柴青峰老师指点，以贵阳本校读《补正》本，比勘异同，终于将全书通读一遍，自以为略有心得，想进一步钻研，遂于某日冒昧登季豫师之门问业。季豫师听取我所陈学习情况后，严肃地教诲做三件事：一是讲述三国董遇“书读百遍，其义自见”故事，要求继续读《书目答问补正》，并特别注意字里行间；二是要求多读些与《书目答问》有关之目录书，我遵师命曾先后阅读《书目答问笺补》《增订四库简明目录标注》《读书敏求记》和《郑堂读书记》等书。三是要求利用暑假为《书目答问》编三套索引，即：人名索引、书名索引及姓名略人物著作索引。季豫师还说：“做好这三件事，《书目答问》就算初步读通了。”

大约经过一年多光景，我认真做好此三事，似乎感到已奠定古典目录学之入门基础，读一些目录书也不感到十分枯燥，而能从中捕捉到自己所需之知识，钻研学术也很少有无所措手足之苦恼，自信能在学术迷宫中得到曲径通幽的乐趣，更愿就此深入下去；但在五十年代以后，古典目录学这类课程被视为“封资修”

的“封”类学问，被打入学术冷宫，几乎渐渐被人遗忘。我则利用微不足道之古典目录学知识，就所读有清以来人物年谱，每读一谱，辄写一提要，日积月累，渐成一数十万字初稿，乃以毛笔誊正于小学生作文本上，不意在“文革”中被抄没，直到七十年代后期，我被谪放在农村时，在一次所谓清退查抄物资时，竟捡回两册已残破的手稿，我欣喜若狂，连忙找出一些草稿和札记，在农耕之余，盘坐土炕，在暗淡灯光下，经一二年始大致补齐。迨召还后，又加补充订正，终成《近三百年人物年谱知见录》一书，共五十余万字，1983年由上海人民出版社正式出版，备受读者关注。近二十余年，又不断增补，几近一倍，成百余万字增订本，即将由中华书局正式出版。这是我对古典目录学的一次学术实践。上世纪六十年代初，我因接受政治审查，教学工作被剥夺，处于一种闲散境地，难以排遣空余生活，于是想到重理旧业，以《增订四库简明目录标注》作模式，将各图书馆的名家批注及有关论述，汇补在我手边时加翻阅之《书目答问补正》本上，经过几年过录，所藏这部《书目答问补正》已是满目疮痍，天头地脚，字里行间，无不充盈墨笔小字。“文革”期间，这部《汇补》也在劫难逃，所幸在清退时，居然完璧归赵，时念整理补充成一《书目答问汇补》，作为攻读古典目录学之入门读物，但终因资料散在各处，一时难以搜求，岁月磋跎，延至耄耋之年。近年幸得各方书友协助，于2008年春，完成《书目答问汇补》一书，得百余万字，亦将由中华书局正式出版。有此二书，我始可稍报陈、余二师教诲之恩。

上世纪八十年代，中国走上改革开放之途，举国上下，百废俱兴，学术亦日趋平实。各类基础课程，纷纷恢复与增设，“目录学”一课，亦在其列，而我则荣膺教席之任，衷心窃喜，跃跃欲试。于是翻箱倒箧，得乡居时所撰《目录学纲要》八万余字，时值酷暑，增补资料，条理文字，仅浃月而成《目录学讲义》十余万字，为新学年开设课程做好准备。窃以此目录学不同于图书馆分类编目之书目学，而系“辨章学术，考镜源流”之专学，深思熟虑，以其有悠久的学术源流，又具丰富充实之内涵，为此而定名为“古典目录学”，并为讲义命名为《古典目录学浅说》。

《古典目录学浅说》全书共分四章，第一章为目录学概说，对目录学的界定、类别、体制和作用等，进行较全面的阐述；第二章为古典目录学著作和目录学家，对自两汉至明清的重要目录学著作和著名目录学家，进行平实而公允的评述，便于掌握古典目录学的基本内容；第三章为古典目录学的相关学科如分类学、版本校勘学等专门学科，作了较详尽而具体的论述，以加深读者对古典目录学的了解；第四章为古典目录学的研究趋势，提示对古典目录学领域的前瞻设想，可供研习者思考和进一步探求。意料之外，“古典目录学”这一定名竟为学界所接受和使用，而此课程也为青年朋友与学生所欢迎。《古典目录学浅说》经过几次修定，于1981年10月由中华书局正式出版，得到学术界的关注，有的学者还写了评论，给予鼓励和帮助。2003年曾重印北京新一版，2005年8月，中华书局又将其收入《国学入门丛书》中，印行第三版，为研习目录学之必备读物。

2008年7月，南京大学中文系韩籍博士生朴贞淑女士来函，要求韩译拙著《古典目录学浅说》。8月4日，其导师张伯伟教授发来推荐书云：

韩国留学生朴贞淑同学，毕业于韩国启明大学校中国文学系，并获得文学硕士学位。2005年负笈来宁，就读于南京大学中文系中国古代文学专业，苦读三年，以《〈文选〉东传韩国之研究》为题，撰写博士学位论文，已顺利通过论文答辩。该生对文献学有浓厚的兴趣，也有较好的基础。她针对韩国学术界对文献学不够重视的现状，拟翻译中国学者的相关著述以药之，其意可嘉，用澈推荐，盼能遂其美意，以光大吾华学术。

中韩文化交流，历有年所，载籍多有记述，李白晁衡之唱和友谊，长安争购张鹫、白居易诗文，中华学人，久称盛事。今世学术交流，学者访学，尤呈频繁。朴贞淑女士不远千里，求学金陵，从师张门，学有所成。又焚膏继晷，移译拙著《古典目录学浅说》一书，为中韩文献学领域之沟通交流，有所贡献，其志可钦。朴贞淑女士方当盛年，前程远大。望九一叟，企翘其开通交流渠道，日益广阔，互译互补，沾溉中韩文化。余于此当拭目以待。是为之序！

二〇〇九年二月十日，写于中国天津南开大学邃谷，行年八十七岁

译者序 / 朴贞淑

没有人去走的路，有人却一定要去走，
不畏艰险，甘受寂寞，
愿此书成为其一路的向导……

首先，向应允翻译出版此书的著者来新夏先生表示感谢。来先生年逾八旬高龄，积极关心译者的拙译，在此向来先生的热忱

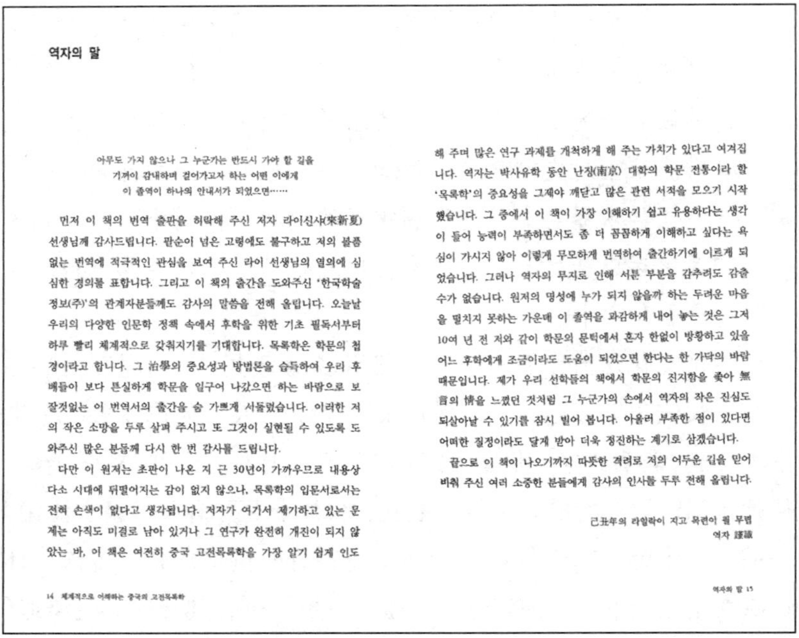

역자의 말

아무도 가지 않으나 그 누군가는 반드시 가야 할 길을
기꺼이 감내하며 걸어가고자 하는 어떤 이에게
이 졸역이 하나의 안내서가 되었으면……

먼저 이 책의 번역 출판을 허락해 주신 저자 라이신샤(來新夏) 선생님께 감사드립니다. 팔순이 넘은 고령에도 불구하고 저의 볼품없는 번역에 적극적인 관심을 보여 주신 라이 선생님의 열의에 심심한 경의를 표합니다. 그리고 이 책의 출간을 도와주신 '한국학술정보(주)'의 관계자분들께도 감사의 말씀을 전해 올립니다. 오늘날 우리의 다양한 인문학 정책 속에서 후학을 위한 기초 필독서부터 하루 빨리 체계적으로 갖춰지기를 기대합니다. 목록학은 학문의 첩경이라고 합니다. 그 治學의 중요성과 방법론을 습득하여 우리 후배들이 보다 튼실하게 학문을 일구어 나갔으면 하는 바람으로 보잘것없는 이 번역서의 출간을 숨 가쁘게 서둘렀습니다. 이러한 저의 작은 소망을 두루 살펴 주시고 또 그것이 실현될 수 있도록 도와주신 많은 분들께 다시 한 번 감사를 드립니다.

다만 이 원저는 초판이 나온 지 근 30년이 가까우므로 내용상 다소 시대에 뒤떨어지는 감이 없지 않으나, 목록학의 입문서로서는 전혀 손색이 없다고 생각됩니다. 저자가 여기서 제기하고 있는 문제는 아직도 미결로 남아 있거나 그 연구가 완전히 개진이 되지 않았는 바, 이 책은 여전히 중국 고전목록학을 가장 알기 쉽게 인도해 주며 많은 연구 과제를 개척하게 해 주는 가치가 있다고 여겨집니다. 역자는 박사유학 동안 난징(南京) 대학의 학문 전통이라 할 '목록학'의 중요성을 그제야 깨닫고 많은 관련 서적을 모으기 시작했습니다. 그 중에서 이 책이 가장 이해하기 쉽고 유용하다는 생각이 들어 능력이 부족하면서도 좀 더 꼼꼼하게 이해하고 싶다는 욕심이 가시지 않아 이렇게 무모하게 번역하여 출간하기에 이르게 되었습니다. 그러나 역자의 무지로 인해 서툰 부분을 감추려도 감출 수가 없습니다. 원저의 명성에 누가 되지 않을까 하는 두려운 마음을 떨치지 못하는 가운데 이 졸역을 과감하게 내어 놓는 것은 그저 10여 년 전 저와 같이 학문의 문턱에서 혼자 한없이 방황하고 있을 어느 후학에게 조금이라도 도움이 되었으면 한다는 한 가닥의 바람 때문입니다. 제가 우리 선학들의 책에서 학문의 진지함을 좇아 無言의 情을 느꼈던 것처럼 그 누군가의 손에서 역자의 작은 진심도 되살아날 수 있기를 잠시 빌어 봅니다. 아울러 부족한 점이 있다면 어떠한 질정이라도 달게 받아 더욱 정진하는 계기로 삼겠습니다.

끝으로 이 책이 나오기까지 따뜻한 격려로 저의 어두운 길을 밝혀 주신 여러 소중한 분들에게 감사의 인사를 두루 전해 올립니다.

己丑年의 라일락이 지고 목련이 필 무렵
역자 謹識

14 체계적으로 이해하는 중국의 고전목록학

역자의 말 15

致以深深的敬意。同时，也感谢帮助此书出版的“韩国学术情报（株）”的相关人士。如今我们人文学获得了各种扶植政策，希望尽快建立起基础必读书体系，以飨后学。目录学可以说是学问的捷径，译者为拙译的出版马不停蹄，是希望后辈了解并掌握其治学的重要性和方法论，踏踏实实地治学。再次向知晓译者这一小小热望、并促其实现的各位表示感谢。

原著初版至今已近三十年，内容上多少不免带有时代印迹，但作为目录学的入门书是毫不逊色的。虽然著者在书中提出的问题还未解决，其研究也未完全改进，但此书仍具价值，为读者了解中国古典目录学指出了捷径，并开拓了许多的研究课题。译者留学中国，在南京大学攻读博士学位期间，觉悟到“目录学”这一可谓南京大学治学传统的重要性，开始收集相关书籍。这其中，感觉此书最便于理解、最为有用。虽然自己能力不够，但还是产生了想要细读学习此书的想法，从而有勇无谋地提起译笔，并至最终出版。但由于译者的无知，定会有许多疏漏，再想掩饰也掩饰不了。译者的译笔是否会有损原著的名声呢？在这无法摆脱的忐忑不安之中，之所以能够果敢地交出拙译，是因为抱有一线希望，希望此书能给后辈们一点小小的帮助，不必再独自久久彷徨于学问的门前，就像十年前的我一样。就像我自己在先学们的书中追逐过学问的真谛、感受过无言之情一样，我想象着译者的小小真意，也会从谁的手中绽放开来。如有不足之处，敬请批评指正，译者将甘之如饴，并以此作为进步的契机。

最后，向信任我并给予我热情鼓励的各位表达诚挚的谢意，你们的鼓励促成了此书的出版，照亮了我的道路。

己丑年 丁香谢去木兰花开时

译者 谨识

交融集

（2010）

“观澜文丛”之一。来新夏著。20万字。岳麓书社2010年1月第1版，第1次印刷，印行5000册。定价：25.00元。

ISBN 978－7－80761－256－8

中国版本图书馆CIP数据核字(2009)第115393号

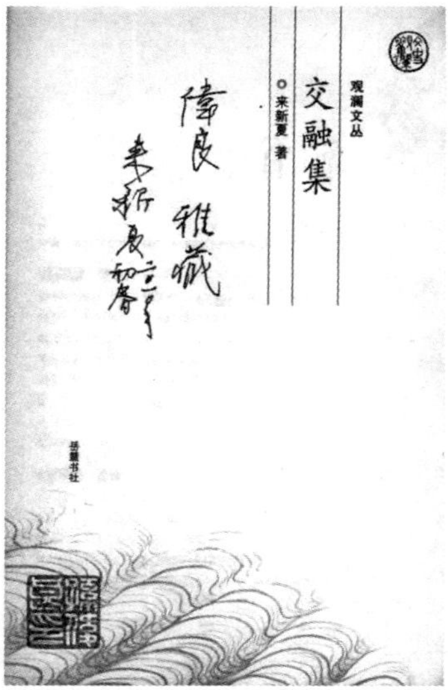

《交融集》分七卷：卷一“管窥”，是来先生对学术和现实生活中的见解和与他人对一些学术问题的商榷；卷二“访谈”，是先生接受媒体对学术和现实生活的答问，应答颇多随意；卷三“个案”前缀以“林则徐”的8篇文章，是先生编写学术专著《林则徐年谱新编》的“副产品”，读罢，会对这位伟大的历史

人物有文化血脉上的亲近感，也更直接、更强烈地触摸到林则徐的一颗深邃伟岸而又高贵的灵魂；卷四“述往”是先生对古今先贤的亮点用随笔的形式展示；卷五“谈故”，顾名思义，当是谈说历史掌故；卷六“点评”，则是对书的评论，或言谓之读书笔记，卷七“序跋”是先生为友人所撰序言和题跋。

“观澜文丛”的另六册书是：徐雁《江淮雁斋读书志》、刘蔷《清华园里读旧书》、马嘶《学人书情随录》、林怡《榕城治学记》、姚伯岳《燕北书城困学集》以及袁逸《书色斑斓》。

2010 年 1 月 9 日下午，“观澜文丛”首发品评沙龙在北京大学图书馆举行。北京大学教授白化文、首都图书馆馆长倪晓健等专家表示，尽管目前古籍类图书受到了市场化图书运营的强烈竞争，但岳麓书社出的这套“观澜文丛”，论述深入、格调高雅，一定会受到广大读者的欢迎。作家马嘶则认为，现在社会上高雅文化与低俗文化同时存在，但他觉得随着人文类学术图书逐渐走向大众，这样的图书将营造出书香社会的全民阅读氛围。

本室藏本《交融集》扉页题“伟良雅藏　来新夏 二〇一〇年初春”。

《交融集》目录

卷四　述往

会通古今郑渔仲

清代笔记作家梁章钜(附录 梁章钜教子案牍文字)

通俗史学家蔡东藩

中国近代思想家译作家严复

陈垣老师与历史文献学——纪念陈垣老师110周年诞辰

顾廷龙先生与版本目录学

王重民先生与古典目录学

学兼史志的林天蔚

悼语言学家曹聪孙

卷五　读故

豆腐文化三说

烹调最说天津好

说年号

邮票的说古道今

番薯的引进

海源阁沧桑

牛年颂牛

马年颂马

鸡年话鸡

写给狗年的话题

卷六　点评

记人代之古今　标卷帙之多少

——评《湖南图书馆古籍线装书目录》

漆永祥与江藩研究

序:从对接到契合——来新夏先生古稀“变法”实录 / 宁宗一

一

文史学界熟悉来新夏先生的读者和朋友，都深知他原是传统文化的饱学之士，在其心灵深处有着对传统文化的永难割舍的爱恋与执著,尽管他对之进行过精深的解剖和评骘。于是在我的印象中,改革开放三十年的前十几年,他的著作似还未越过他长期积淀的专业范围,即使在我的小小书房中,伫立于书橱上的也是他的《近三百年人物年谱见知录》《中国近代史述丛》《林则徐年谱新编》《中国地方志》《志域探步》《古典目录学》《古籍整理散论》《中国古代图书事业史》《书文化的传承》《北洋军阀史》等近二十种之多。可是,就是在近年,我突然发现来公的影响竟然超出了他的专业领域,他的文史随笔专辑联翩而至,仅在我的案头就有了几近二百万字的十多部散文选集,计《冷眼热心》《路与书》《依然集》《枫林唱晚》《学不厌集》《出枥集》《一苇争流》《邃谷谈往》《只眼看人》《来新夏书话》《且去填词》《邃谷师友》《谈史说戏》和刚出版的《80后》。在解读这些文本并追寻其古稀之年"变法"的演进轨迹时,我发现了一个自认为能得来公学术和心灵真诠的现象:在史学和文学两条路并行的轨迹上,他进行了从容的"对接"。也许这对我来说并不感到惊讶,因为一个时期以来我始终认为,历史从一定意义上说乃是人类的心灵史。也许正是根据这一认识,我主张把文学作为"心史"来研究。因此,如果说来公在几十年治近代史、地方志、目录学和图书事业史方面,是在铺陈文化和文化人的命运史,注重的是反映重大历史事件和文化衍演变革的话,那么与这种"编年史"的纵向宏观的叙述方式不同的是,他近十多年却在横断面上逼真地展示了人世百态和各有一方天空的学术文化,这既体现了他的学术见地,又说明了他文化焦虑和对现实关怀之深。所以与他的"编年史"不同,作为横断面的随笔的展示方式是描述人、事、书、物、山川的品格与气韵,性质与形式,从而也就暗示了纵向的历史沉积过程。因此,读先生的大部分随笔,给人的强烈印象好像总是能不断地听到一连串的声音:这就是人生,这就是文化,这就是活着的历史！于是它证明了一点,历史过程和发展及其诸种生活方式,影响着人们的心灵,而心理结构正是浓缩了的人类历史文明，于是史与文在来公的随笔中得到了契合。

有成就的文史大家总是有创造思想和介入现实的双重使命感，因此他们总是能把对历史的思考和现实的思考紧紧地统一起来。来公的随笔最突出的特点正是以当代意识审视历史,又在历史的背景上思考当代,真正做到了当代意识与历史深度的融合。比如来公对林则徐的研究用力最勤，也最见功力的是《林则徐年谱新编》(以下简称《年谱》)。这是一部搜罗既广、采掇且备的长篇力作,它在学术史上的价值已是不争的事实。而作为典型的人物随笔《林则徐的取法前贤》《林则徐的书札》《林则徐死因之谜》《林则徐的禁毒思想》《林则徐的诗》《林则徐禁烟与当前的肃毒》以及《林则徐对传统文化的接受与奉献》等篇什,我却从未把它们看做是厚重沉实的《年谱》的浓缩本或派生物;相反我有意识地把它们看做是独立的人物速写。而当你一旦面对他时,你会很快地对这位伟大的历史人物有了文化血脉上的亲近感。在生命体验上,几乎使我们更直接更强烈地触摸到了林则徐的一颗深邃伟岸而又高贵的灵魂。同时,我们也就发现了来公内心的浩瀚与力度。所以我们可以把有关林则徐的这一组随笔视为《年谱》的姐妹篇,甚至可径直地与《年谱》并称为“文史双璧”。这里给我的启示是:以人性写历史的原则,即用理性、情感与人性来和历史人物沟通。

在《兼资文武、六艺旁通的女科学家王贞仪》《自制望远镜的郑复光》和《化学家徐寿的生平和成就》等篇,来公给予我们的绝不仅仅是表层的历史知识和科学家们的伟大贡献，从而让我们了解到民族文化史的光辉传统。其实值得注意的倒是来公的当代意识,它让我们通过这些文化精英,真正领略到了他们禀天地之气,妙悟其潜藏的人生底蕴。来公笔触所至真是洞幽烛微,出神入化,于是人们从王贞仪、郑复光、徐寿等人物身上看到了我们民族文化的“龙虎真景”,这才是历史家的眼光和文学家的感悟力的有机融合。

有一句读书人很熟悉的话,叫做:“人类一思考,上帝就发笑。”这当然是对人类理性思维的一种反讽。倒还是马克思说得更深刻:“思考使人受伤,受难使人思考。”先生正是把自己经历的苦难,化作冷静的沉思,化作对历史的深刻理解。《也无风雨也无晴》乃是《依然集》的代序,我拜读此文,可以说是心潮起伏。而我之所以特别看重它,是因为该文是来公心灵的一次曝光或曰是他心灵的折射。他谈及在没有纷扰和半夜静思的时候,他不断地重温少时反复读过的东坡翁的《定风波》(莫听穿林打叶声),他写道:“……这首词确曾给我一种解脱,无论在明枪暗箭、辱骂诬蔑的风雨中,遭到天磨和人忌;还是在几度闪光的晴朗时,傲笑顾盼,我总在用这首词的内涵使我遇变不惊,泰然自处。”看了这样的文字,我真是大吃一惊。因为在我一贯的思路中,“无悲无喜”乃是一种极高明的参禅境界,像来公这样一个人,怎么会一下子上升到佛界四禅天呢?当然不是,他只是在追求一种淡泊宁静的情趣,一种回归到依然故我的纯真境界。一则短序,我发现先生倾注了浓烈的情感,因此你同样可以把它看做是作者心灵史的一角。我若有所悟:来公历经磨难,然而正是这人生的磨难才真正成为先生的精神财富。而另一方面,如果不是文史之学支撑着他的理想与信念,他也许不会或不可能走到今天。他的历史随笔是比一般的倾诉更高一层的表达。

既然有了这样的心灵境界,于是为文时,你又可感受到先生内心虽难免仍有激愤，但却少大言，而大义自显。至于激烈的指责或者吹鼓手式的吹吹打打却与他的所有著作了无因缘，所以他的随笔少用断语，而提供给你的仍是深层次的生活的和心灵的真实，却又把判断的权力留给了读者。《漫说“势利眼”》《谀墓之文》等都是有感而发之作，然而却无剑拔弩张之势，行文心平气和，娓娓道来。所以我常说，作家越老灵气越足，在自我消解的过程中，他们的“天目”洞开了，看见的再不是青壮年时代的梦中幻景，而是超越现象界的人性的弱点。于是，在我们读惯了过去和现在那种急于臧否、勇于判断、致力于结论的文章，再来读来公的大作，不禁想到中国当代的随笔，原来可以有这样一种从容一些、具体一些、情绪平静一些的写法和路数！在这个问题上，它给予我这样的启示：在历史的天平上，一个有社会良知、文化良知的知识分子，应该经受得住心灵的煎熬，而决不能以付出人格为代价。

来公说，他读的书除了用文字写成的书外，还读了大千世界芸芸众生的无字书（参见《路与书》序）。对于后者，人与人之间都不可重复；而对于前者，后学只有仰慕：先生读的书真多！请看十多部随笔集中，就有那么多的读书札记式的“书话”。比如《依然集》中的那两组小品：“清人笔记随录”和“清人北京风土笔记随录”尤堪一读。先生之文吞吐古今，胸中经纶，若浩浩烟波之无垠。这使我想到：进入成熟时代的作家，有在高层次上重新认同传统文化的能力。然而这认同并非无批判、无自省，而是一种智慧者的沉潜，既保持着现代人的理性批判意识，又力求对独特的民族文化之精要产生深邃的感悟。所以我说，来公乃是深谙书话写作之大家。因此我读他的这些书话小品，确实读出了他的学识，读出了他的才情，更读出了他的人生况味。

二

说来公古稀之年的“变法”，这当然是和我们处于这样一个转暖与变革的文化环境有着太多的关系。在我看来，来公的历史研究与文化随笔总的也是最鲜明的特点是：学术心态充分地自由，而又善于把握时代脉搏，所以他的论著极富当代性。然而他又对喧嚣的俗情世界、新潮的时髦保持着距离，绝不随波逐流；同时又敏感地警惕着生命的钝化、心灵的消亡、人性的物化和人文精神的沦丧。我想，这就是我心中一位文史大家以其学识的睿智反思历史和认知当代的学术风格。这一总的特点在《冷眼热心》《依然集》《一苇争流》《邃谷谈往》《且去填词》中得到了充分的体现。

其实，我觉得最值得人们打量的倒是来公的文史随笔是如何从文史这两条平行线的“对接”，进一步得到了文学与历史的“契合”，两字之差，极能说明来公探索与追求文史随笔写作之文心。关于这一点，来公在《且去填词》一书里的《我也谈谈随笔》中说得极为清晰透彻：

> 八九十年代，特别是九十年代，随笔写作成为文坛一大景观。我也就在这一年代混迹于随笔界。当时的动机，一是读了一辈子书，有许多信息应当还给民众。过去写的那些所谓学术性文章，只能给狭小圈子里人阅读，充其量千八百人，对于作为知识来源的民众，毫无回馈，内心有愧，而且年龄日增，也到回报的时候了，于是不顾原来圈子里朋友们“不要不务正业”的劝告，毅然走出象牙之塔，用随笔形式把知识化艰深为平易，还给民众，并向民众谈论自己与民众所共有的人生体验来融入民众。另外我还有一种羞于告人的动机，就是向师友们呈现另一种文字风貌，随手写点遣兴抒怀之作，摆出点轻松洒脱

的姿态。

这一段文字是来公坦诚的心灵告白:“回归民众”“遣兴抒怀”,我之所以选取这一段文字,也正是我心中理解的从“对接”到“契合”的关键。而所谓“摆出点轻松洒脱的姿态”,则是善用心中一点灵明,洞悉民众之心,这才有了“回归民众”“融入民众”的通脱心境。所以,读来公的书,我的感受是,千万不可忽视他关于自己的生活、自己的兴趣爱好与心态情怀的章节,因为从中我们才能发现他与书的相加,就是一部具有自我人文风度的大书。应当说来公的书是“文如其人”这一至理的最典型最完全的范例。

说真的,来公的随笔从文史对接到二者的契合无间,在无形中给了我一种暗示,他开启了我多年困惑的问题。

比如,从一般文学创作角度来说,具有历史意义的重大题材往往是文学与历史的契合点,它们能够使文学这面镜子照出历史的面貌,又使文学作品富于历史的内涵。然而当文史两家进入学术研究的层面,那么,文史是一家?文史不是一家?就需要有所诠释了。

事实是,文学研究与一般历史研究最大不同之处,是它不像历史事实那样具有相对稳定性。在文学领域,它的不确定性往往是或大多是,越是重要的文艺现象、文艺思潮和代表作家与作品,在不同的文学研究者眼中就仁智相异,进一步有了“一百个观众就有一百个哈姆雷特”之说。文学史家再怎样客观、公允,他所描述出来的文学历史图像,必然带有强烈的个人色彩或者个性以及观照角度乃至独有的操作方式。

再有,历史学家不研究重大历史事件,不研究人物的行状、跟脚,就无所谓历史;而文学家除了作家的研究,他们的研究对象绝不会比历史人物的文本更少,他完全可以通过作家创造的艺术世界去认识评价作家。这一切，人们的解释是，历史多是宏观的，偏重事件(政治的、军事的、经济的……)、典章制度的变迁等；文学多作微观，许多记述都是史家不屑顾及的百姓生活。历史关乎外在，文学则注重内在；历史重形而文学重神；历史登高临远，雄视阔步；文学则先天地富于平民气质。所以对文史一家、文史不分家，我们在看到其相通的那一面的同时，又比较看重其相隔相异的那一面。站在文学的研究立场和叙事方式上，窃以为史家之眼光虽深邃，但对文学的诠释往往与文家眼光的审美性的、文学性的感悟多有不同。

转了这么一个大圈子，我意在说明：来公的文史随笔对我无疑是一种“解惑”，说明学问之道需要融通，绝不可胶着一隅。同时也说明他已经找到了文史这两家的最佳契合点，就是心灵史。

从心灵史之宏观说，历史从一定意义上说就是人类的心灵史。所以广义地说，任何人的日常生活都是心灵史。然而知识分子由于心灵历程多与学术事业直接相关，其学术研究史也许更鲜明地呈现为心灵史。根据这种认识，记得我从前写过的《两条平行线的对接》一文中就对来公《依然集》代序《也无风雨也无晴》提到自己特别看重此文，而在这一节我又提起此文，是由于它是来公心灵的一次曝光或曰是他的心灵折射，或者说来公为文的兴奋点往往就是在心灵上。一则短序，我发现先生倾注了浓烈情愫，所以我一直把它看做是先生心灵史的一角。

那么，现在来公的诸代表作又摆在我的眼前，我确确实实地感到来公精神天空的进一步拓展。陈寅恪主张治史要有所“发现”，也就是说，要在历史的观察中注入独特的目光，看到别人不曾看到的东西。来公撰写的历史文化散文，实际上是用文学的笔法治史。因此，它同样具备着敏锐的“发现”意识。这里起码有两点给我们以教益：

一是来公不仅仅是一个中国历史文化知识的讲解者，而且还是一个思考者；第二是他在文学层面、历史层面和哲学层面都作了清晰的表述。比如在诸多名篇中写一个人物时，他把重点置于人的心理、性格和命运上；在历史层面上，他在提供了几乎无所不有的知识信息时，它的背景极为广阔，涉及的生活内容极为丰富；在哲学层面上，来公对个性，对人生的意义、人生的态度都做了认真的思考。就我喜欢的篇章来说有：《怀穆旦》《张謇：能受天磨真英雄》《袁寒云与宋版书》《元白先生的豁达》《世纪之交的沉思》《敦煌百年三笔账》《书生论》《炎凉冷暖》《儒商与商儒》《论耻》《一本装满人间冷暖的专著》《下乡》等等。

由此我们可以说是来公的天分、智慧、学养，也可以说是他的艰辛，更可以说是他的坚守、他的人格精神，才能使他安时处顺，守己律物，神清思澈。

来公还有一组忆恩师忆老友的随笔，读之令人动容，也令人神往。其中《怀念谢国捷老师》《师恩难忘》一连记述了来公的授业恩师，从广东中学时代的国文教师谢国捷先生，到辅仁大学的张星烺先生、余嘉锡先生、陈垣先生，写来动情、诚挚、深沉；而《元白先生的豁达》又令人感到师生之间的亲切。来公虽然已进入望九之年，但仍以谦恭的态度道出：

> 恩师们的严谨缜密、求实求真的学风，成为我一生努力追求的方向。可惜我资质驽钝，虽全力以赴，至今未达到师辈的标准，而深感有负师教。

从这些文字中我们可以清晰地看到，这是一种永恒的尊敬和爱，当然也就是来公人格精神的表征。事实是，人格具有凝聚力，没有人格的思想和知识,只是一堆散乱无用的废料。所以我们才把文化和文化人之魂看作是人格,是人的人格精神。始终坚守尊师重道正是人格精神的核心至理。来公以其言行做到了。

从来公这一代学人来说,他们几乎都能做到中西逢源,古今无阻,触类旁通,书为人役,遣章无忌,学术心灵充分地自由。比较起来,我们这一代随共和国风雨成长的读书人,"旧学"根底远不如前辈深厚,"新学"知识又可为后学立马可追,所以,像对我这样高不成低不就的学人来说从不敢"好为人师"。现在的问题是我们如何摆正自己、审视自己的缺失。就这一方面来说,来公探索的足迹又给我们极大的启示。

对于一位有良知的知识精英来说,反思乃是一种义务。

就是在这不到二十个年头中,我就发现来公思维的活跃,介入的深广,视域的开阔,观察力的邃密。随笔一道竟调动了他的极为活跃的感受力,即使平凡细小的事物,都足以引发出他丰富的联想与内心的体验。如《我好想"考博"哟》《葛剑雄,好样的》二文,前者在为我们提供了一些文化知识以外,还为我们提供了真正的幽默。这种幽默不是流于语言层面上的肤浅的诙谐,而是建立在直觉和心灵上的。后者的文字看出来公心如海潮,时而在为真善美激荡,又时而在为假恶丑愤激,细查底蕴,则见心潮如涌,究其原委,知先生坚持真理、主持正义的精神。至于《怀穆旦》,读后更令人动容。所谓"错误决定何其速,纠正错误何其缓"一句极富感性色彩的对偶,义愤之情已流贯于字里行间。

由此我们发现,越是智者,越具有这种忧患意识和悲悯之心。高品位的忧患意识和大悲悯,当然不是烦恼与悲观,而是对社会或人生阴暗面的正视、警世与化解。

来公善于从他感觉范围的事件中，开掘出文化意蕴，引发思绪与洞见。从倾心于写作随笔的十几年中，我发现这位学术老人不仅精力旺盛，治学仍然那么精博，而且越来越具有强烈的关注力，不论是对社会事件，还是对现实事物，都能极为迅速地升华为思想上的热情与行动上的参与，体现出他的闪光思想和人格精神。

是的，得力于来公自身的秉赋与才情，他的获知力和知识的裂变令人惊叹。他驰骋古今，而又直面人生；胸怀开放，而又崇尚传统美德。他曾以"根植于博，务求乎精"自勉，因此在文史学界有好学深思的美誉。他善于不断地从现实、从社会、从历史、从文艺、从书本中汲取营养，在多元吸纳的基础上进行一元创造的智慧，构成了他那像不枯竭之泉的文心。由此，无穷无尽的识见、理念、思绪、灵感、诗情就源源不断地涌出。几十年的笔耕不辍，又在改革开放的机遇下，他的全部才情与思想、智慧与学识才如此旺盛有力，这就是所谓学如海、心如潮也。

三

随笔创作是心声的吐露，衡人论事，都能直指本心，作为来公随笔代表作之一的《且去填词》一文，在渲染思想与情愫时，其喜怒哀乐、思绪见地以及所发议论叫人乐于倾听，易于认同，以至被吸引。这当然靠的是他真挚的感情力量，同时也给他的文史随笔带来了强烈的感染力和雄辩的说服力。

由于来公文史积淀丰富多样，几乎涵盖了中国文化的方方面面，而命笔时又拥有多种笔墨，表现出多种气象：笔触有时细致，有时奔放，有时严峻，有时悠然，且反讽意味又融在其中；至于文采色调，柔和浓烈兼有，议论则繁详简约并举，这都构成了他自成一家的风韵。

来公前后出版的十多部随笔集表现出他对于随笔这种文体的新探索,这不仅得力于他学识上的厚积薄发,得力于他的天赋,同时也和他的语言锤炼功夫有关。语言的文白在他手里运用自如纵横无碍,严谨而又流动不居,而文言这一修炼了数千年的老精灵,来公更是出神入化地加以运用,笔风隽永,活泼而凝重,真是韵味十足。这种语言艺术上的全面优势是我们这些以语言艺术为业的人望尘莫及的。所以,只要你耐心读来公的这些文史论著和随笔,就像赴一场文字的盛宴,声色琳琅,齿颊留香。一读再读,每一次读来,都会有所发现,都是一种知识、思想和美的享受。是的,好的文字,就像好的风景区,自有勾引人一去再去的魅力。这个魅力的一大部分当然来自来公的见识和功力,但这种修炼来的老道之美和笔锋之精妙,也和他老人家长期注重文字的不断锤炼有着密切关系。

来公的这些多元的才能与能量,仅就其中一项(比如近代史,比如方志学,比如目录学,比如图书馆学,比如……)就足以造就一位出色的才人学者了,而来公的多元才能竟然在多个文史领域和文史题材面前,根据不同的方式组合起来进行既是思想的又是艺术的运作,也就产生了那么多脍炙人口的名篇。

四

总之,来公的文史随笔是始终走在这条契合之线上的。人们不难发现,在他的文字中,从思想题旨到字里行间,让人处处感受到作者是在以全部的灵性和感受力去烛照历史,触摸现实和追寻美境,这就产生了许多新颖独到深刻的洞见。很多文章每对一种现象的考察,都有着与众不同的鲜活感。从自身体验出发去感受历史与现实的美与丑,并且见证美与丑的生成,其中蕴涵的令人唏嘘的人生况味,几乎都是心灵历程的外化,这应该是文学与历史的共同事业,它们的契合点显现出的心灵史的意味也就格外分明。

从心灵史角度来观照来公的写作和研究生涯,我认为还有一个绝不可能忽略的特色,那就是除了他的一以贯之的学术文化使命感以外,还有一个知识分子那至高无上的自怡性。一个不争的事实是,人在有些时候从事写作,未必都以正式发表为目的,倒是为了记录观感,梳理思想,抒发情怀,以满足其表达欲。来公确实如很多大家那样,把写作看作是一种超越一切功利的智利活动。事实上,人们也正是从他快进入古稀之年突然敲起了电脑,才更领略了他的性灵、哲理、兴会、机趣、妙谛。但这一切归根结底都是他心灵自由的产物,因为他写出的都是属于自己的东西。这样,文史的契合,是对自己心灵历程的呈现,展示的也必然是丰富的心灵史的一个重要侧面。

来公的这种境界,确也给人一种很有意味的启迪。学人应该有一种水的素质,自然一点,随意一点,不要有一种太定性的东西,通脱对一个学人来说是很必要的。已故青年作家王小波曾说过一段话:"一生中非常重要的是是否有趣地生活过,接触了有趣的人,听过有趣的话,做过有趣的事。"是啊!在生命的流程中,如果你曾经有趣地生活过,曾经做过有趣的事情,为别人做过有益的事情,那么作为一个一生从事教育事业的人来说,就是最有意义的了。

是的,只有把个人生命融入文化生命、民族生命,个人生命才能升华,人生才有意义,生命才有价值。我心目中的来公正是如此一位大学问家。

最后,我要说几句真心话:来公是我非常崇敬的老师,虽然我也步入近八之年,但仍是一个名不见经传的教书匠,但来公却命我为他的文史选集作序，这与当下的时尚真是南辕北辙。不过，我想这也许是他一贯风格。因为他认为我对他的为人和学术更加熟悉，因而由我来向读者作介绍比较合适，同样一个重要原因当是先生认定我能介绍得客观。我知我师之心意，故未惶恐。是为序。

二〇〇八年十二月六日

《交融集》后记

从上世纪八十年代较大量写随笔起，至今将近三十年。虽然写了几百篇随笔，出过几本小集，一直在追求自己的风格，有过若干思考，但总升华不上去。究竟自己写的是哪种类型随笔，与其他人又有何不同，朦朦胧胧总说不清。直到新世纪开始，老友宁宗一兄认认真真地读了我绝大部分随笔，写了两篇文章。一篇名《两条平行线的对接——读来新夏文史随笔》。时隔不久，他又写了一篇名为《心灵史：文学与历史的契合点——读来新夏文史随笔新作》。宗一兄在连续发表的二文中，详细分析了我写的那些作品，而把它们定格在“文史随笔”上。另一位老友朱正兄也写过一篇评论文章，名为《史家·史笔·史识——读来新夏的随笔》，也把我写的随笔归入文史类。其他一些朋友也多不约而同地发表过类似的见解，如此论定，似乎我的随笔已经定型。

既然朋友们都把我的随笔归于文史类，那么文史类究竟是怎样一种特色？朋友们的见解归纳起来认为：我的随笔历史和现实的信息量较大，写人和事多有根据，文字亦尚能注重“言之不文，行之不远”的法则。我也从许多见解中领悟到，原来我的随笔中既包含着传统的文史相通的基因，亦粗具“以文为体，以史为干”的个人写作风格。这算不算是一种文史交融的随笔?

于是我就用“以文为体,以史为干”的标准来审视自己三十年来的作品,大体上符合。因此就从若干远近时期的随笔中选一些自认为在内容上是有根有据求真求实,并以之作为文章的主干,而不故作感情的发抒;在写作上则抛开常见的那些枯燥艰涩的历史文文风而稍重文采,力求可读而为民众所接受。共选文数十篇,结成一集,为标明文史交融的本旨,即以“交融”名集,用以求教高明。

《交融集》分七卷:卷一《管窥》,是我对学术和现实生活中一些不成熟的见解和我与他人对一些学术问题的商榷;卷二《访谈》,是我接受媒体对学术和现实生活的答问,多为随机应答,毫无修饰:卷三《个案》,是我为写学术专著《林则徐年谱新编》时,先就其中某些大小专题,以随笔形式写下来,作为“以文为体,以史为干”的标本;卷四《述往》,是我对古今先贤的某些突出点,写成小传式随笔,俾后来者知所景仰;卷五《谈故》,是谈说历史掌故,犹如史部中的旧事;卷六《评点》和卷七《序跋》都是对书的评论和推介,类似古今文人学者的读书笔记和书后。这些选文不一定准确,只是想说明自己写随笔的主旨。

我的随笔集从未请人写过序,因为我知道许多朋友读书、写作、教学、研究等必须承担的社会职责太繁重,请他们读我的全部或大部分书稿,再经过研究分析写篇序,未免强人所难。而《交融集》却一反常规,专诚请宁宗一兄为我写序。因为只有他读了我的绝大部分随笔,而且写过两篇具有研究性的辨析文章。我原担心他已写过许多,这次未免为难他,不料他一口答应,真使我喜出望外。他旁观者清,又具有相当的理论水平,能帮衬我挖出我想说而说不清楚的想法。一旬以后,他拿来七千字左右的题为《从对接到契合》

的序，给我以极大的鼓励，也让我拨开迷雾，知道自己今后该怎样做。我的选文并不完全准确表达我的想法，但有了宁序也就解除了我的顾虑。我感谢宗一的真诚，我也期待读者理解。

二〇〇九年榴花季节写于邃谷，行年八十七岁

中国的年谱与家谱

（2010）

“中国读本”之一。来新夏、徐建华著。11 万字。中国国际广播出版社 2010 年 7 月北京第 1 版，第 1 次印刷。未标印数。定价：22.00 元。

ISBN 978—7—5078—3147—4

中国版本图书馆 CIP 数据核字(2009)第 230768 号

年谱是史籍中较为特殊的一种人物传记体裁，以谱主为中心，以年月为经纬，比较全面、细致地叙述谱主的一生事迹。家谱是一种以表、谱形式记载一个以血缘关系为主体的家族世系繁衍及重要事迹的特殊图书形态。

徐建华，江苏南京人，1978 年考入南京大学图书馆学专业，1987 年入南开大学历史系，师从来新夏先生，攻读古典目录学研究生。现为南开大学商学院信息资源管理系教授、博士生导师。主要研究领域为现代图书馆管理、出版管理、目录学、谱牒学、佛教文献学等。

来先生与弟子合著的《中国的年谱与家谱》，自 1991 年面世的 5 万字数，经逐步修订，由数家出版社多次出版，至今本已达 11 万字。

《中国的年谱与家谱》目录

八、流传与收藏

九、记录和整理

十、纂修

十一、特殊家谱——玉牒

十二、少数民族家谱

来新夏谈书

（2010）

“大家谈丛书”之一。来新夏著。21.3万字。南开大学出版社2010年8月第1版，第1次印刷。未标印数。定价：40.00元。

ISBN 978—7—310—03537—3

中国版本图书馆CIP数据核字（2010）第151677号

年届九秩的来公，为向公众表达对读书的思考和实践，从所写数百篇关乎藏书、读书的散文随笔中，选出50余篇成《来新夏谈书》。是书记述著者对藏书文化的认识和对藏书楼、藏书家的评论，并谈读书的理念和方法，以及对读过的书所写的序评。

清代大学问家张金吾曾说：“欲致力于学者，必先读书；欲读书者，必先藏书；藏书者，诵读之资而学问之本也。”张金吾制定了“藏书—读书—治学”这条学术链。藏书、读书是手段，是途径，而治学则是学人的必然归结。《来新夏谈书》的代序——《藏书·读书·治学》一文，值得细细品读。

《来新夏谈书》第19页载曰：“绍兴有一失地农民孙伟良志在

普及农村文化，向我求助，我也承诺赠书。孙伟良为此在家中特辟一民众读书室收藏我的赠书，并为乡民提供读书场所。”

列入“大家谈丛书”的，尚有《范曾谈美》《叶嘉莹谈词》二种。

本室藏本《来新夏谈书》之扉页，钤篆体朱文印“来新夏先生米寿庆祝会纪念”。

《来新夏谈书》目录

日藏汉籍与黎庶昌

天津藏书家陶湘

以“破伦”精神来藏书

袁寒云和宋版书

也说岛田翰的才与德

一部有价值的藏书志——张金吾的《爱日精庐藏书志》

书厄

我的书缘

我与古旧书

卷下 读书

闲话读书

读书十谈

读书散忆

杂书不可不读

治学的途径与方法——为王世伟《历史文献研究》作序

和中学生谈读书

《史记选》今昔琐议

读《中国地方志总目提要》

《中国旧志历史文献分类专集》序言

读《中国文献学资料通检》

清人别集的价值

——《南开大学图书馆藏稀见清人别集丛刊》序

读《2000 年中国最佳随笔》

吹尽黄沙始见金——读清人笔记

《传统特色文献整理与收藏》序

藏书·读书·治学(代序)

一

藏书是关乎一个人文化素养的问题，也是一个人读书、治学的发轫点。宋朝藏书家晁公武曾论及汉王粲、宋宋绶之能称一代博学者，就因为他们“自少时已得先达所藏故也”。此可见藏书之能涵育人才。当然藏书之功尚不仅于此，其更重要之作用乃在于保存、传递一国、一民族之文化，使之世代相传弗替，为立国之基。“藏书”一词可能最早见于《韩非子·喻老》，文中说有一名徐冯者，曾告人说：“智者不藏书。”这当然是指私藏而言。“藏书”既已成为专用名词，则藏书的事实当已较为普遍了。

中国最早的正式藏书是官藏，始于周秦。它与公藏、私藏，并成中国藏书事业的三大系统，而私藏则历来备受学者注意。私藏与私学兴起有关，私学的兴盛使图书开始由官藏传入民间，一些“士”为了谋求利禄，到处发表政见以取悦国君，因而需用大量图书来丰富和充实自己的论点。如苏秦在各国游说失败后回家，受到冷遇，于是“陈箧数十”，发奋读书，说明苏秦有几十箱私藏；名学家惠施有简书五车，成为“学富五车”成语的原始。自此以后，历朝学者几乎都有相当数量的藏书，也流传着许多有关藏书的动人故事。

中国的私藏事业一直贯穿着“仁人爱物”的精神，虽然以藏为主，但不少藏家都愿意藏书为人所用。如东汉的蔡邕因爱王粲之才而举私藏相赠。南齐崔慰祖聚书万卷，邻里少年来家借书，他都“亲自取与，未尝为辞”。晋范蔚藏书七千余卷，远近来读者常有百余人，他不仅允许借阅，还为读者“置办衣食”。这种慷慨借阅的观念一直存在于不少藏书家头脑中。明末有一位藏书家李如一就持一种“天下好书当与天下读书人共之”的态度，所以他“每得一秘书遗册，必遗书相闻；有所求借，则朝发而夕至”。当然在当代，我们的仁人精神已不是局限于“当与天下读书人共之”，而是有“当与天下人共之”的气概。清末绍兴人徐树兰父子建古越藏书楼，出家藏向社会公开借阅，开藏书楼走向现代图书馆的先声。至于对书的“爱物”,从汉以来就有文献可稽。汉代已开始用竹制小箱子(簏)分类置放图书,以免图书受损。魏晋有一个名曹仓的人修了一个石窟藏书,命名为“曹氏书仓”。隋炀帝是为后世所非议的皇帝,但他对图书的爱物之心,却极为后世所称道。如《旧唐志》即盛称“炀帝好学,喜聚异书”,并创制了多种图书储存设备。明代范钦建天一阁藏书楼,对防火、防蠹、防潮和防散失都有相应的措施。有的学者为了访求有价值的书,不惜纡尊降贵,亲到书市去搜寻图书。如清初的王士祯就按期在书市出没,把许多有价值的图书收藏、保护起来。正由于我国对图书有这样一种“仁人爱物”的人文精神,才使中国成为世界上善于保护图书文献的一个国家。

清朝学者多好藏书，但在认识上却有藏书家藏书与读书家藏书之分。如钱曾、黄丕烈以佞宋即专一注重宋版书为藏书的宗旨,视书如古董。孙从添则以藏书为个人癖好,用做鉴赏。这些似非藏书正道。更有以藏书做市易以谋生者,则更无足与论了。我认为只有读书家才是真正有意义的藏书家。清代中叶江阴有一位藏书家名承应韶者,藏书极丰,“广求佳本,必依次读终卷”,这是为读书而藏书的藏书家。另一位著名的藏书家张金吾对藏书与读书有着很精辟的论述。他说:“欲致力于学者,必先读书;欲读书者,必先藏书。藏书者,诵读之资而学问之本也。”又说:“藏书而不知读书,犹弗藏也”;“读书必藏书,藏书为读书,乃历代藏书家之宗旨”。这些论述把藏书与读书的关系说得很透彻。所以说,藏书的主要目的是为读书。

二

读书是藏书的主要目的,而读书是为了做学问,也就是为了治学。但并不是所有读书的人都做学问。有人读书只为消遣和享受，一目十行，匆匆而过，凭自己的兴趣，愿看就看，甚至废寝忘食地看；不爱看则或加浏览，或翻不数页就掩卷而眠。这些人即使读书破万卷，也如烟云过目，一纵即逝，最多留下点儿模糊"书影"而已。另一种人很明白怎样读书，也知道如何读书才能有得；但只进不出，吞噬着别人的成果，以填塞自己的知识空白。这类人既不像牛那样，吃草出奶，也不像春蚕那样，啮食桑叶而吐丝不止，直到献出自己的生命。这类人可能博览群书，满腹经纶，却不使旁人受益，还自鸣为"述而不作"。这类人不是怕别人看透自己腹笥深浅的懦夫，便是自私者、守财奴，明明是掠取前人的精神财富，偏偏要深藏不露，自以为独得之秘，不愿有益社会，宁肯烂在肚里，最终与自己共化灰烬。我鄙视这两种人，却敬重另一类读书人：他们不放弃吮吸一切可取的知识，不吝惜自己的精力，焚膏继晷地反复咀嚼，像蜜蜂酿蜜一样，创造出有用的知识，贡献自己的成果，济世利人；其中更有一些人，甚至把读书方法和窍要都毫无保留地对后学倾囊相授，他们是值得尊敬的真正读书人。

谈到读书，必须先知道读什么书。当然要读好书，但也不能采取封闭性的态度，而应比较广泛地读书。不要视离经叛道之作如洪水猛兽，避之唯恐不及，成为新道学先生；而应在博览群书的基础上，吮吸精华，排除糟粕。这样的长期积累，读书必能有得。对于反面的图书，只要能善于分辨，又何所畏惧？如果这部书持之有故，言之成理，也可能得到某些启示。至于对那些低级、鄙俗甚至淫秽下流的书，还是节约点生命为好，不做无谓的牺牲。读书要由浅及深，循序渐进，不要贪多务得，而要不断回味咀嚼，创造新知识。

凡读书要先读序或前言，这一点常被人忽略，但它却是非常重要而必须养成的一种习惯。因为书的序或前言是严肃的作者对全书写作缘起、目的和主要内容的概述，是为让读者对自己的著作有一种轮廓性了解。当你读完作者的序或前言后，你就会抓住全书的纲。至于他人所写的序，有的人严肃认真地写序，对全书进行评论，则应一读以帮助对本书的阅读与理解。而某些捧场敷衍的序则大可弃置若粪土，无须为之消耗精力。其次是从头到尾地读一下目录，就可以知道这本书的主要内容与篇章结构。一位负责任的作者所写的目录，往往是各篇章的提要。读了这些再去读全书，就比较容易通贯了。

在通读全书时，不要羡慕古人所说的“一目十行”，那是“英雄欺人”的骗人鬼话。读书不要一掠而过，而应该“十目一行”地去读，即全神贯注地认真阅读，养成一种“好学”的学习态度。这是读书的基本出发点。努力多读些书叫“博观”。“博观”是为扩大知识面的基础。但是，仅仅“好学”与“博观”是不够的，而是要再经过“深思”来“约取”才行。如果不把“博观约取”与“好学深思”紧密结合好，即使读书破万卷，也如入宝山空手而归。如果把二者结合得好，那就为做学问提供了广袤的用武之地了。

三

读书不是为读书而读书，而是为了能掌握更多的知识和资料，做有益于社会的学问，也就是人们所说的“治学”。“治学”不是读几天书就能一蹴而就的，它需要有一个艰苦的积累过程。在积累过程中，既会有“目轮火暴，肩山石压”的苦状，也会有“时或得之，瞿然则喜”的乐趣。但在走了一段路后，回头检阅所得，往往感到所积累的资料有许多是无用而嗒然若失，甚至认为自己干了蠢事。实际不然，因为当初在读书中所积累的资料绝对认为是有用的，只是由于现在眼光水平有所提高,所以才有"觉今是而昨非"的感觉。因为有了这些"无用"的基础,才能锻炼出抉取"有用"的能力。而且这些"无用"是否真的"无用"?也许是水平所限,未能看出其有用的内涵,也许虽不能当正面材料用,还可用做旁证或背景材料。所以在"治学"的起始,应审慎地对待"无用"。

在"治学"上,务必要尽量求读原著。清初的大学者顾炎武曾说过这样一段话:"尝谓今人纂辑之书,正如今人之铸钱。古人采铜于山,今人则买旧钱,名之曰废铜,以充铸而已。"有位学术前辈曾告诫我说:"'采铜于山'与'废铜铸钱'确是亭林不磨之论。但难被放言空论者所接受,甚或被嗤为舍近求远。"他还说:"挑水者,用桶从源源不断的河里挑水,用完再挑,水无穷尽;倒水者,则由别人从河里挑来的水桶中倒水,虽云轻而易举,但倒水时洒一些,势所难免,一如资料一转再转而走样。一旦别人之桶空,则不知别人桶中之水从何而来,只能'望桶兴叹',继而环顾四周,是否有挑好水之水桶等人来倒。如一生中只知倒别人桶内的现成水喝,而不论清水浑水,只要是水就行,其后果实不忍设想。"我静聆教诲,不禁叹服前辈功底之厚、见解之深,能以浅近语言阐明深刻至理。

治学的基本点是勤奋与坚韧。勤的要求是四勤:勤听、勤读、勤思和勤写,而其根本在勤读。勤读方能博涉,博涉方能使知识源源输入,方能逐渐走向专精。在读的过程中要善于发现问题,即所谓"致疑"。有疑就要不断寻根究底,即所谓"勤思"。疑而后思,思而后得。思而不得,就一面再去涉猎,一面就要勤问勤听,不仅要听前辈、同辈的高见,更要听后辈的新说。只要有一得之见,就要吸取,一字可以为师。四勤的最后是落实到"勤写"。"勤写"说起来容易,做起来则比较难。特别在青年时期,常因贪多求快,自恃记忆力强而忽略记写资料与思想，但岁月推移，读者所得的痕迹日见淡薄，似是而非，终而等于白读。如果随读随写，日积月累，自然成一文章仓库，随时取用，得心应手，由片段成整篇，由多篇成专著。这不仅仅是积累，而且还是一种磨砺，一般情况下，勤是治学的不二法门；但人的一生不可能永远一帆风顺，遇到点挫折与逆境，往往消沉、颓废、懒散、嗟叹，以致把一二十年的岁月都在无形中蹉跎和荒废掉而追悔莫及。越是挫折，越应该以韧相待而勤读多读，一以解挫折的抑郁，一以充实腹笥，等待"用世"的机遇。

治学要冷而不能躁，冷能冷静地搜集资料，构思撰写，不是闹哄哄地赶时髦，发高论，迎世媚俗，写空洞无物的文章。这正是历史学家范文澜师所说"板凳宁坐十年冷，文章不写半句空"的真谛所在。成文之后，也不要急于发表，因为这时最容易昏头昏脑地自我陶醉，而应先冷处理。请水平比自己高的、与自己水平不相上下的以及稍逊于自己的三类人看，集思广益，然后冷静下来，反三复四地思考、修改，直至定稿。待文章或著作问世后，更不能热气腾腾，不可一世，而要冷静地听取意见，增订纠谬。如此，才有可能慢慢地走近大学问家的座位。

四

最近几年，我对藏书、读书与治学诸问题曾写过一些片段小文，也常和一些年轻朋友谈过这些方面的内容。为了把我的看法和想法连贯成一体，遂从一些小文和谈话记录中摘引部分资料，草成本文，以表述个人的见解，那就是：藏书是中国有悠久历史的传统文化现象，不是单纯为收藏和鉴赏而藏，而主要的是为读书人读书创造条件。读书不是为读书而读书，而是要从读书中撷取精华，形成思想观点，为治学奠定基础。至于治学，必须要恪守"立足于勤，持之以韧，植根于博，专务乎精”的规则。这些见解，纯为愚者一得，仅供参考，是否有当，至祈指正。

《来新夏谈书》后记

我多次说过，我活了八十多岁，从束发受书到归隐林下，唯一正经八百做的一件事，就是读书。读书使我一生愉悦，汲引知识，增长智慧，帮助我跌跌撞撞地走过坎坎坷坷的人生路。培根讲过许多关于读书的话，他说：“读书的目的，是为了认识事物原理”，“求知的目的不是为了吹嘘炫耀，而应该是为了寻找真理，启迪智慧。”“书籍好比食品，有些只须浅尝；有些可以吞咽；只有少数需要仔细咀嚼，慢慢品味。所以有的书只要读其中一部分；有的书只需知其梗概；而对于少数好书，则要通读、细读、反复读。”我国清代有位大学问家张金吾曾说过：“欲致力于学者，必先读书；欲读书者，必先藏书；藏书者，诵读之资而学问之本也。”张金吾制定了“藏书—读书—治学”这条学术链。藏书、读书是手段，是途径，而治学则是学人的必然归结。这条学术链是铸造学者的全过程。这些都是先贤经过思辨后留下来的珍贵遗教，后人应该恪遵和实施。

我既想谈书，又没有成本大套的经验和体会，只是平日与不同层次人交谈和经过自己反思所写下的寸笺短什。为了向公众表达我对书的一些思考和实践，就从所写几百篇有关藏书、读书的散文随笔中，选出几十篇，编为《来新夏谈书》一册。这本选编，按照张金吾的学术链，分为上下两卷。上卷论藏书，主要记述对藏书文化的认识和对藏书楼、藏书家的评论，为了使读者对藏书这一生疏词语易于熟悉，在各有关篇什中列举故事和例证或有重复，祈读者谅督。下卷论读书，主要是侈谈读书的理念和方法，以及对一些读过的书所写的序评。所收各文都本“以史为干，以文为体”的主旨，是文史交融的写法。这样的写法，是否合乎随笔的要求，甚愿得到识者的评论。

这本书在整个编选出版过程中，多承各方关注与帮助，特别是对策划编辑任增霞女士和责任编辑刘晓女士对本书所付出的辛劳，表示深切的谢意。

谈史说戏

（2010）

来新夏、马铁汉主编，来新夏、马铁汉、姜纬堂、马铁汉、李凤祥、商传撰稿。邓元昌绘图。18万字。山东画报出版社2010年8月第1版，第1次印刷，印行10000册。定价：21.00元。

ISBN 978－7－5474－0056－2

中国版本图书馆CIP数据核字(2009)第204008号

此书由山东省“乡村阅读”工程暨农家书屋建设协调领导小组办公室编，列入“农家书屋”工程书系。

“农家书屋”工程是一项涉及广大农村千家万户的惠民工程，是党和政府重视“三农”工作的有力举措。本书系的出版，旨在切实解决农民群众看书难的问题，提高农民群众的文化素养，进而为建设小康社会和全面构建社会主义和谐社会发挥积极作用。

近三百年人物年谱知见录(增订本)

(2010)

来新夏著。110万字。中华书局2010年12月北京第1版,第1次印刷,印行精装本3000册。定价:148.00元。

ISBN 978—7—101—07238—9

中国版本图书馆CIP数据核字(2010)第015971号

2005年1月8日下午,来新夏先生在南开大学新闻中心应“缘为书来”网站之约,与网友对话。有问:“来先生最满意的个人著作是哪一部?”答曰:“是《近三百年人物年谱知见录》,它给了很多人方便。”

《近三百年人物年谱知见录》初版于1983年,上海人民出版社印刷发行。此次增订本分为十卷,前八卷为书录,按年代编次,卷九为知而未见录,卷十谱主、谱名、编者、谱主别号索引。所著录者,除卷九,均为编著者经眼。增订本较之原编有五大优点:其一,扩展内容。原书收叙录778篇、谱主680人,新增803篇、572人。增加了谱主别名和字号索引。其二,增添版本著录多家;一些稀见稿本、抄本多注其藏家，以便用者求书。其三，重分卷次，改六卷为十卷，完善了编纂体例。其四，增补订正，内容不独增加，而且有许多重要订正。其五，指引史料，以省却研究者翻检之劳，亦增加了此书的资料价值。

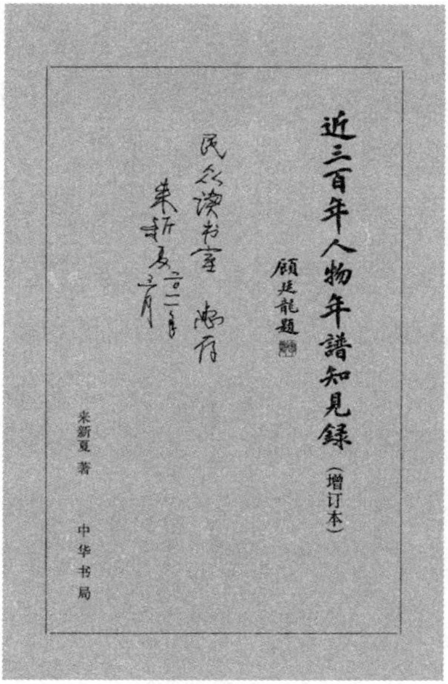

《近三百年人物年谱知见录》的增订工作，颇得众多友好相助，参与撰写者的十余人名单刊载卷首。天津图书馆李国庆先生、南开大学图书馆江晓敏女士、山东夏津县党史办潘友林主任、上海图书馆王世伟教授等，出力尤甚。

本室所藏《近三百年人物年谱知见录》增订本扉页，有来先生题曰：“民众读书室惠存　来新夏　二〇一一年三月。”

本书为全国高等院校古籍整理研究工作委员会资助项目。

《近三百年人物年谱知见录》增订本目录

卷四　生于嘉庆时期人物

卷五　生于道光时期人物

卷六　生于咸丰、同治时期人物

卷七　生于光绪元年至十九年前人物

卷八　生于光绪二十年后人物

卷九　知而未见录

卷十　1.谱主索引

2.谱名索引

3.编者索引

4.谱主别名字号索引

卷尾　原印本代序与后记

《近三百年人物年谱知见录》(增订本)序言

(一)

我在上世纪五六十年代,曾以“为人之学”为宗旨,历时十年,亲自检读清人年谱七百余种,一千余卷。每读一谱,辄加叙录,终于在1964年撰成《近三百年人物年谱知见录》六卷,共五十余万字。清稿誊正,谋付剞劂,艰难困惑,形诸梦寐。不久,“文革”祸起,图书存稿,或被一炬,或遭抄没,斋中所剩,不过零简断笺。《近三百年人物年谱知见录》自在劫中。忆往日焚膏继晷之辛劳,痛遭丙丁之厄,不禁欷嘘随之。

1970年初夏,我以待罪之身,放之远郊穷乡,一心务农,“躬耕”郊野,束书不读,意兴阑珊,毫无著述兴趣。时隔半年,饬令认领查抄物资,珍物尽失,惟领回缺帙残卷及普通衣物。不意从中发现《知见录》及《林则徐年谱》等书稿之零篇残页。乍见故物，悲从中来，顿生重做冯妇之想。于是发箧中藏卡，假农耕之余，土炕孤灯，重理笔墨，每至中夜，不以为苦。年余，《近三百年人物年谱知见录》再成一稿，不禁拊掌自喜，颇有谈孺木重纂《国榷》之得意。1974 年秋，由远郊赐还放归，“革命勇士”仍在与人斗其乐无穷，而我则逍遥闲适，无所事事，于是对《近三百年人物年谱知见录》再次整理补订。又经年余，终成定稿，而出版问世，尚属渺茫。八十年代初，各项事业渐入正轨，挚友汤纲多方奔走，承上海人民出版社慨然接受，刘伯涵、顾孟武二先生分任责编，终于在 1983 年出版问世。历尽二十余年沧桑劫难，一旦绝处逢生，得不雀跃！

（二）

《近三百年人物年谱知见录》出版问世，海内外多有庋藏。学友亦时予佳评，窃喜数十年辛勤，得遂初衷，时生飘然之感。兴奋之余，避居寒斋，平心静气，循读再三，多有伤病，深悔未遵亭林先生不急于付梓之遗训，匆匆问世，而各方读者、知者，无论识与不识，间致简札，或纠缪正误，或拾遗补阙，其真情挚意，充盈字里行间。而我于读书之际，亦时有新谱之知见，乃随手札录，贮之囊箧。日积月累，积稿寸余，于是定意增订。惟以事务纷扰，公私猬集，岁月迁延，迄未着手。直至世纪之末，离休归隐，方期董理旧稿，不意天不佑我，老妻病瘫七年，更无暇顾及。乃多方物色能承续其事者，而实有才难之憾。洎年逾八秩，精力日衰，深惧所存书目及资料线索等散失。2003 年春经多方比量，拟将增订诸事交付江晓敏女士承担。晓敏为我早期学生，任南开大学图书馆古籍部主任有年，深谙旧籍，笔墨亦勤，或能顾念师生旧谊，接受嘱托。孰知晓敏久缠二竖，身体虚弱，勉力完成本职，已属支撑，曷忍再以业余工作相责，自当另作图谋。

值一时尚难得适当人选之际，我自恃尚有微力，乃将积存的各方意见及历年所写多篇叙录整理删定，成《〈近三百年人物年谱知见录〉补正》一文，于2004年6月《中华文化论丛》第76期先行刊发，向读者补过。《补正》一文分两部分，一为《增补》，记原《知见录》未收而今得见之谱，写成叙录，为原录增补。其中凡友人写寄者，于文末注明。如复旦大学图书馆沈达伟女士为补《淄川蒲明经年徵》《齐巨山先生年谱》《谨庭老人自定年谱》《养福斋自撰年谱稿》《马锦门龙标年谱》。……二为《订正》，记各方对已刊《近三百年人物年谱知见录》叙录内容有所正误与补充，均记其资料来源，以明他山之助。如山西省图书馆赵冬生先生见告：《（先大父）泗州府君事辑》"谱主姓名应为张佩芳，误为张佩芬"，《先文靖公年谱》"编者应为孙慧惇，误为孙慧恺"。……《补正》一文各条，现均已入增订本。惟助编人才一时难得其选。

早在2000年夏，山东夏津县方志办主任潘君友林函请为其历经十年完成的《夏津旧县志校注》一书作序。未几，潘君携稿来舍。我与潘君素昧平生，接谈之下，固谦谦好学之士，修志多年，旧学颇具根底。读其《校注》，益见其深谙古籍整理之道。其默默耕耘，不计功利之精神，令人感动，乃循读其书而为之写序。10月间，潘君来舍取序，得进一步接触。其后，潘君又以整理德州旧志九种及《聊城旧志点注》，时来商榷。数年交往，相知益深，我曾于言谈间略述增订《知见录》之意，潘君自陈愿鼎力相助。于是我即着手准备，整理书源，拟定编纂体例及撰写要求，规划进度，拟以三年之期，增订内容一倍，以便学人参检。遂于2005年11月定议。自是以后，每数月，潘君不避寒暑，必来舍商谈进程及有关问题，坦诚研究，切磋共识。

潘君年近花甲，犹负书携稿，往返津鲁，备著辛劳，不以为苦。历时近三年，增订大体完成，经我统阅删定，又加修改，于2008年6月下旬，潘君以整理稿送津，编序一以原书为依归，内容充实，稿面整洁，文字通顺，基本符合原定体例与规划。我摒除诸务，细加审读，整齐体例，统一文字，完善附件，于2008年秋终成定稿。嘻！数十年愿望，一旦实现，得不欢欣愉悦？

（三）

增订《近三百年人物年谱知见录》，颇得众多友好相助，参与撰写者有十余人（名单另见卷首）。三易寒暑，备经辛劳，粗成定稿。详读全稿，两相比照，设言所得，约为五端：

其一，扩展内容。增订本在字数及收录内容上都较原书大有扩展，原书共收叙录778篇，新增803篇，现全书共有叙录1581篇。原书收谱主680人，新增572人，现全书收谱主1252人。原书56万字，新增50余万字，现共110余万字。原书本附有谱主、谱名、编者及谱主别名字号索引共四种，后二种在出版时为出版社所删略，今除全面增补外，又恢复后二种旧观，共设索引四种。另增设卷首卷尾。卷首收增订本序言、撰写人名单和“凡例”。卷尾收原印本“代序”与“后记”。

其二，增录版本。在版本著录上，新增版本著录多家，如谢巍：《中国历代人物年谱考录》、黄秀文：《中国年谱词典》、王德毅：《中国历代名人年谱总目》（增订版）、洪焕椿：《浙江历代名贤年谱综录》及孙殿起：《贩书偶记》等多种。遇有小误，辄加订正。于各家目录著录外，设目见其他版本，亦即补入，如《杨园张先生年谱》（张履祥）在上海图书馆藏有清道光十四年崔德华手抄本二册，即加补录。类此稿本、抄本，多注其藏者，以便用者求书。

其三，重分卷次。在编纂体例上，原书分六卷，按顺治至宣统各朝顺序分卷，增订本除增设卷首与卷尾收录与本书有关文献外，将原六卷分为十卷。前三卷依旧。第四卷、第五卷以原分量过多，增补亦多为此时期人物，与各卷分量显不平衡，现分为四卷，均以谱主生年分属各朝为序，即卷四为生于嘉庆时期人物，卷五为生于道光时期人物，卷六为生于咸丰、同治时期人物，卷七为生于光绪元年至十九年前人物，卷八为生于光绪二十年后人物，卷九为知而未见录，卷十为四种索引。

其四，增补订正。此次增订，几近一倍。其主要书源有四：一是新编新出清人年谱；二是北京图书馆出版社的《年谱丛刊》；三是上海图书馆秦翰才等人的稿抄本，四是散在某些高校和公共图书馆所庋藏的稿抄本与油印本。至于订正内容，有一般名字籍贯，如《慎独斋七十年谱》误谱主字家瑞为家端；又如《潜庵先生年谱》据年谱著录汤斌为安徽来安人，但漏著汤先世由来安迁河南睢州而滋误会。有些则为较重要订正。如某谱主自撰记其与清室及伪满关系亲近，并任伪职、得伪谥等情事，其亲属多次要求改订。增订时再详核其自谱，只能以遗老立场定论，增入其自谱原文，史笔固不能曲。

其五，指引史料。《近三百年人物年谱知见录》的一大功能为节他人之劳，于叙录中往往著明史料价值，甚有引录全文入录以备参考者。如宋之绳自记《紫雪年谱》记明末饥荒灾难，农民军攻陷京师，皇宫惊慌失措，王公大臣之遭遇等甚详。叶士倬的《健庵自订年谱》所记乾隆五十五岁寿辰的铺张情状是：由西华门至宫门“夹道陈设西湖各景并牌坊戏台，缀以绻彩，杂剧歌舞，竞为奇巧，用银以百万”，从颐和园入城，“一路楼台歌舞，四十里中，目不暇给，极视听之娱，天上人间，真不可复辨矣！”晚清王锡彤的《抑斋自述》七种，多记清末时事，习俗世风，山川风光，逸闻掌故，无不详述，不啻为晚清社会之小写照，其中记“州县衙门之门丁，为有清二百余年不可解之大纰政。其名目之为人称道者：曰稿案、曰稿签、曰钱粮、曰车马、曰杂物、曰执帖。州县官之由贫士起家者，到省后辄由此辈来为奔走，礼节如何，夤缘如何，皆熟径也。”具体生动的记述为他书所少见。类此指引，具载录中，或可备用者参考。

据此五点，读者可得增订本之大要。

（四）

《近三百年人物年谱知见录》的增订工作，数易寒暑，终于告一段落。当增订之始，我即因书海无涯，又屡见新著，加以年事日高，已近望九之年，若不立一标尺，则无成稿之日。乃定位一旦增补成倍时，即作一阶段，先行问世，以便读者早日使用。而今预定目标虽已完成，但未能竭泽而渔，仍然感到遗憾。其遗留未收部分，有待后来学人。

在增订过程中，曾得到各方友好的关注，如天津图书馆李国庆先生为我多年旧友，长期的学术搭档。他无私地向我提供主要书源，有时甚而亲自送书来舍，又毫无条件地提供珍善本书影，为本书增色。上海图书馆的王世伟教授为我邀请馆内人员，助我编写叙录，并为到馆查阅有关图书提供方便。当今用书难、借书难已呈时风之际，我非常感谢他们的慷慨好义。其他尚有高校与公共图书馆的一些朋友，为免我跋涉奔波之苦，为我编写叙录初稿。不计篇数多寡而友情可贵，我已在扉页一一列名，以致谢意。

《近三百年人物年谱知见录》初成时，中华书局总编赵守俨师弟即相邀约,后以时机相错,由上海人民出版社出版,守俨为此一直引以为憾,并不止一次相告,如日后增订,还是交由中华来出。故友已逝,言犹在耳。在增订本即将定稿时,山西古籍出版社的张继红先生和岳麓书社的曾主陶先生都先后过问此书稿,而继红持之尤力。中华书局李岩先生亲与继红沟通,并电告我由中华以较优厚的条件承接此稿,责成汉学编辑室负责落实,室主任李晨光先生任责编。这些情意,令我感动。我也深感增订本所托有人,可告慰于守俨师弟。我庆幸在有生之年,完成宿愿!

我两次通读过增订本全稿,统一体例和文字,订正讹误,补充不足。如果这本书能给读者以某些用途,那是我和朋友们共同努力的结果。如果尚存在错谬和欠缺,我应独任其咎!

我真诚地感谢所有关心和帮助过我的朋友们!我也期待读者们的教正!

二〇〇八年初秋来新夏写于南开大学邃谷

砚边馀墨

（2011）

“纸阅读文库”之一。来新夏著。12.9万字。内蒙古教育出版社2010年10月第1版，2011年4月第1次印刷，印行7500册。定价：22.00元。

ISBN 978－7－5311－8112－5

中国版本图书馆CIP数据核字（2010）第196234号

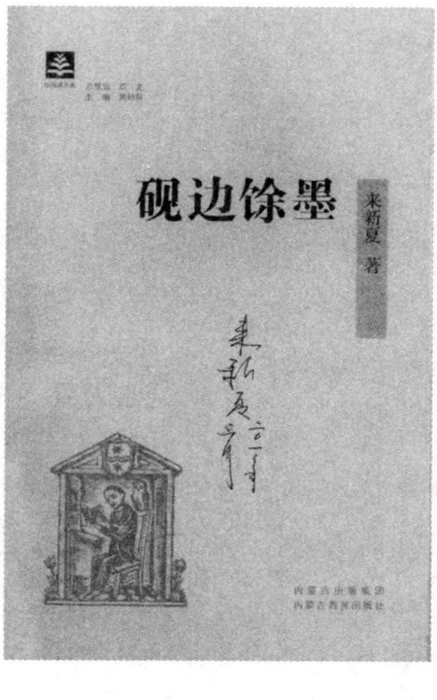

内蒙古教育出版社策划原创随笔系列“纸阅读文库”，第一辑八种参与者有流沙河、龚明德、张阿泉等。张阿泉函邀来先生加盟第二辑，于是先生集未结集之篇而成。书分上下两卷，卷上“阅世篇”，记人间百态，略寓针砭；卷下“读书篇”，为各方校读文稿之序跋。书稿初名《说长道短》,后改《砚边馀墨》。

由天津市教育委员会主管、天津市高校图书情报工作委员会主办的学术性双月刊《津图学刊》,系来先生于1983年创办并任主编,为图书馆界同仁谋一园地,耗费心血甚多,不意于2004年6月间被出版机关借中央治理整顿报刊精神为由着令停刊,故2004年12月15日出版的2004年第6期、总第89期为终刊。是耶非耶,个中情由,卷上"阅世篇"之《奉命停刊启事》述之详矣。

本室所藏《津图学刊》自创刊至停刊的合订本,唯缺1995年、1998年、1999年。

读书室藏本《砚边馀墨》扉页来先生题签"来新夏　二〇一三年三月"。

《砚边馀墨》目录

金牌背后的眼泪

题字种种

杂议广告文化

婚礼

廿年风雨廿年情

奉命停刊启事

故乡的思念

半字偈

蹭戏——劝业场怀旧

从故宫偷东西

岁末半月记——2005年12月16日至31日

从“陈垣同志遗书”说起

与朱家溍晤谈

我与千石诗林

关于《来新夏的名字》——答王树基先生

我的自纠状

卷下　读书篇

《匏园诗集续编》后记

《80后》序

《来新夏说北洋》序

《浙江图书馆志》序

《震动与回响》序言

《变调说西游》序言

《傅鸣山文选》序

《草堂书影续集》序

自序:闲身自有闲消处

1993 年 3 月,我正七十岁,已是教授离退休年龄的最高限。我无怨无悔地办了离休手续,准备优游林下,做些自己想做的事。偶尔在整理旧物时,发现有我用墨笔写的唐朝僧人释齐己的《遣怀》诗,我的书法素不甚佳,但尚称端正,一面自我欣赏,一面从头到尾地读了如下内容的全诗:

流水不回休叹息,白云无迹莫追寻。
闲身自有闲消处,黄叶清风蝉一林。

诗是最容易被人以意逆志的，也不知是感悟呢，还是一种精神的合拍？这首诗莫不是在警示我应如何对待自己的离休生活？这首诗非常直白地告诉我：对过去的一切要无怨无悔，对未来的期待也要无欲无求，空下的身子自会有打发日子的去处，最好像蝉那样，不再噪鸣，隐入林中，静观黄叶的飘落，面迎徐来的清风，甘于享受寂寞。我特别欣赏诗中“闲身自有闲消处”那句，我不正是闲身吗？那就要找寻闲消处。蝉在黄叶清风中，抱树入眠，蓄积力量，等待来年的炎炎夏日，蜕变而出，再求一逞。我则志在淡泊，身无长技，数十年来只会抱书夜读，码字爬格子。既想变变原有的面目，又想轻松潇洒一点。于是乃就观书所悟，贡其点滴，冀有益于后来；窥世所见，析其心态，求免蜡炬春蚕之厄；知人论世，不媚世随俗，但求解古人故旧之沉郁。遂运以秃笔残墨，随意兴之所至，笔而书之，自诩为“衰年变法”，实则依然难忘红尘，为蝉所嗤笑！不数年而积稿盈尺，新知旧雨多敦促成书，于是粗加甄选，于 1997 年出版第一本随笔集《冷眼热心》，自是年必成一册，续成《路与书》《依然集》《枫林唱晚》《一苇争流》……诸集，得友朋多方鼓励，不期然而然地跻身于学者随笔之列，得再求一逞之乐。

2003 年以还，年逾八旬，专一从事随笔写作已达十年，集成字数殆达二百万字，随意散置，家人时以分门别类，再成随笔选集为请，我颇善其言，乃选存少量旧作，益以新稿，于 2004 年分别编成数集，已出版者有以问学为主的《学不厌集》，以评骘人物为主的《只眼看人》，以读书为主的《邃谷书缘》等，向读者贡献所得。

闲身自有闲消处，十多年过去，隐身于随笔行中，也算一份闲消处。2008 年，时值改革开放三十周年，百年期盼之奥运在京举办，万象更新，举国欢腾。林下野叟，无以为贺，适呼和浩特张阿泉老弟函邀加盟“纸阅读文库”，乃集未结集之篇什付之，分为两卷，卷上为《阅世篇》，记人间百态，目之所及，略寓针砭。卷下为《读书篇》，为各方嘱托校读文稿，形诸序跋，稍贡一得。名之“砚边馀墨”，当括全书总要。暑日昼长，若手此一册，或能以之祛暑遣闷，聊尽中华老民之贺意，不禁拊掌微笑。孰意望九之年，犹得为尘世一展身手，为奥运擂鼓喝彩，不亦一大乐事乎？设天假以年，更当奋蹄出枥，再成一集、二集……决不萌“挂笔”之念。念兹在兹，幸知我者鉴察，知林下犹有一蝉也。

二〇〇八年奥运前夕写于南开大学邃谷

二〇一〇年春再订正

依然集

（2010）

“当代学者文史丛谈”之一。来新夏著。21万字。山西出版集团·三晋出版社（原山西古籍出版社）2010年12月第2版，2011年2月第1次印刷，印行5000册。定价：24.80元。该书由山西古籍出版社、山西教育出版社于1998年2月出第1版，第1次印刷5000册。

ISBN 978—7—80598—217—5

中国版本图书馆CIP数据核字（2010）第228192号

本室藏本扉页有先生签名“来新夏”。

来新夏说北洋

（2011）

“大家说历史”之一种。来新夏、焦静宜著。17万字。上海科学技术文献出版社2011年2月第1版，第1次印刷。未标印数。定价：25.00元。

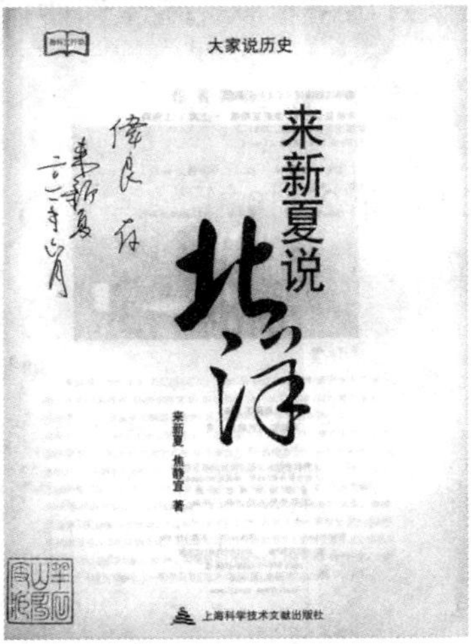

ISBN 978—7—5439—4766—5

中国版本图书馆CIP数据核字（2011）第009519号

2011年6月16日，来先生有绍兴之行，下榻鲁迅故里之咸亨酒店，因以有缘得先生签名，是为“伟良存　来新夏　二〇一一年六月”。先生有言，2009年版《来新夏说北洋》有出版合同；而此新版，却未曾知悉。

书目答问汇补

（2011）

来新夏、韦力、李国庆汇补。上、下册，120万字。中华书局2011年4月第1版，北京第1次印刷，印行精装本3000册（套）。定价：268.00元。

ISBN 978—7—101—07840—4

中国版本图书馆CIP数据核字（2011）第022425号

《书目答问》初刻于清光绪二年（1876），列举重要古籍二千余种，是张之洞（1837—1909）任四川学政时，为回答诸生来问“应读何书，书以何本为善”而撰。其书刊行不久，风行海内，士林书林奉为枕中鸿宾，几于家置一部，乃至出现洛阳纸贵之盛况。鲁迅先生尝云：“我以为要弄旧的呢，倒不如姑且靠着张之洞的《书目答问》去摸门径去。”

20世纪40年代初，来新夏先生就读北平辅仁大学历史学系，师从余嘉锡（季豫）先生治目录学，深感“书目是研究学问的起跑线”，即着手为《书目答问》编制人名、书名和姓名略人物著作三套

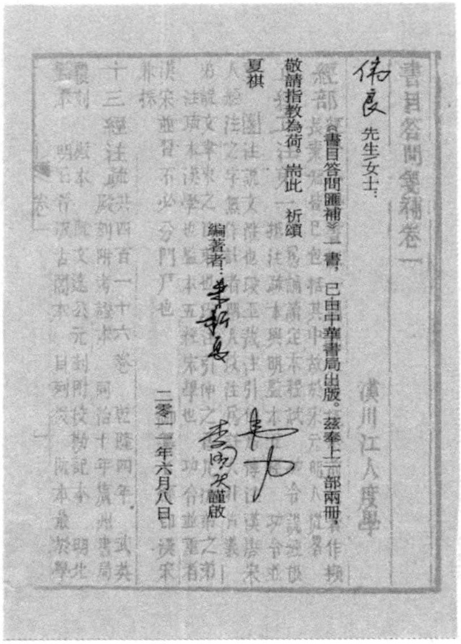

索引。60年代初，仿《四库简明目录标注》之例，搜求各家批注，为《书目答问》做汇补工作。嗣后，来先生历数十年之功，访求当世诸家批校稿本及清季以来刊印之本，遵照各家成果取得之先后，于同一条目之下，一一胪列，复加按语，始成《书目答问汇补》一书。《书目答问汇补》共收录了十三家补正成果，多为民国时期和当代名家。包括王秉恩贵阳刻本、江人度笺补本、叶德辉斠补本、伦明批校本、孙人和批校本、范希曾补正本、蒙文通按语、刘明阳批校本、韦力批校稿本、赵祖铭校勘记、邵瑞彭批校本、高熙曾批校本及张振珮批校本，堪称是一部结集性的书目成果。

清代学者章学诚说，研究目录学的目的，在于"辨章学术，考镜源流，即类求书，因书究学"，《书目答问》做到了这一点。《书目答问汇补》则更进一步，将清代学术成果进行了增补、品评和总结。书中亦收有韦力写的《存私藏古籍著录成稿》。李国庆对该书亦作了整理增补。

《书目答问汇补》一书为全国高等院校古籍整理研究工作委员会资助项目。

本室藏本系来先生赠书，内附一笺，有三位汇补者签名。

《书目答问汇补》目次

编年第二

司马通鉴　别本纪年　纲目

纪事本末第三

古史第四

别史第五

杂史第六

事实　掌故　琐记

载记第七

传记第八

诏令奏议第九

地理第十

古地志　今地志　水道　边防　外纪　杂地志

政书第十一

历代通制　古制　今制

谱录第十二

书目　姓名　年谱　名物

金石第十三

金石目录　金石图像　金石文字　金石义例　论史法　论史事

子部总目

周秦诸子第一

儒家第二

议论　经济　理学　考订

兵家第三

法家第四

农家第五

医家第六

天文算法第七

中法　西法　兼用中西法

术数第八

艺术第九

杂家第十

小说家第十一

释道家第十二

释家　道家

类书第十三

集部总目

楚辞第一

别集第二

汉魏六朝　唐五代　北宋　南宋　金元　明　国朝理学家集　国朝考订家集　国朝古文家集　国朝骈体文家集　国朝诗家集　国朝词家集

总集第三

文选　文　诗　词

诗文评第四

丛书目

古今人著述合刻丛书

国朝一人著述合刻丛书

别录目

群书读本

考订初学各书

一、书目答问四卷　輶轩语一卷　清张之洞撰　清光绪二年四川初刻初印本

二、书目答问四卷　輶轩语一卷　清张之洞撰　清光绪二年四川修订重刻本

三、书目答问四卷　輶轩语一卷　清张之洞撰　清光绪三年濠上书斋重刻本

四、书目答问四卷　輶轩语一卷　清张之洞撰　近年中华汉语工具书书库影印清光绪三年濠上书斋重刻本

五、书目答问四卷　輶轩语一卷　清张之洞撰　清光绪四年吴县潘霨影刻本

六、书目答问四卷　清张之洞撰　清光绪四年上海淞隐阁重刻本

七、书目答问四卷　清张之洞撰　清光绪四年上海铅印本

八、书目答问四卷　清张之洞撰　清光绪四年四明味海阁重刻本

九、书目答问四卷　附国朝著述姓名略一卷　輶轩语一卷　四川尊经书院记一卷　清张之洞撰　清王秉恩校补清光绪五年陈文珊贵阳重刻本

十、书目答问四卷　附清著述姓名略一卷　輶轩语一卷　四川尊经书院记一卷　清张之洞撰　清光绪五年湘乡成邦幹台南刻本

十一、书目答问四卷　清张之洞撰　清光绪八年皖垣铅印本

十二、书目答问四卷　清张之洞撰　清光绪十四年上

海蜚英馆石印本

十三、书目答问四卷　清张之洞撰　清光绪二十一年上海蜚英馆石印本

十四、书目答问四卷　清张之洞撰　清光绪十四年上海鸿文书局铅印本

十五、书目答问四卷　清张之洞撰　清光绪二十三年新化三味堂校刻本

十六、书目答问笺补四卷　清张之洞撰　清江人度笺补　清光绪三十年汉川江氏刻本

十七、书目答问四卷　清张之洞撰　清光绪间重刻本

十八、书目答问不分卷　清张之洞撰　校勘记一卷　民国赵祖铭撰　清光绪中沔阳卢氏刻民国十二年汇印慎始基斋丛书本

十九、书目答问四卷　清张之洞撰　清石印本

二〇、书目答问不分卷　清张之洞撰　清刻本

二一、书目答问四卷　輶轩语一卷　清张之洞撰　民国三十一年新建程天放成都重印清末存古学堂刻本

二二、书目答问四卷　輶轩语一卷　清张之洞撰　一九七四年台湾新文丰出版公司影印清末刻本

二三、书目答问四卷　清张之洞撰　清宣统元年石印本

二四、书目答问四卷　清张之洞撰　清宣统元年上海扫叶山房石印本

二五、书目答问四卷　清张之洞撰　清宣统三年上海扫叶山房石印本

二六、书目答问四卷　清张之洞撰　民国四年上海扫

叶山房石印本

二七、书目答问四卷　清张之洞撰　民国七年上海扫叶山房石印本

二八、书目答问四卷　清张之洞撰　民国九年上海扫叶山房石印本

二九、书目答问四卷　清张之洞撰　民国十一年上海扫叶山房石印本

三〇、书目答问四卷　清张之洞撰　民国十五年上海扫叶山房石印本

三一、书目答问四卷　清张之洞撰　民国十九年上海扫叶山房石印本

三二、书目答问四卷　清张之洞撰　民国二十四年上海扫叶山房石印本

三三、增辑书目答问四卷　题艺风老人辑　民国十年上海朝记书庄石印本

三四、书目答问四卷　清张之洞撰　民国十五年北京慈祥工厂铅印本

三五、书目答问四卷　清张之洞撰　民国十七年北平文华斋刻张文襄公全集本

三六、书目答问标注四卷　清张之洞撰　民国十八年上海自强书局石印本

三七、书目答问补正五卷　清张之洞撰　范希曾补正　民国二十年南京国学图书馆铅印本

三八、书目答问补正五卷　清张之洞撰　范希曾补正　民国二十四年南京国学图书馆铅印本

三九、书目答问不分卷　佚名撰　清末民初绿格钞本

四〇、书目答问四卷　清张之洞撰　民国二十二年商务印书馆铅印万有文库国学基本丛书本

四一、书目答问四卷　清张之洞撰　民国二十四年商务印书馆铅印国学基本丛书简编本

四二、书目答问补正五卷　清张之洞撰　范希曾补正　一九六三年北京中华书局影印本

四三、书目答问补正五卷　清张之洞撰　范希曾补正　一九八一年北京中华书局影印本

四四、书目答问补正索引　王锦编　一九六九年台湾文海出版社影印本

四五、书目答问补正五卷　清张之洞撰　范希曾补　瞿凤起点校　一九八三年上海古籍出版社排印本

四六、书目答问补正五卷　清张之洞撰　范希曾补　瞿凤起点校　二〇〇一年上海古籍出版社排印蓬莱阁丛书本

四七、书目答问补正五卷　清张之洞撰　范希曾补正　高路明点校　一九九九年北京燕山出版社排印书目书话丛书本

四八、书目答问校补五卷　清张之洞撰　吕幼樵校补　张新民审补　二〇〇四年贵州人民出版社排印本

四九、书目答问补正五卷　清张之洞撰　范希曾补正　王伯祥批校　二〇〇八年国家图书馆出版社影印本

附录二　书目答问刊印序跋

一、潘霨书目答问序

二、王秉恩书目答问跋

三、李元度重刻輶轩语书目答问序

四、舒龙甲书目答问笺补序

五、江人度书目答问笺补自序

六、江人度上南皮张相国论目录学书

七、江人度书目答问笺补凡例

八、叶德辉书目答问斠补序

九、叶德辉书目答问斠补后序

十、柳诒徵书目答问补正序

十一、范希曾书目答问补正跋

附录三 书目答问题识

一、陈彰书目答问墨笔题识(1894 年)

二、叶德辉书目答问题识十二则(1914 年)

三、秦更年书目答问墨笔题识(1928 年)

四、伦明书目答问朱笔题识(1929 年)

五、孙人和书目答问蓝笔题识二则(1930 年)

六、王伯祥书目答问补正墨笔题识二则(1933 年)

七、袁行云书目答问补正墨笔题识

八、王秉恩书目答问墨笔题识二则(1937 年)

九、潘景郑书目答问墨笔题识(1938 年)

十、罗惇䍃书目答问笺补墨笔题识(1941 年)

十一、高熙曾书目答问补正墨笔题识三则(1942 年)

十二、来新夏书目答问补正墨笔题识五则(1943 年)

十三、刘明阳书目答问补正墨笔题识五则(1950 年)

十四、邵次公书目答问补正墨笔题识(1962 年)

附录四 书目答问通检表三种

《书目答问汇补》叙

一、我与《书目答问》

上世纪四十年代初,我考入北平辅仁大学历史学系。那时,允许跨系选课,所以我除选历史系课程外,还选读了中文系的"目录学"。我之所以选"目录学",一则初入大学殿堂,感到这是一门既生疏而又新鲜的课程,是前所未闻的学问,一定有许多值得探寻的知识奥妙;再则,住入宿舍后,有几位中文系高年级的同舍生告诉我,这门课的主讲者余嘉锡(季豫)先生的目录学造诣极深,足称近代目录学大师,使我为这种盛名所震。我又从同舍生借给我读的余师所撰《目录学发微》一书中读到如下一段话:"目录之学,为读书引导之资。凡承学之士,皆不可不涉其藩篱。"我既想走学术之路,无疑应涉目录学的藩篱。于是选修了"目录学"。从此,古典目录学便成为我学术历程中的重要组成部分,并与我同时专攻的历史学、文献学和方志学等其他学术领域起着相辅相成的作用。

我第一次在课堂上瞻仰到季豫师的风采时,他虽已年逾花甲,但仍然精神矍铄，了无老态。他讲课操湖南乡音，手不持片纸，侃侃而谈，如数家珍，使人若饮醇醪，陶醉于这形似枯燥而内涵丰富的学术领域之中。这门课规定以《书目答问》为基本教材，季豫师要求我们准备《书目答问补正》作读物，分两年按四部次序讲授。这是我第一次接触到《书目答问补正》这个书名。当时，我幼稚地以为由此就可以进窥古典目录学的堂奥。孰知展卷一读，只是一连串鳞次栉比的书名，彼此毫无关联，读之又枯燥乏味，昏昏欲睡，但还是硬着头皮通读一遍。1943 年 3 月间的一个风沙天，我到柴德赓先生家去请益，谈到读《书目答问》的困难时，柴先生把所藏贵阳本《书目答问》借我，并告我比读二书当能得益。回舍后，我先校读《著述姓名略》，纠谬补正，果有所得，兴奋之余，即于我那套《书目答问补正》书后写一小跋云：

> 癸未三月二十七日，京师尚有风沙，走访柴青峰先生寓，借其贵阳雕版之《书目答问》，返舍手校《著述姓名略》，正其纰缪，补其不足。校竣，识于后。

这是我第一次比勘异同的校勘实习。隔了一段时间，全书比读完毕，自以为略有心得，想进一步深求，便冒昧地登季豫师之门问业。季豫师听了我的读书情况后，很严肃地指导我做三件事：

一是讲了三国时董遇“书读百遍，其义自见”的故事，要我继续读《书目答问补正》，并特别注意字里行间。

二是要我再读一些与《书目答问》有关的著作。

三是要我利用假期为《书目答问》编三套索引，即人名索引、书名索引和姓名略人物著作索引。

季豫师还说，这三点做到，《书目答问》就算初步读懂了。这一点一拨，似已为我祛除迷雾而看到了入门之阶。我也是逐项按着老师指点去做的。

首先,我曾反复读《书目答问补正》,注意字里行间的只言片语,果有所得。如在史部正史类注补表谱考证之属后就读到小字附注说:“此类各书为读正史之资粮。”这不仅了解了这类书的性质,也掌握了读正史时主要参考书的书单。从而领会了目录学对治学的作用。

其次,我借到了《书目答问》的第一个笺补本,即江人度的《书目答问笺补》(光绪三十年江氏刻本)来读。《笺补》在各书下有笺,各类后有补。所笺涉及版本、分类、辨证、计数及评论诸方面;补则增补所不足之书目。此书有益于开启思路,拓展眼界,但书很难得,遂录其笺补部分,装订一册,可惜在“文革”初起时,这本小册子就被我曾经教过并知道“目录学”一词的勇士们非常潇洒地扔进了家门前正在熊熊燃烧的那堆“封资修”的“黑货”中,我只有目送片片纸灰随风飘去。所幸在二十世纪八十年代,我又重得一复印本小册子,差堪自慰。此外,我还读了四库全书简明目录和标注、读书敏求记和郑堂读书记等目录学名著,依稀地窥知治学的门径。

第三,我利用1943年入大学后的第一个暑假为《书目答问》编了三套索引,并用墨笔写成一册。一本书经过三次反复编排搜检,两千多部书名和撰者都能基本记住,输存到我的大脑资讯库中。我想对任何一部书或任何一种学问, 如果都能做一次反三复四的工作,都会收到应有的效果。只是这种方法太笨,肯做的人不多而已。我掌握了这套基本书目后,明显地感到对于读书治学、开辟领域、转换方向都颇有左右逢源的美感。并且由于有了基本书目,便能很快地扩大书目储存量,而书目恰恰又是研究学问的起跑线。这正是我后来能多涉及几个学术领域的原因之一。这本索引在十年浩劫中也与其他一些书籍衣物一起被席卷而去，可能因为这是我亲笔墨写的“秘本”，也许能从中搜寻点我见不得人的“罪行”证据，最后大概无所收获而颇感失望，便随手扔到无人收拾的废纸堆中，幸而我的一位老学生孙香兰在被派清理查抄物资时，从废纸堆中看到此索引而善加捡存，直到七十年代后期落实政策后即送还给我。我很感谢这位有心人。为了纪念这一难得的离合，我把这三种索引表，又经订正，收入《汇补》的附录中，作为第七种附录。

经过上述三方面的努力，我似乎感到已奠定了古典目录学的入门基础，再读其他目录书也不感到十分枯燥而能从中捕捉到自己需要的信息，钻研学术也没有无所措手足的苦恼，自信能在学术迷宫中得到曲径通幽的乐趣。可是从五十年代以来，一方面我工作繁忙，要从事新的教学与研究工作；另一方面，“目录学”这类课程很难排入课表而渐渐被人遗忘。我对目录学虽然旧情难忘，也只能原地踏步而无所进展。

二、我为《书目答问》作汇补

上世纪六十年代初，我处在一种无事可做的闲散境地，长日无聊，难以排遣。我没有什么爱好，只能寄情于读书。于是，重理旧业，又对目录学温故而知新。1963 年春，我偶然想到，何不仿《四库简明目录标注》之例，搜求各家批注，为《书目答问》做汇补工作，于是先后在我那部《书目答问补正》上过录有关资料，如将叶德辉、邵瑞彭、刘明阳、高熙曾诸家所标注内容一字不遗地过录于我那部书的天头地脚和行间，甚至夹纸黏条。每毕一家，都在抑郁的心头绽开一丝欢乐。乃振笔疾书，题跋于书尾，录之以见“学海无涯乐作舟”之“乐”。我曾写过如下的工作记录：

1962年8月2日至9日，温度在三十度以上。自晨至夜，过录江苏省立苏州图书馆馆刊(1932年4月)第三期所载叶德辉著《书目答问斠补》全文。虽肘黏背湿而颇有所得，亦云快哉！过录既竣，心胸为之豁然者久之。翌日即归还该刊于藏者北京图书馆。俟暇当再过录邵次公及刘明阳诸氏校本。

1962年8月中旬录邵次公批语。

9月上旬补吕思勉经子解题。

9月下旬过录刘明阳批语。

1978年元旦又假得高熙曾补正本，除邵、刘已有补，又录高氏及李笠批语，历时二日。

我所过录的各家标注以版本居多。叶德辉为版本名家，所补以版本、刊行年代为主。刘明阳为天津名藏书家，经眼甚富，所见明版尤多。他所注版本颇精当，如在《册府元龟》条注称：

余藏有明嘉靖时人白纸蓝格精抄本，原书为宋监本，如以校刻本，当有许多胜处。

刘明阳对有些书还有所补入，如张澍撰《诸葛忠武侯故事》条即补称：

明万历杨士伟《诸葛忠武书》、清张鹏翮《忠武志》均佳作也。一则万历刻，一则康熙刻。

刘氏所藏明本书极为可贵。可惜人亡尽佚，徒留雪泥鸿爪于所批《书目答问补正》，后来此批注本又不知流落何方，幸我早自书肆借来过录。邵、高二氏均为学者，各有所知所见，而高则尚间有考证。

经过这一段过录工作，不仅进一步熟悉《书目答问》，而且也比较牢固地掌握了版本学方面的知识和著录版本的方法。但是，对

《书目答问》所收书的评说尚少涉及,对《书目答问》以外的目录学著作还研究不够。于是,我又重新精读若干种目录学名著,如史志目录中的汉、隋二志序,私家目录中的《郡斋读书志》和《直斋书录解题》,专著中姚振宗的《快阁师石山房丛书》以及汪辟疆的《目录学研究》和季豫师的《目录学发微》等书,并检读这些著作所连及的一些著述。经过这阶段的研读,加深了我对目录学的认识和扩大了我进一步研究这门学问的基础。

与此同时,我正在读清代的各种杂书,时见有评论典籍的条目,其中也有评骘《书目答问》所收各书的。每有所遇,辄录入我的《书目答问补正》中,如读清人韩泰华的《无事为福斋随笔》卷上云:

> 《金石录》明以来多传钞,唯雅雨堂刻之。阮文达有宋椠十卷。

此即可入《书目答问》卷二《金石录》条。又如读清吴骞《桃溪客语》卷三记《南唐书》撰述缘起及流传情况云:

> 宋马令辑《南唐书》三十卷,其祖元康,世居金陵,多习南唐旧事,未及撰次而卒,令纂承之,实崇宁时也。书中多言徐铉、汤悦被诏作《江南录》之疏略。元戚光撰《金陵志》,求得其书,并为之音释,书始显于世。令,阳羡人,志乘多阙载。

此又可补《书目答问》卷二马令《南唐书》条。类此者所在多有。

做了这番功夫后,我的这部《书目答问补正》已是满目疮痍,天头地脚,字里行间,无不充盈墨笔小字,更有夹纸黏条,几难使外人卒读,而我则视其为私藏中之瑰宝。我对藏书外借素不吝惜,唯此二册绝不外借。我曾想集中一段时间,进行整理增补,成《书目答问汇补》一书以利己利人,并且不自量力地在撰者、补正者后面用毛笔添写上"来新夏汇补"字样,作为对自己的鞭策。不意在动乱年代,我的藏书不是籍没归公,便是在门前付之丙丁。我十分关心这两册书是否也未逃此厄运!真是皇天不负苦心人,几年后认领抄家物资时,可能这两本涂写得乱七八糟的破书未能引起好货者的兴趣,所以才能物归故主。全书未太损坏,只是也用毛笔把那行"来新夏汇补"的字样涂抹掉。看来这是一位有点知识的勇士所为,也许还是曾受业于我的人,否则哪能鉴定我不够作《汇补》的资格而予以涂抹呢?此后我对这部书仍在不时添注。如果有人问我,你的藏书中,你最珍惜哪部书?我会毫不思索地回答说:我最珍惜的是那两册与我相伴半个世纪,并曾同遭劫难的《书目答问补正》。

三、《书目答问汇补》的成书

上世纪八十年代初,历史进入一个新时代,政通人和,目录学之类的"三基"学问,已经不再归于禁区。宽松的社会氛围不能不引发我要重整《书目答问》的奢念,期望在有生之年完成二十多年前的宿愿。可是我却已步入人生的晚年——年逾花甲,身体精力已不如昔。甚至当年自己在书上批注的那些墨笔小字也因目力不逮而模糊看不清。因此,一方面珍藏我的批注本,不使再受损伤;另一方面随时物色可信托的中年学者共同合作,编纂成书,贡献社会,但一直没有遇到这样的人选。何时实现自己的愿望?仍然在期待中。

随着新世纪的到来,我已近八十高龄,虽然一切都尚在等待,但我一直充满着必能成书的信念。德不孤,必有邻。我终于在耄耋之年,幸运地获得上天助我。2003年,我应天津图书馆历史文献部之邀,为该部馆员硕士班讲授"古籍整理"课程。该部主任李国庆君是多年的旧识,是一位好学勤奋而乐于助人的中年学者,是具有相当深厚旧学根底的历史文献学家。著有《明代刊工姓名索引》和《弢翁藏书年谱》等专著。因为授课为一学期,往往在课后有些交谈机会。一次我谈及当年过录《书目答问》各家批注之艰辛，引起李国庆君对我过录本的兴趣。当他看到我的过录本，了解到我整理的困难，当即提出帮我整理补充。这是这次兼课得到的最大幸运！我当时极度兴奋，喜得李国庆君之毅然承诺，不啻予我过录本以生机。随即商订编纂体例，进入整理补订工作。决定在我原有过录本为底本的基础上，更就所知，向有关藏者，广予搜求。历时三年，先后经眼《书目答问》不同刊印本达五十余种（见《汇补》附录一《版刻纪略》）。其间发觉原过录本为国学图书馆印行之《书目答问补正》本，多有缺漏，于是改用光绪二年王承恩贵阳校刻本为底本。经过搜求采录，先后共得江人度、叶德辉、邵次公、刘明阳、伦明、孙人和、高熙曾等十数家（见《汇补》编纂说明及附录二《校补纪略》）的笺补批注，乃仿《四库全书简明目录标注》例，由李国庆君将各家批注分条系入各书之下，并邀天津图书馆常虹女士在李国庆君指导下，以业余时间，几经寒暑，独力承担编排工作。数易其稿而常虹了无异言，《汇补》之成书，其功不可没。

2005年，在初稿将成形之际，某夕，忽忆及忘年至好韦力君。早在2003年秋，我自某媒体记者处获知京津有新起藏书家韦力，收藏宋元以来善本佳刻，颇具声誉。我心存同好，遂多方探询，终与韦力君以电话通联，得知其庋藏甚富，心中艳羡而谋增益见闻，旋以事赴京，亲至韦府，承示多种珍藏，广我眼界。数年以来，时有交往，渐悉其方逾不惑而藏书之富已为当代新兴藏书大家，且为人诚朴谦抑，虽家道殷实，而具儒生气象，抢救古本旧籍不遗余力，而潜心著述孜孜不辍，所著有《鲁迅古籍藏书漫谈》《古书收藏》《批校本》及《书楼寻踪》等多种，皆蒙惠赠。读其书益知其腹笥之厚，当代言古籍版本，韦力君当首屈一指。若能请韦力君审正并补其所经眼者，当为《汇补》增色。于是冒昧通话，望获将助。不意于电话中我方婉转陈言，而韦力君即表示以其所写存私藏古籍著录成稿，入我《汇补》。兴奋之余，不禁念及昔萧梁时有阮孝绪者，一介寒士，凭诸家目录纂成《七录》，所历艰辛可知。时有刘杳者，生平入《梁书·文学传》，当称名人，撰有《古今四部书目》五卷，是一部传钞行世的稿本。当他获知前辈阮孝绪在编撰《七录》时，就毫不犹豫地将其所钞集的资料草稿全部赠与孝绪，以助成《七录》。孝绪非常感动，在《七录》序中言其所感云：

> 通人平原刘杳从余游，因说其事。杳有志积久，未获操笔，闻余已先著鞭，欣然会意。凡所钞集，尽以相与，广其闻见，实有力焉。斯亦康成之于传释，尽归子慎之书也。

这段故事与韦力君出其积“尽以相与”的情状极其相似，所以使我即当产生联想。我孤陋寡学，《汇补》亦不过为爬梳钩纂之学。固难与阮孝绪《七录》比论，而察韦力君行事，不禁喟然而叹曰：“韦力君，固今之刘杳也！”

2006年初春，《书目答问》之经史子集丛各部已基本完稿。其卷尾所附《国朝著述诸家姓名略总目》，虽个别印本有屏而不取者，但深究其义，恐非原撰者随意之作，乃按清学门类分述学人，足可作清代学术脉络之导引；但又嫌其附注过简，不便读者，乃由李国庆君亲加整理，于三百余名学人名下，增补其生平，并注明传略之出处，读之可当清代学术小史。《书目答问》正文部分于此全部汇补完成。细加翻检，念《汇补》既竣，而读者了解《书目答问》尚缺参考资料，未免遗憾，于是再编《附录》四种，前三种为版本图释、刊印序跋、手书题识，均出李国庆君之手。其第四种为《书目答问》索引表三种，系我从师余门之课业，曾蒙季豫师定为读《书目答问》之一法，为“文革”后失而复得之一种，收之以念师恩，兼志劫难，或可备有志于目录学者之参考。

《汇补》所辑各家为我等力所能及所得之资料。其未能见收者，尚所在多有，如闻人相告，季豫师有批校本、王伯祥先生有批校本，但经向家属探询，均未获结果。又如贵州吕幼樵先生所著《书目答问校补》已于 2004 年 6 月由贵州人民出版社出版问世，篇幅亦较大，难以收入。读者可自求其书。《汇补》仅在张新民先生同意下，将其尊翁张振珮先生批校、张新民先生辑补之《书目答问斠记》（见吕著《附录》）收入《汇补》，专列一家。又在《图书馆》杂志 2004 年第 1 期读到刘采隼先生撰《古籍目录史上的丰碑》一文中，言及其尊人刘德刚先生曾有《书目答问订补》之手稿，憾未获读，亦以有五十万字之巨不易融入《汇补》。其他散见各处之片言只语批注，力所不及，无法求全。祈读者鉴谅！2008 年 10 月获见王伯祥先生《书目答问补正》（批注本）之影印件（国家图书馆出版社出版）。批注本以范补为底本，拾遗补缺，出之以眉批、校注、题记、跋语文字，利便学人。惜拙编已成较样，而王补又内容丰富，篇帙较大，难以记入，为此深感遗憾。

全书涉及书名、人名、版刻等较多。为读者翻检方便，由常虹女士于全书之末，编制一综合索引，则按图索骥，可坐收利便于几席之间。

《汇补》自上世纪四十年代创意，六十年代着手，至本世纪初成书，时兴时辍，先后历六十余年而成书，固我与韦力、李国庆二君契洽合作之产物，而究其能顺利成书者，端赖有关单位及各方友好之支持、关注与协助。我们应向这些对《汇补》给予帮助的单位与友好，致以最诚挚的谢意。

首先应该感谢的是中华书局的学者编辑崔文印先生，文印先生是富有文史学识根底的文献学家，与我有近三十年的交往，他在上世纪八十年代初，在与我谈及我的《书目答问》过录本时，就鼓励我一定要完成一部《书目答问》有关批校与资料的《汇补》本，坚定了我默默地进行这项工作的信心。文印先生不仅推荐和玉成《汇补》的出版，而且在成书后又以古稀之年承担《汇补》的责编重任。由于文印先生重听，因此有许多有关编务的斡旋周章，多承我的启(功)门师弟柴剑虹先生自愿代办。我在此也表示我的谢意。

其次，我感谢全国高等院校古籍整理研究工作委员会安平秋、杨忠和曹亦冰等领导和评审委员会的朋友们所给予的支持与资助，他们批准了我的项目申请。拨付一定的项目资助，解决了各处调查和借阅批注本的费用，为《汇补》的最后完成注入了活力。

再次，我应当感谢在《汇补》成书过程中曾经多次打扰过的有关图书馆。为了观看《书目答问》的各种版本和搜集批注资料，我们走访过国家图书馆、上海图书馆、天津图书馆、南京图书馆、北京大学图书馆、清华大学图书馆、南开大学图书馆、复旦大学图书馆、南京大学图书馆等。同时也烦劳了各馆的有关人士，如国家馆的苏品红、董馥荣，北京大学图书馆的沈乃文和丁士良、吴晓云，清华大学的刘蔷，上海图书馆的王世伟和陈先行、郭立暄，复旦大学图书馆的吴格和杨光辉，天津图书馆的常虹和白莉蓉，天津师大图书馆的王建华及王和英，南京图书馆的徐忆农，南京大学图书馆的史梅和南开大学图书馆的江晓敏等诸位先生和女士，也在此统致谢意。

《书目答问汇补》这部近百万字的书，虽然，我和韦力、李国庆二君都尽心竭力做好，以裨各方学人使用：但终以成书历程断续，篇幅较大，难免有不尽如人意之处，尤其是未能“竭泽而渔”，留下了一些遗憾。韦力与李国庆二君，正当盛年有为，为《汇补》贡献了多年的精力，消耗了他们的可贵年华，而值得庆幸的是在成书全过程中，我们一直坦诚相见，和谐共处，成就了“正其谊不谋其利”的共识。至于书中的疏漏不当之处，当由承担统稿责任的我负责，至祈各方学人有以教我，不胜忻悦之至。

来新夏

二〇〇七年初夏写于南开大学邃谷，时八十五岁生辰

北洋军阀史

（2011）

来新夏等著。上、下册，100万字。中国出版集团东方出版中心2011年5月第1版第1次印刷。未标印数。定价：75.00元。

ISBN 978－7－5473－0320－7

中国版本图书馆CIP数据核字（2011）第057790号

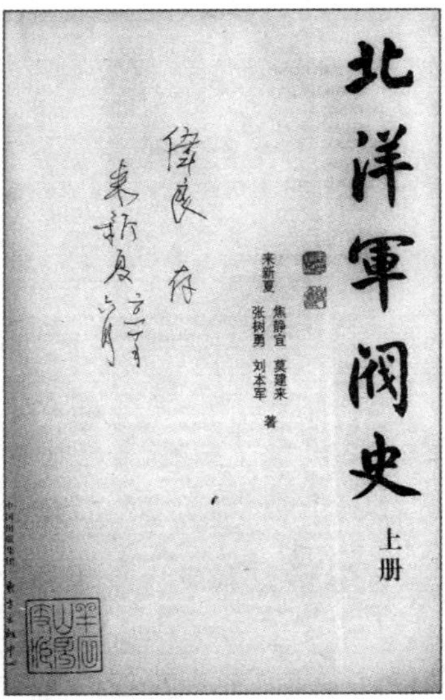

本书是一部专门研究和完整记述北洋军阀集团兴起、发展、纷争、衰落和覆灭的通史性专著。上起1895年袁世凯小站练兵，下迄1928年张学良东北“易帜”。它是几位著者在多年研究北洋军阀史、编纂北洋军阀史资料丛刊的基础上，并适当地吸取国内外学者的研究成果而撰写成书的。全书资料丰富，结构严谨，论述完整，条理清晰，观点鲜明，文字流畅，是一本研究中国近现代史尤其是北洋军阀史的重要学术著作。

《北洋军阀史》初版，由南开大学出版社2000年12月第一版，因版权到期，改为东方出版中心出版。

本室藏本之扉页，先生题有“伟良存　来新夏　二〇一一年六月”字样。

北洋军阀史

（2011）

“中国文库”之一。来新夏等著。上、下册，103.7 万字。中国出版集团东方出版中心 2011 年 9 月第 1 版，第 1 次印刷，印行 4500 册(套)。定价：90.00 元。

ISBN 978—7—5473—0395—5

中国版本图书馆 CIP 数据核字(2011)第 124275 号

“大凡名著，总是生命不老，且历久弥新、常温常新的好书。”《北洋军阀史》被列入“中国文库”第五辑之“史学类”。“中国文库”主要收选 20 世纪以来我国出版的哲学社会科学研究、文学艺术创作、科学文化普及等方面的优秀著作，是中国读者必读、必备的经典性、工具性名著。“文库”自2004年起出版，每辑约100种。列入第五辑“史学类”的尚有章太炎《国故论衡》、钱穆《国史大纲》、连横《台湾通史》、张星烺《欧化东渐史》等12种。先生能与这些已故的学界巨擘比肩而立，足见其学术地位之崇高。

本室藏本扉页，题有“来新夏　二〇一三年三月为伟良所藏题”。

北洋军阀史

（2011）

“中国文库”之一。来新夏等著。上、下册，103.7万字。中国出版集团东方出版中心2011年9月第1版，第1次印刷，印行精装本500册。定价：120.00元。

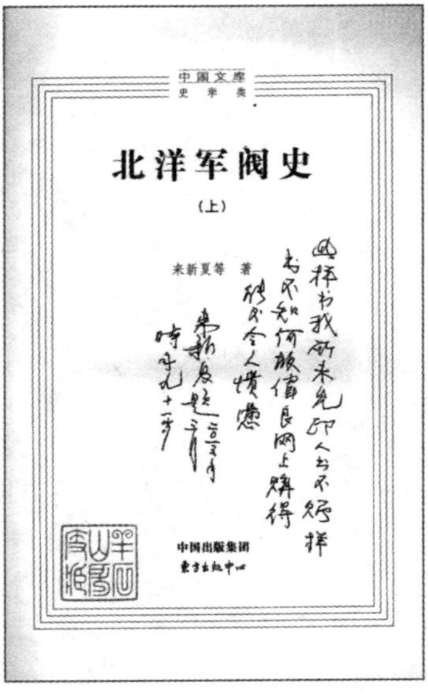

ISBN 978—7—5473—0394—8

中国版本图书馆CIP数据核字（2011）第124280号

此为布面精装本，加护封。读书室所藏本，来先生在扉页跋曰：“此样书我所未见，印人书，不赠样书，不知何故？伟良网上购得，能不令人愤懑。来新夏题　二〇一三年三月，时年九十一岁。”

林则徐年谱长编

（2011）

“晚清人物年谱长编系列”之一。来新夏编著。上、下卷，86万字。上海交通大学出版社2011年9月第1版，第1次印刷，印行精装本1500册（套）。定价：260.00元。

ISBN 978—7—313—07651—9

中国版本图书馆CIP数据核字（2011）第153723号

《林则徐年谱长编》是国内首部完整辑录晚清政坛重要人物林则徐生平资料的年谱长编。《林则徐年谱》初编本征用各种图书资料170种，增订本在原有基础上又较广泛地扩大了检读范围，达229种，新编本增至271种，而今之长编本更达287种。文献征集包括奏折、文录、诗词、信札、日记、译编、旧谱等大量第一手资料。有些文献是第一次公开发表。书中对谱主有关资料、事迹多有考证，并引述学界最新成果。

2008年春，上海交通大学出版社冯勤致函来先生，谓该社所编“晚清人物年谱长编”正在进行，已出版有盛宣怀、张之洞、郑观应、

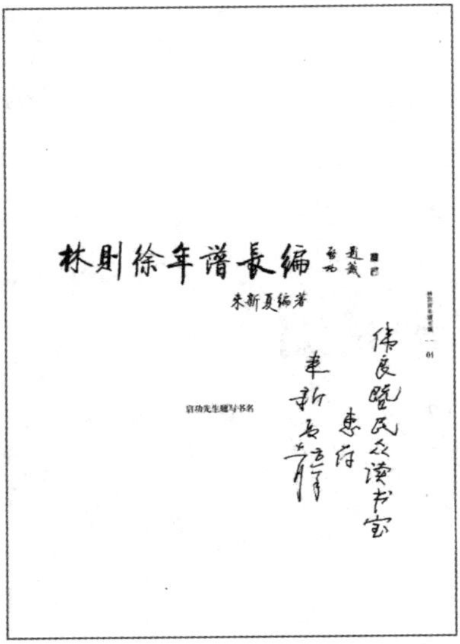

张元济、崇厚、袁世凯等人的年谱，拟邀来先生承担《林则徐年谱长编》之任。先生应允后即以《林则徐年谱新编》为底本，历经两年充实史料、增补不足。复详加校订，正误增补若干处，于2011年春交稿。

来先生在《林则徐年谱新编》的后记中说："我主观上希望，至少在一二十年内，《林则徐年谱新编》能保持为研究这一领域的学者们提供主要参考书的领先地位。"这是一位严肃认真的学者经过长期研究、撰写而取得成果的一种自信的喜悦。正是这种对学术负责的自信，对自我永不满足的学术态度，才成此《林则徐年谱长编》。先生以望九之年、耗三年之时成此大著，令人肃然起敬。

《林则徐年谱长编》是上海市"十一五"重点图书，上海文化发展基金会图书出版专项基金资助出版。

本室受赠之《林则徐年谱长编》题有："伟良暨民众读书室惠存 来新夏 二〇一一年十一月。"

《林则徐年谱长编》目录

林氏三代简表

年谱长编

乾隆五十年　乙巳　1785 年　一岁

乾隆五十一年　丙午　1786 年　二岁

乾隆五十二年　丁未　1787 年　三岁

乾隆五十三年　戊申　1788 年　四岁

乾隆五十四年　己酉　1789 年　五岁

乾隆五十五年　庚戌　1790 年　六岁

乾隆五十六年　辛亥　1791 年　七岁

乾隆五十七年　壬子　1792 年　八岁

乾隆五十八年　癸丑　1793 年　九岁

乾隆五十九年　甲寅　1794 年　十岁

乾隆六十年　乙卯　1795 年　十一岁

嘉庆元年　丙辰　1796 年　十二岁

嘉庆二年　丁巳　1797 年　十三岁

嘉庆三年　戊午　1798 年　十四岁

嘉庆四年　己未　1799 年　十五岁

嘉庆五年　庚申　1800 年　十六岁

嘉庆六年　辛酉　1801 年　十七岁

嘉庆七年　壬戌　1802 年　十八岁

嘉庆八年　癸亥　1803 年　十九岁

嘉庆九年　甲子　1804 年　二十岁

嘉庆十年　乙丑　1805 年　二十一岁

嘉庆十一年　丙寅　1806 年　二十二岁

嘉庆十二年　丁卯　1807 年　二十三岁

嘉庆十三年　戊辰　1808 年　二十四岁

嘉庆十四年　己巳　1809 年　二十五岁

嘉庆十五年　庚午　1810 年　二十六岁

嘉庆十六年　辛未　1811 年　二十七岁

嘉庆十七年　壬申　1812 年　二十八岁

嘉庆十八年　癸酉　1813 年　二十九岁

嘉庆十九年　甲戌　1814 年　三十岁

嘉庆二十年　乙亥　1815 年　三十一岁

嘉庆二十一年　丙子　1816 年　三十二岁

嘉庆二十二年　丁丑　1817 年　三十三岁

嘉庆二十三年　戊寅　1818 年　三十四岁

嘉庆二十四年　己卯　1819 年　三十五岁

嘉庆二十五年　庚辰　1820 年　三十六岁

道光元年　辛巳　1821 年　三十七岁

道光二年　壬午　1822 年　三十八岁

道光三年　癸未　1823 年　三十九岁

道光四年　甲申　1824 年　四十岁

道光五年　乙酉　1825 年　四十一岁

道光六年　丙戌　1826 年　四十二岁

道光七年　丁亥　1827 年　四十三岁

道光八年　戊子　1828 年　四十四岁

道光九年　己丑　1829 年　四十五岁

道光十年　庚寅　1830 年　四十六岁

道光十一年　辛卯　1831 年　四十七岁

道光十二年　壬辰　1832 年　四十八岁

道光十三年　癸巳　1833 年　四十九岁

道光十四年　甲午　1834 年　五十岁

道光十五年　乙未　1835 年　五十一岁

道光十六年　丙申　1836 年　五十二岁

道光十七年　丁酉　1837 年　五十三岁

道光十八年　戊戌　1838 年　五十四岁

道光十九年　己亥　1839 年　五十五岁

道光二十年　庚子　1840 年　五十六岁

道光二十一年　辛丑　1841 年　五十七岁

下卷

道光二十二年　壬寅　1842 年　五十八岁

道光二十三年　癸卯　1843 年　五十九岁

道光二十四年　甲辰　1844 年　六十岁

道光二十五年　乙巳　1845 年　六十一岁

道光二十六年　丙午　1846 年　六十二岁

道光二十七年　丁未　1847 年　六十三岁

道光二十八年　戊申　1848 年　六十四岁

道光二十九年　己酉　1849 年　六十五岁

道光三十年　庚戌　1850 年　六十六岁

附录

附录一　谱馀

第一类　林则徐的逸文

第二类　林则徐的逸事

第三类　为林则徐所写的诗文

第四类　对林则徐的评论

《林则徐年谱长编》序

1934年，我十二岁，就读于南京新菜市小学。校方决定在6月3日举办“林则徐与禁烟运动”演讲比赛，我被班级推举为代表。级任老师张引才先生不仅为我提供普及性的参考读物，还指导我准备讲稿，结果获得全校第二名。这是我与林则徐禁烟问题的最早接触，当时虽所知甚少，但我非常仰慕林则徐的果敢行动，使我的长期屈辱心灵得到冲刷。

1951年，我任职南开大学历史系，授“中国近代史”课，开宗明义即为“林则徐与禁烟运动”。乃出箧中所藏魏应麒著《林文忠公年谱》，置于案头，以便参考，并随时将所遇有关林则徐行事之文献先后札写于魏著《年谱》书之天地头者，积有二册。第二册于“文革”抄家时被焚毁，第一册幸贮之藤箧，为后来编谱提供第一块础石。

1960年前后，社会推崇林公丰功日盛，中华书局乃取广东中山大学及明清档案馆存稿，编《林则徐集》(包括奏稿、公牍、日记)。我应邀审读全稿，如入宝山，目不暇给。其时我方接受审查，厄于“内控”幽居苦读，心性忧郁，时读时写时辍。惟读林公诸文，知其以建伟业，无辜放诸四裔，犹能不甘蜷伏，修水利，清荒地，遣闷舒愤。自我解脱，更显贤者大度。林公如此，小子不敏，何得终日戚戚？于是奋力潜研，于1965年成《林则徐年谱》定稿，藏之名山，以待时机。“文革”时，此定稿痛毁于火，幸草稿被埋于室中抄家后室中之杂物堆中，为后来再次成书留一基础，呜呼！此上天之佑我也。

二十世纪七十年代，我由牛棚下放津郊翟庄子，插队落户，从事农业劳动。耕余重整旧业。每晚在暗淡灯光下，取出所藏《林则徐年谱》草稿，逐字逐事，订正增补。历时两年，内容大致完成，犹待核正。1974年，奉命召回。幸有机遇得在有关藏书处所查阅资料，全书又得校核一遍，拾遗补阙，所获良多。1980年6月，终成定稿，经挚友汤纲教授多方奔走，排除干扰，历经坎坷的《林则徐年谱》终于在1981年10月由上海人民出版社出版问世。使中国近代史上这一重要历史人物的丰功伟绩彰显于世。回忆成书之不易，得不涕泗从之！

《林则徐年谱》问世后，不断得到学术界和社会上友好的鼓励和教正，特别是作为1982年冬在福州召开的“鸦片战争与林则徐学术讨论会”上的赠书，使我得到激励和更多的教益与启示。我清醒地认识到，这部书不仅有新内容尚待增补，也还有若干失误处需要订正纠谬。特别是会议又决定将这部书列入将在1985年召开的“林则徐诞辰二百年学术讨论会”的出版规划，实非我意料之中。上海人民出版社的领导和编辑具有的卓识促成该书的增订。他们对这本出版方经年仅印过一次7 000册的著作，毅然决定作为一部新作接受，重新按新作排印。这对我确是一种极大的推动。我受命之后，夜以继日，各方搜求资料，历时年余，终于在1983年冬完成增订本的写作并付印，成为1985年会议的赠书。这次增订主要是增补新资料、扩大征引范围、纠正失误和增写检读查索内容的《大事索引年表》。此增订本计参阅书刊达229种，较原谱增益60种，成文45万余字,较原谱增加近10万字。书成之日,自觉有所进益。迨头脑清醒,细读全书,仍觉有不尽如人意处,是学之无止境,而我心则尚存更新之远图也。

十年一瞬,有关资料频有闻见,方家研究成果亦复迭出。我则壮心未已,每有所见,辄采登于册。不意数年之间,竟有数万字之积累,私心窃喜。时值香港回归前夕,群谋出版海内外均能服膺之历史人物传记,有以林公应者,我亦为之心动。1995年秋,在福州参加“林则徐诞辰210年纪念会”。以文会友,于《新编》亦多有交流商榷,使我对改编《林则徐年谱新编》一事渐具轮廓。林公贤裔凌青大使、子东女士,多方支持。“林则徐基金会”复慨赠出版资助。《林则徐年谱新编》于1996年成书,拾遗补阙,对前此二谱纠谬正误,得近70万字,于1997年6月香港回归祖国之日正式出版。林公鸦战遗恨,从此湔雪,我则摩挲《新编》以祭林公,林公地下有知,当掀髯而笑。

2008年春,上海交通大学出版社冯勤先生来函邀稿。该社所编“晚清人物年谱长编”正在进行,已出版者有盛宣怀、张之洞、郑观应等人长编,拟邀我承担《林则徐年谱长编》之任,建议以《新编》为底本,充实史料,以史料为主,按年编次而较少长篇大论。应邀后,即着手搜集信息,核对资料,统一出处,增补不足,按年审定内容。历经两年,至2010年春大致编成一草稿,又经复核校订,成第一清样。复详加校订,正误增补若干处,经妻子焦静宜编审又为逐字逐句通校一遍,最后由我通读全稿后交稿。时为2011年春。其修订增补者,约为三点:(一)《新编》编写时,《林则徐全集》尚未出版问世,故征引资料出处来自多种有关书籍。现《全集》已问世多年,而《新编》又易为《长编》,读者将时加使用,故将资料来源统一为《林则徐全集》的册、卷、页，以便查核。（二）《新编》为应香港回归所需，成书较急，容有引证不当、编次颠倒、资料重复、叙事欠当或诊断不恰之失，今次改写《长编》力求纠谬订补。（三）《新编》征引原始资料，特别是广告、章程，多以文长不录，仅概述其事而已，与《长编》体例不合。现增补原件若干。虽然尽为运作，但年近望九，老病侵寻，独力进行，未能尽善，苟有疏漏不当，尚请读者鉴谅。

书名原为启功老师于二十世纪九十年代初为《新编》亲笔题署，是他用毛笔题写书名最后几个中的一个，以后多用硬笔题写。为纪念启功师的恩情，仍用原题签，其中“长”字由启功师其他书件中换补，谨此说明。

《长编》之作，耗时三年。公私冗沓，事非得已。除自著辛劳外，颇得周轩、茅林立诸友倾力协助——提供资料，正误补缺，获益匪浅。林公贤裔林子东、凌青姐弟，频加关注，于此并致谢意。其间，凌青大使复于2010年9月去世。深以未能早日成书，俾凌青同志一览为憾。老年书成，精力容有不及，疏漏讹误，当仍存在，尚望林学研究者与广大读者有以教正为幸！

是为之序。

来新夏

二〇一一年夏写于南开大学邃谷

书文化九讲

（2012）

来新夏著。15万字。山西出版传媒集团·三晋出版社（原山西古籍出版社）2012年2月第1版，第1次印刷。未标印数。定价：48.00元。

ISBN 978－7－5457－0486－0

中国版本图书馆CIP数据核字（2012）第000332号

2005年，来先生应山西古籍出版社之邀，撰《书文化的传承》一书，以浅近语言讲述古籍文化之传承。该书出版不二年即售罄，时当国学复兴，古籍收藏炽热，再版此书，恰逢其时，为符专题讲述书文化之意，易名为《书文化九讲》。

不辍集

（2012）

来新夏著。商务印书馆 2012 年 4 月第 1 版，北京第 1 次印刷。未标字数与印数。定价：56.00 元。

ISBN 978－7－100－08870－1

中国版本图书馆 CIP 数据核字（2011）第 282454 号

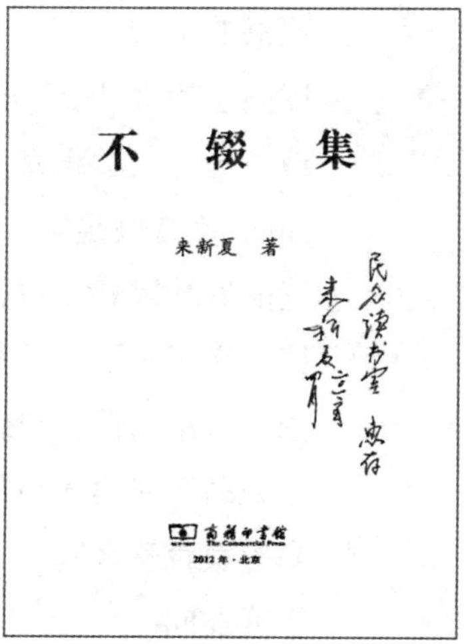

不 辍 集

来新夏 著

商务印书馆 The Commercial Press

2012 年·北京

2012 年 6 月，是来先生九十初度暨从教 65 年。故从 80 岁至 90 岁十年间所写的随笔中，选编数十篇成结集出版。先生曾有“有生之年，誓不挂笔”之豪言壮语，故用“笔耕不辍”之意而名《不辍集》。

本书分编为六卷，依次为：议论、书序、书评、人物、谈故、忆往。附录《一蓑烟雨任平生》为来先生口述历史之蓝本。所选各篇，均有深意，尤其是《我的故乡》一文，由衷表达了来先生这位九旬游子对故乡的无限深情："我有幸是这方土地的子孙，我以萧山人视为自己的光荣。我永远思念我的家乡，永远眷恋我的家乡！"

张建智先生读《不辍集》后撰文《馈贫之粮，夜行之烛》，发表于《文汇读书周报》2012 年 5 月 25 日，曰："一位九十老人，为我送来我本贫乏的精神之粮，不啻是我之有幸。"

本室受赠之册题"民众读书室惠存 来新夏　二〇一二年四月"。

《不辍集》目录

人生也就如此

卷二　书序

《近三百年人物年谱知见录》(增订本)序言

《书目答问汇补》叙

《清代经世文选编》(初稿)前言

韩译《古典目录学浅说》序

《来新夏说北洋》序

《只眼看人》序

《书文化的传承》自序

闲身自有闲消处——《砚边馀墨》序

《沈约及笺注》序

《德州旧志十种校注》序

《萧山县志稿》(民国二十四年本)整理前言

《萧山历史文化丛书》序

《汾州府志·平遥编》序

《海宁文史丛谈》序

《友新六村志》序言

《华北图协第25届学术年会论文集》序言

《南开大学图书馆藏稀见清人别集丛刊》序

《清代书院与学术变迁研究》序

《水脉萧山》序

《新中国古旧书业》序

《南开话剧史料丛编》序

《同时日记》序

《天津建卫600周年》序言

《莫理循与辛亥革命》序

卷三　书评

人道在何处？——读《中国德奥战俘营》

期待美的历史——读《文化的江山》

记人代之古今　标卷帙之多少

——评《湖南图书馆古籍线装书目录》

读《浙江历史大事记》

林则徐父亲的日记——读林宾日的《旸谷日记》

“临渊羡鱼”还是“竭泽而渔”——读《1990,莫理循中国西北行》

评说《书楼寻踪》

他们不仅仅是淘书——读《日本学人中国访书记》有感

读《仕宦箴规百种》点校稿

卷四　人物

中国的私人藏书家

曹学佺与“儒藏”

康熙与宋荦

清代笔记作家梁章钜

想起刘铭传——纪念台湾建省 120 周年

应该怎样评价严修——纪念严修先生 150 周年诞辰

追忆读已见书斋主人——记余嘉锡老师

范老的“二冷精神”——记范文澜老师

严复与《国闻报》

姚灵犀与《采菲录》

顾廷龙先生与版本目录学

忆念青峰师

《不辍集》自序

2012年6月，是我九十初度暨从教六十五年的日子。我从八十到九十岁十年间所写的随笔中，选编几十篇，成一小集以自庆。成集后，首先遇到命名的问题。我想书名应反映编集的立意。开始定名为《杖朝集》，根据是礼记中规定："八十杖于朝"，用以说明这是我八十以后的作品，妻子不同意，认为这是上不服领导，下傲视民众，十足傲气，不宜使用。接着想到“岁寒而后知松柏之后凋”，取名《不凋集》或《后凋集》，似乎又以享高年傲人，也不可取。还是谦虚点好，于是想到“行百里者半九十”这句话，这是勉励人走了九十里不过是百里的一半，应该加倍努力，就想题名《半途集》表示自己的谦虚，但与“半途而废”的“半途”易生歧意，不用为好。最后还是妻子建议，用“不辍”作集名，因为我曾公开表态说过“有生之年，誓不挂笔”的豪言壮语，用“笔耕不辍”的“不辍”名集最恰当，于是集名乃定。

定名以后就是选篇，陈垣老师曾告诫我们编自选集一定要自己选，如果托人选篇，往往不能体现自己的理念，不能删选得当。这十年间，我大约写了二百来篇大小文章。要自己从中选出近百篇文章是要费时间的。我用了两个月的时间，选了百来篇自认为尚能保留下来的篇目，编成一集。并按内容大致划分为六卷。

卷一题作《议论》，收集我对一些有关学术问题的拙见，有的可能偏激些，有的可能不够完善，有的可能有点针对性，但文字都力求“自话自说”。有位过世的前辈学者曾说，“要议论不要争论”，说得很有意味，遂标《议论》之名。

卷二为《书序》，作序是老年学人最头疼的事。自己写的书，要写个序表明点心意，扼要地说点主旨。别人写的书，也因自己已年高，又略有薄名，遂来求序。有的是旧友，情不可却；有的是素昧平生自称是晚辈，不得不表示点“提携”之义。所以这十年序写的很多，选与不选，颇费踌躇，所以这一卷就选得多些。

卷三是《书评》，这些书评都是应请而作。世间都希望书评中多说些赞誉之词，而我又不愿过多地“违心”，笔墨之间很伤脑筋。所以这卷选文较少。

卷四是《人物》，人物是一本书中的灵魂，每天除了闻见各种事务外，不可避免的是接触人。不能见物不见人，所以也写了一些有关人物的篇章。其中包括古人和今人。古人根据文献做出恰当的历史评价，今人多为已故亲友，常以文字表达一些哀思和怀念。对生存人则不录。

卷五题《谈故》，暑天消闲，灯下小憩，或与家人聊天，或偶然思及往事掌故，皆笔之小笺，以资谈柄。

卷六为《忆往》，高年亲历之事颇多，但大多消失于岁月转移之间，其尚能留存记忆者，当是印象深刻，经久尚存者，乃述其首尾，以存雪泥鸿爪之痕迹。

附录《一蓑烟雨任平生》，为我口述历史的蓝本。数年前，经邢宁、衣长春二君据口述内容并参以我所写的有关文字，整理成篇，姑作蓝本，以备异日撰写回忆录时作底本。

书既成集，承柴剑虹师弟推荐，商务印书馆江远先生慨然接受，列入选题，使拙作得以面世，均深表谢意。

二〇一一年立秋日写于南开大学邃谷

来新夏随笔选

（2012）

来新夏著，赵胥主编。朴庐书社出品。2012年5月印行。

2012年5月21日，笔者应邀赴浙江开元萧山宾馆出席来新夏教授学术思想研讨会暨九十华诞庆典，庆典签到得赠《来新夏随笔选》，此自印本，非卖品也。

来先生自1997年出版第一本随笔集《冷眼热心》，迄今已有十数种。其随笔情感真挚、语言丰富，知识性、抒情性、叙事性兼容。雅俗共赏的随笔，以致来先生的“粉丝”是不胜枚举，中央美院赵胥先生居其一。

《来新夏随笔选》是为庆贺来新夏先生九十大寿而精编的随笔合集，撷选了来先生几十年间创作的各种类型随笔136篇，以问学篇、书序篇、书评篇、讲谈篇、掌故篇、阅世篇、吹求篇序次。封面题字谢辰生，封二孙熙春篆刻“萧山来新夏教授九十初度暨从教六十五周年纪念”。

《来新夏随笔选》目录

《沈约集笺注》序

《我的中学时代》序言

《水脉萧山》序

《新中国古旧书业》序

《南开话剧史料丛编》序

序《潜庐藏书纪事》

卷三 书评篇

读《弢翁藏书年谱》

《探微集》探微

吹尽黄沙始见金——评《清代史料丛刊》

条分缕析 追根究底——读熊秉明《中国书法理论体系》

读《关于罗丹——熊秉明日记摘抄》

重温《耕堂读书记》

期待美的历史——读《文化的江山》

一部外国人研究中国文字狱的专著——读《戴名世年谱》

奇人奇书奇作者——读陈福康著《井中奇书考》

一个参与中国政治的外国人

——读窦坤的《莫理循与清末民初的中国政治》

读《雕刻在石头上的王朝》

日记与日记文学的融合——读《徐志摩未刊日记(外四种)》

人道在何处？——读《中国德奥战俘营》

读《浙江历史大事记》

“临渊羡鱼”还是“竭泽而渔”——读《1910,莫理循中国西北行》

红楼何止半亩地——评《红楼半亩地》

《影像辛亥》:用“照片学”诠释历史

他们不仅仅是淘书——读《日本学人中国访书记》有感

姚灵犀与《采菲录》

卷四　讲谈篇

南朝四百八十寺　多少楼台烟雨中

——《人生感悟》专题访谈录

人生也就如此

藏书文化交谈录

高等教育的答客问

清学者对小说的异见

从“陈垣同志遗书”说起

和中学生谈读书

人生幸福何为先

战备疏散话老插

学人逸闻

还我“皕宋”

我的闲章

我的笔名

年终盘点

我与日记的因缘

我与千石诗林

书名雷同及其他

藏书的聚散

老编辑寄语

卷五　掌故篇

故宫与逊帝

天津设卫筑城600年

唐书法家小录

说题画诗

蔡伦"造"纸一说

说"三正"

京华杂钞

豆腐文化三说

卢沟还是芦沟

"三甲"与"三鼎甲"

说年号

邮票的说古道今

润笔与稿费

番薯的引进

腊八粥

重吃"折箩"

烹调最说天津好

我的线装书

话说"幼学"

漫话"杂字"

元旦书红

话说笔记

清末三帝的年号

溥仪的衣食

烟草与火柴

民国趣联

说无怨无悔

书生论

我好想考博哟

“文人相轻”与“文人相亲”

中毒记

称谓催人老

旧藏的怀念

市声琐记

旧书店

书山路忆

论“老人十反”

卷七 吹求篇

一字之漏

谀墓之文

历史与演义

“全译”,到此打住!

等身、半等身与二寸

莫把旧事当新意

一手二手与三手

灯下挑眼

灯下挑眼续篇

不要再嚼甘蔗渣

卖弄与现眼

莫吝“金针”度与人

挑水还是倒水

文心史记——略谈来新夏先生散文随笔 / 赵胥

来新夏先生生于书香门第，青年时期的求学阶段是在抗战的特殊时期度过的。他经历过硝烟弥漫的年代，遭遇过“文革”特殊生活的考验，可以说历尽坎坷磨砺，但内心深处蕴藏的老庄精神使其虚怀若谷，使得其对人生有着超然而独特的理解。他的文章，或认真求实、或诙谐幽默。有的针砭时弊，入木三分，抨击社会一些不良现象，令人观之，不禁惊出一身冷汗；有的对生活的某个细节片段，刻画得细致入微，衣食住行，皆成文章，不禁拍案叫绝；有些学术性很强的文章又不乏严谨务实，条分缕析，层次鲜明，丝丝入扣，足以作为研究人员可资利用的翔实资料。

来先生的随笔不论是阐明学术、讲史论事，还是议论抒情，都具有鲜明的艺术特色。那就是结构的严整缜密，语言的朴素清新，情感的真挚深沉。

一、来先生的随笔的类型

一般的随笔作品，可分为抒情和叙事两种，但学者出身的来新夏先生所作的散文随笔包罗万象，大致可分为：知识性随笔、抒情性随笔、叙事性随笔。

（一）知识性随笔

来先生创作了大量的知识性随笔，这些文章，虽以随笔的形式行文，但内容涵盖了文、史、哲等诸多方面大量的专业知识，具有很高的学术价值。

来先生的学识博大精深，所涉及的领域十分广博。在他的诸多随笔中，有一些详细地介绍了人们很感兴趣却不甚了解的掌故，如《故宫与逊帝》介绍了清帝退位后的隐秘生活，通篇下来，并不像一些历史教科书中的文字那样生涩，而是通过一系列详细而精彩的语言，向人们介绍了鲜为人知的真实历史。《邮票的说古道今》则从一个集邮爱好者的角度，详细地介绍了大量的关于邮票在中国的发展历程。再如他的《番薯的引进》中讲人们常吃的一种食品——烤红薯，可很少有人知道其是如何被引进中国的，读后就会找到答案。他总是能够从这些细微之处入手，让人们了解到自己身边很常见或很熟悉的事物鲜为人知的另一面，足以看出来新夏先生是一位热爱生活，懂得享受生活的老人。

（二）抒情性随笔

来先生的很多文章富有浓郁的生活气息，大都很有趣味性，潜藏着一种精深的幽默，他的幽默是一种典型的具有浓郁东方气质的幽默，体现的是其乐观豁达的人生态度。

生在江南，成长在北方，使来先生具备了南方人的细腻与北方人的豪迈，丰富的人生阅历也使他的胸襟愈发博大，使之在面对一些挫折的时候更加乐观豁达。由于其独有的、天生的、不可学得来的睿智、敏锐，加之对人生有着独到的领悟，使很多文章或字句往往能让人在轻松愉快中有所感悟，读来或如参佛语，仿佛醍醐灌顶，正如他自己所说的“视坎坷为人生必经之途，视一时辉煌为过眼烟云，视未被启用为淡泊明志，视生老病死为人人难逃之自然规律，视欢乐为一时之兴至，视离合为宴席之聚散，视家无余财为君子固穷，视家人父子若友朋相聚，视挨整受压为心无愧怍……”，以他自己所阐述的“人生幸福达为先”的这种豁达的人生态度处世，使来新夏先生真正能够宠辱不惊，举重若轻。

(三)叙事性随笔

来先生一部分的随笔是以叙事为主的。或通过叙述一件事，或把一些相关的事情串联起来，通过一系列的事情，阐明一些道理让读者有所感悟。

就如《中毒记》中，来先生叙述了自己在一次开会时在所下榻的宾馆中，经历的食物中毒的窘迫遭遇。本来发生过的一系列事情，既痛苦又尴尬，但来先生能够把这些遭遇用诙谐幽默的语言展现出来，令人看了不禁捧腹。来先生乐观豁达的人生态度于此可见一斑。

《一个中学生的忏悔》回忆了自己在年少无知时经常以恶作剧捉弄自己老师的种种情景，深感愧疚，使很多读者找到共鸣，也让更多的人对尘封的往事追加忏悔。

二、来先生的随笔特点

(一)结构合理

出身学者的来新夏先生行文十分严谨，虽然传统意义的随笔创作要求并不严格，但来新夏先生为了能够使读者更好地理解自己的文章，而且不拘泥于学术文章的死板，总是能够环环相扣，条分缕析，十分严谨。他的随笔作品能放能收，收放有序，使作品紧凑集中，切合主题。即便是作品的部分与整体之间，以及各部分之间的关系，都安排得十分自然，衔接得十分巧妙。

从来先生为很多年轻作家的作品所写书评和书序中可以看出，一旦着手，便要一丝不苟，极为认真地探求作者的创作背景，揣摩作者的写作方法，认真去阅读著作的每个章节，每一篇，甚至每一句。也就是通过这样,来先生真正体味到了书中的精髓,从而给书籍作了很好地诠释,他注重对书籍内容整体的把握,使读者对那些作品得到更加深一步的了解。能够得到来先生作序的书,自然增色不少。来先生点评过的文章、书籍,也展现出了更多的阅读亮点。

(二)情感真挚

来先生的随笔中蕴含着大量的情感,爱憎分明,大气磅礴。

来先生对书有着特殊的感情,他爱书、读书、著书、藏书,我们可以从他的随笔中体会到他对书的那份挚爱。有得到一部好书的欣喜若狂、有沉浸在字里行间的沉醉忘我、有对自己钟爱典籍的认真批注,当然也有痛失爱书的悲伤和无奈。从《我的线装书》《旧书摊》中都能够明显地感觉到来先生得到心仪的书籍之后的喜悦之情。而在《藏书的聚散》等几篇随笔中,都有类似的描述,来先生自己心爱的书,在那个特殊时期当着自己的面被付之一炬时,那种道不出来的感觉,对于一个如此爱书的人来说,实在是一大劫难,读之不禁令人心生义愤与同情。来先生对藏书也颇有研究,很多文章中涉猎了关于藏书文化的介绍,由于本身也喜好藏书,几经“聚散”,使来先生对藏书也有了极为特殊的情感。来先生爱书,但并不是盲目的爱,当看到各出版社大量出版一些成本高昂而读者颇少的书籍时,来先生自然看不过去,《何必如此拥挤》等文章,便道出了对这种浪费现象的不满。

来先生的刚正秉性与认真态度也是值得称道的。目光敏锐,一丝不苟,他有一些随笔很有意思,就是专门找一些常见却经常出现的语言文字错误使用的现象,仅《灯下挑眼》两篇(正、续),就挑出了很多媒体犯的错误,体现了一位学者广博而扎实的基础知识,以及兢兢业业的求知态度。有时候来先生的语言也会特别犀利,《爱子病》就是这样一篇文章，当看到一些家长对子女过于溺爱时，气愤之情，虽顾及情面，不愿当面道破，也要汇诸笔端，及时抨击。《老喜丧》《饶了孩子吧》则对一些社会不良现象作了批判。美德要颂扬，弊病要指正，来先生数十年如一日，笔耕不辍，让更多的人能够激浊扬清，时时警觉。

(三)语言丰富

来先生的随笔对语言的运用非常丰富。纵观来先生的随笔，就会发现他的语言风格不同。

1. 广征博引，文字精深

这一类的文章往往是学术性较强的。如《清末三帝的年号》一篇小文，介绍了关于清末三帝年号的种种，短短千余字的文章，引征得当，语言精深，足以看出来先生的专业功底以及驾驭语言的超强实力。

2. 通俗易懂，诙谐幽默

这一类文章很多，语言朴实无华，可以符合不同知识层面读者的阅读水平，通俗易懂，雅俗共赏。如《葡萄是甜的》一文，围绕一首耳熟能详的儿歌，阐明自己的观点，于细微处着眼，展现了大家风范。

3. 诗化语言，清新隽永

文学世家的出身，与环境、经历的影响，使来先生的作品具有强烈的诗人情怀，虽然是随笔类作品，但辞藻间不乏诗一般的美感。如《书山路忆》，连题目都很有诗的古朴韵味，语言更是极富美感。如“回顾往事，萦绕于怀的是要检视自己的学术道路。在那悠悠岁月中，是谁伴随着我前进在这条既艰苦又充满乐趣的道路上？又是谁在茫茫书山中指引我摸索前进？那是庋藏丰富的图书馆和以向人浇灌知识为志趣的图书馆员们”。

综上所述,来新夏先生的随笔包罗万象,古今中外,无所不容,大到政治外交,小到市井百态,从大洋彼岸到街头巷尾,从金戈铁马到叫卖吆喝,大小篇章涉及了各行各业,能让各种身份、诸多职业的人从中找到共鸣,能够真正做到雅俗共赏。来先生将渊博的学识,转化成信手拈来的文字,毫无雕琢之处,不失优美,实是当代随笔中不可多得的佳品。

中国古代图书事业史

（2013）

“20世纪中国图书馆学文库”丛书之一。来新夏等著。版权页在“20世纪中国图书馆学文库”丛书之《叙录》册。国家图书馆出版社2013年2月第1版，第1次印刷，未标印数。丛书定价6800元。

ISBN 978－7－5013－4297－6

中国版本图书馆CIP数据核字（2012）第045381号

由吴慰慈任专家委员会主任委员所策划的“20世纪中国图书馆学文库”，以1909—1999年期间我国出版的图书馆学著作，包括图书馆学基本理论、资源建设、分类、编目、读者服务、文献检索等共101种著作，装为94册，另《叙录》1册。《中国古代图书事业史》列“文库”第63册。本文库由人天书店资助出版。

《中国古代图书事业史》据上海人民出版社1990年4月第1版排印（原书所附图未排印）。

本室藏硬精装本《叙录》《中国古代图书事业史》各一册。

古典目录学(修订本)

(2013)

来新夏著。26万字。中华书局1991年3月北京第1版,2013年5月北京第2版,2013年5月北京第2次印刷。定价:28.00元。

ISBN 978—7—101—09166—3

中国版本图书馆CIP数据核字(2013)第015785号

修订本《古典目录学》,在1991年初版的基础上,增加了第七章“古典目录学的相关学科”,即分类学、版本学、校勘学概说。本书共有八章,除第一章绪论、第八章结束语外,中间的六章系按历史发展顺序、有重点地论述了历代著名的古典目录和有成就的古典目录学家,以及与古典目录学相关的学科,使读者能对古典目录学获得比较完整而系统的认识。全书引用原始资料较多,以求论必有据。对时贤论著中的不同论点除撷取附入外,并多断以己见,以开启读者思路。书前以《我与〈书目答问〉》一文代序,向读者自陈致力于古典目录学的途径,或可备读者参酌。书后附参考书目提要,收录近、当代学者的主要论著,特别介绍了台湾学者的专著多种。另

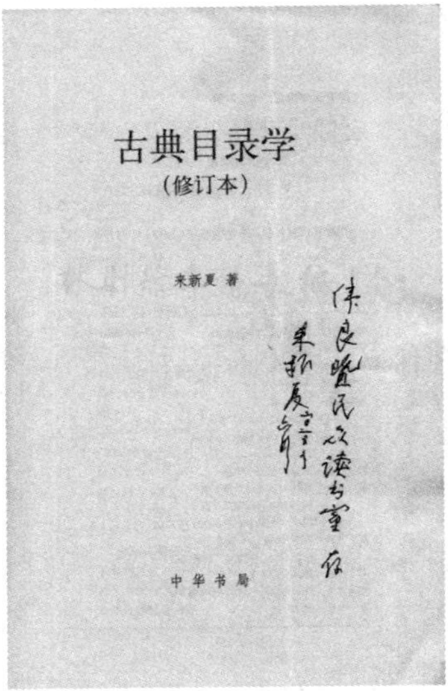

附《汉志》《七录》及《隋志》代表性的三序作为阅读文献，以节省读者搜求之劳。

版权页标有“印数 3001—5000 册”。2014 年 9 月 28 日下午笔者致电中华书局王传龙，王先生是修订本责任编辑（二版编辑），其言“1991 年印数 3000 册，2013 年 5 月北京第 2 次印刷 2000 册，两次合计印行 5000 册”。

本室藏本题“伟良暨民众读书室存 来新夏　二〇一三年六月”。

《古典目录学》（修订本）目录

第二节　古典目录的结构

第三节　古典目录的类别

一、三种区分标准

二、官修目录

三、史志目录

四、私家目录

第四节　古典目录的功能与利用

一、掌握古籍总的基本状况

二、了解图书的本身状况

三、粗知学术源流

四、考辨古籍的依据

五、指示门径和辅导读书

六、历代学者对目录学的重视

第五节　附论索引和类书

第二章　官修目录与史志目录的创始——西汉

第一节　汉前的图书整理与分类

第二节　西汉的整理图书

第三节　《别录》《七略》的纂辑

一、《别录》的纂辑

二、《七略》的纂辑

三、关于《别录》《七略》的几个问题

四、《别录》《七略》的影响

第四节　东汉的图书整理编目工作

第五节　班固的编定《汉书·艺文志》

一、班固的生平

一、编撰概况

二、私藏目录

三、专科目录

四、读书记与题跋

第六节　章学诚的目录学理论与实践

第七章　古典目录学的相关学科

第一节　分类学概说

一、分类学与目录学的关系

二、图书分类和图书分类目录

三、图书分类编目中的细类

四、关于古籍分类的一些意见

第二节　版本学概说

一、版本学和目录学的关系

二、版本与版本学

三、版本学的作用

四、版本的区分

五、版本的鉴别

第三节　校勘学概说

一、校勘学与目录学的关系

二、校勘与校勘学

三、校勘学的作用

四、校勘学的内容和校勘方法

五、校勘工作需注意的几个问题

第八章　结束语

一、整理古典目录学文献

二、研究古典目录和古典目录学家

三、撰写新的古籍目录

四、刊印古典目录及研究著作

附录一　参考书要目解题

附录二　阅读文献

《汉书·艺文志》总叙

《七录》序

《隋书·经籍志》总序

书之传承

（2013）

“名家文化讲堂”之一种。来新夏著。11万字。天津出版传媒集团天津教育出版社2013年5月第1版，第1次印刷。未标印数。定价：定价：19.00元。

ISBN 978－7－5309－7349－3

中国版本图书馆CIP数据核字（2013）第069859号

为了说明中国传统文化的保存、流传，在这套“名家文化讲堂”丛书中专立了《书之传承：时间里的图书史》，意在从图书发展角度说明传统文化的薪火传递。书之篇章、文字，仍如中国青年出版社1991年版《薪传篇》。

立身之本

（2013）

“名家文化讲堂”之一种。来新夏著。10万字。天津出版传媒集团天津教育出版社2013年5月第1版，第1次印刷。未标印数。定价：18.00元。

ISBN 978—7—5309—7350—9
中国版本图书馆CIP数据核字（2013）第069607号

“耻存则心存，耻忘则心忘。”《立身之本：知耻才能做人》一书从两千多年的历史长河中，选择45个人物于10余万文字之中，提供给人们一面可资借鉴的“人镜”！书之篇章、文字，仍如中国青年出版社1991年版《明耻篇》。

邃谷序评

（2013）

“开卷书坊”丛书之一。来新夏著。13.3万字。上海辞书出版社2013年6月第1版，第1次印刷。未标印数。定价：30.00元。

ISBN 978—7—5326—3878—9

中国版本图书馆CIP数据核字（2013）第057057号

《邃谷序评》分三卷，收录来先生为他人写的序、为自己著作的序，以及书评共计55篇文章。先生在三十多年里写了百余篇序，而指导新编方志几十年，又作为两百余部志书的顾问，因而志书序的篇幅占一半以上。为他人写序涉及学术著述、随笔散文和古籍整理等。

“开卷书坊”第一辑出版了沈津《书林物语》、严晓星《条畅小集》等八种书。来先生的《邃谷序评》列在第二辑，是辑尚有子聪《开卷闲话七编》、韦泱《旧书的底蕴》、许宏泉《听雪集》、扬之水《棔柿楼杂稿》、沈胜衣《笔记》、范笑我《我来晴好》、姜德明《难忘王府井》、桑农《读书抽茧录》、徐雁《旧书陈香》，以及彭国梁《书虫日记三集》《四集》。

本室受赠之《邃谷序评》扉页题“民众读书室存　来新夏　二〇一三年八月”。

《邃谷序评》目录

《萧山县志稿》(民国二十四年本)整理前言

《台头镇志》序

《水脉萧山》序

《文脉湘湖》序

《湘湖史》序

《萧山历史文化丛书》序

《萧山戚氏家谱》序

《萧山地图集》序言

《友新六村志》序言

《开卷闲话》序

为马铁汉《品邮说戏》写序

《草堂书影续集》序

韩译《古典目录学浅说》序

卷二　为自己写序

《清代经世文选编》前言

《近三百年人物年谱知见录》(增订本)序言

《书目答问汇补》叙

也无风雨也无晴——《依然集》代序

《枫林唱晚》序

《谈史说戏》序

《邃谷师友》序

《80后》序

《交融集》后记

闲身自有闲消处——《砚边馀墨》序

《书文化九讲》序言

《不辍集》序

卷三　书的评说

《易学通论》后记

读《中国文学史》后记

“临渊羡鱼”还是“竭泽而渔”

——读《1910，莫理循中国西北行》

他们不仅仅是淘书——读《日本学人中国访书记》有感

人道在何处？——读《中国德奥战俘营》

读《浙江历史大事记》

鲍延毅教授与《死雅》

姚灵犀与《采菲录》

一部有创意的图说史书——读闵杰撰《影像辛亥》

红楼何止半亩地

祝《天津记忆》百期

《邃谷序评》自序

书序是很早就有的一种文体，有人说始于战国时宋玉的《神女赋序》，有人尚持异议；但南北朝时的《昭明文选》却把此篇与《毛诗序》《尚书序》同样收入。不论如何，书序在汉代已较流行，最有名的是司马迁的《太史公自序》，写家世、学术传承与观点，写全书各篇的提要，形成一书目录。历来认为这是读《史记》的钥匙。其他如扬雄的《法言序》，王充《论衡》中的《自纪》及班固《汉书·叙传》，这些都是自序。直到西晋左思写成《三都赋》，请当时名流皇甫谧作序，为请他人写序的开端。宋、明以来，有人正式研究序体，如宋人王应

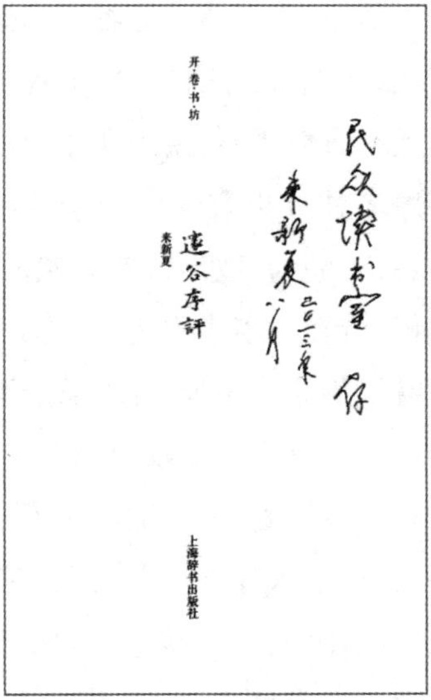

麟在《辞学指南》中说:“序者,叙典籍之所以作。”明人徐师曾的《文体明辨叙说》引《尔雅》的诠释称:“序,绪也。字亦作叙,言其善叙事理,次第有序,若丝之绪也。”

“序”,宋以前作“序”,宋以后据《老学庵笔记》卷六说:“苏东坡祖名序,故为人作序皆用‘叙’字;又以为未安,遂改作‘引’,而谓《字序》曰《字说》。”后来序、叙二字混用。明清以来,几乎无书不序,自序、他序,且有一书多序者,也有前后皆序者,如清人王鸣盛的《蛾术编》即有前后二序。书后的序,一称“跋”,或称“读后”“书后”等,清初顾炎武的《日知录》卷十九曾有《书不当二序》条即评此事。自“五四”以来,写书序之风日炽,凡著一书,除自序外,多有他序,甚或不设自序,仅列他序者。书序很为学人读者所重,前辈学者郭绍虞先生主编《中国历代文论选》就收录书序近三分之一。而《中国序跋鉴赏词典》之类的工具书,选录序跋四百余篇,涉及作者三百余人,多有名作,颇便阅读翻检。

自序粗述书之大旨,叙明著述缘由,实事求是而较少自炫。求他人作序,则不易求得佳什,若为至交亲人所撰,尚能态度诚恳,语言切实,颇有可观者,如清人张金吾撰《言旧录》自述生平,乞其妻季氏景和为之序,对金吾学术造诣、治学态度,有所评骘,不同于一般泛泛之论;近人宁宗一教授邀其门人崔君为其所著有关《金瓶梅》研究的著作写序,颇得爱师之道等,皆世所罕觏,而不可多见者。其他求人作序，大多冀着笔者多加揄扬，说些“瑕不掩瑜”的话。明言请教指正，实求溢美之词。所求者大率是前辈名流、学人文士，或浪得薄名，或小有声望，若泰山北斗，耆年硕德，则更所期待。如撰者无暇，则求序者往往出其囊中锦绣，声言为节长者之劳，力恳签名认可，有拒者，有勉为其难者，有欣然命笔者，流品自见高下。扬州八怪的郑板桥，曾在一篇小引中，自称其不求人写序的志趣说：“求之王公大人，既以借光为可耻；求之湖海名流，必至含讥带讪，遭其荼毒，而无可如何！总不如不叙为得也。”此郑板桥之所以为郑板桥也。

我所著书多为自序，很少求人作序。平生写书百种左右，只有三书，求人作序。一是《古典目录学浅说》，请前辈目录学家顾廷龙先生作序，一则顾老确是古典目录学领域的专家，再则当时我想在学术上有所进益，希望顾老提携指教；二是《北洋军阀史稿》，请中国现代史专家孙思白教授作序，一则孙兄是我几十年敬重的诤友，我尊之如长兄，再则他是唯一通读《北洋军阀史略》和《北洋军阀史稿》，并进行过比较研究的行家；三是《交融集》，请中国文学史知名学者宁宗一教授作序，一则我和他有半个多世纪的友谊，是我的多闻友，再则他是唯一读过我大部分随笔，并进行过理论性研究，写有评论文章的朋友。

为自己写序，叙明著书宗旨，书稿内容，自我发摅即可，为一条线思路。为人撰序甚不容易，既要表明个人见解，又要考虑对方的为人和著述，至少比为自己写序多花费双倍力气。我很佩服近代学者梁启超先生能够旁若无人，自说自话地为蒋百里所撰《欧洲文艺复兴时代史》写序，从欧洲想到清朝，洋洋洒洒，一泻千里，大气磅礴，千古佳序，可惜长达五万余字，无法作序，乃别成一书，题名《清代学术概论》，润泽后学，难以数计。而与此长序相反者，有些名人还写过短序，如冰心为《天上人间》写了一百一十字的短序；而瞿秋白为曹靖华所译《新土地》一书拟定了五字序。他在给曹的信中表示，要在书前写序，并说“这序只有五个大字，就是‘并非乌托邦’”。后书稿毁于“一二·八”日军炮火中，幸有信在，为序之长短，存一故事。

当前，我日趋高年，求序者相应日增，因而应对无措，不堪其苦。我认为写序与题词是老年人两大苦事。据传闻北京大学谢冕教授喜欢写序，我不仅钦佩他的精力充沛和宽厚义行，也在想他为何能如此来者不拒，因而妄猜这是谢教授的无奈——名高望重，拒写怕伤害人。实则我也常遇到一些不想写而又不得不写的尴尬事，只是缺乏那种有容乃大的胸怀，不能直率坦言而已。更有一些名家虽处无奈，但却能巧妙地表达自己的意见，隐有所指而让人难以落定，如已故季羡林先生在为郑天挺先生的《清史探微》写的序。这篇序原定由汤一介先生写，但汤先生推给季羡林先生，季先生不愿写，但又不得不写，所以在序的头一段就重笔申明：“我何人哉！敢于佛头着粪耶？我也不敢写。”但因与郑先生有六年同事之谊，剩下老人又不多，难以推却，因此大声说：“我之进退，实为狼狈！”明确这是一种无奈。季序通篇无一言涉及郑天挺先生的为人与学术，也不评说《清史探微》任何一点内容，而是王顾左右而言他，只提了三点旁敲侧击的希望：一是希望北大历史系重现辉煌，二是希望大振清史研究，特别是满文研究之雄风，三是希望以上两点尽快实现。实际只是两点，其中第二点颇耐人寻味，不知季先生的微言大义是隐指何人何事，我反复读季序，说与郑氏有关，似乎有点；说与郑氏无关，又有点关联，终究都未敢落定，只是钦佩前辈学者语言喻义之妙而已。此类序固非季先生莫能为！

我怕为人写序，愈老愈怕。一则我写序有条底线：要看三分之二稿，最好全稿。再则不愿由人代写好，只在成稿上签个名，所以显得体力有点累。我可以为作者，特别是为年轻作者说点揄扬好话，但也得容我说点不足处。我力求做到“有求必应”，但难免无奈。因此，三十多年基本上没有因写序伤害人。但也有一次遗憾。我有一位中年朋友，是山西方志界的刘伟毅先生，他组织编写了一部《中国方志史》，为郑重其事，专请我的挚友曹振武先生转请我一序。我读完全稿，基本上肯定全书的写作，只是认为末后两章需改动，而这两章恰是方志界领导机构的某位领导所写，他把新志编写工作的总结性文字改写进书，与全书风格不太一致。于是，我在序中就有所谈及：

> 新志编修为近半世纪社会主义文化建设事业中重大建树，本书作者亦多身经其事，所述有待浓墨重彩，刻意论述，既以见十数万修志者之辛劳艰难，亦以回应有人对新编方志事业之贬损。且行文似采总结汇报旧文较多，与全书文风不甚一致……《中国方志史》以第十二章第四节《也有值得总结的教训》为全书结尾，意志似感消沉，令人抱有微憾。

刘先生因怕有触犯权要之处，将序撤除，这一点我不在意，但并未通知我和曹振武先生一声。曹先生为此耿耿于怀，逝世前一个月，尚在向我道歉，而刘先生则未置一言。噫！权势之可畏也如此！我所遭遇，惟此而已，其他尚称平顺。

三十多年，我写了百余篇序。因为我有参与指导新编方志几十年的经历，所以志书序占了一半以上。我把对修志的一些见解和观点都写进序里。其他书序除为自己著作写序略长外，为他人写序多以千字为常，有对学术著述的，有对随笔散文的，也有对古籍整理的。我写这些序都很尽力认真,但不为一般读者所看中。偶尔在自己随笔集中羼入一些,尚未出过专集,也总想能出一本专集。今年年初,南京董宁文兄组织一套小丛书,每册十万字左右,邀我加盟,我非常高兴地选编了一本《邃谷序评》,选了几十篇序和评的文章,交给董兄。我忻喜我的序终于汇选在一起,我期待这本小册子能顺产。我希望今后不再写序,至少少写点序,免得我害怕和受累。

二〇一二年初秋写于南开大学邃谷,行年九十

旅津八十年

（2014）

来新夏著。31.5 万字。南开大学出版社 2014 年 1 月第 1 版，第 1 次印刷。未标印数。定价：56.00 元。

ISBN 978－7－310－04386－6

中国版本图书馆 CIP 数据核字（2013）第 302706 号

《旅津八十年》讲述了来新夏先生在天津工作、生活八十年间记录下来的有关天津的人和事的文字。全书共分五卷，分别是天津史事、天津回忆、天津碑刻、天津的人、天津的事。本书又是一部包含了 20 世纪 30 年代至今，天津人情风物、事件起落、风云变幻、历史变迁的重要资料性著作。书末附录《旅津八十年记事》，内容较半于先生此前所撰《自订学术简谱》。

《旅津八十年》于 2014 年 4 月列书香中国·第 4 届北京阅读季“中国好书榜·人文类”。“中国好书榜”是“百道网”聚合国内外几百个来源的图书评论和推荐书单数据，结合选书专业组书店探访求证和样书翻阅过滤而成，是一个综合性的中国好书榜中榜。有评论曰:《旅津八十年》以丰富的内涵记述了天津的人文史事,展示了一位年逾九旬学者的学术功力和人生情怀。

《旅津八十年》目录

长寿园碑记

天津大悲禅院沿革记

静海梁头镇五村迁坟碑记

卷四 天津的人

关于评价严复的两个争议问题

严复与《国闻报》——纪念严复 150 周年诞辰

饮冰室名斋名著

应该怎样评价严修——纪念严修先生 150 周年诞辰

天津藏书家陶湘

悲欣交集李叔同

怀念谢国捷老师

名门后裔张公骕

曹禺的剧作

怀穆旦

孙犁与《耕堂读书记》

姚灵犀与《采菲录》

郑天挺先生“文革”二事

怀念吴廷璆先生

送志玖教授

聪孙走好

悼念世瑜学长

卷五 天津的书

未刊本《挹爽自谱》

题华长卿与《謦言集》

读《津门杂记》

代序:来新夏的第二故乡 /王振良

壬辰夏月,来新夏先生有鲐背之庆。余邀诸师友为文以贺,辑成《九秩弢庵》纪念集。版面安排甫定,适余有空白一纸,乃草缀编后数语，曰《天津的来新夏》。今先生蒐罗关涉津沽之文字，裒为《旅津八十年》以飨读者，坚嘱插图并写序置诸书首。余既感提契擢拔之意，复生惶恐愧恧之心。因思题目或无更恰切者，乃拈旧说略作修订，颜曰《来新夏的第二故乡》，冀副先生于三津之拳拳深情。

先生籍隶萧山，诞于杭垣，民国己巳始来沽上。嗣后以求学故，虽略有展转，然其寄寓天津之时间，仍逾杖朝之数，可谓他乡作故乡矣。观先生之履历，可知其接受学校教育、从事教育事业、涉足学术研究，皆由天津肇始。大经路、梨栈、绿牌电车道，扶轮小学、扶轮中学、旅津广东中学，鼓楼、劝业场、意租界，尽皆留下先生之少年记忆。具体而微的八里台南开园，则更是先生六十余载困顿与奋起之见证。先生纵横三学，然其核心仍可归于一“史”字，故于津沽历史文化颇着意焉。先生主编之《天津近代史》，堪为近代天津历史研究奠基之作；先生主持之“天津风土丛书”与“天津建卫六百周年丛书”，为研治天津史案头必备之参考；先生审订过数十部天津新编志书，贡献有诸多理论性及指导性意见；先生还撰作上百篇关于天津之学术随笔与回忆文章，为津沽文化建设身体力行，大声鼓吹呼吁……今先生汇零散于一编，地域之风土民情，师友之音容笑貌，史事之明晰深刻，行迹之坎坷纡徐，则可一览而尽收眼中也。文字毋论长短，均可窥先生于天津之情感与赤心，故曰“来新夏的第二故乡”，不亦宜乎？

先生声望虽隆，然特重友生之情，未论亲疏远近，凡有所求必诺之，或题签，或序跋，或评介，乃或绍介至报馆，推誉于有司，遂至文债累累，劬劳不已，虽耄耋之年，仍每日挥毫，自言“誓不挂笔”也。与此相对照，先生常婉谢各类邀约，然关涉文化公益者，则又必不居人后。今岁问津书院重建，先生题额捐书之余，复亲临现场激励，使津沽学人为之振奋。

先生居南开园一隅，读书著述待友生，可谓天津之绝佳风景。余曾撰联寿先生九十华诞，或可为这道风景作一注脚：

窗对南星，门依北辰，比邻名士高贤，墙子河边藏邃谷；

心涵百树，胸列三学，自友青灯黄卷，马蹄湖畔隐弢庵。

谨祝先生身康笔健，百岁期颐之际，当更为先生寿，而其于津沽，则或更有新作，续彰先生之心志，更慰读者之渴怀也哉！

癸巳暑热中恭写于四平轩

目录学读本

（2014）

"当代大学读本·国学基础系列"之一。来新夏、柯平主编。62.1万字。上海交通大学出版社 2014 年 2 月第 1 版，第 1 次印刷。未标印数。定价：58.00 元。

ISBN 978－7－313－10768－8

中国版本图书馆 CIP 数据核字(2013)第 317473 号

上海交通大学出版社重点策划、组织各科名家推出的"当代大学读本·国学基础系列"丛书，包括《文字学读本》《训诂学读本》《音韵学读本》《目录学读本》《版本学读本》《新儒学读本》《易学读本》《三礼学读本》《诸子学读本》《诗词格律读本》。旨在为当代中国大学生提供国学学习的基本读物，以提高大学生的国学素养。

作为当前国内最完备的目录学综合读本，《目录学读本》系统展现了中国古典目录学的概貌、发展和突出成就，揭示了中国古典目录学思想和文献精华，评析了中国古典目录学的重要主题、人物与著述。为培养当代大学生对古典目录学的兴趣，该书采用了"叙述＋原典＋叙述”体系，体现了“三读”特色，即导读、解读、研读：在为读者精选目录学阅读材料的基础上，指明目录学的学习要领与方法，引导初学者入门，启发他们展开更深入的探索与研究。

作为老一辈目录学家的优秀代表，来先生出任《目录学读本》主编，负责总策划、撰写第一章并全书统稿。

读书室藏《目录学读本》钤印“来新夏赠书”。

《目录学读本》目录

一、三种区分标准

二、官修目录

三、史志目录

四、私家目录

第四节　目录学的学研指要

第二章　目录学的流变

第一节　目录学的起源

一、目录学的起源时间

二、目录学产生的原因

第二节　汉代目录学

一、汉代的目录编撰

二、汉代目录学理论

三、《汉书·艺文志叙》评析

第三节　魏晋南北朝目录学

一、目录的编制

二、目录学理论

三、《七录序》评析

第四节　隋唐五代目录学

一、目录的编制

二、目录学理论

三、《隋书·经籍志序》评析

第五节　宋元目录学

一、宋元时期的目录编制

二、宋元时期目录学理论

三、《通志·校雠略》评析

第六节　明代目录学

一、明代的目录编制

二、明代目录学理论

第七节　清代目录学

一、清代的目录编制

二、清代的目录理论

三、《校雠通义》评析

第三章　目录的体例

第一节　古典目录的三种体例

一、部类之下有小序,书名之下有解题

二、部类有序,而书名之下无解题

三、小序解题并无,只著书名者

第二节　篇目

第三节　解题

一、解题的创立

二、解题的主要内容

三、解题形式的历史演变

第四节　小序

第五节　分类

一、文献分类的起源与早期的文献分类

二、古籍分类目录的产生及演变

三、经史子集四分法成为我国书目分类的正统

四、我国古代图书分类法理论的发展

五、小类目

第六节　目录与索引、类书

一、中国古籍有索引

二、古籍索引的功能

三、类书编撰具有索引功能

四、类书的索引功能

第四章　官修目录

第一节　官修目录流变

第二节　官修目录举要

一、《别录》《七略》

二、魏晋之四分法

三、《隋书·经籍志》

四、《崇文总目》

五、《四库全书总目》

第三节　官修目录利弊

第五章　史志目录

第一节　史志目录流变

一、史志目录概述

二、历代主要史志目录概述

三、历代史志目录的演变大势及其现实意义

第二节　史志目录举要

一、《汉书·艺文志》

二、《隋书·经籍志》

第三节　史志目录利弊

一、史志目录的特点

二、史志目录的得失

第六章　私家目录

二、历法算学书目

三、译书目录

第五节　地方文献书目

一、明以前地方文献书目举要

二、清代以来地方文献书目举要

第六节　个人著述目录

一、个人著述目录的产生与发展

二、近现代个人著述目录述略

第七节　推荐目录

一、张之洞《书目答问》

二、范希曾《书目答问补正》

三、来新夏《书目答问汇补》

第八节　佛道目录

一、佛经目录

二、道经目录

第八章　目录学的发展与未来

第一节　近代以来目录学研究与发展

一、晚清史志目录学和版本目录学成就

二、新旧文化交锋下坚守传统文化的古籍举要派

三、新旧文化交锋下宣传新思想的新学书目派

四、古籍目录整理和撰修

五、近现代目录学理论研究

第二节　目录学在当代的应用

一、中国目录学史研究

二、古典目录学理论与专科目录学研究

《目录学读本》序

目录之学，学中第一紧要事。中国目录学有着二千余年的悠久历史，自汉奠基，历宋兴盛，至清而达到高峰，一时称为显学。

目录学这门学问，是中国文化的结晶，关系辨章学术、考镜源流，是读书治学的入门之学。所谓“凡读书最切要者，目录之学。目录明，方可读书”，“不通《汉书·艺文志》，不可以读天下书。艺文志，学问之眉目，著述之门户”，“目录之学为读书引导之资，凡承学之士，皆不可不涉其藩篱”等，都是强调这门学问的重要性。

继承中华文化遗产，将国学发扬光大，系国人的责任与使命。将古典目录学知识普及社会，惠及民众，成为近现代目录学界的焦点。1939 年何多源在《教育杂志》第 8 期发表《论“目录学”及“参考书使用法”应列为大学一年级必修课程》，呼吁把目录学作为大学一年级必修课程。在新学渐进、旧学衰退、中西文化冲突与交融的时代，目录学仍然发挥着巨大作用，新学书目、国学书目并驾齐驱，显示出古典目录学的现代生命力。而各大学纷纷在文史专业开设目录学课程，不少教师在研究生专业课上讲目录书和目录学，甚至有人将目录学称为历史学的四把钥匙之一，目录学书也成为许多大学指定的参考书和必读书。

今日，国之昌盛，文明兴旺，宏扬国学，适逢其时。上海交通大学出版社重点策划的一套丛书"当代大学读本·国学基础系列"，组织各科名家推出国学导读范本，为当代中国大学生提供国学学习的基本读物，以提高大学生的国学素养，并在"国学热"中起到学习与研究的指导与参考作用，堪称盛世之举。

《目录学读本》被列入读本之一，由教育部古委会所属地方文献研究室主任来新夏先生和中国图书馆学会目录学专业委员会主任柯平先生共同主编。

当来新夏先生接到上海交通大学出版社的委托后，即着手筹划由国内著名目录学家共同编撰一部古典目录学著作，并约请南开大学信息资源管理系主任柯平教授共同主编。经过商议，拟定了编写计划和编写人员，很快得到了许多目录学名家的大力支持和响应，纷纷表示，弘扬中国目录学是时代赋予的使命，编写一部目录学巨著是学术界的期盼，此事为中国目录学界之盛事，期待这部目录学著述早日问世。

可喜的是，南京大学信息管理系郑建明教授、郑州大学信息管理系王国强教授、黑龙江大学信息管理学院傅荣贤教授和天津图书馆历史文献部李国庆研究馆员等欣然接受参编邀请。2010 年 7 月 11—12 日召开了《目录学读本》编写工作会议，编写组对读本的编写计划进行了讨论，确定了编写分工。

经过作者们的艰苦努力，2011 年初，完成本书初稿。

2011 年 4 月 16—17 日由教育部古委会所属地方文献研究室、中国图书馆学会目录学专业委员会、南开大学信息资源管理系共同举办的《目录学读本》研讨会在南开大学召开，会议由南开大学教授、地方文献研究室主任来新夏先生和南开大学信息资源管理系主任柯平先生共同主持，北京师范大学古籍研究所曾贻芬教授等出席会议。南开大学文献学博士后戴丽琴就《目录学读本》初稿工作做了汇报，与会专家学者围绕目录学读本价值与编撰、古典目录学教育与研究等问题进行了热烈讨论，会议还吸引了部分本科生和研究生旁听。此次会议是围绕《目录学读本》的专题研讨，进一步明确了《目录学读本》导读的基本原则，统一修改要求，努力打造“读本”精品。《图书馆工作与研究》2011 年第 5 期对此次会议作了专门报道。

《目录学读本》于 2011 年末修改终稿，按照当初设定的程序，分为编写组总汇统一体例、分工修改校阅、主编审读三步，完成预定的全部工作。

参与本书撰写的作者情况及所承担的章节如下：

来新夏教授是我国著名目录学家、历史学家、图书馆学家，领导中国古典目录学的研究与发展，贡献卓越。著作丰硕，有《古典目录学》《古典目录学研究》等，被学界视为经典。作为老一辈目录学家的优秀代表，以九十高龄，出任读本主编，负责总策划、撰写第一章并全书统稿。

柯平教授是我国首届目录学博士、著名学者、博士生导师。长期致力于目录学学科与书目事业振兴，著有《文献目录学》《从文献目录学到数字目录学》等，在目录学界承上启下，起着组织者的作用，为当代中国目录学发展做出重要贡献。在本书中与来新夏先生共襄此举、玉成其事，参与总体设计、撰写第九章并全书统稿。

郑建明教授系历史学博士、目录学专家、博士生导师，长期从事目录学教学与研究，著有《当代目录学》等，系目录学界的中坚力量。在本书中负责撰写第三章、第四章和第八章第二节。

王国强教授系历史学博士、目录学专家，潜心研究，学术专精，目录学成果丰硕，著有《明代目录学研究》《汉代文献学研究》《古代文献学的文化阐释》等。在本书中负责撰写第二章、第八章第一节和第三节，其弟子孟祥凤协助撰稿。

傅荣贤教授是目录学界的后起之秀，青年才俊，著有《〈汉书·艺文志〉研究源流考》等。在本书中负责撰写第五章。

李国庆研究馆员在图书馆古籍部门长期从事古籍整理和目录学研究，兼具理论功底与实践经验，著有《弢翁藏书年谱》《明代刊工姓名索引》等。在本书中负责撰写第六章、第八章第四节和第七节。

戴丽琴博士毕业于华中师范大学，后进入南开大学文献学博士后科研流动站，立志目录学研究，颇多收获。著有《〈世说新语〉与佛教》。在本书中负责撰写第八章第五节、第六节和第八节。

此外，焦静倩、戴丽琴、张伟等具体负责本书的编务，参与会务工作及作者联络等。戴丽琴在本书前期做了大量准备工作，并协助主编负责初稿的汇总，可惜英年早逝，令人痛悼。张伟在本书后期参与校对，并负责整理完成本书附录参考书目。

为了使读者全面了解本书，特作关于本书的几点说明。

关于编撰目的，《目录学读本》要全面反映中国古典目录学的概貌与突出成就，揭示中国古典目录学思想和文献精华，评析中国古典目录学的重要主题、重要人物与重要著述，以培养当代大学生对古典目录学的兴趣，指导当代大学生系统学习和掌握古典目录学基本知识和要旨，促进古典目录学的普及、研究与发展。

关于编撰原则：一为整体性原则，总结中国目录学的发展，力求全面系统，充分体现目录学主题内容的关联性和目录学时代发展的连续性，形成逻辑严密的内容体系；二为指导性原则。从古典目录学基本知识和要旨出发，指导当代大学生学习目录学；三为特色性原则，力求体现本书与其他同类著述的不同特色。

关于体例，一般读本注重材料的罗列，导致材料繁杂、缺乏联系，如断章取义、资料汇编，于真正了解和读懂读通国学不利。因此，本书采用了“叙述＋原典＋叙述”体系。在选材方面，本书材料选择的主要标准有六条：①以 1949 年前的目录学文献为主，1949 年以后的材料精选。②以目录学著作为主，论文精选。③以目录学名家为主，其他作者文献精选。④材料必须翔实。所有材料必须经过查证，做到精确无误。⑤材料内容精选。⑥以编选书目为主要依据。如此对目录学文献的编选标准严格、保证经典。选取目录学阅读材料的精华，首重原典，每一材料仔细查对，加以解释，特别是注重材料之间的内在联系，让读者了解目录学的原委和全过程，形成目录学知识的整体感。在撰述方面，采用三种方法：①小序法。综合论述，体现辨章学术考镜源流。②提要法。揭示主旨和特点。③点评法。针对材料进行评点，或先引（材料）后评，或先评后引，或夹引夹评。全书提要钩玄，力求评点精湛，立足点高与指导阅读相结合，综合性强与分述细致相结合，客观描述与持论有据相结合，区别于一般工具书的资料性和一般著作的立说性。

关于内容结构，先由来新夏先生和柯平先生商定了总体框架和章节,然后经编写会议讨论,对其中的部分章节进行了调整,最终形成了现在的八章结构。全书以史为主线,沿着总论与分论并结合目录学主题知识的逻辑。第一章导言,概述目录学的基础知识,指点目录学的学习方法,是全书总要。第二章讲目录学的源流,是有关目录学历史概貌、目录学发展的时代背景、重要的目录学家及其目录学思想、重要的目录学著作的描述。第三章讲目录学体例,系统介绍目录学方法,继承目录学优秀传统。第四、五、六三章分别讲官修目录、史志目录和私家目录,是中国古代三大书目系统,也是古典目录学的三大流派。第七章讲专科目录,是目录学基本知识应用于各专门学科或专题的体现，也形成了中国目录学的一些专门领域与特色。最后一章讲目录学的发展与未来,主要反映近现代目录学的成就,旨在推动古典目录学的现代化。全书可归纳为三大部分:一、二两章为基础部分,学习目录学的基本知识,了解目录学发展源流,引领读者入门;三至六章为重点部分,让读者深入学习目录学,掌握精华和重点内容;七、八章为延伸部分,使读者涉猎相关学科和专科知识并面向未来,作为学习前两部分的辅助。三者相互配合,相互补充,目录学参考书作为附录列于书末,如此布局,意在突出重点,兼顾一般,循序渐进,体现目录学知识的有机整体与系统性。

关于特色,可概括为“三读”:一为导读。学习目录学,选材不当,不得目录学之门径;选书不精,不得目录学之要旨。若无指导,不得目录学之法。本书正是在精选目录学材料的基础上,指点 + 目录学的学习要领与方法,引导读者入目录学之门,得目录学之法,起到引领与指要作用。二为解读。历来治目录学,非大学问家不可为。学习目录学,必须解读其中的重点、难点与疑点,领悟其中的奥秘,通过解构、释义、通解,深入浅出,不仅可达到普及古典目录学知识的目的,更可提高国民对目录学的认识水平、增强国学素养之功效。三为研读。目录学内容宏富,目录学思想博大精深,“非苦学精究,质之良师,未易明也”,本书提供的材料不仅备学习之用,也可供研修之用,本书还提出问题,启发读者思考,引导读者深入探索,体现应用价值和研究作用。

本书融学术性和可读性、古典性与时代性于一体,成为汇总历代目录学精华并总结近一个世纪以来中国古典目录学研究成就的一部集成之作,同时也是由大学教授与古文献工作者等多方合作并独具匠心打造的,面向当代大学生学习国学的一部目录学指南。但是,由于书成众手,各章之间难免有疏忽重复之处,未多加删削,以存各撰者之原旨。各章由原撰稿人署名负责外,主编则对全书负责。有所缺漏或不当,诚挚地希望读者指正!

编 者

二〇一二年三月

古典目录学浅说

（2014）

“大家小书”之一。来新夏著。17万字。北京出版社2014年7月第1版，第1次印刷。未标印数。定价：28.00元。

ISBN 978－7－200－10661－9

中国版本图书馆CIP数据核字（2014）第111271号

简释俏皮名称“大家小书”。此所谓“大家”：一、书的作者是大家；二、书是写给大家看的；就篇幅而言是“小书”，其内容却是传世经典学术著作。“大家小书”丛书收录梁启超、鲁迅、陈从周、启功、顾颉刚、赵朴初、任继愈等56位学者的64种著作。丛书旨在阅读大家经典、感受大家风范、普及大家知识、传承大家文化。

《古典目录学浅说》简要地介绍了目录学的兴起、类别、体制、作用、发展脉络，及其相关学科的关系，最后谈古典目录学的研究趋势。“中华史学丛书”之一《古典目录学浅说》1981年初版于中华书局，字数15.6万；2003年新版列入“国学入门丛书”，字数增至16万。因版权到期，现改为北京出版社出版。来先生再有增饰，字数扩展为17万,奉献给读者最简明的目录学入门读物,同时勾勒古代藏书和藏书家的风貌。

徐刚先生为此新版撰写了一篇题为《一定懂点目录学》的导读,略言:《古典目录学浅说》是来新夏先生在南开大学等高校历史系针对初学者的入门讲义,因此,其重点放在叙述古代目录著作的类别体制、编撰过程和历史演变上;后面专列一章,讲述了目录学与分类学、版本学和校勘学等相关学科之间的关系,对于初涉我国传统学术的读者,无疑会有很大帮助。

《古典目录学浅说》目录

书卷多情似故人

（2015）

来新夏著。18.7 万字。上海人民出版社 2015 年 3 月第 1 版，第 1 次印刷。未标印数。定价：38.00 元。

ISBN 978－7－208－12759－3

中国版本图书馆 CIP 数据核字（2015）第 010077 号

来先生从七百余篇随笔中精选，辑为“来新夏随笔自选集”，共三册，即《书卷多情似故人》《说掌故　论世情》《问学　访谈录》。知名学者吴格先生推荐《来新夏随笔自选集》称：“先生之学，博无涯涘；先生之文，人笔两寿。随笔精选，出于亲订；大鳌力作，不辞鼓吹。”《书卷多情似故人》为其中一种。书前置有赵胥《文心史记——略谈来新夏先生随笔》，叙述了来先生的随笔类型与随笔特点。《书卷多情似故人》50 篇文章，厘分为“知人”“读书”，是来先生说读书，论识人，为读书人传授继绝学、读万卷书的不二法门。

来先生晚年亲手编定三种随笔，可谓是蚕老丝长，锦绣成文。

张元卿灯下诵读，“每觉书卷多情似先生”，撰文《书卷多情似先生》，发表于2015年11月23日《文汇读书周报》。

书卷多情似故人

有人希望我对读书生活作一简练的概括

2006年春，来新夏为绍兴孙伟良题。

我只能赠君十六字，即“立足于勤，持之以韧，植根于博，专务乎精”。但这是我一生的读书体会，不一定适用于他人。要有成效，还靠自己摸索和领悟，还靠自己在读书生活中发掘。

（《博览群书》2009年第4期）

·196·

《书卷多情似故人》目录

追忆“读已见书斋”主人——记余嘉锡老师

张东荪其人其学

鹤发童颜亮尘师——记张星烺师

汤用彤先生整理《高僧传》的五项建议

范老的“二冷”精神——记范文澜老师

顾老为我写书序——纪念顾廷龙先生百年诞辰

七十年师生琐碎情——纪念启功老师百年冥诞

穆旦的半生悲歌

挚友傅耕野

愤愤不平为伯良

读书

书缘

藏书·读书·治学

读书与人生

散论读书

谈读书

闲话读书

要把名著读到这种程度——读宁宗一先生的《心灵投影》

和中学生谈读书

关于藏书文化的交谈

还我“皕宋”

藏书的聚散

藏书家文化心态的共识与分野

漫话古籍的保护与研究

海源阁沧桑

总序:文心史记——略谈来新夏先生随笔/赵胥

本总序与《来新夏随笔选》序言同(见本书第610—615页)。

说掌故 论世情

（2015）

来新夏著。16.5万字。上海人民出版社2015年3月第1版，第1次印刷。未标印数。定价：35.00元。

ISBN 978－7－208－12760－9

中国版本图书馆CIP数据核字（2015）第009925号

来先生从七百余篇随笔中精选，辑为“来新夏随笔自选集”，共三册，《说掌故 论世情》为其一种。书前置有赵胥《文心史记——略谈来新夏先生随笔》，叙述了来先生的随笔类型与随笔特点。《说掌故 论世情》60篇文章，厘分为“掌故”“论世”。来先生笑谈掌故与世情，思接千载，传递人生幸福达为先的豁达。

《说掌故 论世情》目录

故宫与逊帝
清代的书吏政治
天津设卫筑城600年——《天津建卫六百周年》丛书总序
唐书法家小录
说题画诗
话说“幼学”
漫话“杂字”
蔡伦“造”纸一说
说“三正”
京华杂钞
豆腐文化三说
卢沟还是芦沟
“三甲”与“三鼎甲”
说年号
邮票的说古道今
润笔与稿费
番薯的引进
腊八粥
重吃“折箩”
烹调最说天津好
元旦书红
清末三帝的年号
溥仪的衣食
烟草与火柴
民国趣联

论世

饶了孩子吧

葡萄是甜的

杂糅与杂处

且去填词

书生论

我好想考博哟

“文人相轻”与“文人相亲”

中毒记

称谓催人老

不要再嚼甘蔗渣

难得人生老更忙

总序:文心史记——略谈来新夏先生随笔/赵胥

（见本书第 610—615 页）

问学 访谈录

（2015）

来新夏著。22.5 万字。上海人民出版社 2015 年 3 月第 1 版，第 1 次印刷。未标印数。定价：48.00 元。

ISBN 978－7－208－12761－6

中国版本图书馆 CIP 数据核字（2015）第 010078 号

来先生从七百余篇随笔中精选，辑为“来新夏随笔自选集”，共三册，《问学 访谈录》为其一种。书前总序，为赵胥《文心史记——略谈来新夏先生随笔》，叙述了来先生的随笔类型与随笔特点。《问学访谈录》54 篇文章，厘分为“问学”“谈往”“访谈”，是来先生谈学问，讲治学，让读者深味大学者超然独特、虚怀若谷的老庄精神。

《问学 访谈录》目录

我的学术自述

我和古典目录学

读古书当读清人著述

选读点清文

我与北洋军阀史研究

我学中国近代史

我对二轮修志的一些看法

以旧志考辨 以新志存史

清学者对小说的异见

疑义相与析

杂书不可不读

言之无文 行而不远

我写序评

天外有天

莫吝“金针”度与人

挑水还是倒水

说《清代经世文编全编》

夜读《史记》重温题记

读《太史公自序》札记

读《文史通义·易教·书教》

《书文化九讲》序

《2000年中国最佳随笔》序

编写《天津近代史》的前前后后

书名之学不应漠视

关于“书话”的书

谈往

访谈

关于首次修志工作的话题

——答《光明日报》记者韩小蕙

南朝四百八十寺 多少楼台烟雨中

——《人生感悟》专题访谈录

高等教育答客问

人生也就如此

答“缘为书来”网友问

我们扫地那些年是南开最干净的几年

——答《南方都市报》记者田志凌

关于近代天津文化印象的记忆

来新夏:九旬“老骥”犹“出枥”

总序:文心史记——略谈来新夏先生随笔/赵胥

(见本书第610—615页)

邃谷四说

（2015）

“百家小集”书系之一种，来新夏著。14.9 万字。广东人民出版社 2015 年 8 月第 1 版，第 1 次印刷。未标印数。定价：35.00 元。

ISBN 978－7－218－10099－9

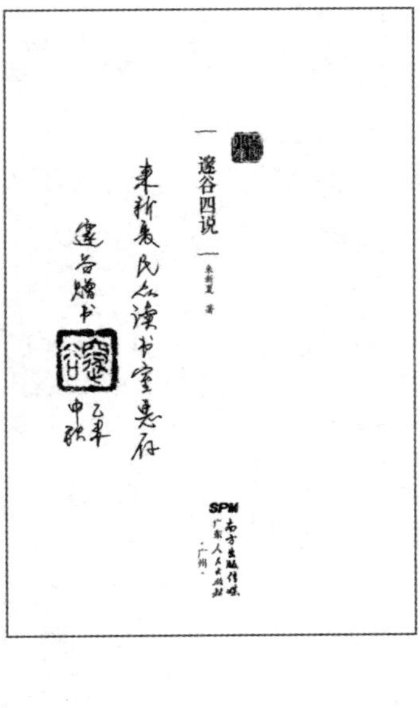

中国版本图书馆 CIP 数据核字（2015）第 091292 号

广东人民出版社编辑卢家明，曾点校出版来先生祖父来裕恂所著《易学通论》，然为未能出版来新夏先生著作为憾。2014 年初，卢家明赴津门，约请来先生编一本自己的随笔集，列入正在出版的“百家小集”书系，先生慨然应允，于是将撰于 2011 年至 2014 年间 56 篇文章编成一集。本书来先生原以启功先生赠诗第一句“难得人生老更忙”为书名，后列入该社“百家小集”书系时因本随笔集文章旨在说事、说人、说己、说书，故被改名《邃谷四说》。广东人民出版社并加推荐辞为：“忆往论今，一代文史大家来新夏生前绝唱：纵横历史、目录、方志三学；五十六篇随笔知人论世见微知著；不忘初心，尽显纯朴书生本色。”本室藏本题有“来新夏民众读书室惠存，邃谷赠书，乙未中秋”，并钤印“邃谷”。

列入“百家小集”书系第二辑的书目依次是：钱理群《与鲁迅面对面》、萧默《秋风吹不尽》、单世联《一个人的战斗》、王学典《怀念八十年代》、十年砍柴《历史的倒影》、傅国涌《无语江山有人物》、来新夏《邃谷四说》、陈行之《灵魂是不能被遮蔽的事物》、程映虹《红潮小记》、周志兴《回归常识》。

《邃谷四说》目录

赠书后篇

散书之痛

编辑苦乐

我喜欢的编辑

书名雷同及其他

先生与“BOSS”

卷二 说人

汤用彤先生整理《高僧传》的五项建议

一位金瓶奇人的遭际——姚灵犀与《采菲录》

吴天颖:呕心沥血专研钓鱼岛问题

“平生知己半为鬼”

谭汝为与天津话研究

悼念世愉学长

怀念光琅

愤愤不平为伯良

《张之万二百年纪念册》序言

卷三 说己

我的祖父

旧居

过年读书

我的中学时代——纪念“旅津广东中学”九十年

我的辅仁四年

七十年师生琐碎情——纪念启功老师百年冥诞

土改九月

节假日读书

《徐州古方志丛书》序

《萧山丛书》总序

《湘湖史》序

《冀州市志》序

代序：写在《邃谷四说》前面/卢家明

最是人间留不住。再过几天，来新夏先生就走了一年了。一直想写点文字，追忆与先生交往的点点滴滴，却迟迟未动笔。这固然是由于自己的懒慵，但更多的是不忍，不忍相信先生真的就这么走了。

一年多前的元月十二日，我出差到京，特地转到津门拜望先生。与先生交谈，如沐春风，其情其景，仿如就在昨天。我与先生交往有年，虽受先生之嘱，点校出版了先生祖父来裕恂所著《易学通论》，但一直以未能出版先生的著作为憾。这次我约先生编一本自己的随笔集，列入本社正在出版的"百家小集"书系出版，先生慨然应允。

一个多月后，我便收到先生的文稿和信。信中说：

家明兄：

在津一晤，粗倾积愫。新年已过，一切恢复正常工作，想当顺利。前蒙邀约随笔集，现已编好，收九十岁前后(二〇一一——二〇一四)小文，约十七八万字，不知是否适当，请先审定。

小集书名已定《难得人生老更忙》，是启功先生生前题赠的小横幅，将中间对我称呼的一行删去，可处理成完整的题签，在获知邮箱号后将与我的近照一同寄上。集名下是否要加

“——九十前后”的副题，请裁定。

稿件已编次，如有不妥，可变动次序。

“小集”是否能收录，请勿为难，成否均听卓裁。如蒙收录，请赐二校样纸本一份，快速校定奉上，以减少错误。

请电话赐告 E-mail(邮箱号)。

诸多烦扰，尚祈见谅。顺致

春祺！

来新夏拜上

二、二一

责任编辑一再要求，出于“百家小集”书系体例和市场的考虑。不得不对先生的书稿在篇目、篇幅上做一些删减调整，书名也改了，我是很不愿意的。尽管我知道，若是先生在，一个电话打过去，他肯定也会同意我们的“裁定”。他是十分随和的长者，每每我有事劳烦他，他总是给我玩笑说：你家明交办的事，敢不从命？好在《来新夏文集》将在本社出版，那些被删减的篇目都将收入，当可弥补遗珠之憾，亦差可告慰先生。

卢家明

二〇一五年三月二十五日

评功过

（2016）

“古今人物谭”丛书之一。来新夏著。商务印书馆 2016 年 3 月第 1 版，第 1 次印刷。未标字数与印数。定价：定价：42.00 元。

ISBN 978—7—100—11126—3

中国版本图书馆 CIP 数据核字（2015）第 049759 号

在人类历史的长河中，人物是一个永恒的主题。来先生述人物，分别编有《明耻篇》及《只眼看人》等二种，两书出版甚早，已在市肆难求。适于 2013 年春商务印书馆编辑丁波，约请来先生普及古今人物事迹，乃将前述两书中选用若干篇，益以新作，合成“古今人物谭”丛书。丛书共三册，每册约在十万字左右，开本小巧，便于读者携带与阅读。第一册名《评功过》，为古代部分，即自上古至鸦片战争前的清朝止，文凡 34 篇。

本室藏本《评功过》题有“伟良先生存念，邃谷赠书，丙申立夏”，并钤印“邃谷”。

《评功过》目录

《“古今人物谭”丛书》前言

人物是历史的灵魂，是推动历史发展的动力，是演绎世间百色斑斓现象的角色。当我们研读和交谈历史时，很难避免言及人物。我读过一些史书，也记住一些情节故事，写文著书时，不断引用。日常生活，也常以人为镜，校正得失。于是，养成一种好谈古今人物的癖好。

十几年前，常有些学生和亲属晚辈来“邃谷”，谈天说地。最多涉及的仍是历史人物。有时谈人物的生平遭遇，有时论人物的功过是非，有时述所见所闻。虽不能像东汉末年许劭那样作“月旦评”，但事后陆续把所谈内容写录保存。文字虽然粗糙简略，不过往往集中人物某一特点，尚有会心，于是操笔删定，藏之箧柜。日积月累，积有成数，乃分别编为《明耻篇》(“中华文化集粹丛书”)及《只眼看

人》等二种,付之剞劂问世。历时十余年,二书已在市肆难求。适丁波兄邀稿,为普及古今人物事迹,乃以二书为本,从中选用若干篇,益以新作,合成“古今人物谭”丛书。

丛书分三册,以时代划分为古代、近代与当代,以人物重点事迹为中心,文章或长或短,不拘形式。唯所述皆事有根据,文有出处。文字力求浅近,可供中等文化水平人士随时阅读。三册各有命名,第一册名《评功过》,为古代部分,即自上古至鸦片战争前的清朝止;第二册名《辨是非》,为近代部分,是活动于1840年至1949年间并卒于1949年前的人物;第三册名《述见闻》,所收为卒于1950年后的人物。每册约在十万字左右,开本小巧,便于读者携带与阅读。这三本书中所收各篇,大多是旧作,因高年精力衰退,无能重作。有少数几篇是近年新作,一并合在一起。各篇多保持当年面貌,与读者共享重温之乐。所有不足之处,统祈谅察。

二〇一三年中秋写于邃谷行年九十一岁

辨是非

（2016）

“古今人物谭”丛书之一。来新夏著。商务印书馆 2016 年 3 月第 1 版,第 1 次印刷。未标字数与印数。定价:48.00 元。

ISBN 978—7—100—11127—0

中国版本图书馆 CIP 数据核字(2015)第 049762 号

“古今人物谭”丛书第二册名《辨是非》,为近代部分,是活动于 1840 年至 1949 年间并卒于 1949 年的人物,文凡 27 篇。

本室藏本《辨是非》题有“伟良先生存念,邃谷赠书,丙申立夏”,并钤印“邃谷”。

《辨是非》目录

姚莹的边疆史地研究
徐寿的生平与成就
李慈铭和他的游记
陆心源与皕宋楼
刘铭传与台湾开发
黎庶昌与日藏汉籍的回归
徐树兰与古越藏书楼
陈作霖与金陵文献
胡燏棻小站练兵
王先谦的功过
能受天磨真英雄——评说张謇
严复——社会转型期的矛盾人物
评说汤寿潜
南开校父严修
唐绍仪之死
梁启超与《中国历史研究法》及其《补编》
吴佩孚开府洛阳
蹈海取义陈天华
以“破伦”精神藏书
通俗史学家蔡东藩
悲欣交集李叔同
袁寒云和宋版书
徐志摩和他的日记
一代译才朱生豪

述见闻

（2016）

“古今人物谭”丛书之一。来新夏著。商务印书馆 2016 年 3 月第 1 版，第 1 次印刷。未标字数与印数。定价：40.00 元。

ISBN 978—7—100—11128—7

中国版本图书馆 CIP 数据核字（2015）第 049758 号

“古今人物谭”丛书第三册名《述见闻》，所收为卒于 1950 年后的人物，文凡 24 篇。

本室藏本《述见闻》题有“伟良先生存念，邃谷赠书，丙申立夏”，并钤印“邃谷”。

《述见闻》目录

"读已见书斋"主人余嘉锡老师

鹤发童颜亮尘师——记张星烺老师

范文澜老师的"二冷"精神

一代学人傅斯年

姚灵犀与《采菲录》

郑天挺"文化大革命"二事

学通流略的王重民

顾廷龙先生与版本目录学

青峰百年

曹禺的剧作

忆念吴廷璆先生

痛悼启功老师

名门后裔张公骕

博学多才孙思白

循循善诱的谢国捷老师

穆旦的半生悲歌

挚友傅鬌翁

愤愤不平为伯良

送志玖教授

鲍延毅教授与《死雅》

林天蔚与地方文献

北洋军阀史

（2016）

来新夏等著。上、下册，100万字。中国出版集团东方出版中心2016年5月第2版，第1次印刷。未标印数。定价：95.00元。

ISBN 978－7－5473－0961－2

中国版本图书馆CIP数据核字（2016）第090651号

本书是来新夏先生等人北洋军阀史研究的重要成果，也是目前国内唯一一部专门研究和完整记述北洋军阀集团兴起、发展、纷争、衰落和退出的集大成之作。它以非常丰富的史料和国内外学者的相关研究成果为基础，以北洋军阀兴衰为主线，对1895—1928年中国社会历史问题作了系统而深入的探索，提出了很多新的观点和思考，极大地拓展了这一历史时期的研究空间和认识空间。

《北洋军阀史》的初版，是南开大学出版社2000年12月第1版，后版权到期，改由东方出版中心2011年5月第1版，此次东方出版中心的再版，图书在版编目（CIP）数据标为“第2版（修订本）”。

本读书室藏本，题有“伟良先生存念，邃谷赠书，二〇一六年初冬于南开园”，并钤印“邃谷”。

谈史说戏

（2016）

来新夏、马铁汉主编，来新夏、马铁汉、姜纬堂、李凤祥、商传撰稿。邓元昌绘图。18万字。山东画报出版社2016年6月第1版，第1次印刷。未标印数。定价：36.80元。

ISBN 978－7－5474－1848－2

中国版本图书馆CIP数据核字（2016）第091542号

《谈史说戏》一册在手，国粹名剧，梨园掌故，娓娓而谈；史料记载，故事脉络，详加考诠。历史与戏剧，真实与虚构，为读者一一呈现。

此本《谈史说戏》，文字一仍山东画报出版社2007年1月第1版，唯删去原版12幅名家饰演京剧的剧照。

古典目录学浅说

（2016）

“大家小书”之一。来新夏著。17.7 万字。北京出版集团公司北京出版社 2016 年 7 月第 1 版，第 1 次印刷。未标印数。定价：49.00 元。

ISBN 978 —7 —200 —12069—1

中国版本图书馆 CIP 数据核字（2016）第 076979 号

来先生的这部《古典目录学浅说》，原是他在南开大学等高校历史系针对初学者的入门讲义。讲义扎实严谨，简明朴实，初学者正可以由此了解目录学的基本知识。对于初涉我国传统学术的读者，无疑也会有更大的帮助。

“大家小书”多是一代大家的经典著作。2014 年“大家小书”出版面世，为国家新闻出版广电总局所首届向全国推荐中华优秀传统文化普及图书。北京出版社“大家小书”编委会,在 2016 年重新规划出版“大家小书”,书目增至 122 种,来先生的这部《古典目录学浅说》仍列其中。

副　编

说 明

本副编中所收《清代科举人物家传资料汇编》《中国地方志历史文献专辑·灾异志》《中国地方志历史文献专辑·金石志》《中国地方志文献·学校考》四部大型丛书，因其目录均为上千种之旧方志文献目录，篇幅较大，故未能收入本“经眼录”。另有目录内容较繁者亦援例从略。

中国近代史参考资料

（1957）

来新夏编。油印本。线装，上、下册。纵25.3厘米，横18.4厘米，309页。南开大学历史系中国史第三教研组1957年1月刊印。

2007年2月3日，来新夏先生莅临寒斋，在本室所藏该稿题跋云："此稿成于上世纪五十年代中期，余斋中已无此书。伟良得之网上，特志数语，以志世纪书缘。伟良小友雅藏。来新夏　二〇〇七年二月于羊石山房 。"

1950年冬，来先生在北京中国科学院历史研究所第三所（近代史所前身）工作，师从范文澜教授，专攻中国近代史。1951年春，来先生应南开大学历史系主任吴廷璆先生之邀，经范老同意，到南开大学任教。不久，吴先生奉命赴朝鲜慰问志愿军，于是将所授的"中国近代史"课程交来先生代授。吴先生回校后经考察，认为这门课的教学效果很好，十分赞赏来先生的教学方法。

"中国近代史"本是系内无人承担，由吴先生放下自己的专业来讲这门课。既然来先生能承担，吴先生遂正式决定将所授的"中国近代史"这门课全部由来新夏先生承担。来先生在南开大学执教整整超过半个世纪,从助教做起,循阶晋升至教授。教过"中国近代史""中国历史文选""中国通史""古典目录学""历史档案学""鸦片战争史专题"和"北洋军阀史专题"等课程。油印本《中国近代史参考资料》,内页作"中国近代史教学大纲",是来先生在教授"中国近代史"课程自编的教学用书,分三编18章,所授课时为125小时。

本室藏本钤印"济南教师进修学院图书室"。

中国近代史教学大纲(初次修订稿)

导言(2小时)

第一编 中国遭受外国资本主义奴役的开始,中国人民反侵略斗争和农民战争(1840—1864)

第一章 第一次鸦片战争和中国人民反对外国资本主义侵略斗争的开始(9小时)

第二章 第一次鸦片战争后中国社会经济开始变化和农民革命运动的酝酿(5小时)

第三章 太平天国革命运动的爆发及其前期的胜利发展(10小时)

第四章 第二次鸦片战争和太平天国后期的坚持斗争及其失败(10小时)

第二编 中国人民为反对列强在中国建立半殖民地的统治和瓜分中国而斗争(1864—1901)

第五章 内外反动势力开始联合建立半殖民地统治秩序和中国人民的反抗斗争(8小时)

第六章 外国资本主义侵略中国沿海和邻邦,中法战争(8小时)
第七章 七十年代到九十年代国内社会经济的变化(10小时)
第八章 中日甲午战争(6小时)
第九章 甲午战争后中国民族危机的加深(4小时)
第十章 甲午战后民族资本的初步发展和革命形势的高涨(4小时)
第十一章 资产阶级改良主义的维新运动,戊戌变法(6小时)
第十二章 反帝爱国的农民起义——义和团运动(7小时)

第三编 资产阶级领导的民主主义革命逐渐趋向高潮和辛亥革命(1901—1912)

第十三章 革命形势的逐渐发展和资产阶级民主革命派的逐渐形成(5小时)
第十四章 革命形势的迅速发展(8小时)
第十五章 辛亥革命(8小时)
第十六章 袁世凯的反动统治和反袁斗争的进行(5小时)
第十七章 北洋军阀的黑暗统治和孙中山号召的“护法运动”(4小时)
第十八章 中国人民的新觉醒,旧民主主义革命转向新民主主义革命(6小时)

《中国近代史参考资料》说明

《中国近代史参考资料》系按综合大学教学大纲的章节次序编辑而成,其中大部分系由马列主义经典著作、筹办夷务始末、清季外交史料、中国史学会编中国近代史资料丛以及各有关人物专集中辑录,惟以图书条件和编者业务水平的限制,间有转引自他书或引用现代人著作者。

《中国近代史参考资料》仅供学习该课程之学生参考之用,要求学生在听课后必须随章随节阅读,补充课堂笔记内容。

《中国近代史参考资料》在 1956 年 1 月开始编辑初稿,当时参与编辑者有林树惠、徐苹芳、梁学敏三位同志和我,林树惠同志编捻军、中法战争、戊戌变法、义和团等部分;徐苹芳同志编清末伪立宪、辛亥革命等部分;其余部分则由我编辑;梁学敏同志在搜集和辑录资料方面做了不少工作。其全部划一体例、整齐编制及最后编定工作都由我担任,因之如果这一参考资料有缺点和不恰当的地方,是应该由我负责的。

1957 年 1 月,由于教学大纲作了修订,其中某些章节有所变动,因此又由我在原稿的基础上进行了一次修改和增补,而由梁学敏同志负责校核工作。

来新夏　一九五七年一月于南开大学历史系中国史第三教研组

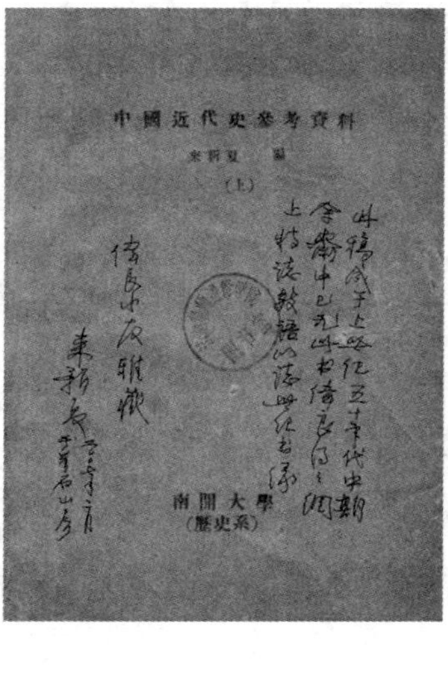

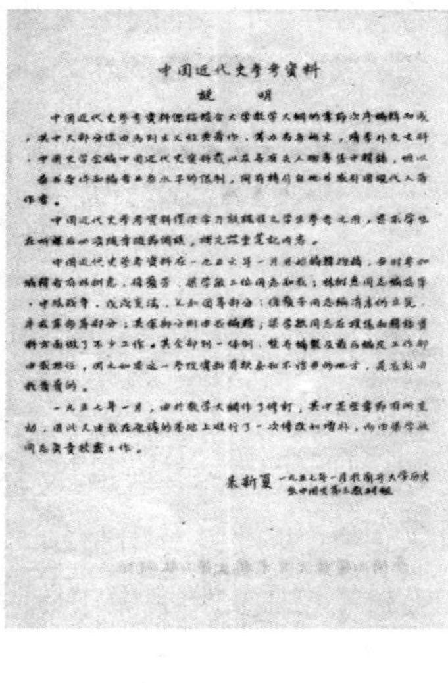

中国近代史参考资料

说　明

来新夏 一九五七年一月於南开大学历史系中国史第三教研组

第一次国内革命战争史论集

（1957）

来新夏、魏宏运编。10.8万字。湖北人民出版社1957年12月第1版，印行11500册。定价：0.48元。

统一书号11106·45

本书包括论述第一次国内革命战争的文章十篇，大都是侧重于史实的叙述和分析。内容可分三类：第一类，是概述第一次国内革命战争的某些问题，共四篇；第二类，是叙述某一事件或某一情况，共五篇；第三类是一篇揭露美国这一时期对华政策的文章。另附录本时期大事简记，供读者参考。

本室藏本钤有椭圆形"天津市第四十五中学图书馆藏书图记"及长方形"津第四十五中学图书馆藏书章"。

《第一次国内革命战争史论集》目录

《第一次国内革命战争史论集》前言

我们为了教学上的需要，编印了这本“第一次国内革命战争史论集”。

这本书，有一部分是从报刊上所已发表的文章中选辑的；另一部分则是从苏联的历史期刊中选译的。

这本书所选辑的十篇文章，大都偏重于史实的叙述和分析。它的内容，大抵可以分为三类：第一类是概述第一次国内革命战争时期里某些问题的，一共有四篇。第二类是叙述某一事件或本时期里某一情况的，一共有五篇。第三类是一篇揭露美国捏造这一时期对华政策的文章。最后又编制了一个本时期的大事简记，作为附录，以供读者的翻查。

关于这一时期的文章，在报刊上曾发表过很多；但是，一方面由于我们囿于见闻，另一方面也有些文章有若干重复处。因而，这本书不是把所有有关的文章都收集起来，而只是选辑了若干篇，作为教学参考之用。

我们对于这一工作，缺乏经验，可能有许多地方处理得很不恰当，希望通过这个工作可以获得同志们更多的帮助。

编 者

一九五七年四月

程克日记摘抄

（1958）

来新夏辑注。现存天津历史博物馆的程克日记三册，系 1956 年从程克（1878—1936）在天津的家属所捐出的函电文档中发现的。日记从民国十三年(1924)11 月 6 日起到十五年(1926)阳历元旦止。程克在民国十三年任北洋政府内务总长，是年 9 月辞职,隐居天津。10 年后一度出任天津市长。日记中所记是第二次直奉战争以后,直、皖、奉、国民军之间的复杂关系,有助于了解北洋军阀间之关系和北京政变后京津一带的情况。

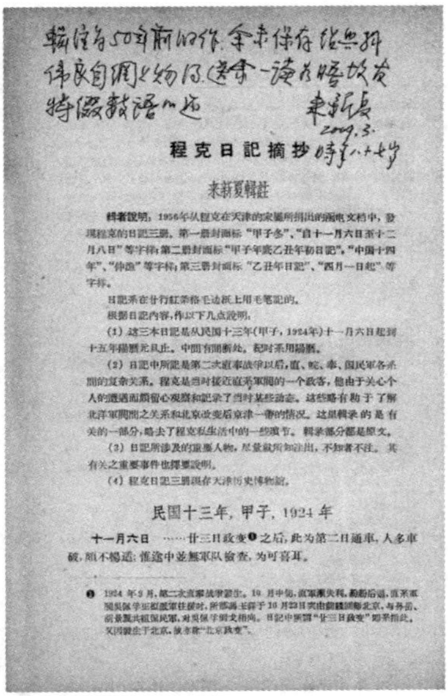

程克日記摘抄

来新夏輯註

辑者說明：1956年从程克在天津的家属所捐出的函电文档中，發現程克的日記三册。第一册封面标"甲子冬"、"自十一月六日至十二月八日"等字样；第二册封面标"甲子年底乙丑年初日記"、"中国十四年"、"仲渔"等字样；第三册封面标"乙丑年日記"、"四月一日起"等字样。

日記系在廿行紅帶格毛边紙上用毛笔記的。

根据日記內容，作以下几点說明：

(1) 这三本日記是从民国十三年(甲子，1924年)十一月六日起到十五年陽曆元旦止。中間有間斷处。紀时系用陽曆。

(2) 日記中所記是第二次直奉战爭以后，直、皖、奉、国民軍各系間的复杂关系。程克是当时接近直系軍閥的一个政客，他由于关心个人的遭遇而頗留心观察和記录了当时某些动态。这些略有助于了解北洋軍閥間之关系和北京政变后京津一帶的情况。这里輯录的是有关的一部分，略去了程克私生活中的一些瑣节。輯录部分都是原文。

(3) 日記所涉及的重要人物，尽量就所知注出，不知者不注。其有关之重要事件也擇要說明。

(4) 程克日記三册現存天津历史博物館。

民国十三年，甲子，1924 年

十一月六日 ……廿三日政变❶之后，此为第二日通車，人多車破，頗不暢适；惟途中並無軍队檢查，为可喜耳。

❶ 1924 年9 月，第二次直奉战爭發生。10 月中旬，直軍屢失利，節節后退。直系軍閥吳佩孚正督軍作战时，所部馮玉祥于 10 月23日突由前綫回師北京，与孙岳、胡景翼共組国民軍，对吳佩孚倒戈相向。日記中所謂"廿三日政变"即系指此。又因發生于北京，故亦称"北京政变"。

《程克日记摘抄》刊登于中国社会科学院近代史所编辑的

《近代史资料》杂志(1954 年创刊)1958 年第 3 期(总第 20 号),科学出版社 1958 年 6 月出版。本期定价:0.60 元。

本室所藏该期杂志抽印本有来先生题跋:“辑注为 50 年前旧作,余未保存。绍兴孙伟良自网上购得,送余一读,如晤故友。特缀数语以还。来新夏　2009.3　时年八十七岁。”

中国农民起义论集

（1958）

李光璧、钱君晔、来新夏编。34.5万字。三联书店1958年7月第1版，北京第1次印刷，印行6000册。定价：1.50元。

统一书号11002·211

北京市书刊出版业营业许可证出字第56号

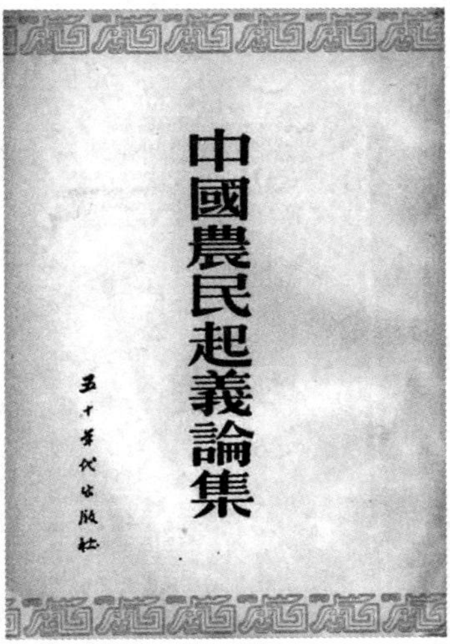

新中国成立后，历史研究工作者对农民起义进行了研究并发表了若干论文，后历史教学月刊社编辑为《中国农民起义论集》，由五十年代出版社1954年8月出版。李光璧、钱君晔、来新夏感到论集内容有进行重编的必要，以便于教师和史学工作者参考，于是删去旧集论文一篇，新收论文12篇，共收录有关

学者论文26篇,所涉及的时间跨度上起秦末,下讫民国初年。

论集中有邓广铭《试谈晚唐的农民起义》、杨志玖《黄巢大起义》、张政烺《宋江考》、漆侠《有关隋末农民起义的几个问题》、郑天挺《宋景诗起义文献初探》等。作为编者之一的来新夏撰有《试论清光绪末年的广西人民大起义》和《谈民国初年白朗领导的农民起义》,前者发表于《历史研究》1957年第11期,后者原载《史学月刊》1957年6月号。

本室藏本封底钤印"苏州旧书店出售",笔者从孔夫子旧书网购自苏州市玉兰新村45幢401室,时在2006年12月底。

《中国农民起义论集》目次

《中国农民起义论集》编后记

中国农民在长期的封建制度压迫下，曾进行过无数次的起义斗争。由于封建统治的压迫形式在一定时期内有所不同,所以农民起义的斗争形式也因而各异。又由于历史环境的变化,农民斗争的主要方向,有时指向国内封建贵族,有时抗击外族入侵,有时支持国内统治集团去抵抗外族的侵略和压迫，有时坚持外抗侵略势力内反统治集团的两面奋斗政策。这种农民起义军抗击外族的斗争，在本质上依然是反对封建反压迫的阶级斗争。所以,可以说农民起义的斗争在历史上的进步作用，是对推动社会生产力的发展和保卫祖国的光荣革命传统分不开的。因此我们认为对于中国历史上的农民起义进行具体的分析和探讨是揭示中国社会历史发展规律最重要的关键问题之一。

近年来已有不少历史研究工作者，对此进行了研究和发表了一些论文,这些论文散见于有关报刊。我们为了便于教师和史学工作者参考起见,曾于 1955 年为“历史教学”月刊社编辑过论集《五十年代出版社出版》,最近感到论集内容有进行重编的必要,在工作过程中删去旧集论文一篇,新收论文十二篇,全书重编完成,共收论文二十六篇。其中已发表的论文均由作者进行了不同程度的修改,有些论文是作者未发表过的原稿。

重编论集比旧集所包含的时代较长,涉及的方面较广,上起秦末,下迄民国初年。虽然我们进行了一些征集和选择,但囿于见闻,仍然是很不全面的。在各篇论文之间,因为对各个问题的提法和重点稍有不同,有些论述或意见也就不能勉强求其完全一致,但仍然从相互学习和商榷问题的态度上一并提供出来。有的论文的内容和观点,由于我们限于理论和业务水平,也难免还有欠缺的地方。诚恳地希望读者同志们给予我们宝贵的帮助、指正和批评,以便将来作些必要的补充和改正。

编者　一九五八、二、一〇

阅世编

（1981）

“明清笔记丛书”之一。清·叶梦珠撰，来新夏点校。16.1 万字。上海古籍出版社 1981 年 6 月第 1 版，第 1 次印刷，印行 8100 册。

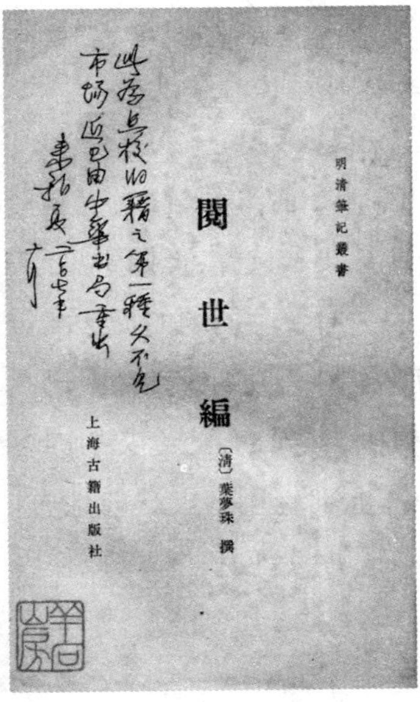

定价：0.74 元。

统一书号 10186·271

英国学者魏根深著、侯旭东主持翻译、北京大学出版社 2016 年版《中国历史研究手册》在“价格”与“笔记”中提到《阅世编》：“17 世纪的叶梦珠对货币和价格变化作了最为详细的记录，他在笔记《阅世编》中记载了 1628 年至 1690 年的价格。”又说：“对叶梦珠的身世所知甚少，只知道他生活在松江（上海附近）。他对明末清初在那里观察到的地方经济条件和习俗进行不同寻常的详细记录。"魏根深引用的《阅世编》版本,注明是来新夏标点本、上海古籍出版社1981 年版。

《阅世编》的作者叶梦珠(1623—?)是上海人。书中涉及明清之际以松江为中心的这一地区的自然、政治、经济、文化、风俗、人事等方面情况。全书共 10 卷,分为水利、田产、学校、科举、士风、赋税、食货、交际、纪闻等 28 门,记述颇称详备,亦有资料价值。本书据 1934 年"上海掌故丛书"本点校出版。后经修订,由中华书局于2007 年 9 月重版。

本室所藏《阅世编》扉页来先生的题跋:"此为点校旧籍之第一种。久不见市场。近已由中华书局重出。来新夏 二〇〇七年十月。"封底钤印"昆明书店售出"。

先生曾撰《从〈阅世编〉看明清之际的物价》一文,载《价格理论与实践》1981 年第 5 期。又将此论文收载于其著《结网录》(南开大学出版社 1984 年出版)。

《阅世编》目录

田产二

卷二

学校一

学校二

学校三

学校四

学校五

礼乐

科举一

科举二

科举三

科举四

科举五

科举六

卷三

建设

卷四

士风

宦蹟一

宦蹟二

名节一

名节二

卷五

门祚一

门祚二

卷六

赋税

徭役

卷七

食货一

食货二

食货三

食货四

食货五

食货六

种植

钱法

卷八

冠服

内装

文章

交际

卷九

宴会

师长

及门

释道

卷十

居第一

居第二

纪闻

跋

《阅世编》点校说明

《阅世编》十卷，清初叶梦珠撰。梦珠字滨江，号梅亭。上海人而著籍娄县学。据是书卷四称："予生明季，旋遭鼎革"，则当生于明崇祯时。又梦珠别著《续编绥寇纪略》卷首有清康熙二十七年自序，而此书也有康熙三十几年纪事，则康熙中叶尚在世。叶氏虽然主要生活于清朝，但对明朝之亡似有惜意。又于清初之裁抑东南汉族缙绅地主颇为愤懑，所以把他涉世六十余年所见闻的世务，写成《阅世编》一书。所谓"阅世"，书中曾自述其立意。如卷六记奏销一案后即说："阅世至此，为之兴慨。"卷九记撰者与门人的师弟关系后又说："此犹阅世所最亲切者。"其意乃言书中所记皆亲所阅历的世务。语有所据，而所加褒贬也自可信。

这部书向无刊本，传钞也少。1934 年，上海通志社从松江图书馆借阅此书钞本，因书中"所涉上海旧闻足资考证者极夥"，遂排印收入《上海掌故丛书》为一种，并在书末写跋，简要介绍全书内容说："是书所记，大而郡国政要，世风升降；小而门祚兴替，里巷琐闻；旁及水旱天灾，物价低昂。举凡涉世六十余年间，阅历之所及，无事不书，有闻必录，而于松江一郡之沿革创置为特详。"

这部书共分天象、历法、水利、灾祥、田产、学校、礼乐、科举、建设、士风、宦蹟、名节、门祚、赋税、徭役、食货、种植、钱法、冠服、内装、文章、交际、宴会、师长、及门、释道、居第、纪闻等二十八门。它主要涉及明清之际以松江为中心的这一地区的自然、政治、经济、文化、风俗、人事各方面情况，记述颇称详备。它的体制虽为备纂辑府志时的采择，而于治史者尤资参考。

这部书最引人注目的是有关明末清初的社会经济资料。近人有关论著已多所征引。这些资料的特点是，记载比较具体、议论比较平实，非若一般“文人之笔”的空泛。其中田产、赋税、食货、徭役各门，对当时的社会经济、人民负担及民生状况等都有细致的记载。如卷一《田产》门及卷七《食货》门记土地及米、布、柴、盐、烟、茶、糖、肉、纸张、药材、干鲜果品、眼镜、顾绣等生活必需品和手工艺品的价格都有详备的记录，并比较了各年价格的升降，来反映顺、康时期土地与民生的变化状况，实为他书所不及。又如卷六《赋税》门论松江赋税之重也很扼要明确。

同卷尚记“奏销”及增征等事，都和清初裁抑东南缙绅地主有关。清朝入关后，一面圈占土地，扶植满族新生贵族地主；一面为巩固政权，对有碍于最高统治权的“绅权”施加一定的压力——如追缴积欠、增征钱粮等。这些“措施”在顺、康时期的推行情况在书中都有明显的反映。

清朝对于东南，特别是苏松地区缙绅地主的裁抑，有利于进一步巩固既得的政权，但它决不意味着减轻人民的任何负担。从这部书所记载的内容看，人民除赋税、地租外，尚有无穷无尽的徭役。卷六的《徭役》门仅记松江地区的徭役就有大役与小役。大役有布解、北运、南运、收催、收兑；小役有排年、分催、总甲、塘长等繁多的名色。另外还有杂差，更是巧立名目，滥用民力。读此编所记徭役的具体情况，宛如亲见人民辗转呻吟于重役之下。

这部书对于自然现象也很注意记录，有些难免陷入示儆人事的寓意中，但具体资料仍有重要参考价值，卷一的《天象》门所记地震资料颇备，尤为可贵。其记康熙十八年京师大震的资料为他书所未详载。

卷七的《种植》门记松江地区农作物诸品种，可备东南植物志的采择。

文化风俗方面的记载也有可供参考的资料。如卷四的《士风》门，卷八的《冠服》《内装》门，卷九的《宴会》门，卷十的《居第》门，都可考见封建等级制度与社会风俗的递变。卷十《纪闻》门记张野塘将北方弦索传入南方，促成了南北曲的融合，这对研讨戏剧、音乐等均可资参证。

叶氏由于清初裁抑东南缙绅地主政策对自己切身利益有所触动，如卷六已明言“予为亲友所累，亦在奏销之列”，加以当时文网尚疏，所以书中不时流露出各种不满情绪。如卷二的《学校》门记清初生员限额事，一面极称明代考选人才的“极隆”盛况，一面对清初裁汰入泮名额，认为是使“江南英俊，销铄殆尽”，其后果是“学子丧气，甚者改业”，卷四记清朝“初定江南”时的“士风糜弊极矣”；卷六记徭役之弊；卷八、九以服饰、宴会为例来说明风俗的衰敝；卷十更直书“太祖果于杀戮”等等。正因为这样，这部书才保留了一些“实录”，成为清人笔记中有重要参考价值的一种。可能也正因为有这些内容，所以此书一直没有刊本。

这部书中也不可免地夹杂不少无关理要的记述，如卷四专立《名节》一门，表彰“烈妇”以宣扬封建道德观念。撰者对明末农民起义及其领袖、对收复台湾的名将郑成功等，都多致诬蔑之词。

这部书卷二的《科举一》原缺。另外有个别错字，因无别本可供校勘，只得以理校之，用括号附注在原字之下，供读者参考。卷二记中式人名单也有重出误记的，仍存原式，未加改易。至于段落则是

《上海掌故丛书》本原分者，未加任何变动。

叶氏在《阅世编》外尚有《续编绥寇纪略》五卷一种，收刊于《申报馆小丛书馀集》内。书前有康熙二十七年时所撰自序，则书当成于《阅世编》之前，因《阅世编》纪事有至康熙三十二年者。自序言撰述缘起乃因吴伟业《绥寇纪略》终于李、张之败，于是续编孙可望、李定国以后及永历入缅、被杀诸史事及传闻。并称所据资料为《滇蜀纪闻》《楚中遗事》及二书所本之邓凯《也是录》。《也是录》今有传本，而另二书则未见。《续编》虽多有传闻，但叙述原委较详，且时代略近，也尚有可资参证处。书凡五卷：前四卷为《蜀川沸》《滇黔窜》《争挟主》《缅甸散》，末附《纪闻》一卷。

来新夏

一九八〇年六月

中国图书文献选读

（1984、2010）

图书专业试用教材。来新夏、张文桂编。油印本。纵 25.3 厘米，横 18.5 厘米，上、下册。上册 212 页，下册 113 页。南开大学图书馆学系 1984 年 6 月印。

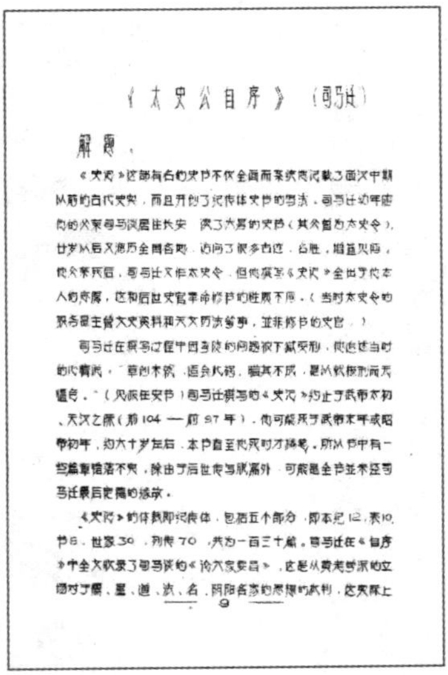
《太史公自序》（司马迁）

解题：

《史记》这部有名的史书不仅全面而系统地记载了西汉中期以前的古代史实，而且开创了纪传体史书的写法。司马迁幼年随他的父亲司马谈居住长安，读了大量的史书（其父曾为太史令），廿岁以后又游历全国各地，访问了很多古迹、名胜，增益见闻，他父亲死后，司马迁又作太史令，但他撰写《史记》全出于他本人的志愿，这和后世史官奉命修书的性质不同。（当时太史令的职务是主管文史资料和天文历法等事，并非修书的史官。）

司马迁在撰写过程中因李陵的问题被下狱受刑，他追述当时的心情说，"草创未就，适会此祸，惜其不成，是以就极刑而无愠色。"（见报任安书）司马迁撰写的《史记》约止于武帝太初、天汉之际（前 104 —前 97 年），他可能死于武帝末年或昭帝初年，约六十岁左右，本书直至他死时才搁笔。所以书中有一些篇章错落不完，除由于后世传写脱漏外，可能是全书并未经司马迁最后定稿的缘故。

《史记》的体裁即纪传体，包括五个部分，即本纪 12，表 10，书 8，世家 30，列传 70，共为一百三十篇。司马迁在《自序》中全文收录了司马谈的《论六家要旨》，这是从黄老学派的立场对于儒、墨、道、法、名、阴阳各家的思想的批判，这实际上

— 9 —

1984 年初，来先生被任命为南开大学图书馆学系主任兼校图书馆馆长。旋获教育部批准，招收第一届学生。为使学生能接触原著，来先生与古汉语老师张文桂先生编选了《中国图书文献选读》，作为古汉语教材和图书事业史的参考文献。《中国图书文献选读》从文史典籍中，选出了四十余篇与中国图书事业有关的旧籍文献，对某些词语进行简注，帮助学生阅读，从而

提高学生阅读文献的能力，充实有关图书事业的知识。

此油印本讲义，乃我从孔夫子旧书网购得，嗣后再不见有网店销售，实属难得。2007 年 2 月，来先生莅临寒舍，得见此油印本，如见故人，凝视良久，几乎泪下，乃携至天津，数月而寄还，并为之题跋云："上世纪八十年代初，我创办南开大学图书馆学系，规划设此课程，以补诸生图书文献之缺。并请张文桂先生授此课，由我选目，张先生编辑，久已无存。今见伟良得此本，犹忆当年创业之维艰。来新夏识于天津　二〇〇七年四月。"

之后，来先生就我所藏本，倩戴丽琴、王振良略加校订，于 2010 年排印若干本。来先生特撰前言，慨叹"三十年前旧物，复传于世，得不慨然"？伟良欣然呼曰："来公大著，理当化身千百。"

排印本《中国图书文献选读》封面题"伟良正　新夏　二〇一〇年五月"。

《中国图书文献选读》目录

荀勖传
《隋书·经籍志》序
令狐德棻传
李延寿传
魏徵传
杜佑传
《新唐书·艺文志》序
《古今书录》序
《宋史·艺文志》序
《资治通鉴》进书表
《明史·艺文志》序
《四库全书总目提要》三则
李氏山房藏书记
书阁记
《郡斋读书志》序
书巢记
《直斋书录解题》二则
《通志》秦不绝儒学论
《挥麈录》一则
《鄞县志》范钦传
《日知录》三则
谈孺木墓表
流通古书约
《读书敏求记》三则
《述古堂藏书目》序

《汲古阁校刻书目》一则

天一阁藏书记

蓑书楼记

《宁波范氏天一阁书目》序

《平津馆鉴藏书籍记》二则

《古欢社约》序

《荛园藏书题识》二则

八千卷楼自记

《皕宋楼藏书志》序

《善本书室藏书志》序

《中国图书文献选读》前言

上世纪八十年代初，我应时势需要，为南开大学创办了图书馆学系。并于1983年得教育部批准，招收第一届学生。我自任《中国图书事业史》课程。为使学生能接触原著，我与古汉语老师张文桂先生共同商榷，编选一本《中国图书文献选读》，作为古汉语教材和图书事业史的参考文献，酌加简要注解和练习题。当时因条件所限，每选注一篇，即刻印一篇，发给学生阅读和参考。积久成册，就是最初形成的油印本。

《中国图书文献选读》从文史典籍中选出了四十余篇与中国图书事业有关的旧籍文献，对某些词语进行简注，帮助学生阅读，从而提高学生阅读文献的能力，充实有关图书事业的知识。行之二年，颇见成效。嗣我与张君先后退离，此课不复继续，致诸生无缘接触原始文献，而印发之油印本讲义，亦多散失无存，思之不胜

怆然！

本世纪之初，绍兴一农友孙伟良君搜集我的编著几近完备。邀我临其舍，得见此油印本，如见故人，几乎泪下，携归天津，赏玩多日而归之，并为之题跋云：

上世纪八十年代初，我创办南开大学图书馆学系，规划设此课程，以补诸生图书文献之缺。并请张文桂先生授此课，由我选目，张先生编辑，久已无存。今见伟良得此本，犹忆当年创业之维艰。二〇〇七年四月

2010年初，我应交通大学出版社之约，编写《目录学读本》一书，遂邀集数友，共商其事。佥以此《选读》中较多篇什可备参考，要求重印。乃即就孙藏本，倩戴丽琴女士、王振良君略加校订，即付剞劂。三十年旧物，复传于世，得不慨然？爰记始末，并向相助诸友致谢。

来新夏

二〇一〇年岁末记于南开大学邃谷

鸦片战争史论文专集续编

（1984）

“中国历史研究丛书”之一。来新夏、焦静宜编，署名宁靖编。41.2万字。人民出版社1984年11月第1版，北京第1次印刷，印行6800册。定价：2.55元。

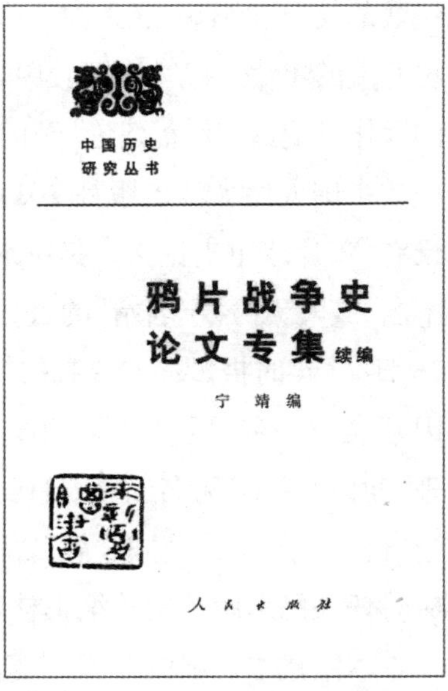

书号11001·727

鸦片战争是中国近代史的序幕，为便于对鸦片战争史研究，三联书店于1958年出版《鸦片战争史论文专集》，选辑中华人民共和国成立后到1957年底止全国报刊发表的有关两次鸦片战争的文章。该集中有来新夏先生的《鸦片战争前清政府的“禁烟问题”》和《第一次鸦片战争对中国社会的影响》，前者原载1955年10月

《南开大学学报》第1期，后者发表于1956年6月《南开大学学报》第1期。

本书是《鸦片战争史论文专集》的续编。所收文章的时间范围自1958年至1984年。在此期间，全国各报刊发表的有关文章计400余篇，本书从中选录了23篇。为方便查阅检索，书后附载《鸦片战争史报刊论文索引》。

《鸦片战争史论文专集续编》收录署名“来新夏、焦静宜”的《鸦片战争前的地主与农民》、“来新夏、李喜所”的《论第一次鸦片战争时期清朝统治集团的内部斗争》，前者刊发《南开史学》1983年第1期；后者原载《新疆大学学报》1981年第4期。

《鸦片战争史报刊论文索引》著录来先生的文章尚有《历史教学》1954年第7期《中英第一次鸦片战争》、1954年第10期《鸦片战争对满清政府有什么影响》、1956年第9期《鸦片战争前后银贵钱贱的情况和影响》、《天津日报》1957年3月22日《略论中国近代史开端的年代》、《学术月刊》1981年第3期《龚自珍林则徐往返函件的写作日期》以及《福建论坛》1982年第6期《林则徐与禁烟运动》。

中国人民大学出版社2014年版黄爱平主编的《清史书目》，收录有《鸦片战争史论文专集续编》，作者索引有“宁靖”，却不知此乃笔名，其实无“姓宁名靖”的人，当情有可原。来先生于2006年4月26日《老年时报》发表有《我的笔名》，“禹一宁”为其一。先生说：“我因姓名末一字‘夏’与‘禹’相连，便改姓‘禹’。又渴望学习革命真理，便以‘一宁’为名，表示自己是又一个要学习列宁的人。”“禹一宁”得一“宁”字，“靖”取“静”之谐音，各得一字署名“宁靖”。此书系应时任人民出版社副总编辑林言椒之约为该丛书选编整理。

本室藏本之扉页钤印“来新夏赠书”。

《鸦片战争史论文专集续编》目录

《鸦片战争史论文专集续编》编者的话

1958年,三联书店曾出版了一本由列岛选辑的《鸦片战争史论文专集》,收录了建国后至1957年有关鸦片战争的论文诸篇。迄今二十六年过去了,对鸦片战争史的研究又有了更多的新成果。为了便于研究和查阅,值此纪念在鸦片战争中抗击外国资本主义侵略的伟大爱国者——林则徐诞辰二百周年之际,我们编选了《鸦片战争史论文专集续编》这本书。

本书所收文章的时间范围自1958年至1984年。在此期间,全国各报刊发表的有关文章计四百余篇,本书从中选录了二十三篇;内容包括有关第一次鸦片战争的史实、人物、社会状况、中外关系等诸方面,以使读者更全面、清楚地了解鸦片战争及其前后中国社会的历史面貌。同时,为了方便查阅检索,我们在书后附载了《鸦片战争史报刊论文索引》,供大家参考。

由于篇幅关系,本书只选入了近三十年来关于鸦片战争研究成果的一小部分,在此特向更广大的作者和读者致歉!对于选编中的不当之处,敬请批评指正。

编 者

一九八四年三月

闽小纪　闽杂记

（1985）

“八闽文献丛刊”之一。来新夏校点。21.9万字。福建人民出版社1985年8月第1版，第1次印刷，印行2150册。定价：2.00元。

书号 11173·100

《闽小纪》四卷，河南祥符人周亮工（1612—1672）撰。其为明崇祯十三年（1640）进士，任山东潍县令。入清后曾任职福建按察使、布政使。《闽小纪》是清代较早记述福建地方风土、人情、物产、工艺、掌故的杂著。是书原有四卷本、二卷本和一卷本。此点校本以康熙间赖古堂刊四卷本为底本，并参读了两种二卷本，作了一些校补。

《闽杂记》十二卷，清·施鸿保撰。鸿保乃浙江钱塘人。道光四年（1824）中秀才后，屡试不第，遂去江西、福建等地作幕，而在福建为时尤久。施氏于作幕谋食之余还勤于著述，《闽杂记》则是他记在闽见闻的杂著。

来先生校点以上古籍，准备有年。例如在《中州今古》1983年第

5期上即发表《周亮工和他的杂著》。

本室藏本题有“伟良存　来新夏　二○○七年十二月”。

《闽小纪》目录

试二十六名　第十九名　掾曹　陈伯震联对　郑鹭鸶　珠娘龟脚　蕃薯　长乐瓜荔　仙霞岭　曹能始　洪都御史　林子羽遗句　闽诗　黄明立黄俞言　林初文　泉趋　砧声　林鲁生　潘元辰　许岩长　娘子桥　徐惟和　方子及沆　邓氏女金鸡　嘉客红　朱竹　九龙滩　烈女高氏　墨鱼　鲦鱼　龙虱

卷之四

林清　林子羽　林廷纲　闽贫生　永福鬼诗　林蕴　郑善夫　庄维春　张司马　林氏　林世璧　黄让　郑汝昂　宗子相　谢祖　郑堂　林九成　董槐　鼓山茶　郑参和　转华庵箕仙诗　海扇　陈幼孺　徐惟和　谢在杭　仙霞岭　卢圭斋诗　黄秋声　周所谐　谢司农诗　何樵仲　周庚　鸿门宴林春秀　墨纱灯　问月楼集　天印禅师　雪峰僧诗　痴颐子卫公漳浦诗　刘昌言　徐彝甫诗　黄后谷　范青衣　咏酒闽中藏书　闽中风土　鬏髻　《荔支赋》　荔支评　荔子诗话荔事拾遗

《闽小纪》校点说明

《闽小纪》四卷，清初周亮工撰。周字元亮，一字缄斋、栎园。河南祥符人。明万历四十年(1612)生，清康熙十一年(1672)卒，年六十一岁。明崇祯十三年进士，任山东潍县令、浙江道试御史。入清后，历任两淮盐法道、淮阳海防兵备道，福建按察使、布政使，都察院左副都御史，户部、吏部侍郎。顺治十二年以事被劾入狱，十八年赦归。康熙元年，复任山东青州海防道、江南江安督粮道等官。八年又被劾去职，旋卒。子周在浚为撰《周栎园先生年谱》，简记生平附于《赖古堂集》。此外记周亮工生平的传记尚有多篇，如《清史列传》七九有传，姜宸英:《湛园未定稿》六有墓志铭，鲁曾煜:《秋塍文钞》三有传略，林佶:《樸学斋文稿》有传。他如《清画家诗史》《国朝名家诗钞小传》及《国朝名人辑略》等均记有栎园行事。

周亮工是清初著名学者和艺术鉴赏家，精于书画、印章的鉴赏。著述甚富，有《因树屋书影》十卷、《读画楼画人传》四卷、《印人传》四卷及《赖古堂集》二十四卷等多种。《闽小纪》是他任官福建时杂记当地风物之作。

《闽小纪》是清代较早记述福建地方风土、人情、物产、工艺、掌故的杂著。后出有关诸作如《闽杂记》《闽游偶记》等多仿其体例，采其内容，如《樸荔》《纸箫》等多则均被后出诸作所辑取。

是书卷首有王有年、汪楫、黄虞稷、范骧、孙汧如、罗耀诸序，除记撰述及付梓缘由外，大都是推崇之词。独黄虞稷序记全书内容甚备。黄序说：

> 凡夫全闽之轶事旧闻，方物土产，大而人文之盛，微而工伎之巧，幽而洞壑之奇，细而物类之夥，事涉隽异，他方所鲜，即群焉传诵，目未及觏者，与夫方言里语足备博闻，皆征诸睹记，笔以成书，名之曰《闽小纪》。

是书记福建物产情况如茶、荔枝、龙眼、兰花等特详，如卷一的《尤物》《唱龙眼》《鱼鱿娇》《闽茶》《樸荔》，卷二的《树兰》《蜜渍兰》，卷三的《番薯》《长乐瓜荔》等条皆是。他如卷一《江瑶柱》，卷二《海参》《西施舌》等条之记海产；卷一《闽酒》条之记造酒；卷二《收香鸟》《鹧鸪》等条之记禽类；卷二《江皓臣》《吴平子林公兆》《德化磁》等条之记特种工艺，都有可供采择参证之处。

是书所记颇有可备研究社会经济状况的材料，如卷一《樸荔》条记明清之际商业资本活跃在农业经济领域中的状况说：

> 闽种荔枝龙眼家，多不自采。吴、越贾人，春时即入赀，估计其园。吴、越人曰断，闽人曰樸。有樸花者、樸孕者、樸青者。树主与樸者，倩惯估乡老为互人。互人环树指示曰：某树得干几许，某少差，某较胜。虽以见时之多寡言，而后日之风雨，之肥瘠，互人皆意而得之。他日摘焙，与所估不甚远。估时两家贿互人：树家嘱多，樸家嘱少。

又同卷《磳田》条记社会动乱时土地所有权的变化情况说：

> 闽中壤狭田少，山麓皆治为陇亩，昔人所谓磳田也。丧乱以来，逃亡略尽，磳田芜秽尽矣。予《寒食登邵武诗话楼》诗，有"遗令不须仍禁火，四郊茅舍久无烟"之句。

栎园颇称博涉，所以书中尚有杂考多则，如卷二《仙霞兜子》条考"轿"字始见于淮南王刘安的《谏击闽越书》；《考亭》条考以考亭称朱熹为不恰。又以擅诗文、好学术，书中辑入闽人遗诗佚文较多，而卷四最多。他对闽中学人曹学佺、徐火勃、谢肇淛等的掌故逸闻也多记述，如卷四《闽中藏书》条就记称：

> 徐兴公云：吾乡前辈藏书富者，马恭敏公森、陈方伯公暹。马公季子能读能守；陈公后昆寝微，则散如云烟矣。又林方伯公懋和、玉太史公应锺，亦喜聚书，捐馆未几，书尽亡失。然四公之书，咸有朱黄批点句读，余间得之，不啻拱璧也。予友邓参知原岳、谢方伯肇淛、曹观察学佺，皆有书嗜：邓则装潢齐整，触手如新；谢则锐意蒐罗，不施批点；曹则丹铅满卷，枕藉沈酣。三君各自有癖，然多得秘本，则三君又不能窥予藩篱也。

这条记载不仅记福建学者的遗闻，也足为书林增一掌故。

有的条目虽所记为闽地风尚，但却能从中反映当时的阶级关系。如卷一《唱龙眼》记称：

> 龙眼枝甚柔脆，熟时赁惯手登采，恐其恣啖，与约曰："歌勿辍，辍则弗给值。"树叶扶疏，人坐绿荫中，高低断续，喁喁弗已，远听之，颇足娱耳，土人谓之唱龙眼。

这虽然描述了收获龙眼的工序，但更重要的可藉此了解到果园主对雇工的苛刻态度。

是书卷三有《烈女高氏》条，连篇录入高云客所写长诗，尽力宣扬封建伦理，成为书中的糟粕，正以见撰者时代与阶级的局限。

是书原收入《四库全书》，以"自始至末，皆谈闽事，究为方志之支流"而"附书地理类"。乾隆五十二年，清政府发现收入四库中的李清所著《诸史同异录》中有诋毁清朝统治的字句，于是又重新检查所收各书，把李清、周亮工、吴其贞和潘柽章四人所著十一种书从中撤出，但各书副本及提要仍存宫中。1964年，中华书局出版《四库全书总目》时把能找到的九种书的提要——即李清的《南北史合注》《南唐书合订》《历代不知姓名录》；周亮工的《读画录》《书影》《闽小纪》《印人传》；吴其贞的《书画记》和潘柽章的《国史考异》等九份提要补录在《总目》的后面，题为《四库撤毁书提要》。在《闽小纪》的提要中记述了该书的主旨和对它的评论说：

> 是编乃其官福建布政使时所作，多述其地物产民风，亦兼及遗闻琐事与诗话之类，叙述颇为雅令，时时参以议论，亦有名儁之风，多可以为谈助。其中如辨李骐马铎无同母事、倒挂鸟非桐花凤、《金凤传》为明末徐𤊹伪托、考亭乃黄氏亭名非朱子之号、蛮鼓洋为鞔鼓之讹、李白僧伽歌与神僧传李邕碑皆不

相符、杨慎名虫去赋由误解江淹紫嚣春而发华之语，亦颇有考证。惟解韦庄‘上相间分白打钱’以为徒手相搏，未免强作解事耳。其中《闽酒》《朱竹》诸条与所作《因树屋书影》彼此复出。盖兴到即书，偶然未检；然在近代说部之中，固为雅驯可观矣。

至于是书究有何窒碍而被撤毁？通读全书似仍在怀明而诋清，如卷四《鼓山茶》条说：

鼓山半岩茶，色香风味，当为闽中第一，不让虎丘、龙井也。……一云，国朝每岁进贡，至杨文敏当国，始奏罢之，然近来官取，其扰甚于进贡矣！

所谓"杨文敏"当指明历事四朝的杨荣——卒谥"文敏"。则所谓"国朝"乃指明朝无疑，而二卷本改作"前朝"，尤为明证。所谓"近来"当指在闽撰书之时，即清顺治四年至十二年间。所记直斥清初"官取"特产之扰甚于明之进贡，而明之进贡尚为杨荣所"奏罢之"，则栎园之左明右清，昭然可见，也无怪它的被撤毁。

《闽小纪》有四卷本、二卷本和一卷本。四卷本是康熙间赖古堂家刊本，刊印较好，内容也较完整；但也有略于它本者。如记闽茶，四卷本仅卷一有《闽茶》条一则、卷四有《鼓山茶》条一则；而赖刊二卷本则除包含上二则外，尚多十二则，《说铃》二卷本则多十三则。又赖刊二卷本卷一有《闽酒》条十七则，《说铃》二卷本卷一《闽酒》条十八则（二者实则相同，赖本将十二、十三两则连为一则）；四卷本卷一则无《闽酒》条，而仅在卷二有《闽酒》条一则。二卷本有二种：一是赖古堂刊二卷本，一是《说铃》前集二卷本，后者比前者稍多，如赖本卷二至《雪峰》条止，而《说铃》本此后尚有多则。后来的《丛书集成》本、《龙威秘书七集》本、《古今说部丛书》第八集本、《说库》本均同《说铃》前集二卷本。二卷本所删节者主要是四卷本所录入的诗文，赖古堂刊二卷本有汪楫等五序，缺王有年序。《说铃》本则删去全部序文。又如四卷本卷三《蕃薯》条于记蕃薯之传入中国并其功用外附录何镜山所撰《蕃薯颂》一文，二卷本则仅有记事而略去何文，《曹能始》《林初文》及卷四《黄让》等条均略去录诗部分。又有整条全删者，如四卷本中《闽茶曲》《闽酒曲》《晁无咎诗》《闽语》《林子羽遗句》《泉趋》《砧声》《林鲁生》《烈女高氏》《卢圭斋诗》《荔枝赋》及《荔子诗话》等记录诗文各条二卷本均删去，至《鼓山茶》条被删恐以触犯忌讳之故。一卷本见收于《小方壶斋舆地丛钞》第九帙，因二卷本流传较广，此本遂无足重轻。

此点校本以康熙间赖古堂刊四卷本为底本，并参读了两种二卷本，作了一些校补，校补情况除在《说明》中述及外，在有关部分加了括弧按语。为了便利读者，我在卷首新增了各卷的条目。

来新夏

一九八二年国庆

《闽杂记》目录

紫雨　轮供雨　呼风鱼　破篷　雨泥塔　趁雨　豢虹　龙虎斗　交瓶　龙神为龙星　虹占风雨　奎星古作圭字　冰雪天地诞日　木龙　大余小余　丙时　窈九　搓圆　斗鸡会迎春土牛芒神式　祖先难日　鬼贺年

卷二

闽字义　闽中各县别名　邵武　天兴府　侯官侯字　海澄仙游　南浦　丁字水　三山　螺江　借名胜地　洞天福地钟山　火山　变山　台州岭　筀石　无根石　松花石柏化石石文成画　仙人画　画船浦　望海镜　鸡鸣石　百猴石　浮海山石　海吼　海唑唑字　阴火　闽中水色　闽江　蚺蛇秤钩滩　老鼠滩　阿弥陀佛滩　菩萨水　分水湖　龙王洗泉李忠定公祠前水　河水不犯井水　金鸡井　井水应潮　井中灵石　承天寺井

卷三

阊闽　浦城鬼门　十门九锁　布政司署　三百三十三石亭　环山映豹　泉州郡署忌　忠献堂　兴化府署形　郡署石笋　飞来梁　福清署忌　大田更夫　举子仓　贡院　福州府学重建　正音书院　三空堂　囦关　萧妃村　吴航　尚干黄巷　隔　荇　夕阳寺　孤山寺　宛在堂　洛阳桥　双抛桥仙人桥　童游桥　勾栏桥　太监爷坟　唐相姜公辅墓　奇男子坊　冯孝子寻亲处石碣　梅花碑　天后宫石桂　酒库　九如当　汤堂　橘园　虚场　金土地　瑞棠亭　诗话楼

卷四

俞虚江　石斋取号　石斋诞异　杨陈生异　李椅　虞愿王秀之　虞王清节　张瑞图水星　周明英　彭小脚　凌国俊

曾元恕　苏诗所见闽人　唐宣宗遁迹　靖海侯豹精　白面包公　功名值四金　林文忠公取名　文忠遗事　施鸿　陈烈妇叶省嫂　郑高　于和善射　赵珠浦　徐观察示异记　吴太夫人深明大义　宋克庵像赞　罗帕记　镌工　异疾　身面相反

卷五

戚公子　陈夫人　女娲庙　圣庙像祀　圣庙灵迹　胡将军庙　柏姬庙　雷海青庙　药王菩萨　五代元帅　江东庙像首震坠　东岳神姓　佛舍利　佛牙　窖变大士像　蟹中大士　泗州文佛　高风祠　七姑子祠　光泽樟树神　青蛙将军紫姑　宋无忌

卷六

王审知字　施靖海字　林放　林和靖有子　邵武危姓鸢姓　四姓　士姓　江姓家谱辨误　观　五老　爹　闽娘搭子　老板　闽省状元　榜眼探花　闽中状元谣　石鸣　解元先兆　提灯聊玩　兴泉科甲之盛　闽卷皆黜　三文忠两文公　北宋误国宰相

卷七

闽地不宜蚕桑　闽地利不在蚕桑　贺字礼　僧巫　会匪胡天保胡天妹　牛头愿　搭台死节　乌白旗　假男假女　尼庵　恶少异称　石手军　扑翠雀　行箬　降童　神童　木皂隶　异神寻药　诗宝　打春　抢佛子　出海　摊钱

卷八

闽中古文　莆田仙篆　石刻补遗　十二名臣墨迹　藩署石刻　马蹄银锭纹阁帖　麻沙书板　闽中藏书家　小琅环韩文　鞠山集　撼龙经释　二蓝集　竹垞诗稿　郑文宝诗

灯谜　嵌字偶句　分曹偶句　罗星塔联　臬署楹联　妇人自挽联　自然对语　器名巧对　艾叶豹　字音易读　人字解　心字解　穀谷字同　冇有　丑田　歪奀　粿　招牌俗字　鐧櫚　屏盗贼咒　催生符　断疟符　黎都天雷

卷九

右旋螺　寿山石印章　雪浪石盆　风味砚石　浑天仪　火轮船　千里叫　定风珠　上杭产金　蛤蟆锭　铁钱　钱票　鹤顶红　水晶　卓戈纹　延平绣补　钏　蛇簪　仙游茅笔　文文山石砚　鼓楼自鸣钟　纸笛　府扁止水　莲盆　古瓮　笨车　篷　更漏筒　躺船　闽江船　白鹭船　招　虾须纤　铜斗　五帆船　檥　田躺　匼　皮背　纬管　银香炉金烛台　盒碗　椗

卷十

功夫茶　建茶名品　吕仙茶　佛腹古茶　名酒　桂花酒　盐树　苦酒　浦城红酒　金樱子酒　花饼光饼　扁食　汤饼　油粿　烧卖　汀州大腐干　冥果　虾脯　福膏福浆　槟榔称口　梅花饼　嘉禾同颖　芋　雪里蕻　蕻菜　芥蓝　如意菜　铁甲菜　祖树　荔支难长　开园　石贝　葧荠　平和抛　抛劈生龙眼　黄梨　榛　寡妇果　叶菱　地瓜　甘薯

卷十一

天下太平　榕　榕说　槻树　刺桐占岁　寄生冬青　雄雌树　倒樟树　水藤　万年松　软竹　锯子竹　隋桂　桂子风兰　面花　龙船花　茉莉根　绿珊瑚　草珠　建兰　朱兰　牵牛花　佛面竹　荔支占岁　棕花　葫芦竹　东台仙橘　浮水兰　异草　雷公菇

卷十二

龙示真像　火龙　山蛟　蛇王庙　大田蛇　弹子蛇　豚蛇　蜥蜴　蝎虎　鼍　汉鼋　方龟　甘蔗虫　雷蜞　五色虾蟆　屏南大蜘蛛　食蜈蚣　黄花鱼　带鱼　虎鲨鹿鲨　狗鲨　魟鱼　魟鱼刺　胎鲨　鳊鱼　乌鱼　雪鱼　翁园池鱼　黯淡滩鱼　鳆鱼　辟火龟　摄龟　桃花片　海蟹　蟳　蠘　蠘字　螃蚌　虾姑　五色虾　白鸠　鹊　鹭鸶巢树　鹭有先知　鸬鹚巢树　车歇歇　早作　肯吃亏　老快活　葵花鸟　雨鸟　兔　竹鼠　四眼狗　土驹子　三脚猪

《闽杂记》校点说明

《闽杂记》十二卷，清施鸿保撰。

清人记福建风土而以《闽杂记》名书者，据《中国丛书综录》著录有三种，即：

《闽杂记》十二卷，（清）褚华撰，《申报馆丛书》续集《掌故类》。

《闽杂记》二卷，（清）黄锡蕃撰，《黄椒升遗书》。

《闽杂记》一卷，（清）施鸿保撰，《小方壶斋舆地丛钞》第九帙。（第二集，页五四二）

案：此录有误。检《申报馆丛书》十二卷本，撰者乃施鸿保，并非褚华。其致误实因十二卷本前一种书系褚华撰《滬城备考》六卷，或《综录》编者误将前书撰者植于后书。至所著录一卷本是十二卷本收入《丛钞》时的节本。黄记未尝寓目，所见独施记繁简二本。

施记撰者施鸿保，字可斋。浙江钱塘人。生年不详，同治辛未（十年，1871 年）三月卒于福州旅寓，年七十余。以此上推，当生于乾嘉之际。道光四年中秀才后，屡试不第，遂去江西、福建等地作幕，而在福建为时尤久。据此书咸丰八年自叙说：

余自道光乙巳来闽，迄今十有四年，十府二州其未历者福宁、漳州、永春、台湾而已。

道光乙巳为二十五年，历时十四年为咸丰八年，其间幕游所经几遍福建。施氏于作幕谋食之余还勤于著述。所著有《春秋左传注疏五案》六十卷、《炳烛纪闻》十六卷、《读杜随笔》八卷、《可斋诗文集》若干卷，而《闽杂记》则是他记在闽见闻的杂著。从这些著述看，施氏之学似已遍涉于四部了。

《闽杂记》的撰述始于到闽的道光二十五年，初步完成于咸丰六年，前后采录编次垂十二年。他自称：

凡至之处，尝与博雅谈宴，辄询事迹见闻，或为地志未载，载而未详者，一有所得，即随手缀录，间加采访辨证之。留意既久，至丙辰岁，已积九百余条，乃甄为二十卷，不分类也。

次年，他又"追忆补续，参考删改，略分天、地、人、物四类，附以难中所著《思悸录》，共为二十六卷，名之曰《闽杂记》"。

此书撰者生前未梓，而寄存全稿于闽人王华斋处。同治十三年会稽朱埙到闽，自王华斋处假归阅读，并加摘录。后王氏"匆匆索归"，朱氏仅摘录十之三四，于光绪元年携归故里，即据摘录稿"重加省览"，"厘正分编为十二卷"，交申报馆印入丛书，为是书的重印本。所以今印本并非施氏原稿全貌，但即此十之三四已大有裨于了解闽省风土。设十之六七犹存王氏而能问世，则不仅有功于施氏，且可为闽省乡邦文献增色。

是书主要纪福建地方见闻，据整理者朱埙撰叙说：

凡闽之山川、人物、风俗、气候与夫坠闻逸事，随所见闻，一一具载,盖地志之支流也。

朱氏更评论其书说:

其所纪虽不出一乡一国,而网罗古今,洪纤毕具,述事陈辞,辨而不华,质而不俚,于世道人心,政事风教,尤三致意焉。闽为天南奥区,地大物博,方志有所未尽,得先生是编以参验之。仕宦者可以知民隐,游览者可以观土风,作史者可以备采摭,谈艺者可以资考证。

循读全书,其记风俗能详其异陋,记园林颇著其工艺,记物产则表其特异。虽短篇小什,未能概括事物的全貌;但言之娓娓,又颇有可观,其间尚有可供采择证史者。

其记土地所有权有皮骨之分说:

闽俗田有皮骨之分。买卖皮田者,契上书丑字,田字去左一直,读若爿。买卖骨田者,契上书田字,田字去右一直,读若棱。皆俗制字,词状中尝有之,他处人不识也。(卷八《丑田》)

此所谓田有皮骨之分是封建社会晚期土地所有制关系松弛的一种特殊占田形式。所谓骨田为土地所有权,所谓皮田为土地经营耕作权。其有骨田权者称骨主,即地主,其有皮田权者称皮主,即包佃者或佃权所有者。这已表明地主土地所有制的权力在下降,主佃关系在发生新的变化,致使当时有所谓“一田三主”之称。顾炎武《天下郡国利病书》卷九三、九四均述及此事。近人傅衣凌于《明清农村社会经济》一书曾详论此制。

农民生活困苦,往往于青黄不接之际,预卖作物,即一般所称“卖青苗”者,福建则称之为“判卖”。《闽杂记》记其事说:

凡田地、山场所种竹木蔬果之类,不论收获多寡,于初种或将获时,估卖于人,谓之“判卖”。闽俗词状常有“冇”字,有字

中缺二画，初不识，后知即“判”字也。（卷七《冇有》）

“冇”字广东读若冒，即无之意：福建读若“判”，凡禾稼不实，物之中空者皆曰“冇”，如瘪谷称“冇谷”，所以“判卖”者，即卖不成熟的作物。

福建气候利于果木，又地狭人稠，所以果树种植成为农业经济中的重要专业，《闽杂记》所记果木园的经营正反映商业性农业的发展，如：

> 橘园在福州西城外，广数十亩，皆种橘树。每秋熟后，红实星悬，绿荫云护，提筐担筥而来者，讴歌盈路。（卷三《橘园》）
>
> 闽俗荔枝熟时亦以红笺书某处荔支于某日开园。（卷十《开园》）

商品性农产品成熟后贴出“开园”广告，公开出售，而且“提筐担筥而来者，讴歌盈路”，其盛况自可想见。这一盛况可证农业经济中资本主义因素随着商品经济的发展而增长。

与此同时，福建的药材也越出省界转贩江浙，活跃了贸易，如延、建、邵地区有人于冬月收买牵牛花子，“与使君子、钗石斛、泽泻等，贩江浙间，其利颇夥”（卷十一《牵牛花》）。

类此社会经济资料外，是书还注意到文化资料，如记方言读法、人事称呼、古迹遗文等均有涉及，而所记书林掌故，也可资考证。如记闽中藏书家称：

> 闽中藏书家最著称者，宋时莆田郑樵、林霆外，如方渐富文阁、方千宝三余斋亦有名。明时则晋江黄俞邰千顷堂、福州徐兴公汗竹斋、宛羽楼皆有书目行世。国朝林鹿原中书、李鹿山中丞、何述善上舍、郑昌英秀才。近时若梁茝林中丞、陈恭甫太史、何枝海孝廉，闻所藏皆十余万卷，真可羡也。（卷八《闽中

藏书家》)

是书虽有可供采铜者,但不经之辞也所在多有,如云带鱼为鹭鸶所化,并以“石首化鹞、黄栾鸟化雀证之”,而认为”或可信也”(卷十二《带鱼》)。它如同卷《火龙》条言火龙“出则致雨,归则致火”。《鹭有先如》条言闽省藩署榕树巢鹭,“若其年鹭不来巢,则主官有大故;或巢而不多,亦必有降调之虞”。其他各卷也有多则类此。此固撰者未脱说部窠臼,要在读者善加抉择。

撰者引述前人著述较多,唯多沿过去学人随意引述的陋习而失于谨严。如卷四《虞王清节》条引录《南齐书·虞愿传》称:“愿在郡,不治生产。前政与民交关,质录其子。”本传作“质录其儿妇”。又同则引《南齐书·王秀之传》文也多有出入。又卷五《宋无忌》条引《史记·索隐》也有歧异。此本为读者方便,引语均加引号以别于其它,而不可引之为据。

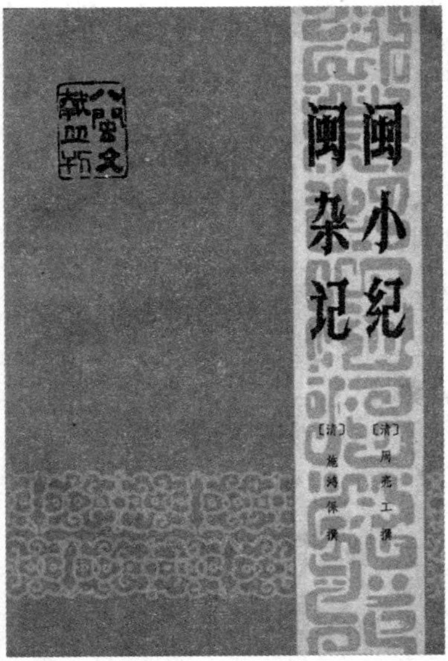

撰者著笔也有荒疏处,如卷十《甘薯》条言“唐大宗名预”,实为代宗。

是书申报馆本为初印本,中有错字及模糊处。《小方壶斋舆地丛钞》本作一卷,系删节申报馆本而收入者,难资考证,仍当以申报馆本为据。

来新夏

一九八三年除夕

清嘉录

（1986）

“明清笔记丛书”之一。清·顾禄撰。来新夏校点。14.1 万字。上海古籍出版社 1986 年 5 月第 1 版，第 1 次印刷，印行 6000 册。定价：1.15 元。

统一书号 10186·639

清嘉道时苏州府吴县人顾禄所撰《清嘉录》，是一部记载苏州地区风俗、节令、掌故的清人笔记。全书十二卷，每月一卷，以时令节序、民间活动、俗谣农谚为题，叙述地方风土人情。援引经籍志史、诗词歌咏等群书数百种，对民俗习尚、岁时节物一一加以溯源和考证。为清代风土杂著中之上品。无怪乎百余年后尚有学者推重其书说：“顾

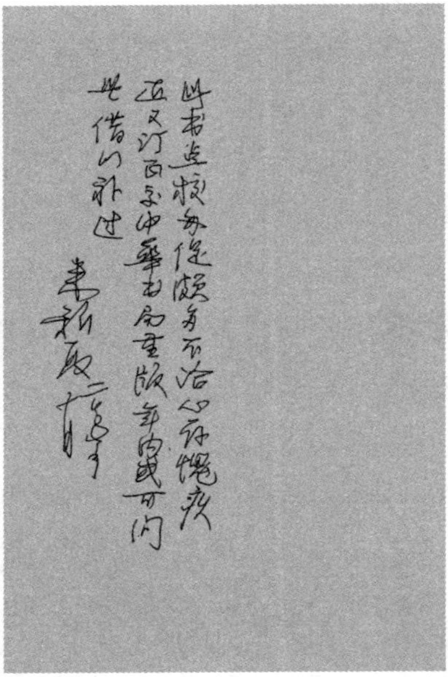
此书点校匆促颇多不洽心存愧疚
近又订正交中华书局重版年内或可问
世借以补过
来新夏 二〇〇
七年十月

氏此书，读之如谏果回味，历久弥甘。”（王伯祥语）

《清嘉录》初刊于道光十年（1830），次年流传到日本，得到日本学术界的重视，于日天保八年（道光十七年）梓翻刻本。日本学者稻畑耕一郎撰有《〈清嘉录〉著述年代考》。

来先生曾在《图书馆杂志》1983 年第 2 期发表《清人笔记随录——〈清嘉录〉》，后将此文修订，作为校点本的《前言》。

本室所藏《清嘉录》有来先生的题跋：“此书点校匆促，颇多不洽，心存愧疚。近又订正，交中华书局重版，年内或可问世，借以补过。来新夏　二〇〇七年十月。”

《清嘉录》目录

前言

顾承序

顾日新序

朝川鼎序

题辞

例言

卷一

正月

行春　打春　拜春　拜牌　岁朝　挂喜神　上年坟　拜年　飞帖　开门爆仗　欢喜团　黄连头叫鸡　看风云　秤水新年　烧十庙香　山川坛迎喜　状元筹　升官图　年节酒　小年朝　接路头　开市　七人八穀九天十地　看参星　齐天祭猛将　点灶馈　爆孛娄　春饼　圆子油馈　灯市　走三桥　放烟火　闹元宵　打灯谜　三官素　接坑三姑娘　百草灵　验水表　灯节

卷二

二月

玄墓看梅花　惊蛰闻雷米似泥　土地公公生日　掌腰糕　文昌会　冻狗肉　百花生日　二月十二　观音生日　观音山香市　木林柴　老和尚过江　神鬼天　春台戏　解天饷

卷三

三月

田鸡报　野菜花　插杨柳　戴杨柳球　过节　青糰炀熟藕　上坟　纸锭　山塘看会　犯人香　放断鹞　野火米饭　游春玩景　茶贡　谷雨三朝看牡丹　斋玄坛　白龙生日　东岳生日

卷四

四月

立夏见三新　秤人　注夏　立夏三朝开蚕党　小满动三车　卖新丝　麦秀寒　卖时新　浴佛　阿弥饭　七日八夜　蛇王生日　神仙生日　轧神仙　剪千年蒀　神仙花　四月十六　药王生日

卷五

五月

修善月斋　贴天师符　挂钟馗图　端五　秤锤粽　雄黄酒　蒲剑蓬鞭　采百草　健人　雄黄荷包裹绒铜钱　老虎头　老虎肚兜　独囊网蒜　长寿线　五毒符　辟瘟丹　划龙船　关帝生日　黄梅天　梅水　三时　分龙雨　拔草风

卷六

六月

黄昏阵　六月不热五谷弗结　山糊海幔　龙挂　谢灶　狗䞍浴　晒书　翻经　三伏天　凉冰　珠兰茉莉花市　乘风凉　虎丘灯船　合酱　火神素　雷斋　封斋开荤　二郎神生日　荷花荡　消夏湾看荷花　辛斋

卷七

七月

预先十日作秋天　秋毂碌收粃榖　朝立秋渹嗖嗖夜立秋热吽吽　立秋西瓜　巧果　砮巧　染红指甲　看天河　烧青苗　青龙戏　七月半　斋田头　盂兰盆会　棉花生日　地藏王生日

卷八

八月

天灸　灶君生日　八字娘娘生日　八月半　小摆设　斋月宫　烧斗香　走月亮　塔灯　月饼　石湖串月　粢糰　稻生日　木犀蒸　风潮　秋兴　处暑十八盆　白露身弗露　处暑若还天不雨，纵然结实也难收　白露白迷迷，秋分稻秀齐　稻秀只怕风来拢,麦秀只怕雨来霖　分后社白米遍天下,社后

《清嘉录》校点前言

《清嘉录》十二卷,清顾禄撰。

顾禄字总之,一字铁卿,自号茶磨山人。生卒年不详。所著《清嘉录》初刊于道光十年,一书之成当需数年,则此书创编或在道光五至十年间。而《例言》首称:"余年二十有五,丁母氏忧,闭门却轨,日与父老谈吴趋风土。目之所见,耳之所闻,辄寄诸子墨,以资歌咏,以助剧谈,阅数年,积若干帙,都为十二卷。"据此,顾氏当生于嘉庆初年,称之为嘉、道时人当无误。当时人韦光黻于所撰《闻见阐幽录》中曾略述其生平说:

> 顾铁卿禄,吴附生。恃才华,纵情声色。娶妾居山塘之抱绿渔庄。刻《清嘉录》《桐桥倚棹录》。外洋日本国重锓其版,称为才子。为友人陈某诱致邪僻,事连,同系于官。陈某逸去,禄旋以疾卒。《易》曰:"比之匪人,不亦伤乎!"如曹(按:曹埙,字稼山)、顾两君,皆可深惜者。(《吴中文献小丛书》)

顾氏能诗赋,善画,长于掌故。所著有《颐素堂诗钞》六卷,附《清嘉录》十二卷,道光五年付刊,梓成于道光十年庚寅。次年即随船传入日本,得到彼邦学人重视,推其诗为"各体咸备,众妙悉臻,彬彬风雅,比兴不坠"。于《清嘉录》则重其"于土俗时趋,推其来由,寻其沿习,慎而不漏,该而不侈。考证精确,纤悉无遗"(日本朝川鼎书序)。又辑有《颐素草堂丛编》七种,嘉庆二十四年刻本,其中自撰有《雕虫集》《骈香俪艳》《看枫约》《酒春秋》《壶中揽胜》五种。别有《颐素堂丛书》八种,所收顾氏自作尚有《紫荆花院排律》《省闱日记》《买田二十约》,及《烟草录》(与褚逢春合著)。此外,顾禄所著笔记《桐桥倚棹录》,已由上海古籍出版社于1979年整理出版。

这些著述最有影响的当推《清嘉录》,这是顾禄记述苏州风土的杂著。清代的风土杂著颇多,重要都邑几乎都有,而以谈北京、苏州者为多。此类著述或随笔札录掌故沿革,或按方位记述城坊建制,或发之于吟咏,或以之为导游。其能以月为序,以节令民谚为题,叙地方风土人情,娓娓详备,兼能参稽群籍,附加考按者,自当以《清嘉录》为最。

《清嘉录》十二卷,每月一卷,按月分条记民间令节风俗,引录有关诗词,共二百四十二则。每则之末,搜罗群书,援以为证,有一定的资料价值。无怪乎百余年后尚有学者推重其书说:"顾氏此作,读之如谏果回味,历久弥甘。"(王伯祥:《庋榢偶识》,见《中华文史论丛》1979年第四辑)

《清嘉录》虽为风土杂著,而涉及方面甚广。尤以对社会情况反映更称真切,其间虽有迷信怪诞之说,而颇有助于了解嘉、道间社会经济状况及民情风俗,所记社会底层生活更为他书所少见。如卷四《卖时新》,卷六《三伏天》《凉冰》《珠兰茉莉花市》,卷七《立秋西瓜》,卷十一《饧糖》及卷十二《年市》诸条均记小商小贩的经营状况甚详。其记熬糖小贩"寒宵担卖,锣声铿然,凄绝街巷"(《饧糖》)的凄声悲调似犹声声入耳。其记江湖艺人不仅见其自身生涯,也可窥知社会风情,如卷一《新年》条于详记玄妙观前杂要艺人的各种行当时,特别具体地记述瞽男盲女的说唱活动是:"瞽男盲女击木鱼铜钹,答唱前朝故事,谓之'说因果'。"同一条还记及测字、起课、算命、相面各色人等的觅食状况以及"逢人祗应"以装水烟袋为生的窭人。诸般形象使人若置身玄妙观前熙攘繁盛之中。

是书还记及剥削阶级的奢靡生活,如卷六《虎丘灯船》即记载豪民富贾一掷千金无吝色的奢靡生活：

> 豪民富贾，竞买灯舫，至虎丘山浜，各占柳阴深处，浮瓜沉李，赌酒征歌。赋客逍遥，名姝谈笑，雾縠冰纨，争妍斗艳。四窗八拓，放乎中流，往而复回，篙橹相应，谓之"水辔头"。日晡，络绎于冶芳浜中，行则鱼贯，泊则雁排。迫幕施烛，焜煌照彻，月辉与波光相激射，舟中酒炙纷陈，管弦竞奏，往往通夕而罢。

作者自谓"隐寓陈善闭邪之意"(《例言》)，其友褚逢春亦云："《清嘉录》纪吴中岁时风俗，于踵事增华中，寓改奢即俭之思。"(《桐桥倚棹录》序)可见此书实兼有民俗学与社会学之双重意义。

是书征引群籍颇称繁富，作者也自诩搜罗群书达数百种之多。惜所引多误，正以见作者未获永年，不遑订正少作。翻读全书，随手即可拈来多例。如所引书作者有误，其卷一《行春》《开门爆仗》《放烟火》，卷三《放断鹞》诸则附考均引及"唐高承《事物纪原》"，然《纪原》诸本、《直斋书录解题》《四库提要》均作宋高承。又如误《野获编》撰者沈德符为孙德符(卷六《狗醺浴》《晒书》)。至引文与原书相核，或误或删或不合原文者所在多有，如引《事物纪原》各条，核之原书，或无此引文，或全段仅一语相和。卷五《划龙船》条引《旧唐书·杜亚传》称："江南风俗有竞渡之戏"，而细核《旧唐书》卷一四六本传则为"江南风俗，春中有竞渡之戏"。其引文脱"春中"二字，则下文定龙舟日期"在春中不在端阳"一语将无所依据。卷三《犯人香》条附考引《旧唐书·王毛仲传》云："管闲厩、刍粟之类，每岁回残，常致万斛。"而核之旧唐书卷一〇六本传则此段语分三处记事：一曰"检校内外闲厩"；二曰"刍粟之类，不敢盗窃"；三曰"每岁迴残，常致数万斛"。顾氏缀合一起，未照引原文，至误数万斛为万斛，相差数倍。类此固不得言其严谨。现书中仍保持原状，未一一加以订正。该书于排比引文之中，时时“参以己见”，为阅读通畅及醒目计，凡引文与原文无根本性质之出入者，则仍加引号，以别畛域。少量易滋惑误者，则酌情出校。但希望读者使用书中所引各书资料时当追查原书，而勿以此为据。

是书初刻于道光十年庚寅，有宛山老人顾承序，称此书书名本于陆士衡“士风清且嘉”之句，并称此书：

荟萃群书，自元旦至于岁除，凡吴中掌故之可陈，风谣之可采者，莫不按节候而罗列之。名之曰《清嘉录》，洵吾吴未有之书也。

另有剑锋老人顾日新序一篇。作者《例言》六则，述编纂缘起、资料来源及体例等甚备，可供读全书之参考。别有题词若干则。道光十二年五月，顾禄远道托人带扇头题诗及画赠日本学者朝川鼎，并请他为《清嘉录》题词，于是朝川鼎便与友好积极商洽擘画《清嘉录》的翻刻事宜。另一学者安原宽还对全书加以校订翻刻。现传本简端有校订十数条，疑即安原宽所校。日翻刻本于道光十七年(日天保八年)丁酉七月刻竣。

光绪三年，葛元煦据日刊本收刻《清嘉录》于《啸园丛书》中，四年刻竣。葛氏特写跋以志刊行缘起：

《清嘉录》十二卷为吴县顾铁卿所撰，将吴中风俗，分十二月详晰编载，不惮烦琐。其中溯源往事，博引群书，洵为雅俗共赏。惜原版久已遗失，故吴中罕见是编。近从日本觅得翻刻本，亟付手民，重为锓版，俾入境者作采风问俗之资，握管者为数典正文之助，恐《中吴纪闻》《千金》《四民月令》等书不得专美于前矣。光绪四年戊寅仲春月仁和葛元煦理斋识。

光绪十七年辛卯秋，又有上海乐善堂据日刻本翻刻，封里别署

《吴门风土记》。《小方壶斋舆地丛钞》第六帙收有顾禄著《吴趋风土录》即此书节本，各则仅有记事而无歌词及征引著作，可供浏览，难作依据。

1962年8月，顾颉刚、俞平伯及王伯祥诸氏拟编印《吴门风土丛刊》，“即以此书及《桐桥倚棹录》树之干，前冠蔡云《吴歈百绝》，后缀袁学澜《苏台揽胜词》《虎丘杂事诗》《姑苏竹枝词》《田家四时诗》《吴门新年杂咏》《岁暮杂咏》六种。”（王伯祥：《庋榢偶识》）惜其事未果。

《清嘉录》刻本较多，仅据知见，撮述如次：

一、原刻本据日本朝川鼎书序中说，附刻于《颐素堂诗钞》之末，“梓成于道光庚寅首夏”。此本据顾颉刚《桐桥倚棹录·题识》称“已不易睹”。近在华东师大图书馆见愚斋（盛宣怀）藏书中有《清嘉录》四册，无日人校刻痕迹，扉页正面刻“道光庚寅孟夏，清嘉录，何桂馨题”。颇疑此本为原刻本。

二、日刻本系据原刻本翻刻，据朝川鼎书序说，系由校者安原宽“捐俸授梓”，于“丁酉七月校刻竣工”，丁酉为日本天保八年，清道光十七年。据《夜读草》作者所见，为知言馆刊本，有朝川鼎序。日本《京都大学人文科学研究所汉籍目录》著录此本为“天保八年江户须原屋佐助等覆道光十年刊本”。上海图书馆所藏《清嘉录》一种为五册，扉页正面有何桂馨题签，反面刊“东京乐善堂藏版记”，则此本当为日翻刻本，但此本无朝川鼎序，或改装时遗落。

三、又一本封里镌道光庚寅孟夏，何桂馨题《清嘉录》，似翻刻原刻本封里。有日天保八年丁酉八月朝川鼎撰序。每卷卷首除署“吴县顾禄铁卿课”外，尚并署“日本久居安原宽得众校”。简端时有方块校记，则此本显非原刻。此本无日本大窪行等三人题词。大窪行等题词小序称:“比先生书近作七首赠朝川善庵以求序，并征我辈题词”数语，与朝川鼎序所言:“岂意君亦谬闻余虚名，壬辰五月，扇头题诗及画托李少白以见寄示，且属题词于《清嘉录》”，二者正相合。壬辰为道光十二年，大雀行等题词当在此后不久，而十七年竣工的日翻刻本自应录入。《夜读草》作者定此本为日翻刻本，而于无大雀行等人题词则释为“不知何故”，此说无充足理由。此本似不得遽定为日翻刻本。

四、又一本封里格式与上一本同，但有日本大雀行三人题词而无朝川鼎序，也未署日校者名。全书版式与上一本略异，即此本每卷卷首书名与卷次分列二行，而上一本则书名与卷次连为一行，但简端无方块校记。《夜读草》作者以此本为原刻本，并记称:“顷于琉璃厂得原刻《清嘉录》四册，内容与翻本无异，唯题词多二纸，有日本大窪(雀)天吉等三人诗三首。”此说未妥。大雀行三人题词系见原刻本后所作，原刻本岂得有大雀等题词。故此本并非原刻。

五、光绪三年《啸园丛书》本，据葛跋乃据日翻刻本而重刻者，无日人序及题辞，也不署日校者名，简端无校记，但有按校记改正处，也有并未改正而仍沿旧误者。此本刊行缘起，葛跋言之甚明。

六、光绪十七年上海乐善堂据日翻刻本刊行本，版式与第一种全同。仅扉页不用道光庚寅何桂馨题签而改为“光绪辛卯年仲秋之月吴门风土记上海乐善堂藏本”字样。有日人序而无日人题词，当为翻刻时所删略。各卷目录集中于全书之首而非如其他诸本的分隶各卷卷首。简端有方块校记，但不如第三种本所附校记之全。

七、据《京都大学人文科学研究所汉籍目录》著录:日人长泽规矩也辑《和刻本汉籍随笔集》,昭和四七至四九年东京汲古书院景印本,其第十一集收印《清嘉录》。

本书以第四种为底本,以一至三本校对,并以所引各书之原文适当进行参校。据对校本,收入朝川鼎序。第三种本子简端所附方块校记均认作日翻刻本所校,并入本书校记,以备参稽。

来新夏

一九八三年三月

天津风土丛书

（1986）

来新夏主编。1985年4月，来先生主编“天津风土丛书”。翌年5月，“丛书”各种相继完稿，交由天津古籍出版社陆续出版。

本室所藏有：《津门杂记 天津事迹纪实闻见录》，前者张焘撰，丁緜孙、王黎雅点校；后者佚名撰，罗澍伟点校。《敬乡笔述》，徐士銮著，张守谦点校。《梓里联珠集》，华鼎元辑，张仲点校。《天津皇会考 天津皇会考纪 津门纪略》，《天津皇会考》徐肇琼撰，张格点校；《天津皇会考纪》望云居士、津沽主人撰，张格点校；《津门纪略》羊城旧客撰，张守谦点校。《沽水旧闻》，戴愚庵著，张宪春点校。《津门诗钞》，梅成栋纂，卞僧慧、濮文起校点。《老天津的年节风俗》，卞僧慧、濮文起辑。来先生撰有总序一篇，置于各册之首。

“丛书”所介绍的天津历史风貌和提供的乡土资料，旨在保存地方文献。如《敬乡笔述》原来只有抄本传世，民国二十一年（1932）才有天津徐氏濠园刊本，此是徐世昌的堂兄弟徐世章所刻印。《敬乡笔述》增补了《续天津县志》的漏载，并订正了某些舛误，所以可以把它看作是《续志》的补充和修订。

《梓里联珠集》

书号 10330·7 定价:1.20 元。

《沽水旧闻》

书号 11330·8 定价:1.35 元。

《敬乡笔述》

书号 11330·9 定价:1.20 元。

《津门杂记 天津事迹纪实闻见录》

书号 11330·10 定价:1.35 元。

《天津皇会考 天津皇会考纪 津门纪略》

ISBN 7—80504—052—4 定价:1.70 元。

《津门诗钞》

ISBN 7—80504—019—2 定价:18.40 元(上、中、下)。

《老天津的年节风俗》

ISBN 7—80504—254—3 定价:1.65 元。

来先生在本室藏本《沽水旧闻》《津门诗钞》均署“来新夏　二〇〇八年十月”。

《天津风土丛书》总序

记一地风土民情、遗闻琐事的书是地方志中的一大支流。它不仅可资掌故谈助，也可备编写方志的采择，现在还可供旅游者参考。它起源甚早,南北朝时梁·宗懔的《荆楚岁时记》是比较著名的一部早期风土著述。但所记为两湖地区,范围似嫌略广。宋·孟元老所撰《东京梦华录》则记开封一地风土,为后人所喜读。清人对这类

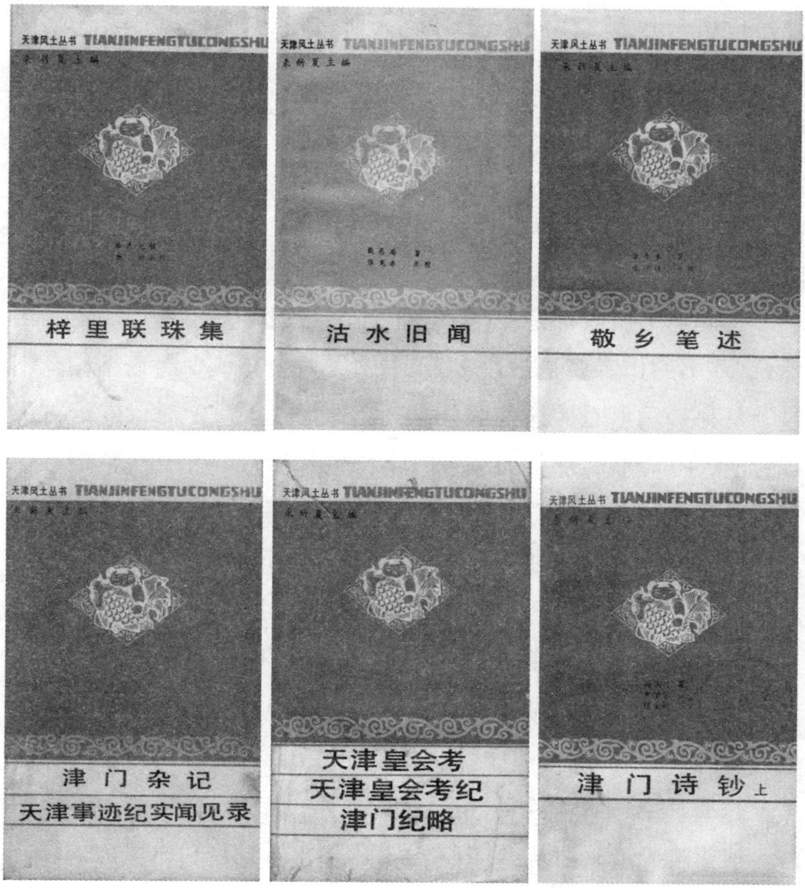

书的撰述尤有兴趣，项维贞《燕台笔录》、高士奇《金鳌退食笔记》之记北京，周亮工《闽小纪》、施鸿保《闽杂记》之记福建，厉鹗《东城杂记》、徐逢吉《清波小志》之记杭州，陈作霖《金陵琐记五种》之记南京等，几于屈指难数。但书多散刊，搜辑不易，于是有风土丛书之编。繁者如丁丙所辑《武林掌故丛书》，多至二十六卷；简者如《上海掌故丛书》《北京历史风土丛书》，均集多种书于一编，便于翻检。天津虽位居名城,除《津门杂记》较为人所习知外,其他风土著述则多被忽略。1938 年,张江裁辑印《京津风土丛书》时,涉及天津者也仅收入二种,但实际情况远非如此。这就促使我想约请一些同道者共同整理出版一套《天津风土丛书》,而天津古籍出版社不计草创之艰难,把这套丛书的出版,毅然引为己任,从而使我的设想成为现实。

这套丛书所收都是成作,我们仅作点校整理,不妄加删定。当然,这些书的作者多是封建文人,书中无疑会有不少封建糟粕。不过若从另一角度看,这些部分也真实地反映了一定时代的地方风貌,如果予以删除,那就失去了时代特色,但为帮助阅读,整理者均在每种书前写一点校说明,供读者阅读时参考。

这套丛书虽然不是什么创举,但至少可以起到保存地方文献,提供乡土资料和介绍天津历史风貌等作用。所担心的是由于整理者种种客观原因和我在工作中的疏略,可能会出现某些使读者引为憾事的不足与缺点。这只有借公开印行的机会来求助于广大读者。

这套丛书基本上一种一册,但为了平衡篇帙,也可能一种数册或一册多种。虽名曰丛书,但不作统一编次,可分可合,以应不同读者的需要。

这套丛书的生命力将依靠广大读者的支持指导。我愿意随时按读者的需求以供驱使,并将此视为我学习和生活中一件极感愉快的事。

一九八六年五一节

于南开大学地方文献研究室

中国地方志综览

(1949—1987)

(1988)

来新夏主编。76.16万字。黄山书社1988年10月第1版,第1次印刷,印行5000册。定价:14.00元。

ISBN 7-80535-080-9

这是一部全国性地方志资料兼工具书作用的综合汇编与著述。对自1949年至1987年间,编纂新志的历年大事、成果、理论研究现状、旧志整理情况、社会服务、台港方志动态以及建国以来地方志各种研究参考资料进行了全面论述。

傅振伦先生评论《中国地方志综览(1949—1987)》:"此书使读者足不出户庭而能窥方志论述之全豹,问世之日,必能洛阳纸贵,不胫而走,嘉惠士林,检寻良便。"《中国地方志综览(1949—1987)》由于信息完备,极大地推动了全国第一轮地方志的编纂工作。本书编纂工作的筹划与实施,主要由黑龙江省地方志研究所和南开大学地方文献研究室主持。

《中国地方志综览(1949—1987)》收载《〈萧山县志〉篇目》《〈萧

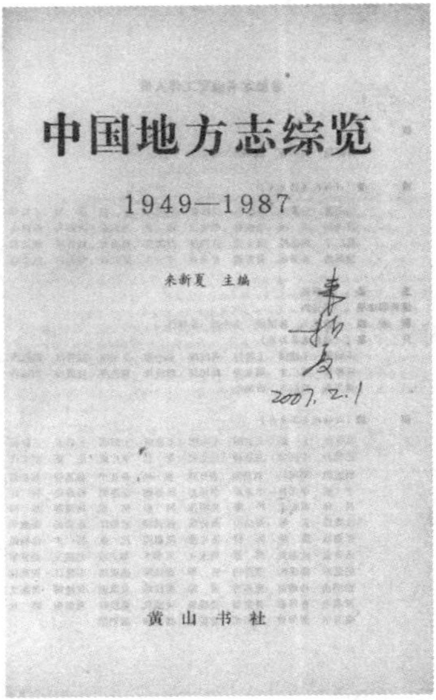

山县志〉稿评议会》《方志学概论》，在“文章选目”栏，收录来先生所撰的《关于地方志编写工作中的几个问题》《加强新编地方志的审评工作》《略论地方志的研究现状与趋势》《新编地方志的标准问题》《志书的资料工作和编写》《地方史志资料的搜集与整理》《地方史志的过去、现在和未来》及《地方志中的人物资料及其作用》等十余篇。

本室庋藏一册，题有“来新夏2007.2.1”。

《中国地方志综览(1949—1987)》目录

《中国地方志综览(1949—1987)》序 /傅振伦

中华人民共和国成立以来,为了继承和发扬我民族代代相传的编纂地方志的优良传统,党和政府于1956年、1980年发出通知,号召全国各地整理旧志,编纂新志。为此,各省(区)县市闻风而起,纷纷成立地方志协会、地方志编纂委员会从事工作。或编印方志刊物,或开办修志人员培训班,或撰写论文和专著。其综论方志者则有通论、概论、新论、要论,或基础等基本知识之书;辑录论文者则有总考、分考、论集、论丛、文集、文存、文录、文选之书;编辑工具书者,则有目录、提要、手册、辞典之书;其整理旧志者,则有辑佚之书、点校重印之书,又有选印凡例、题跋者。名目繁多,不一而足。方志编纂工作人员、方志研究专家学者和史志教学者、爱好者,深深感到这类书刊浩繁,以不易遍览而尽睹为憾。故而,互相邀集会商,共同编著《中国地方志综览(1949—1987)》,拟将当代编纂新志的历年大事、成果、理论研究现状、旧志整理情况、社会服务,以及台港方志动态等,在全国范围内搜集资料,系统编排,汇编成册。关于解放以来地方志各种研究参考资料,大体具备;尤以重要方志成果与学术动态。全书一年告成,含辛茹苦,蔚为大观。此书使读者足不出户庭而能窥方志论述之全豹,问世之日,必能洛阳纸贵,不胫而走,嘉惠士林,检寻良便。因略赞数语,以飨同好。

傅振伦

一九八七年丁卯立冬日于北京

《中国地方志综览(1949—1987)》编后记

《中国地方志综览(1949—1987)》是一部众手合编的集体著作。本书的编纂,最先源于齐红深1986年夏之倡议。在他提出的设想基础上,经参与编辑工作的全体人员多次磋商,作了较大的修改,然后据此搜集资料,编纂成书。本书编纂工作的筹划与实施,主要由黑龙江省地方志研究所和南开大学地方文献研究室主持,自始至终得到了各地不少单位的大力支持与合作。具体联络及常务性工作,主要由常务副主编郑正西承担。

1987年4月21日至25日,本书编辑筹备会议在武汉召开,参加会议者30余人。会议制定了供稿纲目,并作了初步分工。随后,搜集资料和条目撰写工作开始。同年10月15日至21日,在桂林召开本书编务会议,29人参加,确定了全书撰稿篇目。1988年2月5日至10日,在南宁召集少数人参加的定稿讨论会,对初稿进行了会审。此后,又经过局部修订以及核实,由主编初步审阅,印发给副主编分头复审,与此同时,又将有关条目寄给各地核实,最后由正副主编交换意见,经常务副主编郑正西具体定稿后,送交出版。其中,王德恒、陈相因、周永光、秦邕江、王绍明、黄汝珍等协助了总纂工作。

本书对1949年以来的地方志资料进行全方位的搜集,所涉地域较广。为了求得资料的真实性和确保全书质量,组成32人的编委,重点把好资料关;设分纂19人,主要负责书中各专题的分头辑纂,成为初稿(唯《台湾香港方志动态》由饶展雄撰成,黄艳嫦协编;

《中国历代方志概述》由黄燕生撰成）。另聘请顾问 4 人，对全书进行全局性的技术指导与把关。顾问董一博同志于本书编成前不幸因病去世，他对本书编辑工作曾给予了莫大的关怀与鼓励，并作了具体指导。

本书的编纂工作人员由各地修志部门、部分大专院校和有关科研单位的方志工作者和爱好者自愿参加组成。其中，撰稿者 90 余人，尚有提供部分资料者（或单位）未列布名单，敬希谅解。本书的编成，撰稿人员做了大量工作，起了重要作用。

本书编纂过程中，除了参与者的通力合作外，还得到了不少有关人士的支持与鼓励。对这些热情关注，在此特致谢忱。

编纂如此大部头的著作，由于我们学识不足，经验缺乏，加之编纂人员分散于各地，又是业余时间进行，仅一年完稿，时间仓卒，难免在资料搜集上挂一漏万，在核实资料时不免存在某些讹误，编写纂辑也会有某些尚待进一步完善之处。我们热忱欢迎各方人士和广大读者惠予批评、匡正。

主编 来新夏

一九八八年八月

中国近代史资料丛刊·北洋军阀

（1988—1993）

“中国近代史资料丛刊”之一。来新夏主编。共五册：第一册77.5万字，1988年8月第1版第1次印刷；第二册58.9万字，第三册74.3万字，均1993年3月第1版第1次印刷；于1993年4月第1版第1次印刷的第四册、第五册，字数分别为62.6万字、63.6万字。皆上海人民出版社出版发行，印行1500册。《北洋军阀》书名为郭沫若所题。

《中国近代史资料丛刊·北洋军阀》（一）

ISBN 7—208—00234—7 定价：16.30元。

《中国近代史资料丛刊·北洋军阀》（二）

ISBN 7—208—00683—0 定价：25.00元。

《中国近代史资料丛刊·北洋军阀》（三）

ISBN 7—208—00684—9 定价：30.50元。

《中国近代史资料丛刊·北洋军阀》（四）

ISBN 7—208—00938—4 定价：26.40元。

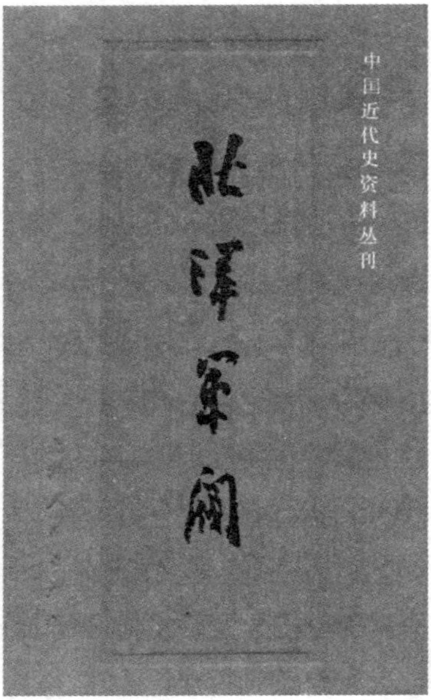

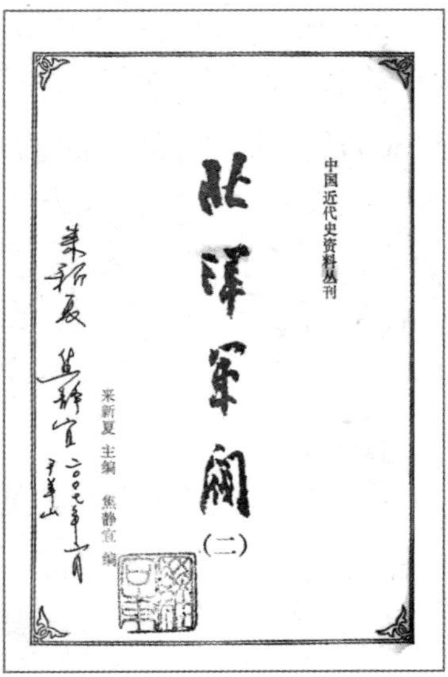

《中国近代史资料丛刊·北洋军阀》(五)

ISBN 7-208-01046-3
定价:26.80元。

新中国成立后,在范文澜、翦伯赞等史学家的倡导和主持下,由中国史学会主编“中国近代史资料丛刊”,包括从鸦片战争到北洋军阀等十一种专题,分别组织专家编选资料。《北洋军阀》是最后出版的一种。这部大型史料集,反映1912年至1928年北洋军阀统治时期的历史,内容包括北洋军阀建军(一)、袁世凯的统治与洪宪帝制(二)、皖系军阀与直皖战争(三)、两次直奉战争与直奉军阀(四)。所选录的范围,涉及档案、传记、专集、杂著、报刊等。并尽可能选录一部分具有史料价值的原始资料和流行较稀的成书。如从中国第一历史档案馆藏档中选录清末北洋新军活动的资料;从中国第二历史档案馆选录的第一次直奉战争资料,比较完备地反映了战前的舆论准备、战争中直系的财政支出状况等；从天津历史博物馆收藏的黎元洪函电稿中选抄了新旧约法之争、中德断交和军阀虐政等内容。又从《德宗实录》和《宣统政纪》中辑录北洋新军资料。入选的资料均经编者严格筛选和整理校订，可供研究者直接利用。

《中国近代史资料丛刊·北洋军阀》第一至第四册系按北洋军阀的兴亡历程分四个阶段，并围绕各阶段中的几个重要问题分别选编，第五册则包括军阀人物传志、大事记、书目提要等工具性资料。全书主编来新夏，负责编辑体例、选材取舍和审定全稿，并编选第一册、第四册；焦静宜编选第二册、第五册；第三册的编选者是张树勇。由来新夏、焦静宜编，载于《中学历史》1982 年第 2 期的《关于北洋军阀史的文献》一文，是编撰《北洋军阀》的细纲。魏根深《中国历史研究手册》（北京大学出版社 2016 年版）在叙述 20 世纪早期"军阀与土匪"的史料常用指南中，提到来先生的《关于北洋军阀史的文献》："来新夏（1982）将相关资料（一样适用于其他军阀派系）分为 8 类：档案、传记资料、特藏文献、地方公报、杂记、专著、出版的史料集和报刊杂志。"

1988 年这套资料汇编第一册出版后，受到学术界的关注，菲楠在《历史档案》1989 年第 3 期中以《中国近代史资料丛刊·北洋军阀》为题，进行了介绍。在全部出版后，莫建来在《民国档案》1994 年第 3 期撰文点评，这套资料汇编的出版，对北洋军阀史研究者提供了极大的便利，对于北洋军阀史研究的开展无疑具有重要的推动作用。

本室所藏《中国近代史资料丛刊·北洋军阀》共五册，第二册、第五册题签有"来新夏　焦静宜　二〇〇七年二月于羊山"。

《中国近代史资料丛刊·北洋军阀》第一册目录

《中国近代史资料丛刊·北洋军阀》第二册目录

袁世凯等与张勋往来函件一束
民国经世文编(选录)
关于"二十一条"的历次修正案
洪宪惨史(京畿军政执法处冤狱录)
共和军纪事(节录)
三水梁燕孙先生年谱(选录一)

《中国近代史资料丛刊·北洋军阀》第三册目录

编者说明
第三部分　皖系军阀与直皖战争
直皖秘史
黎元洪藏函电稿
复辟详志
西原借款
中日军事协定
醴陵兵燹纪略
三水梁燕孙先生年谱(选录二)

《中国近代史资料丛刊·北洋军阀》第四册目录

编者说明
第四部分　两次直奉战争与直奉军阀
直奉战争纪事
癸亥政变纪略(选录)

甲子内乱始末纪实

善后会议资料(选辑)

国民军史稿(选录)

国民革命北伐成功史(选录)

北洋政府档案(选辑)

奉系军阀密电(选录)

奉系军阀密信(选录)

《警务日报》(选译)

中国军队的军事力量——军阀统治时期

《中国近代史资料丛刊·北洋军阀》第五册目录

第五部分　军阀人物传志　大事年表　序考书目提要　重要论文摘要　参考文献索引　附表

容庵弟子记

故代理大总统冯公事状

合肥执政年谱初稿

中华民国陆海军大元帅张公行状

吴佩孚先生年谱

北洋军阀人物小志

北洋军阀大事年表

参考书目提要

重要论文摘要

参考文献索引

附表　北洋政府将军府将军表

北洋政府将军行署将军表

北洋时期中央军队序列和职官表

《中国近代史资料丛刊·北洋军阀》前言

北洋军阀是中国近代史上的一个政治军事集团。它以辛亥革命为界,大体上是前后各十六年。这三十多年的历史进程既反映了北洋军阀集团的兴亡,也构成了一幅错综复杂、五光十色的历史画面。过去对这一段有丰富内容的历史所进行的研究,如以其成果与其他历史领域相较,无论深度和广度都显得不足。特别是对资料的甄选与整理,由于时代距离过近以及其他某些众所周知的原因而长期处于被漠视的地位。

解放初,为了更好地推动中国近现代史的研究,在范文澜、翦伯赞等史学界前辈的倡导和主持下,由中国史学会主编《中国近代史资料丛刊》,包括从鸦片战争到北洋军阀等十一种专题,分别组织专人编选资料。虽然成书有先后,但截至辛亥革命前的各种资料均已陆续问世,为近代史的研究和教学提供了有益条件,对海内外学术界作出了应有的贡献,而唯独"北洋军阀"这一专题却迟迟不获问世,引起了学术界的普遍关注。

其实,北洋军阀这一专题的纂集也和其他专题一样,早于解放初期就已有成议,并组织过一个包括京津史学工作者在内的编委会,已故的荣孟源和谢国桢二先生都是成员。我当时虽然尚不及而立之年,也承荣、谢二先生厚爱,忝居其列,并接受委托,在津收集资料。不久,人事变幻,编辑工作陷于停顿,在津刚开始的资料搜集工作也告中断,所搜集的图书资料全部缴归南开大学图书馆入藏。

我虽对此事的中辍抱有微憾，但却意外地接触了一些资料而完成了我在中国近代史研究工作中的处女作——《北洋军阀史略》,确定了我对北洋军阀史研究的专题方向。可惜北洋军阀资料的成书却仍迟迟未见。

1985年秋,上海人民出版社为补足这套丛书,特派该社编审叶亚廉同志躬临天津,面商北洋军阀资料的编辑问题,并又多次信件往还。1986年初,该社又借我去沪出席中国文化史国际学术讨论会之便,作了进一步的具体磋商,并订立编辑出版协议。

北洋军阀专题是中国近代史资料丛刊的最后一种。由于这一专题的长期缺如,使丛刊未能及时配套,因而亟谋完成补缺工作;但因资料零散,人力单薄,而有些资料近年又多有出版,不宜过多重复,有些资料搜求尚多窒碍,以致进展时有困难,即使如此,我们也竭尽绵薄,希望能较好地完成补缺填空的任务。

北洋军阀的资料包括范围较广，有许多资料尚未经时间筛选和学术考辨；有的又往往由于当时不同派系的政治需要而真伪参半;有些不仅有较多的印本,还有近期的重印本。这些都给搜求整理工作带来一定的困难。可是见于教学和研究的需要,我们不能不力求在较短时间内完成这一资料的选录、整理工作。

本书的选录范围涉及档案、传记、专集、杂著、报刊和汇编等方面。凡现已流行的重印或发表过的资料尽量少选或不选。如确有一定史料价值非此不足以说明问题的,也就难以避免重复。资料门类的选用按照各阶段史事与资料情况而各有侧重。

本书尽可能选录一部分具有史料价值的原始资料和流行较稀的成书。如从中国第一历史档案馆藏档中选录清末北洋新军活动的资料;从中国第二历史档案馆选录的第一次直奉战争资料,比较完备地反映了战前的舆论准备、战事中直系的财政支出状况等;从天津历史博物馆收藏的黎元洪藏函电稿中抄选了新旧约法之争、中德断交和军阀虐政等内容。有些官书中虽有有关资料,但因篇幅过巨,内容繁杂,那就从中钩辑选编,如从《德宗实录》和《宣统政纪》中辑录的北洋新军资料。外人著作侧重于亲历目击、具有相当史料价值的,如埃·劳伦斯所著《中国的军事力量——军阀》一书系作者亲历第二次直奉战争之作,记战争的前后比较真实详尽。有些著作确有较高史料价值,如袁世凯的政治顾问、《泰晤士报》驻北京记者乔·厄·莫理循的书信集是一部百万余字、涉及1895年至1920年间中国政情的重要资料,但就在我们选译过程中,知识出版社以《清末民初政情内幕》为书名,将其全译出版,那只好舍弃不取了。总之,从浩瀚的资料里选录若干,纳入有限的篇幅之中,确有疏漏之虞。因而,我们又编制了书目提要和论文索引等参考检索工具以满足读者进一步求索的需要。

全套资料共五部分,前四部分按北洋军阀的兴亡历程分四段,并围绕各阶段中的几个重要问题分别选编五十万字左右,各成一册;第五部分则包括军阀人物传志、大事记、书目提要、论文摘要与附表等。

参加本书编辑工作的有张树勇、焦静宜、娄向哲和我。全书的编辑体例、选材取舍和审定全稿统由我负责。我们编辑这样一套篇帙较大的资料书,由于知识和能力水平所限,虽尽了自己的力量,但难免会有缺点和不足之处,尤其是这部资料书是以北洋军阀的兴亡为线索,所以其统治时期的其他资料便涉及较少,至祈读者亮察,并给予批评与指正。

来新夏

一九八七年十月

史记选

（1990）

“中国史学名著选”之一种。来新夏主编。26.2 万字。中华书局 1990 年 2 月第 1 版，北京第 1 次印刷，印行 2500 册。定价：3.20 元。

ISBN 7－101－00408－3

郑天挺主编的“中国史学名著选”是为高等学校历史专业课程史学名著选读编选的，拟编选《左传》《史记》《汉书》《后汉书》《三国志》《资治通鉴》六种选本。先后由中华书局出版的是：冉昭德、陈直主编的《汉书选》（1962 年），缪钺编选的《三国志选》（1962 年），徐中舒编注的《左传选》（1963 年），王仲荦等编注的《资治通鉴选》（1965 年），束世澂编注的《后汉书选》（1966 年）。1983 年 9 月，中华书局邀约来新夏先生点校注释《史记选》，南开大学历史系孙香兰、王连升等参与编选。1990 年由中华书局出版。

本室所藏《史记选》，系笔者挚友、绍兴安昌古镇娄仲安先生赠予。扉页的题跋：“此书今已难得，伟良得友人相赠，望善加庋藏。新夏　二〇〇七年十月。”

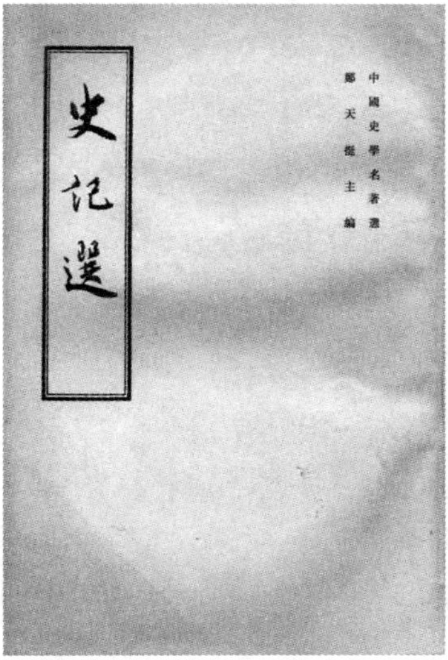

《史记选》目录

楚世家
孔子世家
陈涉世家
孙子吴起列传
商君列传
魏公子列传
屈原贾生列传
刺客列传(荆轲)
淮阴侯列传
吴王濞列传
魏其武安侯列传
卫将军骠骑列传
西南夷列传
酷吏列传(张汤)
货殖列传
太史公自序(节录)

《史记选》说明

《史记》原名《太史公书》。它是我国伟大的史学家司马迁以毕生精力所撰成的第一部纪传体通史,上起黄帝,下迄汉武帝时期,记述了共约三千年的历史。

司马迁字子长,西汉左冯翊夏阳(今陕西韩城)人。汉景帝中五年(公元前145年),或者更晚一些时候,司马迁出生在一个掌管国家典籍、档册的史官家庭里。他的父亲司马谈是一位学识渊博,对各种学派均有湛深研究的学者;也是一位通贯古今,从事通史撰写工作的史学家。可惜,司马谈在生前没有完成撰写通史的宏愿。汉武帝元封元年(公元前 110 年),司马谈在临终的时候,把自己撰写通史的愿望和准备下的一些资料遗留给了儿子。司马迁接受了这份宝贵遗产,并表示了“请悉论先人所次旧闻,弗敢阙”的决心。

三年以后——汉武帝元封三年(公元前 108 年),司马迁任太史令。他得到检读国家所藏图书、档册和文件的便利,于是“紬史记、石室金匮之书”,广泛地搜集了文献资料;并结合过去到各地游历访问所采集的口碑资料进行研究。他又参加了汉朝政府的一些兴革事宜,丰富了政治实践的知识。经过这样多方的努力,司马迁为撰写一部两世倾注精力的通史作好了准备。大约在武帝太初年间,司马迁开始了撰史工作。天汉三年(公元前 98 年),汉武帝藉司马迁为李陵辩护而加以罪名,处以“腐刑”。太始元年(公元前 96 年),武帝又任司马迁为中书令,“尊宠任职”。这是当时由宦者担任的职务,致使司马迁自认为已处于一种“无益于俗”的屈辱生活中;可是他为了实现父亲的遗愿,也为了把自己一生所见所闻的历史面貌以及自己的观点和理想留传给后世,不顾屈辱,毅然继续进行撰史工作。大约在征和二年(公元前 91 年),司马迁基本上完成了自己多年辛勤劳作的这部史学名著。不久,司马迁就离开了人世,其具体卒年已无从查考了。

《史记》是我国纪传体史书的开创性著作,也是汉武帝大一统政权的产物,在我国文化史上产生了巨大影响。司马迁把本纪、世家、表、书(志)、列传五种不同形式统一在一部书内,创立了一种便于反映时代特点的崭新史体。《史记》的内容不仅有政治、军事,也有社会经济、学术文化和宗教活动。不仅有帝王将相的事迹，也有社会上各种类型人物的成就与建树。不仅有汉族的纪事，也有汉族以外少数民族的专传。司马迁企图把各方面情况统一包容在这一部巨著之内，使之成为统一帝国的一座文化宝库。正因为这样，所以这个选本所选的篇章既要考虑到史事内容，也要照顾到各种体裁。同时，还希望能反映司马迁这一伟大史学家的生平、思想和学术成就。不过，选本终因篇幅所限，又囿于编选者的水平，所选各篇未必都很恰当。

《史记》一百三十篇包括本纪十二篇、表十篇、书八篇、世家三十篇、列传七十篇，但在《汉书》的《司马迁传》和《艺文志》的著录中，已说十篇有录无书。所缺各篇乃是褚少孙等人所补。这些补篇，选本中都未加选录。

《史记》的旧注，据说以东汉延笃的《音义》为最古，但久佚不存。今存旧注以南朝宋裴骃的《集解》为最早，继起者是唐张守节的《正义》和司马贞的《索隐》。一般惯称为三家注，原来都单刻单行，北宋时始散注于正文之下。这个选本没有全录三家注，而只是参酌和吸取了它的某些注解。

《史记》古本仅有断简残卷。三家注本全者当以南宋绍熙间黄善夫本为第一。涵芬楼百衲本廿四史的《史记》即据此本影印。明代廖铠、柯维熊、王延喆、朱维焯四本，都从黄善夫本出，而不如原本之善。明代尚有嘉靖、万历年间南北监刻的二十一史本和毛晋汲古阁刻的十七史本等多种。清代通行的是乾隆四年武英殿刻的二十四史本，通称殿本。还有各种据殿本覆刻、翻刻和影印的本子。同治五年至九年间，金陵书局印行了由清代校勘学家张文虎等人校刊的《史记集解索隐正义合刻本》一百三十卷。这个校本是清代后期校刊精审的善本，后来简称为金陵局本。解放后，中华书局的标点本《史记》就是以金陵局本为底本，又进行合理编排，分段标点，成为目前较完善的本子。这个选本就是以中华书局标点本为底本的。

这个选本是为高等院校历史专业“史学名著选读”课程编选的，也希望能作为有同等学力的青年的读本，因而我们对所选各篇作了注释，重点放在对人名、地名和典章制度等的注释上。注解多据旧注和前人成果，力求简而不繁；间存异说，但不广征博引。一般不作语句通释，留待教师在课堂上讲解。

这个选本是我和南开大学历史系孙香兰、王连升、孙立群、刘敏等五人集体编选的。参加审稿工作的有赵光贤（北京师范大学）、阙勋吾（武汉大学）、崔曙亭（华中师范学院）、涂宗涛（天津社会科学院）、施丁（中国社会科学院）、仓修良（杭州大学）、朱维铮（复旦大学）和端木留（南开大学）等八位同志；中华书局的责任编辑陈抗同志也参加了审稿会；东北师范大学的高振铎同志寄交了书面审订意见；南开大学的白新良同志在定稿工作中承担了查核资料、订正注文等繁重事务；在此统致深切的谢意。孙香兰、王连升二同志和我都审读了全稿，并由我作了最后的定稿工作；中华书局陈抗同志又对全稿进行了校订。但是凡选篇不当、注释有误和其他欠缺不足之处，都应由我负责，我真诚地期待着各方专家和读者的批评与指正。

来新夏

一九八三年九月

外国教材中心工作研究

（1990）

来新夏主编，国家教育委员会条件装备司编。16.9 万字。南开大学出版社 1990 年 6 月第 1 版，第 1 次印刷，印行 500 册。定价：10.00 元。

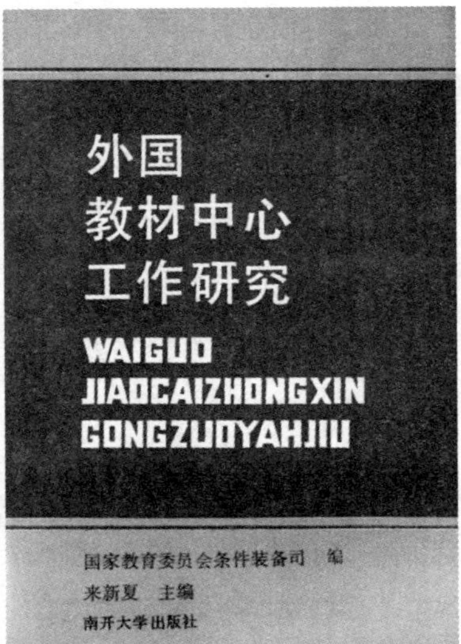

ISBN 7－310－00353－5

本书是为纪念国家教育委员会创建外国教材中心十周年而编辑出版的论文集，包含《新的进展 新的突破——纪念外国教材中心建立十周年》《发挥优势 各具特色 分工协作 共享成果——回顾十年藏书建设谈加强协作网工作》《"中心"建设的几个基本问题》《谈外国教材中心的教育职能》《试谈外国教材中心的地位和作用》《外文图书分类的捷径》《西文图书“排架号”的规范化问题》《非书资料的著录》《借鉴与利用外国教材，推进我国教学改革和教材建设》《探索教学规律提高外国教材研究水平》《一个实用的外教中心采购系统》等论文。书中反映了我国13个外国教材中心创建十年来所取得的成绩，并对如何进一步办好外国教材中心作了探讨。

《外国教材中心工作研究》目录

浅谈西文图书编目自动化的几个问题

日文图书著录标准化初探

日文汉字排检的新尝试

以《著者姓名笔顺号》作为书次号的探讨

试论读者服务与外国教材的开发利用

读者流与读者群的分析

——西安交大外国教材中心 1985—1988 年度读者服务工作的统计与分析

试议读者工作

研究读者心理 搞好主动服务

我国外国教材开发利用的现状与对策

武汉大学图书馆外文原版书利用情况点滴

——浅谈如何提高原版书利用率

浅谈外文原版图书的“信息损耗”

开发利用私人外文藏书初探

积极开展对外国教材的研究与评介工作

借鉴与利用外国教材,推进我国教学改革和教材建设

探索教学规律提高外国教材研究水平

一个实用的外教中心采购系统

谈外国教材中心实行西文图书计算机编目的体会

武汉大学外国教材中心生命科学数据库的建立及其应用

图书馆学情报学档案学简明辞典

（1991）

来新夏主编。89万字。南开大学出版社1991年1月第1版，第1次印刷，印行平装本、精装本共计8000册。定价：平装13.50元，精装16.50元。

ISBN 7—310—00284—9

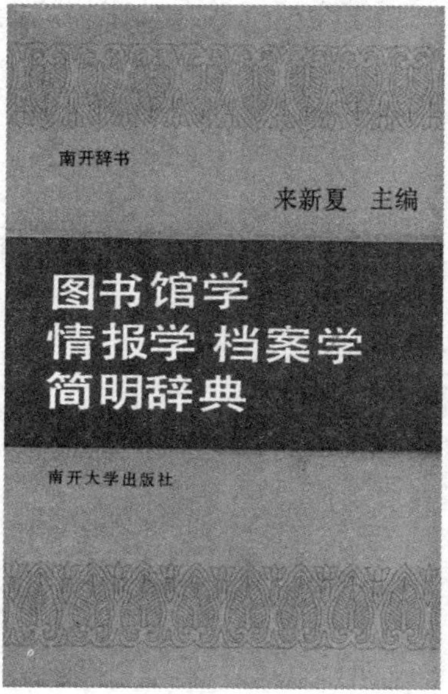

本辞典收录内容包括图书馆学、情报学、档案学的名词、术语、著名人物、重要著作、事件和组织机构等方面的条目共4222条。国内在世人物及其著作一般不收。正文条目按汉语拼音音序排列，同音同调者，以汉字笔画数为序。条目首字相同者按第二字音序排列，第二字相同者按第三字音序排列。依此类推。以外文字母起头的条目则分别按英文、俄文字母顺序排在汉语拼音之后。书前所载《笔画索引》，按条目首字笔画数顺序排列。编者还在附录中给出“中国出版的图书馆学情报学档案学专著一览表（1949 年 10 月至 1986 年 12 月）”“中国图书馆学情报学档案学刊物一览表”“中国图书馆学情报学档案学专业设置一览表”“常见机构术语缩略语一览表”“各国标准化组织一览表”“ISO 各技术委员会名称及其创立年代一览表”等内容。

1986 年初，“图书馆学情报学系列教程”之一的“理论图书馆学教程”审稿会于广州中山大学召开，与会者南京大学、南京工学院、兰州大学、中山大学、内蒙古大学、内蒙古电视大学、华中师范大学、中国人民解放军空军政治学院、湘潭大学、湖南大学、湖北省高校图书情报工作委员会并南开大学等 12 家单位，议及当今辞书之不足，乃有合力编纂图书馆学情报学档案学辞典之创议。南开大学图书馆学情报学系是《图书馆学情报学档案学简明辞典》的主编单位，时任系主任的来先生，对辞典自确定体例、选录词条、审定书稿以致成书问世，一直亲与其事，并为辞典作了序。

《图书馆学情报学档案学简明辞典》目录

附图

附录

一、中国出版的图书馆学情报学档案学专著一览表（1949—1986）

二、中国图书馆学情报学档案学刊物一览表

三、中国图书馆学情报学档案学专业设置一览表

1.各类专业统计表

2.普通高校专业分布表

3.成人教育专业分布表

4.中等教育专业分布表

四、常见机构术语缩略语一览表

五、各国标准化组织一览表

六、ISO各技术委员会(ISO／TC)名称及其创立年代一览表

《图书馆学情报学档案学简明辞典》序

“工欲善其事，必先利其器”，读书治学也同样需要“利器”，方能“善事”。这正是工具书之所以出现的客观要求。工具书在我国具有悠久的发展历史。古代由于图书数量不多，一般学者能够以皓首穷经的功力去博闻强记，因此，工具书的使用尚未引起应有的重视；但是，随着时代的发展，学术领域的拓广，图籍的日增，单凭背诵记忆已经势所难能。诗人墨客既不能默诵字的韵部，复需以优美辞藻来启动思路和雕饰文句；某些统治者困难以博览群籍而命人将相同内容的资料，依类编次以供省览；而好学深思之士尤需准确地解决文献资料中的疑难以利于掌握精粹。于是，工具书的制作便随之而兴起和发展。

工具书的始作与类别，诸家之说不一，如果说大致在战国末年成书于众手的《尔雅》是我国最早一部按照词义系统和事物分类而编纂的辞典，那么，词书无疑是最早的一类。其后不仅《尔雅》有多种注疏，而且还有不少以"雅"命名的词书。直至近代，在《辞源》《辞海》诸综合性词书之外，随着学科的繁兴，更有各种专门学科的词书问世，诸如人名，地名、语言、历史、医药、工程……无不编有词书，助人检索，俾坐收便利于几席之间。但作为读书治学根本的图书之学却显有逊色，学科发展缓慢，工具书之制作也相应没没，所谓图书馆学辞典之类，不论篇帙，抑或数量均难如人意。

近年以来，不仅图书馆学有显著发展，即与之有联系之情报、档案等学也日益为人注目。三者虽各成体系，但从其社会作用、管理方法、发展趋势和交叉融合诸方面考察又颇多共识之处。三学资料多散见典籍书刊，研求者翻检维艰，于是亟待有集中解释词义物类的词书可备检用。图书馆学的工具书固云尠矣，而融贯三学的辞典尤称罕觏。此种情况，衡之当前需要实难相称，因此，群策群力编纂一部简明的"三学"辞典势成当务之急。

1986年初，《理论图书馆学教程》审稿会于广州中山大学召开，会间曾议及当今词书之不足，乃有合力编纂图书馆学情报档案学辞典之创议。时与会者有南京大学、南京工学院、兰州大学、中山大学、内蒙古大学、内蒙古电视大学、华中师范大学 中国人民解放军空军政治学院、湘潭大学、湖南大学、湖北省高校图书情报工作委员会并南开大学等十二个单位，咸表赞同，佥议众志成城，共襄盛举，乃成立编委会，并谬推我出主其事。我自愧能力不足，又深知词书编纂之艰辛，非鞠躬尽瘁不克成字而颇有难色，但十二单位同仁的热情与属望不忍违拂，又念及先师陈援庵先生有云"兹事甚细，智者不为,不为终不能得其用也”。遂禀承师教,奋力承担,期以桑榆之年,为学林效驽骀之奔驰。

1986 年 7 月，由南开大学图书馆学情报学系主持在承德召开了第一次编委会,讨论编写体例及专题划分,议定辞典内容包括图书馆学、情报学及档案学三学科,共 23 专题,即:

1.图书馆学基础理论

2.图书馆管理

3.藏书建设

4.读者工作与研究

5.图书馆事业建设

6.图书馆事业史

7.图书馆学思想

8.文献分类与主题

9.文献编目

10.中文工具书

11.外文工具书

12.目录学

13.目录学史

14.古籍与版本

15.中国书史

16.情报学

17.文献检索

18.情报分析与研究

19.情报编译报导

20.图书情报现代技术

21.图书馆建筑与设备

22.图书馆学、情报学教育

23.档案学

编委会又按华东、华南、中南、华北、西北等地区组成分编委，分别承担专题，落实词条撰写工作。1987 年 5 月，在湘潭大学召开第二次编委会，对词条初稿进行审读，进一步统一体例，确定读条，并由各分编委负责本地区所撰词条的修订工作。经过两个月的努力，乃于 7 月间在兰州大学召开第三次编委会，集中人力，按专题审查全稿，历时半月，原则通过书稿，并决定委托主编单位——南开大学图书馆学情报学系负责收尾定稿工作。

主编单位接受任务后，既感谢合作者的信赖，又深知其事艰巨，遂一本敬事而信的态度，虽人力微薄，也竭尽全力，邀集专人组成修订组，几经反复，校阅核对，删重补遗，并加编检索和附录，终于在 1988 年底，历时年余，乃告粗成，即交付南开大学出版社审订。

南开大学出版社接受书稿后，由副总编辑马光琅、责编焦静宜、黄娟等三同志不计朝夕，历经三审，提出若干商榷性意见，于 1989 年 5 月间由主编单位再修改，又经修订组以半月时间作付印前整修。至此，自创议至成书四易寒暑，先后与其事者近百人，始获付枣梨，耗时不可谓不长，费力不可谓不多，而究其成效如何，实难预卜，但求尽心而已。

这本辞典虽力求能适应图书馆学、情报学、档案学等领域的理论与实际工作者所需，也借以节有关读者翻检群籍之劳，但终以无所依傍，书成众手，而势将存在不足与缺点，语云："初生之物，其形必丑"，这固可引作自恕之辞，设此初生之物，能得大匠斫轮，名手雕刻，给以指正，编者定据以修订增删，使这部辞典渐趋完善，以应社会的责求。

这部辞典自确定体例、选录词条、审定书稿以至成书问世，我一直亲与其事。于良芝、邵元溥、马艳玲三同志在编纂过程中曾协助我承担了若干编务工作。凡辞典略有可取，皆众友所成就，而其谬误不足则我当独居其咎。我并借此向为辞典尽力众友致深切的谢忱。

来新夏

一九八九年仲夏于邃谷

萧山县志稿

（1991）

来裕恂著，来新夏点校。80万字。天津古籍出版社1991年10月第1版，第1次印刷，印行500册。定价：40.00元。

ISBN 7－80504－251－9

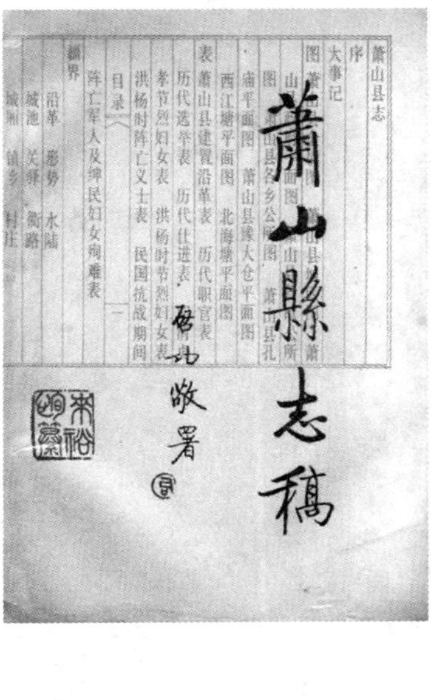

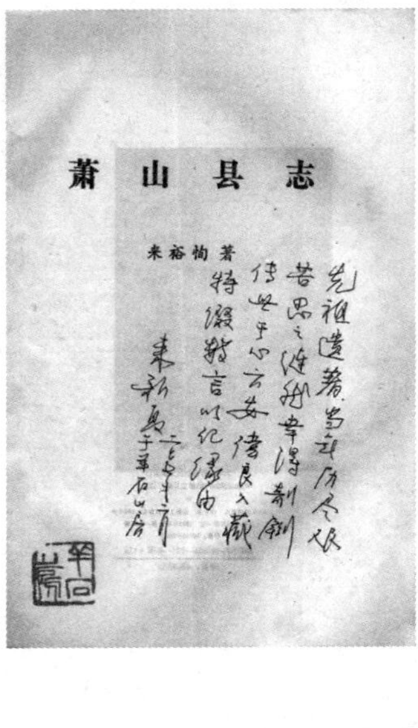

20 世纪 80 年代,《萧山县志》(浙江人民出版社 1987 年出版)的编辑人员于浙江图书馆发现来裕恂先生解放前个人所修《萧山县志稿》的未刊手稿,计十四卷及志余一卷。萧山修志自明永乐始,后凡十数修。末次官方修志为民国二年(1913)至二十四年(1935)修成刊行之《萧山县志稿》,其下限在清宣统末年(1911)。而裕恂先生之稿本,下限是民国三十七年(1948),民国期间萧山阙史由此得全。尤其值得称道的是,在解放前所修的旧县志中,其下限在 1948 年者,全国廖廖无几。此稿之珍贵,可见一斑。鉴于裕恂先生此手稿系海内孤本,由萧山市地方志编委会与南开大学来新夏教授共同商定整理出版,由来裕恂长孙来新夏整理校点。来先生自资印行 500 册,分赠修志单位。

来裕恂(1873—1962),字雨生,号匏园老人,萧山长河人。光绪十六年(1890)治学于杭州诂经精舍,受教于俞樾。两年后任教于杭州崇文、紫阳书院。二十五年,任教求是书院。二十九年,东渡日本,就读弘文书院,获文学士学位。1927 年出任绍兴县长,因不满官场恶习,愤而去官。抗战胜利后,任浙江省政府咨议。建国后,受聘为浙江省文史馆馆员。一生著述宏富,有《汉文典》《春秋通义》《中国文学史》《易经通论》《古今姓氏考》《萧山县志》《杭州玉皇山志》及《匏园诗集》初、续编等多种。

本室所藏《萧山县志》来先生的题跋:“先祖遗著,当年历尽艰苦,思之涟然,幸得剞劂传世,于心方安。伟良入藏,特缀数言,以纪缘由。来新夏　二〇〇七年二月于羊石山房。”

《萧山县志稿》目录

《萧山县志稿》说明

《萧山县志稿》是先祖来裕恂先生著述的一种。

先祖来裕恂先生字雨生，号匏园。清同治十三年四月十一日(1873年5月8日)生于浙江省萧山县长河乡旧宅。弟兄五人，先祖雁次行三。

先祖少攻经史诸子，年十八，肄业于杭州西湖诂经精舍，得清末经学大师曲园俞樾先生青睐，赞誉为"颇通许郑之学"。当时曲园老人已年逾古稀，犹吟诵不绝，时与诸生称道先祖诗才，认为由于先祖对诗"乐此不疲"，而使老人能"歌咏湖山，不虞岑寂"(《匏园诗集》俞樾序)，给予了颇高的评价。

光绪十八年，先祖方二十岁，就一面自杭州崇文、紫阳二书院以窗课博膏火之资；一面设帐授徒为稻粱之谋。光绪二十五年，主宗文义塾智斋教务二年。二十七年，应浙江大学前身求是书院聘任教职。二十九年，先祖年三十一岁，因受新思潮影响，乃典衣举债，东渡扶桑，入弘文书院师范科，并考察日本各类学校的教育状况。次年应聘主横滨中华学校教务。同年归国，值光复会成立，先祖以学识受知蔡元培氏而加盟入会。

民国肇建，先祖接任县教育科长。次年，应邀入浙江省长屈映光幕，不久辞去。民国三年春，北游京师。居数月南归，家居著述。次年任萧山县志馆分纂，参与编修民国《萧山县志》。民国八年，先祖在杭州甲种女子职业学堂执教。十二年，任教葫芦岛航警学校。十六年，先祖以友人浙江民政厅长马叙伦氏征荐，出任浙江绍兴县知县，以不善敛财，任职仅六月，愤而去官，在杭州、萧山等地从事教育工作。民国二十三年，先祖应聘任上海大同大学国学教授。

抗战时期居乡，拒任伪职，在宗祠以教蒙童维生。抗战胜利后，应旧友沈鸿烈之邀，受浙江省政府咨议名誉职，而实职则在萧山县志馆任编纂。

解放后，先祖以故交沈钧儒、马叙伦诸氏推荐，被聘任浙江省文史馆馆员。1958 年当选为萧山县第三届人民代表，1959 年任萧山县政协常委。1962 年 7 月，先祖以高年无疾而终于故里，享年九十岁。

先祖是清末较早接受新思潮、由封建知识分子转化为具有浓厚爱国思想的资产阶级知识分子之一。他的名著《汉文典》系留日时愤日人所撰类似著作"非徒浅近，抑多讹舛"，归国后即潜心创撰，越年书成，由商务印书馆刊印行世。在他的《匏园诗集》各卷中，任加翻检都可读到具有爱国诗情的篇什，如反对帝国主义侵略的有卷 6《倭寇行》的指斥日帝侵略，《游江北岸》的抨击英国侵华，卷 14《总税务司加官衔》的反对英国侵略分子赫德；赞成变法的有卷 10《读公车上书》的颂扬康有为是"伟哉南海有人豪，联合公车情允洽。"《八月十三日六君子成仁，仿老杜七歌以吊之》不仅哀痛变法者的流血，更大胆直斥慈禧是"牝鸡司晨失妇德"。同情革命的有卷 15《为苏报案章炳麟、邹容下狱，乃醵以周之，延徐紫峰为被告律师翻译，赴会审公堂旁听，归而放歌》一诗，揭示了苏报案的实质是"痛言论之不自由序，横遭祸殃。以章、邹的入狱为"因文字而获罪兮，大道晦盲"。卷 19《闻皖省之变》与《六月六日闻秋瑾就义》二诗的悼念徐锡麟与秋瑾。卷 23 的《武昌起义》高歌"霹雳一声惊破胆，楚江风雨天昏暗，……从今收拾旧山河，赤壁功成奏凯歌。"他如卷 11《猛虎行》的刺贪官；《读扬州十日记》的抨击清兵残暴等等。这些诗篇反映了先祖随着时代前进的可贵思想。当然，诗集中也存在着封建主义思想的烙印。

先祖一生潜研经史诸子，兼善诗文骈俪，著述闳富，而散失太半，仅就所知有：

1.《汉文典》七卷，光绪三十二年商务印书馆印本，分文字典3卷，文章典4卷。

2.《匏园诗集》三十六卷(12册)，民国十三年家印本，按年分卷：起己丑，止甲子(1889—1924)，历时三十六年，共收古今体诗二千四百首。

3.《萧山县志稿》十四卷、《志馀》一卷稿本，浙江省图书馆藏。

4.《萧山人物志》，未刊稿，杭州市图书馆藏。

5.《杭州玉皇山志》二十卷(8册)，杭州市图书馆藏稿本，1985年石印本。

6.《春秋通义》，未刊稿，见《匏园诗集》卷二十一诗题《著春秋通义成赋此》。

7.《文学史》，未刊稿，见《匏园诗集》卷十七诗题《暑日，予著文学史，内子尝伴予至夜分或达旦》。

8.《中国通史》，未刊稿，见《匏园诗集》卷二十二诗题《著中国通史成，系诗于后》。

9.《姓氏源流考》二卷，残稿本，家藏。

其他尚有多种，不备录。

《萧山县志稿》是先祖众多著述中有关乡邦文献的撰述，纂于1948年。是时，先祖已复任萧山县修志馆编纂，但以形势动荡，地方政权杌陧不安，志馆形同虚设，先祖因事关桑梓文献，乃就前志基础，毅然独力进行，惨淡经营，而经费无着。家父与我虽月奉菽水之养，亦仅敷日用，难供写作之需，先祖复不向当道进言干求。值纸张有所不继，则以杭城皮丝烟店“宓大昌”包烟纸书写，终于以一手纂成《萧山县志稿》14卷，附《志馀》一卷，约六七十万字，为萧山旧修县志之最后一种。其艰苦卓绝之精神，昭示后来，弥足钦敬；而子孙读之更不禁怃然，益以励自求奋进之心。今新编《萧山县志》先祖本传中特志其事以彰先祖征文考献之劳。

《萧山县志稿》乃先祖在民国二十四年刊本《萧山县志稿》基础上删繁补略，斟酌体例重加编纂而成，凡十四卷，附志馀一卷。先祖于纂辑之初曾手订凡例十八则，论修志体例綦详，颇具新意，如以“不悖古、不戾今为宗旨；总括历来萧志体例，论其得失，有兴有革，以为纂志依归。其论“田赋则隶于赋税，役政则隶于户籍”；军事、疆域分列二志；艺文所收“以文字有关于文献掌故及国家地方之有切实考证者”诸例，皆独具新意，于今之修志工作不无参考价值。先祖曾于生前抄示此凡例及篇目初稿，我敬谨珍藏书箧多年，现附录稿末以备参考。现稿前凡例则为先祖所拟凡例第二稿。

《萧山县志稿》纂成后，原藏于家。1963年，先祖逝世，手稿入藏浙江省图书馆。1982年，新修《萧山县志》工作开始，主事者访知此稿，乃倩人就浙馆抄录全稿以备撰修新志参考，更录一副赠我。我敬谨循读，深感先祖在经营、设计、论述、编纂诸方面之敬谨从事；更痛先祖一无资财、二无人力，独力奋搏于艰辛困窘之境。设非热爱故乡，关心文献，则实难坚持成稿。此于当前广集人力物力编修新志工作，容或有策励鼓舞之效。

《萧山县志稿》是萧山建国前县志的殿后之作。它虽为因民国二十四年刊本断限清末而增补民国邑事之续篇；但补缺订讹，已自成体系，惜以无缘问世而久藏名山。我早悉此事，数年以来，奔走呼吁，冀得援手而未果，私衷怏怏，终感内疚；然为一旦有机出版作好准备，特请南开大学地方文献研究室杨君嘉年清整抄稿，经年告竣。顾录副本颇多讹误缺漏，亟待补正，乃一面以民国二十四年刊本校正，一面又商承浙江省文化厅厅长毛昭晰教授、浙江省图书馆苏尔启馆长及该馆古籍部金东升主任惠允至浙馆与先祖手稿相校订。老友端木留、杨嘉年二君，年逾花甲，亲冒余暑，疾趋杭城，勇承校订之任；内子李贞休致家居，也随往执役，历时仅半月而竣事，订讹补漏者多处，而原稿缺卷尚多，无从补入，乃于目录下注明，至其缺漏原因，以时地阻隔，已难求其详。至原稿中原有人物表，二十四年刊本中已有，且仅志域探步录人名，并无事迹，遂由整理者删除，其余文字，概仍其旧。

《萧山县志稿》校勘既定，又苦乏枣梨之资，幸得萧山市领导慨解义囊，关怀资助；天津古籍出版社吴恩扬、孙致中诸君复允为出版。至此沉埋四十年之先人遗稿，乃获流布，庶家祭可告慰于先祖。私衷得偿，不禁色喜，敬志始末如上，并向为志稿尽力诸君谨致谢忱。

长孙来新夏敬志

一九八九年元旦

河北地方志提要

（1992）

来新夏主编，河北省地方志编委会办公室、南开大学地方文献研究室编。45.5万字。天津大学出版社1992年12月第1版，第1次印刷，印行1500册。定价：13.60元。

ISBN 7—5618—0424—5

（津）新登字012号

1981年7月，中共中央发出了“关于整理我国古籍的指示”。1982年3月，中国地方志协会召开地方志整理编纂工作座谈会，规划制定1982年至1990年《中国地方志整理规划》。来先生即与南开大学图书馆专业部分同学着手河北省地方志提要的编写工作，于1982年5月主编《河北地方志提要示例六则》，1985年3月主编《河北省地方志提要示例》，是为编写河北省地方志提要的示例稿，此两种示例稿的油印稿，读书室均有庋藏。

《河北地方志提要》体例，一依古典目录之成规，记书名、作者、卷数、版本、作者生平、编纂缘起及著述意旨之外，于每一书末署藏书单位，以利读者搜求。提要收录河北省编纂年代截至 1949 年的现存方志 563 种，考虑到天津市与河北省的特殊关系，故附录《天津地方志提要》《天津地方志佚志录存》，收录天津现存地方志 28 种、佚志 14 种。来先生为本书作了序。

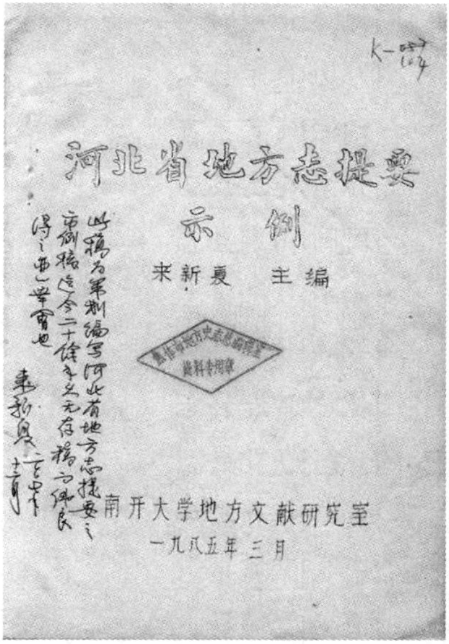

《河北地方志提要》目录

通志、专志

序

凡例

[康熙]畿辅通志

[雍正]畿辅通志

[同治]畿辅通志

[民国]直隶通志稿

[民国]河北通志稿

[嘉靖]两镇三关通志

[嘉靖]两关志

[万历]四镇三关志

府州县志、乡土志、志料

石家庄地、市

[嘉靖]真定府志

[乾隆]正定府志

[万历]真定县志

[顺治]真定县志

[光绪]正定县志

[民国]正定县志

[嘉靖]获鹿县志

[乾隆]获鹿县志

[乾隆]获鹿县志

[光绪]获鹿县志

[光绪]获鹿县乡土志

[康熙]栾城县志

[道光]栾城县志

[同治]栾城县志

[雍正]井陉县志

[光绪]续修井陉县志

[民国]井陉县志料

[康熙]行唐县新志

[乾隆]行唐县志

[乾隆]行唐新志

[同治]续修行唐县新志

[万历]灵寿县志

[康熙]灵寿县志

[同治]灵寿县志

[康熙]束鹿县志

[乾隆]束鹿县志

[嘉庆]束鹿县志

[同治]续修束鹿县志

[光绪]束鹿乡土志

[民国]束鹿新志考征文料

[康熙]晋州志

[康熙]晋州志(咸丰十年补刻)

[光绪]晋州志

[民国]晋县志、晋县乡土志(清编民国四年石印)

[民国]晋县志料

[嘉靖]藁城县志

[康熙]藁城县志

[光绪]藁城县志续补

[民国]藁城县志

[民国]藁城乡土地理

[康熙]高邑县志

[乾隆]高邑县志

[嘉庆]高邑县志

[民国]高邑县志

[民国]高邑县志

[正德]赵州志

[隆庆]赵州志

[康熙]赵州志

[同治]直隶赵州志

[光绪]直隶赵州志

[光绪]赵州属邑志

[光绪]赵州乡土志
[康熙]新乐县志
[乾隆]新乐县志
[光绪]重修新乐县志
[康熙]深泽县志
[雍正]深泽县志
[咸丰]深泽县志
[康熙]重修无极志
[乾隆]无极县志
[光绪]无极县续志
[民国]重修无极县志
[康熙]赞皇县志
[乾隆]赞皇县志
[光绪]续修赞皇县志
[民国]赞皇县志
[光绪]赞皇县乡土志
[崇祯]重修元氏县志
[顺治]元氏县续志
[乾隆]元氏县志
[光绪]元氏县志
[民国]元氏县志
[嘉靖]平山县续录志
[康熙]平山县志
[咸丰]平山县志
[光绪]续修平山县志

[光绪]平山县续志

[光绪]平山县新编乡土志

[民国]平山县志料集

张家口地、市

[民国]察哈尔通志

[民国]察哈尔口北六县调查记

[乾隆]口北三厅志

[正德]宣府镇志

[嘉靖]宣府镇志

[康熙]新续宣府志

[乾隆]宣化府志

[乾隆]宣化府志(续修)

[康熙]宣化县志

[民国]宣化县新志

[光绪]宣化县乡土志

[民国]宣化县乡土志

[乾隆]赤城县志

[同治]赤城县续志

[康熙]宣镇下北路志

[康熙]龙门县志

[民国]龙关县志

[康熙]怀来县志

[光绪]怀来县志

[崇祯]蔚州志

[顺治]蔚州志

[乾隆]蔚州志补

[光绪]蔚州志

[乾隆]蔚县志

[民国]张北县志

[康熙]保安州志

[康熙]保安州志

[道光]保安州志

[光绪]保安州续志

[光绪]保安州乡土志

[康熙]西宁县志

[同治]西宁新志

[民国]阳原县志

[乾隆]怀安县志

[光绪]怀安县志

[民国]怀安县志(抄本)

[民国]怀安县志

[康熙]宣镇西路志

[乾隆]万全县志

[道光]万全县志

[民国]万全县志

承德地、市

[乾隆]钦定热河志

[嘉庆]热河志略

[民国]热河地方志

[民国]热河新志

[道光]承德府志
[光绪]围场厅志
[雍正]八沟厅备志
[民国]隆化县志

唐山市

[弘治]永平府志
[万历]永平府志
[康熙]永平府志
[康熙]永平府志
[康熙]续补永平志
[乾隆]永平府志
[光绪]永平府志
[康熙]迁安县志
[康熙]迁安县志
[乾隆]迁安县志
[同治]迁安县志
[民国]迁安县志
[康熙]玉田县志
[乾隆]玉田县志
[光绪]玉田县志
[康熙]重刊遵化县志
[康熙]遵化志略
[康熙]遵化州志
[乾隆]直隶遵化州志
[乾隆](直隶)遵化州志

[光绪]遵化通志

[民国]遵化县志

[民国]遵化县志料

[万历]乐亭志

[乾隆]乐亭县志

[光绪]乐亭县志

[嘉靖]滦州志

[万历]滦志

[康熙]滦志

[嘉庆]滦州志

[光绪]滦州志

[民国]滦县志

[隆庆]丰润县志

[康熙]丰润县志

[乾隆]丰润县志

[光绪]丰润县志

秦皇岛市

[嘉靖]山海关志

[康熙]山海关志

[乾隆]临榆县志

[光绪]临榆县志

[民国]临榆县志

[康熙]抚宁县志

[康熙]抚宁县志

[光绪]抚宁县志

[民国]抚宁县志料

[康熙]昌黎县志

[同治]昌黎县志

[民国]昌黎县志

[光绪]昌黎县乡土志

[万历]卢龙塞略

[顺治]卢龙县志

[康熙]增补卢龙县志

[光绪]卢龙县志采访稿

[民国]卢龙县志

廊坊市

[天启]东安县志

[康熙]东安县志

[乾隆]东安县志

[民国]安次县志

[康熙]三河县志

[民国]三河县地理志略

[民国]三河县新志

[万历]香河县志

[康熙]香河县志

[民国]香河县志

[嘉靖]霸州志

[康熙]霸州志

[同治]霸州志

[民国]霸县志

[民国]霸县新志
[万历]保定县志
[康熙]保定县志
[民国]新镇县志料
[嘉靖]固安县志
[崇祯]固安县志
[康熙]固安县志
[康熙]固安县志
[咸丰]固安县志
[光绪]固安志
[民国]固安文献志
[民国]固安县志
[光绪]固安县乡土志
[崇祯]大城县志
[康熙]大城县志
[光绪]大城县志
[崇祯]文安县志
[康熙]文安县志
[康熙]文安县志
[民国]文安县志
[康熙]永清县志
[乾隆]永清县志
[光绪]续永清县志

保定地、市

[弘治]重修保定志

[万历]保定府志

[康熙]保定府志

[光绪]保定府志

[嘉靖]清苑县志

[康熙]清苑县志

[同治]清苑县志

[民国]清苑县志

[民国]清苑县志料

[民国]重订清苑新志

[康熙]涞水县志

[乾隆]涞水县志

[乾隆]涞水县志

[光绪]涞水县志

[正德]涿州志

[嘉靖]涿州志

[康熙]涿州志

[乾隆]涿州志

[同治]涿州续志

[民国]涿县志

[康熙]定兴县志

[乾隆]定兴县志

[光绪]定兴县志

[民国]定兴县新征志料

[康熙]容城县志

[乾隆]容城县志

[咸丰]容城县志

[光绪]容城县志

[民国]容城县志

[康熙]安州志

[道光]安州志

[康熙]新安县志

[乾隆]新安县志

[嘉靖]蠡县志

[顺治]蠡县志

[康熙]蠡县续志

[光绪]蠡县志

[康熙]博野县志

[乾隆]博野县志

[嘉靖]定州志

[康熙]定州志

[雍正]定州志

[道光]直隶定州志

[咸丰]直隶定州续志

[民国]定县志

[民国]翟城村志

[乾隆]阜平县志

[同治]阜平县志

[民国]阜平县志料

[康熙]唐县新志

[雍正]续唐县志略

[光绪]唐县志

[崇祯]广昌县志

[康熙]广昌县志

[乾隆]广昌县志

[光绪]广昌县志

[弘治]易州志

[顺治]易水志

[康熙]易水续志

[乾隆]直隶易州志

[康熙]新城县志

[道光]新城县志

[光绪]续修新城县志

[民国]新城县志

[民国]新城县志

[嘉靖]雄乘

[万历]雄乘

[康熙]雄乘

[民国]雄县新志

[光绪]雄县乡土志

[康熙]安肃县志

[乾隆]安肃县志

[民国]徐水县新志

[天启]高阳县志

[雍正]高阳县志

[民国]高阳县志

[光绪]高阳县乡土志

[康熙]祁州志

[乾隆]祁州志

[光绪]祁州续志

安国新志稿(清编民国抄本)

[光绪]祁州乡土志

[康熙]庆都县志

[光绪]望都县新志

[光绪]望都县图说

[民国]望都县志

[康熙]曲阳县新志

[光绪]曲阳县志

[光绪]曲阳县乡土志

[康熙]完县志

[雍正]完县志

[民国]完县新志

[光绪]完县乡土志

[康熙]满城县志

[乾隆]满城县志

[民国]满城县志

[民国]满城县志料

沧州地、市

[嘉靖]河间府志

[万历]河间乘志

[万历]河间府志

[康熙]河间府志

[乾隆]河间府新志

[康熙]河间县志

[乾隆]河间县志

[万历]沧州志

[康熙]沧州新志

[康熙]沧州新志

[乾隆]沧州志

[咸丰]重修沧州志稿

[民国]沧县志

[康熙]盐山县志

[同治]盐山县志

[民国]盐山新志

[康熙]吴桥县志

[康熙]吴桥县补志

[光绪]吴桥县志

[民国]吴桥志料

[康熙]东光县志

[光绪]东光县志

[万历]肃宁县志

[康熙]肃宁县志

[乾隆]肃宁县志

[万历]交河县志

[康熙]交河县志

[民国]交河县志

[民国]交河县志料
[嘉靖]兴济县志
[康熙]青县志
[嘉庆]青县志
[光绪]重修青县志
[民国]青县志
[康熙]南皮县志
[康熙]南皮县志
[光绪]南皮县志
[民国]南皮县志
[万历]任邱志集
[康熙]重修任邱县志
[乾隆]任邱县志
[道光]任邱县志续编
[康熙]献县志
[乾隆]献县志
[咸丰]初续献县志
[民国]献县志
[清]献县乡土志
衡水地区
[康熙]衡水县志
[乾隆]衡水县志
[民国]衡水县乡土志
[万历]饶阳县志
[顺治]饶阳县志

[乾隆]饶阳县志
[康熙]重修阜志
[雍正]阜城县志
[隆庆]景州志
[乾隆]景州志
[民国]景县志
[康熙]景州志
[康熙]枣强县志
[康熙]枣强县志
[乾隆]续枣强县志
[乾隆]枣强县志
[嘉庆]枣强县志
[同治]枣强县志补证
[民国]枣强县志
[民国]枣强县志
[康熙]深州志
[雍正]直隶深州志
[乾隆]直隶深州总志
[道光]深州直隶州志
[同治]深州风土记
[万历]安平县志
[康熙]安平县志
[民国]安平县志稿
[康熙]重修武强县志
[康熙]武强县新志

[道光]武强县新志

[康熙]武邑县志

[同治]武邑县志

[万历]故城县志

[康熙]故城县志

[雍正]故城县志

[光绪]续修故城县志

[嘉靖]翼州志

[康熙]翼州志

[乾隆]翼州志

[民国]翼县志

邯郸地、市

[嘉靖]广平府志

[康熙]广平府志

[乾隆]广平府志

[光绪]广平府志

[万历]广平县志

[康熙]广平县志

[民国]广平县志

[光绪]广平县乡土志

[正统]大名府志

[正德]大名府志

[万历]大名府志

[康熙]大名府志

[咸丰]大名府志

[康熙]大名县志
[乾隆]大名县志
[民国]大名县志
[康熙]元城县志
[同治]续修元城县志
[万历]邯郸县志
[顺治]邯郸县志
[康熙]邯郸县志
[雍正]邯郸县志
[乾隆]邯郸县志
[光绪]邯郸县志
[民国]邯郸县志料
[民国]邯郸县志
[民国]邯郸县志
[崇祯]永年县志
[康熙]永年县志
[乾隆]永年县志
[光绪]续修永年县志、直隶永年县乡土志
[民国]永年县志料
[顺治]曲周县志
[乾隆]曲周县志
[同治]曲周县志
[万历]新修馆陶县志
[康熙]馆陶县志
[雍正]馆陶县志

[民国]续修馆陶县志

[光绪]馆陶县乡土志

[康熙]魏县志

[雍正]魏县志

[万历]成安县志

[康熙]成安县志

[嘉庆]成安县志

[民国]成安县志

[嘉靖]涉县志

[康熙]涉县志

[嘉庆]涉县志

[顺治]鸡泽县志

[康熙]鸡泽县志

[乾隆]鸡泽县志

[民国]鸡泽县志、鸡泽县乡土志略

[民国]鸡泽县志料

[万历]丘县志

[康熙]丘县志

[雍正]邱县志

[乾隆]邱县志

[民国]邱县志

[雍正]肥乡县志

[同治]肥乡县志

[民国]肥乡县志

[正德]临漳县志

[雍正]临漳县志

[咸丰]临漳县志

[同治]临漳县志略备考

[光绪]临漳县志

[嘉靖]磁州志

[万历]重修磁州志

[康熙]磁州志

[康熙]磁州志

[同治]磁州续志

[光绪]磁州乡土志

[民国]增修磁县县志

[嘉靖]武安县志

[康熙]武安县志

[乾隆]武安县志

[民国]武安县志

邢台地、市

[成化]顺德府志

[嘉靖]顺德府志

[万历]顺德府志

[乾隆]顺德府志

[康熙]邢台县志

[乾隆]邢台县志

[嘉庆]邢台县志

[光绪]邢台县志

[民国]邢台县志

[康熙]柏乡县志

[乾隆]柏乡县志

[民国]柏乡县志

[康熙]宁晋县志

[光绪]廮陶续志采访事实原编

[民国]宁晋县志

[光绪]宁晋县乡土志

[崇祯]隆平县志

[乾隆]隆平县志

[康熙]唐山县志

[光绪]唐山县志

[嘉靖]南宫县志

[万历]南宫县志

[康熙]南宫县志

[道光]南宫县志

[光绪]南宫县志

[民国]南宫县志

[光绪]南宫县乡土志

[顺治]巨鹿县志

[光绪]巨鹿县志

[隆庆]任县志

[康熙]任县志

[民国]任县志

[万历]沙河县志

[康熙]沙河县志

[乾隆]沙河县志

[道光]续增沙河县志

[民国]沙河县志

[万历]临城县志

[康熙]临城县志

[崇祯]内丘县志

[康熙]内丘县志

[道光]内邱县志

[光绪]内邱县乡土志

[嘉靖]新河县志

[康熙]新河县志

[光绪]新河县志

[民国]新河县志

[嘉靖]清河县志

[万历]清河县志

[康熙]清河县志

[同治]清河县志

[光绪]清河县志

[民国]清河县志

[嘉靖]威县志

[万历]威县志

[顺治]威县续志

[康熙]威县志

[民国]威县志

[万历]广宗县志

[康熙]广宗县志

[嘉庆]广宗县志

[同治]广宗县志

[民国]广宗县志

[康熙]平乡县志

[乾隆]平乡县志

[同治]平乡县志

[康熙]南和县志

[乾隆]南和县志

[光绪]南和县志

[光绪]南和县乡土志

附录 天津地方志提要

天津地方志佚志录存

《河北地方志提要》序

八十年代以来，随着普修方志高潮的兴起，旧志整理工作也提上议事日程，1982年，中国地方志协会召开地方志整理编纂工作座谈会，视整旧与编新为并重任务，并规划制定1982年至1990年《中国地方志整理规划》。次年，成立旧志整理工作委员会，由方志界耆宿董老一博主其事，指导全国的旧志整理工作，并于1984、1985年间先后召开三次全国性会议，旧志整理工作行见次第展开，各地之类编资料、编制目录、旧志今译、点校重印诸工作也初见端倪，深庆浩瀚旧志资源将广被利用。唯是时新编方志任务綦重，人力物力皆见支绌，整旧编新势难等量兼顾，此亦事实使然，不能不曲谅其事。

方期新编方志粗有头绪，旧志整理工作之开展翘首可待，不意1987年冬，董老辞世，而旧志整理工作遂有缓慢迟进之势。

编制出版旧志目录为原定规划中重点，也为数年来成效较著者。盖自新志编修普遍开展和《旧志整理工作规划》公布后，藏书单位纷纷编制藏书目录行世，以备搜求查阅之需。唯所成诸目多属书目，而提要目录之作似有逊色。

提要目录古称叙录、解题、读书志。其体非仅录其书名、撰者、卷数及刊印而已，尚须言篇目之次第、叙作者之行事及著述之旨意，此又非具学术功力者不能为。据自1949至1987年间不完全统计，全国出版方志书目、索引达50余种，其中提要目录屈指可数。顾如张国淦之《中国方志考》、洪焕椿之《浙江方志考》、崔建英之《日本见藏稀见中国地方志书录》及陈光贻之《稀见方志提要》诸作，皆能出以积学，承向、歆余绪，钩玄纂要，裨益读者，较之仅多识书名、记其撰者、辨明版本之书目远胜多多。斯提要目录撰著之艰而其用途之要可见。

各省方志提要之作，虽原为规划所规定而多年来成书不多。其中《河南地方志提要》以《续修四库全书提要》(未刊本)为据而加增补订正，成书最早，其余亦在进行。我曾受命董老，不揣固陋，愿承总汇各地所作，纂成《中国地方志提要丛刊》，为检索旧志之本原。奈各地以新编地方志编务丛杂繁忙，修志机构尚无余力顾及，而私家又力有不足，以是稽延未果。我既身居京畿，于河北方志提要之纂集，义难坐视，惟以兹事体大，未敢率尔盲动，经多番思考，拟先就地取材。窃以天津一地，志量较少，与河北又唇齿交错，行政体制曾有所牵涉，乃制定体例，于 1981 年夏，请王德恒、萧朝宾二君试撰《天津地方志提要》，历时年余而稿成，并油印流传，深感利便，遂启编纂《河北地方志提要》之念。

《河北地方志提要》始作于 1982 年初，当时曾邀约多人，以《天津地方志提要》稿为模式分头撰写，数年以还，虽进展较缓，而略有积稿。1986 年，河北省地方志办公室有编纂提要之议，卢振川兄适主其事，因悉津地已有积稿，乃谋襄成斯举，并慨予资助，推动之功实不可泯。1987 年春夏之交，共商成立编委会，卢振川兄婉辞邀约，乃转荐王景玉同志与会，于是集京津沪宁冀有关人士组成编委会，并谬推我任主编，而以王德恒君执行其事。遂广泛邀约以期早日成稿，其应邀撰稿者达 60 余人。1991 年初，凡能得书者皆成稿集聚，复由王德恒君于工余之暇多方搜求，补缺增漏，并对成稿粗加删定。1992 年 5 月于石家庄市召开编委会讨论修订。河北省地方志办公室主任许明辉同志又惠诺参加编委会，承担审定工作，贾辉铭同志则与王德恒君共司编辑整理工作，我则负通阅全稿之任，于 1992 年 7 月下旬定稿，交付河北省地方志编委会办公室审定。此书定稿之际，惊悉编委马先阵同志以积劳尽瘁，不幸未及下寿遽尔谢世，曷胜痛悼。此书之成当可告慰先阵同志于九泉。

本书体例一依古典目录之成规，记书名、作者、卷数、版本、作者生平、编纂缘起、著述意旨之外，复一增藏者，因收集典藏面较广，故每一书末署藏者以利读者搜求；二增史料价值，虽未能全录史料；但提供线索实有裨考史证史。顾以书成众手,虽经反复通稿划一,仅能求形制之统一,至叙录内容,由于各撰者学识、经历之不一而质量水平难求一致。其收书范围非若据目成书之易于钞撮,必待经眼则往往由于风气原因而求书难遍。稿经审订当能正误订讹、拾遗补缺以更求完善。但其书之错误缺漏,主编自应独任其咎,设有利便,当与撰稿诸君共之。其《天津地方志提要》及《天津地方志佚志录存》为始创模式之作,共附书末,以供参阅。十年一剑,粗告竣事,冀可为整理旧志规划增一内容。谨志编纂始末,幸读者不弃鄙陋有以教之!

来新夏

一九九二年初伏挥汗作

中华幼学文库(第一辑)

(1995)

来新夏主编。70余万字。南开大学出版社1995年9月第1版,第1次印刷,印行4000套。

ISBN 7-310-00795-6

"中华幼学文库"第一辑收录的为《三字经》5种(涂宗涛编校)、《百家姓》6种(陈作仪编校)、《千字文》11种(张格编校)、《千家诗》4种(马光琅编校)、《杂字》4种(高维国编校),均为不同历史时期、不同内容代表作的最佳版本。如《千字文》中所选《梵语千字文》是唐代三藏法师义净所撰,其咸亨(公元670—674年)初往西域,遍历三十余国,经二十五年,求得梵本四百部,回国后译为汉语,《梵语千字文》的编撰意图是供学习梵语、翻译佛经用的,而且都是"当途要字",使现在的读者可以开阔眼界,了解多方面的知识,而且《梵语千字文》在国内已很难寻找,现收录者为辗转由日本觅得,十分珍贵。该书还以简繁字体对照为其特色,使其适应当前“用简识繁”的社会需求，同时为海外侨胞和港澳同胞认识简体字提供了方便。

来先生为“中华幼学文库”所撰总序，初刊于《中国典籍与文化》1995 年第 3 期，该序收载于《邃谷文录》之“杂著卷”。

“中华幼学文库” 各册定价：《三字经》9.80 元，《百家姓》7.00 元，《千字文》10.00 元，《千家诗》11.20 元，《杂字》12.00 元。

《三字经》目录

三字经注解备要

重订三字经

广三字经

太平天国三字经

共和新三字经

附　三字经系列书目

《百家姓》目录

百家姓

续百家姓

(康熙)御制百家姓

百家姓新笺

百家姓三编

百家姓考略

《千字文》目录

千字文
中华幼学文库
来新夏 主编
南开大学出版社
千字文
续千字文
广千字文
别本千字文
梵语千字文

《千家诗》目录

中华幼学文库
来新夏 主编
南开大学出版社
千家
诗
增补重订千家诗注释
新镌五言千家诗笺注
神童诗
太平天国幼学诗

《杂字》目录

《中华幼学文库》总序

幼学之名，始见于《礼记·曲礼上》："人生十年曰幼，学。"《孟子·梁惠王下》也说过"夫人幼而学之"的话。又因为它是启人之蒙昧，故又称蒙学。它的发展史实在不短，从周秦时就已开始。求知要读书，读书必先识字，字且不识，遑论其他。所以幼学必先从识字入手。根据现存的最早一部古代目录书《汉书·艺文志》小学部分的记载，汉前识字课本已有 10 家 35 篇，最早的是《史籀篇》，接着有《苍颉篇》《爰历篇》和《博学篇》。汉代合三篇为一，总名为《苍颉篇》，又称三苍。时又有《凡将篇》和《训纂篇》之作。但均已亡佚，仅后世辑有片段。现能见到的最早识字课本是汉元帝时史游所撰《急就篇》，以三、四、七言押韵，主要记名物，偶或涉及伦理道德。继起者为南朝梁周兴嗣所撰《千字文》，全文千字，除一"洁"字外，无一重字，四言叶韵，极富文采。其内容包括社会历史和伦理道德。唐代的幼学教育发展更为完整、系统。它包括识字、知识、道德三大内容，出现了一批如《太公家教》《女论语》《兔园册》及《蒙求》等幼学读物。直至清代，基本模式无大改变，仅仅随着时代和社会的发展，幼学读物的品种有所增加。如宋代增加了《百家姓》《三字经》《十七史蒙求》《名物蒙求》《千家诗》及《书言故事》等;明清时期,又沿着唐宋的路子,陆续出了一些新的蒙学书,如《小儿语》《弟子规》《鉴略》《幼学琼林》《龙文鞭影》及《昔时贤文》等等以应不同需求,其中《三字经》《百家姓》《千字文》和《千家诗》几乎是人们公认的入门必读书。这些读物不论其内容、学习顺序和使用时的施教方式,都是适应正规教育需要的。

与正规教育之路并行的幼(蒙)学教育,还有一条业余教育之路。它的读者不限年龄,不拘身份,男女老幼都可以选择这条识字途径。这种所谓幼学教育不是从年龄立意,而是指扫盲性质的启蒙教育。这是一条非正规的业余教育之路。它的主要读物就是因地制宜、因事制宜以不同句式编排的各种“杂字”。“杂字”虽然在正规教育中也作为不准备走仕途者的一种读本,但历来没有受到应有的重视。可是,它确是传统幼学教育中很重要的组成部分。其数量很多,有全国通用的,也有地方独有的。内容深浅不一,范围不同。作者大多佚名,可能以其为小道,但大文学家蒲松龄却撰写了一本31章1.4万字的《日用俗字》(已收入《蒲松龄集》),讲了很多做人的正确道理,是杂字中的上品。

对于这些传统幼学教育读物,历来在一些学者文人的著述诗文中时有涉及,但进行较为系统的研究则为时较晚。我先后读过常镜海先生的《中国私塾蒙童所用课本之研究》和张志公先生所著《传统语文教育初探》,深感欣悦。这是两本内容丰富、说理透彻、论述系统的佳作,像把一团乱发梳理成一条光油油的大辫子那样惹人喜爱。但是按他们所附书目去求书还很不易。不过,在“文革”扫四旧的年代里,这些读物却被作为批判对象,大量印行,几乎泛滥成灾，从反面给了不少人以传统幼学教育。万万没有想到无心插柳，竟然成林。近些年，在弘扬传统文化的美丽旗子下，公私各种渠道大印特印，不管内容错漏，装帧粗劣，“三百千”云云，充斥市场。这是弘扬，还是糟蹋？不能不引起人们的困惑。我总想为什么不认认真真、堂堂正正地整理出一套可供保存文献，以应去粗取精之需的传统幼学教育资料呢？可是，在出版事业回翔于低谷之际，有谁肯于乐此不疲地为朦胧的希望付出劳动呢？又有哪些出版界的朋友和明智之士肯挑起这付成败难卜的重担呢？

柳暗花明又一村，似乎是一句安慰话，但有时又似是幸运之神的有意安排。素来不热衷于过眼烟云的畅销书而独钟情于长销书的南开大学出版社的有关人士，却注视到这一冷漠的角落，正策划编制一套传统幼学教育读物，并真诚地邀请我为主编。这真是意料未到的东风。这些读物虽然有一定的历史与时代的局限，但它却反映了历史上不同时代文化教育的某些侧面；这些读物的内容虽然不全为现实所需要，但披沙拣金也颇有可供借鉴之处。应该说这是我国传统文化的一处宝藏，因为它不仅是千百年来世代相传的群众读物，而且在宋时已传入日本，清初又传到东南亚、欧洲和北美。现在某些国外大学仍将其作为汉语专业的初级读物，最近还被联合国教科文组织列入“儿童道德丛书”之中。于是，我约了几位能合作的朋友共议其事，选取各时期为较多人熟悉的代表作和流传稀少的版本，经过校勘、标点和整理，编出一套《中华幼学文库》，力求达到传统幼学读本的善本标准，把它献诸当代社会，传留后世子孙。这一设想不久就正式投入工作运转的轨道。

三、百、千、千因流传较广，本子较多，所以搜求选取比较容易；但是，我一直主张要把杂字列入，以求完整。可是“杂字”类读物原未受到重视，收藏者少，亡佚者多，在确定收列杂字一类时，的确遇到相当困难。但声应气求，终有芳草。经老友杨大辛先生和"杂字"收藏家王慰曾先生的协助，不数日而自王先生处取得数种。其中天津味十足的天津杂字，尤富地方特色，内容亦趣味盎然，实为难得。我也曾因合作共事关系而识张志公先生哲嗣国风，复自志公先生处获得几种，最为可感的是其中有明万历时刊印的杂字。这展露出志公先生乔梓慷慨借书的读书人本色。天津师范大学图书馆的高洪钧先生相识多年，也慨允复印其馆藏杂字等件，这在过去也许不算什么，可现在却是了不起的义举。真是意想不到，原以为难度最大的杂字搜集工作，因众人添柴而大有所获，所得资料不止可编一册，还能编二、三册。也是一个意想不到，原以为《百家姓》没有什么寻觅材料的问题，不想理应收录的《皇明千家姓》这一种极富时代特色的代表作（只有北京图书馆入藏），却在"文革"时因系明初刻本被某权贵索去，至今不知下落。无可奈何，只能付诸阙如。

我当过几种书的主编，毁誉不一。但有一条是共同的，那就是"主"得太多，又删又改，又增又减，往往落个吃力不讨好的结局，可悲也夫！不久前，我读到韩锡铎先生主编的《中华蒙学丛书》。这是一部有40余人参加、收书70余种，每种加有说明和注释，共达300万字的巨帙。费时耗神，自在意中，尚未遍读，未敢雌黄；唯独对韩先生序中有一段话颇有领悟。韩序有云："审稿时对部分书稿虽然作了某些加工，但毕竟不能越俎代庖，只能文责自负了。"这真是得道之言，应该择善而从。因此，这一套文库的各种应当由各编校者"文责自负"了。

第一辑五种（《三字经》《百家姓》《千字文》《千家诗》《杂字》）是各编校者冒酷暑的挥汗之作，颇著辛劳，但幼学读物数量众多，丰富多彩,我希望二辑、三辑也能随之而与读者见面。这些读物虽为启蒙所用,但是,随着时代发展、社会变化,语言故实与现实生活距离日远,青少年、大学生也许未必能全部读懂,所以选材时尽可能选入些注本。另在卷首撰写《前言》,正文加了标点和必要的注释与校勘,希望对读者有所帮助。为使海内外炎黄子孙共浸润于中华传统文化遗产之中,立繁简二体,各取所需,用心当蒙读者谅察。此书不仅可供幼学者阅读,也可备老人作儿时的回忆,即为人父母者若能有分析地以此教读子女,则尤胜于遗金于子孙。

写序本不容易,写总序尤难。我写过一些连自己都不满意的序,总感到馆阁味太浓,像穿着一领旧长衫徜徉于弯曲的古道上。所以我在写这篇总序时就想洒脱一点。但是,东施效颦,自己仍感到有点像放大了的小脚那样。不过,最后还是把它放在《中华幼学文库》第一辑前面,作为序。我在序末不想说什么"如有不足之处……"之类的套话,因为我们确曾尽力克服不足。但是我们却真挚地希望读者挑剔苛求,那将鞭策我们走向"十足"的佳境。

来新夏

一九九五年春节于南开大学邃谷

中日地方史志比较研究

（1996）

来新夏、齐藤博主编。27.1 万字。南开大学出版社 1996 年 1 月第1 版,第 1 次印刷,印行 1200 册。定价:38.00 元。

ISBN 7—310—00873—1

1991 年 9 月,来先生应聘任日本独协大学客座教授，为研究生讲授“中国文化的传递”和“中国方志学概论”二课,聘期至次年 4 月。期间，与该校齐藤博教授合作进行日本文部省科研项目“中日地方史志比较研究”。《中日地方史志比较研究》便是中日两国著名学者联合研究的成果汇总,“它既标识着中日地方史志学者学术合作研究的开端，也反映了当代两国地方史志的研究水平”。书前有来先生撰序言。

是书收入中方论文9篇,日方5篇。中方的作者有:中国地方志指导小组成员兼秘书长郦家驹,南开大学教授来新夏,复旦大学教授谭其骧,陕西师范大学教授史念海,中国历史博物馆研究员傅振伦,安徽大学副教授林衍经,河南省地方志编纂委员会编审杨静琦,浙江省萧山市地方志编纂委员会顾问费黑以及杭州大学教授陈桥驿。中方论文可分三类:一类是从历史学角度论述中国地方志不同阶段的发展史,并评述其记事内容、语言要求、史志关系诸方面。郦家驹、来新夏、谭其骧、傅振伦和林衍经的论文属于此类。另一类是历史地理学家的立论,如史念海、陈桥驿所撰即属此类。还有一类是从事修志实际工作者根据长期从事修志实践活动中所获得的经验而加以理论的升华,如杨静琦和费黑二氏的论文便属此类。陈桥驿所撰“《慈溪县志》与《广岛新史》的比较”,因原文过长,且已由慈溪县志编委会单册印行(1993),只选取部分内容。

日方的论文是:地方史与民众史、近现代地方史的课题、市史编写问题、关于关东地方史志类中“志”与“史”的若干考察、立足于地域社会史的原点。撰写的5位教授是独协大学齐藤博、东京经济大学色川大吉、东京家政学院大学芳贺登、筑波大学大滨彻也、独协大学犬井正。

天津外国语学院修刚教授承担中、日文本中双方论文的中译和日译的互译工作。日文本《日中地方史誌の比較研究》,1995年6月30日新灯印刷株式会社第1版印刷,学文社发行。陈桥驿、林衍经的文章由于日译工作的延误,未能收入日文版。

《中日地方史志比较研究》的出版,引起学术界的关注。如台湾

知名学者林天蔚研读后，撰文《中日地方史志合作前景广阔——读来新夏、齐藤博〈中日地方史志比较研究〉》，发表在《江苏地方志》1996年第4期，认为“中日史志的比较，恐以此书为首”，此书“不但有其学术价值，更且兼特殊历史意义”。其将每篇“摘录”并予评论，该评论收载于其著《地方文献论集》（南方出版社，2002）及《地方文献研究与分论》（北京图书馆出版社，2006）。

来教授与齐藤博教授的这个国际合作项目，获日本文部省国际交流基金奖和天津市社科优秀成果奖荣誉奖。

本室藏本扉页钤印“来新夏赠书”；2007年2月1日，笔者出席萧山“来新夏方志馆”开馆仪式，因有缘得签“来新夏 2007.2.1；伟良乡友 陈桥驿 2007.2.1”。日文本系笔者从孔夫子旧书网购自天津，售价不菲，人民币300元。书内附勘误表，凡24处，其误、正，如“随”与“隋”“踈文”与“疏文”“春陵”与“舂陵”“钱大晰”与“钱大昕”“泰德裨”与“泰德牌”等。鲁鱼亥豕，本在所难免。出版方对学术的敬畏、对读者的尊重，令人肃然起敬。

日文本 ISBN 4－7620－0594－0

笔者于2013年3月底将日文本顺丰速递至津，请先生题签，故扉页有“来新夏为孙伟良题”。

《中日地方史志比较研究》目录

四、时文与古文及称谓摹古

五、文词繁简与内容烦省

六、直书与曲笔

第六章 史志关系论

一、评史志关系诸说

二、论史志的共向发展及其历史关联

三、比较——一种认识史志关系的有效手段

四、由中国史志关系的讨论说到日本国的藩志

第七章 新方志与现代科学结合

——谈河南省新编县(市、区)志创新的尝试

一、提高思想认识

二、运用现代科学写好地理志

三、以现代政治理论为指导写好政治等类专志

四、以现代科学的观点研究、讨论新方志的功能与体例

第八章 县志的体例、篇目设计和总纂

一、前言

二、县志的编纂形式

三、县志的编纂方针

第九章 中国《慈溪县志》与日本《广岛新史》的比较

一、《慈溪县志》的编修

二、《广岛新史》的修纂

三、二者的比较研究

第二篇 日本地方史志的研究

第一章 地方史与民众史

——从自我历史角度的探讨

序

一、战后民主化时代

二、战后历史学的展开与积蓄

三、民众史角度的确立与展开

四、战后历史学,由超越到飞翔

第二章 近现代地方史的课题

——以地区农民、士兵基本形象为中心

一、近代地方史的问题点 编写有特色的市史

二、市民亲手创造的意义

三、作为“民众”基本形象的士兵

四、《农事日志》中的农民基本形象

五、环绕我孙子地区的“近代文明”

六、市与市民——“市史编写”与历史意识

第三章 市史编写问题

——兼谈地方史研究诸潮流的成果与缺陷

一、地域社会史的诞生

二、地方史研究的诸源流

三、市民创造的市史编写

第四章 关于关东地方史志类中“志”与“史”的若干考察

——来自与中国“方志”关联的角度的探讨

一、前言

二、中国的方志学

三、日本地志类的传统

四、关东地区一都六县的市、区、町、村史志类的出版发行状况

五、结束语

第五章　立足于地域社会史的原点

一、市史编写的姿态与课题

二、东方世界的历史观

三、与“方志”的关联

《中日地方史志比较研究》序

中国的地方志不仅数量多，而且历史长，虽然学术界对它的渊源有多种说法，但它有二千年的发展历程当无疑问。中国地方志的延续性也很强，几乎各个时代都给它以应有的重视，特别是自宋代方志体制渐趋完备以来，到元明各朝更日趋兴盛，而清代尤为突出，一朝修志总数达6000余种，占各朝所修志书总数8000余种的百分之八十左右，其年平均量达20余种，成果可称丰硕。民国以来，志书之编修仍然绵延不绝。

由于地方志的编修历来都含有官修性质，因而它多与行政层次比附而行，上起于全国的一统志、各省通志，下至于府州县志，旁涉于山川、土司、盐井专志，细及于地方杂记小志，无不成为一地一区之横断剖面。

地方志在国内各地多有入藏，国外也频加搜求汇聚，美、日等国入藏已为数不少，美国犹他州的家谱协会藏有正复本中国方志达5000余种，日本所藏仅珍稀中国方志即有百余种之多。目前，中国国家图书馆与著名大学图书馆也不断采取收购旧藏、交换复本、复印照相等方式从海内外搜求志书以充实馆藏。

五十年代以来，中国有识之士，一本盛世修志之义，奔走呼吁，着手其事：一面整理利用旧志，一面搜集资料，试编新志。历二十余年,虽经艰阻,但已粗见成效。迨八十年代,国情大定,地方志事业随之而勃兴,全国各地普遍展开新编志书工作,整理旧志工作也相应推进。十年修志,硕果累累,累计自 1949 年 10 月至 1992 年 12 月,全国已编纂出版的省市县级新方志和其他专志等等共有 9500 余种。洎世纪之末,县县有志之繁盛,当可拭目以待。

中国方志积存之厚与纂修之盛,使历代学者颇多倾注,或身与编纂之役,或论志书之得失,撰述专著,岁积月累,乃有方志专学的建设,屹立于华夏学术之林。类此,皆不能不对近邻日本产生应有的影响。犬井正教授的论文曾有所论及(其文已收入本书,可备参阅)。虽然,日本的撰述趋势,渐近于史,但两国于地方史志的学术沟通,其痕迹已清晰可见。

日本于编修地方史志工作,历来颇见成绩,不仅各地有专门机构发挥指导作用,当地人士及学者专家也多参与其事,征文考献,编纂成书,不遗余力,地方史志著作也不断问世,而从事其间者又颇多知名学者。吾友齐藤博教授学殖深厚,尤以社会史、民众史之研究知名于世,并曾亲自参与地方史志编修之实践,于编修史志之立论与方法,独具卓见,于中华文化亦久有会心,遂有与中华学人共作中日地方史志比较研究之议,乃于中国新著方志之著者中,反复比量,嘤鸣求友,终以各种条件适宜而致书于我。数以鱼雁往还,大致定议。1991 年初,齐藤教授亲临我校,面商细节,签定协议,并盛情邀我任独协大学客座教授,赴该校讲授《中华文化的传递》和《中国方志学概论》二课。1991 年 9 月,我应聘赴任独协大学,一面讲学,一面就近与齐藤教授就合作项目交换意见。1992 年 3 月,我任满回国。4、5 月间,齐藤教授与犬井教授来校回访,专诚拜访天津市志编委会及蓟县县志编委会,进行史志编写工作经验交流,并实地考察长城、盘山及清东陵等名胜古迹,又对进一步合作提出了各自的意向,双方共同愉快地度过了这值得怀念的十日访问期。

1992 年 9 月正式开展课题组织工作,历时二年,至 1994 年 9 月,中日双方学者的论文基本汇齐,又经过三个月左右双方审定文稿、修正译文的过程,终于完成了全书的编辑工作。所收论文为中方九篇(日文本收七篇),日方五篇,虽篇数有异而字数相差不多。

中国方面的论文大致可以分为三类:一类是从历史学角度论述中国地方志不同阶段的发展史,并评价其记事内容、语言要求、史志关系诸方面。郦家驹、来新夏、谭其骧、傅振伦和林衍经诸教授的论文属于此类。另一类是历史地理学家的立论,如史念海及陈桥驿两位教授的论文即属此类。还有一类是从事修志实际工作者根据长期从事修志实践活动中所获得的经验而加以理论的升华,如杨静琦和费黑二氏的论文便属此类。这九篇论文中陈桥驿与林衍经二氏的文章由于日译工作的延误,没有能够收入日文版,而陈桥驿教授那篇以《慈溪县志》与《广岛市史》比较研究的佳作则又因原文过长,且已由慈溪县志编委会单册印行,所以只选取了部分内容入中文本。

日本方面的五篇论文实际上是以第一篇作为主论文。这是由齐藤博教授主持,邀请色川大吉和芳贺登两位教授就地方史与民众史题目进行座谈的记录。这篇文章所讨论的内容远远超出了主题,内涵极为丰富。应该说这是对日本战后史学界现状的概括性描述与评价。他们从自我历史的角度对日本战后四十年代的历史学领域进行了回顾,对历史学界各流派的人物和观点进行真实的介绍和坦率的评价;他们提出了研究和编写地方史的方法——把自己放进去的研究方法,即把自已作为创造历史的主体之一进行分析;他们探讨了民众史和社会史的方向性问题,主张写由于愚昧而被时代愚弄卷进某种浪潮的普通民众。这些观点反映了三位学者独立有识的见解和追求马克思主义的先进精神,某些观点对我们如何去认识某一历史时期的历史现象颇有启发。从学者们讨论之能步步深入和充分表述都显示出齐藤博教授在主持学术座谈时所具备的才华和技巧。大滨彻也教授的论文阐述了市民亲手创造市史的意义,不赞成由教授专家承包编修市志,提出了考察真实情况的方法,利用士兵、农民的私人档案如日记之类进行具体分析,从地方纪念物来认识周围发生的新变化等等观点和见解都是值得借鉴的。不过,某些举例似不甚恰当,如对孩子的教育是使他们向往做士兵和将军,即或战死被祭于靖国神社等等,这使我们了解到日本军国主义者进行侵略战争的社会原因,也提醒我们对这些观点的注意。齐藤博教授的另两篇论文旨在重申地域社会史的发生、发展与意义;论述了地方史编纂法的几种潮流,支持了市民创造市史编写的观点;对专家承包和专家与乡土史家共同编写的方法有一定的看法,并批评把编史作为学术实习的做法。这些都可供我们新编方志时的参考。犬井正教授的论文是以《天津简志》作为研究素材来进行中日地方史志比较研究的,他从中国志书的叙述方法及目的来纵观中国方志影响下的日本方志的传统,对史志关系从名称、用法及叙述内容各方面作了比较研究。这是对中国新编方志给以友好评论的一篇佳作。

在这次合作研究过程中,我非常欣喜地结交了齐藤博教授这样一位异国的良友。齐藤博教授是位性格开朗坦率的性情中人,他喜怒形于色而毫不掩饰自己。他在关键时刻,能明辨是非,仗义执言,全力维护和信任自己的朋友。回忆我在东京独协大学任教不久时,不意竟有同我族类的宵小觊觎职位,见利忘义,勾结某劣生挑衅离间我和齐藤、犬井二教授间的友好关系;但二教授不为浮言所动,力持正义,公开其事,暴露其奸计,面斥其人。而于我则多方慰藉,使友情益臻金石。及中文本将付剞劂,齐藤教授复竭力张罗,终获出版资助金而中文本乃幸登枣梨。齐藤教授的援手之情,不可没焉。

日文本已于6月间由日本学文社正式出版发行,中文本也已交付南开大学出版社印行。在《中日地方史志比较研究》一书中日文本行将合璧的时候,我真诚地向为本课题的完成和本书的出版给以帮助和关心的单位和个人表示感谢。他们是:

日本独协大学对课题研究和成果出版给予的经费资助;

齐藤 博、犬井 正二教授在合作研究全过程中的精诚互助和热情关注;

中国天津外国语学院修刚副院长在承担中、日文本中双方论文的中译和日译的互译工作中所付出的辛勤劳动;

南开大学信息资源管理系在执行合作过程中所给予的支持;

南开大学地方文献研究室主任张格副编审在拟定协议、计划进度和处理常务诸方面所承担的良好工作;

南开大学出版社地方志编辑室主任焦静宜副编审在亲赴东瀛策划中文本的出版事宜和担任中文本责编工作所作出的努力。

此外对所有关心这一课题的师友们,都借此敬表谢意。

这项课题由于双方主编各在一方,有些问题未能及时通报,以致选文标准、编纂体例各方面容有不够完善之处,欢迎读者不吝赐教,以便日后进行国际学术合作项目时能做得更好些,更完善些!

来新夏

一九九五年十月写于南开大学地方文献研究室

清代目录提要

（1997、2007）

来新夏主编，副主编朱天俊、罗友松。37万字。齐鲁书社1997年1月第1版，第1次印刷，印行1700册。定价：31.50元。

ISBN 7－5333－0468－3

该书资料来源主要是北京图书馆、北京大学图书馆、中国科学院图书馆、南开大学图书馆、天津市图书馆、上海图书馆、复旦大学图书馆、华东师范大学图书馆、苏州市图书馆、南京图书馆以及南京大学图书馆等。共收录清人所编目录380余种，包括经、史、子、集、佛、道、金石等门类。目录提要详于篇卷、版本、流传、编辑缘起、编撰经过、收录特点、类目沿革、后世影响及后人续补等。书前置来先生所撰序一篇，书末附著者索引与书名索引。

《清代目录提要》由齐鲁书社2007年1月重印，即"1997年1月第1版，2007年1月第2次印刷"。定价：39.00元。未标印数。此版增徐建华为副主编。

ISBN 7－5333－0468－3

中国版本图书馆 CIP 数据核字(2007)第 018693 号

本室所藏初印本有先生签名“来新夏”;重印本扉页题“伟良小友雅藏　来新夏持赠　二〇〇七年四月于津门”。

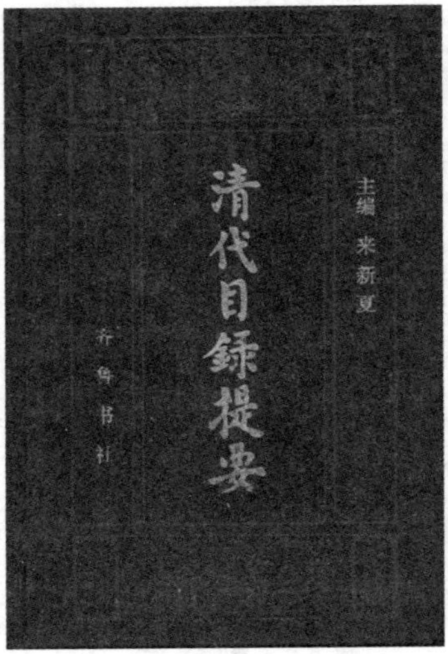

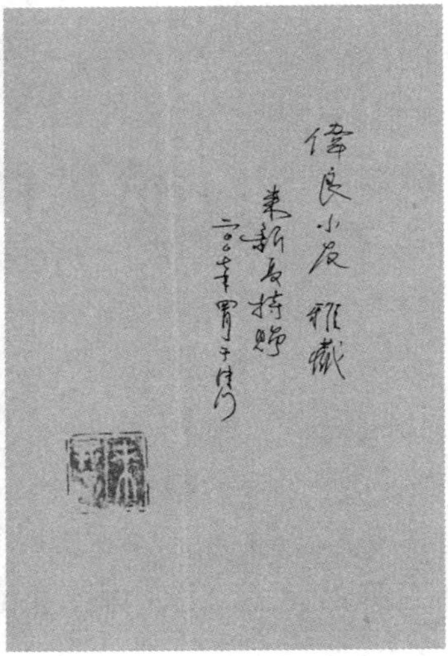

《清代目录提要》目录

清代部分

一、个人著者

钱谦益　陈景云　叶德辉

绛云楼书目　绛云楼书目补遗

(释)智　旭

阅藏知津

曹　溶

静惕堂书目　静惕堂藏宋元人集目

尤　侗

明艺文志

倪　灿　卢文弨

宋史·艺文志补　补辽金元艺文志

朱彝尊

经义考　竹垞行笈书目　曝书亭书目　潜采堂宋元人集目　潜采堂宋金元人集目　明诗综采摭书目　全唐诗未备书目　前明州郡志目　两淮盐筴书引证书目

钱　曾　瞿凤起

也是园书目　述古堂藏书目　读书敏求记　虞山钱遵王藏书目录汇编

黄虞稷　周在浚　叶德辉

千顷堂书目　征刻唐宋秘本书目

季振宜

季沧苇藏书目

陆陇其

三鱼堂书目

徐乾学

传是楼宋元版书目

徐秉义

培林堂书目

梅文鼎

勿庵历算书目

王士禛

池北书目

毛　扆

汲古阁珍藏秘本书目

姚际恒

好古堂书目

陈梦雷　蒋廷锡

古今图书集成·经籍典　古今图书集成目录

陆　漻

佳趣堂书目

曹　寅

楝亭书目

郑元庆

湖录经籍考

金　檀

文瑞楼书目

徐　炯

五代史记补考·艺文考

王文远

孝慈堂书目

陈敬璋　陈其谦　陈大纶

海宁渤海陈氏著录

鲁之裕　钱邦寅

经史提纲

金门诏

补三史艺文志

张廷玉

明史艺文志

吴　焯

绣谷亭熏习录

宋定国　谢星缠

国史经籍志补

孙从添

上善堂书目

厉　鹗

补辽史·经籍志

全祖望

读易别录

嵇　璜

续通志·艺文略　续通志·图谱略　清文献通考·经籍考

卢文弨　庄翊昆　庄毓鋐

常郡八邑艺文志

范懋柱

天一阁书目

纪　昀

四库全书总目

王　昶

塾南书库目录　大藏圣教解题

鲍廷博

知不足斋宋元文集书目

钱大昕

补元史·艺文志

周广业

四部寓眼录　目治偶抄

杨复吉

补辽史·经籍志　昭代丛书五编题跋

汪辉祖

环碧山房书目

（注：以下书名从略）

彭元端

王　谟

姚　鼐

吴　骞

翁方纲

谢启昆

胡凤丹

永　瑢

钱大昭　钱东垣

赵　魏

倪　模

章宗源

陈　鳣

孙星衍　邢　澍

王　鲲

黄丕烈　潘祖荫　王大隆　李文琦　叶德辉

吴寿旸

阮　元　范邦甸

顾广圻　蒋祖诒　邹百耐

汪　諴

何元锡

周中孚

张　鉴

瞿中溶

英　和

沈　豫

沈复粲

陈　揆

张宗泰

张　澍

顾櫰三

汪士钟

张金吾

钱泰吉

麟　庆

彭润章　叶廉锷

刘喜海

吴式芬

朱绪曾

管庭芬

侯　康

瞿　镛　江　标

谭　莹　王大隆

张　穆
姚　燮
郑　珍
潘遵祁
邵懿辰　邵　章
莫友芝
蒋光煦
陈介祺
龙启瑞
徐时栋
孙衣言
唐　翰
瞿世瑛
马徵麐
俞　樾
黄彭年
丁日昌
王　灏
沈秉成
朱学勤
傅以礼
赵宗建
刘履芬
李慈铭　由云龙
耿文光

潘祖荫　叶昌炽
丁　炳
杨绍和
高鑅泉
周星诒
陆心源
张之洞　范希曾
徐树兰
蒋凤藻
安纳斯脱·美查　蔡尔康
薛福成
吴庆坻
杨守敬
钱培荪
沈家本
刘人熙
秦荣光
姚振宗
李嘉绩
缪荃孙
王懿荣　罗振玉
朱鼎甫　廖廷相
袁　昶
孙诒让
邓　石　李晓墩

朱记荣

文廷式

郑文焯　范希曾

康有为

尤　莹

邵　章

江　标

刘锦藻

张鹏一

李希圣

周庆云

熙　元

王仁俊

罗振玉

吴士鉴

徐乃昌

曾　朴

张钧衡

梁启超

丁福保

顾燮光

周贞亮　李之鼎　陈钟凡

二、生年无考个人著者

丁　白

丁国钧

于敏中　彭元瑞

马　瀛

王　琛

王定安

王景沂

王懋镕

孔昭薰

叶　铭

白钟元　范右文

江人度

刘　铎

刘世瑗

乔履信

沈德寿

李　滨

李翊灼

杨　复　胡　焕

杨　晨

杨　溶

吴　墀

吴之澄

吴引孙

吴可舟

吴昌绶

张　炤

张锦云
张鸣珂
陈　洙
陈树杓
陈世溶
周　郇
胡元玉
胡培系
姚觐元
姚福均
贺龙骧
凌　瑕
顾　修　朱学勤
顾　璜
徐维则
钱　玫
钱师璟
裕　德
黄任恒
黄澄量　黄安澜
龚　橙
龚显曾
梦蝶生
谢崧岱　傅由荣
彭懋谦

蒋元庭

傅维鳞

傅云龙　胡俊章

勤　邦

管作霖

三、团体著者

军机处

江宁布政使

江苏书局

江苏官书坊

江南图书馆

敕　撰

四、不著撰人者

九峰书院藏书记

广西存书总目

山东全省官书局书目

上海格致书院藏书楼书目

天一阁书目

(四明)天一阁藏书目录

五省书目

军机处上呈应毁书目

旨准颁行诏书总目

近古堂书目

学古堂藏书目

进呈书目

违碍书籍目录

国子监南学经籍备志

京师广东学堂书藏捐书目录

直隶运售各省官刻书籍总目

直隶官书局运售各省官刻书籍总目

直隶津局运售各省书籍总目

资州艺风书院藏书目

湘水校经堂书目

湘水校经堂官书目

皖省藏书楼书目

墨海楼书目

民国部分

一、个人著者

王国维

王重民

邓邦述

叶德辉

栾贵明

朱士嘉

劳经原　劳　检　劳　权　劳　格　吴昌绶　王大隆　瞿凤起

杨立诚

杨守敬　王重民　李之鼎

杨家骆

余嘉锡

张元济

陈　衍

陈乃乾

陈有方

陆　铨

罗振常

周子美　施韵秋

胡玉缙　王大隆

胡宗楙

封文权

保厘东　袁绍昂

费　寅

姚　光

陶　湘

章　箴

黄逢元

蒋汝藻

董　康

傅增湘

谭新嘉　韩梯云

颜　氏

二、团体著者

北平图书馆

三、不著撰人者

壬子文澜阁所存书目

总目

《清代目录提要》序

中国古典目录学，作为记录、了解、整理古代文献，指导时人读书治学的一门专学，至清可称鼎盛。清人对于目录与目录学之认识与理解，亦臻中国封建时代前所未有之水平。清代著名学者章学诚所云"辨章学术，考镜源流"一语，高度概括古典目录学之所有特点与功用。他如王鸣盛、金榜等学者亦于目录之作用与意义，作最充分表述，如称"目录明，方可读书，不明，终是乱读"，"不通汉《艺文志》，不可以读天下书，《艺文志》者，学问之眉目，著述之门户也"等等。以此认识与理解作指导，清代学者遂编制大量各种类型目录。

中国古代目录总数，迄今尚未有人进行彻底清理，目录类型所涉及若干方面,也未见较详统计。唯仅知清人所编目录之数量约占古代目录之一半有余,而具体数字,则又语焉未详。我少而负笈京华,师从陈援庵、余季豫诸先生时,即曾倾心于古典目录学之丰富内容,并粗有所知。五十年来,潜研有关古典目录专著而初窥门径,颇有意于摸清底数之业。近十余年,我多次向有关方面倡议:汇编出版中国古代目录及编写历代目录提要等等,顾限于条件,未能进行。直至八十年代之末,始获国家教委古籍整理研究工作委员会立项,并予以支持和赞助,而使编纂历代目录提要之举,得付之实践。为此,我约请京、沪、宁等地专家、学者数十人,共襄此举。本拟通录古今目录,汇编一册,而实际运作中,复为经费、图书、人力、时间及出版等因素所制约,难以一步到位,经再三磋商,乃将此事分步运行,首先编成清代部分,以京、津、沪、宁等地各大图书馆收藏为主,日后再补清前、清后及补遗部分,故定名为《中国历代目录提要——清代部分》。现清代部分业已成稿,收录范围为卒于清者所编撰与辑录之各类目录,对于生于清而卒于民国以后者,如能确认其目录为清代所编,亦予以收录。对于系列性重要目录,如《丛书举要》之类,亦酌情收录。所收目录尚有若干今人辑录整理之作,如今人王大隆氏辑录、整理顾广圻、黄丕烈及其他人之校勘记等等。为力求保证本书学术价值,对一些价值不高,篇幅较小以及尚未成形之目录,则删而不录。因此,本书仅收录各种目录三百八十余部。此非清代目录之全部,而系清代目录中较完整、较优秀者。资料所据亦仅系京、津、沪、宁、苏等地主要图书馆之所藏。至清代目录确切底数之综计犹待来日;但本书收录确已超越已往目录学家和目录学著作所估计者。

在所收录中,有刻本、影印本、古印本、排印本、丛刻本、稿本、钞本等数种。以经费与地域所限,所收目录之版本遽难称为现存之最佳者,但却系较常见和通用者。所收诸目录,其来源主要是:北京图书馆、北京大学图书馆、中国科学院图书馆、南开大学图书馆、天津图书馆、上海图书馆、复旦大学图书馆、华东师范大学图书馆、苏州市图书馆、南京图书馆、南京大学图书馆等。每部目录提要之下,均注明藏者,因此,本书或可收联合目录之效,读者当可循此而追踪原目,庶免四处奔波查询之苦。书后附有著者、书名两种字顺索引,扩大检索途径,以便读者使用,提高目录本身之检索价值。

本书所录类型多样,有国家目录、史志目录、补志目录、佚书目录、私人藏书目录、地方目录、地方存书目、方志目录、书局售书目、注书引书目录、初学目录、读书记、善本目录、佛典目录、道藏目录、题跋记、钞本目录、馆藏目录、经学目录、小学目录、金石目录、访书目录、历算目录、乐学目录、丛书目录、考辨目录、违碍目录、抽毁目录、史籍目录、上缴目录、进呈目录、著述目录、译书目录、文集目录、诗词曲目录、经眼目录、诏书目录、刻书目录、序跋目录、捐书目录、法帖字画目录、未刊目录、姓氏书目录、自著目录、科学书目录、琴书目录等等。其中颇有不经见者如琴书目录、捐书目录、书局售书目录、乐学目录、姓氏书目录、著述目录等等。著述目录又分为两种,一种是自著目录,尚可得见;另一种为收录众人著述,除于方志、艺文志与经籍志中可见外,尚有如黄彭年所编《江苏学政黄彭年呈报名儒著述书录》为其他文献所未介绍。至若有关书价,仅可自时人笔记中获得,而见于目录记载者则唯于黄丕烈之题跋中可得其一二。占清末官书局目录相当比例之售书目录,则大多标有书价。此于了解、研究当时历史、物价及知识分子待遇等，实属不可多得之材料。清人爱书、读书，所写题跋记，除为时人熟知之顾、黄题跋专集外，陆心源、瞿中溶、谭玉莹、傅以礼、管廷芬、吴寿旸、李希圣、胡玉缙等也多有成书存世，为古典目录更增新姿。本书于撰著过程中发现一批不甚为人所知之目录编撰者，而于若干久为人知之目录学者，亦有新识，诸如今人王大隆氏，以往仅约略知其编辑顾、黄二氏题跋记，今所得见者，王氏所辑清代目录、题跋约近十种。

本书所收目录，均以作者生平为序排列，每一作者均有三百字左右小传。小传内容涉及生卒年、字号、籍贯、功名、仕历、主要学术成就以及主要著作;目录提要则详于篇卷、版本、流传、编辑缘起、编撰经过、收录特点、类目沿革、后世影响以及后人续补等。撰述内容务求翔实、可靠。凡有两说或不清者，均粗加考证，力求无误。

先师援庵先生论及工具书编制时曾说:“兹事甚细，智者不为，然不为终不能得其用。”我服膺师训，四十余年，未敢稍懈。于读书、教学、科研生涯之中，时有编纂不同类型工具书之举，以作“为人”之学，颇获成效。其间尤感目录之于读书、治学之重要，惜时人于此未能给予应有之重视，颇以为憾。我今垂垂老矣，而壮心未已，甚愿以夕阳余晖为后学“铺路”。今《清代目录提要》幸告完成，欢忻之余，复感事犹未竟，仔肩难卸，苟条件允许，我当再邀同道，共成清前、清后及缺漏部分之提要，为学术界提供一较完整之历代目录提要，庶无负于师教。

本书承朱天俊、罗友松二先生真诚合作，风雨同舟，五历寒暑，甘苦共尝;周茹燕女士共创此议，始终其事，得助孔多;马先阵、端木留二先生参与擘画，惜天夺其寿，相继谢世，未获亲见是书问世，不禁泫然;徐君建华,及门十载,青年俊彦,用力特勤,自创意至底成,内外联系,集稿编目,通盘整理,查重订讹,备尽辛劳,我于此而喜得桃李之乐。唯书成众手,集稿匆匆,体例当有不谨,收录更多缺漏,甚望贤者见告,无任企伫!

来新夏

一九九四年元旦写于南开大学

古典目录学研究

（1997）

来新夏、徐建华主编。22.8万字。天津古籍出版社1997年3月第1版，第1次印刷，印行1000册。定价：25.00元。

ISBN 7－80504－558－5

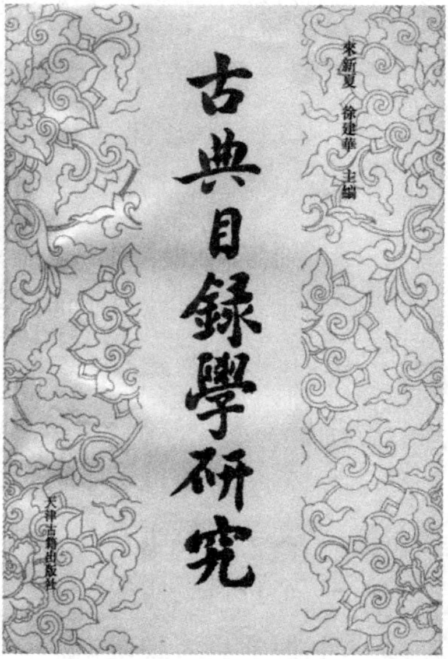

本书为国家教委人文社会科学规划项目，是有关古典目录学若干专题的论文专集，内容包括4篇：第一篇中国古典目录学简说，第二篇目录学家与普通目录的研究，第三篇专科目录研究，第四篇特种目录研究。撰稿者尚有南炳文、黄立新、谢灼华、罗友松、白化文等。

本室所藏是书的扉页钤有“来新夏藏书印”；并题“伟良存

来新夏　二〇〇七年十二月”;又有徐建华教授的签名。

《古典目录学研究》目录

《古典目录学研究》前言

十五年前，我应中华书局之邀撰写了《古典目录学浅说》。这是当时这一久被漠视的学科中的一部著述。虽然内容简要，但对开设古典目录学课程确实比较适用的教材，我也曾亲自加以使用，效果颇好。但也尚有不够完整之处，准备在教学实践和进一步研究的基础上，作一次较全面的调整与修订。1986 年，国家教委把我这本书列入"七五"教材规划之中，给了我一次良好的修订机会。我搜集和研究了近几年内古典目录学方面新的研究成果，以我对古典目录学的新思考，调整了全书结构，重新拟定了篇章节目，着重某些问题的理论探索与分析，试图建立古典目录学的框架体系。经过半年多的反复讨论修改，终于完成了修订稿，题名为《古典目录学》，仍由中华书局出版。

《古典目录学》的出版虽为本学科的正常发展提供了依据，也得到各方面的鼓励；但是，我并不感到满足。我深深地感到古典目录学的研究领域极需扩大，研究内容应有所丰富，特别是应该加强应用性研究和基本资料的调查摸底并编制出便于应用的工具书，于是我在四年前向国家教委古籍整理研究工作委员会申请编制

《清代目录提要》的资助，并在北京大学、华东师范大学诸同道的合作下完成，交由齐鲁书社出版。两年前，我为开拓和充实古典目录学的研究领域，又向国家教委社科研究基金申报“古典目录学研究”课题，获得批准，遂即投入工作。

为了使“古典目录学研究”这一课题具有时代的代表性，我邀请在古典目录学领域中一些学有专长的同道来共同完成。我们撷取了以往古典目录学研究中重视不够和论述不足的专题进行研究撰写。我们对过去涉及较少，甚至从未涉及的目录学家如宋王应麟、元马端临、明胡应麟和清张宗泰等人进行了新的发掘，努力恰当地反映他们在古典目录学发展历程中所起的作用和应有的地位。我们对别具一格的目录体裁读书记、题跋，专科目录中的科技目录、金石目录、西学目录，特殊目录中的佛典目录、敦煌学目录、敦煌遗书中的佛教经录等都进行了较为系统、富有深度的分析与探讨，提出了若干创见。我盲目地自信这一课题的研究成果是对过去古典目录学研究的某种发展，也是对今后古典目录学的这一古老而有新意的学科能焕发青春，使有志于学术研究者能共识其为进行科学研究工作的重要础石。

在组织本课题的过程中，许多专家学者拿出自己的精心之作，不计能否出版地参与这项课题，使我非常感动，我应该真诚地感谢他们的友好合作，使这一课题终于在比较艰难的情况下完成。但也有几位颇有造诣的古典目录学专家，或因公务繁忙，或对课题的能否出版缺乏信心，因而未能参与其事，以致在某种程度上削弱了这一课题的代表性。虽然我们作了一定的补救，但难免不给完成课题的喜悦留下一丝憾意。

史记选注

（1998）

“中国古典名著普及丛书”之一。来新夏、王连升主编。37.9万字。齐鲁书社1998年4月第1版，第1次印刷，印行5000册。定价：19.00元。

ISBN 7—5333—0570—1

齐鲁书社“中国古典名著普及丛书”已出书目有：《史记选注》《老子说解》《庄子说解》《周易大传今注》《孙子兵法全译》《资治通鉴选》《唐诗三百首选注》和《宋词三百首评注》。

来先生曾主编注释过《史记选》，是为高等学校历史专业课程“中国史学名著选读”而编选的，由中华书局出版。齐鲁书社为使世人更多地关注中国传统文化，熟悉祖国文化典籍，编选一套国学丛书，其中包括这本《史记选注》。

考虑到国学丛书是面向社会各层次的带有普及性质的读物，故《史记选注》与原《史记选》，无论在选篇方面，抑或注释方面，都有较大区别。

《史记选注》目录

李将军列传

卫将军骠骑列传

汲郑列传

酷吏列传

游侠列传

货殖列传

太史公自序(节选)

《史记选注》说明

数年前,我们曾编选注释过《史记选》一书,那是为高等学校历史专业课程“史学名著选读”而编选的,是《中国史学名著选》之一种,由中华书局出版。现齐鲁书社为使世人更多地关注中国传统文化,熟悉中国文化典籍,编选一套国学丛书,其中包括《史记选注》,我们愉快地接受了这一任务。因为国学丛书是面向社会各层次的带有普及性质的读物,所以《史记》的这个选注本与《史记选》,无论在选篇方面,抑或注释方面,都有较大区别。

《史记》原名《太史公书》,它是伟大的史学家司马迁以毕生精力所撰成的我国第一部纪传体通史,上起黄帝,下迄汉武帝时期,记述了共约三千年的历史。

司马迁字子长,西汉左冯翊夏阳(今陕西韩城)人。汉景帝中五年(公元前 145 年),或者稍晚一些时候,司马迁出生在一个掌管国家典籍、档案文册的史官家庭里。他的父亲司马谈是一位学识渊博,对各种学派均有深湛研究的学者;也是一位通贯古今,从事通史撰写工作的史学家。可惜,司马谈在生前没有完成撰写通史的宏愿。汉武帝元封元年(公元前 110 年),司马谈在临终之时,把自己撰写通史的愿望和积累的一些资料留给了司马迁。司马迁郑重地接受了这份宝贵遗产,并表示了“请悉论先人所次旧闻,弗敢阙”的决心。

三年以后,即汉武帝元封三年(公元前 108 年),司马迁继任为太史令。他得到检读国家所藏图书、档册和文件的便利,于是“绌史记石室金匮之书”,广泛地搜集了文献资料,并结合自己到各地游历访问所采集的口碑资料进行研究。他又参加了汉朝廷的一些兴革事宜,丰富了政治实践的知识。经过这样多方面的努力,司马迁为撰写一部两世倾注精力的通史著作作好了准备。大约在武帝太初年间,司马迁开始了撰史工作。天汉三年(公元前 98 年),汉武帝借司马迁为李陵辩护而加以罪名,处以“腐刑”。太始元年(公元前 96 年),汉武帝又任命司马迁为中书令,这在当时是由宦者担任的职务,虽则“尊宠任职”,然而司马迁自认为已处于一种“无益于俗”的屈辱生活之中。可是他为了实现父亲的遗愿,也为了把自己一生所见所闻的历史面貌以及自己的观点和理想留传给后世,他又受到古人发愤著述的鼓舞,不顾屈辱,毅然将撰史工作继续下去。大约在征和二年(公元前 91 年),司马迁基本上完成了自己多年辛勤劳作的这部史学名著。不久,司马迁就离开了人世,其具体卒年已无从查考了。司马迁死后,这部著作稍有传布。到汉宣帝时,司马迁的外孙平通侯杨恽“祖述其书,遂宣布焉”。《史记》共 130 篇,包括本纪 12 篇,表 10 篇,书 8 篇,世家 30 篇,列传 70 篇。后其书有缺,即《汉书》的《司马迁传》和《艺文志》中所说十篇有录无书,到汉元帝和成帝时由褚少孙补撰,并附缀以汉武帝天汉以后史事。

《史记》是我国纪传体史书的开创性著作,也是汉武帝大一统政权的产物,在我国文化史上产生了巨大影响。司马迁把本纪、世家、表、书(志)、列传五种不同的体载统一在一部书内,创立了一种便于反映时代特点的崭新史体。《史记》的内容不仅有政治、军事,也有社会经济、学术文化和宗教活动。不仅有帝王将相的事迹,也有社会上各种类型人物的成就与建树。不仅有汉族的纪事,也有汉族以外少数民族的专传。司马迁把各方面的情况统一包容在这一部巨著之内,使之成为统一帝国的一座文化宝库。正因为如此,我们这个选本是从下面三个方面考虑编选的:一是所选篇章既要考虑到史事内容,也要照顾到各种体裁。二是希望能反映司马迁这一伟大史学家的生平、思想和学术成就。三是特别突出了那些在波澜壮阔的历史运动中的典型人物及重要典章制度的篇章。不过,选本终因篇幅所限,又囿于编选者的水平,所选各篇未必都很恰当。

《史记》的旧注,据说以东汉延笃的《音义》为最古,但久佚不存。今存旧注以南朝宋裴骃的《集解》为最早,继起者是唐张守节的《正义》和司马贞的《索隐》。一般惯称三家注,原来都单刻印行,北宋时始散注于正文之下。这个选本没有全录三家注,而只是参酌和吸取了它的某些注解,我们另外增加了三家注未有的若干注释。注释重点放在人名、地名、典章制度等方面,也注意了对一些疑难语句的注解和通释,以便使读者更容易阅读。注解注意吸收前人的成果,力求简而不繁;间存异说,但不广征博引。

《史记》古本仅有断简残卷。三家注本全者当以南宋绍熙年间黄善夫本为第一。涵芬楼百衲本二十四史的《史记》即据此本影印。明代廖铠、柯维雄、王延喆、朱维焯四本,都从黄善夫本出,而不如原本之善。明代尚有嘉靖、万历年间南北监刻的二十一史本和毛晋汲古阁刻的十七史本等多种。清代通行的是乾隆四年武英殿刻的二十四史本，通称殿本。还有各种据殿本覆刻、翻印和影印的本子。同治五年至九年间，金陵书局印行了由清代校勘学家张文虎等人校刊的《史记集解索隐正义合刻本》一百三十卷。这个校本是清代后期校刊精审的善本，后来简称为金陵局本。解放后，中华书局的标点本就是以金陵局本为底本，又进行合理编排，分段标点，成为目前较完善的本子，这个选注本就是以中华书局标点本为底本的。

这个选注本是我们和南开大学的孙香兰、孙立群、刘敏及天津师范大学应用文科学院的安砚方等先生集体编选的，齐鲁书社的孙言诚总编辑及侯仰军编辑也提了宝贵意见，并由我们做了最后的定稿工作。注释有误和其他欠缺不足之处，都应由我们负责，我们真诚地期待着各方面专家和广大读者的批评指正。

来新夏　王连升

一九九五年十二月

一扫蛮烟　清气长留

——近代禁烟诗文选读

（1998）

"中华活页文选"（成人版）1998年第30期，为《一扫蛮烟　清气长留——近代禁烟诗文选读》，来新夏讲解。2.4万字。中华书局1998年10月第1版，第1次印刷，印行50000册。定价：0.90元。

ISBN 7－101－01966－8

19世纪30年代，鸦片烟毒已蔓延全国。烟毒之危害较兵燹匪患更甚，水旱灾荒更百不及其一，高居各种社会问题之首。清政府于道光十九年（1839）出台《钦定查禁鸦片章程》，对"栽种罂粟造制烟土"者，惩处以充军、杖流。却形同虚设。政府本身对种植罂粟时禁时弛，如太常寺卿许乃济主张"弛禁论"，即"宽内地民人栽种罂粟之禁"，借以抵制外国鸦片进口，减少白银外流；但毒卉遍植，占用良田，致粮食歉收，社会发生动荡，势将危及王朝统治，即有主张"严禁论"，林则徐便是积极主张者及实践者。

同治八年（1869）刊本《国朝诗铎》卷二十六"鸦片烟"，即收抵制和揭露鸦片烟毒诗作19首。阿英编、古籍出版社1957年版《鸦片战争文学集》,收录诗作更逾百首。

本辑所选诗文15首,作者都是清嘉庆、道光年间人,均与禁烟运动有关。一部分是描写鸦片对社会和人体的危害,劝告吸烟者的醒悟;另一部分主要阐述严禁观点,记录禁烟活动以及抒发个人情感。

本室藏本封面钤印“来新夏赠书”。

《一扫蛮烟 清气长留——近代禁烟诗文选读》引言

鸦片是英文Opium的音译,明代以前,主要用作药物,明代已有吸食者。入清以后,吸食者渐多,至乾隆时,已有一套比较完整的吸食方法。雍正七年(1729)清政府禁止吸食鸦片。嘉庆元年(1796)严禁鸦片输入。但嘉道年间鸦片输入仍大量增加，至道光十八年(1838)，以英国为主的输入中国的鸦片达四万余箱，烟害日益显著,成为人们关心的公害。由于鸦片问题发展成严重的社会政治问题,以它引起许多文人学者的重视,纷纷以诗文的形式揭露鸦片烟的毒害,劝告吸毒者及早醒悟,有些人更亲自参与严禁鸦片主张的宣传和策划。也有一部分人则坚持使鸦片获得合法地位。道光十六年,太常寺卿许乃济提出完整的“弛禁论”主张,目的在使鸦片走私合法化,完全投合了鸦片贩子、鸦片吸食者和侵略者的口味,这是一种与国家民族利益相悖的愚昧谬论。

许乃济的弛禁主张引起了一场争论，持严禁观点的朱嶟和许球等人给予严正的驳斥。道光十八年,鸿胪寺卿黄爵滋提出较全面的“严禁论”主张,各地疆吏多应命发表意见。林则徐是“严禁论”的积极主张者和实践者,他在所上的《筹议严禁鸦片章程折》中,正式宣布自己的严禁主张，提出六项禁烟方案，公开了四种戒烟方法，以推进各省的禁烟活动。同时他还和两湖地方大吏共同商定了“查拿总不可稍懈，收缴也不可稍迟”的方针，积极开展禁烟工作。

鸦片的大量输入毒害了中国人民的健康，引起白银外流，政府财政拮据，为此林则徐又上《钱票无甚关碍宜重禁吃烟以杜弊源片》。这是禁烟运动中一件极为重要的文献，折中具体分析了鸦片烟对社会经济破坏的严重性，指责过去禁烟不彻底，进一步提出禁烟方案。他在折中特别突出地写道：“若犹泄泄视之，是使数十年后，中原几无可以御敌之兵，且无可以充饷之银。”这一警句指出了兵源、财源匮乏的严重危机，使道光帝在漏卮日益严重、烟毒日益猖獗的现实面前，深感“银荒兵弱”的威胁，终于接受严禁主张，决定禁烟，从而使原来力量薄弱的严禁派一举掌握了领导禁烟运动的权力。十月中旬，林则徐由湖广总督任上奉召进京，在多次觐见道光帝中，他都阐述了严禁鸦片和反对外国侵略者的主张，终于获得以钦差大臣赴粤查办禁烟事宜的任命。这一任命使一些有识之士欢欣鼓舞，写出若干以赞颂和支持为主要内容的诗文，但也引起弛禁论者的嫉视。林则徐则丝毫不计较个人利害，慨然出都，肩负着禁烟重任赴粤。

道光十九年正月下旬，林则徐抵粤，目睹烟毒的严重危害和人民群众的强烈要求，他力排各种阻力，与时任两广总督的邓廷桢通力合作，开展禁烟运动。他立足于禁绝鸦片来源，进行了一系列的有效准备，制定了合乎实际的对策，终于迫使以英国侵略者为主的鸦片贩子缴出鸦片烟二万余箱，取得了前所未有的成绩。四月二十二日(1839 年 6 月 3 日)，在中外人士围观赞叹和欢呼声中，林则徐将收缴到的鸦片烟在虎门海滩销毁净尽。这一震惊中外的正义行动，向全世界宣告中国人民禁烟肃毒的决心，标志着禁烟运动的伟大胜利。

本辑所选诗文都与禁烟运动有关，一部分诗文出于文人学者之手，主要是描写鸦片对社会和人体的危害，劝告吸烟者的醒悟；另一部分诗文出于与禁烟运动有关人士之手，主要是阐述严禁观点，记录禁烟活动以及发抒个人情感。这两类内容的诗文是比较多的，我们从史事翔实、文笔平顺的角度选辑了这些诗文，期望读者既能从中了解中国近代史上的禁烟斗争这一重大历史事件，也能通过诵读这些诗文得到文化的陶冶。

本辑所选诗文的作者都是清嘉庆、道光年间的人。他们的生平在题解和注释中已有简略的介绍与说明，不再列专条详述。各篇诗文均有题解与注释。题解为方便读者了解诗文的写作背景和主旨。注释则力求浅显易懂，不过多地引用原文。有的句子含义比较曲折隐晦，做了一些串讲，以帮助读者了解全句的意思。

天津通志·旧志点校卷

（1999—2001）

来新夏、郭凤岐主编，天津市地方志编委会办公室、南开大学地方文献研究室编。上、下卷。上卷为上册，247.7万字，南开大学出版社1999年10月第1版，第1次印刷，印行1500册；下卷为中、下册，288万字，南开大学出版社2001年6月第1版，第1次印刷，印行1500册。

上卷 ISBN 7－310－01259－3 定价：460.00元。

中国版本图书馆CIP数据核字（1999）第17131号

下卷 ISBN 7－310－01551－7 定价：500.00元。

中国版本图书馆CIP数据核字（2001）第19969号

1982年中国地方志协会召开了地方志整理工作座谈会，并制定了《中国地方志整理规划》；1984年、1985年先后召开了三次全国性旧志整理会议；1985年下发的《新编地方志暂行规定》中，把组织整理当地旧志资料作为编修新方志的任务，为下届续修志书积累资料。是年，来新夏先生就提出了整理天津旧志的意见。然由于

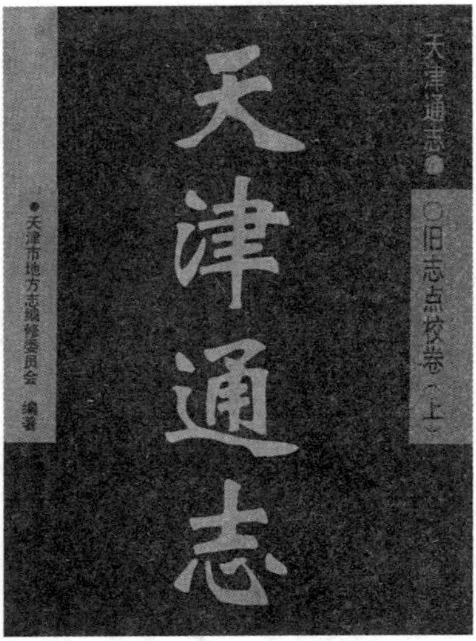

诸多原因，此项工作没有着手进行。1996年来先生再次提及此事，时任天津市地方志办公室主任郭凤岐亦萦怀于旧志整理，于是一拍即合，即由天津市地方志办公室同南开大学地方文献研究室开始策划运作。

标点旧志虽称小道，却又历来被看做综合学力的试金石。天津市地方志办公室副编审李福生、隋凤春及编辑佟勇通力合作点校，南开大学出版社焦静宜、张格亦担负点校任务。南开大学图书馆古籍部、天津图书馆地方文献部为提供历代方志底本给予种种方便。天津外国语学院董守信副教授为成书后的目录翻译了外文。

整理旧志工作初定名为《天津旧志丛书（点校本）》，最后确定为《天津通志·旧志点校卷》，分为上、下卷，厘定两册。上册收康熙《天津卫志》、乾隆《天津府志》、光绪《重修天津府志》，于1999年出版。下册拟收录乾隆《天津县志》、同治《续天津县志》、民国《天津县新志》、民国《天津政俗沿革记》、民国《天津志略》、道光《津门保甲图说》、民国《说磐》、民国《杨柳青小志》、民国《志馀随笔》。

当下册清样稿展示为长达1800余页，卷帙实在过于浩繁，显然不便于读者，于是分为中、下两册。列入中册的是乾隆《天津县志》、同治《续天津县志》、民国《天津县新志》，其余列在下册。

《天津通志·旧志点校卷》为全国高校古籍整理研究工作委员

会直接资助项目。

读书室对《天津通志·旧志点校卷》上、中、下三册均作庋藏。

《天津通志·旧志点校卷》目录

天津大辞典

（2001）

来新夏、郭凤岐主编，天津市地方志编修委员会办公室编。285.1 万字。天津社会科学院出版社 2001 年 3 月第 1 版，第 1 次印刷，印行 2000 册。定价：480.00 元。

ISBN 7-80563-876-4

中国版本图书馆 CIP 数据核字(2000)第 73347 号

《天津大辞典》辞条 1 万余，记载了天津自明朝永乐二年(1404)至 2000 年近 600 年的历史和现状，囊括了天津的地理、社会、经济、政治、文化、科技、政法、军事、民情、风俗等方面的内容，是天津地情资料书中最贴近现实的一部书。该书的特点是内容实，每一个重要辞条都经过了反复核查，纠正了以往书籍记载和口头流传中的诸多差误；其次是权威性高，许多情况是修志人员亲自到实地进行调查，是准确无误的第一手资料；再是方便使用，全书辞条排列以笔画为序，还有以音序排列的目录索引，查阅方便。

历代文选·清文

（2001）

“历代文选丛书”之一。来新夏、江晓敏选注。22.1 万字。河北教育出版社 2001 年 5 月第 1 版第 2 次印刷。未标印数。定价：17.60 元。

ISBN 7—5434—3886—0

中国版本图书馆 CIP 数据核字(2000)第 35011 号

历代文选共八种，是为《先秦文》《两汉文》《魏晋南北朝文》《唐文》《宋辽金文》《明文》及《清文》。

来先生治清史有年，于清文颇多接触，深感其内容丰富，证理写景均平实可读，曾有意辑一选本。1999 年春，河北教育出版社李自修编审邀约主编《清文选》，乃欣然应约。嗣后，与女弟子江晓敏共成其事。《清文》对 81 位清代人物的 100 篇文章作了选注。所选精粹散文，涉及面广，内容丰富，文笔绝妙，具有较高的文学性与艺术性。书中除原文外，均附有作者简介以及较为详尽的注释，便于读者检读理解清代文献。

来先生倡导青年学子多读经典，其《清文选》序，收载于中华书局 2006 年 10 月出版的《皓首学术随笔·来新夏卷》。先生曾撰《选读点清文》，编入《邃谷文录》之“杂著卷”。又撰《读古书当读清人著作》，收载于海峡文艺出版社 2004 年 7 月出版的《学不厌集》。

本室藏本扉页钤印“来新夏赠书”。

《历代文选·清文》目录

魏　禧:大铁椎传
汪　琬:传是楼记
　　　　周忠介公遗事
姜宸英:《奇零草》序
朱彝尊:池北书库记
　　　　万柳堂记
唐　甄:大命
　　　　室语
王士禛:梁九传
宋　荦:游姑苏台记
邵长蘅:阎典史传
　　　　八大山人传
蒲松龄:《聊斋志异》自序
郑日奎:游钓台记
宋起凤:核工记
沙张白:市声说
戴名世:醉乡记
方　苞:狱中杂记
　　　　左忠毅公遗事
沈德潜:雨中游虞山记
郑　燮:范县署中寄舍弟墨第四书
刘大櫆:樵髯传
全祖望:梅花岭记
　　　　阳曲傅先生事略
彭端淑:为学一首示子侄

袁　枚：书鲁亮侪
　　　　黄生借书说
王鸣盛：《十七史商榷》序
纪　昀：与余存吾太史书
蒋士铨：鸣机夜课图记
赵　翼：明代宦官
钱大昕：经史子集之名何昉
姚　鼐：袁随园君墓志铭并序
章学诚：古文十弊
汪　中：哀盐船文并序
洪亮吉：游天台山记
吴锡麒：洪稚存同年机声灯影图序
铁　保：徕宁果木记
孙星衍：《三国疆域志》后序
恽　敬：游庐山记
张惠言：书山东河工事
江　藩：毛乾乾传
阮　元：蝶梦园记
李兆洛：《海国记闻》序
方东树：书《史忠正公家书》后
　　　　化民正俗对
包世臣：答魏默深书
邓显鹤：论荒政
管　同：饿乡记
　　　　游西陂记

刘　开:游石钟山记
林则徐:江苏阴雨连绵田稻歉收情形片
　　　密陈夷务不能歇手片
姚　莹:捕鼠说
　　　张亨甫传
梅曾亮:书棚民事
　　　江亭消夏记
钱泰吉:记介休狱
龚自珍:明良论二
　　　病梅馆记
宗稷辰:听雨轩记
魏　源:《海国图志》序
徐继畬:禁鸦片论
鲁一同:关忠节公家传
姚　燮:邗湖观秋荷记
吴敏树:书谢御史
　　　亡弟云松事状
冯桂芬:采西学议
邵懿辰:葛壮节公墓表
陈　澧:止斋记
曾国藩:原才
　　　《欧阳生文集》序
龙启瑞:病说
王　拯:陈将军画像记
郭嵩焘:《罪言存略》小引

李元度:重游岳麓记

洪仁玕:戒浮文巧言谕

张裕钊:游狼山记

刘锡鸿:伦敦

王　韬:上当路论时务书

黎庶昌:拙尊园记

薛福成:书太监安德海伏法事

观巴黎油画记

吴汝纶:《天演论》序

《历代文选·清文》前言

中国散文产生于先秦时期。在唐宋散文鼎盛的基础上发展形成了自具特色的清代散文。它是古代散文的基本总结,在历代散文中占有重要的一席之地。但是由于它为唐宋散文声名所掩,复以与近代散文相交错,所以往往被人所忽视。其实,无论在质和量诸方面, 它较之前代毫无逊色。清文确有它值得阅读和研究的价值。

关于清文的数量,尚无确切的数字,有人说文近万篇,但其数实不止此。如果以清人文集至

少有二千种，每种仅有十篇文章计，那也会有二万篇之数，其数量可谓多矣。不过清文的价值不只在数量上，其体裁之多样，内容之丰富，作者群之广大，皆足以有别于前代而卓立于散文史上，呈熠熠光彩。

清文体裁多样，不仅就文坛整体而言，即每一个作者也能不拘一格而运用诸体。综观我所曾读清文，既有评论政治、发挥思想的政论文，如《原君》《论荒政》《采西学议》等；有讨论学术的札记体，如《论梁元帝读书》《经史子集之名何昉》等；有叙一事一物首尾，使人得其始末的记事文，如《传是楼记》《池北书库记》《黄生借书说》《核工记》《市声说》等；有品题典籍，自明著书旨趣的序跋体，如《〈聊斋志异〉自序》《〈十七史商榷〉序》《〈海国图志〉序》《〈欧阳生文集〉序》《〈天演论〉序》等；有月旦人物，评论得失的传记体，如《徐霞客传》《柳敬亭传》《马伶传》《张亨甫传》《关忠节公家传》等；有追踪山水，记域内外见闻的游记体，如《洞庭山看梅花记》《游姑苏台记》《游天台山记》《伦敦》《观巴黎油画记》等。至若杂记小品更为多人喜用之体。类此，亦可见清文于诸体运用之裕如。

诸体并用，其内容自必丰富。凡政治、经济、军事、思想、文化以至社会生活无不可于清文见之。如《阎典史传》揭露清王朝入关后之残暴，《原君》《大命》《明良论》《密陈夷务不能歇手片》反映清代知识分子的民主思想与忧患意识；《周忠介公遗事》《左忠毅公遗事》《书〈史忠正公家书〉后》为表彰前朝忠毅之士；《徐霞客传》《柳敬亭传》《马伶传》《大铁椎传》《书鲁亮侪》极力赞扬独立特行之人；《关忠节公家传》《葛壮节公墓表》《陈将军画像记》则尊崇抗击外侮之壮烈之士；《狱中杂记》《记介休狱》痛陈吏治的暗无天日；《与友人论学书》《为学一首示子侄》《〈十七史商榷〉序》《经史子集之名何昉》《〈三国疆域志〉后序》可略窥清学之端倪；他如游记、杂著均非放言空论之作。从例举诸文可见清文既言之有物，复运以妙笔，使后来读者有可供参阅资料，复陶冶于佳文美句之间。宜乎其能以文史交融之作争胜于历代散文之林。

清文作者之众，正可见其一代文风的兴盛。统观其发展历史，约为三期：其初为顺治及康熙前期，作者多为有明遗老，而其出处有所不同，有眷恋旧朝，坚不入仕者，如顾炎武、黄宗羲、王夫之等之文重在发抒思想，如顾炎武的《廉耻》篇，黄宗羲的《原君》篇以及王夫之的《船山记》，无不以文明志，言之有物，为清文立一规矩。另有顺应新朝，入清为宦者如钱谦益，虽其行不齿于士林，然所撰《徐霞客传》亦尚存一代学人之事迹。继而为康熙中后期及雍乾嘉三朝，既有方、刘、姚的桐城文派，复有王、赵、钱的考证学风，形成清代散文一鼎盛时期。桐城文派为清代散文的一大流派，远承明归有光散文之余绪，近接清初诸老求实之文风，主张言之有物，言之有序，以义理、考证、辞章三者结合为文，务求内容与形式统一。桐城以外，尚有支脉阳湖文派。以恽敬、张惠言为代表之阳湖派，虽分蘖于桐城而自有发展。它除以经史为撰著的源泉外，更益以诸子，行文笔势亦不受拘掣，较桐城为舒放。二者于清代文风，颇著影响，几有以桐城为清文主流之势。实则不然，当时若袁枚、全祖望、蒋士铨、赵翼、钱大昕、洪亮吉等均无所归属，而文质兼备，颇多突破，皆称一时大家。迨道咸以降，渐入近代社会，外有强敌压境，内有民众反抗，国势日衰，国情有变，针砭时弊，要求维新之作纷出。龚自珍、林则徐、魏源、冯桂芬诸家勃兴，成清代散文一大旋风，生气顿增。至桐城影响仍不绝如缕，曾国藩及曾门四弟子，承方、姚余绪，凭政治优势，力振桐城，呈一时之盛。及其晚期，有林纾、严复以桐城笔法译西方文学科学之作，别开生面，为清代散文殿后之作。林、严均籍隶福建，所以有侯官派之称。及辛亥事起，清代散文亦随之而告结束。

清代散文虽不若唐宋散文之盛，但亦颇为识者所重。《与友人论学书》《大铁椎传》《核工记》《书鲁亮侪》《鸣机夜课图记》《病梅馆记》等多篇，均见于半世纪前之中学课本。我治清史有年，于清文颇多接触，深感其内容丰富，证理写景均平实可读。唯时以未能引动更多读者为憾。近年有古籍整理单位，已着手纂《清文海》一书，长编巨制，非一时所能立就，即一旦竣事，人力物力亦非一般出版机构所能承担，诚不如先有简本之得实用。于是颇有意于辑一选本。适今春河北教育出版社李自修编审来邀主编《清文选》，与愚衷正合，乃欣然应约。年高体弱，虑力有未逮，遂请女弟江晓敏共成其事，得其首肯，于是纂辑《清文选》之议乃定。

我与晓敏首议收录标准，作者断限，编辑体例及读者对象诸项，往返商榷者再，始定凡例。作者以清人为限，凡生于明而卒于清如顾、黄、王者入录，生于清而卒于民国如康、梁、章者不录。选文以多数人较熟知者为主，即所谓名篇。文章编次以作者生年为序，每人不得超过二篇。每篇篇首撰有作者简介，两篇则不重列。正文加标点，以便阅读。正文之后有注释，但求通文达意而不多作考辨，至于读者对象则以中等文化以上者为主。据此凡例，共选文百篇。凡名人名篇，体裁内容皆尽量概全。选篇既定，由晓敏逐篇进行标点、注释，每成十篇即送我审阅，加以订正，再由晓敏修改，最后经我通阅定稿。书历十阅月而告成，凡条理文字，撰著简介，翻检群籍，注解疑难，晓敏之功居多，我则仅相商榷，通读定稿而已。顾清文浩繁,而选本篇幅已定,欲求无所遗漏,实所难能,至点读注释容有错讹,则审定者之责,固不得辞其咎。至祈识者、读者有以教我为幸!

来新夏

一九九九年初夏写于南开大学邃谷

名人文化游记(国内卷)

（2002）

来新夏、韩小蕙主编。41万字。新世界出版社2002年1月第1版,第1次印刷,印行5000册。定价:30.00元。

ISBN 7－80005－641－4

中国版本图书馆CIP数据核字(2001)第069107号

是书收季羡林、吴冠中、戴逸、冯骥才、葛剑雄、余秋雨等33位名人的77篇游记。来先生以《议论文化游记》一文作代序,并撰文6篇:《钱江潮》《太鲁阁留踪》《吐鲁番纪行》《黔行纪游》《娘子关揽胜》及《平遥古城》。

另一主编韩小蕙,毕业于南开大学中文系,为《光明日报》“文荟”副刊主编。

《名人文化游记》(国内卷)目录

曹聪孙:澳门的旅游和博彩

李国文:木屐、早茶及其他

王　辉:心灵之旅

香港梦

乐黛云:上虞行

邵燕祥:永嘉四记

“后花园”的后花园——瓯海之游断想随记

墓园随想

叶廷芳:我的家乡衢州

西子三千不胜游——千岛湖纪游

王春瑜:施耐庵故乡考察散记

哀张宅(外一篇)

哀张墓

采石情思

郭启宏:当涂采石之旅

苗栗怀古

陈漱渝:侧影——参观台北胡适故居

无言的诉说——参观台北林语堂故居

外婆的澎湖湾

昨夜星辰昨夜风——在邓丽君墓前

九份的“地下”与“窗口”

“文才海内独称高”——参观彰化赖和纪念馆

冯骥才:泰山题刻记

《十八盘图》题记

天一阁观画记

台北故宫看画小记
刘心武:大瞿岛
觅得桃源好寄出情
赵　园:寻访激情
访岱
葛剑雄:千年古刹托林寺
世界屋脊奇观
造化神工——土林
余秋雨:阳关雪
莫高窟
都江堰
鲁枢元:1990 西行纪游
张抗抗:仰不愧于天
西施故里有感
同里之思
郑彦英:感悟风陵渡
仙人掌
陈平原:台湾行
匡文立:首阳山信步
韩小蕙:苏州街涅槃
天街生死界
走出连云港
张　炜:苏东坡之波
蒲松龄之道
台港小记

曾　哲:情怀一路——徒步路上的感觉

冯秋子:丢失的草地

蒙古人

李敬泽:瓷盅下的榆林

海原狼至雨

何向阳:百姓黄河

大禹的寂寞

代序:议论文化游记/来新夏

“读万卷书,行万里路”,一直是自古以来熔铸文人学者的两大途径。其最具典型性的便是三代以下第一作者司马迁,他从十岁开始读《左传》《国语》《世本》和儒家诸经典;二十岁就周游江浙、两湖、鲁豫、四川的名山大川。访求遗佚,搜集口碑。后世文人学者多奉为圭臬,有唐柳宗元以撰写游记著称于唐宋八家,所写《永州八记》刻画唐代湖南零陵优美山水,称古今名篇。明人徐霞客跋山涉水,攀悬崖,登绝顶,考察自然与人文现象,穷一生精力,撰成举世驰名之杰作《徐霞客游记》,熠熠发光于中华文化之宝库。近之如清代,游记之作,所在多有。如清初古文名家宋荦与汪琬各有一篇同名《游姑苏台记》的游记,描绘苏州城外姑苏山上姑苏台山水情景,宋文并引入汪文写景片段,比读之下,汪文于情似略胜宋文一筹。乾隆时诗人沈德潜有《雨中游虞山记》一文,是一篇情景交融的好游记,作者始而写两过其山而未登的憾意,继而写某次雨中登临,又未能尽探幽邃,而感到心甚怏怏,终而发抒对世事的感慨说:

然天下之境涉而即得,得而辄尽者,始焉欣欣,继焉索索,欲求余味而不可得；而得之甚艰，且得半而止者，转使人有无穷之思也。噫嘻！岂独寻山也哉！

晚清时期，中国处在一个历史转型期，有人开始动念走向世界。我的一位同乡前辈钱单士厘女士于1903年从日本经朝鲜、中国东北、西伯利亚，至欧俄。历时八十日，写成了中国第一部女子出国游记——《癸卯旅行记》，介绍所见所闻，不仅量其风物，更对时事感到忧虑与愤懑，充分反映二十世纪初一位封建时代的女性的远见卓识。1910年，她又写出一部名为《归潜记》的游记，记其在意大利的见闻和她对中西文化交流的看法，更借犹太人在意大利的屈辱惨状，以启迪国人对国事日衰的警觉，体现了游记中的文化内涵。

上一世纪的八十年代，中国进入政通人和、文化繁荣的时期，文人学者渐渐摆脱自我封闭状态，不仅国内时有学术研讨，甚且越洋交流，亦非罕见。所到之地，往往将见闻形诸笔墨，于是游记之作时见报刊，而自藏于箧者尤不可胜数。从此，海内外一地之历史沿革、山川风光、民情习俗、名胜遗迹，以及民众之精神素质、文明程度等等，大都见诸文字，斯情斯景，宛在眼前，几于目不暇接。文化内涵更见深厚，中西文化之沟通，日益畅达。

不论古今，凡出于文人学者之手的这些游记，不仅使人广其见闻，更重要的还能以作者对人文意识的诠释，起到了发挥人们追索知识和开拓思路的效能。也引发我对这些文化游记的关爱和思考。

能亲临海内外胜地，并写出文化游记的人，终究是少数，更多的人虽有此要求与愿望，但一则限于精力，二则限于财力，三则限于时间，无法实现自己的向往，于是只好通过图像和文字来满足自己的文化要求。我曾把这种文化享受称之为“卧游”。所谓“卧游”，并非实指，而是借指一种消闲模式，偎在被窝里，仰瘫在老板椅上，斜靠着羊皮沙发的扶手，歪躺在被垛上……都属于“卧游”的范畴；但许多文化游记，多散刊在各处，搜寻困难。因此我曾设想如能选辑一批出于文人学者之手，具有文化内涵的游记于一编，提供给那些或年高体衰者，或公私繁忙者，或阮囊羞涩者作“卧游”之需，岂不甚好？

偶然的机会，我和忘年挚友、名记者韩小蕙谈起此设想。她很赞同，表示愿意促成其事。她不顾动过手术不久的孱弱身体，立即投身于策划。她是有名的选家，选过不少集子，很有经验。不过二三个月，应约文稿，纷至沓来，经过筛选，国内域外，大体相当，于是编成两卷一套，题名曰《当代文化游记》。这套集子的编选原则是：一是不仅只描写自然景物，必须有人文文化内容。二是打破作家、学者的畛域，兼收并蓄。粗加披览，国内游踪东及齐鲁江浙，西至陕甘新疆，北达山西内蒙，中南有两湖豫皖，西南通黔桂四川，以至台港澳门，世界屋脊；域外则遍及美加英法，北欧德意，日韩新马。手持一编，不啻周行寰宇，“卧游”之乐，无可言喻。不过编这类选集最易犯两种错误，一是征稿未遍，招致向隅者不满，二是选稿不精，遭受识者讥评。这套书恐亦未能例外。

书稿编成之日，适新世界出版社世林来约稿，乃以此集付之。出版社着眼书名醒目，乃改题为《名人文化游记》。展读全稿，作者固多名人，而编选者未敢以名人自居，特此申明。世林复邀作序，于是略陈文化游记之说。至所谓议论也者，盖本季羡老之意，不争论，不辩论，各行其道，各说各话，若三岔口之似接触而非接触。我剿袭其意，借申拙见，当蒙贤达谅察！

来新夏

二〇〇一年初秋写于南开大学邃谷

名人文化游记(国外卷)

(2002)

来新夏、韩小蕙主编。38.8万字。新世界出版社2002年1月第1版,第1次印刷,印行5000册。定价:28.00元。

ISBN 7-80005-642-2

中国版本图书馆CIP数据核字(2001)第069108号

作为《名人文化游记》"国内卷"姊妹篇的"国外卷",收29位名人的59篇游记,作者有宗璞、曹聪孙、乐黛云、邵燕祥、资中筠、杨天石、刘心武等。来先生以《议论文化游记》一文作代序,并撰文3篇,《美国两瞥》《五月的温哥华》及《走进日本》。

《名人文化游记》(国外卷)目录

叶廷芳:精神与智慧的富藏——数访魏玛歌德故居

初登“少女峰”

波茨坦的逍遥园和无忧宫

杨天石:伦敦读档印象

美国迷路记

郭启宏:意大利观剧散记

大马之旅

陈漱渝:樱花雪

冯骥才:浪漫的灵魂

维也纳春天的三个画面

永恒的敌人——古埃及文化随想

细雨品京都

散漫的天性

刘心武:长屋之谜犀鸟知

枫叶馒头

此夜只应花都有?

郭宏安:访锡雍古堡

近睹塞尔文峰

葛剑雄:永远的庞贝

大笨钟下

时钟,凝固在那个时刻

余秋雨:这里真安静

华语情结

鲁枢元:在意大利作家的客厅里

舒　婷:从特拉维夫到马萨达

张抗抗:埃菲尔铁塔沉思
古堡与红罂粟
林　湄:读大峡谷
剑桥、剑桥
尼亚加拉大瀑布
爱尔兰"泛海"记
企鹤归巢记
陈平原:历史文化散步
文学碑
开国纪念
韩小蕙:蒲甘落日——缅甸纪行
马来西亚三章
张　炜:西德散记
作家呆过的地方

代序:议论文化游记/来新夏

本序言与《名人文化游记》(国内卷)序言同(见本书第894—896页),故从略。

林则徐全集

（2002）

林则徐全集编辑委员会编，来新夏、陈胜粦、杨国桢、萧致治主编。377.4万字。海峡文艺出版社2002年10月第1版，第1次印刷。未标印数。定价：800.00元。

ISBN 7—80640—701—4

中国版本图书馆CIP数据核字（2002）第070983号

1959年春，中山大学历史系受中华书局委托，编有《林则徐集》。20世纪80年代以后，林则徐著作的整理出版进入了新阶段。例如：《林则徐书简》（杨国桢编）、《林则徐信稿》（黄泽德编）、《林则徐诗集》（郑丽生编）、《林则徐书札手迹选》（刘九庵编）和《林则徐集奏稿·公牍·日记补编》（陈锡祺主编）等相继出版。于此，久有呼吁编辑出版《林则徐全集》。1996年8月成立的《林则徐全集》编辑委员会于1997年底在福州举行第二次会议，由全集主编南开大学来新夏教授和武汉大学萧致治教授轮流主持，商讨编辑体例。又经厦门大学杨国桢教授和萧致治教授在1998

年 10 月举行的第三次会议，至 2002 年 8 月编委会在福州举行第四次会议，由主编来新夏教授主持，对《林则徐全集》文稿作了最后审定，经数年努力，于2000 年 8 月编竣。另一主编陈胜粦是中山大学教授。

国家重点图书“九五”规划项目《林则徐全集》，集中反映了林则徐各个时期的重要的活动和思想，是研究中国近代社会和林则徐不可或缺的历史文献。《林则徐全集》分奏折、文录、诗词、信札、日记、译编六卷，共十册。

2003 年 12 月 25 日，在北京颁奖的代表当今中国出版最高奖项和出版成就的第六届国家图书奖，《林则徐全集》获提名奖。

林则徐全集顾问名单

戴　逸　龚书铎　凌　青　许集美
林子东　王　浩

林则徐全集编辑委员会名单

名誉主编

陈锡祺

主　编

来新夏　陈胜粦　杨国桢　萧致治

编　委（以姓氏笔画为序）

刘德麟　李瑞良　杨国桢　来新夏
邱　捷　狄宠德　汪廷奎　张俊青
陈　铮　陈支平　陈胜粦　林正让
林庆元　官桂铨　施　群　黄顺力
黄保万　萧致治　戴学稷

编辑部名单

主　任　萧致治
副主任　李瑞良
成　员　黄保万　茅林立

《林则徐全集》总目录

奏折卷

第一册　嘉庆二十五年二月至道光十五年五月

第二册　道光十五年六月至道光十八年三月

第三册　道光十八年四月至道光二十六年三月

第四册　道光二十六年四月至道光三十年十月

文录卷

第五册　嘉庆三年至道光三十年

诗词卷

第六册　嘉庆十九年九月至道光三十年秋

信札卷

第七册　嘉庆十六年夏至道光二十四年十二月

第八册　道光二十五年正月至道光三十年六月

日记卷

第九册　嘉庆十七年至道光二十五年七月

译编卷

第十册

老资料书

（2004、2005）

“老资料书”，是指来新夏主编、天津人民美术出版社出版的中国古代艺术书籍精选《明刻历代列女传》《清拓五百罗汉像》《清刻历代画像传》《清刻观音变相图》《清刻红楼梦图咏》，中国古代绘画技法书籍精选《清版点石斋丛画》，民国时期艺术书籍精选《民国版雀巢人物画稿三千法》。

《明刻历代列女传》

ISBN 7—5305—2411—9 定价：140.00 元。

中国版本图书馆 CIP 数据核字（2003）第 112832 号

《清拓五百罗汉像》

ISBN 7—5305—2408—9 定价：99.80 元。

中国版本图书馆 CIP 数据核字（2003）第 112827 号

《清版点石斋丛画》

ISBN 7—5305—2410—0 定价：68.00 元。

中国版本图书馆 CIP 数据核字（2003）第 112833 号

《清刻历代画像传》

ISBN 7－5305－2409－7 定价:52.00 元。

中国版本图书馆 CIP 数据核字(2003)第 112834 号

《清刻观音变相图》

ISBN 7－5305－2912－9 定价:24.00 元。

中国版本图书馆 CIP 数据核字(2005)第 037342 号

《清刻红楼梦图咏》

ISBN 7－5305－2911－0 定价:22.00 元。

中国版本图书馆 CIP 数据核字(2005)第 037343 号

《民国版雀巢人物画稿三千法》

ISBN 7－5305－2914－5 定价:21.00 元。

中国版本图书馆 CIP 数据核字(2005)第 037340 号

“老资料书”立意是发掘文化资源,推动古旧书轮回,保存和普及传统文化。从各方面搜求底本,时间断限自明迄民国,基本上按原格式线装形式,图文全部不动,不加整理,版式或有缩印,装帧略赋新意。来先生为《老资料书》所作的序——《旧貌新颜传书香》,刊登在《天津日报》2004 年 2 月 17 日。此序收载于河北教育出版社 2005 年 5 月出版的来新夏随笔集《邃谷书缘》。

《明刻历代列女传》,原为仇十洲绘图《列女传》,八册十六卷,明代木版刻印作品,知不足斋藏版。改版后名为《明刻历代列女传》,将原书一文一图顺序改为图置原卷前,文字四页合为一页置原卷后,合为四卷。天津人民美术出版社 2004 年 1 月第 1 版,第 1 次印刷,印行 3000 册。

《清拓五百罗汉像》,原为《罗汉图》五卷,清嘉庆年间(1796—1820)拓片。改版后名为《清拓五百罗汉像》,合为两卷。天津人民美术出版社 2004 年 1 月第 1 版,第 1 次印刷,印行 3000 册。

《清刻历代画像传》,原为《历代画像传》四卷,清光绪木版刻印版本。改版后名为《清刻历代画像传》,文图左右对应,合为两卷。天津人民美术出版社 2004 年 1 月第 1 版,第 1 次印刷,印行 3000 册。

《清版点石斋丛画》,原为《点石斋丛画》,八册十卷,清光绪十年(1884)石版印刷版本。改版后名为《清版点石斋丛画》,将原书二页合为一页,横三十二开四卷。天津人民美术出版社 2004 年 1 月第 1 版,第 1 次印刷,印行 3000 册。

《 清刻观音变相图》,原为清代两个木版本。改版后名为《清刻观音变相图》,合为一卷。天津人民美术出版社 2005 年 6 月第 1 版,第 1 次印刷,印行 3000 册。

《清刻红楼梦图咏》,原为《红楼梦图咏》四卷,清光绪十年

(1884)木版刻印版本,清代著名画家改琦绘图。改版后名为《清刻红楼梦图咏》，合为一卷。天津人民美术出版社 2005 年 6 月第 1 版,第 1 次印刷,印行 3000 册。

《民国版雀巢人物画稿三千法》,原为《雀巢人物画稿三千法》二册六卷,民国十八年(1929)版本。改版后名为《民国版雀巢人物画稿三千法》,将原书四页合为一页,十六开,一卷。天津人民美术出版社 2005 年 6 月第 1 版,第 1 次印刷,印行 3000 册。

旧貌新颜传书香

——序《老资料书》

中国是一个有深厚文化积累的国家,古旧书籍的数量也较多,但随着时代的变迁,有些书逐渐散佚,难于搜求。有些书则日益珍

稀，而不能为一般人所经眼，致使货藏于地而未能流通。这一矛盾，久已为关心古旧图书的延续和传统文化的传递的有识之士所担忧。不久以前，国家有关方面有鉴于此，曾斥巨资，设“中华再造善本工程”专项，责成国家图书馆承办，对人们仰望而不可见的珍稀图书进行重新制作，效果甚佳。这样，既能减少珍稀图书的使用率，保存和保护珍稀图书的原本，免受损伤；又能让各地读者民众有机会就近欣赏珍稀图书的面貌和内容，一举两得，实是一项有功文化的善举。因而引起我更多的思考，如果有更多的收藏者和出版者，能有组织地重新出版一些为更广泛读者群所喜爱的古旧图书，岂不更好？

我曾思考这一问题，并策划效仿“中华再造善本工程”那样，实施一项小再造工程，准备选一些贴近生活、贴近民众的古旧图书，一套套地出版，既有旧貌，也增新颜，为中华文化闪现更多的亮点。适逢其时，天津人民美术出版社的副总编过访，谈及他们正准备在去年出版《老资料丛书》的基础上，再组织出版一套《老资料书》，并力邀我担任这套书的主编。由于一则我对这一设想有共识，二则这位副总编是南开大学校友，于情于理，我接受了邀请，共同商讨工作的进程。

去年天津人民美术出版社出版的《老资料丛书》，各以专题分为十册。除了两种明代旧刻重印外，其余几种，多是二十世纪初至中叶东南地区的老照片。这套书编成后，我曾作过如下的评论说：

既可备身经当年社会情况的老人忆往怀旧，并以之比照当前而益增欢欣。对年轻一代，则既可满足其对历史往事之求知，更能有所借鉴而策励奋进。这些照片和图画所提供的历史信息，不仅对研究和探讨二十世纪前期的社会百态、祖国山河提供有参考价值的资料，而且种种形象更能给人以直观的感受。

果然，这套书在投放市场后，很快获得双效书的收益，从而推动该社继续做下去的决心，并就第一套书中《明刻历代百美图》和《明刻历代帝贤像》两种的再造经验，把2003年这套书的重点放在再造古旧图书上。

2003年这套书定名为《老资料书》，立意是发掘文化资源，推动古旧书轮回，保存和普及传统文化。从各方面搜求底本，时间断限自明迄民国，基本上按原格式线装形式，图文全部不动，不加整理，版式或有缩印，装帧略赋新意。全书共十种二十四卷，分为两类。一类是《中国古代艺术书籍精选》，包含有《明刻博古图》四卷、《明刻历代列仙传》二卷、《明刻历代列女传》四卷（仇十洲绘图真迹）、《清刻历代画像传》二卷、《清刻红楼梦图咏》（改琦绘图真迹）、《清刻观音变相图》《清拓五百罗汉像》二卷等七种。另有《民国时期艺术书籍精选·民国版清代学者像传》一种二卷。另一类是为初学画者提供参考范本，有《中国古代绘画技法书籍精选·清版点石斋丛画》四卷和《民国时期绘画技法书籍精选·民国版雀巢人物画稿三千法》二卷等两种。

这套书虽然由于征集难度较大，难以构成专题系列，但仍具有重新印行的意义。其一，从美术欣赏角度着眼，所选底本多为有相当参考价值的美术作品，如仇英、改琦为明清两代人物画名家；而两种绘画技法书籍均可供有志美术事业者参读。其二，所选各书均为民众喜闻乐见的作品，但因这些书流传较稀，原本价格又较高，搜求借阅亦并不甚易，比国家再造善本工程更接近民众，书价亦较低，易为民众接受，有普及传统文化的作用。其三，所收各书中有几种，对学术研究能有所裨助。如《清代学者像传》就为清史研究者提供一种形象资料,《红楼梦图咏》不仅可作研究"红学"的参证,也可资读《红楼梦》一书之参照,加深对书中繁杂人物群的记忆。至于绘画技法的两种,足供美术工作者入门和摹习,更可增一般读者对国画笔法的欣赏。

基于上述几点,我估计这套书也会和去年《老资料丛书》一样,为读者接受和喜爱,成为双效书。我更希望能从这套书的编辑、出版、问世过程中取得更多的经验,克服存在的不足。在 2004 年度,能策划出更上一层楼的重印图书,进一步完善小再造古旧图书的工作,为国家的"中华再造善本工程"做一点小河汇补巨流的贡献,也希望广大读者、收藏者支持这项工作,更希望有更多的人和单位共襄善举!

二〇〇三年冬月写于南开大学邃谷,时年八十一岁

天津建卫六百周年丛书

（2004、2012）

来新夏主编。此丛书由《天津的城市发展》《天津的人口变迁》《天津的方言俚语》《天津的园林古迹》《天津的邮驿与邮政》《天津的九国租界》《天津的名门世家》和《天津早年的衣食住行》八册组成，天津古籍出版社 2004 年 8 月第 1 版，第 1 次印刷，印行 3000 册；2012 年 7 月第 2 次印刷，未标印数。

《天津的城市发展》

ISBN 7—80696—032—5 定价：12.00 元。

重印：ISBN 978—7—80696—032—5 定价：18.50 元。

中国版本图书馆 CIP 数据核字（2004）第 073871 号

《天津的人口变迁》

ISBN 7—80696—033—3 定价：9.80 元。

重印：ISBN 978—7—80696—033—2 定价：14.50 元。

中国版本图书馆 CIP 数据核字（2004）第 073873 号

《天津的方言俚语》

ISBN 7－80696－031－7 定价：11.00 元。

重印：ISBN 978－7－80696－031－8 定价：16.50 元。

中国版本图书馆 CIP 数据核字（2004）第 043837 号

《天津的园林古迹》

ISBN 7－80696－030－9 定价：14.80 元。

重印：ISBN 978－7－80696－030－1 定价：22.50 元。

中国版本图书馆 CIP 数据核字（2004）第 041914 号

《天津的邮驿与邮政》

ISBN 7－80696－034－1 定价：13.80 元。

重印：ISBN 978－7－80696－034－9 定价：16.50 元。

中国版本图书馆 CIP 数据核字（2004）第 073872 号

《天津的九国租界》

ISBN 7－80696－027－9 定价：11.80 元。

重印：ISBN 978－7－80696－027－1 定价：18.00 元。

中国版本图书馆 CIP 数据核字（2004）第 041913 号

《天津的名门世家》

ISBN 7－80696－028－7 定价：11.00 元。

重印：ISBN 978－7－80696－028－8 定价：17.00 元。

中国版本图书馆 CIP 数据核字（2004）第 041930 号

《天津早年的衣食住行》

ISBN 7－80696－029－5 定价：12.00 元。

重印：ISBN 978－7－80696－029－5 定价：18.50 元。

中国版本图书馆 CIP 数据核字（2004）第 041915 号

2004 年 12 月 23 日是天津设卫筑城 600 年的纪念日。2003 年春，来先生邀约津沽名流学者，相与咨谋，共同编撰《天津建卫六百周年丛书》,以为文献积存之祝,共立八题。目次是:《天津的城市发展》(郭凤岐编著)、《天津的人口变迁》(陈卫民编著)、《天津的方言俚语》(李世瑜编著)、《天津的园林古迹》(章用秀编著)、《天津的邮驿与邮政》(仇润喜、阎文启编著)、《天津的九国租界》(杨大辛编著)、《天津的名门世家》(罗澍伟编著)、《天津早年的衣食住行》(张仲编著),计近百万字。各册均有随文插图。来先生撰总序一篇,置于各册之首。《天津建卫六百周年丛书》序言,收载于先生的随笔集《邃谷书缘》。

本室对初、再版《天津建卫六百周年丛书》均作皮藏。2008 年 3 月中旬,笔者出席在浙江萧山召开的地方文献国际学术研讨会,约请与会者、"丛书"主编来先生以及郭凤岐在《天津的城市发展》题签,因而有"来新夏";"伟良先生:望你自学成才,努力成为文史专家。郭凤岐 2008.3.17 于萧山金马饭店"。

《天津的城市发展》目录

一、早期的天津

1.天津的母亲河——海河

2.宋代防务

3.金直沽寨

4.元代的海津镇及漕运、盐业

5.天后宫和商贸、文化繁荣

二、明代天津卫

1.天津之名为赐名

2.天津建城时间的考证

3.天津卫城为何建在这里

4.天津城俗称“算盘城”

5.天津卫衙署

6.屯田

三、清代是天津发展的重要时期

1.州、府及县的建立

2.鸦片战争与被迫开埠

3.天津教案

4.天津的维新变法运动

5.庚子事变与义和团运动

6.帝国主义的军事殖民统治

7.洋务运动与推行“新政”

8.天津高雅文化的辉煌

四、激烈动荡的民国时期

1.辛亥革命

2.北洋政府的统治

3.五四运动在天津

4.天津特别市(天津市)建立

5.中国北方经济中心城市的形成

6.日伪的罪恶统治

7.国民党的黑暗统治

8.红旗飘扬在海河上空

《天津的人口变迁》目录

人口繁衍说沧桑

一、早期的天津人口

1.盐业和漕运

2.市区人口聚落的形成

二、卫所时期的天津人口

1.天津卫与天津城

2.军队人口

3.居民

4.清初人口

三、府县制前期的天津人口

1.城市发展

2.人口数量增长

3.人口的职业结构

四、天津开埠与人口发展

1.城市地位提升与人口增长

2.二十世纪初期的人口

3.民国时期的人口

五、天津建市后的人口增长

1.国民政府时期人口增长停滞

2.抗日战争时期城市人口激增

3.抗战胜利至解放前的人口波动

六、人口增长的来源

1.人口的自然繁衍

2.移民

3.城区的扩展

七、人口结构的变化

1.年龄性别结构

2.职业结构

3.受教育状况

八、租界地人口与外侨人口

1.外国租界

2.租界中的人口

3.外侨人口

九、新中国成立后的天津人口发展

1.1949—1979 年的城市人口

2.八十年代后城市人口的增长

3.人口素质的全面提高

《天津的方言俚语》目录

下篇　天津方言俚语选辑

序例

一、天津方言词汇

二、天津方言成语

三、天津方言谚语

四、天津方言歇后语

《天津的园林古迹》目录

台隍古韵数三津

十亩清池一墁台——浣俗亭

遗庙唐皇曾挂甲——挂甲寺

时逢重九步云梯——玉皇阁

玉山韵事昔犹存——问津阁

为政清廉永世传——报功祠

梵宫建自海运始——天后宫

梵香啜茗细谈心——大悲院

唱酬诗句满回栏——香林苑

百川一样到瀛洲——三岔口

处士风姿动雅怀——帆斋

径平如掌任流连——老夫村

声闻十里接天高——鼓楼

七台棋布自崔嵬——炮台

杰阁千寻藏贝叶——铃铛阁

中堂严肃素王尊——文庙

年年四月警时巡——城隍庙

风光最数查氏园——水西庄

探幽缒险窥其奥——杞园

香闺妙质自风流——艳雪楼

听潮观海尽朝宗——潮音寺

凭栏远眺心荡然——杨柳青文昌阁

世外孤云驻近郊——白庙

曲沼荒凉慨胜游——康园

一时诗酒遍文人——寓游园

鹅湖鹿洞沽水边——三取书院

学海堂前传薪火——问津书院

焰吐星精气象昌——文昌宫

庋藏富比天籁阁——沽水草堂

结构名园近市阛——萧闲园

瓴甋粲然院阔绰——金家窑清真寺

恢宏壮丽放异彩——清真大寺

二水交并抱寺流——望海寺

群帆历历望中收——海河楼

广厦舟屯盛典隆——皇船坞

宫门深闭花千树——柳墅行宫

经楼佛阁寻诗酒——海光寺

团勇济济卷狂飙——吕祖堂

古寺无存名永存——紫竹林

一片丹心化怒涛——聂公碑

稻香不忘拓植人——周公祠

潞河岸边相国祠——李公祠

托孤重臣退隐处——逋园

旧院尚闻老凤声——状元楼

老红新粉费经营——荣园

百年风云园中看——中山公园

慈禧行宫何处寻——种植园

小聚翠湖复水西——青龙潭

见说桃花夹岸红——桃花堤

岭渤凝和一妙笔——广东会馆

露香赫赫垂青史——张园

逊位还念旧宫宸——静园

风雨喧嚣荒唐事——曹家花园

浩气凛然千古传——蔡家花园

巍巍王府今犹在——李纯祠堂

中西合璧别一格——庆王府

卫南庙会乐融融——峰山药王庙

清修院内枪声起——居士林

精致清朗女僧庙——莲宗寺

《天津的邮驿与邮政》目录

一、中国古代邮驿的起源与发展

1.原始通信方式的出现

2.西周至战国古代邮驿初步发展

3.秦汉魏晋邮驿的完善

4.隋唐时期重视交通促进了邮驿的繁荣

5.宋元邮驿的改革和空前发展

6.明清邮驿的兴衰

7.中国古代邮驿的主要特点

二、天津古代邮驿

1.先秦时期天津地区已有驿道通达

2.秦朝驿道伸展促进邮驿发展

3.两汉三国时期的驿道已有了水陆交通枢纽的雏形

4.隋唐大统一,促进交通和驿传发展,天津驿传具备自身特点

5.宋朝时军事对峙,交通邮驿完全军事化

6.元朝建都北京,天津交通枢纽形成,促进邮驿的发达

7.明清天津设卫后,成为京都门户,对京畿地区和各地联系发挥了积极作用

8.清末天津邮驿在文明和落后的较量中完成其历史使命

9.大运河的"水驿捷要歌"及"驿站里程表"

10.天津邮驿风情诗选

11.北洋文报局

三、专营民信机构的出现

1.全国的民间通信机构

2.天津民信局的发展

3.民信局经办的业务与信资

4.民信局的衰微与裁撤

四、近代邮政的创办

1.海关兼办邮递

2.以天津为中心试办邮政

3.开辟海陆邮路

4.中国第一套邮票——大龙邮票

5.小龙邮票与万寿邮票

6.最早的邮政代办机构——华洋书信馆

7.海关拨驷达局建立

8.津榆铁路运邮

9.邮政推广

五、大清邮政津局的建立

1.官局建立

2.大清邮政津局正式挂牌

3.业务发展

4.建立分支机构

5.划分邮界 内地局建立

6.遭受联军入侵,积极恢复重建

7.发展高潮

8.发行《北洋官报》

9.邮传部接管邮政

六、"客邮"

七、直隶邮务管理局

1.中华邮政初期及直隶邮务管理局的建立

2.万里邮路

3.火车行动邮局

4.航空运邮

5.水灾和战乱中的通信

八、河北邮务(政)管理局

《天津的九国租界》目录

6.比租界的划定

二、租界的市政管理机构

1.董事会

2.工部局

3.警察机构

三、租界的驻军

1.驻军

2.义勇队

四、租界的人口与社会

1.人口构成

2.西方淘金者的乐园

3.流亡的白俄群体

4.飘泊的犹太人

5.日本侨民的移民倾向

6.买办的发祥地

7.寓公的避风港

五、租界的经济结构

1.房地产业

2.进出口贸易

3.金融机构

4.工业

5.商业

六、租界的文化特征

1.宗教传布

2.教育事业

3.医疗事业

4.新闻事业

5.竞技文化

6.园林文化

7.娱乐文化

七、租界的罪恶角落

1.帮会道门

2.贩毒制毒

3.赌场博彩

4.色情行业

八、列强以租界为基地的侵略活动

1.控制海关与对外贸易

2.把持港航权与治河权

3.操纵金融市场

4.诱骗与贩运华工

5.走私贸易

6.纵容与策划政治动乱

7.迫害共产党人与革命人士

8.利用传教进行侵略活动

九、租界对天津城市发展的影响

1.市区的扩展

2.航道治理与码头建设

3.筑路造桥

4.建筑工程

5.公用事业

《天津的名门世家》目录

《天津早年的衣食住行》目录

4.清代天津人的“短打扮”

5.清代属商人服饰最奢华

6.清代女服

7.混混装束

8.男人礼服马褂

9.上装的衣袋

10.女子服装特色

11.男人冬服的“二大棉袄”

12.二十世纪初的服装变化

13.天津服饰禁忌

14.穿戴逐渐现代化

15.中国最早的服装街——估衣街

16.天津服装佩饰民俗

17.市井中的服饰行业

18.有关服饰的俗语

二、天津人的饮食

1.河海两鲜

2.应时到节

3.食俗与冀、鲁比较

4.吃菜注意“俏头”

5.天津菜的口味

6.天津饭馆的出现与兴盛

7.清真菜馆

8.全羊大菜

9.从字号看菜馆变迁

10.天津菜民俗特色

11.天津菜肴中的名品

12.天津土话中的吃喝

三、天津人的居住

1.天津城

2.住房规制

3.天津四合套

4.四合套的门楼

5.院落布局与儒家思想

6.普通民居

7.1860年后出现洋楼

8.小洋楼

9.房屋所有制

10.房屋租赁与典当

11.住宅装修

12.炕的重要地位

13.房间各有用场

14.天津“八大家”

15.“八大家”的兴替

16.房地产业中的特殊人物

四、天津人的交通

1.城内外官道

2.从海运到河运

3.桥梁渡口

4.交通工具和马

5.水路航运

6.冰床

7.天津话里的“行”

五、衣食住行中的特殊篇章

1.衣中的葬服与丧服

2.食中的特殊行业

3.住宅设施中的“天棚”

4.与行有关的特殊行业——脚行

六、岁时节俗中的衣食住行

七、人生仪礼中的衣食住行

《天津建卫六百周年丛书》总序/来新夏

2004年12月23日是天津设卫建城六百年的纪念日，这对居住在这座城市和曾经客居在这方土地上的人们具有极大的探求魅力，即使是曾到此一游或旅途所经的人们，也都很想知道这座城市究竟是怎样一座城市。它的形成、沿革、特色、习俗、光荣和屈辱……种种城市的内涵恐怕许多人都是语焉不详，也许久已淡出人们的记忆了。

天津设卫筑城六百年，决不是说天津只有六百年的发展史。天津的成陆发展总在四五千年以上，自秦汉至宋元，历代在天津地区挖渠开河，运粮建寨，设官定制，发展鱼盐业生产等活动，遂使天津得以逐步开发。最早记载天津市区聚落起源的是《金史·完颜佐传》，其中所说，金宣宗贞祐二年(1214年)，为维护漕粮转输，曾提升武清巡检完颜佐为都统，守卫“直沽寨”。这个“直沽寨”(简称直沽),据今人考证,当在今红桥区西青道一带,或略偏南。当时漕粮在直沽转输的达百万担以上。由于金、元两朝,建都北京,天津地位日显重要。元初虽因河道淤塞,南粮改作海运,但仍由天津转运入京。据《元史·食货志》所载,每年由津转京的粮食,多达三百余万担,出现了"转粟春秋入,行舟日夜过"的繁荣景象。与漕运并肩发展的是盐业生产,金、元两代,已设置盐务管理机构及人员,在今塘沽、汉沽地区开辟多处盐场,成为重要财源之一,所以天津更为朝廷所重视。元武宗时(1309 年)又把直沽提升至都指挥司级别的地位,仁宗时(1316 年)进而改直沽为海津镇,并在大直沽设接运厅和粮仓以接运与储存漕粮。漕运的船工也为了祈求航运安全,先后在大直沽(元初建,后废)和东门(元泰定三年建,明清时重修、扩建,今存)外建立天后宫,供奉海神。金、元两代对天津的经营,使天津由聚落逐步走向都市的条件渐臻成熟;但是天津作为一个具有完整意义的都市却是在明清时期完成的,而作为这一转折的重要标识则是明永乐二年至四年(1404—1406 年)间的设卫筑城。

明太祖朱元璋于 1368 年建立明朝后,为了酬庸和巩固王朝权力,遂封诸子为王,分守各地,其第四子朱棣被封为燕王,驻守北平。1398 年,明太祖死,因太子早逝,由太孙允炆继位,是为惠帝。允炆庸懦,而燕王则经过几十年的戎马生涯和苦心经营,在诸王中实力最强。也许出于更好地延续明王朝的发展和强化明政权的需要,燕王决定发兵与侄争位。他率兵由直沽"济渡沧州"(见嘉靖二十九年《重修三官庙碑记》,天津历史博物馆藏碑)南攻。征战数年,终于在 1402 年,攻入南京,即帝位,是为成祖,年号永乐。明成祖在成功喜悦之余,为了纪念始发兵的"龙兴之地",把直沽这个曾是"天子渡河之地"(明李东阳:《修造卫城旧记》,见《天津卫志》卷四)赐名为天津(天是天子之义,津是渡口之义)。关于天津的得名,曾有星座说、津河说、关口说和赐名说等各种不同说法,但赐名说既有上引比较翔实充分的文献根据,又为津民口碑所熟知,所以当以天子渡河而得名之说为近实。

明成祖虽即帝位于南京,但他不能遗忘自己的实力据点北平,必然要把政治中心北迁,把北平作为他的北京,以维护和巩固其新政权(袁世凯就任大总统后,不肯赴南京就职,不惜制造兵变,坚持建都北京,与此何其似也)。但在迁都北京之前,他必须先把作为京师屏障和门户的天津建设好,于是在永乐二年十一月二十一日(1404 年 12 月 23 日)下令在天津设天津卫、天津左卫、天津右卫,统称三卫,天津的第一部志书就以《三卫志》(今佚)为名。明成祖还在这一军事性的据点驻兵一万六千余人,以拱卫将建立的京师和维护当地的安全,并命工部尚书黄福、平江伯陈碹、都指挥佥事凌云、指挥同知黄冈"筑城浚池"。

天津城的初型是以土版筑,城基距地表约四米,逐层用黄土夯实,土层间铺撒碎砖瓦和瓷片,类似后来所谓的"干打垒",所以称为"筑城"。这座土城周长九里余,城高三丈五尺,宽二丈五尺,城的形状是东西长、南北短,很像一把算盘,所以津民有称之为算盘城的。经过一年多的时间,土城建成,于是作为天津卫所的实体矗立起来,至今犹啧啧于津民之口的"天津卫"这一惯称也自此出现。时隔五年,明成祖将一切部署就绪,便于永乐七年(1409 年)正式北迁,建都北京。天津也从此承担起明清两代捍卫京师的职责。

但是,土城筑成将近百年时,就日渐倾圮残损,而不得不修建加固,于是在明孝宗弘治六年(1493 年),由时任天津兵备道的刘福主持,用砖包砌加固,城池同修,各门增建瓮城和城楼,历时两年竣工。四门分别题写了镇东、定南、安西、拱北匾额，显示其拱卫京师、安定地方的武备作用。城周较土城略有拓展，但基本未动。其城圈就是现今东、南、西、北四条马路的内边，也就是过去白牌电车围城转的线路。明朝政府很重视这次重修，特由当时的重臣、文学家李东阳亲为之撰写《修造卫城旧记》，记其始末，为天津城留下了重要文献。

设卫筑城后的天津，各方面都有较快发展，特别是粮、盐两大经济支柱更为显著。明永乐初由于北运河淤塞，海运至津的粮食难以及时运京，仓储业大为发展，曾有露囤千所，甚至在北仓还建立了百万仓。不久迁都北京，"百司庶府，卫士编氓，一仰漕于东南"（傅维麟:《明书·海漕志》），天津转输漕粮任务日增，至明宣德十年，明政府特在津设户部分司，作为管理漕运的专门机构。当时大运河上粮船万艘，转输漕粮五百万担。繁荣景象，可以想见。

鱼和盐是天津的两项重要财源。明在建国之初，即设"河间长芦都转运盐运司"，管辖以天津为中心的产盐区。天津不仅是产盐区，还是营销中心，长芦盐之名由此而起。由于采用日光晒盐法而产量大增，据一种计算，明末长芦盐运销量已达二十三万九千八百余引（每引 650 斤）。天津的渔产也很丰富，《天津县志》特著其事说："津邑，滨海区也。渔利与盐同，捕鱼不下三十种。"天津流传下来的许多风土诗也都盛赞天津渔产的丰美。鱼盐之利推动了天津经济的发展。

漕粮的转输，无论海运，还是河运，都带动了运输业和商业的发展。粮船为了调剂漕丁和水手的收入，允许在漕粮外，随带一定数量的各地货物以懋迁有无。这些货物大部分在天津卸载、发卖和转输，因而在三岔口不远的东门和北门外就形成了若干商业区，随之货栈、钱庄、会馆等行业和组织也都应运而生。一些服务行业如饭庄、酒楼、戏院,更是迭兴不已。

天津从设卫筑城以来,经过有明一代的经营,到明清之际,它终以有拱卫京师门户、河海转运枢纽、商业繁荣兴盛、富鱼盐之利、招八方来客的优越条件,而成为人所瞩目的要埠,远远超出单纯军事要冲——“卫”的地位。所以《天津卫志》特以浓墨重彩概括其盛况说:“天津去神京二百余里,当南北往来之冲,南运数万之漕悉道经于此。舟楫之所咸临,商贾之所萃集,五方之民所杂处……名虽曰卫,实在一大都会所莫能过也。”清初史学家谈迁赴京过津所看到的天津,已是“镇城百货交集,鱼虾蟹蝀并贱”(《北游录·纪程》)。顺治十二年(1655 年),荷兰使节哥页赴京,路过天津时,曾把天津与广州、镇江并视为中国三大港口。天津的“人烟稠密,交易频繁”,使这位使节惊讶,并命其随从人员将三岔口和海河两岸的景象绘图带走。当时天津已是一个比较成熟而开放的城市了。

天津自设卫筑城以来,历经六百年风雨沧桑,有多少可歌可泣,可喜可悲的事迹和人物,等待述说弘扬,并留存于图画文字,以教化当代,垂示后世。迎接设卫筑城六百年,不仅要欢庆这个城市的光荣节日,更希望在迎候的日子里,有更多故老贤达写出信而有征的往事风情,为我们的天津留下更多的文献积存!

我籍隶浙江,出生杭郡,而侨居天津七十余年,直等第二故乡。食于斯,长于斯,学于斯,老于斯。乡恩深重,值此庆典,何得无报?乃于 2003 年春,邀约津沽名流学者,相与咨谋,众议佥同,共同编撰《天津建卫六百周年》丛书,以为文献积存之祝。共立八题,目次是:

一、天津的城市发展

二、天津的人口变迁

三、天津的方言俚语

四、天津的园林古迹

五、天津的邮驿与邮政

六、天津的九国租界

七、天津的名门世家

八、天津早年的衣食住行

题目既定，撰者分册撰写，每册十余万字，各有随文插图，期以一年。2004 年春，各稿相继完成，逐册循读，大都相契，而各有所见，亦未强求划一。全套丛书共八册，近百万字。天津古籍出版社社长刘文君女士，欣承出版之任，情义可感。责编韩嘉祥先生，学识优长，不辞辛劳，奔走于撰者之间，商榷修订，终底于成，如期问世，功不可没。撰者诸君殚精竭虑，共成斯举，为津门增拓文献积存，颇著勋绩。我则追随诸君子之后，稍事擘划，与有荣焉。设有不足，则我当独任其责，幸读者垂察！

二〇〇四年写于南开大学邃谷

清代科举人物家传资料汇编

（2006）

“国家清史编纂委员会·文献丛刊”之一。来新夏主编。学苑出版社2006年12月北京第1版，北京第1次印刷。未标印数。定价60000.00元。

ISBN 7—5077—2623—1

中国版本图书馆CIP数据核字(2005)第127555号

《清代科举人物家传资料汇编》是一部收录清代一万一千个科举人物硃卷兼及家族主要人员传记资料的大型工具书。硃卷是指清代考中举人、进士的士子自行刊刻的试卷。“硃卷必具履历，履历的一大部分是先世本支和旁支的一个题名，等于一本简略的家谱。”(潘光旦语)本书具备的功用，一是查找清代科举人物的传记资料，包括姓名、字号、中的科名、受业师等资料；二是查找科举人物家族中每一位主要成员的传记资料，包括姓名、字号、官职、著述、族系关系等基本情况；再就是充当家谱使用。

作为资料宝库的“汇编”，其学术价值可为研究者各需所取。如

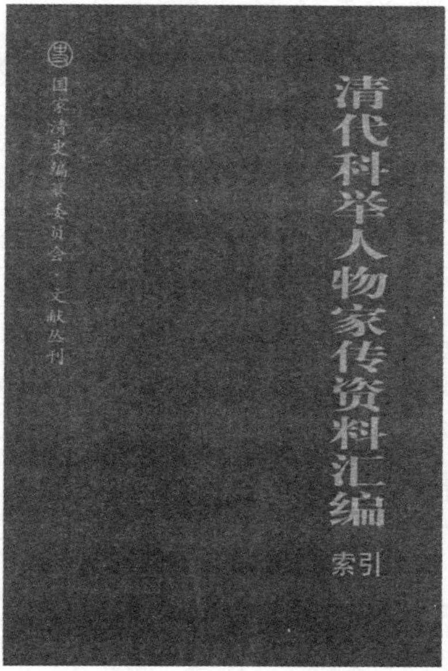

治移民史者,"汇编"中的记载极为丰满,略举数例:邓凤仪硃卷里提到"明初由江西徙长沙";杜寿朋硃卷是"由山东日照县迁粤";徐炳烈硃卷说"先世系秦中,宋南渡归吴,居嘉兴钟带镇之画水乡";蒋传燮硃卷载其家族"明初由江西迁湖广竟陵县东乡华严湖"。有些迁徙是战争因素,如徐德裕是贵州安顺府镇宁州人,原籍江南江宁府上元县,其硃卷曰"入黔始祖思,明洪武初由江南带兵平黔,因家焉";何养恒是云南楚雄府人,"始祖讳纲,原籍甘肃,国初从军至滇,遂家于楚"。如从地方志角度着眼,"汇编"可服务于编修志书中的"科举人物名录"以及"艺文志";他如编纂人名辞典,则"字号"是一大特色,俯拾皆是。"汇编"堪称嘉惠学林也。

《清代科举人物家传资料汇编》为16开精装100册,另索引一册。绍兴图书馆、绍兴市柯桥区图书馆均有购置。本室则备有电子版本及《索引》一册,颇便研究之需。

《清代科举人物家传资料汇编》目录

(从略)

阅世编

（2007）

“清代史料笔记丛刊”之一。清·叶梦珠撰，来新夏点校。17 万字。中华书局 2007 年 9 月第 1 版，北京第 1 次印刷，印行 4000 册。定价：20.00 元。

ISBN 978—7—101—05717—1

中国版本图书馆 CIP 数据核字（2007）第 080771 号

此书曾列入“明清笔记丛书”，由上海古籍出版社于 1981 年出版。后来先生略有修订，于 2007 年 3 月修订完毕，由中华书局列入“历代史料笔记丛刊”之“清代史料笔记”予以出版。

“历代史料笔记丛刊”包括唐宋史料笔记 45 种、元明史料笔记25

种、清代史料笔记44种以及近代史料笔记45种。

本室藏《阅世编》两册，均有来先生题签，一为“伟良存 来新夏 二〇〇七年十月”；一为“伟良存 来新夏 二〇〇七年十二月”。

《阅世编》点校说明

《阅世编》十卷，清初叶梦珠撰。梦珠字滨江，号梅亭。上海人而著籍娄县学。生于明季。是书卷九《师长》篇《金伯固先生》条称：

> 金伯固先生，讳汤，初字孟明，邑庠生。崇祯甲戌，蜀中刘念先先生潜来令上邑，于童子试中取先生第一。是年入泮，遂开家塾于城南。余年十二，往受经焉。

又同卷篇《瞿行言先生》条称：

> 瞿行言先生，讳儆臣，邑庠生，与余家亦为比邻。崇祯丙子，试南闱不售，归开家塾，授生徒，从学者亦数十人，余年十四，往受经。

据崇祯甲戌（1634年）上推十二年，丙子（1636年）上推十四年，均为明天启三年癸亥（1623年），是叶梦珠当生于是年。至其卒年则不详。唯梦珠别著《续编绥寇纪略》卷首有清康熙二十七年自序，而此书也有康熙三十几年纪事，则康熙中叶时必尚在世，估计时年当在七十岁左右。

叶氏于明亡时二十一岁，入清五十年，其主要生活在于清，但对明朝之亡似有惋惜。而对清初之裁抑东南汉族缙绅地主颇为愤懑，所以把他涉世六十余年所见闻的世务，写成《阅世编》一书。所谓“阅世”，书中曾自述其立意。如卷六记奏销一案后即说：“阅世至此，为之兴慨。”卷九记撰者与门人的师弟关系后又说：“此尤阅世所最亲切者。"其意乃言书中所记皆亲所阅历的世务。语有所据,而所加褒贬也自可信。

这部书向无刊本,传钞也少。1934 年,上海通志社从松江图书馆借阅此书钞本,因书中"所涉上海旧闻足资考证者极夥",遂于 1935 年排印收入《上海掌故丛书》为一种,并在书末写跋,简要介绍全书内容说:"是书所记,大而郡国政要,世风升降;小而门祚兴替,里巷琐闻;旁及水旱天灾,物价低昂。举凡涉世六十余年间,阅历之所及,无事不书,有闻必录,而于松江一郡之沿革创置为特详。"

这部书共分天象、历法、水利、灾祥、田产、学校、礼乐、科举、建设、士风、宦绩、名节、门祚、赋税、徭役、食货、种植、钱法、冠服、内装、文章、交际、宴会、师长、及门、释道、居第、纪闻等二十八门。它主要涉及明清之际以松江为中心的这一地区的自然、政治、经济、文化、风俗、人事各方面情况,记述颇称详备。它的体制虽为备纂辑府志时的采择,而于治史者尤资参考。

这部书最引人注目的是有关明末清初的社会经济资料。近人有关论著已多所征引。这些资料的特点是,记载比较具体、议论比较平实,非若一般"文人之笔"的空泛。其中田产、赋税、食货、徭役各门,对当时的社会经济、人民负担及民生状况等都有细致的记载。如卷一《田产》门及卷七《食货》门记土地及米、布、柴、盐、烟、茶、糖、肉、纸张、药材、干鲜果品、眼镜、顾绣等生活必需品和手工艺品的价格都有详备的记录,并比较了各年价格的升降,来反映顺、康时期土地与民生的变化状况,实为他书所不及。又如卷六《赋税》门论松江赋税之重也很扼要明确。

同卷尚记"奏销"及增征等事,都和清初裁抑东南缙绅地主有关。清朝入关后,一面圈占土地,扶植满族新生贵族地主;一面为巩固政权，对有碍于最高统治权的“绅权”施加一定的压力——如追缴积欠、增征钱粮等。这些“措施”在顺、康时期的推行情况在书中都有明显的反映。

清朝对于东南，特别是苏松地区缙绅地主的裁抑，有利于进一步巩固既得的政权，但它决不意味着减轻人民的任何负担。从这部书所记载的内容看，人民除赋税、地租外，尚有无穷无尽的徭役。卷六的《徭役》门仅记松江地区的徭役就有大役与小役。大役有布解、北运、南运、收催、收兑；小役有排年、分催、总甲、塘长等繁多的名色。另外还有杂差，更是巧立名目，滥用民力。读此编所记徭役的具体情况，宛如亲见人民辗转呻吟于重役之下。

这部书对于自然现象也很注意记录，有些难免陷入示儆人事的寓意中，但具体资料仍有重要参考价值，卷一的《天象》门所记地震资料颇备，尤为可贵。其记康熙十八年京师大震的资料为他书所未详载。

卷七的《种植》门记松江地区农作物诸品种，可备东南植物志的采择。

文化风俗方面的记载也有可供参考的资料。如卷四的《士风》门，卷八的《冠服》《内装》门，卷九的《宴会》门，卷十的《居第》门，都可考见封建等级制度与社会风俗的递变。卷十《纪闻》门记张野塘将北方弦索传入南方，促成了南北曲的融合，这对研讨戏剧、音乐等均可资参证。

叶氏由于清初裁抑东南缙绅地主政策对自己切身利益有所触动，如卷六已明言“予为亲友所累，亦在奏销之列”，加以当时文网尚疏，所以书中不时流露出各种不满情绪。如卷二的《学校》门记清初生员限额事，一面极称明代考选人才的“极隆”盛况，一面对清初裁汰入泮名额，认为是使“江南英俊，销铄殆尽”，其后果是“学子丧气，甚者改业”，卷四记清朝“初定江南”时的“士风糜弊极矣”；卷六记徭役之弊；卷八、九以服饰、宴会为例来说明风俗的衰敝；卷十更直书“太祖果于杀戮”等等。正因为这样，这部书才保留了一些“实录”，成为清人笔记中有重要参考价值的一种。可能也正因为有这些内容，所以此书一直没有刊本。

这部书中也不可免地夹杂不少无关理要的记述，如卷四专立《名节》一门，表彰“烈妇”以宣扬封建道德观念。撰者对明末农民起义及其领袖、对收复台湾的名将郑成功等，都多致诬蔑之词。

这部书卷二的《科举一》原缺。另外有个别错字，因无别本可供校勘，只得以理校之，用括号附注在原字之下，供读者参考。卷二记中式人名单也有重出误记的，仍存原式，未加改易。至于段落则是《上海掌故丛书》本原分者，未加任何变动。

叶氏在《阅世编》外尚有《续编绥寇纪略》五卷一种，收刊于《申报馆丛书馀集》内。书前有康熙二十七年时所撰自序，则书当成于《阅世编》之前，因《阅世编》纪事有至康熙三十二年者。自序言撰述缘起乃因吴伟业《绥寇纪略》终于李、张之败，于是续编孙可望、李定国以后及永历入缅、被杀诸史事及传闻。并称所据资料为《滇蜀纪闻》《楚中遗事》及二书所本之邓凯《也是录》。《也是录》今有传本，而另二书则未见。《续编》虽多有传闻，但叙述原委较详，且时代略近，也尚有可资参证处。书凡五卷：前四卷为《蜀川沸》《滇黔窜》《争挟主》《缅甸散》，末附《纪闻》一卷。

来新夏

一九八〇年六月初稿

二〇〇七年三月修订稿

清嘉录

（2008）

“清代史料笔记丛刊”之一。清·顾禄撰。来新夏点校。14.1万字。中华书局2008年6月第1版，北京第1次印刷，印行4000册。定价：32.00元。

ISBN 978—7—101—06158—1

中国版本图书馆CIP数据核字(2008)第068820号

《清嘉录》一书，曾由上海古籍出版社列入“明清笔记丛书”于1986年出版。后来先生略有修订，并较初版增《后记》一篇，改为中华书局重版。本室藏本来先生题有：“此书点校匆促，颇多不洽，心存愧疚。近又订正，交中华书局重版，年内或可问世，借以补过。”

中华书局将《清嘉录》与顾禄另一著作《桐桥倚棹录》合为一书出版，列入“历代史料笔记丛刊”之“清代史料笔记”。《桐桥倚棹录》的点校者是王稼句。

《清嘉录》后记

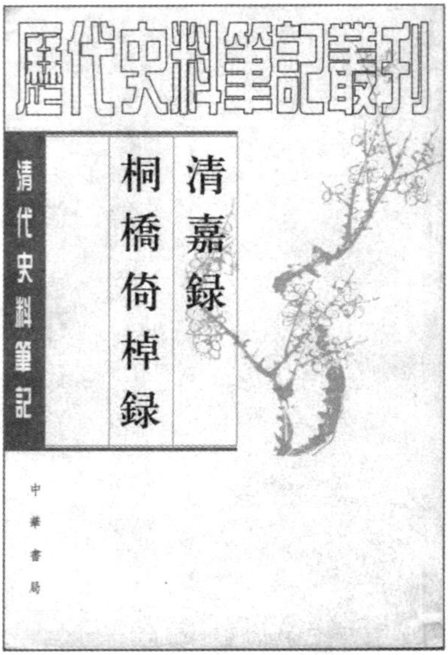

廿余年前，我曾应上海古籍出版社盛晓峰先生之邀，点校清顾禄所撰《清嘉录》一书。《清嘉录》为清代地方小志中之佳作，除记叙个人耳闻目见之古吴岁时风土之外，尚引录有关著述，以相印证。内容非一般纪事之作，而具有相当学术含量。是时我方在职任，公余点校，颇多疏讹，虽反复检阅，冀求完善，而问世不久，即蒙薛正兴先生指误纠缪（《古籍整理出版情况简报》183期）达数十处，不禁悚然心惊，愧对读者。其后，友朋间有指正，亟思补过。2006年秋，中华书局编辑同志邀约重印，衷心窃喜，乃吸取各类建言，重加审读，冀能减少误处。惜又以年老目眊，仍虞有隙漏，尚祈方家读者有以教我为幸！

二〇〇六年腊月来新夏识于南开大学邃谷，时年八十四岁

十里长街读坎墩

（2008）

来新夏主编。19.5万字。杭州出版社2008年9月第1版,第1次印刷。未标印数。定价:38.00元。

ISBN 978—7—80758—079—9

中国版本图书馆CIP数据核字(2008)第049498号

坎墩地处杭州湾南岸。明代在此筑塘时，因卦象座于坎位，故称坎塘,后为防海,在塘边筑一高数丈之泥墩而称坎墩。民国二十九年(1940)置镇。原属余姚县,1954年划归慈溪县。2001年撤销镇级建制，设立街道办事处,现位于慈溪大城区北部。新华出版社2006年出版方柏令主编的《十里长街——坎墩》，此书一出，引起国内方志界诸多人士的关注。2007年，在中国地方志指导小组和浙江省地方志办公室的支持下，《十里长街——坎墩》全国性研讨会在坎墩举行。

本书之名《十里长街读坎墩》，共收录与会及因故未能与会的专家学者的评论、贺信35篇，陈桥驿先生撰文《我和慈溪》并为之作序。研讨会组委会认为，"该书借志书之体例、藉散文之笔法，既不像传统意义上的志书，又不像其他纯粹的地情书"，此"四不象""什么都不像"的编写模式，为乡镇级的志书编写提供了一种创新的体例。

来先生撰文《一部新人耳目的镇志》参与《十里长街——坎墩》研讨会，该文收载于内蒙古教育出版社《砚边馀墨》。先生为我藏本题署"伟良藏之　来新夏　二〇一二年五月"。

读书室藏《十里长街——坎墩》和《十里长街读坎墩》各一册，以资研读。

《十里长街读坎墩》目录

陈学文:明清江南城市化中崛起的一个范例:坎墩镇
——简评《十里长街——坎墩》
顾志兴:志之别体——读《十里长街——坎墩》
缪小咏:十里长街多彩的历史画卷——《十里长街——坎墩》
胡巧利:坎墩精神的礼赞——《十里长街——坎墩》
陈曼平:创新 搞活 求美
——小议《十里长街——坎墩》对地方文献编纂的成功尝试
嵇发根:十里长街读坎墩
金兆法:一部贴近老百姓的志书——《十里长街——坎墩》随想
张如安:当代浙东乡镇志的精彩典范
——浅评《十里长街——坎墩》
朱恒夫:一座用文字建构的古镇历史展览馆
——读《十里长街——坎墩》有感
郑祖安:乡土历史文化的一部用心之作
——评《十里长街——坎墩》
蒯大申:乡土文化与文化认同——《十里长街——坎墩》读后
马长林:发掘和弘扬地方历史文化的有益之作
——读《十里长街——坎墩》
徐吉军:简评《十里长街——坎墩》
陈 野:地方文化的生动载体——读《十里长街——坎墩》
颜越虎:海洋文化视野中的坎墩地域文化
——读《十里长街——坎墩》
龚蜀东:以创新手法开辟编撰地方文献、地情资料的新途径
虞浩旭:坎墩历史文化的全息观照——读《十里长街——坎墩》

沈松平:别具一格的传世之作——读《十里长街——坎墩》

陈志根:《十里长街——坎墩》感言

邵德成:一张独运匠心的特殊名片

——《十里长街——坎墩》读后

王健飞:爱乡爱国的好教材——读《十里长街——坎墩》人物篇

徐泉法:真实 生动 耐看——试评《十里长街——坎墩》

董景尧:“坎墩精神”的自然解读

——读《十里长街——坎墩》有感

韩章训:读《十里长街——坎墩》编纂方法创新

高志林:一本好书——浅评《十里长街——坎墩》

诸焕灿:古镇长街说坎墩

王　林:长街雅韵 古镇倩影

张　勤:《十里长街——坎墩》读后感

陈　兵:谱新声 有创意 雅俗共赏——《十里长街——坎墩》读后

魏　桥:给《十里长街——坎墩》研讨会组委会的函

后记

天津历史与文化

（2008）

“天津广播电视大学系列教材”之一。来新夏主编。27万字。天津人民出版社2008年11月第1版，第1次印刷，印行4000册。定价：35.00元。

ISBN 978—7—201—06070—5

中国版本图书馆CIP数据核字(2008)第124842号

在天津广播电视大学50周年校庆之际，学校编纂《天津历史与文化》一书，是为开发建设的系列教材之一，也是天津市教育科学“十一五”规划课题。作为天津市高校编辑的第一部乡土教材，该书涉猎天津历史变迁、社会变革、工业经济、商贸金融、教育科学、文化艺术等各个领域，全面反映了天津灿烂辉煌的历史文化。时任天津市委副书记、市政协主席邢元敏为该书作了序。

本书题有“来新夏赠书　二〇〇九年三月”。

《天津历史与文化》目录

史记选

（2009）

“中国史学名著选”之一。来新夏主编。26.2 万字。中华书局 2009 年 4 月北京第 1 版，北京第 1 次印刷，印行 6000 册。定价：43.00 元。

ISBN 978—7—101—06538—1

中国版本图书馆 CIP 数据核字（2009）第 019258 号

20 世纪 60 至 90 年代，中华书局陆续出版了郑天挺先生主编的“中国史学名著选”丛书，包括《汉书选》《三国志选》《左传选》《资治通鉴选》《后汉书选》《史记选》，共六种。

丛书出版后，受到高等学校历史专业师生以及其他读者的欢迎，先后多次再版、重印。直至今天，这些选本仍不失为很好的选本。鉴于此，中华书局将这套丛书予以重版。

为方便阅读，此次重版，将原直排改为横排，由繁体改为简体；选注者所作注释，改为页下注；个别因改简体而不再需要的注释，则予删除。

来先生发表于《文汇报》2009年8月13日《〈史记选〉今昔琐议》一文,使读者对《史记选》书里书外的掌故一览无遗。

本室藏本《史记选》扉页题有“来新夏　二〇一〇年五月”。

中国地方志历史文献专辑·灾异志

（2010）

来新夏主编。学苑出版社 2010 年 2 月第 1 版，第 1 次印刷。印 100 套。定价 46800.00 元。

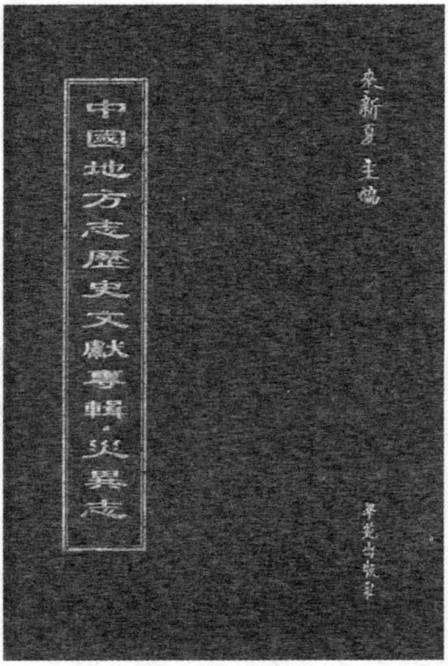

ISBN 978 —7 —5077 —3508—6

中国版本图书馆 CIP 数据核字(2010)第 030962 号

中国地方志内容繁富，举凡建制沿革、天文气象、政治军事、文化教育、山川名胜、天灾人祸、医药宗教、人物政绩、民情风俗、交通制造、经济物产、方言艺文、无不涵盖，有关自然灾害的记载尤为丰富。各府、州、县在编纂地方志时，以灾异、五行、祥瑞、灵征、祥异等专有门类辑录历年的灾异现象，资料吸取了大量水利著作、碑刻、笔记、奏疏等文献中有关灾害的资讯，足供研史写史者与研究专门问题者之采摘。

本专辑为《中国地方志历史文献专辑·灾异志》，搜访参考全国(包括台湾省。本书不收台湾省日文版的地方志文献)收藏单位的地方志书，入选方志，一般以每一地区较晚的方志为主。盖取其记述较全，编制较善，征选较易，此书所选全国方志达2600种。

《中国地方志历史文献专辑·灾异志》总计90册，本读书室仅藏第1册、第25册。

《中国地方志历史文献专辑·灾异志》目录

《中国地方志历史文献专辑》序言

中国地方志，源远流长，究其肇端，其说不一，《四库全书总目》曾概述方志源流称："古之方志载方域、山川、风俗、物产而已，其书今不可见。然《禹贡》《周礼·职方氏》，其大较矣。《元和郡县志》颇涉古迹，尽用《山海经》例。《太平寰宇记》增以人物，又偶及艺文，于是为州县志书之滥觞。"

由是观之，方志之起始，当为多元。从春秋战国时起，中经汉唐，方志内容与形式，逐渐得到丰富，并日臻发展完善，至宋方确立方志之基本体制。明清以还，方志修纂事业发达，方志著述甚多，据《中国地方志联合目录》的统计，现存历代方志 8264 种，实际已逾万种。若按纂修朝代计，明清两代最多，明存 942 种，清存 5701 种。亦可称古籍中之大宗。

历代修志，多由官修，是以上起各省通志，下迄府、州、县志，旁涉于山川、寺庙、土司、盐井等专志，细及于地方杂记小志，无不呈现一地一区之横断剖面。其所包容，亦称繁富，举凡建制沿革、天文气象、政治军事、文化教育、山川名胜、天灾人祸、医药宗教、人物政绩、民情风俗、交通制造、经济物产、方言艺文，无不涵盖。其蕴藏之富，数量之多，方面之广，实为他书所未及，足供研史写史者与研究专门问题者之采摘。

中国方志既有起源早、持续久、数量大、层次全、资料富等特点，前代学者已早有顾及，清初顾炎武之撰《肇域志》，其主要参考即为数百种方志。后世学者亦多所涉及，奈以篇帙之巨，庋藏又散在各方，翻检使用，极感不便。而类编之作，迟迟未能展开。直至二十世纪五十年代以来，按专题自方志中类编资料者渐多，官方民间，多有瞩目。如北京图书馆（今国家图书馆）和地质部合作利用馆藏方志辑录《祖国两千年铁矿开采和锻冶》和《中国古今铜矿录》等，中央气象台亦从方志中辑出《五百年来我国旱水涝史料》。1956 年中国科学院地震工作委员会历史组根据五千余种旧志类编成《中国地震史料年表》，为地震研究领域提供了世界上唯一可靠而连续的历史资料，随之各地亦相继开展类编工作，取得一定成效。综观近年所辑录之专题类编，有一共同不足之处，即其取材大多采用该地区和该藏书单位所收藏者，显然有一定局限。同仁等有鉴于此，佥议编撰《中国地方志历史文献专辑》，并于 2006 年 5 月启动。

《中国地方志历史文献专辑》的取材，不限于一地区或一收藏单位，而是搜访全国之收藏。然后，全方位地比对一地区不同纂修年代之版本，论证其史料价值及版本价值而慎加遴选，一般以每一地区较晚之方志为主，盖取其记述较全，编制较善，征选较易耳。此书所选全国方志达 2600 种，先以“建置沿革”“灾异”及“金石”三类，分别类编。并附“地名沿革与相关旧志”及分编索引，以方便读者使用。设读者使用中发现不确及窒碍处，至祈教正，以俾继续类遍时参考改正为幸！

二〇一〇年一月中旬写于南开大学邃谷，时为迎米寿之年

清代经世文全编

（2010）

来新夏主编。学苑出版社 2010 年 12 月第 1 版，第 1 次印刷。印数 50 套。定价 128000.00 元。

ISBN 978－7－5077－3665－6

中国版本图书馆 CIP 数据核字（2010）第 206152 号

"经世"，亦作"经济"，是"经国济世""经世致用"的简称。而所谓"经世文编"，顾名思义，即为经国济世、经世致用文章的汇编。《清代经世文全编》是将清代在不同时期、由不同编者印行的各种经世文编进行搜集、整理、编排而汇编成一帙的大型专题性丛书。

20 世纪 60 年代，来先生以目力所及之"经世文编"成一选篇，方将启动，逢"文革"祸起，乃包扎庋藏于研究室，幸获保存，而时时念及整理选编。2005 年 4 月，来先生受清史编纂委员会委托，主持编纂《清代经世文选编》，即在南开大学图书馆设立项目工作室，邀同仁于此役。先生数十年宿愿酬矣。《清代经世文选编》是从

目前传世的二十余种经世文中遴选名人名篇，编次、点校而成的简编，共收文2000余篇，约200万字。经精选严筛之“选编”，仍有若干名篇难以入选，诚遗珠之憾。眷眷难舍之下，同人叠相议论，何不就便将二十余种经世文编合编为一，影印出版。于是来先生偕天津图书馆历史文献部主任李国庆司其事，自2007年启动，历时三载而成《清代经世文全编》。先生认为：“其书既可作研究有清一代经世思想之衍化过程，又可供当政者与当前施政措施相比照，择善参用，虚实双效，两得其美。此编纂《全编》之宗旨也。”

《清代经世文全编》所收，上起陆燿《切文斋文钞》，下迄晚清于鬯庄《皇朝蓄艾文编》，计清代二十一种；为保存文献，将《民国经世文编》一种殿于书后。装订成170册及《卷首》一册，《卷首》为《清代经世文全编》所收全部篇名目录，即篇名、作者、所在册数和页数。

《清代经世文全编》共收录篇目23000余条，为便于利用与研究，由天津图书馆王永华、蒯安编有四册《清代经世文全编·目录索引》，其内容包括：篇名目录、分类目录、篇名索引及著者索引。

读书室藏《清代经世文全编·卷首》与《清代经世文全编·目录索引》。

《清代经世文全编》总目录

《切文斋文钞》三十卷

《皇朝经世文编》一百二十卷

《皇朝经世文补编》一百二十卷

《皇朝经世文续编》一百二十卷

《皇朝经世文续编》一百二十卷

《皇朝经世文续编》一百二十卷

《皇朝经世文新增时务续编》四十卷、《时事洋务》八卷

《皇朝经世文三编》八十卷

《皇朝经世文新编》三十二卷

《皇朝经世文新编》二十一卷

《皇朝经济文编》一百二十八卷

《皇朝经济文新编》六十二卷

《皇朝经世文统编》一百七卷

《皇朝经世文统编》一百二十卷

《皇朝经世文四编》五十二卷

《皇朝经世文编五集》三十二卷

《皇朝经世文编续集》二十一卷

《皇朝道咸同光奏议》六十四卷

《最新经世文编》一百三十卷

《皇朝经世文续新编》三十卷

《皇朝畜艾文编》八十卷

《民国经世文编》不分卷

《清代经世文全编》前言

一、经世文编纂的缘起

经世之文，肇端甚古，《尚书》之典、诰、谟、誓，皆具经世内容。经世语词，始见于《庄子》。《庄子·齐物论》云："春秋经世，圣人议而不辨"。历代名臣奏议、政书、类书，类皆经世之作。汉贾谊之《治安策》、晁错之《论贵粟疏》等，皆为经世名篇。唐太宗命魏徵等编《群书治要》，辑五帝至晋有关治理国家大要之完篇整段文献，已有经世文编之端倪。南宋孝宗淳熙五年，吕祖谦曾奉诏编修《圣宋文编》，择辑有关治道之作。书成，孝宗赐名为《皇朝文鉴》，当为最早之经世文编。明清以来，经世之作繁兴。明自永乐始，先后有《历代名臣奏议》《名臣经济录》《明经济文辑》《明经济文录》及《经世八编类纂》等书，注重社会现状，选辑明初以来有关经世论述，志在救弊，难于实践。惟明季学风日趋空疏，士大夫袖手空谈，政权腐朽，海内阢陧不安，危机四起。有志之士陈子龙、徐孚远、宋徵璧直面现实，针对时弊，力求借鉴历史，矫正世风，乃于前人成著基础之上，于崇祯十一年共同选辑经世之作，历时十月，匆匆成书五百零四卷，径以《经世文编》命名。

《明经世文编》之编纂主旨，乃在关心世事，讲求实学。编者陈子龙于其序中已明言之云："俗儒是古而非今，撷华而舍实。夫抱残守缺，则训诂之文充栋不厌；寻声设色，则雕绘之作永日以思。至于时王所尚，世务所急，是非得失之际，未之用心。苟能访求其书者盖寡，宜天下才智日益绌，故曰士无实学。"另一编者徐孚远在序中亦云："今天下士大夫无不搜讨缃素，琢磨文笔。而于本朝故实，罕所措心，以故伏藻则有馀，而应务则不足。语云：'高论百王，不如宪章当代'。"其他各序，亦多抨击空疏，故所选多祛华就实。《明经世文编》所选多应世务之急，近人吴晗氏论其选文原则为明治乱、存异同和详军事，颇得其要。

《明经世文编》采录甚广，约在文集千种以上，多为当朝人议论当朝政事得失之作，颇多名家名篇，堪为当政者提供历史经验教训。其间有采其文而后世不传其集者，故《明经世文编》又有保存文献之功。所收范围几尽政治、经济、军事、文化、社会各方面，而军事尤见突出，有兵饷、马政、边防、边情、边墙、军务、海防、火器等事，他如灾荒、农事、治河、水利、海运、漕运、财政、盐法、刑法、钱法、钞法、税课、役法等事无不于国计民生相关联。惜明末政权犹如鱼游釜底，面临危亡，有识之士纵有善言谠论，已难挽既倒之狂澜。《明经世文编》成书仓促，间有疏漏，不免为后人议论；但其思想、文字对后来之影响颇大，清初经世实学之兴，即其一端。

二、清代经世文编的编纂

《明经世文编》是一部选辑有明一代经世致用文的总集，但因其中有涉及清入关前与明政权关系之作，对清朝先世多有不堪之词，是以于清乾隆四十三年将其列为禁书。尽管如此，因其可供实用施政之参考，以致查而难禁，一直流通于世，成为清初顾炎武、黄宗羲、王夫之等经世学家之先驱。顾炎武之《天下郡国利病书》、黄宗羲之《明夷待访录》及王夫之之《读通鉴论》诸作，为清初实学之首倡。诸多名臣贤士，亦多有经世名篇，呈清代经世思潮的第一次兴起。其后，大批学人论者怵于康雍乾连续不断之文字狱，为避祸而转入考证、训诂等汉学学术，经世思潮一时低落。唯乾隆时人陆燿异军突起，辑《切问斋文钞》三十卷，收录清初以来有裨经世之文而未以经世文名书。《切问斋文钞》虽无经世文之名，实为清代经世文编之首作，上承《明经世文编》之余绪，唯一改以人物排顺序为以类分卷；下启清代诸经世文编之纂集，皆依其编例，为清代第一次经世思潮的总括。其书刊行于乾隆四十年春，时人颇多赞誉，冯浩为其书作序有云："(其书)或长篇连卷，博大雄深；或言简意赅，肃括精当；或援据明辨，智者读之而心醉；或浅易真挚，俗众听之而点头。举凡天时、地理、征行、政治之务，无不探颐剔微。"其后文网渐疏，论者间出，嘉道之际，社会败像日显，龚自珍、魏源等有识之士，已有感觉，敢于立言。贺昌龄应时而兴，辑《皇朝经世文编》百二十卷，于道光六年成书，七年梓行于上海。全书分八类六十目，内容总汇学术、治体、吏、户、礼、兵、刑、工各政之经世文。当时风行，后来亦颇多赞誉，同治十二年辜堂撰序称："是编也，取材近，选言富，利病若白黑分，调剂各有法，古方今病之诮，庶乎免矣。良工从长施治，审经络之端委，识藏府之苦欲，而关灸之，而镵石之。案而调之，药而起之，毋实实，毋虚虚，寿世仁民之道，不可胜用矣。"数十年后之《皇朝经世文续编》序中又赞称："耦耕先生具经世才，思以良法贻天下。于当代名人论议，广搜博览。凡有裨世用者，无论长篇短幅，褒而录之，不泥古而切于时务，分门别类，都为一编。体例仿《切问斋文钞》而详备过之。"继其后以经世文编为名而称续编、三编、四编、五编、统编、新编者近二十种，另有不以经世文为名，而实为经世文编者，尚有多种，如《切问斋文钞》《皇朝蓄艾文编》和《皇朝道咸同光奏议》等，综其所选达数千篇。经世文编之体一时称盛，而鸿篇巨制难以翻读。二十世纪六十年代曾谋自现存经世文编各书十中选一，成一选篇，已搜求多种，方将启动，而"文革"祸起，遂包扎庋藏于研究室，幸获保存，而整理选编之志，时在念中。

三、《清代经世文全编》的编纂

2005年4月,我受清史编纂委员会委托,编次《清代经世文选编》。受命之初,首先着手者即为搜求清代各种经世文编,历时半年,得二十种。分由学者从中选取二百万字之选篇,精选严筛,得篇什一,若干名篇,难以入选。编选者眷眷难舍。其后整理点校选编时,深感所选,尚多阙如,而有遗珠之憾,同人等叠相议论,咸以各种经世文编,散藏各处,聚各书于一室,难度甚大。今既已集清代各经世文编于一手,何不就便将二十余种经世文编合编为一,而凡参用与研究之学者均可读白文,更无需点读,原书合编影印,可免次生谬误。于是动议,汇编合集,由我与李国庆君司其事。自2007年启动至2010年,历时三载。今将告成,乃就《选编》前言,略加订补,叙《全编》缘由。

清自入关建政以来,用兵四方,海内粗定,康熙以还,颇能咨谋治国安邦之策,科举又有策问世事之题,大多关心恢复经济,注重社会民生,而学者名流若顾炎武、黄宗羲等,更力倡经世之学,于是朝野上下,无论名公巨卿。抑或吏员文士,时发经世之论。六部诸曹事务多有涉及,但所论多在个人文集,或散佚民间。于是陆氏开其端,贺氏承其绪,后来诸君相沿其事,遂成清代经世文编一脉,嘉惠后人,受益滋多。其书既可作研究有清一代经世思想之衍化过程,又可供当政者与当前施政措施相比照,择善参用,虚实双效,两得其美。此编纂《全编》之宗旨也。

《全编》所收,上起陆燿《切问斋文钞》,下迄晚清于鬯庄《皇朝蓄艾文编》,计清代二十一种。除《切问斋文钞》《皇朝道咸同光奏议》及《皇朝蓄艾文编》名虽有异而内容则一之三种外,均以经世文编为主名,或曰补编,或曰续编,或曰二三四编,或曰新编,或曰统编。一望可知,《全编》乃有清一代经世宏篇之荟萃。为了保存文献,将《民国经世文编》一种殿于书后。各书既备,乃检核底本,整理书页,编其次序,集成一书,交付影印,装订咸一百七十册,题作《清代经世文全编》。《全编》之成,既蒙各藏者惠借底本,又承学苑出版社不惜斥资付印,终为学林增一参考用书。欣观厥成,不胜欢悦,稍叙其事,并向有关方面致谢。

来新夏

二〇一〇年六月上旬写于南开大学邃谷

中国地方志历史文献专辑·金石志

（2011）

来新夏、赵波主编。学苑出版社 2011 年 5 月第 1 版，第 1 次印刷。印 100 套。定价 39000.00 元。

ISBN 978 —7 —5077 —3782—0

中国版本图书馆 CIP 数据核字(2011)第 074626 号

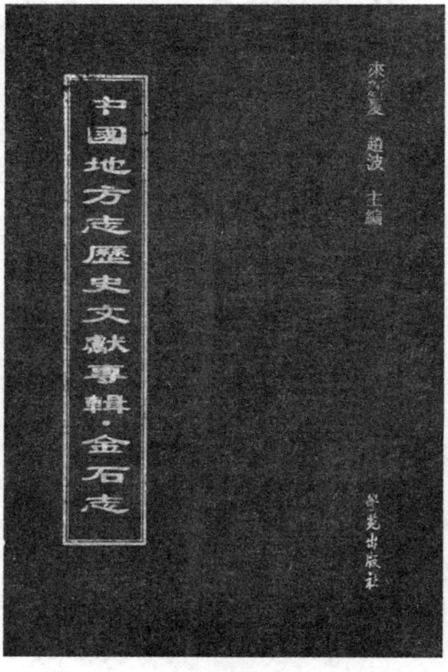

中国古代的地方志，保存着大量的金石文献。方志中的“金石志”，主要记载我国各地发现的铜器、碑刻、文物及墓志铭等文献资料，多为对文字的记录，是方志中的重要内容，是发现、了解、研究地方历史文化、自然环境的必要文献。

本专辑《中国地方志历史文献专辑·金石志》,遍查全国各地包括台湾省的民国前地方志资料6000余种,一般以每一地区较晚的方志为主,能其每县一志,共析出1840种旧方志,收其碑记、篆刻等金石相关内容,涵盖题、序、记、文、赋、诗等多种文体。

《中国地方志历史文献专辑·金石志》全90册,本读书室仅藏第1册。

《中国地方志历史文献专辑·金石志》目录

《中国地方志历史文献专辑》序言

本序言与《中国地方志历史文献专辑·灾异志》序言同(见本书第956—958页),故从略。

中国地方志文献·学校考

（2012）

来新夏、黄燕生主编。学苑出版社 2012 年 5 月第 1 版第 1 次印刷。80 册，印行 100 套。定价 48000.00 元。

ISBN 978－7－5077－4007－3

中国版本图书馆 CIP 数据核字(2012)第 085411 号

旧志中《学校志》(亦有称《学校略》者)内容丰富，记述学宫、书院、礼乐、祀典、名宦、乡贤、乡学、义学、学田、圣谕、碑记等各类情况，凡教学机构、教学内容、经费来源、典章制度等，均有详细记载。

《中国地方志文献·学校考》，遍查全国各地包括台湾省的 1949 年前旧地方 3770 种。全书分册按省为序，省下列各县志书，按原书版式，分上下栏影印成书。全书书尾有附录三。一为《地名沿革与相关旧志》，简述今地名沿革，曾用名所涉及相关旧方志；二为《地名沿革与相关旧志索引》，以中文拼音字母顺序排列，依次以地名沿革与相关地志内各地名首字的顺序检索；三为《旧志书名索引》，以书名为序。此三附录,对使用全书,颇多利便。

这部专书的出版,为研究中国古代建学施教、培养人才、普及知识、促进社会文明提供了一套系统、完整的、稀见的专题资料。来先生为《中国地方志文献·学校考》撰序言一篇。

本读书室藏复印本第一册、即全书80册的总目录,及网购第30册。该册为浙江部分,内收录《嘉泰会稽志》《宝庆续志》《康熙绍兴府志》《乾隆绍兴府志》《民国绍兴县志采访稿》《康熙山阴县志》《康熙会稽县志》《嘉庆山阴县志》等,颇便研究之需。

《中国地方志文献·学校考》总目录

《中国地方志文献·学校考》序

中国地方志文献为地方文献之大宗,素以起源早,历史久,传承长,品类全,数量多享誉于世界。民国前所纂旧志,据一种统计达八千余种。在新编地方志进行过程中,又有所发现,目前已逾万种,洋洋大观,无与伦比。其内容包罗极广,凡一地区之自然、历史、地理、社会、经济、文化、军事等,无所不包。有人称之为地情百科全书,信非虚美。近年以其内容宏富,翻检不便,于是对旧志门类,有选择地分编为各种专志,单行别出,颇有裨于求知者搜求利用,而史料更得集中保存。如人物、物产、风情等部类,已有编著,而有关教育之《学校志》,各志多有,而选编为一书者,犹付阙如,有关学人,期待久矣。

旧志中《学校志》(亦有称《学校略》者)内容丰富,记述学宫、书院、礼乐、祀典、名宦、乡贤、乡学、社学、义学、学田、上谕、碑记等各类情况。类下有目,凡教学机构、教学内容、经费来源、典章制度等,均有详细记载,如〔同治〕《涿州续志》记学田来源及收租米钱数等,甚为详细。其间尚有附入插图者,如山西〔道光〕《阳曲县志》即附有《学宫图》,楼阁堂庑,皆清晰可见,为研究中国教育史之重要而珍贵的原始文献。惜长期以来掩盖于志书海洋,未能充分利用,实为学人憾事。

近闻京都有《中国地方志文献·学校考》之编,邀各藏所行家,共襄其事,不佞又谬蒙邀任主编,下风逖听,倍感惶恐。历数年艰辛,遍查全国各地民国前之旧志,经论证其价值,选择优秀版本,完整清晰查重后,共收 3000 余种方志。

全书分册出版,各册按省为序,省下列各县志书,按原书版式,分上下栏影印成书。各志皆标以编纂时代,如〔万历〕、〔康熙〕、〔民国〕等。除各县不同时代正志外,尚收有调查报告书、续修、重修等类,可称全备。各《学校志》所述,皆上溯古代,下迄修志时代,保存一套有关建学施教,培养人才,普及知识,促进社会文明的完整、集中的专题资料,有裨研究者参考。

全书书尾有附录三。一为《地名沿革与相关地志》,简述今地名沿革,曾用名所涉及相关旧方志;二为《地名沿革与相关旧志索引》以中文拼音字母顺序排列，依次以地名沿革与相关地志内各地名首字的顺序检索。三为《旧志书名索引》，以书名为序，其上所冠之“定词”与冠词均不录。有此三附录，对使用全书，多增利便。

如有不当，尚祈贤达教正！

是为之序。

二〇一一年秋写于南开大学邃谷

天津历史与文化

（2013）

来新夏主编。39.9 万字。天津大学出版社 2013 年 9 月第 1 版，第 1 次印刷。未标印数。定价:35.00 元。

ISBN 978—7—5618—4758—9

中国版本图书馆 CIP 数据核字(2013)第 195812 号

《天津历史与文化》作为天津广播电视大学同名公共课的教科书，自 2008 年出版后，不仅两万余选课学生使用，天津市所有中小学的图书馆均入购，备作参考读物。2011 年，《天津历史与文化》入选为全国电大系统精品课程。编写组决定对教材进行修订并再版，是为此本。

《天津历史与文化》目录

萧山丛书(第一辑)

(2014)

来新夏、沈迪云主编,杭州市萧山区人民政府地方志办公室、南开大学地方文献研究室编辑。学苑出版社 2014 年 9 月北京第 1 版,第 1 次印刷。未标印数。定价:5500.00 元。

ISBN 978—7—5077—4535—1

中国版本图书馆 CIP 数据核字(2014)第 111318 号

萧山之有丛书,始于邑人鲁燮光(1817—1910)所编《萧山丛书》,收书十一种,原稿存国家图书馆,惜仅有一辑,入民国后中断。新编《萧山丛书》,由萧山区地方志办公室与南开大学地方文献研究室于 2011 年定议合作,拟定体例、确定入选书目。每辑十册成一编,悉加影印。入编书目均置前言一篇,邀专人撰写,以作导读。

新编《萧山丛书》第一辑,收书十余种,遍及四部。撰者多为萧籍著名学者,如毛奇龄兄弟、王绍兰父子、汪辉祖父子、任辰旦及鲁燮光等。

读书室藏《萧山丛书》第一辑第一册至第十册扉页均钤印“来新夏赠书”。

《蕭山叢書》編委會

顧　問　俞東來　李　玲
主　任　許嶽榮
副主任　來新夏　洪松法
編　委　金　偉　王建校　徐建中　沈亦飛　沈志剛　沈迪雲

編輯部
主　編　來新夏　沈迪雲
副主編　李國慶
編　輯　楊效雷　陳　燕　孫致中　蔣玉斌　劉尚恒　林紅狀
　　　　劉運峰　方晨光　高鴻鈞　來新夏　李國慶
編　務　童　銘　焦靜倩　常　虹　陈天琪

《萧山丛书》(第一辑)总目录

第一册

《读易隅通》二卷,明·来集之撰,清顺治元年黄正色刻本

《圣谕乐本解说》二卷,清·毛奇龄撰,清乾隆间刻本

《皇言定声录》八卷,清·毛奇龄撰,清乾隆间刻本

第二册

《韵学要指》十一卷,清·毛奇龄撰,清乾隆间刻板

《四书摭馀说》七卷(一至二),清·曹之升辑,清嘉庆三年曹氏家塾刻本

第三册

《四书摭馀说》七卷(三至七),清·曹之升辑,清嘉庆三年曹氏家塾刻本

第四册

《说文段注订补》十四卷,清·王绍兰撰,清王氏知足知不足馆钞本

《萧山茂材录》一卷,清·鲁燮光辑,清鲁氏壶隐居钞萧山丛书本

第五册

《牧民宝鉴》七种十五卷,清·王文韶辑,清光绪三十四年河南官纸印所石印本

《学治臆说》二卷、附《续说》《说赘》,清·汪辉祖撰

《佐治药言》二卷,清·汪辉祖撰

《庸吏庸言》二卷,清·刘衡撰

《读律心得》三卷,清·刘衡撰

《蜀僚问答》一卷,清·刘衡撰

《宦游纪略》二卷(上),清·高廷瑶撰

第六册

《宦游纪略》二卷(下),清·高廷瑶撰

《平平言》四卷,清·方大湜撰

《尸子存疑》一卷、《尸子》二卷,清·汪继培辑,清光绪三年浙江书局校刻湖海楼本

第七册

《萧山水利》二卷、续刻一卷、三刻三卷,不著撰人,清孝友堂刻板

《六湖先生遗集》十二卷,清·张文瑞撰,清乾隆九年孝友堂刻本

第八册

《管子地员篇注》四卷，清·王绍兰撰，清光绪十七年胡氏刻本

《重论文斋笔录》十二卷(一至四)，清·王端履撰，清道光二十六年刻本

第九册

《重论文斋笔录》十二卷(五至十二)，清·王端履撰，清道光二十六年刻本

《菀青集》十九卷(一至二)，清·陈至言撰，清康熙四十八年芝泉堂刻本

第十册

《菀青集》十九卷(三至十九)，清·陈至言撰，清康熙四十八年芝泉堂刻本

《萧山丛书》总序/来新夏

一

丛书之名，起于唐陆龟蒙《笠泽丛书》，但这是陆氏自谦所著诗文不过“丛脞细碎”，而以名其诗文集，实则不合丛书为“群书之府”的体例。宋王楙《野客丛书》所收均为个人考证杂著，徒有丛书之名，而无丛书之实。

然则丛书究起于何时？历来学界颇有争议，约之可得五说：

一、近人汪辟疆认为起于上古之诗、书，姚名达是其说，因诗、书为若干篇章所组成。然其所集不过篇之集合，非群书之府之汇聚。

二、《四库全书总目》认为《隋志》所载齐陆澄的《地理书》及梁任昉的《地记》是“丛书之祖”。若从总聚群书角度看，是符合丛书体例的，但所收只是地理一类，而非群书之府，只能视之为专科丛

书之始。

三、清蒙族学者法式善所著《陶庐杂录》卷四中曾云，宋曾慥所编《类说》收《穆天子传》以来二百五十四种书为丛书之祖，非也。《类说》虽收录群书但却仅以书为纲，不全收原书，而在各书之下又立词目，再按类选钞各书，是一种融丛书与类书于一体之另类，非丛书也。

四、清学者钱大昕在所著《潜研堂文集》卷三十中认为，宋人左禹锡所编《百川学海》，编成于宋度宗咸淳九年(1273)，荟萃古人群书为一编，并加以新命名，当为丛书之始。曾被学者认为这是首尾完善的丛书——既汇聚各种全书，又不限于专科，可称体例完备的综合性丛书。

五、清光绪年间，目录学家缪荃孙在所著《艺风藏书续记》卷五中言：发现明钞本宋人俞鼎孙的《儒学警悟》。此书编成于宋宁宗嘉泰二年(1202)，比《百川学海》早七十余年，是我国最早一部综合性丛书。

根据上述各种说法，对丛书的起源，可作如下描述：丛书之体始于齐梁，丛书之名始见于唐陆龟蒙之《笠泽丛书》，而今存最早的综合性丛书为宋的《儒学警悟》。

丛书虽然起源较早，但真正名实相符而有显著发展却在明、清两代。明代既有包罗四部的综合性丛书如《汉魏丛书》《唐宋丛书》及《宝颜堂丛书》等，也有大量专门性丛书如《子汇》《古今逸史》《五朝小说》等，尤其值得注意的是，明天启时海盐令樊维城辑历朝乡人著述四十一种六十五卷的《盐邑志林》，开后世地方性丛书之端。清代则以学科分类辑编丛书之风益盛，如经籍之《皇清经解》、考史之《广雅书局丛书》、舆地科技之《麓山精舍丛书》等，不一而足。而乾隆时编纂之《四库全书》共收三千四百六十一种，七万九千三百零九卷，可称震铄古今之巨制。民国时期，丛书似稍逊于明、清两代，但所刊行的《四部丛刊》《四部备要》及《丛书集成》三大丛书，代表了当时编印丛书事业的发展水准。

二

地方性丛书发轫于明代《盐邑志林》，编者樊维城，生年不详，万历四十七年（1619）进士，旋任浙江海盐县知县。樊氏在海盐知县任时，非常注重地方文献之搜集与编纂。到任第三年——天启二年（1622），即著手筹画，邀聘名家，编纂《海盐县图经》，历时二年，于天启四年（1624）成书十六卷，并刊印出版。同时还编纂了《盐邑艺文前编》甲乙集，共四卷，收录三国至宋、元时期与海盐相关的诗文，有重要参考价值。在修纂《海盐县图经》的第二年，樊氏又亲自主持编纂大型地方性丛书《盐邑志林》。收三国吴至明代乡贤著述四十一种六十五卷，其中不乏传世之作。成书后不久，即刊印出版。民国时，商务印书馆曾据明版影印出版，颇利学人。樊氏推动后世编纂地方性丛书事业的开创之功，固不可没。

其后，各地编纂地方性丛书者日渐增多，或集乡贤著述为一编，或汇集地方文献有关著述成一书，其篇幅大者如光绪间刊印的《畿辅丛书》《常州先哲遗书》。甚者一县一地也纷纷集成本地丛书，以表彰乡贤，积累乡邦文献。浙江一省即有多种，如《绍兴先哲遗书》《仙居丛书》《金华丛书》《义乌先哲丛书》《永嘉丛书》等等，吾萧邑之纂集《萧山丛书》，亦肇始于清代。

民国时期，此风未杀，各地相继编纂，如《山右丛书初编》辑山西学人著述，《关中丛书》则收自古以来有关山西之人事、方物、杂著等达六集之多。《屏庐丛刻》辑天津人著述等等。为数之夥，难以胪列。二十世纪六十年代末，上海图书馆所编《中国丛书综录》问世，搜罗著录各类丛书，堪称完备，利便于学人参阅。

三

萧山之由丛书，始于鲁燮光所编《萧山丛书》。燮光生平，据民国二十四年本《萧山县志稿》卷十九所载，有云：

“鲁燮光字瑶仙，晚号卓叟，原籍山阴，其先世自清初来萧山，居西河下。燮光以廪贡生选授慈溪训导，俸满，保升知县，历署山西和顺等县令。光绪时，晋省荐饥，办赈颇力，巡护李秉衡大器之。性好学，手不释卷，初选辑《永兴集》一百数十卷，遭乱残缺。晚年著《萧山儒学志》八卷、《湘湖水利志》四卷、《西河志》一卷，均未刻。在山西著有《山右访碑录》一卷。重游泮水，寿九十余。”

今萧山区志办复考知其生卒年为清嘉庆二十二年(1817)生，宣统二年(1910)卒，享年九十三岁。若与丛书所收各书中跋语及边识相校，与鲁氏生卒，大致不差。萧邑地情各书于此多失载。

《萧山丛书》有刻有钞，均以其壶隐居藏本乌丝栏纸存录，共收书十一种，除王思任尺牍选本为明人外，其余十种，均为清人撰著，而鲁燮光所著达八种。原稿存国家图书馆，我所见为萧山区志办扫描本。所收各书均为萧人，于研究乡邦文献，颇有裨助。其各书序跋批语，多有可取之处。惜仅有一辑，入民国后中断。

四

自鲁编丛书后，垂百余年，萧山无丛书。新编《萧山丛书》创意于数年前，后经萧山区志办与南开大学地方文献研究室交流磋商，于 2011 年定议合作，历经立项、审批、筹画经费、拟定体例、确定第一辑入选书目等，确定分辑编纂刊行，自 2013 年始，分年出版，每年一辑十册，共成一编。所收各书为免次生错讹，悉加影印，分邀专人各撰前言一篇，稍尽导读之任。

新编《萧山丛书》第一辑，收书十余种，遍及四部。撰者多为萧籍名学者，如毛奇龄兄弟、王绍兰父子、汪辉祖父子、任辰旦及鲁燮光等。由于各书篇幅不一，有合数种为一册者，以求各册厚薄相当，而不以时代为序也。

萧山为历史古邑，人文荟萃，乡邦文献充盈，《萧山丛书》第一辑，选目入书，颇费周章。整理编次，又多所考虑。2013 年，选编工作始蒇事，所选多名人名著，版本亦尽量选优。书成差强人意，唯初生之物，其形必丑。《萧山丛书》虽非初生，但中断百余年，不免疏漏，今后各辑，责任更显繁重。至祈乡老贤达，学者名流多所指正，尤望惠予评说，挖掘幽隐，提供选目。在事诸君，殚精竭虑，并此致谢。

是为之序。

二〇一三年初夏

附　录

来新夏文献提要

来新夏教授学术研讨会纪念集

南开大学地方文献研究室编，新疆大学出版社 2002 年 8 月出版。

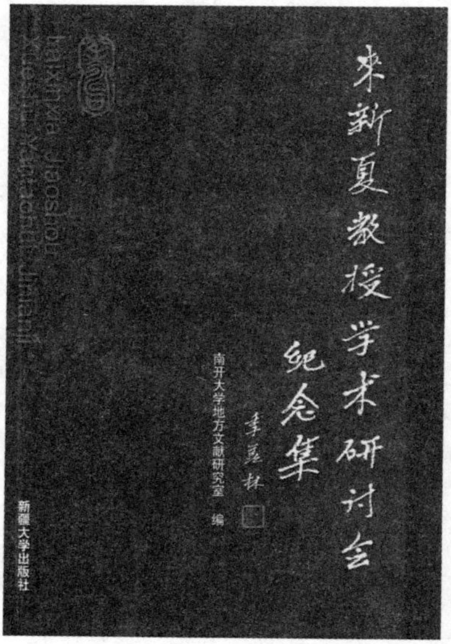

2002 年，是南开大学教授来新夏先生八十初度，过去与来先生有过工作关系的几个单位经商议，决定发起举办一次庆贺会暨学术研讨会，对来先生六十年来所致力的学术工作进行研讨，发起单位有：教育部高等学校图书情报工作指导委员会、教育部全国高等院校古籍整理研究工作委员会、天津市地方志编修委员会、天津市高等学校图书情报工作委员会、南开大学地方文献

研究室，以及《津图学刊》编辑部等。

来新夏教授学术研讨会于2002年6月8日在天津举行，教育部、中国图书馆学会、天津市地方志编修委员会、天津工业大学以及来先生的家乡杭州市萧山区政府等派专人莅临庆贺会并宣读祝词、贺词，于良芝博士宣读美国华人图书馆员协会授予来新夏教授"杰出贡献奖"的通知，会上有精彩的发言和论说，《光明日报》《今晚报》《天津日报》《老年时报》等媒体均发布报道，来先生的一些学生们，提议应将这次会议的有关文章，并征集未能与会者的文章，编成一集，以资纪念。在会后的编辑过程中，陆续收到各方来稿，有贺诗、贺联若干首以及文章六十余篇，或追述友情，或评论学术和著作，或提交专门论文，经分类编次，得三十余万字。

《来新夏教授学术研讨会纪念集》，其编次为"研讨会动态""贺诗·贺联""友情·亲情""学术评论""著作评论"及"专门论文"，书末附致贺单位和个人名录。季羡林教授为《来新夏教授学术研讨会纪念集》题书签。

来新夏方志馆来新夏捐赠目录

杭州市萧山区地方志办公室编印。

2007年2月1日上午，萧山“来新夏方志馆”开馆，由萧山区领导致辞、剪彩并颁发捐赠证书，方志学家陈桥驿先生、魏桥先生，以及浙江地方志办公室颜越虎先生等数十人出席开馆仪式。萧山区地方志办公室特制银牌及首日封以资纪念。

来先生是著名的方志学家，参与制定《地方志工作条例》，主持编写《方志学概论》，培训全国编志骨干，并深入基层，通过担任修志顾问、参加志书评稿、撰写志评、为志书作序等方式，指导全国200余部新修志书的编纂，其中有50余部佳志获国家或省部级奖，通过上述诸项，来先生得赠大量地方志。“独乐乐，不如众乐乐。”如何将宝贵的方志资源为公共所利用，来先生于是决定将个人所藏志书，捐赠给萧山区地方志办公室，后者决定建立冠以先生姓名的“来新夏方志馆”。来先生在开馆仪式上讲道：“我是一名萧山子弟，在故乡度过了童年，虽然一生漂泊四方，但时刻心系故乡，捐赠书

籍建立方志馆，是希望给萧山的方志研究铺一点基础。”

《来新夏方志馆来新夏捐赠目录》,分“来新夏捐赠著作目录”与“来新夏捐赠方志目录”两部分。来新夏捐赠著作目录,亦即来先生的个人著述,大致以“社会科学总论”“经济”“文化 科学 教育 体育”“历史地理”“文学”以及“综合性图书”分类,总计41册。

来新夏捐赠方志目录,分为“地方史志”“有关地方论著”以及“手稿及其他”。地方史志类,有289种、327册;“有关地方论著(含工具书”,373种,457册;手稿及其他,是《中国近代史资料丛刊·北洋军阀》出版前的一校、二校、三校样及部分油印稿。

萧山地方文献库来新夏先生捐赠目录

杭州市萧山图书馆编印。

2007年2月2日上午，设于萧山图书馆内的“来新夏著述专藏馆”开馆，来新夏先生出席捐赠仪式。

萧山图书馆为充实乡邦文献，专门设有展示萧山籍学者的地方文献库。作为萧山长河籍的来新夏先生，是著名的图书馆学家，来先生认为个人藏书百年后肯定会散，念桑梓之情，捐赠部分藏书给萧山图书馆。馆方考虑到来先生捐赠书籍数量之宏富，专门设立300平方米的“来新夏著述专藏阅览馆”。

《来新夏先生捐赠目录》分

“陈列部分目录”“书房部分目录”以及“阅览部分目录”，前两者目录分别是113种、36种；“阅览室部分目录”因数量较多，又细分为“历史学”“方志学”“图书文献学”“语言文学”“哲学·理论”“杂著”以及“期刊”7类。

“历史学”目录有495种、609册，“方志学”目录有103种、111册，“图书文献学”有222种、251册，“语言文学”目录有472种、589册，“哲学·理论”目录有140种、162册，“杂著”（含工具书）目录有228种、259册，“期刊”目录有36种、896册。以上“阅览室部分目录”总计有1696种、2877册。

来新夏民众读书室开室纪念册

孙伟良编印。

2007 年 2 月 3 日上午，以绍兴县齐贤镇群贤村前进 613 号孙伟良宅邸附设的“来新夏民众读书室”开室，来新夏先生夫妇莅临并举行揭牌仪式，《绍兴市志》总纂任桂全先生、编辑部李能成先生，绍兴县史志办主任黄锡云、县府办副主任娄国忠，以及文史爱好者三十余人出席此次民间读书盛会。

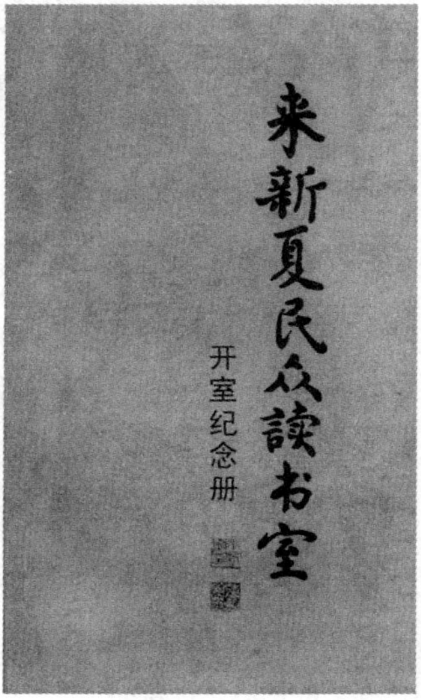

《来新夏民众读书室开室纪念册》，收录将近 70 种来先生的著述，著录书名、责任者、字数、印刷数、出版社以及出版时间等信息，编为“民众读书室藏来新夏著述简目”。

来新夏民众读书室藏
来新夏著述提要

孙伟良撰，载《绍兴县史志》2008 年第 4 期，绍兴县史志办公室、绍兴县史志学会刊印。

来新夏民众读书室收藏来新夏先生的著述已达 88 种，故编此“著述提要”，以飨同好。此“著述提要”收录最早的是天津历史教学月刊社 1951 年 8 月出版的《美帝侵略台湾简纪》，下限截至北方文艺出版社 2008 年 9 月出版的随笔集《80 后》。

来新夏著述提要

孙伟良撰，载《天津记忆》第 18 期，2009 年 9 月 3 日刊印。

积数年之功，拙编《来新夏民众读书室藏来新夏著述提要》已达三万余言，著录来先生的著述 93 种，下限为岳麓书社 2009 年 5

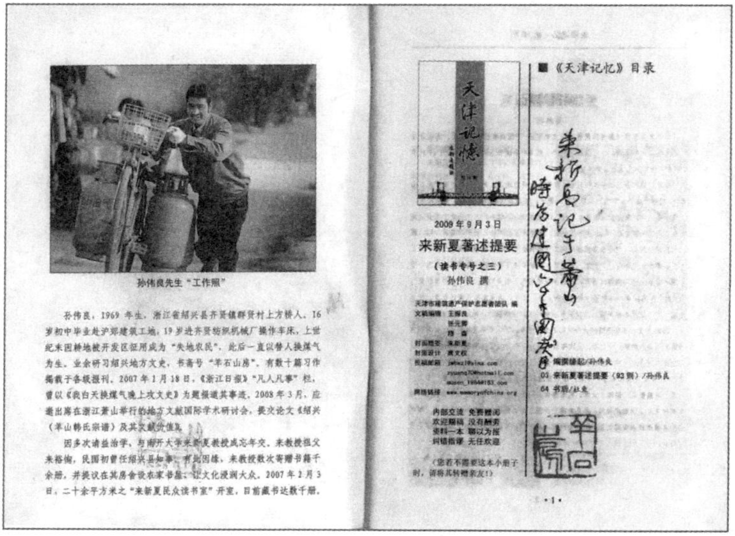

孙伟良先生"工作照"

孙伟良，1969 年生，浙江省绍兴县齐贤镇群贤村上方桥人。16 岁初中毕业赴沪郊建筑工地，19 岁进齐贤纺织机械厂操作车床，上世纪末因耕地被开发区征用成为"失地农民"，此后一直以替人换煤气为生。业余研习绍兴地方文史，书斋号"羊石山房"。有数十篇习作揭载于各级报刊。2007 年 1 月 18 日，《浙江日报》"凡人凡事"栏，曾以《我白天换煤气晚上攻文史》为题报道其事迹。2008 年 3 月，应邀出席在浙江萧山举行的地方文献国际学术研讨会，提交论文《绍兴〈羊山韩氏宗谱〉及其文献价值》。

因多次请益治学，与南开大学来新夏教授成忘年交。来教授祖父来裕恂，民国初曾任绍兴县知事，有此因缘，来教授数次寄赠书籍千余册，并提议在其房舍设农家书屋，让文化浸润大众。2007 年 2 月 3 日，二十余平方米之"来新夏民众读书室"开室，目前藏书达数千册。

2009 年 9 月 3 日

来新夏著述提要

（读书专号之三）

孙伟良 撰

天津市建筑遗产保护志愿者团队 编

网络链接 www.memoryofchina.org

内部交流 免费赠阅
欢迎赐稿 没有酬劳
受我一本 聊以为报
纠错指谬 无任欢迎

（您若不需要这本小册子时，请将其转赠亲友！）

■《天津记忆》目录

编撰缘起/孙伟良

03 来新夏著述提要（93 则）/孙伟良

04 书后/赵典

·1·

月出版的随笔集《访景寻情》。天津市建筑遗产保护志愿者团队拟将该“著述提要”编入《天津记忆》,以广流传。以原题略长,不易记忆,因删繁就简,径曰《来新夏著述提要》。编辑王振良先生撰一篇《书后》殿后,略言:“本书特色,撮其要者有三:一是著录各书,均作者庋藏,手摩目验,非展转稗贩者可比;二是封面扉页,多有邃谷先生题跋,娓娓喁喁,可引读者阅读兴味;三是每篇提要,均配书影数帧,既可当搜书之南针,亦可供暇时之清赏。”

来新夏民众读书室藏
来新夏著述简目

孙伟良撰，载《天一阁文丛》第7辑，宁波出版社2009年11月出版。

本文是对“来新夏民众读书室”所藏来新夏先生的著述所作的一个简目。简目详细罗列了每部书的字数、出版社、出版年月、印数，并附有来先生的题跋。简目共92个条目，下限为岳麓书社2009年5月出版的随笔集《访景寻情》。

烟雨平生

——邃谷主人自述

来新夏撰，载《天津记忆》第50期，2010年8月27日印行。

2010年，来先生八十八岁，为米寿之年，天津市建筑遗产保护志愿者团队决定出刊“来新夏教授米寿庆祝专号系列”，此《烟雨平生——邃谷人生自述》，为来先生自叙生平大略，列庆祝专号之一。文共十二篇，依次为：我的家庭、我的祖父、旧镇纪事、异国情缘、民族灾难、师恩难忘、笔耕舌耘、特殊年代、乡居四年、蓦然回首、衰年变法、老骥出枥，来先生将刊载于《今晚报》2002年4月4日《人生幸福何为先》一文作为代序。

弢庵自订学术年谱

来新夏撰，载《天津记忆》第51期，2010年8月27日印行。

《弢庵自订学术年谱》，为来新夏教授米寿庆祝专号之二。来先生习惯对生平学术予以记录，在2002年6月，邃谷弟子恭祝恩师来新夏教授八十华诞时，南开大学出版社出版来新夏自选集——《邃谷文录》，书末有《自订学术简谱》，其下限为2002年6月。不久，中华书局于2002年9月出版"南开史学家论丛·来新夏卷"《三学集》，书末亦附《自订简谱》。来先生号弢庵，自叙治学微著，成《弢庵自订学术年谱》，较前"学术简谱"详细，来先生2010年3月15日写定于南开大学邃谷，下限为2009年底，末条是："12月21日，应上海交通大学出版社约稿开始修订《林则徐年谱长编》。"

沽上闲弹

来新夏撰，载《天津记忆》第52期，2010年8月27日印行。

《沽上闲弹》，为来新夏教授米寿庆祝专号之三。最早记载天津市区聚落起源的是《金史·完颜佐传》，金宣宗贞祐二年（1214），为维护漕粮转输，曾提升武清巡检完颜佐为都统，守卫“直沽寨”，简称“直沽”。此“直沽寨”，据考证，即今天津红桥区西青道一带，或略偏南。犹如“沪上”代指上海，“沽上”即天津也。来先生寓居津门七十余年，述史事经历，成《沽上闲弹》，先生撰《七十年的天津缘》作为《沽上闲弹》的代序。

《沽上闲弹》24篇文章，以“海津要地”“沽上杂说”“耄耋漫忆”“刻碑勒石”序次，后者即指来先生撰文，被刻成碑文，如《天津科学技术馆落成碑记》《津门挂甲寺沿革碑记》《天津大悲禅院沿革记》等。

天津的人与书

来新夏撰，载《天津记忆》第53期，2010年8月27日印行。

《天津的人与书》，为来新夏教授米寿庆祝专号之四。天津是来先生的第二故乡。《天津的人与书》上篇“天津的人”13篇文章，述师友典籍，涉及严复、梁启超、严修、李叔同、谢国捷、张公骕、穆旦、曹禺、郑天挺、吴廷璆、杨志玖等。下篇“天津的书”11篇文章，谈及一些书出版的曲折历程，例如《编写〈天津近代史〉的前前后后》，从天津市委、市政府遴选主编，组织编写班子，几易其稿，印刷数居然达到5万册，读来颇增知识。所谓“功夫在书外”，信然。

邃谷主人速写

天津市建筑遗产保护志愿者团队编，载《天津记忆》第54期，2010年8月27日印行。

来先生的书斋名邃谷，《邃谷主人速写》为来新夏教授米寿庆祝专号之五，辑录友人后学所撰关于先生之述评、访谈及印象。24篇文章，厘定以“学者无疆”“笔下弢庵”“媒体对谈”“故里情深”序次，刊登于2009年2月2日《天津日报》上、侯军先生所撰《学问的邃谷》，置于前作为代序。

邃谷书香

天津市建筑遗产保护志愿者团队编，列《天津记忆》第55期，2010年8月27日印行。

《邃谷书香》，为来新夏教授米寿庆祝专号之六，辑录友人后学所撰关于来先生著作之论议，涉及先生《近三百年人物年谱知见录》《中国近代图书事业史》《北洋军阀史》《三学集》《清人笔记随录》，以及《一苇争流》《且去填词》《学不厌集》《交融集》等随笔集近二十种著作；作者有戴逸、江晓敏、刘绪源、张梦阳、陈福康、李冬君、张建智等二十余人。

来新夏著述提要

孙伟良撰，载《谱牒文化》2012年第1期（总第15期），2012年3月印行。

2012年是来新夏先生九十初度暨从教65周年，常州市谱牒文化研究会会长朱炳国先生提议，在其主编的《谱牒文化》上辟“特稿”，以示祝贺，于是朱先生撰文《因谱结缘 高山仰止》，由我执笔《来新夏著述提要》。“著述提要”著录99个条目，下限是上海交通大学出版社2011年9月出版的《林则徐年谱长编》。

2012年5月21日，来新夏教授学术思想研讨会暨九十华诞庆典会在浙江萧山宾馆举行，载有《来新夏著述提要》的《谱牒文化》杂志在庆典会上首发。

友声集

——来新夏教授九十初度暨从教 65 周年纪念集

孙勤主编，中华书局 2012 年 5 月出版。

2011 年孟夏，萧山图书馆馆长孙勤考虑到翌年是来新夏先生九十初度暨从教 65 周年，于是萌生编辑这本《友声集》的创意，随后开始搜集相关资料，邀约友朋撰稿，此举得到海内外学者热情响应，书稿于 10 月底集结。书稿内容主要包括两方面，一是收集了自 2003 年即来教授八十岁以后见于各报刊对其人其书的评论，二是邀约近年多所交往的一些同道、书友的文章，共计 81 篇，分上下两卷，上卷论学术，下卷论为人，

记师友交往，书末附录笔者所撰“来新夏著述提要”，以概括来教授的学术生涯。

2012 年 5 月 21 日，来新夏教授学术思想研讨会暨九十华诞庆典会在浙江萧山宾馆举行，《友声集》在庆典会上首发。

弢盦影集

——来新夏先生九秩诞辰留念

2012年7月21日印行。

来先生九秩寿庆，数位后学认为应该出一本影集，“俾知邃谷老人一生之经历”。先由萧山图书馆方晨光先生，将来公提供之数百帧影照，遴选得一百五十余幅，并节选排序；后由天津图书馆李国庆先生整理编次；又经今晚报社王振良先生校核，再精选出百帧；于此基础，天津记忆文化遗产保护志愿者团队傅磊、唐文权两位辅以美工设计；最后《今晚报》周贵有先生协助印刷。

百帧影照，排序第89幅，署“2006年4月，访问绍兴齐贤镇青年农民学者孙伟良，并在其书房合影”；第93幅，署“2007年2月，在绍兴齐贤镇群贤村参加‘来新夏民众读书室’揭牌仪式”。

一个人的一座城

——来新夏著述专藏阅览馆研究

孙勤编著，杭州出版社 2014 年 4 月第 1 版，2017 年 3 月第 2 次印刷。

是书四章，第一章先是来先生生平简介，再是学术代表作的著

述提要。提要缕分以“图书文献学研究”“历史学研究”“方志学研究”“学术研究”“剧本手稿”及“古籍整理”,选介 59 种。第二章在介绍专藏阅览馆的布局、设施以及特色后,接着叙述其品牌价值与现实意义,设立“来新夏著述专藏阅览馆”一是适应地方文献的保护需要,二是适应图书馆的发展目标,再是适应乡土文化的发展。第三章,专门介绍“来新夏著述专藏阅览馆”名誉馆长焦静宜。第四章,是天津图书馆历史文献部主任李国庆、浙江图书馆地方文献部主任两位地方文献专家对著述专藏馆的印象,可概括为“搭建有效平台,传承乡贤精神”。

《一个人的一座城》入藏全国省级公共图书馆及浙江省所有公共图书馆。第十三届全国读书年会于 2015 年 5 月在天举行,会议主题之一有“来新夏先生与民刊发展”,《一个人的一座城》赠与会的读书人。

此书 2017 年 3 月重印,扉页增加插图,为著名藏书票设计家崔文川制作的“来新夏先生逝世周年纪念”限量版藏书票。书末增《再版后记》,“焦静宜丁酉清明前写于邃谷”。

忆弢盦

天津问津书院编，上册 2014 年 9 月 23 日印行，下册 2014 年 10 月 23 日印行。

2014 年 3 月 31 日 15 时 10 分，来新夏先生因病医治无效，在天津逝世，享年九十二岁，南开大学即成立来新夏先生治丧委员会。在随后的半年里，全国各地媒体均有文章刊登，深切怀念来先

生。天津问津书院着手将诸多文章汇集、编辑，成此《忆弢盦》上、下两册。《忆弢盦》上册是“传媒之声”“感念情深”“乡谊交游”，《忆弢盦》下册是“音容笑貌”“往事风采”“学术人生”及诗联唁电，凡130余篇，并附录吊唁慰问单位及个人名单，以及各报刊纪念来新夏先生专辑专栏。

萧山记忆

——纪念来新夏专辑

中共杭州市萧山区委党史研究室、杭州市萧山区人民政府地方志办公室编，浙江人民出版社 2015 年 1 月出版。

来新夏先生祖籍萧山，其署款多有“萧山来新夏”，故土情深，曾应邀为《长河镇志》《萧山县志》《萧山市志》顾问，又为县、市志撰序言。顿失乡贤巨擘，萧山方志办感念深深，特将在编期刊《萧山记忆》第八辑出版为“纪念来新夏专辑”。

来先生故后，各界纷纷缅怀，《萧山记忆》编辑部从截至 2014 年 12 月，发表于各报刊、网络的怀念来先生文章，搜集到

145 篇，从中选录有代表性的怀念文章 15 篇，并附录“全国各地怀念来新夏先生文章简表”，紧接着是萧山籍学者所撰 8 篇怀念文章。其后一半篇幅，是《来新夏著述提要》《来新夏先生简表》。全书附有大量珍贵照片，书影提供者为笔者孙伟良。全彩印刷，使《萧山记忆·纪念来新夏专辑》极具纪念、参考与收藏价值。

忆弢盦:来新夏先生纪念文集

焦静宜编,列入王振良主编的天津记忆第九种,天津古籍出版社 2015 年 5 月出版。

来新夏先生辞世后的半年里,天津问津书院收集到纪念来先生的文章 130 余篇及相关资料,后经整理,以内部资料形式印行问世。之后,陆续有媒体相继刊发纪念文章,这些来自各界人士发自内心的悼念、缅怀和评价,被称为当代文坛难得的"一大景观"。先生逝世周年之际,问津书院决定重新整理、编辑、排次,予以正式出版,定名《忆弢盦:来新夏先生纪念文集》。该集收录 2014 年 3 月 31 日来新夏先生(1923—2014)逝世后的各界怀念文章 200 余篇,书中凝聚着无尽的亲情、友情、师生情以至最淳朴的世情。师母焦静宜女史撰文《他在馀霞满天中走进历史》作为纪念集的代序,其在"后记"说道:"先生一介书生,身后得到了'学人长存在民间'的缅怀,我深深感念每一位作者。"

《忆弢盦:来新夏先生纪念文集》首发式,于 2015 年 5 月下

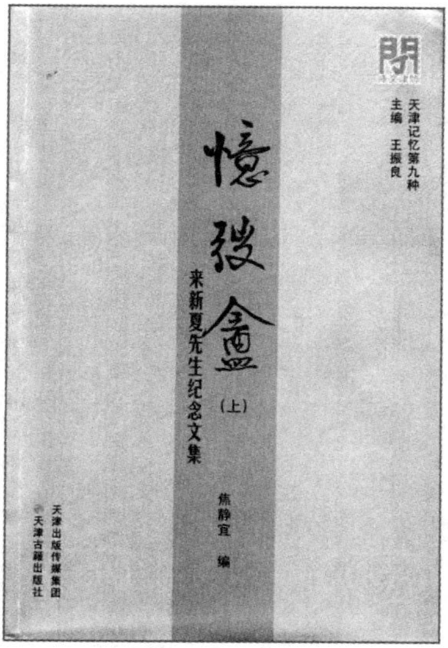

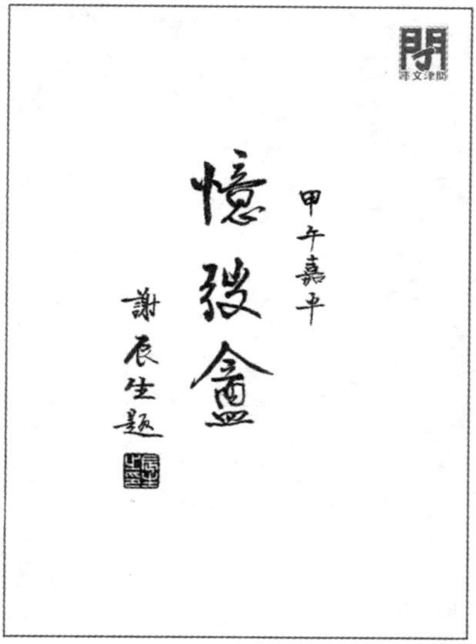

旬天津举行的第十三届全国读书年会上举行，崔文川先生特地为纪念文集制作了“来新夏先生逝世周年纪念”藏书票（限量200张）。

书名索引

B

C

D

F

G

H

J

L

M

P

Q

S

T

W

X

Y

Z

编 后 记

浙江萧(山)绍(兴)一带,地名多后缀以"头"字,故有"咯廊头,夯廊头,萧山长河头"之谚。"长河厅堂多,来氏人才多",萧山长河镇,来、汤为望族。笔者大姨夫汤仕泉世居长河头,曾托其购买《长河镇志》(光明日报出版社 1989 年版),阅后粗知南开大学教授来新夏先生的学术成就。镇志专门列有《来新夏著述》,涉及历史学、方志学、图书文献学等 20 种书目,这恰是我渴求的学科知识。之后的岁月里,我专心学习并关注来先生的著述。2005 年始与先生有书信交往,2006 年春先生伉俪首次莅临寒舍,自此有幸频频亲聆先生教诲。

2007 年 2 月 3 日,在来先生的支持下,寒舍"来新夏民众读书室"开室,《来新夏民众读书室开室纪念册》亦在当日赠阅来宾。其实这本薄薄的册子,我是花了两天赶出来的。2 月 1 日上午,我出席"来新夏方志馆"开馆仪式,萧山方志办编印有《来新夏方志馆来新夏捐赠目录》,想到后天我家里也要搞一个"读书室"的开室仪式，下午即回绍兴，编制“纪念册”。《来新夏民众读书室开室纪念册》收录将近70种来先生著述，就出版物要素，粗成“著述简目”，它可以说是《来新夏著述经眼录》的最初蓝本。

越是深入阅读先生著作，越是感到如入宝山，受益巨大，于是决心尽力收集先生的所有著述。上城赴步行街旧书摊、看《藏书报》信息以及友朋赠送；自学电脑后，将关键词“来新夏”输入孔夫子旧书网，是每晚必做功课。通过诸多努力，收集到的先生著述陆续增加，一些珍贵的油印稿亦渐次入藏，遂萌生编撰“著述提要”的志愿。

2008年3月中旬，我应邀参加在萧山金马饭店举行的“地方文献国际学术研讨会”。18日，与会的来先生一行十余人赴绍兴古镇安昌游览，我陪来先生在绍兴师爷博物馆的“斯干堂”小憩，只听得先生轻声对我说：“伟良，去把师母叫来，到里边看看。”我一阵窃喜，我正式成为来门弟子了！从那时起，我称呼焦老师改口叫师母了。于是编撰先生的著述提要愈发心坚，在一同出席学术研讨会的天津商业大学图书馆黄立新老师的帮助下，完善体例，遂成《来新夏民众读书室藏来新夏著述提要》，刊载于《绍兴县史志》2008年第4期。

天津《今晚报》编辑王振良先生，目及拙编“提要”已达三万余言，拟将“提要”编入天津市建筑遗产保护志愿者团队主编的刊物《天津记忆》，以广流传。以原题略长，改为《来新夏著述提要》，载《天津记忆》第18期。

随着入藏著述增加，《来新夏著述提要》渐趋丰满，又刊载于《谱牒文化》2012年第1期、《友声集——来新夏教授九十初度暨从教65周年纪念集》。来先生辞世后，萧山方志办又将拙编列入

《萧山记忆(第八辑)——纪念来新夏专辑》,于2015年5月下旬在天津召开的第十三届全国读书年会上作为赠刊,获得好评。张元卿先生提出建议,可否在"提要"的基础上,增加来先生著述的目录、前言、后记,出一本类似于工具书性质的专著,以便将来有人来研究来先生及其著述做个铺垫工作。我心领神会,又按此要求继续工作。

2017年5月13日上午,我持书稿北上,高铁甚便,下午即到天津。傍晚,我与师母以及王振良先生,在南开大学嘉园,研讨本书的编纂体例及具体细节,并拟定书名为《来新夏著述经眼录》。

回绍后,继续完善书稿,并按老习惯,关注孔夫子旧书网。有一家"专营日本书籍"店,我试着问询,因为来先生的《北洋军阀史略》一书,有1969年、1989年两个日译本。功夫不负有心人,回答居然说有货,天啊,太神奇了,600元人民币不是问题,只要有书。大半个月,两日译本远涉重洋,到达寒舍,我感慨万千!如此,连同2015年国庆节从韩国邮购来的韩译本《古典目录学浅说》,来先生的著作外译,全齐了!

从《长河镇志》得知20种来先生著述书目,经二十余年努力,我居然收藏到先生140种著述,回首往事,觉得每本书的来历都有曲折的故事。1951年出版的《美帝侵略台湾简纪》,久求不得,文友朱新学从孔网查询到此书多年前被一书友拍卖所购,经网站联系得到该书友手机号码,得知该书友也在收藏来先生的著述,彼此沟通,书友说只要能得到来新夏先生的题跋签名本,可以互换。得此承诺,我立即电话请示来先生,说明意图,先生应允。于是我买来《清刻红楼梦图咏》,然后寄天津,来先生题跋后,寄回绍兴。我再快递给书友,书友寄来《美帝侵略台湾简纪》,我又寄天津,来先生跋曰:“此为我第一本史学著述,久已绝版,我亦未入藏,伟良以他书与北京李晓静君相易而得,特识其事,以见伟良搜求之情。来新夏二〇〇九年三月。”类似这样得书的故事,不胜枚举。

拙著出版之际,我感谢前面提到的及没有提名的诸多友朋。感谢天津社科院历史研究所副研究员万鲁建先生、南京师范大学教授赵莉女士,两位帮忙将来先生著述的日译本、韩译本的前言、后记以及目录译成中文。感谢王振良先生,将拙著纳入“问津文库·天津记忆”系列予以出版。“佛要金装,人要衣装。”我还要感谢来先生的老朋友、山西省《平遥县志》总纂、平遥县书协主席冀有贵先生,拨冗为《来新夏著述经眼录》题签,使拙著增辉。

据闻,身为扬州八怪之一的郑板桥有一方印章,刻的是“青藤门下牛马走”,如是,我是否请人治印“邃谷门下牛马走”?下一个目标——《来新夏先生著述编年》,继续走……

孙伟良于丁酉初伏

《问津文库》已出书目

(总计 75+3 种)

◎**天津记忆**

沽帆远影　刘景周著	59.00 元
荏苒芳华:洋楼背后的故事　王振良著	49.00 元
津门书肆记　雷梦辰原著/曹式哲整理	49.00 元
故纸温暖:老天津的广告　由国庆著	28.00 元
沽上文谭　章用秀著	38.00 元
百年留踪:解放桥的前世今生　方博著	39.00 元
南市沧桑　林学奇著	79.00 元
津沽漫记:日本人笔下的天津　万鲁建编译	39.00 元
忆弢盦:来新夏先生纪念文集　焦静宜编	92.00 元
与山河同在:天津抗日杀奸团回忆录　阎伯群编	38.00 元
楮墨留芳:天津文化名人档案　周利成著	30.00 元
布衣大师:允文允武的艺术名家阎道生　阎伯群著	30.00 元

口述津沽:民间语境下的堤头与铃铛阁　张建著	28.00 元
大地史书:地质史上的天津　侯福志著	29.00 元
丹青碎影:严智开与天津市立美术馆　齐珏著	28.00 元
立宪领袖:孙洪伊其人其事　葛培林著	30.00 元
津门开岁:徐天瑞日记解读　王勇则著	58.00 元
水产教育家张元第　张绍祖编著	36.00 元
八年梦魇:抗战时期天津人的生活　郭文杰著	28.00 元
沽文化诠真　尹树鹏著	48.00 元
圈外谈艺录　姜维群著	38.00 元
记忆的碎片:津沽文化研究的杂述与琐思　王振良著	38.00 元
水产教育家张元第集　张绍祖编	58.00 元
应得的荣誉：女医生里昂罗拉·霍华德·金的故事 [加]玛格丽特著/胡妍译	38.00 元

◎**通俗文学研究集刊**

望云谈屑　张元卿著	39.00 元
还珠楼主前传　倪斯霆著	38.00 元
品报学丛．第一辑　张元卿、顾臻编	38.00 元
云云编：刘云若研究论丛　张元卿编	38.00 元
品报学丛．第二辑　张元卿、顾臻编	32.00 元
刘云若评传　张元卿著	32.00 元
郑证因小说经眼录　胡立生著	78.00 元
品报学丛．第三辑　张元卿、顾臻编	48.00 元
刘云若传论　管淑珍著	48.00 元
品报学丛．第四辑　张元卿、顾臻编	58.00 元

◎**三津谭往**

三津谭往.2013　王振良主编　39.00 元
三津谭往.2014　万鲁建编　39.00 元
三津谭往.2015　孙爱霞编　48.00 元
三津谭往.2016　孙爱霞编　58.00 元
三津谭往.2017　孙爱霞编　68.00 元

◎**九河寻真**

九河寻真.2013　王振良主编　59.00 元
九河寻真.2014　万鲁建编　59.00 元
九河寻真.2015　万鲁建编　88.00 元
九河寻真.2016　万鲁建编　98.00 元
九河寻真.2017　万鲁建编　98.00 元

◎**津沽文化研究集刊**

《雷雨》八十年　耿发起等编　55.00 元
陈诵洛年谱　张元卿著　48.00 元
碧血英魂:天津市忠烈祠抗日烈士研究　王勇则著　98.00 元
都市镜像:近代日本文学的天津书写　李炜著　38.00 元
天津楹联述略　李志刚著　36.00 元
口述津沽:民间语境下的西沽　张建著　56.00 元
口述津沽:民间语境下的西于庄　张建著　108.00 元
紫芥掇实:水西庄查氏家族文化研究　叶修成著　58.00 元
芦砂雅韵：长芦盐业与天津文化　高鹏著　58.00 元

王南村年谱　宋健著　78.00 元

国术之魂:天津中华武士会健者传　阎伯群、李瑞林编　78.00 元

来新夏著述经眼录　孙伟良编　198.00 元

◎**津沽名家诗文丛刊**

王南村集　王煐原著/宋健整理　68.00 元

严范孙先生古近体诗存稿　严修原著/杨传庆整理　48.00 元

星桥诗存　苏之銮原著/曲振明整理　58.00 元

退思斋诗文存　陈宝泉原著/郑伟整理　88.00 元

待起楼诗稿　刘云若原著/张元卿辑注　42.00 元

刘大同诗集　刘建封原著/刘自力、曲振明整理　88.00 元

碧琅玕馆诗钞　杨光仪原著/赵键整理　58.00 元

石雪斋诗稿(附遂园印稿)　徐宗浩原著/张金声整理　68.00 元

紫箫声馆诗存　丙寅天津竹枝词　冯文洵原著/杨鹏整理　88.00 元

◎**津沽笔记史料丛刊**

严修日记(1876—1894)　严修原著/陈鑫整理　138.00元

桑梓纪闻　马鸿翱原著/侯福志整理　42.00元

天津县乡土志辑略　郭登浩编　98.00元

严修日记(1894—1898)　严修原著/陈鑫整理　128.00元

周武壮公遗书　周盛传原著/刘景周整理　128.00元

天后宫行会图校注　高惠军、陈克整理　128.00元

津门诗话五种　杨传庆整理　78.00元

《北洋画报》诗词辑录　孙爱霞整理　198.00元

◎**名人与天津**

李叔同与天津　金梅编　68.00元

我与曲艺七十年　倪钟之著　68.00元

◎**随艺生活**

方寸芸香:藏书票里的书故事　李云飞编　98.00元

问津书韵:第十三届全国读书年会文集　杜鱼编　78.00元

开卷二〇〇期　董宁文、董国和、周建新编　168.00 元